KB057563

# 근대의 경계를
넘은 사람들

# 근대의 경계를 넘은 사람들

### 조선 후기, 여성해방과
### 어린이 존중의 근대화 이야기

김종욱 지음

들머리는 '골목이나 마을 등에 들어가는 어귀'란 뜻이다. 조선 후기 여성과 어린이문제를 통해 근대로 진입하는 들머리는 그야말로 아포리아(aporia), 난제였다. 들머리 그 자체를 찾기 어렵기도 했지만, 그런 것은 없다는 세간의 평가가 더 당혹스러웠다. 조선에서 근대를 찾는 것은 '우물에서 숭늉 찾는 격'이란 비아냥거림도 있었다. 우리 역사학자들 중에는 조선의 역사를 '자기비하'하는 흐름도 있었고, 식민지를 통해 근대화의 길로 나아갔다는 흐름도 있었다. 어디에도 근대의 힘은 발견되지 않는다는 것이다.

그러나 이미 많은 연구 성과들이 송대(宋代) 중국에서 '보편사적 근대'가 시작되었음을 밝히고 있다. 중국은 전 세계에서 가장 빨리 탈(脫)신분적 인간평등을 실천했고, 최초로 시험이라는 과거제도를 통해 관료를 선발했으며, 최초로 군현제적 중앙집권제와 운하–도로망을 바탕으로 한 통일적 국내시장과 표준적 시장경제원리가 등장했다. 따라서 '보편사적 근대'는 중국에서 시작되었고, 고려와 조선은 근접거리에 있는 중국의 문명을 수용하고 패치워크(patchwork)했다. 그렇다면 조선도 '낮은 근대' 또는 '초기 근대'의 문명이 내재했던 것이며, '낮은 근대'에서 '높은 근대'로 이행한 것이다.

조선사회는 임진왜란과 병자호란을 거치면서 거대한 사회적 변동이 시작되었다. 국가는 백성에 대한 돌봄을 포기했고, 모든 폭력으로부터 노출된 백성들은 새로운 세상을 갈망했다. '개벽사상(開闢思想)'은 백성들의 염원이 담긴 이상향에 대한 비전을 의미했다. 이와 함께 1490년부터 1750년에 걸쳐 진행된 소빙기(小氷期)를 겪으면서 농업생산량은 줄어들었다. 백성에게 가혹한 시기의 연속이었던 것이다. 그러나 소빙기가 지나면서 조선사회의 농업생산력은 증대되었고 동시에 상공업도 발달했다. 경제 상황의 변화는 신분구조에 압력을 가했고, 사회구성도 변모했다. 농업생산력의 증대와 상공업의 발달은 신향(新鄕)으로 일컬어지는 신흥 계층의 등장과 영향력 확대로 귀결되었다. 이러한 사회적 변동 속에서 백성들의 신분해방을 위한 흐름은 다양하게 전개되었다.

신분적으로 해방된 자유롭고 평등한 국민의 등장은 전근대와 근대를 가르는 경계선이다. 신분해방이 근대화의 중요한 기준이며, 이 신분해방의 과정을 거쳐 여성해방과 어린이 존중의 사상이 움터 나왔고, 점차 현실화 되었다. 조선사회의 신분 철폐와 여성해방은 동학에 의한 공자철학의 갱신, 백성의 압력에 대한 국왕의 수용과 이에 따른 신분 철폐 조치, 동학을 중심으로 전개된 인간평등과 여성해방 추진에 의해 실천되었다. 신분적으로 자유롭고 평등한 백성의 등장은 '낮은 근대'에서 '높은 근대'로의 이행을 보여주는 증표다. 이 자유롭고 평등한 백성은 최초에 신분적으로 자유로운 남성의 등장으로 시작하여 여성으로 점차 확대된다. 일거에 남성과 여성이 자유롭고 평등한 백성으로 등장한 사례는 거의 없다.

특히, 동학은 조선사회의 인간평등과 여성해방 문제를 근본적으로 제기한 중심이었다. 인간은 평등하며, 따라서 신분적 차이는 존재할 수 없고, 여성도 동일한 인간이므로 평등하다는 동학사상은 백성들 저변으로 스며들어 거대한 공감대를 형성했다. 따라서 동학은 여성해방에 대한 혁명적 근대성을 만들어낸 중심이었던 것이다. 조선 후기 여성해방의 흐름은 사회경제적 변화와 결합된 백성의 성장, 백성의 성장을 수용하여 소민을 보호하고 언로를 확대한 계몽군주, 공자철학을 갱신한 동네유자들의 확산이라는 흐름 속에서, 마침내 동학에 이르러 인간평등 · 신분철폐 · 여성해방의 사상으로 나타났다.

동학은 실천 속에서 여성해방의 구체성을 확보했다. 모든 인간이 평등하다는 철학의 일상적 실천, 인간불평등의 상징인 신분제를 철폐하려는 거대한 민란(民亂), 여성도 한울님이며 앞으로는 여성의 세상이 도래할 것이라는 여성해방의 가르침을 통해 백성들에게 전파되었다. 그러나 이러한 흐름 모두를 동학의 덕으로만 돌릴 수 없다. '낮은 근대'에서 '높은 근대'로 전환하는 과정에서 수많은 여성과 남성들의 인간평등과 여성해방을 위한 노력들도 담겨 있기 때문이다.

성리학적 규범과 질서 속에서 그것을 뚫고 나와 자신의 정체성을 지켜내려는 고단한 투쟁에서 여성해방은 점차 시야에 들어오기 시작했다. 조선 후기 여성들은 성리학이 강요하는 여성 억압적 질서에 순응하면서, 동시에 성리학적 질서와 규범이 강요하는 방식을 자신의 이익과 목적에 부합하도록 무한히 변환하거나 적응하는 '전유(appropriation)'의 방식으로 대응했다.

우선, 조선시대 여성 성리학자들은 성리학의 전유를 통해 여성도 동등한 존재임을 드러냈고, 성리학적 질서의 일상과 충돌하며 인간으로서의 정체성을 보존하려 했다. 임윤지당(任允摯堂, 1721~1793)은 여성으로서 세상에 남녀차별은 없으며, 현실에서의 남녀차별은 사회에 의해 강요된 것이라고 비판했다. 이사주당(李師朱堂, 1739~1821)은 유학 경전을 정밀히 연구했으며, 다양한 책을 두루 섭렵했다. 이빙허각(李憑虛閣, 1759~1824)은 일상생활의 다양한 일들을 설명하며, 여자도 남자와 마찬가지로 능력 있는 존재임을 밝히고 있다. 강정일당(姜靜一堂, 1772~1832)은 여성이라도 학문적 성취와 실천을 다하면 성인의 경지에 이를 수 있다고 생각했다. 김호연재(金浩然齋, 1681~1722)는 자유로운 삶을 추구하면서 남편에게 연연해하지 말고 '여성이지만' 오직 덕을 높이고 수신(修身)해야 한다고 주장했다. 김삼의당(金三宜堂, 1769~1823)은 부부관계의 동등함을 주장했다.

둘째, 이름 모를 무명의 여성(사람)들은 문학과 가상을 통해서 성리학적 질서를 전유했다. 조선 후기의 특징 중 하나는 여성영웅소설이 성행했다는 것이다. 이는 일종의 페미니즘적 사유와 그 사유에 근거한 문학 활동이 전개되었음을 뜻한다. 임진왜란으로 시작된 백성에 대한 국가와 관료의 돌봄 포기, 소빙기로 인한 대기근의 고통스러운 일상, 성리학적 질서와 규범에 의한 억압된 삶의 심화라는 환경 속에서 여성들은 사회적 약자로서 가장 고통스러운 존재였다. 이런 일상을 전유하는 방식으로 가상의 새로운 세상을 문학에 담았다. 그 양식은 남장 여자, 여장부, 동성애 등으로 다양하게 나타났다. 소설에서 '남장(男裝)'의 등장은 그 사회가 부과한 젠더 역할과 규범에 대한 도전이다. 즉, 여성의 남장 활동은 '동일성에 근거한 평등의 추구'를 문학적으로 형상화한 것이다.

또 다른 방식은 여성 영웅의 등장이다. 『박씨전』의 박씨는 남성보다 훨씬 뛰어난 능력을 갖추고 나라와 백성을 구하는 영웅으로 등장한다. 동시에 병자호란 당시 적에 맞서 나라와 백성도 지키지 못한 국가와 남성권력에 대한 신랄한 비판이 담겨 있으며, 여성의 힘으로도 국가와 백성을 지킬 수 있다는 의지를 표출한 것이다. 『홍계월전』은 남장 여성의 능력을 인정해서 국왕의 명령으로 현직을 유지하게 되는 내용인데, 이는 남성보다 뛰어난 여성의 능력을 국가가 인정해야 한다는 주장을 담고 있다. 『방한림전』은 동성애를 통해 내외법이 엄격하게 지켜졌던 조선사회의 젠더 체계를 직접적으로 문제제기한다. 또한 남장을 통해 남성사회에 편입했던 방관주보다, 여성임을 알고도 방관주와 동성결혼을 선택한 영혜빙의 선택도 주목해야 한다.

이처럼 조선 후기 여성들은 양반가부터 평민에 이르기까지 다양한 방식으로. 억압적이고 위계적인 젠더 체계를 극복하기 위해 다양한 노력을 전개했다. 글로 남겨지지 않은 평범한 여성들의 다양한 일상생활에서 성리학적 질서와 규범을 무너뜨리는 노력은 쉼 없이 진행되었다. 이러한 거대한 흐름의 지류들이 모이고 모여 1860년 수운 최제우가 창시한 동학에 의해 새로운 사상이 시작되었다. 동학교도들은 서로 평등한 존재임을 인정했다. 남녀노소, 귀천 불문하고 모두를 평등한 인간으로 대접했다. 「도남서원통문(道南書院通文, 1863.12.1.)」은 "하나같이 귀천의 차등을 두지 않고 백정과 술장사들이 어울리며 엷은 휘장을 치고 남녀가 뒤섞여서 홀어미와 홀아비가 가까이 하며 재물이 있든 없든 서로 돕기를 좋아하니 가난한 이들이 기뻐한다"고 적혀 있다.

동학의 인간평등과 여성해방의 사상은 정조의 유언으로 1801년 순조의 '공노비해방' 조치가 취해진 이후 60여 년 만이며, 고종의 신분철폐 조치(1882)보다 20여 년 앞선 것이다. 최제우에 의해 창도된 동학은 인간평등·신분해방·여성해방의 가치 실현을 통해 '대동 평등' 세상을 실현하려고 했으며, 궁극적으로 어머니의 사랑이 실천되는 '모정사회'를 지향했다. 서양에서 남성의 목소리로 여성해방을 주장한 존 스튜어트 밀(John Stuart Mill)의 『여성의 종속』(The Subjection of Women, 1869)보다 앞선 것이다. 동학은 실제로 여성의 난제를 해결하는 데 주력했다. 1894년 동학농민군은 현실적으로 여성들이 느끼는 가장 중요한 문제인 "청춘과부(靑春寡婦)는 개가(改嫁)를 허(許)할 사(事)"를 '폐정개혁(弊政改革)' 12개조 중 하나로 제시했다. 이 과제가 얼마나 어려웠는지는 1930년대까지 과부의 재가 문제가 여성해방에 있어 사회적 쟁점이었다는 것에서 알 수 있다.

동서양 공히 근대화의 도정에서 여성의 억압구조를 극복하지 못했다. 남녀평등은 20세기에 들어서야 현실에 적용되었다. 1893년 뉴질랜드에서 여성이 참정권을 쟁취했을 뿐, 여성 참정권은 20세기적 현상이었다. 또한 사우디아라비아에서는 2015년 여성에게 투표권이 부여되었다는 사실은 여전히 기존 젠더체제가 강고하게 유지되고 있다는 것을 보여준다. 따라서 여전히 '지금 세계'는 남녀평등으로 나아가는 도정에 있을 따름이다. 많은 학자들이 남녀문제로 씨름해왔고, 남녀문제는 사회적인 갈등으로 치환되기 일쑤였다. 한국사회에 불어 닥친 '미투(Me Too)' 운동과 성 불평등성에 분노한 여성들의 집단 시위 등은 그간 비대칭적 젠더 구조에서 억눌린 여성들의 누적된 분노의 표출이며, 새로운 시대로 넘어가야 한다는 패러다임 변화의 징후이다.

우리 사회는 어린이 존중 문제에 일찍 눈을 떴다. 대한민국은 세계에서 두 번째로, 그것도 식민지 상황에서 조국의 미래를 위해 어린이날을 제정했다. 3·1운동을 전후로 아동문학이 싹트고 자리매김하면서 어린이 문제가 사회적 의제로 대중의 시선에 포착되었다. 이 시점에 '아동'이 발견되었다. 아동의 발견은 근대로의 이행의 징표로 이해될 수 있다. 1920년대 방정환을 중심으로 어린이운동과 아동문학이 전개되었다. 방정환의 어린이 존중사상의 근원은 동학의 시천주, 인내천의 인간존중과 만인평등의 신분해방 사상이었다. 아이를 때리지 말고 한울님처럼 대하라는 해월 최시형의 철학은 방정환으로 이어져 '어린이'의 호명과 '어린이날'의 제정, 그리고 아동문학의 전파와 확산으로 나타났다.

조선시대 어린이들의 삶은 가족 내에서 많은 사랑을 받으며 애지중지하는 생명이며 인격으로 존중받았다. 동아시아의 오래된 교육철학과 국가에 의한 보통교육제도의 덕택으로 많은 어린이들은 교육 혜택을 받을 수 있었다. 국가도 교육제도를 통해 어린이를 보편적으로 가르쳤으며, 부모 없는 어린이와 굶는 어린이들은 법률을 통해 구제했다. 돌봄이 필요한 어린이들은 국가가 책임진다는 복지국가의 철학이 이미 과거부터 존재했던 것이다.

식민지라는 조건에서 어른과 동일한 인격체로서 어린이를 대하는 일과 조국의 독립을 위한 미래의 인재를 육성하는 것은 어린이해방에서 긴요한 과제였다. 방정환과 김기전이 주동하여 시작된 어린이운동과 어린이날 제정은 우리 역사에서 획기적인 이정표였으며, 세계사적으로도 터키 바로 다음으로 앞선 것이었다. 신분해방과 인간평등의 세상을 향한 동학의 거대한 족적은 어린이운동과 어린이날 제정으로 나타났으며, '어린이 존중사상'으로 자리매김했다. '아동의 발견'을 넘어 한울님으로 어린이를 존중하는 사상이 조선의 후기에 잉태하여 사회운동으로 발전한 것이다.

이 책은 다음과 같이 구성되었다. 제2장은 조선의 근대를 어떻게 볼 것인가의 방법론을 다루었다. 서구에서 주입된 근대가 아니라 자생적 근대가 추진되었다는 점을 밝히려는 것이고, 공감 해석적 접근과 일상사적 접근을 결합하여 당대의 상황을 가급적 입체적이고 생동감 있게 해석하려고 노력했다. 제3장은 조선 후기에 들어서 신분적으로 자유롭고 평등한 백성이 등장하게 되는 사회경제적 상황, 백성의 압력 강화에 따른 왕의 예방적 민국 체제로의 전환, 백성의 성장에 의한 민란(民亂)의 시대로의 진입, 동학의 창도와 동학농민전쟁 그리고 고종에 의한 신분해방과 국체의 전환 등을 다루었다.

제4장은 조선 후기 여성이 어떻게 서서히 자신의 해방의 조건을 만들어갔는지에 대한 과정을 해석했다. 여기서 동학의 여성해방 부분은 2018년 필자의 「조선 후기 동학의 여성해방사상과 근대성: 신분해방과 동학사상의 연계를 중심으로」라는 논문을 발전시킨 것이다. 그 논문 내용 중 일부는 2장 방법론과 3장에도 활용되었다. 또한 서양의 여성문제와 비교연구를 통해

동서양 여성문제에 있어 우리 사회도 상당한 수준의 여성해방의 가능성이 내재했음을 밝히려고 했다.

제5장은 수운 최제우로부터 시작되어 방정환에서 열매 맺은 '어린이 존중사상'을 다루었다. 동시에 조선 후기 교육정책과 식민지 시기 어린이운동과 아동문학에 대해서도 서술했으며, 서양과의 비교연구도 진행했다. 특히 조선을 비롯한 동아시아 지역 국가들은 서양보다 훨씬 일찍 어린이의 양육과 교육을 중요시했으며 국가정책으로 수용하여 발전시켜 왔음을 규명하였다.

이 책은 2017년 대한민국 교육부와 한국연구재단의 지원을 받아 수행된 연구의 성과이다. 사회과학연구(SSK) 지원 사업 중에서 '패치워크문명시대와 공맹철학의 재조명'이라는 주제로 연구를 진행하고 있다. 문명 간 패치워크를 통해 '낮은 근대'에서 '높은 근대'로 이행하는 과정에 대한 내용도 이 연구에 포함된다. 이러한 연구가 가능하도록 후원해주고 있는 한국연구재단에 감사의 마음을 전한다.

이 책은 온전히 연구책임자인 황태연 교수님의 연구업적 위에서 가능했다. 낮밤을 가리지 않고 동서양 문헌을 비교하고, 과거의 사료를 집요하게 파헤치고 해석한 그 지난한 연구 시간에 비한다면, 이 책은 그 연구의 바다 위에 떠 있는 작은 돛단배에 불과하다. 정말 감사드린다. 동시에 이 연구를 함께 하면서 격려와 학문적 조언을 아끼지 않은 나정원 강원대 교수님, 고희탁 선배님, 이영재 선생님께 감사드린다. 함께 나눈 학문적 이야기와 격정적으로 나눈 술자리의 토론이 아니었다면 중간에 그만두었을지도 모를 작업이었다. 특히, 전체 연구의 궂은일을 도맡아준 이영재 박사께 미안한 마음이다. 그리고 항상 지근거리에서 따뜻한 격려와 학문적 조언을 아끼지 않았고, 매번 향 좋고 맛 나는 커피로 피곤함을 잊게 해준 서창훈 박사에게도 고마움을 전한다. 알뜰하게 연구팀 살림 챙기는 백광균 후배에게도 고맙다는 말을 전한다. 조만간 떠날 1년의 해외연수에서 장족의 발전이 있길 바란다. 내용은 만족스럽지 않고 양만 많은 원고를 흔쾌히 출판해준 '도서출판 모시는사람들'의 박길수 대표님, 그리고 편집하느라 고생 많으셨을 소경희 편집장님께 정말 감사의 말씀을 드린다.

이런 책을 쓸 수 있게 낳아주신 어머니께 감사드린다. 눈 마주치고 웃으며 언제나 묵묵히 큰 힘이 되어주셨던 어머니, 그 모습이 아련하다. 태산 같았던 아버지의 약간 저는 다리를 보면 효도 못한 자식, 마음이 쓰리다. 이렇게 나이 들어야 아는가 보다. 하나밖에 없어서 언제나 위태롭지만 볼 때마다 예쁜 우리 딸 한결이, 금방 훌쩍 커 버려서 서운하다. 이 책이 좋은 마을 만들겠다고 낮밤으로 일하는 아내 고은경 여사에게 작은 도움이 되었으면 좋겠다. 마지막으로 기록되지 못한 주인공들, 근대의 경계를 조용히 허물고 넘어온 무명의 여성들과 어린이에게 이 책을 바친다.

2018년 8월, 114년 만의 폭염을 뚫고
저자 김종욱

차례

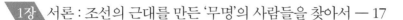

# 1장

---

# 서 론

: 조선의 근대를 만든
'무명'의 사람들을 찾아서

조선의 근대는 어떻게 가능했던 것일까? 외부로부터의 이식에 의해 착수된 것일까? 아니면 우리 사회 내부의 근대화의 동력에 의해 전개된 것일까? 그리고 조선의 근대를 만들어 간 사람들은 누구일까? 그 근대화의 여정에서 사회적 쟁점은 무엇이었을까? 조선의 근대를 가능하게 했던 사상적 동력은 무엇이었을까? 그중에서도 여성해방과 어린이 존중은 어떻게 실현되었을까? 어떤 사람들이 근대의 경계를 넘어서 조선 사회에 자유롭고 평등한 백성의 시대를 열어 나갔을까? 이러한 온갖 의문이 이 연구의 출발점이다. 지금부터 그 '무명(無名)'의 사람들과 그들의 생각, 그리고 활동을 찾아가는 여정(旅程)을 시작한다.

## 1. 근대의 여정: '민국(民國)'의 사람들

조선은 임진왜란을 거치며 국가의 성격에 거대한 '변용(變容)'이 일어나기 시작한다. 국가는 백성 돌보기를 포기했고 소빙기(小氷期, 1490-1750)로 인한 극심한 기근이 빈발하였으며, 성리학적 질서와 규범의 심화에 따른 억압 등이 가중되면서 국가의 변화를 가속화하였다. 소빙기 이후 농업경제의 발전에 따른 사회구조와 계층의 변화, 성장하는 백성의 역할을 인정한 탕평군주의 등장, 신분적 제약을 뚫고 새로운 삶과 세상을 꿈꾸었던 백성들의 동학(動學)은 새로운 국가로서 '민국(民國)'을 만들어 갔다. 조선 사회는 민국의 사람들을 통해 근대의 여정을 걸었고, 신분 철폐를 넘어 여성해방과 어린이 존중을 추구하는 자유롭고 평등한 백성의 시대를 만들어 갔다. 이 연구는 근대의 여정을 걸어갔던 '민국'[1]의 사람들의 이야기이며, 좀 더 구체적으로는 여성해방과 어린이 존중을 만들어 갔던 사람들의 이야기다.

이 연구는 조선 사회의 근대화라는 주제에 어떻게 접근해야 하는지 검토하는 것으로 시작했다. 이어서 서구가 만들어 낸 근대란 무엇이며, 그 근대의 기준을 조선 사회에 적용할 수 있는지 검토했다. 특히 조선 사회의 근대가 일제에 의해 이식되었다고 주장하는 식민지 근대화론을 비판적으로 검토했다. 그 이유는 식민지 근대화론의 주장이 사실이라면 일본에 의한 대한제국의 병탄과 식민통치는 근대를 위해 어쩔 수 없이 수용해야만 하는 것이 되며, 또한 일본이 아니었다면 우리는 근대를 경험할 수 없었다는 결론에 도달하기 때문이다. 식민지 근대화론은 일제강점기부터 한국의 경제가 발전했다고 주장한다. 그러나 그 주장은 거짓이다. 이미 1870년을 기점으로 경제가 반등하기 시작했고, 대한제국이 실시한 광무개혁에 의해 장족의 경제 발전이 이루어졌다. 그보다 앞선 18세기 말 조선 사회의 생활수준은 세계적이었으며,[2] 세도정치 기간 동안 경제가 하락하다가 고종 재위 기간에 반등해서 광무개혁 시기에는 높은 경제성장을 달성하고, 1910년대에는 동아시아에서 일본 다음으로 경제가 성장했다.[3]

둘째, 조선의 근대화를 어떻게 확인할 수 있는지 추적했다. 근대화의 중요한 근거인, 신분적으로 자유롭고 평등한 백성의 등장과 백성의 참정권 확대가 조선 사회에서 발견되는가의 문제다. 조선 후기 들어 신분제의 와해와 함께 평등한 세상에 대한 사회적 요구가 높아졌다. 임진왜란과 계속된 전란으로 인해 국가에 대한 불신은 커져 갔고, 새로운 세상에 대한 갈망은 '개벽사상(開闢思想)'으로 표출되었다. 백성의 사회적 위상이 높아지는 만큼, 백성의 '민압(民壓)'⁴도 상승했다. 거대한 민압을 수용한 계몽군주 영·정조는 '왕과 사대부의 나라' 조선을 '백성의 나라'인 '민국'으로 재규정했다. 신분 차별을 부분 철폐하고 백성의 언로를 확장하는 등 사대부가 아닌 '소민(小民)'을 위한 정책을 추진했다. 소민을 위한 민국 정체(政體)는 조선 사회의 근대화를 추동하는 힘이었다.

그러나 세도정치기에 접어들면서 민압을 수용하지 않는 세도정치에 맞서 백성은 민란(民亂)으로 새로운 세상을 만들어가려고 분투(奮鬪)했다. 17~18세기 이후 사회경제적 변화에 의해 신분 상승은 계속 이루어졌고, 향촌사회의 권력은 변해 갔다. 향회(鄕會)와 민회(民會)를 통해 토의하고 결정하는 것이 지역사회의 일상적 제도로 정착되었다. 백성들은 권문세가와 관리들의 억압과 수탈에 맞서 임술민란과 동학농민전쟁을 일으켰다. 임술민란은 삼남지방을 휩쓸었던 농민봉기였다. 뒤이어 동학농민전쟁은 중앙의 '권귀(權貴)'를 몰아내고 왕의 권한을 강화하여 새로운 세상을 만들려는 농민들의 봉기였으며, 전봉준을 중심으로 하는 농민군은 '신존왕주의(新尊王主義)'에 입각해서 합의제에 기초한 권력을 만들려고 했다. 또한 제2차 봉기는 왜군의 불법적 침략에 맞서 보국안민(保國安民)의 기치를 높이든 피어린 반일(反日)항쟁이었다.

동학농민군에 의해 제시된 폐정개혁 12개조는 조선 사회의 모순을 돌파하려는 근대 지향성을 명확하게 보여주고 있다. 이 12개조는 당시 백성들의 이해와 요구를 압축적으로 반영한 것이었기에, 일본의 앞잡이 노릇을 한 '갑오친일정부'도 갑오경장에 이 내용을 반영할 수밖에 없었다. 그러나 이들은 백성의 이해와 요구를 반영하는 개혁을 추진하는 것처럼 보이다가 모두 후퇴시키는 반동적 조치를 취했다. 따라서 이들이 추진한 갑오경장은 '반(反)근대적 사이비개혁'으로 규정되어야 할 것이다.⁵

반면에 영·정조와 고종시대의 계몽적 조치들, 그리고 동학농민군이 제시한 폐정개혁 12개조는 조선 사회의 근대화의 동력이 어디에 있었는지를 보여주고 있다.

오! 하늘이 백성들에게 임금을 만들어 주고 스승을 만들어 주시는 것은 곧 백성을 위한 것이다. 백성을 위해 임금이 있는 것이지, 임금을 위해 백성이 있는 것이 아니다(作之君 作之師 卽爲民也. 爲民有君, 不以爲君有民也).[6]

대저 '백성은 나라의 근본이며 근본이 튼튼하면 나라가 안녕하다(民者國之本也 本國邦寧)'는 옛 성현의 유훈으로서 시무의 대강입니다.[7]

(우임금의) 유훈이 있기로 '백성이 나라의 근본이다'라고 했으니, 이것은 나 한 사람의 대한이 아니라 실로 오로지 그대들 만백성의 대한이라는 것이니라(民惟邦本이라 ᄒᆞ니 是 非予一人의 大韓이라 實惟爾萬姓의 大韓이니라!)![8]

영조는 국체의 근원을 백성으로 규정하고 임금의 존재 이유는 백성을 위하는 데 있음을 공개적으로 천명했다. 18세기 왕조국가에서 왕의 입으로 확인된 획기적 선언이다. 그리고 그로부터 140여 년이 흐른 1894년 동학농민전쟁의 지도자 전봉준도 백성이 나라의 근본이라는 입장을 제시했다. 뒤이어 1909년 고종 태황제는 칙유를 통해 대한제국은 '왕 한 사람의 대한(大韓)'이 아니라 '오로지 만백성의 대한'이라고 천명했다. 이것은 이미 사실상의 '대한민국(大韓民國)'을 의미했다. 대한제국은 이미 전제국(專制國)이 아니라 바로 민국(民國)이었던 것이다.

동학은 민중종교로서 인간존중과 남녀평등의 가치를 전 사회에 전파했고, 1894년 동학농민전쟁에서 신분적으로 자유롭고 평등한 국가를 위해 투쟁했으며, 일본의 침략에 맞서 조국의 독립을 위해 목숨을 바쳤다. 그리고 항일전쟁은 대한제국 육군무관학교를 중심으로 한 대한제국 국군과 경향 각지의 의병들과 독립군들에 의해 광복이 될 때까지 지속되었다. 특히 3·1운동은 200~300만 명에 육박하는 동학교도(천도교인)들이 주도하여 전개하였다. 구한말 국민의 형성은 동학의 보국안민 사상과 신존왕주의를 통해 가능했다. 동시에 고종과 명성황후의 목숨을 건 노력도 재평가되어야 한다. 명성황후의 죽음을 통해 대한제국은 부활했고, 고종의 죽음을 계기로 3·1운동이 촉발하고 상해임시정부가 수립되었으며, 상해임시정부에 의해 대한민국이 수립되었다. 우리 역사는 백성과 국왕의 불굴의 반일 항전과 근대화를 위한 부단한 노력 속에서 해방과 광복을 맞이하게 되었던 것이다.

제2장에서는 근대와 근대화를 어떻게 볼 것인가의 문제와 식민지 근대화론자들의 '헛다리짚기'에 대한 비판적 평가, 근대화를 추진한 민국 정체(政體)와 이를 통한 국민국가의 형성 과정을 살펴보았다. 서양에서만 근대가 시작된 것이 아니며, 세계 도처에서 다양하고 중층적인 근대의 역사들이 발견된다. 또한 오래전부터 전 지구적 차원의 다양한 교류와 협력이 있었으며, 그 다양한 문물의 '패치워크(patchwork)'[9]에 의해 문명이 발전했다는 점에서 근대를 서양 독점물로 보는 관점은 오류(誤謬)다. 서양의 근대를 추동했던 계몽이 공맹철학과의 패치워크에 의해 발생·발전했다는 측면에서 계몽은 공맹철학과 서양철학의 결합의 산물이다.[10] 오히려 근대의 원산지는 동아시아라고 주장하는 것이 더 타당할 것이다. 즉, 보편사적 근대의 시작은 이미 9~13세기에 걸쳐 송대(宋代) 중국에서 발생했으며, "19세기에 제기된 극동의 근대화 문제는 '전근대(pre-modernity)'에서 근대로의 전환'이 아니라 실은 '낮은 근대(low modernity)' 또는 '초기 근대(early modernity)'에서 '높은 근

대(high modernity)'로의 진보"였기 때문이다.[11] 그렇다면 동아시아와 조선 사회에도 서양의 근대를 추동해 내었던 사상적 동력이 이미 예비되었다고 추론할 수 있다.

제3장에서는 여성해방과 어린이 존중의 실현을 위한 전제로서 근대화 전후의 역사 흐름을 간략하게 살펴보았다. 우선, 신분제의 와해 과정에서 움트기 시작한 평등사회에 대한 갈망을 살펴보고, 영·정조의 소민 보호를 위한 민국 정체 속에서 신분 해방이 확산되고 소민의 사회적 위상이 확대되는 과정을 서술했다. 신분 해방과 소민의 사회적 위상 고양은 사회의 약자인 여성의 해방과 어린이 존중의 환경을 조성했기 때문이다. 둘째, 영·정조의 계몽군주정 이후 조선 사회를 침체에 빠뜨린 세도정치에 맞선 민란(民亂)의 시대를 다루었다. 세도정치는 백성의 고통을 외면하고 고혈을 쥐어짰고, 그 결과 민란의 시대로 전환되었다. 이 과정에서 동학은 백성의 자각과 봉기의 사상적 동력이 되었으며, 향회의 변화와 민회의 성장을 통해 지역 차원에서 백성의 자치권과 간접적 참정권이 확대되었다. 셋째, 일본에 의한 조선침략으로서 갑오왜란(1894)부터 대한제국 기간으로, 이 시기에는 신분해방과 참정권 확대, 그리고 여성해방과 어린이 존중의 흐름이 상당히 진전되었다. 또한 대한제국 시기에 전개된 광무개혁은 근대화의 역동적 과정이었다. 그러나 1904년 '갑진재란'과 1910년 '을사늑약'으로 인해 대한제국은 식민지로 전락하게 되었다. 이 시기에는 대한제국 초기의 근대화 성과들이 좌절되고 일제에 의해 신분적 차별이 재구조화되었다.

제2장과 제3장은 여성해방과 어린이 존중을 설명하기 위한 사전 연구 작업이다. 신분 철폐와 인간 존중, 남녀 평등과 여성해방, 어린이 존중은 지난한 근대화의 역사 도정에서 그 모습을 드러낸다. 따라서 신분적으로 자유롭고 평등한 백성의 등장 속에서 여성해방과 어린이 존중 사상은 무르익고,

ㄱ런 흐름이 근대의 경계를 넘어서는 힘이 된다.

## 2. 근대의 경계(境界): 여성해방과 어린이 존중

한국사상에는 인간 이성에 대한 맹신, 인간의 자연 지배, 남성의 여성 지배, 서구의 식민지 지배에 대한 비판의식이 내재되어 면면히 이어져 왔다. 이런 사상적 흐름을 제대로 조명하지 못한 관계로, 한국사상 속에서 근대화의 사상적 동력을 발견하려는 노력보다는 한국의 근대를 이식된 것으로 이해하는 '부당한 통념'이 자리 잡고 있다. 따라서 조선 사회 내부에 근대화의 맹아가 있었다는 것을 규명하고, 더 나아가 조선 후기에 권력과 남성의 특권적 지위를 비판하고 신분해방과 여성해방, 그리고 어린이 존중을 강조하였던 사상사적 · 일상사적 흐름을 찾아내 밝히는 것은 매우 중요하다.

국가 차원에서 근대화는 국민국가의 형성을 의미한다. 국민국가 형성은 대내적으로 백성의 신분 상승과 정치참여의 확대, 대외적으로 봉건적 종주권의 해체와 단일한 영토고권의 확립을 통해 대외적으로 독립적이고 신분질서로부터 자유롭고 따라서 평등한 연대적 공동체로서의 국민(또는 민족)을 형성하는데서 시작한다. 이를 통해 귀족 신분과 신분제도 일반을 약화시키거나 해체시킴으로써, '그 통치의 정도가 어느 정도든 실질적으로 능동적 국민에 의해 통치되는 국가'를 형성하는 것이 근대화의 과정이다.[12] 즉, 근대화는 사회적으로 '자유롭고 평등한 국민의 등장'이 중요한 지표가 된다.

신분이 자유롭고 평등한 국민의 등장은 국가에 의한 백성 지배, 남성에 의한 여성 지배, 어른에 의한 어린이의 지배라는 전근대적 상황을 뚫고 새로운 사회로 이행한다는 증표다. 이 자유롭고 평등한 백성은 최초에 신분적으로 자유로운 남성의 등장으로부터 시작해서 여성과 어린이로 점차 확대된다. 일거에 남성과 여성이, 그리고 어린이까지 자유롭고 평등한 국민으로 등장한 사례는 없다. 따라서 조선 사회에서 여성해방과 어린이 존중은 신분 차별의 철폐와 탈(脫)신분제적 공무담임제, 그리고 국민들의 정치참여 확대라는 길고 지난한 사회변동의 과정을 경과한 이후에 성취되었다. 신분 차별의 굴레에서 벗어나 인간을 동등한 주체로 사고하면서 나타나는 사법의 인간화와 법치주의의 확립, 개인적 사회 활동의 자유화를 촉진하는 일련의 변화들(양심·종교·사상·학문·예술·출판·표현의 자유 신장), 통치체제와 분리된 자율적 사회 영역으로서의 '시민사회'의 형성을 통해 구체적인 면모를 갖추어 간다. 동시에 이 거대한 변화 과정에서 교육·문화·예술의 대중화도 진행된다.

영·정조 시대 왕들은 일반 백성들에게 도덕 서적을 보급하고 도덕교육을 독려함으로써 백성의 교육 수준을 향상시켰다. 요호부민(饒戶富民) 층을 비롯하여 부(富)를 축적하고 신분이 상승된 사람들은 다양한 문화적 소양을 발전시켰으며 교육의 저변을 확대시켰다. 양심·사상·학문·언론·출판·표현의 자유가 점차 확대되었고, 이야기책, 대중적 시문, 야담, 야사, 골계전, 도색 잡지 등 패관잡기의 대중문학과 노래·가무·마당극·인형극 등 대중문화가 활성화되었다.[13]

남녀평등과 여성해방의 문제를 조선 사회의 근대화 과정과 연계하여 접근하는 이유는 근대화란 신분적으로 자유롭고 평등한 국민이 등장하는 과정이며, 이 과정에서 여성해방의 징후도 포착되기 때문이다. 17~18세기 조선 사회의 국민국가 형성과 백성의 성장을 통해 나타난 민국이란 용어의 등장은 백성이 국가에서 차지하는 지위의 변화를 함축적으로 드러낸다. 민국의 등장으로 왕과 사대부의 나라가 백성의 나라로 전환되었다. 백성의 나라는 독립적이며 신분적으로 자유로운 백성이 등장하고 이 백성의 정치 참여가 확대되는 방향으로 국가 성격의 변용(變容)이 진행되었음을 의미한다.

이 변용된 국가를 다시 왕과 사대부의 나라로 되돌리려는 시도는 심각한 사회적 갈등과 대립의 원인이 되었다. 국가에 의한 백성의 억압과 수탈, 사대부 문화인 성리학적 규범과 질서에 의한 억압, 남성 권력에 의한 여성 억압은 지속적인 갈등을 야기했다. 국가의 억압과 수탈에 맞서 백성들은 향회 · 민회를 통해 자신의 정치 · 사회적 힘을 모으고 민심을 변화시켰다. 상언(上言)과 격쟁(擊錚)을 통해 민심을 왕과 사대부들에게 전달했고, 민심을 수용하지 않을 때에는 직접적인 봉기로 맞섰다. 이것이 19세기를 '민란(民亂)의 시대'로 규정한 이유다. 1811년 홍경래의 난, 1862년 임술민란, 1894년 동학농민전쟁은 백성의 나라를 확인하려는 민란이었다.

국가와 사대부는 성리학적 규범과 질서로 백성과 여성(어린이)을 훈육했다. 그러나 백성과 여성은 일상생활에서 성리학적 규범과 질서를 '전유(專有, appropriation)'하며 자신의 고유한 정체성과 독립성을 확보하기 위해 고투(苦鬪)했다. 임진왜란 때 시작된 백성에 대한 국가의 돌봄 포기, 소빙기로 인한 대기근의 고통스러운 일상, 성리학적 질서와 규범에 의한 억압된 삶의 심화라는 환경 속에서 백성들의 고통은 가중되었고, 특히 여성은 사회적 약자로서 이중삼중의 고통을 감내하는 존재였다. 그들은 일상의 공간에서 성리학적 규범과 질서를 전유하는 방식으로 자신의 정체성을 보존하려고 노력했다. 이런 노력은 동학의 창도(唱導)와 결합되어 여성해방의 중요한 동력이 되었다. 동학은 모든 인간은 동등하며 따라서 모두가 존중받아야 한다는 인간평등과 여성해방을 주장했다. 동학에 의해 주도된 1894년 동학농민전쟁 당시 집강소의 폐정개혁안 내용에 신분 차별 타파와 청춘과부 재가 허용이 담긴 것은 동학사상을 사회 현실에 투영하여 실질적인 변혁을 달성하려는 것이었다. 동시에 고종은 1882년과 1886년에 신분 차별 철폐, 1900년에 모든 과부의 재가를 허용함으로써 신분해방과 여성문제 해결에 앞장섰다.

조선시대의 여성해방의 진행은 서양과 비교해도 그리 늦은 것이 아니었다. 1860년 수운 최제우는 동학을 창시함과 동시에 자신의 여종들을 며느리와 수양딸로 삼았으며, 그 뒤를 이은 해월 최시형은 인간존중과 남녀평등을 지속적으로 강조했다. 서양은 1869년 존 스튜어트 밀(John Stuart mill, 1806~1873)의 『여성의 종속(The Subjection of Women)』이 발간되면서, 여성의 참정권과 남녀평등 문제가 사회의 중요한 의제로 등장했다. 따라서 조선 사회의 여성해방 흐름은 서양에서 이식된 것이 아니라, 일상의 삶 속에서 성리학적 질서와 규범을 전유했던 여성의 노력이 역사적으로 누적된 결과였다. 여성해방의 근본 동력은 국가와 남성 권력에 맞서 다양한 방식으로 성리학적 규범과 질서를 전유하며 남녀평등과 여성해방의 토대를 만들어 낸 여성들의 힘이었다.

서양 중세 시대에 어린이는 성인 세계로 진입을 준비하는 생물학적 예비 단계에 있는 존재, 종교적으로 원죄를 짊어진, 교정 받아야 할 대상으로 취급되었다. 따라서 어린이는 훈육과 교정을 통해 성인으로 진입해야 하는 존재에 불과했다.[14] 또한 중세 사회에서는 아동 시절 동안 그들의 독자성을 구분하지 않았으며, 따라서 아동이라는 의식이 존재하지 않았다고 주장한다.[15] 그래서 필립 아리에스(Philippe Ariès)는 아동을 발견했다는 것은 근대적 시각의 발견이며, 근대 사회의 성격을 가늠하는 잣대 역할을 하는 것으로 보았다.

로렌스 스톤(Lawrence Stone)은 16세기까지 유아의 높은 사망률, 중매결혼 풍습, 여성의 종속, 아동에 대한 무관심과 이른 외부 위탁, 혹독한 훈육 등의 관습 때문에, 부부간, 부모자식 간의 개인적 유대가 없었다고 주장했다.[16] 16세기 말부터 17세기 초까지 영국은 '매질의 시대(the flogging age)'였다.[17] 즉,

어린이는 사회의 관심 대상이 아니었으며, 교징과 훈육의 대상이었다는 것이다. 아리에스도 이와 유사하게 16~17세기의 학교를 '처형 장소'로 언급했다. 14~17세기까지 규율의 역사 기간 동안 교사는 무제한적인 매질로 어린이를 훈육했다.[18] 18세기에 들어서 매질은 중단되었지만, 18~19세기의 어린이들은 다시 기숙사 생활을 하는 '감금의 시대'에 들어섰다.[19] 동시에 유럽의 어린이들은 자본주의의 발달과 함께 '아동노동'이라는 공장 착취 구조의 하위에 배치되는 상황에도 노출되었다. 그러나 16세기부터 19세기까지 400여 년 동안 유럽에서 아동에 대한 관심은 부침이 있었으나 지속적으로 개선된 것은 사실이다.[20]

한 사회에서 어린이를 대하는 자세와 관점은 근대화의 기준이 될 수 있다. 근대화가 신분질서로부터 자유롭고 평등한 인간의 등장이며, 동시에 신에 의해 종속되지 않은 인간 그 자체의 발견이라고 한다면, 어린이가 그 사회에서 동등한 인간으로 존재하는가의 문제는 중요하다.

조선 사회는 공맹철학의 영향으로 일찍부터 어린이에 대한 교육제도와 시설을 갖추고 어릴 때부터 교육을 실시했다. 어린이를 소중한 생명으로 생각하고 집안 가족 모두가 양육과 교육에 심혈을 기울였다. 서양에서 '아동의 발견'을 근대의 징표로 이해했다는 점을 고려하면, 조선은 서양보다 더 이른 시점에 아동의 발견이 이루어졌다. 국가도 보통교육 제도를 통해 어린이를 보편적으로 가르쳤으며, 부모 없는 어린이와 굶는 어린이들에 대해서는 법률을 통해 구제했다. 돌봄이 필요한 어린이들에 대해서는 국가가 책임진다는 복지국가의 철학이 과거부터 존재했던 것이다.

이런 철학과 제도는 조선 후기 동학에서 어린이 존중 사상으로 발전했다. 어린이는 '인내천(人乃天)의 천사'와 같은 존재로 여겨졌다. 어린이를 때려서도 울려서도 안 되며, 동등한 생명으로 존중해야 한다고 강조했다. 어린이를 때리고 울리는 것은 한울님을 때리고 울리는 것이기 때문이라고 했다. 동학의 뒤를 이은 천도교는 미래의 주역인 어린이를 위한 다양한 사업을 전개했으며, 천도교 교주 손병희의 사위였던 방정환은 어린이날 제정 등 어린이 운동과 어린이 문학 창작과 보급에 자신의 삶을 바쳤다. 터키에 이어 세계에서 두 번째로 어린이날을 제정할 수 있었던 것은 동학 사상에 근원했다.

제4장과 제5장에서 여성해방과 어린이 존중이 조선 사회 근대화의 과정과 어떻게 연계되어 실현되어갔는지, 그리고 근대의 경계를 넘어선 여성의 역사와 어린이를 위해 노력한 사람들은 누구인지를 살펴볼 것이다.

2장

———————

# 조선의 근대를
# 들여다보는 방법

## 1. 서구가 만들어 낸 근대와 조선의 민본(民本)

오랫동안 많은 학자들이 유럽이 근대(modernity)의 원산지이며, 근대에 대한 독점적 특권을 가진다고 주장해 왔다. 베버(Max Weber, 1864~1920)는 '오직 서구에서만'이라고 하며 유럽만의 근대를 강력하게 주장했다. 그는 "오직 서구에서만(Only in the West) 우리가 오늘날 타당하다고 인정하고 있는 발전 단계에 오른 과학이 존재"했고, "정기적으로 선출된 국민대표들로 구성되는 의회와 정치 활동가 및 의회에 대해 책임을 지는 각료로서의 정당 지도자에 의한 지배는 오로지 서구에서만 등장했다"고 단언했다. 또한 "합리적으로 제정된 헌법과 법률 그리고 법규 등을 갖추고 전문 관료들에 의해서 수행되는 행정을 수반하는 정치 조직체로서의 국가는 그 모든 다른 유사한 것에도 불구하고 오로지 서구에게만 알려져 있다"고 주장했다.[21] 베버에 의하면, 근대는 "계산 가능하게 조직된 자유노동에 기초한 합리적 자본주의, 이를 가능하게 한 제도적 중추로서의 합리적 법과 행정체계(관료주의), 그리고 이와 선후를 이루면서 진행되는 과학, 문화, 예술, 종교, 경제, 정치 영역의 합리화(rationalization)와 분화(differentiation)"로 규정된다.[22] 베버에 따르면 근대는 자본주의, 관료주의, 합리화라는 기준에 의해 규정되는 것이다.

서구의 학자들이 주장하는 이런 근대의 '특허권'에 대한 정밀한 검토가 필요하다. 그 주장이 사실이라면 전 지구적인 근대는 서양과의 만남 이전에는 존재할 수 없는 것이다. 이 논리대로라면 조선 사회도 서양의 과학과 기술 등 서양 문명과 접촉한 이후에나 근대화가 시작된 것이다. 이러한 관점에서 볼 때 조선 사회는 서양의 세례 이전에는 경제·사회적 근대화가 불가능했고 개항과 함께 근대가 시작되었으며 일본의 대한제국 강점 덕분에 근대화될 수 있었다. 이영훈은 "진정 한국적 근대의 출발을 알리는 기점(起點)"을 1876년 개항이라고 규정한다. 그 이유는 "'소농사회의 성숙'으로 그 발전방향이 집약되던 조선 농촌경제에 그와 전혀 상이한 유형의 서유럽적 근대가 접합되기 시작"했기 때문이라고 한다.[23] 개항 이전 조선 사회는 근대의 내재적 동력을 갖고 있지 않았는데, 개항을 통해 서양적 근대의 '어떤 것'들과 접촉함으로써 근대화에 착수할 수 있었다는 것이다. 이런 논리라면, 서양을 제외한 어떤 국가와 지역도 서양과의 접촉이 없다면 근대로 이행할 수 없었다.

앞에서도 언급했듯이, 또 다른 역사학자들은 '보편사적 근대의 시작'을 9~13세기에 걸친 중국 송대로 제시한다.[24] 이에 따르면, '오직 서구에서만' 근대가 착수되었다는 주장은 시정되어야 한다. 문제는 낮은 단계의 근대에서 높은 단계의 근대로 얼마나 더 빨리 이행했는가에 있다. 그런 차원에서 "'초기 근대' 단계에 먼저 도달했던 극동은 '전근대'의 극서 제국을 '초기 근대'로 깨웠고, 그간 19세기에 '높은 근대'에 도달한 극서 제국은 '초기 근대'의 극동제국을 '높은 근대'로 깨웠다"[25]고 할 수 있다. 따라서 동아시아 지역은 계속 전근대에 머물러 있었고 서양의 문명 세례에 의해 근대로 이행했다는 주장은 그야말로 독단성과 무지만 드러낼 뿐이다.[26] 서양으로 표현되는 극서 지역은 13~16세기에 극동으로부터 과학·산업기술 등 물질문명을 받아들여 르네상스를 일으켰고, 17~18세기에는 공맹철학과 극동의 정신문명을 받아들여 근대화의 기획으로서 계몽주의를 일으켰다.[27] 따라서 근대로의 이행은 어느 일방의 문명의 세례가 아니라 동서 상호간 문명적 패치워크를 통해 진행된 것이다.

## 1) 식민지 근대화론의 역사왜곡

지금도 식민지 근대화론자들은 18~19세기의 조선이 쇠락의 길을 걸었다는 것과 20세기 일제 강점기에 조선의 경제가 성장했다는 수치의 대비를 통해 일본에 의한 조선의 근대화를 기정사실화하고 있다.

> 18, 19세기 동안 일어난 신장(身長) 축소, 실질 임금 하락, 지대 감소는 조선 후기에 노동자, 농민뿐 아니라 양반들의 생활수준도 꾸준히 하락했음을 알려 준다. 이와 대조적으로 20세기에는 모든 계층의 생활수준이 나아졌고, 그 속도는 세계 다른 지역에서보다 훨씬 빨랐으며, 해방 이전에 비해 이후에 훨씬 빨랐다.[28]

이것이 식민지 근대화론의 핵심적 주장이다. 18~19세기 동안 조선 경제는 추락했고, 일제강점기 동안 백성의 생활수준이 나아졌다는 것이다. 즉, 일본의 식민 통치 기간에 조선은 근대화의 길에 들어섰고, 그 결과로 지금의 대한민국이 가능했다는 단선적이며 친일적인 역사관이라 할 수 있다. 우리는 두 가지 맥락에서 이 주장을 비판할 수 있다.

첫째, 18세기까지 조선의 생활수준은 세계적 차원에서 월등히 높았다. 1780~1809년 사이 조선 숙련노동자의 실질임금(쌀 8.2kg)은 20여 년의 시차는 있으나, 이탈리아 밀라노 숙련노동자의 1750~1759년간 실질임금(빵 6.3kg)보다 훨씬 높았고, 영국에서 가장 생활수준이 높은 도시 런던의 숙련노동자의 1750~1759년간 실질임금(빵 8.12kg)보다 높았다. 또한 중장기적

생활수준을 좀 더 정확하게 보여주는 '총요소생산성(total factor productivity)'
은 1800년 웨일즈를 포함한 잉글랜드(당시 영국에서 가장 잘 살던 지역)의 총요
소생산성을 100으로 잡을 때, 1800년 조선의 총요소생산성은 134였고, 중
국에서 가장 잘 살던 양자강 하류지역(강소성·절강성)의 총요소생산성은 약
191이었다.[29] 이 당시 조선은 총요소생산성(134)을 기준으로 할 때 잉글랜드
(100)보다 부유했으며, 중국에서 가장 부유한 양자강 하류지역보다 못하지
만 중국 전체로 따져본다면, 거의 유사했다고 볼 수 있다.[30]

　이는 GDP를 통해서도 확인할 수 있는데, 1820년 조선과 중국의 1인당
GDP는 600달러였다([표 2-1] 참조). 아담 스미스(Adam Smith, 1723~1790)의『국
부론』에 의하면, "중국은 유럽의 어느 지역보다 훨씬 부유한 나라"였으며,
"중국과 유럽의 생계수단의 가격 차이"는 아주 커서 "중국의 쌀 가격은 유럽
어느 곳의 밀 가격보다 훨씬 더 낮았다"고 평가했다.[31] 조선은 중국과 경제
수준이 비슷했으며 중국은 영국의 생활수준을 능가했던 것으로 나타나기
때문에, 당시 조선의 생활수준은 세계 최상위였던 것으로 추정할 수 있다.[32]

[표 2-1] 동아시아 주요 국가 1인당 GDP(1990, 국제 Geary-Khamis달러)

| | 1700 | 1820 | 1850 | 1870 | 1911 | 1912 | 1913 | 1914 | 1915 | 1916 |
|---|---|---|---|---|---|---|---|---|---|---|
| 조선 | | 600 | | 604 | 815 | 843 | 869 | 902 | 1,048 | 1,018 |
| 중국 | 600 | 600 | 600 | 530 | | | 552 | | | |
| 일본 | 570 | 669 | 679 | 737 | 1,356 | 1,384 | 1,387 | 1,327 | 1,430 | 1,630 |
| 인도 | 550 | 533 | 533 | 533 | 691 | 689 | 673 | 709 | 691 | 710 |
| 인도네시아 | 580 | 612 | 637 | 578 | 839 | 838 | 874 | 864 | 866 | 870 |
| 필리핀 | | 584 | | 624 | 913 | 911 | 938 | 952 | 875 | 1,003 |
| 타이 | | 570 | | 608 | | | 841 | | | |

출처: 황태연, "조선시대 국가공공성의 구조변동과 근대화", 148쪽.

둘째, 일제 강점 기간이 아니라, 대한제국 시기 고종의 광무개혁을 통해 새로운 발전의 계기를 마련했다는 것이 확인된다는 점이다. 1901년 대한제국의 무역총량이 1,800만 엔을 넘었고, 3년 뒤인 1904년에는 3,490만 엔, 1910년에는 5,870만 엔에 달했다. 1904년에는 1901년에 비해 수출이 350만 엔에서 750만 엔으로 곱절 이상 늘었다. 주요 무역상대국도 일본·중국·러시아·미국·영국 등이었다.[33]

표 2-1에 의하면, 1820년 조선의 1인당 국민소득(GDP)은 600달러로 중국과 공동으로 동아시아 3위 국가였다. 이후 하향 추세가 계속되다가, 1869년 이전에 저점을 통과하여 1870년 604달러로 반등하기 시작했고, 이후 40년 동안 연평균 약 5.3달러씩 매년 고도성장을 거듭하여 1911년 815달러가 되었다.[34] 1911년 1인당 GDP가 815달러로 증가한 것은 대한제국의 광무개혁 시기에 이루어진 경제 발전의 결과였다. 동시에 1915년 한국은 1인당 GDP가 1,048달러로 일본에 이어 아시아 지역 제2위의 수준으로 올라갔다. 1915년은 일제 강점기이지만, 일제 총독부가 1910년부터 1914년까지 5년 동안 한국에 아무런 식산흥업 정책이나 투자 없이 무단정치에 의거한 토지약탈 등만을 강행했다는 점에서 1915년 한국의 1인당 GDP는 대한제국 시기부터 이어져 온 식산흥업 정책의 결과라고 볼 수 있다.[35]

또한 대한제국 기간 동안 정부 예산은 경제 발전을 반영하듯, 비약적 성장을 달성했었다는 점도 식민지 근대화론을 반박한다. 대한제국을 선포한 1897년 세출예산이 약 419만원이었는데, 1904년 1,421만 원으로 3배 이상 증가했다. 세입예산도 1897년 약 419만 원에서 1904년 1,421만 원으로 3배 이상 증가했다(표 2-2, 표 2-3 참조). 이처럼 국가의 세출과 세입 예산 모두 약 7년 사이에 3배 이상 증가했다.

[표 2-2] 대한제국 세입예산 추이(1895~1905, 단위 원)

| 연도 | 1897 | 1898 | 1899 | 1900 | 1901 | 1902 | 1903 | 1904 | 1905 |
|---|---|---|---|---|---|---|---|---|---|
| 예산 | 4,191,192 | 4,527,476 | 6,473,222 | 6,162,796 | 9,079,456 | 7,586,530 | 10,766,115 | 14,214,573 | 14,960,574 |

출처 : 『議奏』(奎17705), 『官報』, 『奏本』(奎17703), 『歲入歲出總豫算表』(奎15295). 이윤상, "대한제국기 황제 주도의 재정운영", 『역사와현실』26(1997), 131쪽에서 재인용.

[표 2-3] 대한제국 세출예산 추이(1895~1905, 단위 원)

| 연도 | 1897 | 1898 | 1899 | 1900 | 1901 | 1902 | 1903 | 1904 | 1905 |
|---|---|---|---|---|---|---|---|---|---|
| 예산 | 4,190,427 | 4,525,530 | 6,471,132 | 6,161,871 | 9,078,682 | 7,585,877 | 10,765,491 | 14,214,298 | 19,113,665 |

출처 : 『議奏』(奎17705), 『官報』, 『奏本』(奎17703), 『歲入歲出總豫算表』(奎15295). 이윤상, "대한제국기 황제 주도의 재정운영," 132~133쪽에서 재인용.

이런 상황은 일본공사 하야시곤스케(林權助)가 아오키슈조(靑木周藏) 외무대신에게 타전한 비밀보고(1900.2.19)에서도 확인할 수 있다. 그는 "생각건대 상업상 당국(當國, 한국)의 지위는 타동적(他動的)이나마 스스로 일전(一轉)의 기운(氣運)을 만나, 즉 단순한 상업 시대에서 공업 시대로 들어서려고 하며, 한두 동양 국가들과의 관계에서 나아가 세계적 경쟁의 영역으로 향하고 있기 때문에, 우리나라 상인도 이에 응할 각오를 하여 종래와 같이 곡류와 잡화의 교환에 만족하지 말고, 나아가 광산 그 밖의 큰 사업에 대해 투자하는 것이 필요"하다고 보고했다.[36] 그 4년 후 하야시는 한국경제 관련 통계표들을 붙인 〈한국 외국무역 최근개황〉(1904.10.29)이라는 보고서에서 "한국의 무역은 해마다 다소 소장(消長)이 있지만 발달의 추세가 현저하다"라고 논평했다.[37]

이렇듯 대한제국 시기의 식산흥업, 농림회사의 등장, 상공업 진흥정책과 성과, 근대적 상업·금융·공업·운수교통·토건기업들의 등장 등의 도약의 근거들을 식민지 근대화론자들은 애써 외면하거나 확인하지 않았다. 한국은 일제 강점기 이전에 이미 근대화가 진행중이었으며, 일제강점기에는 오히려 불평등한 분배와 일제에 의한 식민지 수탈이 구조화되었다.

이영훈은 '서유럽적 근대에 대해 신뢰를 두는 기본 이유'를 "대중 참여의 민주주의를 실질화할 수 있었다는 점"을 들고 있다.[38] 서양은 대중 참여에 의해 민주주의가 실현되었으나, 조선은 대중의 참여가 배제되었기 때문에, 민주주의가 싹틀 수 없었다는 것이다. 그러나 조선 사회에 의회는 없었으나, 광범위한 언로와 자치를 통해 정치참여의 흐름이 형성되어 있었다. 조선 사회에서 백성들의 거대한 압력은 계몽군주인 영·정조의 대대적인 언로의 확대로 나타났으며, 지역사회의 권력구조는 향회에서 민회로 점차 전환되었다. 백성들이 지역의 자치를 통해 새로운 주체로 등장했으며, 백성들의 이해와 요구를 격쟁(擊錚)과 상언(上言)을 통해 왕에게 전달했다. 백성의 요구를 수용·반영하지 않고는 국정을 운영하기 어려웠다.

그리고 유럽에서 대중 참여에 의한 민주주의가 이뤄진 것도 기실 20세기적 현상이었다. 네덜란드공화국은 1581년에서 1795년까지 214년 동안 존속했으나, 1815부터 네덜란드 왕국이 되었다. 스웨덴은 1818년 2월 장-밥티스트 베르나도테(Jean-Baptiste Bernadotte, 1763~1844)를 스웨덴의 칼 요한 14세 국왕으로 정하고 베르나도테 왕가를 창설했다. 독일은 18세기까지 사실상 왕이 영화(零化)된 소위 공위(空位)시대였으나, 프러시아국왕이 1871년 1월 18일 독일제국(Der Deutsche Reich)을 선포했다. 이탈리아는 에마누엘레 왕가로 근대를 창설했고, 1871년 로마를 수도로 선포했다. 일본도 1867년에야 명치유신을 선포하고 일본 천황제의 시대를 열었다. 계몽과 근대의 상징이었던 프랑스혁명 이후, 프랑스는 혁명의 함성이 가라앉기도 전에 1804년 2월 황제가 즉위했다.[39] 19세기 유럽에서 근대를 추진한 동력은 의회민주주의가 아니라 절대군주제 또는 계몽군주제였던 것이다.

## 2) 근대화를 추진한 민국정체(民國政體)

식민지 근대화론뿐만 아니라 내재적 발전론도 서구의 근대를 기준으로 역사를 논구하는 것은 유사하다. 즉, "서구의 근대를 따라잡아야 할 것, 반드시 거쳐야 할 것, 혹은 우리 역사 속에서 반드시 찾아내야 할 것으로 이해하는 근대주의적, 서구 중심적 역사인식"이 여전히 유지되고 있다.[40] 조선 후기를 살아왔던 백성들의 구체적인 삶의 이야기와 생생한 현실 구성에 대한 해석보다는 서구의 근대적 기준에 부합하는 내재적 동력을 추적하는 것에 초점을 맞추는 것이다. 이러한 한계를 극복하기 위해서는 당대를 살았던 사람들의 사상사와 시대사 그리고 일상생활 세계에 대한 추적과 해석을 통해 실체적 역사에 더 가깝게 다가갈 수 있도록 해야 한다.

우선, 근대 또는 근대화의 의미를 추적하면, "'왕과 귀족들의 국가'를 '자유 평등한 국민의 국가'로 변혁하는 근대적 국민국가 건설"이라고 할 수 있다. 이를 조선 중기에 적용한다면, "공자의 '대동이념'을 혁명적으로 재해석한 민선(民選) 선양제(禪讓制)의 하사비군론적(何事非君論的) 공화주의, 즉 '누구를 섬긴들 임금이 아니겠는가'라는 식의 '급진공화주의'로 선보이기도 하고, 세습왕제를 부정하는 이 '급진적 공화주의'의 도전에 응전하는 군주와 정부 차원에서 '백성의 나라', 즉 '민국(民國)'의 이념으로 나타나기도 한 것으로 가정해 볼 수 있을 것"[41]이다. 이로써 조선 중기부터 근대 국가로서의 이념적·사상적 흐름이 형성되는 것을 간접적으로 포착할 수 있다. 이런 흐름 속에서 조선 후기 들어 양반층의 균열과 변동이 발생했고, 공노비를 혁파하는 등 신분제가 붕괴되면서 국민 국가 형성의 자양분이 제공되었다.

통상적으로 서양의 절대주의 시대는 근대의 경계로 알려져 있다. '절대주의(absolutism)'라는 용어가 정치체제의 성격과 구조로서 처음 사용된 것은

1796~1797년이었고, 영국에서는 1830년, 프랑스에서는 1831년 사용되기 시작했다. 이 용어에 대한 전통적인 해석은 "강력한 군주에 의해 고도로 중앙집권화된 전제적 통치, 동시에 국내와 국외의 그 어떤 세력에 의해서도, 또한 그 어떤 법적 제한에 의해서도 방해받지 않는 통치"이다.[42]

절대주의는 본질적으로 "공납제의 광범위한 형태 변화를 통해 농민대중이 획득한 이익들을 무시할 뿐 아니라 또 이를 거슬러 농민대중을 그들의 전통적인 사회적 지위에 되묶어 두려고 계획된 '재편성되고 재충전된 봉건적 지배기구'이다. 즉 절대주의 국가는 결코 귀족계급과 부르주아지 간의 중재자가 아니었으며 더욱 더 귀족에 대항해 태동하는 부르주아지의 도구는 아니었다. 그것은 위협받고 있는 귀족의 새로운 정치적 갑주인 것이다."[43] 그리고 부르주아지의 역할은 능동적인 행위자나 체제 구성자가 아니라, 변두리의 우연한 수혜자, 또는 소극적 견제자에 불과했다. 절대주의 국가에서 부르주아지는 지극히 낮은 수준의 견제자였으며, 절대주의의 성격으로 인해 우연하게 부르주아지의 기본 이익을 촉진하게 된 것이다.[44] 즉 절대왕정은 근본적으로 귀족 계급의 재산과 특권의 보호 장치이면서 이 보호 장치가 동시에 의도치 않게 신흥 상공업 계급의 기본 이익도 촉진시켰다는 것이다.

절대주의는 귀족들의 사회적 우위의 기초 위에 건설되었고 토지 재산의 요구에 의해 제한당한 국가였다. 귀족계급의 어떠한 정치적 지위 강등도 일어나지 않았다. 오히려 반대로 절대주의 국가의 근본적인 봉건성은 끊임없이 자본에 대한 약속을 깨뜨리고 무효화시켰다. 절대주의적 군대, 관료제, 외교, 왕조는 국가기구 전체를 다스리고 그 운명을 주도한 견고한 봉건적 총체로 남아 있었던 것이다. 말하자면 절대주의 국가는 봉건귀족과 자본가의 타협체제가 아니라, 자본주의로 이행하는 시기에 불가피하게 혁

신된 '봉건귀족들의 새로운 지배체제'였다.[45]

절대주의 왕정 시기에 부르주아지가 등장하고 봉건적 유산이 파괴되었다고 전제하고 근대의 기준으로 삼는 것은 타당하지 않다. 귀족이 "절대주의 역사의 시작부터 끝까지 결코 정치권력의 자리로부터 이탈해 본 적이 없다"는 점에서, 따라서 "절대왕정의 정치체제는 상품경제의 발전 시기에 봉건적 지배와 착취를 유지하기 위한 새로운 정치적 형태일 따름"[46]이라는 점에서 그러하다. 또한 절대주의가 '봉건 귀족들의 새로운 지배체제'인 한 절대주의 왕정 국가를 자유 평등한 국민의 국가로 변화된 근대 또는 근대화 기점이라고 상정할 수는 없다.

절대주의는 하나가 아니라 여러 개로 분리된 '조각난 영토들의 결합'에 불과했다.[47] 조각간 영토들의 결합이란 "강화된 왕정과 전통적인 귀족, 법복귀족, 도시와 지방 그리고 교회 사이에 공생하는 모자이크 같은 권력관계"를 의미한다.[48] 이 중앙집권화된 절대주의 국가는 17세기 또는 늦어도 18세기까지 대부분의 유럽 국가에서 확립되었고, 근대 주권국가의 성립으로 파악된다. 따라서 이런 논거를 통해 조선 사회를 분석한다면, 오히려 조선 초기의 모습과 유사하다. 전제적 중앙집권제·관료제·상비군은 조선 건국 이래로 통상적인 요소였다. 즉, "봉건 대귀족의 이익을 대변하는 보댕의 신(新)봉건적 절대군주정이나, 봉건 대귀족과 농촌 젠트리층의 이익을 대변하는 홉스의 절충적 절대군주정은 사대부를 제치고 소민 보호를 내세운 탕평 군주의 '민국(民國) 체제'보다는 사대부와 왕의 나라였던 초기 조선 국가와 더 유사하다."[49]

영·정조 시대는 봉건귀족이 아닌 소민을 보호하려는 민국 정체이고, 이러한 사상적 변화는 근대적 성과로 나타났다. 영·정조 시대의 민국 정체는 소민 보호, 임노동 촉진, 국민 형성(nation building) 등을 위한 근대화 개혁을 추진했다. 이 계몽군주 시대에 조선 사회는 근대로의 이행이 진행되었다. 그 근거는 다음과 같다. 첫째, 양민의 균역을 경감하고 그 부족분을 사대부와 중인 이상으로부터의 세수 확보로 채우는 균역법을 실시해서 소민의 균역이 12분의 1로 줄어들었다. 둘째, 소민의 새로운 권리와 의무 관계를 분명히 하려고 법전 편찬을 지속적으로 시행하여 '법치주의'를 확립했는데, 개정 내용들은 대체적으로 소민의 권리 향상과 관련된 것이었다.[50] 동시에 국왕도 법 위에 존재하지 않고 국왕의 뜻도 일정한 입법 절차를 거쳐야만 시행될 수 있었다. 셋째, 소민 보호를 위해 형정(刑政)을 획기적으로 개선하고 각종 형벌을 인간화하는 관벌·관형주의를 확립하여 행형의 내용과 절차를 근대화했다.[51] 넷째, 소민 보호 이념이 현실에서 작동할 수 있도록 어사제도를 쇄신·강화했다. 다섯째, 소민이 왕에게 직접 호소할 수 있도록 상언과 격쟁제도를 확대하고 활성화했다. 여섯째, 윤리 교육에서 양반과 소민의 구분을 폐하고 소민을 정신적으로 개발하기 위해 소민의 도덕교육에 각별한 노력을 기울였다. 일곱째, 노비가 근대적 임금노동자로 전환하는 것을 활성화하기 위해 노비제도 혁파를 결정했으며, 순조에 의해 재위 원년(1801)에 공노비의 부분 혁파가 실행되었다. 여덟째, 영조는 서얼의 승진 제한을 철폐하는 서얼허통(庶孽許通, 서얼신분에 대한 홍문관·규장각 등의 淸職, 즉 要職 진출 허용), 관직에 진출하는 서얼통청(庶孽通淸)을 확대하여 서얼의 국정 참여 수위를 대폭 높임으로써 신분적 차별이 축소되도록 했다.[52]

소민의 보호, 관노비의 부분 혁파와 서얼허통·서얼통청은 신분 차별을 축소하는 선진적·근대적 성격을 담고 있다. 조선 사회의 공노비 부분 혁파(1801)는 프러시아의 폰 슈타인과 하르덴베르크의 실패한 농노해방(1807)보다 빠르며, 러시아 알렉산더 2세의 농노해방(1861)보다 반 세기 이상 이르다. 감세와 화폐조세, 법치주의 확립, 사법행정의 활성화, 쟁송과 언론의 자유, 감찰제도 확립, 국민교육 강화, 노비 요역의 감면과 추쇄법 철폐 및 임금노동자 보호법(고공법 제정 · 시행)을 통한 임노동제의 촉진, 신분제 철폐 결정을 통한 만민평등화 추구 등 민국 정체의 성과는 모두 근대화를 지향하는 것이었다.[53] 이상과 같은 정책의 추진이 사대부와 관리가 아닌 소민을 보호하려는 것이었다는 점은 영 · 정조가 유럽의 절대주의 국가와는 다른 길을 걸었다는 것을 보여준다.

> 백성을 위해 임금이 있는 것이지, 임금을 위해 백성이 있는 것이 아니다
> (爲民有君, 不以爲君有民也).[54]

영조는 자신이 백성을 위해 존재한다고 천명했다. 서양의 절대주의 시대의 '봉건귀족의 새로운 지배체제'가 아니라, 영 · 정조 시대의 '민국 정체'는 계몽군주에 의한 '백성의 나라'였다. 같은 시기에 프로이센의 프리드리히 2세(Friedrich Ⅱ, 재위 1740~1786)도 "군주는 제 백성의 절대적 주인이기는커녕 백성의 으뜸 노복에 지나지 않는" 존재이며, 군주란 "원래 백성의 복지를 위해 설계된 것"이라 했다.[55] 동서양의 영 · 정조와 프리드리히 2세는 동시대에 절대군주의 지위를 '법적 제한에 의해서도 방해받지 않는 통치'가 아니라, 군주는 백성을 위한 존재이며 백성의 노복임을 천명한 것이다.

## 3) 국민국가의 형성과 백성의 성장

식민지 근대화론의 역사 왜곡과 서양 절대주의에 대한 잘못된 평가에 의해 조선 시대의 역사를 근대 이전의 단계로 치부하고, 서양의 것을 빠른 시

일 내에 받아들이지 못한 것을 '조상의 탓'이라고 예단하는 것이 상식적 역사관이 되어 버렸다. 그러나 식민지 근대화론은 그야말로 역사 왜곡이며, 서양의 근대화 역사를 과대평가하는 것은 그야말로 역사 비약이다. 조선시대에 이미 근대화의 사상적 동력이 작동했고 현실에서 모습을 드러냈다.

근대화는 세계사적으로 민주화 이전에 국민국가가 형성되는 과정을 의미한다.[56] 국민국가의 형성과 함께 근대화란 첫째, 정치적 차원에서 백성(民)의 국민화와 국민국가의 형성(대내적으로 자유평등하고 대외적으로 독립적인 개인들의 연대적 공동체로서의 '국민'의 형성과 직간접적 국민 참정의 구현)과 민주화, 둘째, 경제의 시장화와 산업화(즉, 재화·서비스·노동의 상품화와 생산방식의 기술적 효율화), 셋째, 사법의 인간화와 법치주의의 확립, 넷째, 사회의 시민적 자유화(양심·종교·사상·학문·예술·언론·출판·표현의 자유 신장)와 (통치체제와 분리된 자율적 사회 영역으로서의) 시민사회의 형성, 다섯째, 교육·문화·예술의 대중화 등으로 이해할 수 있다.[57]

특히, 정치적 차원에서의 백성의 국민화와 국민국가 형성 그리고 민주화가 핵심이다. 이것이 진행되면, 그 이외의 것은 더욱 확산되고 보편화된다. 국민화는 "'신분향상과 신분해방에 따른 백성들의 공무담임과 참정 의지의 발아와 성장', 즉 자유 평등한 백성들의 '칙군자치(則君自治, 임금을 표준으로 삼아 이루어지는 자치)의 개시와 확장'"을 의미한다.[58] 조선 후기에 향회와 민회 등을 통한 지역 자치의 확대와 공론의 확산은 국민화의 개시와 확장을 의미하며, 이에 따라 중앙정치와 지역정치 차원에서 백성의 참정의 영역이 확대되고 발언권이 강화되었다. 조선에서 국민 참정은 "중앙에서의 서얼통청, 지방정치에서의 '자치'(향회, 두레, 민회, 간도에서의 지방관 민선 등), 그리고 나중에는 신분해방과 중앙과 지방의 일반적인 탈신분제적 '공무담임제' 도입과 정착, 중앙정부의 일부 기관(가령 중추원)에서의 국민대표의 칙선(勅

選)·민선(民選) 등을 통해 관철되고 확립된다."[59] 정치 주체로서의 자각과 현실에서의 적용은 백성들의 권한 강화로 연결되면서 경제의 시장화, 사법의 인간화, 시민권의 확대, 예술과 문화 및 교육의 대중화로 확대되었다.

조선 사회에서 신분해방의 염원과 백성의 권리 향상, 정치 참여의 확대는 오랫동안 민(民)의 사상으로 계승되었다. 대동사회(大同社會)와 민유방본(民有邦本)에 입각한 새로운 사회에 대한 염원, 역성혁명(易姓革命)을 통한 해방에 대한 갈구는 면면히 이어져 내려왔다. 그것은 한편으로는 계몽군주에 의한 국체(國體)의 변화를 통해 실현되었고, 다른 한편으로는 개벽사상이라는 민중적 염원으로 전승되었다. 민국의 정치철학적 원천으로서 공맹의 민본론을 살펴보면, 탕평군주들로 하여금 민국론을 수용할 수밖에 없도록 만든 요소들이 있다. 즉, 기존 왕조를 전복하는 역성혁명, 백성을 돌보지 않는 폭군에 대한 반정(反正) 등을 용인하는 역동적 정치사상은 탕평군주들에게 상당한 위협 요소로 간주되었다.[60]

민본론은 "백성은 나라의 근본이고 근본이 단단하면 나라가 안녕하다"는 것으로 국가의 근본은 백성임을 천명한 것이다.[61] 따라서 『중용』의 국가론은 "민을 얻으면 나라를 얻고, 민을 잃으면 나라를 잃는다"는 백성 중심의 국가를 지향한다.[62] 이런 고로, 맹자는 '민귀군경론(民貴君輕論)'을 통해 "백성이 가장 귀중하고, 사직이 그다음이고, 임금은 가장 가벼우므로, 들녘의 백성을 얻으면 천자가 된다"고 한 것이며, "제후가 사직을 위태롭게 하면 제후를 갈아치우고 희생이 살찌고 곡식 차린 것이 깨끗하고 때맞춰 제사를 올렸으나 한발과 수재가 나면 사직을 갈아 치운다"는 반정론(反正論, 폭군·암주방벌론)과 역성혁명론을 설파한 것이다.[63]

따라서 공맹의 국가론은 백성의 마음을 얻는 것을 근본으로 삼았다. 이런 민본론은 탕평 계몽군주인 영·정조의 정치철학의 근본이었을 것이다. 그래서 영·정조는 백성의 공복임을 밝혔고, 왕의 나라가 아니라 백성의 나라임을 천명했으며, 이런 전통은 고종에게도 계승되어 대한(大韓)이 고종 한 사람의 대한이 아니라 만백성의 대한이라고 한 것이다. 이런 민본(民本)의 기초 위에 백성은 향회의 성격 변화와 민회의 활성화를 통해 신분적으로 자유롭고 평등한 세상을 향한 다양한 움직임을 만들어 갔다. 민본을 무력화하려는 세도정치에 대항해서 각종 민란(民亂)을 전개했고, 신존왕주의의 가치 위에 권귀(權貴)를 몰아내고 자유 평등한 세상을 실현하기 위한 제1차 동학농민전쟁에 나섰으며, 일제의 침략에 맞서 나라의 독립을 지키기 위한 제2차 동학농민전쟁을 벌였다. 이러한 백성들의 지난한 투쟁을 통해 신분적으로 자유롭고 사회적으로 평등한 사회로 나아갔고, 이 과정에서 성리학적 위계질서에 의한 남녀 차별이 점차 시정되었다. 또한 동학의 인간 평등 사상의 내용 안에 담겨 있던 어린이 존중 사상이 싹을 틔워 방정환에 이르러 꽃 피우게 되었다.

근대로의 이행은 다양한 단계와 경로를 거쳐 진행되었지만, 궁극적으로 그 사회에서 여성해방과 어린이 존중을 통해 최종적으로 국민화와 국민국가의 형성이 이루어진다고 볼 수 있다. 근대 이전 성리학에 기반한 남성 중심사회에서 벗어나 여성이 동일한 인간으로서의 권리를 보장받기 위해 지난한 과정이 필요했으나, 그 성과가 나타났으며, 신분적으로 해방되고 평등한 세상으로의 전환 과정에서 세계의 어느 나라보다도 앞서 어린이 존중을 사회의 주요한 문제로 사고하고 실천한 것이 한국이었다.

조선 후기부터 반상차별의 철폐를 통한 신분해방으로, 여성과 어린이도 성인 남성과 같이 동일한 인간이라는 인간평등과 해방의 사상이 나타났다. 신분해방은 계몽군주와 백성들의 협력 또는 갈등으로 부상되었지만, 백성의 민압과 계몽군주의 소민 보호의 민국 이념 속에서 부단한 교감과 공감을 통해 조선 사회에서 현실화되었다. 신분해방은 영·정조대에 시작되어 고종 대에 이르러 마무리되었다. 여성해방도 동학의 인간 평등 사상에 의해 동학교도와 백성들에게 확산되었고, 어린이 존중은 동학의 인간 평등 사상에 의해 움트기 시작해서 방정환의 어린이날 제정 등으로 구체화되었다. 이렇게 볼 때 대한민국의 신분해방과 여성해방·어린이 존중은 전 세계적 수준에서도 전혀 뒤떨어지지 않았다.

## 2. 있는 그대로의 삶의 역사: 공감해석학적 접근과 일상사적 접근

구한말과 일제강점기 역사이해의 문제는 있는 그대로의 당대의 삶과 남겨진 역사 기록의 해석의 문제다. 이는 지금도 첨예한 차이와 갈등을 만들어내고 있다. 그 시대에 살았던 사람들의 삶의 궤적을 현재의 시점에 해석하는 문제로 인해, 즉 과거의 문제로 인해 현재를 살아가는 사람들이 갈등하고 있다. "역사가가 다루는 사료는 과거에 만들어진 것이지만, 역사가가 사료를 다루는 시점은 바로 현재다. 사료를 분석하고 그것에 의미를 부여하는 작업은 바로 현재라는 시점에서 이루어지고 있기 때문에 역사 연구는 현재라는 역사적 시기가 가지고 있는 특성과 한계에 영향을 받지 않을 수 없다."[64] 따라서 사료 해석은 보다 엄밀해야 하며, 현재의 관점으로 왜곡하여 재단하는 태도를 최대한 배제해야 한다.

### 1) 공감해석학적 접근과 역사 해석

역사 연구는 대체로 텍스트의 해석으로 시작된다. 즉 "연구자가 문서의 구성성(constructedness)을 밝혀내어 문서의 역사성을 드러냄으로써 그 문서를 통한 하나의 역사적 해석이 가능해지는 것이다."[65] 그러나 텍스트가 당대의 역사를 그대로 드러내는 것은 아니다. 그것은 당대 역사의 일정한 시점의 일정한 사람들의 일정한 의견들을 드러낼 뿐이다. 또한 문자를 남기지 못한 사람들의 삶은 문자를 남긴 사람들에 의해 기술되어 텍스트로 전달된다.

> 문헌이란 대부분 문자를 전유할 수 있었던 지배 계층의 입장에서 기록한 것이기 때문에, 문헌에서 나타나는 역사적 경험과 사건들은 부분적일 수밖에 없다.…실제로 역사가들이 할 수 있는 것은 과거의 경험에 대한 부분적 기록으로 과거의 사회, 문화를 짜맞추는 것이고, 적당한 근거로 과거의 사건들의 인과관계를 추측해 내는 것이다.…역사가가 역사적 사실을 구성하는 재료가 부분적일 수밖에 없기 때문에, 역사적 사실이란 필연적으로 부분적일 수밖에 없다. 역사적 사실이 부분적이고 파편적이라는 것은 역사적 사실을 구성하고 있는 사료를 어떻게 조합하는가에 따라서 다른 역사적 사실과 해석이 나올 수 있다는 것을 말한다.[66]

따라서, 역사 연구의 기본 사료인 텍스트를 대할 때는 다음 두 가지 점을 유의하지 않으면 안 된다.

첫째, 역사 연구에서 사료가 되는 텍스트의 부분성에 따른 편향·왜곡의 가능성을 최소화해야 한다. 해석상의 오류에 대해서 항상 점검해야 한다는 것이다. '역사적 사실'은 발견된 텍스트에 대한 해석을 통해 확인된 만큼의 사실만 인정될 뿐이다. 이것은 하나의 역사가 또 다른 이야기와 결말로 전환될 수도 있다고 보는 열린 자세의 필요성을 보여준다.

둘째, 텍스트 해석에서 활자화된 텍스트에 절대성을 부여하는 것의 위험성을 유념해야 한다. 즉, 텍스트를 산출해 낸 상황에 대한 전방위적인 접근과 해석이 필요하다. 텍스트는 차분한 이야기, 고정된 언어 배치의 다양성만이 아니다. 텍스트에 얽매인 역사 해석은 "텍스트의 언표에 담긴 감정적 의미연관, 화자의 표정과 대화 상황의 정서적 분위기, 텍스트의 필자와 독자(화자와 청자)를 포괄하는 사회적 · 전통적 · 역사적 공감대 등을 무시하고, 말과 문장의 어의(語義)에 매여 필자나 화자의 수사적 설득 전술과 언변술, 허언과 실언, 과장과 축소, 언어 행위적 오류와 오해, 왜곡과 작화, 어줍지 않은 이해 등을 소홀히 한다." 따라서 "비언어적 사건, 행위, 언어적 사료, 기타 부호적 텍스트 등에 대한 교감(vicarious feeling)과 공감(empathy)"[67]이 어려워진다. 이런고로 당대 상황과 맥락을 이해할 수 있는 활자 이외의 것들에 대한 교감과 공감이 역사적 사실을 텍스트만으로 이해하게 되는 한계를 극복할 수 있게 해 준다.

동시에 역사를 이해하는 것은 "'파란만장한' 격동의 역사를 연쇄적으로 빚어내는 국민들의 잔잔한 희로애락과 용출하는 살신성인적 애국심 · 충군정서 · 시비지심 등 도덕감정의 정치적 의미와 실천적 힘"에 대한 해석이다.[68] 역사는 텍스트로는 담을 수 없는 활자 이외의 것들과 역사적 사건의 과정에서 전개된 사람들의 '파란만장한' 희로애락(喜怒哀樂)도 녹아 있다. 따라서 텍스트화 맥락에 대한 공감적 해석이 필요하다.[69] 즉 "텍스트의 완전한 이해는 오로지 텍스트 언어에 내포된 의미연관, 필자와 독자(화자와 청자) 간의 감정연관, 발화(發話) 현장의 정서적 분위기나 화자와 청자의 의도와 표정 또는 이에 대한 기술(記述) 등을 해석자의 뇌의 전운동피질적 시뮬레이션(교감 · 공감 작용)에 의해 지각하는 '교감 · 공감적 해석'에 의해서만 가능한 것이다."[70]

친일 행각을 벌이는 자가 일본이 명치유신을 통해 새로워졌으니 우리도 일본을 조선에 끌어들여 유신을 하자는 생각으로 일본군이 경복궁을 침공하여 고종을 사실상 감금한 것도 용인하는 것을 우리는 공감할 수 없을 것이다. 그러나 이런 공감대와 무관하게 일본과 같이 근대화하자는 언어적 의미에만 매달린다면, 친일파들은 근대화론자들로 둔갑한다. 그래서 갑오경장을 추진한 친일파들의 행각에 문제는 있지만, 그들이 최초로 조선의 근대화를 추진했다는 점에서 면죄부가 발부된다. 그러나 갑오경장의 반근대적 사이비개혁으로서의 내막을 정확하게 파악하고, 당대 백성들이 '갑오경장 내각'에 극도의 반감과 분노를 가졌다는 사실을 공감하게 된다면, 이들에 대한 면죄부는 폐기되어야 할 것이다.

지금까지 구한말의 역사는 주로 친일파들이 남긴 텍스트들을 기반으로 서술되었다.[71] 그도 그럴 것이 일제에 맞서 반일 독립운동을 전개한 무수한 사람들은 자신의 신분을 숨겨야 했으며, 글을 쓸 시간적 여유가 거의 없었으며, 글을 남기기도 전에 독립의 제단에 목숨을 바치거나, 남겨진 글은 폐기되어야 했기 때문이다.

명성황후와 고종은 조선을 망하게 만든 '허약한 군주' 또는 '권력욕에 사로잡힌 왕비'로 이해되고 있다. 이것은 친일역사관에 의해 왜곡된 것임에도 불구하고 확실한 역사적 사실로 회자되고 있다. 그렇다면 당대 명성황후에 대한 일본의 시해사건 이후 분출한 경향 각지의 의병투쟁, 1919년 고종의 국장을 애도했던 수백만의 백성들과 3·1운동을 올바르게 이해할 수 없다. 당대 백성들의 공감대 또는 공감장을 교감·공감적으로 이해하지 않고는 도대체 해석할 수 없는 것이다. 특히, 특정 시점의 역사 해석에 있어 당대의 일정한 공감대(共感帶) 또는 공감장(共感場)을 이해하는 것은 매우 중요하다. 그동안의 역사학계에는 이런 공감적 해석이 없었고, 친일역사관을 청산하지 못했고, 언어 실증주의적 해석에 빠졌기 때문에, 지금도 진보와 보수를 불문하고 우리 역사에 대한 근거 없는 폄하가 통념이 된 것이다.

서양의 근대화 물결 속에서요. 그런데 서구에서는 민주나 공화국 실험
을 했죠. 1789년 프랑스혁명 때부터 시작된, 소위 말하는 근대화의 체계
가 잡히면서 자기들은 여러 가지 실험을 하고 그랬던 거죠. 근데 우리는
넋 놓고 있다가 강제 개화를 당하고 일제 침략을 당하고 그다음에 분단이
되고 전쟁이 나고 독재화되고 이러면서 한 번도 이 말(민주공화국)에 대해
서…(고민을 안 해 본 거죠). 서구와는 다른 길을 걸은 거예요. 그러니까 한번
도 (민주공화국이라는) 말 뜻 그대로 사용해본 적 없는 거죠.[72]

서양의 근대화를 이야기하며, 그들은 다양하게 민주주의와 공화국 실험
을 했으나 조선은 그런 실험은커녕 강제로 개화를 당했으며, 이런 허약성으
로 인해 식민지 · 분단 · 전쟁 · 독재의 시대를 겪었다는 것이다. 따라서 한
번도 민주공화국이라는 말을 고민도 해보지 않았고 민주공화국 말 뜻 그대
로 사용해본 적도 없다고, 아무런 사료적 근거도 없이 부당하게 역사를 폄
하한다. 앞서 언급했듯, 영 · 정조에 이미 소민 보호의 민국 정체에 기반하
여 신분해방과 인권 보호의 근대적 조치를 실시했다. 대한제국 시대에 이미
'대한민국(大韓民國)'은 인구에 회자되었고, '대한'은 '백성의 나라'라고 생각
했다.[73] 그런 생각들이 이어져서 1919년 3 · 1운동 직후 수립된 상해임시정
부에서 대한민국은 민주공화국임을 선포할 수 있었던 것이다.[74] 대한민국은
이른 시기부터 민주공화국의 정체를 수립하고 운영할 역량이 있었다는 것
이다. 더욱이 유럽의 많은 나라들의 근대화는 민주공화국에서 착수된 것이
아니라는 점은 이미 앞에서 밝혔다. 이렇듯 당대와 공감적으로 해석하지 않
기 때문에, 진보와 보수를 막론하고 우리 역사를 서슴없이 폄하해 왔다.

역사에 대한 공감적 해석은 텍스트 이외의 것들에 대한 교감과 공감, 역사적 사건에서 벌어진 국민의 파란만장한 희로애락을 공감적으로 해석하기 때문에, 본질적으로 비판적이다. 즉 백성의 기쁨과 고통, 즐거움과 괴로움, 도덕감정, 도덕적 비난 등의 제반 감정에 공감하는 관점에서 사료를 해석하고 역사를 서술한다. 동시에 백성과 국민의 관점으로 역사를 해석하기 때문에, '국민사관(國民史觀)'이라 할 수 있다. 사료의 언어실증주의에 매몰되는 한, 역사 연구와 해석에서 비판적 관점을 견지할 수 없다. 당대의 역사적 사건들이 백성의 공감대 또는 공감장으로서의 민심의 발로라면, 그것은 백성이 느끼는 당대의 감정이다. 이 공감대로서의 감정이 거대한 민심으로 이동하는 것은 백성이 느끼는 희로애락, 도덕감정, 도덕감각에 의해 드러나는 것이다. 따라서 공감적 역사 해석은 나랏일에 참여하는 백성의 관점을 중심으로 역사에 접근하는 것이다.[75]

또한 말의 어감, 언어적 뉘앙스(nuance)에 따라 발화자와 필자가 전달하려는 내용은 다르게 해석될 수 있으며, 청자와 독자의 상황과 관점에 따라서도 다르게 해석될 수 있다. 해석자가 발화자와 청자가 될 수 없고, 필자와 독자가 될 수 없기 때문에, 해석자는 그 진의(眞意)를 동일하게 이해할 수 없다. 이 때문에 또한 공감적 해석이 필요하다. 공감은 "긍정적·부정적 감정을 가리지 않고 남의 감정을 자기 속에서 '재현'하여 남의 감정과 유사하게 재현된 이 감정을 '남과 같이 느끼는' 이심전심의 감정 '작용' 또는 이심전심의 감정전달 '능력'"[76]을 의미한다. 따라서 조선 후기의 왕과 백성, 관리와 백성, 왕과 관리 등의 상호작용과 그에 의해 만들어진 공감대 또는 공감장에 대한 해석은 중요하다. 일례로 임진왜란 이후 백성들이 국가와 왕, 관리와 사대부들에게 느꼈을 배신감과 박탈감이라는 거대한 백성의 공감대와 공감장은 조선 후기 내내 거대한 민압(民壓)으로 나타났고, 세도정치를 계기로 민란(民亂)의 시대로 이어졌다.

## 2) 패치워크와 근대

문명의 발전과정은 '패치워크(patchwork)'를 통해 진행된다. 근대화가 역사적 시간과 공간의 층위에서 중층적으로 결정된다는 측면에서, 자국의 문명은 다른 문명과의 지속적인 교류와 협력이라는 패치워크를 통해 새로운 문화와 기술로 나타난다. 완벽히 고립된 문명은 그 폐쇄성으로 인해 도태되고 역사에서 사라졌다. 그런 차원에서 지구에 편제된 각 문명은 자신의 문화와 기술을 '패치워크'하면서 근대를 겪고 현대로 넘어왔다. 따라서 근대에 대한 '유일성'도 '선차성'도 주장하기 어렵다. 문명의 높고 낮음, 좋고 나쁨은 있겠지만, 하나의 문명 뿌리에서 근대화가 전개되었다는 것은 그 자체가 패권적이다. 따라서 '패치워크' 모델에 근거해서 대한민국의 전신인 조선사회의 근대화 과정을 추적할 수 있을 것이다.

우선, 패치워크는 "헝겊 조각들(patches)을 모아 꿰매고 이어 붙여 만든 완제품의 옷이나 보자기, 우산, 텐트, 이불 등 섬유제품"을 의미한다.[77] 이 '패치워크' 모델은 새로운 창조의 과정이다. 만약 적절한 자기 비판적 개방성을 전제할 때, "문명들은 때로 오해와 마찰이 없지 않을지라도-물이 높은 곳에서 낮은 곳으로 흐르고 낮은 곳에 모인 물은 수증기로 증발하여 다시 높은 곳으로 이동하는 순환을 반복하듯이-서로 도움과 영향을 주고받는 교류협력 속에서 고유한 전통에 새로운 수입문물을 짜깁기하여 자기정체성을 새로운 형태로 확대재생산하는 순환적 패치워크 과정을 거쳐 보다 복합적이고 보다 세련되고 보다 고차적인 문화를 창조"해 나가기 때문이다.[78]

즉 문명과 문명 간에 또는 지역과 지역 간에 자기 비판적 개방성의 원칙을 견지한다면, 각자의 높은 문명을 서로 교류함으로써 갱신(更新)된 새로운 문명을 만들 수 있으며, 역으로 갱신된 새로운 문명은 다시 전파되어 더 높게 갱신되는 선순환(善循環)적 관계를 만들 수 있다. 그 경로를 보면 "서양 기독교문명은 먼저 유교문명권의 물질문명을 패치워크하여 르네상스를 일으킨 다음, 유교문명권의 정신문명을 패치워크하여 계몽주의를 일으키고 이를 통해 기독교문화를 대혁신하여 선진문명이 되었다. 유교문명권은 사방의 수많은 오랑캐문화들을 패치워크하여 오랜 세월 극성했으나 18세기 동안 오만해지면서 패치워크를 거부했고 결국 서양에 뒤짐으로써 지난 100년 간 엄청난 수모를 겪었다."[79]

  문명과 문화는 생산, 행동, 사유, 풍류, 예술, 생사의 양식(styles) · 방법(methods) · 기술(technic) · 방식(fashions)을 표현한다.[80] 이러한 문명과 문화 사이에는 문물교환과 교류협력을 통해 문물을 '패치워크'시키는 경향이 본질적이다. 그 이유는 문명은 근본적으로 '초(超)정치적' 현상이기 때문이다.[81] 특히 동아시아문명은 "외부 문명권에서 들어온 모든 인간들과 모든 문화조각들을 유교적 바탕 위에서 유교적인 실로 꿰매고 유교적인 접착제로 붙여 더욱 강력한 완전품으로 재생산된, 그리고 매일 재생되고 있는 '짜깁기'" 문명이었다.[82] 즉 동아시아문명이 가장 '패치워크'적이었다. 따라서 이러한 '패치워크'의 능력으로 인해 발전 속도가 가장 빠르고 세계의 권력과 경제력이 집중될 만큼 세계에서 가장 높은 산업생산력과 기술력을 축적해갈 수 있었다.

  패치워크 속에서 깁고 꿰매는데 쓰이는 문명 조각들이 다 외부에서 들어왔을지라도 이 조각들을 재해석되고 굴절시키는 이해방식 · 편견 · 풍토, 마름질하고 다듬고 꿰매는 기법, 꿰매는 실과 붙이는 접착제, 그리고 그 바탕이 되는 문명은 전통문명이고, 따라서 모든 문명은 아무리 많이 패치워크 했을지라도 고유한 전통적 이해방식, 편견, 풍토, 기법, 실, 접착제, 바탕이 '내적 공통문법'으로 존재하기 때문이다. 이 '내적 공통문법'에 의해 각 문명권의 내재적 질서와 자기평가 및 재창조의 문화적 원형요소들이 지속적으로 계승된다. 다른 문명들로부터 받아들인 조각들이 크게 증가하여 요소들의 교환과 교류가 대폭 늘어나더라도 각 패치워크문명권은 외부에서 받아들인 모든 문명 조각들을 '전통'의 앵글로 이해하고 재해석하고 무두질하고 굴절시키고 재창조한다.[83]

'전통의 앵글'이라는 내적 문명을 통해 다양한 타문화를 흡수하고, 재해석하고, 현실에 맞게 재창조하는 과정을 통해 자신의 정체성을 훼손하지 않으면서 새로운 창조의 과정을 만들어갈 수 있다. 이것은 일방이 일방에게 자신의 문명을 강요하는 서구식 합리주의와 단절할 수 있는 방법을 제공해 준다. 문명은 비판적 개방성을 전제로 하는 지속적인 교류와 협력을 통해 더 나은 문명을 짜깁기하여 새로운 문명으로 갱신되어 왔다. 따라서 지구상의 대부분의 문명은 패치워크를 통해 문화와 기술을 발전시킨 것이며, 이 능력의 수준에 따라 근대화를 추진한 것이다.

앞에서 언급했듯이, 동아시아지역 차원의 근대는 서양에 의해 이식된 것이 아니다. '낮은 근대(low modernity)' 또는 '초기 근대(early modernity)'에서 '높은 근대(high modernity)'로 진보했다고 볼 수 있다. 많은 연구들은 송대(宋代) 중국에서 진행된 변화를 '보편사적 근대의 시작'으로 규정하고 있으며, 이것이 가장 정확한 역사 해석이라 판단된다. 그 근거는 탈(脫)신분적 인간평등, 공무원임용고시(과거제), 군현제적 중앙집권제와 운하-도로망을 바탕으로 한 통일적 국내시장과 표준적 시장경제원리가 세계 역사상 최초로 등장했기 때문이다.[84] 따라서 '보편사적 근대'는 중국에서 시작되었고, 이미 조선 사회에 송대(宋代)의 근대적 문명이 전파 · 적용 · 진행되었다. 이는 조선사회에도 이미 '낮은 근대' 또는 '초기 근대'가 문명 간 패치워크를 통해 안착되었음을 유추할 수 있게 한다. 이런 구조 위에 조선사회는 후기에 접어들면서 서서히 '높은 근대'로 이행했다.

그 근거는 영 · 정조의 신분차별 완화정책과 그 뒤를 이은 순조의 공노비 철폐 조치에 의한 탈신분적 인간평등 사회로의 이동, 과거제라는 공무원 임용고시의 지속적 실시, 중앙집권제의 지속적 유지 속에서 통일적 국내시장의 발전 등이 진행되었기 때문이다. 그 이후 다양한 사회경제적 변화를 통해 근대화가 추진되었다는 것은 조선사회도 '초기 근대'에서 '높은 근대'로 이행해 갔음을 확인할 수 있는 것이다. 따라서 고려와 조선의 '초기 근대'는 중국의 송 · 원 · 명 · 청과 문명적 패치워크를 통해 구성되어 갔으며, 그 이후 근대화를 추진한 서양의 문물이 동양에 전파되면서 19세기 후반에 조선과 서양 간의 문명적 패치워크가 벌어진 것이다.

그것은 고종이 대한제국 시기에 추진한 '구본신참(舊本新參)' 정책에서 확인할 수 있다. '구본'이란 민족전통의 제도들이 신구절충의 개혁방안 안에서 '근본'의 지위를 차지한다는 뜻이며, '신참'이란 새로운 서양문물을 '직수입'하는 것이 아니라 '한국화'를 위해 '참작'한다는 뜻이다.[85] 구본신참은 그야말로 한국식 패치워크 용어라 할 수 있다. 대한제국 이전인 1884년 고종은 "옛것을 원용(援用)하고 오늘의 것을 참작하며, 번잡한 것을 제거하고 간편한 것은 취한 것"[86]이라는 구본신참의 내용을 이미 제시했다. 그리고 1897년 대한제국 선포 1주일 후 조령을 통해 "신구를 절충 참작해 정사가 다스려지기를 기약"[87]하며, 모든 정책을 구본신참에 입각해 추진했다.

문명 · 문화 간에는 패치워크 방식을 통해 교류하고, 새롭게 갱신된 문명·문화를 만들어 간다. 더 좋은 문명을 패치워크하여 갱신된 문명을 만들어나가는 개방성이 문명의 주요한 발전 방식인 것이다. 즉, 우리의 전통적 이해방식이라는 '내적 공통문법'을 기준으로 다른 문명과 패치워크한 우리의 새로운 문명이 만들어지는 것이다. 조선사회가 근대로 넘어올 수 있었던 힘이 21세기 현재 세계 속의 대한민국을 만들었고, '한류'와 'K-pop'으로 출렁이는 문화적 선진화를 만들어 온 자양분이었다. 즉 근대를 만들었던 조선사회의 힘과 현대를 헤쳐 나온 대한민국 구성원들의 고된 노력과 응전의 시간이 현재를 만든 것이다. 이 연구는 특히, 근대의 경계를 허물고 헤쳐 왔던 사람들의 이야기를 추적하려는 것이다.

## 3) 일상사적 접근과 역사해석

이 연구는 공감적 해석을 통한 역사에의 접근을 중심으로 하되 일상사적 접근도 병행한다. 역사적 사실은 당대를 살았던 사람들의 일상(日常)적 삶의 자취의 누적이라 할 수 있다. 일상의 반복은 사건사(事件史)로 연결되어, 시대사로 드러난다. 이러한 일상과 사건의 누적이 역사로 기록된다. 따라서 역사적 사실의 근원은 일상, 즉 일상 생활 세계에 있다.

> 일상성이란 일종의 불안한 요동이며, 중단된 순간이다. 그것은 새로운 현재이며, 전통에 폭력적으로 끼어들어서 과거로부터 이어져온 선과 움직임을 정지시키는 하나의 '역사적 상황'이다.[88]

일상은 항상 반복되는 행위의 집합으로, 따라서 무의미하며 어떤 변화도 없는 것으로 이해되곤 한다.[89] 즉 일상이란 "의식주처럼 가장 기본적인 물질

저 삶의 형태로서 매일매일 반복되고 지루하게 계속되며 별다른 성찰 없이도 일어나는 행위들"[90]이라는 것이다. 그러나 일상은 매일 반복되는 아무런 변동도 없는 지극히 평범한 시공간으로 보이지만, 그 속에서 새로운 변화가 잉태된다. 일상의 어떤 사건을 계기로 생활세계는 심각한 변동을 일으키고, 과거와는 다른 현실 또는 미래로 인도된다. '전통에 폭력적으로 끼어들어서 과거로부터 이어져 온 선과 움직임을 정지'시키는 상황을 연출한다. 따라서 일상 생활세계 안에서 "매일매일, 그리고 삶의 과정에서 계속 전유되고, 판독되고, 문화적으로 구성되고, 그럼으로써 '현실적'으로 되는 실천"[91]에 대한 면밀한 추적이 필요하다. 그것에서 거대한 구조적 변화의 계기와 단초를 발견할 수 있기 때문이다. 그 계기와 단초를 해석하는 일은 거대한 구조를 이해하는 출발점이라 할 수 있다.

일상생활세계 연구는 "시대가 규정하는 구조의 틀 속에서 사람들이 체제의 요구에 어떻게 적응하고 저항하며, 무엇을 수용하고 거부"했는지를 밝히고, "동시에 일상에서 벌어지는 인간의 행위들이 체제와 구조 자체를 변화시키고 구성"[92]하는 과정을 파악하는 것이다. 이런 접근은 '아래로부터'의 역사, 즉 익명인 다수의 존재를 드러내는 데 초점이 맞춰져 있다. 역사기록의 관행이 갖는 '위로부터의' 역사에 대한 '거리두기'로서 드러나지 않은, 억눌리고 배제된 사람들의 일상을 드러내는 것이다. 즉, 아래로부터의 역사가 "위로부터의 통치담론 질서 아래서 일상의 미시적 질서가 장기의 과정을 통해 국가에 대한 압력을 행사"해 온 과정을 추적하는 것이다.[93]

조선 사회의 역사는 왕과 사대부의 전유물로 해석되는 경향이 강했다. 그러나 조선 사회에는 왕과 사대부만이 아니라 다수의 평민과 노비들의 삶도 동시에 존재했다. 다수의 평민과 노비들은 왕과 사대부의 지시에 순응하기도 하고 저항하기도 했다. 왕과 사대부의 정치만이 있었던 것이 아니라, 이러한 위로부터의 정치에 거대한 압력을 가하는 아래로부터의 정치도 있었다는 점을 드러내야 한다. 영·정조 시대에 백성들의 상언과 격쟁을 제도화하여 민(民)의 소리를 들을 수밖에 없었던 것은, 백성의 이해와 요구인 민심이 거대한 민압으로 작용했기 때문이다. 계몽군주인 영·정조는 이러한 백성의 목소리에 귀를 기울였고, 백성의 현장에서 민심을 청취했다. 즉, 거대한 민압을 수용하고 제도화했던 것이다. 그러나 19세기 세도정치기에 들어서면서 백성의 민압을 거부한 결과는 바로 민란(民亂)의 도래였다. 그 민란을 만들어 낸 것은 아래로부터의 정치, 즉 '일상의 정치'였다. 따라서 백성들의 일상적 삶의 양태에 대한 적극적인 의미 부여와 해석은 좀 더 실체적인 역사의 진실에 다가설 수 있도록 하는 방법이 될 것이다.

그리고 아래로부터의 정치를 수행한 주체들의 이야기를 역사의 전면에 노출시켜야 한다. 신분제의 불평등과 국가적 억압에도 불구하고 삶의 공간을 벗어날 수 없는 백성들은 "권력이 부과한 기존질서의 골격을 재채용(re-emploiement)하고 내부적 변형을 가하며 일상적 투쟁과 저항을 실천"했다. 이 과정은 "지배집단이 부과한 체계를 이용자들이 자신의 이익과 목적에 부합하도록 무한히 변환하고 적응하는 '전유(appropriation)'의 과정"[94]이었다. 이렇듯 대중은 지배자에 의해 강요된 지배 전략을 '재채용', '은유화', '침투(insinuation)'의 형식으로 횡단하는 밀렵의 전략으로 대응했다.[95] 생존을 위한 밀렵에서부터 권력을 위한 밀렵까지, 대중은 권력이 부과한 억압과 제재에 맞서 자신의 고유한 영역을 확보하기 위한 전술을 채택하고, 권력의 근저를 횡단하는 밀렵을 단행했다.

권력 없는 대중은 일상 속에서 언제나 규정, 규칙, 경향을 따르고 그것에 동참하면서도 때로는 이탈하고 거리를 두며, 고집스럽게 거부하기도 하면서 자신의 영역을 확보하기 위해 투쟁했다.[96] 즉 불평등과 억압의 대상인 대중들은 저항적 통방(通房)[97] 행위와 연대적 모의를 통해 지배의 의도를 '전유'하거나 거기에 저항하는 방식을 통해 일상의 정치 영역을 구축한다. 지배에 대항하는 '다중'[98]의 통방 행위는 국가의 지배 의도를 근저부터 변모시키는 가장 핵심적인 동력이다. 바로 이들의 견인불발(堅忍不拔)의 의지가 조선 사회 근대화의 사상적 동력이었고, 근대의 경계를 넘어가는 동력이었다. 이들의 이야기를 역사의 전면에 배치하여 새롭게 해석해야 한다. 그것이 조선 사회를 좀 더 실체적으로 들여다볼 수 있는 창이 될 것이다.

그러나 역사적 사건과 운동을 기술하는 것은 일상의 반복적인 것들을 드러내는 것으로 완결될 수 없다. 따라서 일상생활의 지속적 누적과 그 누적에 의해 사건사와 시대사를 이루는 부분에 대해서는 역사적 이해와 해석에 반영되어야겠지만, 사상이 휘발된 무미건조한 일상생활, 일시적 유행과 풍조에 따른 일상행동, 해마다 반복되는 자연재해 같은 풍토지리적 사건들까지 기술할 이유는 없을 것이다.

프랑스 아날학파(Annales School)에서 주장하듯이 '사회구조의 인식'이라는 명목 아래 역사의 중심을 장기지속과 완만한 주기로 진행되는 무료한 지리적·사회경제적 일상사(日常史)로 이동시켜 일민족·일국민의 거대하고 의미심장한 정치운동, 역사를 창조하는 영웅적 개인들과 민초집단의 위대한 결단과 순간적 결행, 그리고 도덕적 자기희생, 혁명, 전쟁, 인간대중을 움직이는 그 시대의 거대담론으로서의 정치·사회·예술사상 등을 모조리 '표면의 거품'과 같은 역사로 피상화시키는 오류도 막을 수 없다.[99]

이러한 비판에도 불구하고 역사적 사건과 운동에 영향을 미친 일상생활의 변화를 무의미한 것으로 용도 폐기할 수는 없다. 모든 역사적 사건과 운동이 시대사적 맥락과 사상사적 맥락의 결합 속에서 전개된다는 점에서, 시대사와 사상사의 결합이 없는 역사는 '영혼 없는 역사'이거나, '역사 없는 사상'일 것이다. 마찬가지로 시대사적 맥락의 사건과 운동을 배태시킨 일상사의 변화 과정 추적, 동시에 사람들의 사상적 변동과 충격을 발생시켰던 일상사의 변화 과정 추적도 필요하다. 따라서 일상사가 역사 서술의 전면을 차지할 수는 없겠지만, 역사적 사건과 운동을 만들었던 시대사적·사상사적 맥락을 이해하는 과정에서 그 사건과 운동을 만들었던 사람과 사물들의 일상을 이해하는 것은 반드시 필요하다. 동학농민전쟁이 소작관계에 의한 민중의 고통과 외세의 침략에 의한 국권(國權)의 위기라는 시대사적 맥락 속에서, 그리고 동학사상과 신존왕주의의 태동과 발전이라는 사상사적 맥락 속에서 전개되었지만, 동학사상에 의한 인간 평등 세상의 추구와 신존왕주의에 의한 국권의 회복과 조국의 독립을 향한 열망도 백성들의 하루하루의 고통의 누적에서 심화되었고, 그 고통을 넘어 새로운 희망을 위해 절대 절망하지 않았던 그들의 하루하루가 있어서 가능했다는 일상사의 측면을 간과해서는 안 된다는 것이다.

조선은 근대의 사상적 동력을 내재하고 있었는가? 그렇다고 한다면 소위 근대란 무엇이며 근대화되었다는 것은 어떤 기준에 따른 판단인가를 살펴보았다. 조선은 계몽군주에 의한 소민 보호의 민국 정체를 통해 이미 18세기부터 근대화가 착수되었다. 동시에 근대화는 일방의 문명에 의해서 일방의 문명으로 수직적으로 전수되는 위계적인 독점물이 아니라, 패치워크를 통해 '짜깁기'되는 것이라는 점을 확인했다. 서구에서의 소위 근대화의 태동 이전에 이미 동아시아의 문명과 기술이 서양으로 건너감으로써 르네상스와 계몽의 자양분이 되었으며, 이 자양분을 통해 서구는 근대화를 추진했고 선진적인 문명을 만들었다. 역으로 동아시아는 자문명의 선진성에 안주하며 패치워크에 수동적 태도를 지속하면서 결국 서양의 문명에 추월당했다. 그러나 세계화와 더불어 동아시아는 세계경제의 중심이 되었고, 이제 세계의 중심 지역으로 거듭나고 있다. 이런 힘은 동아시아의 문명이었으며, 세계화 시대에 개방적인 패치워크를 통해 문명적 발전을 거듭해 왔기 때문이다.

이러한 논거를 바탕으로 다음 장부터는 조선 사회의 사회적·세계사적 해방의 문제들과 부딪히며, 그 경계를 넘어 근대를 만들어 왔던 사람들의 이야기를 풀어 나갈 것이다. 주되게 조선 사회의 근대 이행을 가로막던 신분 차별, 여성과 어린이 차별 등의 쟁점을 살펴볼 것이다. 특히, 동학의 사상적 흐름을 중요하게 다룰 것이다. 그 이유는 조선 사회 근대화의 사상적 동력으로서 동학이 중대한 역할을 했기 때문이다. 동학은 1860년 창도되어 1894년 동학농민전쟁을 거쳐 1919년 3·1운동까지 19세기 중반부터 20세기 초 한국의 근대화에 가장 중요한 흐름을 만들었다. 동학을 거론하지 않고 '구한말'과 일제강점기 독립운동, 그리고 상해임시정부의 궤적을 설명할 수 없다. 동학은 인간평등으로서의 신분과 계급, 여성해방과 어린이 존중을 실천했고, 보국안민(保國安民)의 기치 아래 구한말 격동의 시기에 민족해방의 역사를 이끌어간 가장 중요한 세력이었다.

# 3장

---

# '유동하는'
# 조선 사회

## : 신분제의 와해와 평등
## 사회에 대한 갈망

조선 사회는 "국왕과 사대부의 '국가' 시대, 즉 '군국(君國)' 시대 → 민국 일체적 '민국(民國)' 시대 → 세도 정체에 맞서는 '민란(民亂)' 시대(국가 공공성이 파탄하고 오히려 민란이 공공성을 얻은 시대) → '항일독립투쟁 비상국가'의 광무개혁기"[100]로 구분할 수 있다. 18세기는 '왕과 사대부의 국가'에서 '민국' 시대로 넘어온 시기였다. 당시 영ㆍ정조 탕평군주는 "성리학적 통치 이데올로기를 제쳐 두고 공맹의 참된 민본주의 편에 서서 성리학적 사대부들의 식록 수취를 오히려 '부정한 착취와 수탈'로 의문시하고, 이 성리학적 '소인유자(小人儒者)'들의 억압적 체제수호ㆍ이단말살 요구에 맞서 소민의 부세경감을 시행하고, 노비해방을 결단하고, 좌도의 이학사설(異學邪說)과 서학의 유행에 대해 한없이 관대하게 대처함으로써 인정(仁政)ㆍ자유ㆍ관용의 편"[101]에서는 소민 보호의 민국시대를 열어나갔다.

이러한 소민 보호의 '민국 정체'는 백성들의 사회적 성장에 대한 반응이었다. 즉, 민국 정체는 "세습군주정을 부정하는 혁명적 '근대정치사상' 및, 왕조교체를 지향하는 민중적 개벽사상의 도전에 대항하여 역동적으로 왕조를 지키려는 예방혁명적 국가혁신체제"[102]로 볼 수 있다. 18세기의 민국 정체는 부패한 사대부에 맞서는 계몽군주정의 성격을 띠면서, 동시에 민중의 새로운 사회에 대한 폭발적 움직임을 사전에 막기 위한 예방 체제라는 이중적이며 과도적인 성격을 띠었다.

계몽군주정에 의한 18세기 민국의 시대가 지나고, 19세기는 기존 질서가 해체되는 가운데 근대 사회를 건설할 새로운 변혁의 주체가 성장했던 시기였다. 1811년 홍경래의 난을 필두로 1862년 임술민란, 1894년 동학농민전쟁에 이르기까지 민란이 계속되었다. 이런 격동의 시기를 거치면서 조선 사회는 신분제가 와해되고 자유 평등한 사회를 갈망하는 거대한 흐름이 형성되었다. 임진왜란과 병자호란의 여파는 국민을 책임지지 않았던 국가에 대한 불신으로 전환되었고, 새로운 세상에 대한 민중적 열망으로 나타났다. 백성의 국가 불신과 새 세상에의 열망을 간파한 계몽군주들은 민국 이념을 바탕으로 언로를 확대하고 소민 보호에 적극 나섰고, 이 과정에서 백성의 정치의식은 계속 성장했다. 그러나 19세기 세도정치기에 접어들면서 백성의 언로는 막히고 착취와 억압은 가중되었다. 향촌 사회는 저항의 근거지로 서서히 변모했고, 사회경제적 모순은 계속 누적되었다. 이것이 19세기를 민란의 시대로 인도했다. 이런 과정을 통해 조선 사회는 신분적으로 해방되고 사회적으로 자유로운 국민이 나타나기 시작했다. 즉, 신분해방과 자유로운 인간에 대한 갈망은 근대화의 사상적 동력을 만들어 낼 수 있는 지속적 자양분이었다. 이 거대한 자양분 속에서 여성해방과 어린이 존중의 근대적 힘이 현실로 전환된 것이다.

## 1. 전쟁의 여파와 사회 변화: 국가 불신과 새 세상에 대한 갈망

### 1) 국가에 대한 불신과 신분체제의 균열
  : 돌봄을 포기한 국가와 변화하는 사회

조선 사회의 변화에서 중요한 변동을 가져온 것은 임진왜란(1592~1598), 정묘호란(1627), 병자호란(1636~1637)이라는 세 번의 전쟁의 기억과 경험이였다. "임진왜란이 일어나사 집권층은 달아나기에 바빴고 반대로 평민은 의병을 일으켜서 제 고장을 지켰다. 평소에 무섭게 군림하던 집권층의 무능력과 허세가 드러나고 상대적으로 눌려 지내던 평민의 저력이 부각되기 시작했다."[103] 전쟁은 조선왕조의 위기임과 동시에 조선 사회의 커다란 변화를 알리는 전조였다. 전쟁 과정에서 왕과 사대부들이 보여준 무책임은 백성의 사고에 지대한 변화를 일으켰다.

선조가 1594년(선조 26) 10월에 환도했을 때, 서울에 상복을 입은 자가 하나도 없는 것을 보고 놀라서 복상하지 않은 자를 일일이 규찰하도록 했다. 전쟁으로 인해 조상과 망자에 대한 상례는 지켜지지 않았고, 평소와 같이 술을 마시고 상가에도 가 보지 않다.[104] 전쟁을 겪으면서 왕과 사대부에 대한 신뢰의 상실만이 아니라 성리학적 질서에 대해서도 불신하는 풍조가 만연했음을 간접적으로 알 수 있다.

화가 변박(卞撲)의 '동래부순절도(東萊府殉節圖, 보물 제392호)'를 보면, 동래부사 송상현(宋象賢, 1551~1592)은 끝까지 성을 지키다가 객사에서 장렬하게 전사했고, 동래의 백성과 군사, 관원들도 왜적과 싸우다가 성이 함락되어 목숨을 잃는 과정이 묘사되어 있다. 이 그림에는 두 여인이 기왓장을 깨뜨려 왜군에 맞서 싸우는 동안, 성문 밖으로 말을 타고 달아나는 경상좌병수 이각(李珏)의 모습을 대비적으로 그려 넣었다. 왕과 사대부, 양반들은 도망가기 급급했고 백성들은 두려움과 공포 속에서 국가를 위해 싸웠고 죽어 갔다. 이것이 임진왜란의 '풍광'이었다.[105]

임진왜란 7년간 전쟁으로 인해 인구의 1/3 정도가 감소했고, 생존 인구의 1/3은 다른 지역으로 이주했다.[106] 전쟁 이전 천만 명을 상회하던 인구는 670만 명으로 급감했다. 전쟁에서 조선 사회 전체 인구의 30% 이상이 사라진 것으로 참혹한 전쟁의 여파를 확인할 수 있다. 조선 사회는 전쟁 이후에도 소빙기에 따른 대기근으로 많은 백성들이 죽었다. 소빙기재난으로 전체 인구의 11~14%(140만 명 내외)가 감소했고, 또한 1670~1671년(현종 11~12)의 경신대기근으로 상당한 인구가 감소했다.[107]

17세기 중반에 닥친 병자호란 때 다시 한번 국가·관료에게 백성과 여성이 배신당했다. 당시 강화도로 피난한 여성들은 강화도 함락 소식을 듣고 목을 매거나 스스로 목을 찌르거나, 적병을 피하다가 떨어져 죽거나, 물에 투신하거나, 시부모 옆에서 시부모를 지키다가 죽어 갔다. 나라를 지키고 정절을 지키기 위한 여성의 죽음은 양반가만의 것이 아니었다. 강화도에서 자신의 절개를 지키기 위해 천인(賤人)의 아내와 첩도 자결을 선택했다.[108]강화도 감찰사 김경징을 비롯한 관리들은 성을 버리고 백성도 지키지 않았다. 그들은 도주하기에 바빴다. 이 틈에 청나라 군대는 살육과 약탈을 일삼았다. 국가는 여전히 백성을 지키지 않았고, 그 과정의 최대 피해자는 여성과 어린이였다.[109]

전쟁의 전리품으로 포로가 된 여성들은 조국으로 돌아왔을 때, '화냥년'이라는 치욕스런 이름으로 살아야만 했다. 국가와 남성의 무능으로 발생한 패배에도 불구하고, 정절을 볼모로 여성은 사회에서 배제되었다.[110] 50여 년간 진행된 세 번의 전쟁 과정에서 국가는 백성을 지키지 못했고, 그 국가의 관리와 남성은 여성을 방치했다. 백성과 여성은 국가를 불신할 수밖에 없었고, 새로운 세상이 도래하기를 갈망할 수밖에 없었던 것이다.

이러한 국가 불신과 농업 생산력 저하 국면에서 벗어나면서 농업과 상업이 점차 발전했다. 1770년경 조선은 소빙기(1490~1760)가 끝나면서 농업 생산력이 점차 증가했다. 즉 "조선의 생활수준이 소빙기와 겹쳐 임진왜란과 병자호란을 겪으면서 최하로 추락하였다가 숙종 대(17세기와 18세기 초)부터 상승하기 시작하여 영·정조 시대에 최고 정점에 달했다가 순조 때부터 다시 하강한 것으로 추산"[111]된다.

18세기 조선 사회는 이전 시기부터 나타나기 시작한 여러 가지 사회 · 경제적인 변화가 한층 증폭되어 사회 전반으로 확산되는 역동성을 지니고 있었다. 농업생산력의 증대와 상공업의 발달은 18세기 사회를 역동적으로 움직이는 힘의 바탕이 되었다. 17세기에도 상품 · 화폐경제 발달로 금속 화폐가 전국적으로 통용되기 시작하고, 신분제가 동요하며, 지배이념으로서 성리학의 지위가 흔들기 시작하였다.[112]

18세기 조선 사회의 농업생산력 증대와 상공업 발달은 신분 구조의 전반적인 변화와 함께 사회구성 변화의 가장 큰 변인이었다. 거대한 민압의 배경은 임진왜란 · 정묘호란 · 병자호란의 참혹한 기억과 경제적 빈곤 속에서 누적된 삶의 기억이었으며, 기존 체제를 그대로 두고는 삶의 변화를 꾀할 수 없다는 경험의 누적이었다. 이러한 기억과 판단은 삶의 '메티스(mētis)'로 등장했다.[113] 동시에 농업기술의 발전과 소빙기를 벗어나면서 확장된 농업생산력과 상공업 발전은 농민과 중인층의 경제적 삶의 변화와 사회적 위치의 상승으로 나타났다. 동시에 노비 등 천인들도 농업과 상공업의 발전에 따라 부를 축적함으로써 사회변동의 주요한 역할을 하게 되었다.

18, 19세기에 걸치는 140여 년간의 호적대장에 반영되고 있던 일반적인 경향은 양반층의 급격한 증가현상과 상민층의 상대적인 격감, 외거 노비층의 실질적인 소멸현상 및 솔거 노비층 민인의 광범위한 도망현상이었다. 노비 상민 등 하층민이 많고 양반층이 적은 신분계층의 피라밋형의 구성 성격이 후기로 올수록 그 역현상으로 진전하고 있다고 하는 점은 사회

신분제 붕괴의 성향을 암시하는 것이라고 파악할 수 있는 것이다. 양반층의 수적인 증가현상 속에서 일부의 양반층을 제외한 상당한 양반층의 경제적인 처지는 계속 열악화하여 갔다고 보인다. 경제적인 처지의 열악화는 양반층으로 하여금 농·공·상에 참여치 않을 수 없게 하였으며 심지어는 남의 고공(雇工)으로의 처지에까지 전락하고 있던 양반층이 다수 생성되고 있었던 것이었다. 따라서 18, 19세기에 있어서는 신분상의 우월은 명목화되어 갔으며 경제적인 관계가 사회관계에서 가장 중요한 역할을 하는 차원으로 모든 관계가 변전되고 있었다고 보이는 것이다.[114]

18세기 조선 사회 경제구조의 변화와 맞물려 노비는 계속 축소하고 양반은 급격하게 증가하는 현상이 발생했다. 과거 소수의 양반과 다수의 평민·천민 구조가 역전되어 가는 경향성이 강화되었다. 이는 조선 사회의 전통적인 신분질서가 붕괴하고 몰락 양반층이 확대된다는 것을 의미했다. 역으로 부를 축적한 평민들과 도망 노비들은 신분상승을 추구했다. 그야말로 '양반 되기'의 시대로 진입한 것이다.

총체적인 노비 수는 시대를 따라 내려오면서 계속 격감하며 이 같은 속에서 다수 노비소유 경향이 소수 노비 소유경향으로 진전되고 있다. 이것은 노비들의 도망이 급격히 진전되고 있는 사실 때문이었다. 노비들의 신분해방은 주로 이 도망에 의하여 이루어진다는 점이며 18세기 중엽 이후로는 노비신분의 고공의 지위에의 상승을 상정할 수가 있으며 이 같은 경우도 노비도망의 일반화 현상 때문이라고 보이는 것이다. 진고(陳告)나 속량(贖良) 등이 노비해방의 한 방편이 안 되는 것은 아니지만 노비해방의 주된 수단은 아니며 도망이 가장 기본적인 노비해방의 방편인 것이었다. 이

들 도망 노비 층은 그들의 경제저인 실력을 배경으로 양반층으로 변전하여 갔다고 보인다.[115]

기존 성리학적 신분질서에 중대한 변화를 가한 것은 경제적 이해관계로 판단된다. 기존의 신분적 위계질서와 경제관계가 탈주(脫走)의 공간을 극소화시키고 기존 체제의 안정성을 구조화했다면, 농업생산력의 성장과 상공업의 발달은 신분질서의 구조를 벗어나서 탈주할 수 있는 새로운 공간을 창출한 것이다. 노비들이 윗사람에게 얘기하는 진고의 방식이나, 또는 몸값을 지불하고 양반이 되는 '속량'의 방식도 있겠지만, 많은 노비들은 탈주를 통해 새로운 공간으로 진입을 시도했다. 이들은 고공, 상업, 공업 등 새로운 직업 공간에서 천민의 신분을 벗어나 신분 상승을 추구했다. 이들 중에서 상당한 부를 축적한 천민들은 양반으로 진입했다.

[표 3-1] 대구지역의 신분별 백분비

| 신분시대 | 양반호 | 상민호 | 노비호 | 총수 |
|---|---|---|---|---|
| 1690년(숙종 16) | 8.3 | 51.1 | 40.6 | 100.0 |
| 1729 · 1732년(영조 5 · 8) | 15.3 | 56.3 | 28.4 | 100.0 |
| 1783 · 1786 · 1789년(정조 7 · 10 · 13) | 34.7 | 59.9 | 5.4 | 100.0 |
| 1858년(철종 9) | 65.5 | 32.8 | 1.7 | 100.0 |

출처 : 김용섭, 『朝鮮後期農業史硏究』(서울: 지식산업사, 1995), 548쪽.

표 3-1과 같이 대구지역의 양반은 17세기 말인 숙종대 8.3%에서 19세기 중엽인 철종대에 65.5%로 급증했다. 대신 같은 기간 노비는 40.6%에서 1.7%로 격감했다. 1690년 8.3%의 양반과 91.7%의 상민 · 노비사회에서, 1858년 65.5%의 양반과 34.5%의 상민 · 노비사회로 변화했다. 즉, 18~19세

기에 신분질서가 붕괴되고 새로운 질서로 재편되었음을 알 수 있다. 조선 사회는 신분질서의 변동으로 인해 서얼과 중인, 평민들의 사회적 힘이 커져 가면서 위계적 신분질서의 파괴와 인간의 평등의식이 점진적으로 확산되었다.

당대 양반이 아닌 계층들의 사회적 위상 확대를 통해서도 그것을 확인할 수 있다. 앞에서 언급한 경제적 생활 수준의 향상이 다양한 계층에게 확산되면서, 17세기부터 중인 이하 백성들에 의한 여항문학(閭巷文學)이 등장했다. 이들은 성리학적 패러다임에 갇혀 있지 않고, 다양한 실물적 기술 노하우를 알고 있어서 새로운 문물을 유연하게 수용할 수 있었다.

## 2) 백성들이 염원한 새로운 세상의 꿈
: 개벽사상(開闢思想)에서 '신존왕주의(新尊王主義)'로

조선시대 내내 신분적 차별이 없는 해방의 세상에서 살고 싶다는 백성들의 염원은 마음속에서 면면히 이어졌다. 현실에서 벌어지는 신분적 차별과 지배의 억압으로부터 자유로운 새로운 세상을 희망하는 일은 백성들에게 절실한 것이었다. 이런 염원은 개벽사상으로 나타났다. 이 사상은 당대 민중이 지닌 시대정신 속에서 만들어진 것이며, "선천(先天, 과거)의 묵은 세상이 지나가고 후천(後天, 미래)의 새로운 세계가 전개된다는 의미"[116]이다.

> 개벽사상에는 지배계급과 민중 간의 계급모순에 대한 고발과 함께 그것을 타파하려는 민중해방의 이념이 바탕을 이루고 있으며, 근대의 충격으로 인해 나타난 민족모순과 함께 손상되어 온 민족의 정체성과 자존심을 회복하려는 민족해방의 이념이 깔려 있다.[117]

개벽사상은 현재적 압제와 모순을 극복하기 위한 백성의 삶과 사상이 응축되어 있다. 현실의 모순을 극복하는 방편으로서 새로운 세상이 도래하기를 희망했으며, 그 세상을 가져올 진인(眞人)의 출현을 갈망했다.[118] 이 흐름은 유언비어와 예언서로 등장했으며, 각종 반란 사건들은 유언비어의 유포와 예언서를 활용했다. 18~19세기 동안 각종 '괘서(掛書) 사건'은 계속 발생했고, 『정감록(鄭鑑錄)』은 다양한 변용과 개작을 통해 반란의 정당성으로 활용되었다. 영조 시대에만 괘서 사건이 15회 이상 발생했다.[119]

『정감록』이 『조선왕조실록』에 처음 등장한 시점은 1739년(영조 15) 9월이다. 실록에 "서북 변방 사람들이 정감(鄭鑑)의 참위(讖緯)한 글을 파다히 서로 전하여 이야기하므로 조신(朝臣)이 불살라 금하기를 청하고 또 언근(言根)을 구핵하고자 하기에 이르렀"[120]다고 기록되어 있다. 이 기록에 의하면, 『정감록』은 서북지역에서 시작되었다. 서북지역은 조선시대 내내 심각한 지역 차별을 받았던 곳이라는 점에서 『정감록』이 국가에 의해 억압받는 사람과 지역에서 왕성하게 전파되었음을 알 수 있다.[121] 황선명에 의하면 『정감록』이 임진왜란과 병자호란 등 전란 과정에서 발생한 것으로 보고 있다.[122] 그러나 고려시대부터 정감록이 출현했다는 기록이 있으며, 조선 후기에 한글본까지 나왔다는 것을 볼 때, 고려시대부터 전해져 내려오던 것이 임진왜란과 병자호란을 겪으면서 민간에 광범위하게 확산된 것으로 보인다.[123]

정감록이란 것은 그리 오래된 것 같지는 않습니다. 다만 이씨조선(李氏朝鮮)이 정씨(鄭氏)의 혁명을 만난다는 운명설은 선조조(宣祖朝) 전부터 비롯되어 선조을축(宣祖乙丑)의 정여립 역모(鄭汝立逆謀)란 것이 실로 이를 배경으로 하였으며 그뒤 광해군(光海君), 인조(仁祖) 이후의 모든 혁명운동에는 정씨(鄭氏)와 학용산(鶴龍山)의 그림자가 반드시 어른거려서 거의 예외가 없고 특히 정조을사(正祖乙巳)의 홍복영(洪福榮)의 옥사(獄事)에는 정감록이란 명칭이 분명히 나오니 대개 정감록이란 것은 선조조부터 정조조에 이르는 어느 시기에 혁명운동상 필요로서의 자료를 민간신앙 방면에서 취하여 미래국토(未來國土)의 희망적 표상으로 만들어 낸 듯합니다.[124]

　조선 중기부터 민란과 반역이 지속적으로 발생했다. "연산조 이후부터 정조조 말까지 그 어느 군주 치하에서든 어김없이 그리고 발생빈도나 저항의 강도, 동원 인력상 제반 측면에서 지속적으로 저항의 힘이 신장했다. 명종조의 임꺽정, 선조조의 이몽학, 광해조의 가상 인물 홍길동, 인조의 이괄 그리고 숙종조의 장길산과 영조조의 이인좌 등으로 이어지는 일련의 저항사"[125]에서 확인할 수 있다. 1728년 영조 4년에 발생한 서소문 괘서 사건에 대해, 지경연사(知經筵事) 김동필(金東弼)은 "전주에서 일이 생기더니 또 남원(南原)의 시장(市場)에 흉서가 걸렸고, 도성(都城)의 문(門)에 또 이러한 변고"가 발생했다면서, "만약 범인을 잡지 않는다면 이런 변괴가 장차 잇따라 일어날 것"이라고 주장했다.[126] 괘서 사건은 일회적이고 일시적인 것이 아니라, 반복적이고 지속적으로 벌어졌으며 지역도 전국적 차원에서 벌어진 것을 알 수 있다.

　정여립(鄭汝立, 1546~1589)은 '선양론적(禪讓論的) 공화주의'를 주장했다. "천하는 공물(公物)인데 어찌 정해진 임금이 있겠는가. 요(堯)임금, 순(舜)임금, 우(禹)임금은 서로 전수하였으니 성인이 아닌가"라며 왕을 선출할 수 있다고 주장했다. 또한 "두 임금을 섬기지 않는다는 것은 왕촉(王蠋)이 한때 죽음에 임하여 한 말이지 성현(聖賢)의 통론(通論)" 아니며, "유하혜(柳下惠)는 '누구를 섬긴들 임금이 아니겠는가.' 하였고, 맹자는 제선왕(齊宣王)과 양혜왕(梁惠王)에게 왕도(王道)를 행하도록 권하였는데, 유하혜와 맹자는 성현이 아닌가"라고 묻는다.[127] 왕도를 행하지 않으면 다른 임금을 섬길 수도 있다는 것이다. 기축사화(1589)에서 정여립을 비롯한 1,000여 명의 선비가 집단학살을 당했다. 그 죄상은 "정여립이 '천하공물(天下公物)'론과 왕위선양제의 대동이념을 표방하며 반상차별 없는 '대동계(大同契)'를 조직하고, '목자망전읍흥(木子亡奠邑興)'의 역성혁명적 정씨왕조론과 '전주왕기설(全州王氣設)'의 참언을 퍼트려, 조선왕조를 무너뜨리려는 모반을 꾀했다는 것이다."[128] 정여립은 민중에 널리 퍼져 있던 참언을 활용했다는 것을 확인할 수 있다.

예언서와 참위설(讖緯說)은 반란과 역모의 정당성과 명분을 제공하거나, 대중 봉기를 위한 선동의 수단으로 활용되었다. 반역과 민란을 선동했던 이들은 현실 비판적이었으며, 동시에 예언서와 참위설을 통해 대중을 선동했다. 이들의 현실 비판성은 당대의 모순을 극복하기 위한 대안을 제공했다는 점에서 진보적 성격을 띠고 있다. 영조 시절 발생한 '이지서(李之曙) 사건'의 공초 과정에서 이항연(李恒延)이 밝힌 바에 의하면, 오명후(吳命垕)는 이항연에게 "그대는 양반의 권세에 의지하지 마라. 의당 귀한 자가 천하게 되고 천한 자가 귀하게 되는 세상이 올 것"이라 했고, 오명후의 아버지 오수만(吳遂萬)도 "양반의 교만한 기세를 부리는 짓을 말라"고 했다.[129] 오수만 부자는 신분제의 틀에 얽매이지 않았으며, 세상이 바뀌는 때가 오기 때문에 양반이라고 교만하게 굴지 말라고 했던 것이다. 또한 평민으로 가담한 자들 중에는 "우리도 평민으로 남아 있을 날이 머지않을 것이다. 어찌 왕후장상의 종자가 있겠는가?"[130]라고 밝힌 점에서, 이 사건에 참여한 평민들은 신분 차별이 없는 해방 세상을 꿈꿨다는 것을 알 수 있다. 동시에 왕조교체도 중요한 목표였던 것으로 보인다. 이 사건에 참여한 자가 "이후의 세계는 귀천이 없어지게 되니, 우리가 하향한 후에 마땅히 사업을 일으키면, 가히 시조가 될 수 있다"[131]라고 밝힌 데에서 알 수 있다.

또한 이지서는 변란의 목적을 "첫째는 나라를 원망하는 마음에서 나라에 해를 끼치게 하기 위해", 그리고 "둘째는 인심을 동요시켜 피란하게 되면 부자들의 곡식을 가난한 사람들이 얻어먹을 수 있기 때문"이라고 밝혔다.[132] 국가에 대한 원망과 분노 이외에 경제적 분배를 통해 빈자들에게도 공평한 곡식을 나누려 했다는 것이다. 순조 4년(1804)에 훈장 출신으로 무과에 응시했다 낙방한 이달우(李達宇)는 황해도 장연 일대에서 "고백령(古白翎)과 울릉도에서 병기를 만들고 군량을 모아 둔다"는 유언비어를 퍼뜨리며 변란을 추진했는데, "매호에 전 70부를 지급하고 그곳에서 집을 지어 농사를 짓게 한다면, 4, 5명이 사는 집에 먹을 것이 넉넉할 것"[133]이라며 변란의 목적 중에 하나로 토지문제의 해결을 들고 있다.

이러한 백성의 분노는 세도정치기에 들어서면서 더욱 확산되었다. 동학도 예언서와 도참설의 영향을 받았던 것으로 보인다. 동학은 신분해방에 있어 조선 사회의 획기적 변화를 가져오는 역할을 담당했다. 이미 수운(水雲) 최제우(崔濟愚)는 교훈가(敎訓歌)에서 "부하고 귀한 사람 이전 시절 빈천이오 빈하고 천한 사람 오는 시절 부귀로세"라며 '개벽시대'를 이야기했다.[134] 동학에 입도하는 교도들의 심성 속에 개벽사상과 같은 새로운 사회에 대한 염원이 상당했던 것으로 보인다. 황현은 '적의 예언', 즉 동학교도들의 예언을 언급하면서 동학의 종교철학과 민중적 개벽사상이 결합되었다는 것을 간접적으로 보여주고 있다.

적의 예언에 '궁을(弓乙)'이 있는데 "큰소리를 치면서 쓴 글자가 궁자인데 도경에는 궁을 2개 하는 것을 따랐고 동경대전에는 궁이 2개가 아니다 (倡言字書弓者道經 而弓從弓二 東經大全非弓二)"라고 한다. 어떤 경우에도 반드시 입도한 다음에야 난을 피할 수 있다고 하자, 어리석은 백성들은 이 말을 혼연히 믿었다. 이에 〈궁을가〉를 만들어 서로 마음을 움직이게 하였다. 또 포진할 때도 궁을 형태로 진을 쳤으며, 또 서명을 할 때는 활을 팽팽하게 당긴 형태로 하기도 하고 활시위를 늘어뜨린 형태로 하기도 하였으며, 또 바로 활시위를 만들어 그 아래 '을(乙)' 자를 배열하여 궁을의 참서에 부합시키고자 애를 썼다. 또 예언서의 요결을 많이 만들었는데 어쩌다 불리한 경우에는 문득 "예언서에 가지 말라고 한 곳이 있는데 접장이 예언서의 내용을 지키지 않았기 때문에 패하였다"고 하였다.[135]

그러나 이러한 민중적 심성(心性)과 함께 동학은 왕조교체설, 각종 도참설과 결별하는 방향으로 나아갔다. 급박하게 돌아가는 세계사의 변화에 대응하기 위해 임진왜란 당시의 선조와 병자호란 당시의 인조의 성덕을 칭송했고,[136] "조선에 나서 살며 인륜에 덧붙여 처해 천지가 덮어주고 실어주는 은택을 조아려 느끼고 해와 달이 비춰 주는 덕을 입었다"[137]며 왕에게 감읍함을 표현했다. 또한 "세상을 위해 그들에게 임금을 만들어 주고 그들에게 스승을 만들어 주니 임금은 법으로 세상을 만들고 스승은 예로써 세상을 가르치는 것이다"[138]라며 충군(忠君)을 강조했다. 최제우의 뒤를 이은 제2대 교주 해월(海月) 최시형(崔時亨)도 『서경』을 근거로 "한울이 백성을 내리시어 그들에게 임금을 만들어주고 스승을 만들어주었"고 "이들(임금과 스승)은 상제를 돕는다"라고 했다. "임금은 교화와 예악으로 만민을 협화(協和)하고 법령과 형벌로 만민을 다스리고, 스승은 효제충신으로 삶을 가르치고 인의예지로 후생을 완성하니, 이게 다 상제를 돕는 방도이니라"고 밝히며, 동학교도들에게 공경하게 『서경』을 받들라고 했다.[139] 이처럼 동학은 서세동점(西勢東漸)의 상황과 일본의 침략 의도, 중국의 중화주의 등의 국제정세와 세도정치에 의한 관료의 침탈과 억압에 맞서, 국가의 독립을 지키고 조선 사회의 근본적 변화를 위해 국왕을 중심으로 위기를 극복하는 방향을 선택했다. 그것이 신존왕주의이다.

신존왕주의는 중앙의 세도가문과 지방 수령·이향의 세도정치 체제 혁파, 왕권의 회복과 강화를 통한 국왕 친정 체제의 확립, 국정혁신, 신분타파 등의 혁명적 요구를 담고 있다. 특히 중앙의 세도 가문의 형성을 근본적으로 막을 수 있는 것은 각종 신분 차별의 철폐뿐이었다. 즉, 봉건적 신분제도를 타파하지 않는 한, 세도정치를 넘어서는 백성의 나라는 불가능하다는 민심이 신존왕주의로 나타났다. 신존왕주의의 등장과 함께 『정감록』과 같은 역성혁명적 개벽사상인 왕조교체론은 청산되거나 주변으로 밀려났다.

1862년 삼남일대에서 거대한 농민항쟁인 임술민란이 발발했다. 그러나 농민항쟁에도 불구하고 해결의 실마리는 찾을 수 없었다. 즉, 중앙의 세도 가문을 몰아내지 않고는 근본적 해결책을 찾을 수 없다는 결론에 도달한 것이다. "기본적으로 인정(仁政) 요구를 슬로건으로 했던 임술민란은 최종적으로 국왕에게 탄원을 전달할 것을 요구하고 그 은정에 매달리려는 결말을 보여주었다."[140] 왕과 백성의 중간 매개였던 중앙 세도정치 세력과 수령·이향 체제에 대한 불신임이며, 왕을 중심으로 새로운 방식의 개벽세상을 열어나가겠다는 백성들의 사상의 변화였다.

신존왕주의는 동학사상 속에서 종합되어 동학농민전쟁을 통해 표출되었다. 동학은 "『정감록』의 역성혁명적·왕조교체설적 개벽사상으로부터 '개벽'만 취하고 역성혁명적 왕조교체설과 도참설적 요소를 털어내고 현존하는 국왕의 권위를 지존으로 높이는 존왕의식과 이렇게 높여진 왕권을 이용하여 권귀·세도정치체제를 전복하고 신분체제를 타파하는 '존왕개벽(尊王開闢)' 또는 '존왕멸귀(尊王滅貴, 임금을 높여 權貴를 타도함)'의 새로운 혁명 이념을 발전"시켰다. 즉 동학은 "사대부를 제치고 소민(小民)을 직접 보살피려는 영·정조 이래 군주들의 새로운 소민 우선 민본정치 이념에 대해 아래로부터 모든 세도가적 권귀를 진멸하려는 혁명적 일군만민(一君萬民) 이념과 새로운 '존왕개벽' 사상의 형식으로 호응하고 역성개벽론으로부터 역성혁명적 이씨왕조교체설을 털고 세상을 뒤집는 개벽사상만을 계승하여 새롭게 국력을 국왕 중심으로 결집하고 이 국왕 중심의 결집된 국력을 이용하여 새 시대를 개창하려는 혁명적 종교철학"이었다.[141]

고부민란 3개월 전 〈사발통문〉(1893년 11월 초) 행동강령 제4조에 "전주영(全州營)을 함락ㅎ고 경사(京師)로 직향(直向)홀 사(事)"라 적시했고, 1894년 3월 25일(양력 4월 30일) 백산에서 전봉준의 동학농민군이 발표한 '사개명의(四個名義)' 제4조는 "병력을 몰아 서울에 입경하여 권귀를 진멸하고, 기강을 크게 떨쳐 명분을 입정(立定)하고, 이로써 성훈(聖訓)을 따르게 한다(驅兵入京 盡滅權貴 大振紀綱 立定名分 以從聖訓)"이다. 동학농민군은 봉기를 통해 서울로 직향해서 권귀를 몰아내고 새로운 세상을 만들겠다는 뜻을 분명히 밝히고 있다. 또한 이렇게 행하는 것이 '성훈', 즉 왕의 가르침으로 규정했다. 조선 사회의 개벽사상은 동학에 이르러 신존왕주의로 전환되었다.

내외적인 국가 위기 상황에 직면해서 백성들은 국왕에 대한 구심력을 강화하여 현실을 타개하는 방향을 택한 것이다.[142] 전봉준은 공초에서 "우리 임금을 폐하고서 또한 누구를 받들겠는가?"[143]라며, 왕을 중심으로 단결할 것을 제창했다. 그는 "지금 신하라는 자들은 나라에 보답할 것을 생각하지 않고 다만 녹봉과 지위를 훔치며", "안으로는 보국의 인재가 없고, 밖으로는 학민(虐民)의 관리가 많아" 문제라고 지적했다. 그래서 "우리는 비록 초야에 버려진 백성이지만, 임금의 땅에서 먹고살고 임금의 옷을 입고 있으므로 국가의 위기를 좌시할 수 없어 팔도가 동심으로 억조창생이 묻고 의논해 지금 의기(義旗)를 들고 보국안민(保國安民)을 사생의 맹세"로 삼고 "다 함께 성화

(聖化, 임금의 교화)를 기린다면 천만다행"이라 했다.[144] 동시에 동학군의 2차 봉기 때에도 전봉준은 "일본병을 물리치고 간악한 관리를 내쫓고 임금 주변을 말끔하게 한 뒤에 어떤 선비를 기둥으로 세워 정치를 집정"[145]하는 생각을 밝혔다. 동학농민군은 백성을 괴롭히는 중앙의 권귀를 물리치고, 일본의 침략을 물리치고 왕을 중심으로 새로운 정치를 구상했던 것이다. 즉, 신존왕주의는 중앙의 권귀를 몰아내고 왕권을 확고히 하여 신분해방 등 사회경제적 개혁과 함께 왜이축멸(倭夷逐滅)을 통해 국가의 독립을 지키려는 민족국가의 사상이 되었다.

## 2. 민국 이념의 확산: '왕과 사대부의 나라'에서 '백성의 나라'로

### 1) 민국 이념과 민유방본(民唯邦本)

'백성의 나라(民國)'라는 새로운 정치의식은 18세기에 발전했으며, 왕은 사대부가 아닌 백성과의 직접적 소통을 통해 운영되는 국가 시스템을 구축하려고 했다. 왕과 백성의 직접 소통에 의한 국정 운영은 새로운 정치세력의 등장과 확산을 의미한다. 영조는 소민을 위한 각종 정책을 추진했고, 어사제도를 통해 소민을 보호했으며, 백성과의 직접 소통을 위해 격쟁과 상언을 확대했다. 노비의 근대적 임금노동자로의 전환을 위해 노비제도 혁파를 추진했으며, 서얼허통(庶孽許通)·서얼통청(庶孽通淸)의 확대를 통해 신분적 차별을 축소했다. 정조는 영조의 뜻을 이어 서얼허통의 확대, 상공업 세력의 육성 등을 통해 시민 세력의 출현을 기대했으며 군주와 백성의 결합에 의한 봉건세력 견제와 이를 통한 정치·사회개혁을 시도했다. 이것은 정조 시대 내내 토지개혁 문제, 노비제 혁파 문제, 양전(量田)을 둘러싼 논의 등이 벌어

진 것에서 알 수 있다.[146]

이런 흐름에도 불구하고 일부 학자들은 영·정조 시대의 개혁 시도가 "근대 지향적 개혁을 통해서 성장하는 계층이 확인되지 않으며 절대군주제 개혁이 성공할 수 없었다는 평가가 사실에 더 부합"[147]하다고 비판한다. 그러나 사대부를 제외한 서얼과 소민들의 성장, 중인 이하 문화로서 여항문학의 성장, 1791년 금난전권(禁亂廛權)의 폐지를 이끌어낸 상공업 세력의 성장 등은 17~18세기 조선의 거대한 사회 변화를 반영하며, 이러한 변화에 대한 왕의 능동적 반응으로서 계몽군주정이라는 새로운 정치 형식이 나타난 것으로 보는 것이 훨씬 더 사실에 근접한 해석으로 판단된다. 또한 정조 이후 세도정치에 의해 민국 정체가 중단되고 개혁 정책이 좌초되었던 것은 사실이지만, 새롭게 성장·확대된 근대 지향적 계층은 세도정치에 맞서 민란으로 민압의 실체를 드러냈다. 19세기 민란은 세도정치의 억압에 대한 단기적 분출이 아니라 한 세기 내내 지속되었다는 점에서, 근대 지향적 계층의 근대적 변화를 위한 실천은 억제할 수 없을 정도의 수준으로 성장했음을 반증하는 것이기도 하다.

이는 근대 지향적 계층이 확인되지 않는다는 비판을 제기한 글에서도 확인된다. 1812년 홍경래난에 대해 "반란의 지도부는 하층민 출신의 지식인이 중심을 이룬 상태에서 지방의 엘리트, 대상인, 중간계층, 무력을 기반으로 한 장사층에 이르기까지 다양한 신분과 계층이 참여"했으며, 그 성격은 "평민이 중심이 되어 국가권력에 대해 직접 도전"했거나, 1862년 농민항쟁에 대해서도 국가 권력에 맞서 대결한 것이며, 그 지도부 또한 "잔반(殘班) 또는 초군(樵軍) 지도자가 중심을 이루는 가운데, 유력 사족(士族)과 토호층, 일부 요호부민층이 제외되었을 뿐 참여 폭"이 매우 넓었다고 밝히는 점에서 그렇다.[148]

임술민란은 부세가 지대에 전가되지 않는 중부와 북부지역에서는 거의 일어나지 않았고, 부세가 지대에 덧붙는 삼남지방에서만 집중적으로 일어났다. 또한 1862년의 민란은 관청을 공격하는 방식에서 서서히 전환되어 지주를 공격하는 2단계 투쟁으로 전개되었다는 것은 반봉건적 성격을 확인할 수 있도록 해 준다. 즉, 임술민란의 성격은 본질적으로 토지개혁을 통해 지주·소작제를 폐지하고 토지소유제의 근대화를 추진하려는 소민이 지주와 싸운 반봉건 투쟁으로 규정해야 한다.[149]

따라서 오수창이 "평민 등 사회구성원 절대다수가 주체가 되는 정치를 건설하는 것은 19세기의 절대적인 시대적 과제"[150]라고 규정한 것처럼, 19세기 백성과 국가권력의 직접 대면, 사회구성원 절대 다수가 주체가 되는 세상에 대한 염원과 실천을 만들어 낸 그 자양분으로서 18세기는 어떠한 의미를 갖는지 설명되어야 한다. 오수창은 18세기와 19세기를 분리해서 해석하지만, 그 연속성 속에서 시대를 파악하지 않으면 역사 해석의 오류에 빠질 수 있다.

또 다른 비판은 '민국' 개념으로 대표되는 영조 대의 정치사상이 조선 초기 이래의 민본주의의 범위를 벗어난 새로운 것이었는지 확신할 수 없으며, 민국이 국가를 의미하는지에 대해서도 실증하기 어렵다는 주장이다.[151] 그러나 영·정조 시기부터 민국이라는 용어가 급격하게 증가했고, 민국은 "백성의 존재를 국가와의 긴밀한 관계 속에서 재규정하고자 하는 새로운 국가관을 표현"하는 것이며, "국가의 중대사를 지칭할 때마다 사용"한 용어였다.[152] 김백철의 연구(표 3-2 참조)에 의하면, '민국'을 '백성과 나라'를 각각 호칭하는 의미로 사용한 비율이 숙종대 33%, 영조대 10%, 정조대 15%였다. 따라서 숙종대 이후인 영·정조 시대에는 '민국'이 '백성의 나라'라는 뜻으로 주로 사용되었음을 확인할 수 있다.

[표 3-2] '민국(民國)'의 분립적 인식 사례

| 구분 | 승정원일기(承政院日記) | | 일성록(日省錄) |
|---|---|---|---|
| | 숙종 | 영조 | 정조 |
| 총빈도 | 12 | 464 | 172 |
| 개별표현 | 4 | 47 | 26 |
| 비율 | 33% | 10% | 15% |

출처: 김백철, 『조선 후기 영조의 탕평정치:《속대전》의 편찬과 백성의 재인식』, 태학사, 2010, 287쪽.

조선 후기부터 민국은 '백성과 나라'라는 병렬어(대등합성어)라기보다 '백성의 나라'라는 종속합성어로 사용되었다. 『승정원일기』의 경우, 영조 대에는 총 464회의 '민국' 용례 중에 417회가 종속합성어로 사용되었다. 『일성록(日省錄)』의 경우, 정조 대 총 172회 중 146회를 종속합성어로 사용했다. 『조선왕조실록』에서는 영조 이후 민국이 도합 356건이 쓰였는데, 이 중 4분의 3 정도가 종속합성어로 쓰이고 있다.[153] 이런 발전을 거쳐서 대중적으로 확산되었기 때문에 민국이란 용어는 여러 일간신문에서도 보편적으로 사용되었다.[154] 그리고 1899년 4월 24일 『독립신문』 논설에 최초로 '대한민국'이란 용어가 나왔고, 그 이후 1907년 『대한매일신보』 논설에 대한민국(大韓民國)이 쓰이는 등 대한제국 시절에 이미 '대한민국'은 서서히 대중적인 용어로 자리 잡아 갔다.[155]

또한 18세기 군주들은 이전 군주와 달리 '민오동포(民吾同胞)'를 강조했다. 영조는 "백성은 나와 한 핏줄이요 만물은 나와 친구이니, 비록 너희들은 백성 보기를 나와 다른 사람처럼 구별하지만, 나에게는 똑같은 나의 적자로 보이니, 어찌 이쪽이니 저쪽이니 사랑하니 미워하니가 있겠느냐. 내가 만약 잠저에 있었다면 당연히 호전을 내었을 것"[156]이라고 말했다. 이는 영·정조대에 백성을 한 핏줄, 친구, 적자라는 개념으로 설명한 것으로 경천애

민(敬天愛民)의 관점을 적극적으로 수용했음을 알 수 있다. 또한 정조는 일시경외(一視京外, 서울과 지방의 인재를 똑같이 등용함), 손상익하(損上益下, 상위계층에서 덜어다가 하위계층에게 보태줌)의 공정하고 균등한 사회를 강조했다. 균역법 추진 때 제기되었던 균평(均平)과 대동(大同)의 원칙은, 양반과 평민이 함께 모인 향회라는 논의 구조와 함께, 19세기 이후 일반 백성의 사회의식으로 확장되어 갔다.[157]

조선에서 '국민'은 국민의 참정과 자치의 실천적 구현과 실제적 제도 발전을 통해 점진적으로 발전했다. 그리고 '국민 참정'은 "중앙에서의 서얼통청, 지방정치에서의 자치제도(향회, 두레, 민회, 간도에서의 지방관 민선 등)의 발전, 그리고 조선 후기의 전반적 신분 상승과 관노비 해방, 개벽 민란과 민회의 발전, 대한제국기의 신분해방과 탈신분제적 '공무담임제'의 도입, 중앙정부의 일부기관(가령 중추원)에서의 국민대표의 칙선·민선 등을 통해 관철되고 확립된다."[158]

이미 영조는 백성을 위해 임금이 존재한다는 입장을 천명했다. "오! 하늘이 백성들에게 임금을 만들어 주고 스승을 만들어 주시는 것은 곧 백성을 위한 것이다(作之君 作之師 卽爲民之). 백성을 위해 임금이 있는 것이지, 임금을 위해 백성이 있는 것이 아니다(爲民有君 不以爲君有民也)."[159] 맹자가 '민귀군경(民貴君輕)' 즉 '백성이 가장 귀하고 임금은 가장 가볍다'고 했던 것처럼, 임금보다 백성은 훨씬 더 귀하기 때문에, 나라는 백성을 위해 존재한다는 것이다.

민국 이념은 탕평군주의 백성에 대한 태도 변화에 기인했는데, 그 태도 변화의 요인은 백성의 사회적 지위의 성장에 있었다. 따라서 "민국 이념은 군주 측만의 발상이라기보다 서민대중 사회의 성장을 군주 측에서 수용한 것"[160]으로 볼 수 있다. '백성의 나라'를 뜻하는 '민국'은 백성의 성장에 대한

영·정조 계몽군주의 진일보된 대응이라 할 수 있다.

영·정조 시대의 민국 이념은 고종에 의해 새롭게 부활했다. 고종은 '민국상여(民國相與)', 즉 "백성과 나라가 서로 함께하는 것"임을 강조했다.

> 무릇 나라는 백성에게 의지하고 백성은 나라에 의지하는 것이니, 백성이 편안하면 나라가 편안하고 나라가 편안하면 백성도 편안하다. 나라와 백성이 서로 함께하는 것은 마치 사람의 몸에 머리와 눈과 팔다리가 있어서 막아 주고 보호해 주는 데에 반드시 그 마음과 힘을 함께해야 하는 것과 같으니, 계책은 이보다 좋은 것이 없다. 밝혀 법으로 삼아서 이에 포고하니, 모든 대중들은 뜻을 세워 충성하며 너희들의 일을 일으켜 힘쓰라. 너희들은 삼가 받들도록 하라.[161]

백성과 국가는 서로 의지해야 나라가 평안하며, 백성과 국가는 서로 함께 마음과 힘을 모아야 한다는 것이다. 대한제국은 외형상 황제의 전제정이었으나, 그 황제에 의해 백성의 국가임이 천명된 것이다. 따라서 대한제국은 대한민국의 전신이며, 이미 대한제국의 성격은 '민국'이었다. 태황제로 퇴위당한 고종은 1909년 3월 15일 「서북간도 및 부근 각지 인민 등 여러 곳에 대한 칙유(諭西北間島及附近各地民人等處)」를 통해 백성이 나라의 근본이라는 '민유방본(民惟邦本)'을 언급하며 '만백성의 대한'이라고 규정했다.

> (우임금의) 유훈에 있기로 "백성이 나라의 근본이다(民惟邦本)"라고 했으니, 이것은 나 1인의 대한이 아니라 실로 오로지 그대들 만백성의 대한이라는 것이니라! 독립이라야 오직 나라이고, 자유라야 오직 백성이니, 나라는 곧 백성의 누적이요 백성은 잘 무리 지을 수 있느니라. 아! 그대들은 그

래도 심력을 하나로 만들어 우리 대한의 광복에 쓸 수 있어서 자손만대 길이 의뢰케 하라.[162]

고종에 의해 헤이그에 밀사로 파견된 이상설(李相卨)은 "무릇 임금은 나라를 위하여 둔 것이오, 나라는 임금을 위하여 세운 것이 아니니, 이러함으로 임금이란 것은 인민이 자기의 사무를 위탁한 공편된 종일 뿐이요, 인민이란 것은 임금으로 하여금 저의 직역을 전력케 하는 최초의 상정이라"[163]고 규정했다. 이렇듯 영조와 정조의 민국 이념의 핵심이 바로 백성의 나라이므로 백성은 신분적 차별이 없는 평등한 존재여야 했다. 이런 생각이 영·정조대의 서얼통청의 관직개방으로, 순조가 즉위 첫 해에 시행한 관노비 해방으로 현실화되었고, 고종에 의해 거의 완벽한 신분해방이 이뤄졌다. 관직은 모두에게 개방되었고, 부분적인 국민대표의 칙선·민선이 실행되었다.

이런 생각은 왕만의 것이 아니었다. 동학의 전봉준은 1894년 '무장현 포고'에서 "백성은 국가의 근본으로 근본이 위축되면 국가가 멸망"[164]하기 때문에, 나라의 근본인 백성을 위해 봉기한다고 밝혔다. 동학교도들이 '민유방본'을 봉기의 근거로 제시했다는 것은 그들 스스로 나라의 근본이 백성임을 각인한 것이다. 그러므로 나라의 근본인 백성을 수탈·탄압하는 권귀(權貴)를 제거하는 것이 봉기의 명분이 되었다. 그 이후 '척왜'와 보국안민을 내세우고 다시 봉기한 것은 나라의 근본인 백성이 일본의 침략으로부터 나라의 독립을 지키기 위한 것이었다.

이렇듯 민국은 "영·정조의 계몽군주정에서 발아하는 맹아 단계에서 출발하여 세도정치의 조정에 맞서 정치참여를 시도한 지방농민들의 70여 년간의 '개벽민란'의 민회적(民會的) 확산 단계를 거쳐, 세도정치에 의해 조정에서 주변화되고 재야에서 확산되었던 민국일체론의 고의(古義)를 의식적으로 부활시키고 만백성을 신분적으로 해방시킨 대한제국의 계몽전제정에서 명실상부한 발전 단계에 도달한다."[165]

## 2) 언로(言路)의 확대와 백성의 성장
: 상언과 격쟁, 민소(民訴)와 민장(民狀)

18세기에 발생한 중대한 변화는 백성들의 직접적인 요구의 분출이었다. 그것은 상언과 격쟁, 민소와 민장으로 나타났다. 15세기에 소원제도(訴冤制度)로서 신문고를 설치했고, 16세기에 상언과 격쟁이 새로 부상하여 소원의 범위가 확대되었고, 영·정조대에 이르러서는 더욱 확대되었다.

영·정조는 백성과 직접적인 접촉 범위를 넓히면서 공론의 영역, 공론장을 확대했다. 이는 당시 군주의 계몽적 관점도 중요한 역할을 했지만, 백성의 사회적 성장을 반영한 것이었다. 특히 언로(言路)의 확대로서 상언과 격쟁은 정조 대에 이르러 최고조에 달했다. 상언과 격쟁은 조선시대에 발달한 독특한 소원제도였다. 이러한 언로의 확대는 "민의가 상달될 수 있는 통로를 적극 제도화하여 사회문제를 파악하는 한편, 이로써 새로 성장하는 사회세력을 체제 내로 흡수하여 사회를 안정"[166]시키려는 것이었다. 이는 동시에 왕에게 직접 호소할 수 있다는 점에서 사대부와 별도로 지방사회의 향족들, 일반 평민들의 여론을 만들어 나갈 수 있는 공간의 구성을 가능하게 하였다. 따라서 상언·격쟁의 도입과 확대는 중앙의 공론정치와 더불어 지방 여론의 활성화에도 기여했으며, 지방사회에서 향전(鄕戰)이 발생하는 원인이 되었다.[167]

18세기 후반에 이르러 생산 활동에 뿌리를 내린 민인들의 저항운동이 본격적으로 일어났다. 토지겸병·부세수탈·상공이익의 침탈 등에 맞서 민인들의 등소(等訴)·호소(呼訴)가 활성화되기에 이른 것이다. 민인들은 소지(所志)를 비롯한 민장(民狀)을 관부(官府)에 올리고, 이어 감영(監營)에 의송(議送)하거나 비국(備局)에 정소(呈訴)하여 원억(冤抑)을 해결하고자 하였다. 그리고 이러한 방법을 통해서도 원억이 해소되지 않으면 국왕에게 직소(直訴)하는 상언·격쟁을 감행하였다.[168]

18세기 후반에 이르면 백성이 왕에게 직접 호소할 수 있는 제도적 공간들이 확보되었다. 이 공간을 통해 백성의 정치의식과 사회참여의 폭이 확대되었고, 이런 축적된 정치 행위들이 세도정치기의 민란으로 나타났다.

백성의 언로를 가장 폭넓게 개방한 정조 시대의 상언·격쟁에 대해 살펴봄으로써, 당대 백성의 이해와 요구, 사회적 모순의 내용을 직간접적으로 파악할 수 있을 것이다.

[표 3-3] 상언·격쟁의 신분별 분포비

| 형태 | 신분 | | | | |
|---|---|---|---|---|---|
| Frequency Percent Row Pct Col Pct | 양반 | 중인 | 평민 | 천민 | 총계 |
| 격쟁 | 469(건) 11.88(%) 45.49(%) 17.41(%) | 78 1.98 7.57 24.92 | 406 10.29 39.38 51.85 | 78 1.98 7.57 49.68 | 1,031(건) 26.12(%) |
| 상언 | 2,225(건) 56.37(%) 76.30(%) 82.59(%) | 235 5.95 8.06 75.08 | 377 9.55 12.93 48.15 | 79 2.00 2.71 50.32 | 2,916(건) 73.88(%) |
| 계 | 2,694(건) 68.25(%) | 313 7.93 | 783 19.84 | 157 3.98 | 3,947(건) 100.00(%) |

출처 : 『議奏』(奎17705), 『官報』, 『奏本』(奎17703), 『歲入歲出總豫算表』(奎15295). 이윤상, "대한제국기 황제 주도의 재정운영", 132~133쪽에서 재인용.

상언과 격쟁은 왕에게 백성이 '소원(訴冤)'을 하는 방식이다. 상언은 말 그대로 왕에게 글을 올리는 것이라면, 격쟁은 징이나 꽹과리를 치면서 왕에게 직소하는 방식이다. 표 3-3에서 볼 수 있듯, 상언은 전체 건수 중 양반이 76.3%로 주를 이루었고, 격쟁은 전체 건수 중 양반이 45.49%, 평민은 39.38%로 엇비슷했다. 그런데 전체 상언과 격쟁을 합치면 양반은 소원 중 68.25%를, 평민은 19.84%를 차지했다. 결론적으로 상언·격쟁은 주로 양반들에 의해 이루어진 것이다. 그 이유는 상언이 한자로 올려야 한다는 이유와 먹고 살기 힘든 평민이 궁의 근처나 왕의 행차에 나가 소원하기가 어려웠기 때문이다. 그럼에도 평민이 격쟁 건수 중 39.38%를 차지했던 것은 평민들이 왕에게 직접 호소하여 판단을 받고 싶어하는 문제들이 많았음을 보여준다.

또한 18, 19세기 들어, 유학(幼學)을 업으로 삼는 계층에 중인·평민의 점유율이 점차 높아졌다. 19세기에 유학을 모칭(冒稱)한 비율은 16.2~46.2%에 이르렀다.[169] 18세기 모칭 유학의 비율은 19세기에 비해 낮았지만 비중이 그 이전에 비해 상승 추세였을 것을 가정한다면, 정조 대 상언은 양반 대 평민·중인의 비율이 엇비슷했고, 격쟁의 경우 평민·중인 비율이 더 높았다고 볼 수 있다. 즉, 상언과 격쟁은 왕에게 평민과 중인들의 삶의 문제를 직접 제소하는 가장 유력한 수단으로 활용되었다. 특히 평민은 "당시 자행되는 각종 비리와 침탈에 맞서 시비를 가리는 수단으로 격쟁"[170]을 주로 활용했다.

[표 3-4] 상언 · 격쟁의 주제별 분포비

| 형태 Frequency Percent Row Pct Col Pct | 주제 | | | | | |
|---|---|---|---|---|---|---|
| | 간은(干恩) | 민은(民隱) | 산송(山訟) | 신원(伸冤) | 입후(立後) | Total |
| 격쟁 | 130(건) | 515 | 189 | 399 | 24 | 1,257(건) |
| | 3.02(%) | 11.97 | 4.39 | 9.27 | 0.56 | 29.21(%) |
| | 10.34(%) | 40.97 | 15.04 | 31.74 | 1.91 | |
| | 7.24(%) | 55.98 | 32.93 | 69.15 | 5.48 | |
| 상언 | 1,665(건) | 405 | 385 | 178 | 414 | 3,047(건) |
| | 38.68(%) | 9.41 | 8.95 | 4.14 | 9.62 | 70.79(%) |
| | 54.64(%) | 13.29 | 12.64 | 5.84 | 13.59 | |
| | 92.76(%) | 44.02 | 67.07 | 30.85 | 94.52 | |
| Total | 1,795(건) | 920 | 574 | 577 | 438 | 4,304(건) |
| | 41.71(%) | 21.38 | 13.34 | 13.41 | 10.18 | 100.00(%) |

출처: 한상권, 『조선 후기 사회와 소원제도』, 117쪽.

그렇다면 상언 · 격쟁의 주된 이유는 무엇인가.[171] 우선 격쟁의 경우, 격쟁 건수 중에서 민은(40.97%)과 '신원'(31.74%)이 압도적으로 높다. 민은은 주로 사회 · 경제적인 비리와 침탈을 호소하는 내용으로 부세수탈(賦稅收奪), 토지침탈(土地侵奪), 상공업 이익의 침탈, 노비추쇄(奴婢推刷), 징채남징(徵債濫徵), 비리횡침(非理橫侵), 토호무단(土豪武斷), 읍폐(邑弊) 등이었다. 신원은 죄범강상(罪犯綱常), 국곡투절(國穀偸竊), 과장작간(科場作奸), 살옥(殺獄), 역벌(逆獄), 위조문건(僞造文券), 불근전수(不謹典守) 등과 관련된 내용이다. 이처럼 격쟁은 직접적인 수탈에서 발생하는 문제를 해결해 달라는 요구가 대부분이었다. 그만큼 당시 상층 권력 및 관료들에 의한 수탈과 비리가 상당했음을 알 수 있다.

상언의 경우, 간은(54.64%)이 압도적이며, 그다음이 입후(13.59%)였다. 간은은 각종 은전(恩典)을 요구하는 것이고, 입후는 후사(後嗣)가 없을 때 봉사손(奉祀孫)을 맞아들이는 문제를 허락해 줄 것을 청원하거나 적서분속(嫡庶

分速), 파양(罷養), 탈종(奪宗) 등의 문제를 호소하는 것이었다. 주로 양반 계층이 활용했던 상언의 경우는 양반들의 이해와 요구를 반영한 사항들이 압도적으로 많다. 이는 성리학적 세계관이 당대 양반 계층에서 상당히 구조화되었다는 것을 보여준다. 즉 조선 초기에 고려시대의 풍습·문화와 충돌했던 성리학적 세계관이 조선 중기 이후 안착되는 과정을 간접적으로 보여주고 있다.

이상과 같이 18세기에 양반이 아닌 평민·중인·천민은 부당한 침탈과 수탈에 앞서 시시비비를 가려 줄 격쟁이라는 수단을 선호했으며, 주로 민은과 소원에 관계된 것이었다. 영·정조 탕평군주 시대에는 힘없는 백성들이 소원을 할 수 있는 제도가 상당히 확대되어 있었고, 백성과 왕이 직접 의사소통할 수 있는 공간이 있었다. 군주는 백성의 요구를 알아야만 통치를 행할 수 있었고, 백성은 민란이 아닌 제도적 장치를 통해 자신들의 문제를 제기했다. 이런 민군(民君) 관계는 계몽군주 시대를 열 수 있게 했고, 조선시대 중 가장 활기차고 경제력이 높았던 시대를 만들었다. 이러한 변화에 따라 당연히 기존의 위계질서를 강제하고 있던 사상으로서 성리학의 위상은 흔들렸고, 새로운 논의들이 개입할 수 있는 환경을 만들어주었다. 이제 사대부의 시대도 왕의 절대적 권위도, 민의 사회적 역할과 지위 향상에 의해 항상적인 위험에 처하게 되었다.

우리는 19세기 조선 사회의 구조적 문제점을 민장(民狀)을 통해 추적할 수 있다. 민장은 백성이 관부(官府)에 올리는 소장(訴狀)이다. 따라서 백성이 국가권력에게 호소하고 싶은 내용을 담은 것으로 당시의 사회상과 사회문제를 파악할 수 있는 사료적 의미를 갖는다. 민소(民訴)의 내용은 대체로 관의 조처에 불복·저항하고 그 수정을 요구하거나, 민인(民人)들 사이에서 일어나는 여러 가지 갈등과 쟁투들에 대한 관의 재결을 요구하거나, 관의 행정적 조처 등을 요구하는 것이었다.[172] 그러나 19세기 들어 백성의 삶은 곤궁해지고 관리들의 부패는 극에 달하는 상황임에도, 백성이 호소할 통로는 더욱 협소해졌다.

현종 4년(1838) 7월 한 달 동안 전라도 영암군에 올라와 처리된 민장은 총 187건이었는데, 그중 110건(58.8%) 이상이 삼정(三政)의 운영상 문제점에 집중되었다. 그러나 올라온 민장에 대한 처분은 대부분 조사해서 처리할 터이니 기다리라는 것이었다.[173] 헌종 5년(1839) 3월에 처리된 민장의 총 건수는 248건이었는데 전정(田政) 등 부세 운용에 관한 것이 108건(43.5%), 상투(相鬪)에 관한 것이 116건(46.4%)이었다.[174] 이는 19세기 삼정 문란에 의한 부세 문제와 개인 대 개인 또는 집단 대 집단 간의 상투가 주요한 문제로 부각되었다는 것을 의미한다. 관에 의한 직접적인 수탈은 백성을 도탄에 빠뜨리는 원인이었다. 상투는 주로 사적 소유권의 이전과 매매 과정에서 나타나는 소유권 갈등 문제로 환퇴(還退)와 늑탈(勒奪)에서 나타났으며, 채무관계와 농민적 권리로서 경작권과 수리권 등을 둘러싸고 벌어졌다.

백성들의 민소는 주로 고을의 수령들에 의해 처리되었는데, 고을 관가에서 벌어진 민소 처리 과정의 관행에 대해 정약용은 통렬하게 비판했다.[175] 또한 1818년 저술된 정약용의 『목민심서』를 보면, 당대 관리들의 부패상이 드러난다. 그 내용을 보면 다음과 같다.

궁전과 둔전에 대해 그 박탈과 수탈이 지극히 심한 것은, 수령이 살펴 너그럽게 해 주어야 한다(宮田屯田 其剝割太甚者 察而寬之).[176]

상사가 장사를 하느라 상관의 문을 크게 열으니, 수령이 법을 어김은 이루 말로 다할 수 없다(上司貿遷 大開商販之門 守臣犯法 不足言也).

…수령이 농간질하여 남긴 이익을 도둑질하듯 착복하니, 아전들의 농간질이야 더 말할 나위도 없다(守臣黷弄 竊其羸羨之利 胥吏作奸 不足言也).

…윗물이 이미 흐리니 아랫물이 맑기 어렵다. 아전들의 작간에는 동원되지 않는 방법이 없으니, 귀신같이 교묘한 간계와 교활을 밝게 살필 수 없는 것이다(上流旣濁 下流難淸. 胥吏作奸 無法不具 神姦鬼猾 無以昭察).[177]

상언과 격쟁도 19세기에 들어서 상당한 변화가 발생했다. 그 특징은 다음과 같다.[178] 첫째, 주요 소원 수단이 상언에서 격쟁으로 변화했다. 상언과 격쟁이 국왕에게 직소하는 합법적인 소원 수단이기는 했지만, 상언은 청원적 성격이 강하고 격쟁은 저항적 성격이 강했다. 따라서 19세기에 들어 민의 소원 방식은 왕에게 청원하는 방식보다는 격쟁하는 방식을 선호했다. 둘째, 상언·격쟁의 비중에서 평민·천민의 비중이 높아졌다. 평민과 천민의 발언권은 후기로 가면서 점차 강화되어 철종 대에 이르러 가장 높아졌다. 이는 평민과 천민들이 다양한 방식의 소원 수단을 활용하는 중심이 되었음을 의미했다. 셋째, 소원인의 주요 관심사가 간은에서 신원으로 바뀐다. 이것은 억울한 옥살이에 대한 소원이 주류를 이루었다는 것을 의미한다.[179] 19세기 상언·격쟁은 내용별로 신원(33.4%), 간은(12.7%), 민은(6.1%), 산송(4.0%), 입후(2.2%) 순이며, 내용을 알 수 없는 기타도 41.6%나 된다. 18세기 후반의 간은(41.7%), 민은(21.4%), 신원(13.4%), 산송(13.3%), 입후(10.2%)와 비교할 때 현저한 차이가 난다. 즉 신원의 급증은 19세기 들어 사회 세력 간의 사회적·정치적 대립이 격심해지고 있음을 반증한다.

특히 순조 대 상언·격쟁의 내용 중 각종 옥사와 관련된 억울함을 호소하는 신원이 42.5%로 가장 많다. 이는 영·정조 시대의 개혁 정책의 영향으로 판단된다. 조선 후기에 이르러 각종 악형(惡刑)·혹형(酷刑)이 폐지되고 남형(濫刑)이 금지됨으로써 민인들의 인신적 · 법률적 지위가 향상되었다.[180] 따라서 19세기 관리들에 의한 형 남발은 백성의 저항을 더욱 불러일으킨 것으로 해석된다. 그러나 관리들의 횡포에 저항하면 마을 전체가 피해를 입기 때문에 함부로 고발할 수도 없었다.[181]

## 3. 민(民)의 저항과 새로운 주체의 성장
: 민압의 시대에서 민란의 시대로

### 1) 사회의 변동과 새로운 주체의 성장

18세기 조선 사회에서 준양반의 지위를 획득한 부류는 각자의 지위에 맞는 사회적 역할을 추구했고, 평민과 천민들은 지역공동체의 질서에 의해 제약받는 신분의 장벽을 벗어나려고 행동했다. 18세기 이앙법의 보급과 함께 출현한 두레는 지주들의 영향을 일체 배제하는 특성을 보였다. 두레는 농민들의 자율적 조직으로서 농민 중심의 공동체적 힘으로 분화되어 나온 독특한 성격의 활동 방식이었다.[182]

18세기 후반부터 민중의 결집체로서 향회가 중심으로 성장하기 시작했다. 동시에 요호(饒戶)층이 확대되었다. 향회는 민의 새로운 자치기구로서의 역할을 담당하기 시작했다. "초기에 향회는 단순히 여론의 참작 정도에서 비롯되었지만 점차 지방통치의 대부분을 수령이 향회의 논의나 동의하에 수행해야 할 만큼 그 기능이 다양해지고 역할이 커졌다."[183] 향회는 사대부나 양반만의 전유물에서 서얼과 중인, 평민 등이 참여하는 형태로 성격이 변화되어 갔다. 이 향회는 19세기 농민항쟁 당시에 주도적인 역할을 했는데, 그 주도 세력은 소민이었으며, 백성들의 여론을 모으는 민회적 성격으로 변화되었다.[184] "민들은 향(鄕)이나 유(儒)가 아닌 민이 주체임을 나타낼 수 있는 이름"으로 불렀는데, 여기서 "'민(民)'이란 관과 밀착되어 있는 사람들을 제외한 관의 결정에 반대하는 의지가 있는 사람들 모두를 의미"했으며, 일부 지역에서는 그 조직을 스스로 '민회'라고 부르기도 했다.[185]

조선 후기 대동법 제정 이후 서울의 경우 상당량의 상품과 화폐가 집적되었으며, 공가와 시가와의 차이로 인해 발생한 부(富)가 서울에 집적되었다. 그래서 서울 인구가 18세기 중엽에는 30만 명 이상으로 증가했다. 이 인구의 증가는 상업인구의 증가에 따른 것으로, 서울의 분위기는 서서히 변모되어 갔다. 유교적 강상명분은 점차 퇴조하고, 활발한 경제활동과 인간의 자연스러운 본능과 감정을 인정하는 새로운 도시문화가 형성되었다. 따라서 상업 활동, 근면성 등을 통해 부를 축적하는 것이 긍정적으로 인정되었으며, 신분적 규범보다는 상업적 신용, 근면성 등의 가치가 중요시 되었다.[186] 신흥 부자 층은 대체로 시전상인, 이서, 역관 층이었다. 서울 장터에 대한 묘사도 이런 변화를 보여준다. "서울에 세 군데 큰 장이 서는데,…이에 만인의 눈이 쏠려 오직 이익 그것을 바라고, 만인의 입이 지껄이며 오직 이익 그것을 꾀한다."[187] 상업경제의 활성화와 도시문화의 정착은 문화적 변화뿐만 아니라 빈부의 격차도 심화되는 원인이었다. 이러한 변화는 조선사회의 근대화의 면모를 보여주는 단면이다.

교육의 저변도 광범위하게 확산되었다. 19세기 초 서당이 전국적으로 1만 개에 달한 것으로 추산되는 것에서도 알 수 있다.[188] 18세기부터 지방마다 서당이 늘어나기 시작했으며, 상당히 많은 아동들이 서당에서 글공부를 했다. 즉, 이 시기에 향촌 사회의 사적 교육기관인 서당 교육이 비약적으로 확대되었다.

과거(科擧)의 정시(庭試) 응시자는 1648년(인조 26) 3,461명에서 1748년(정조

8) 17,914명으로 5배 이상 증가했다.[189] 1800년(정조 24) 정시 초시에는 11만 1,838명이 응시해서, 받아들인 시험지가 38,614장에 달했다.[190] 이것은 신분 상승을 위해 과거에 응시하는 중인·평민이 증가했다는 것을 의미한다. 그 이유는 조선시대 내내 과거는 '신분상승의 사다리'였기 때문이다.[191] 1421년 부터 1630년까지 문과 급제자 4,842명의 조상 중 과거급제자가 한 명도 없 는 가문의 자제는 2,509명(51.8%)이었고, 반면 조상 중 한 명이라도 과거 급 제자가 있는 양반 자제는 2,333명(48.2%)이었다.[192] 따라서 다수의 양민 자 제가 과거를 통해 양반으로 신분이 상승했다는 것을 알 수 있다.

특히 조선 후기 사회변동에 따른 전반적인 신분 상승으로 인해 유학의 공 부를 통해 과거를 보려는 인구가 점증하다가 이 시기에 급증했던 것으로 보 인다. 따라서 1752년 영조는 서얼 등 중인 지식인 층이 늘어 문과 급제자가 모두 중서배로 채워질까 걱정했던 것이다.[193] 그럼에도 불구하고 서얼통청 조치는 더욱 확대되었다. 1772년 8월 영조는 서얼을 사대부의 실질적인 여 론을 반영하는 언론기관인 대간(臺諫)에 임명하는 조치를 취했다. 이 흐름은 지방까지 확산되어 갔으며, 정조 1년(1777) 서얼이 관직에 나아갈 수 있는 길 을 대폭 열어 놓은 「정유절목(丁酉節目)」으로, 순조 23년(1823) 「정유절목」을 보완한 「서얼소통경정절목(庶孽疏通更定節目)」의 제정으로 이어졌다.[194]

그리고 조선 후기에 1인당 서적 생산은 중국·일본과 비슷한 수준에 있 었으며, 19세기에는 지방 도처의 시장에서도 80~90퍼센트 정도가 조선에서 생산된 서책이 진열되어 팔리고 있었다.[195] 1866년 강화도를 침략한 프랑스 의 군인 앙리 쥐베르(Henri Zuber)는 "극동의 모든 국가들에 대해 우리가 경 탄하고 우리의 자존심을 상하게 하는 하나는 아무리 가난한 집에라도 책이 있다는 사실이다"라고 하면서, 극동 국가의 문맹률이 낮다고 평가했다.[196]

조선 후기에 아동들에 대한 교육의 기회가 확대되었고, 양민·중인 지식인 층이 늘어났으며, 서적의 출판도 급증했다. 교육의 확대는 지식인 층의 확산과 평민문화의 대두를 가능하게 한다. 18세기 전후 시기가 되면 중간 계층 및 상층 민인들 사이에서 시사·강학의 전통이 일반화되며, 위항문학, 평민문학, 여류문학으로 확산되는 현상이 발생했다.

사회경제적 변화와 연동되어 도망노비들이 급증했다. 1783년부터 1789년 사이 『대구부호구장적((大丘府戶口帳籍)』을 분석해 보면, 노비 감소의 원인은 도망이 압도적으로 높게 나타난다.[197] 노비들은 처음에는 흉년에 의한 기근 때 생계를 위해 도망하는 길을 선택했으며, 점차 노비의 신분을 벗어던지고 자유민으로서의 신분 상승을 위한 수단으로 활용되었다. 특히 조선 후기에 들어서 농업생산력의 발전, 상공업의 발달, 광산 개발, 도시의 성장, 고용노동의 발전 등 사회경제구조의 변화로 인해 신분을 감추고 생활할 수 있는 여건이 마련되었다.[198] 이렇게 도망친 노비들은 신분을 모칭하여 노비 신분을 벗어나려고 했다. 이들은 유학이나 종실, 또는 훈족 등 양반의 후예임을 모칭하기도 하고, 실제 과거에 급제하여 출사하는 방식으로 신분 상승을 실현하기도 했다.[199]

이렇듯 조선 후기는 사회경제적 변화와 연동되어 다각적인 신분 상승이 벌어졌다. 또한 교육의 확대와 평민문화의 확산 등으로 양반 이외의 양민과 천민 등도 새로운 국가의 주체로서 등장하게 되었다. 왕과 사대부의 사회가 왕과 백성의 사회로 전환된 것이다.


## 2) 향촌사회의 변화와 사회경제적 모순의 축적

조선의 사회경제는 17세기를 거쳐 18~19세기에 거대한 변화가 발생했다. 농업의 상업화, 공·상업의 확대, 고공(雇工)으로 일컬어지는 임금노동자의 중가 등 근대로의 진전을 위한 변화의 와중에 있었던 것이다. "17세기까지 지방시장인 장시는 주로 중부이남 지역에서 발전했지만 18, 9세기는 전국적으로 1,000여 개 이상의 주밀한 장시망이 형성되었고, 일부의 장시는 상설시장화하면서 전국적으로 유수한 상업도시 및 상업중심지로 발전해가고 있었다."[200] 이와 같이 18~19세기 조선은 "봉건적 지주-소작관계 아래의 소농경영에 기초한 자급자족적 자연경제가 곡물·토지·노동력 등을 포함한 모든 물건을 사고파는 상품화 추세에 의해 해체되고 농업생산관계가 광작(廣作)경영으로 상품생산을 하는 대지주와 머슴(年雇) 겸 소작농의 반(半)자본주의적 관계 및 광작경영 대농과 임금노동자(日雇)의 자본주의적 관계로 재편되는 대전환기였다."[201]

경제적 변화는 사회적 변화로 연동되었으며, 관리들의 수탈구조가 결합되어 조선 사회의 사회경제적 모순은 더욱 심화되었다. 이러한 모순이 집약적으로 분출된 것이 19세기였다. 19세기 들어 유민(流民)이 급증했는데, 그 근본 원인은 삼정(三政)과 고리채의 문제였다. 그 예로 평안감사 정만석(鄭晩錫)의 상소에 따르면 평안도 인구는 3분의 1로 줄어들었는데, 그 이유는 군정(軍政), 전역(田役), 고채(庫債)에 의한 것이었다.[202]

19세기 초, 백성을 유민으로 만드는 원인은 군정으로 인한 군역의 문제로 장정들은 향임, 유임, 교열 등의 직임으로 국역(國役)을 빠져나가고, 어린이와 노인에게만 군역을 계속 지도록 하니 돈 없고 힘없는 백성들은 고향을 떠날 수밖에 없었다. 논과 밭의 세금도 마찬가지였다. 권세 있는 자들은 겸병(兼幷)으로 땅을 빼앗고, 힘없는 사람들은 땅도 없는데 세금을 내야 하고, 땅의 등급은 낮아서 흉년이 들어도 세금이 면제되지 않았다. 백성에게 무고한 세금을 징수하니 고향을 떠나게 되고, 그 세금은 민가의 우두머리인 통수에게 부과되고 통수도 없으면 이웃에게 부과되었다. 그러니 통수도 그 이

옷도 백지징세를 비디지 못하고 고향을 등지는 악순환이 벌이지는 것이다. 여기에 고율의 고리채까지 백성을 괴롭혔다. 10년이면 원금이 배가 되니 버틸 수가 없었던 것이다. 상품화폐경제의 발달에 따라 고리대금업도 동시에 증가했으며, 평안도의 경우 이자는 낮았음에도 빚을 갚지 못해 도망을 선택하는 일이 광범위하게 발생했다는 것이다. 즉 국가는 힘없는 백성들을 위해 존재하는 것이 아니라, 오히려 백성을 쥐어짜고 권세 있는 사람들의 뒷배를 봐주는 상황이 되었다. 유민이 발생하는 이유가 자연재해와 전염병이 아니라, 나라의 잘못이었던 것이다.

1837년(헌종 3) 정언(正言) 이원조(李源祚)의 상소(上疏)를 보면, 상황이 더욱 악화되었다는 것을 알 수 있다. 이원조의 상소에 의하면 기근과 전염병의 원인이 큰 흉년이라고 언급하였지만, 그 해결 방안으로는 관리들의 사치와 탐묵(貪墨)의 근절을 들고 있다. 흉년으로 마을에 아무것도 남아있지 않고, 장사도 할 수 없는 상황에 처한 백성들에게 관리들은 온갖 세금을 부가했다. 유망(流亡)으로 인해 남아 있는 백성들은 다른 가구들의 세금까지 책임져야 해서 열 배로 늘어나고, 이로 인해 파산하는 가호가 급증했다. 이원조는 온 나라가 이런 상황임을 상소하고 있다. 이를 해결하기 위해 관료들이 상하(上下)·내외(內外)에서 서로 이익을 추구하는 것을 단절해야 하며, 서로의 이익을 위한 선물을 엄금하고 사치를 금지해야만 병폐를 막을 수 있다고 호소했다. 이원조는 이 심각한 상황으로 굶주려 죽는 경우가 헤아릴 수 없을 정도로 많으므로 아래로부터 죄다 진달(陳達)할 수 없다고 상소했다.[203]

18세기 후반에 향촌사회에서 두 가지 중요한 변화가 발생했다. 첫째는 부세 수취 제도가 총액제로 변하고 동·리가 최말단의 행정단위·납세단위로 굳어지면서 향촌사회의 조직과 질서에 커다란 변화가 발생했다. 둘째, 수령-이향 지배체제가 성립되면서 향촌사회에서 차지하는 사족들의 지위가 퇴락했다. 따라서 이러한 변화로 인해 향촌사회의 공론 형성이 중요한 의미를 갖게 되었다. 부세의 부과 기준이나 액수의 결정은 향촌민들로부터 정당성을 확보하기 위한 일정한 절차를 거쳐야 했다. 이러한 관행의 누적은 부세 수취와 관련된 정책을 시행하기 위해서는 향촌 공론을 수렴하는 절차적 정당성이 필요한 정치문화로 나타났다. 이는 동시에 18세기에서 19세기로 넘어가는 과정에서 수령-이향 지배체제라는 새로운 향촌사회의 지배 구조를 만들었다. 이러한 향촌사회의 변화로 인해 관권(官權)에 대한 견제 역할이 중요한 기능이었던 향회는 점차 수령의 부세정책을 뒷받침하는 기구로 전락하게 되었다. 수령과 이향의 권한을 견제할 수 있는 계층의 몰락은 민을 관권의 직접적인 압박 앞에 노출되게 만들었다.[204]

이제 백성은 관권과 직접적으로 대면하게 되는 상황이 되었다. 따라서 관권에 대응하기 위한 백성 차원의 다양한 '메티스'들이 작동했다. 향중 공론을 만들어 내는 과정이 중요했기 때문에, 마을 사람들 모두가 참여하는 이회(里會)[205]나 동회(洞會)는 점차 상시적인 논의 기구로 자리 잡아 갔다. 주목되는 점은 양반이 주도하는 동계가 활발한 곳을 제외하고는 마을 주민들의 이해를 대변할 수 있는 사람이 대표로 선출되었다는 것이다.[206] 이는 양반 이외의 다양한 계층이 향촌의 이해와 요구를 대변하는 대변자로 광범위하게 등장했다는 것을 의미한다. 즉 정치 행위자로서 기존 양반을 제외한 새로운 세력들이 향촌 단위에 등장한 것이다.

사족들의 위세 하락에 따라 동계 등에서 신향층을 비롯하여 평민층의 지위가 향상되어 갔으며, 공론 과정에 소민들의 참여가 활발했을 것이다. 그러나 다른 지역에서는 소민들이 강요된 절차에 따라 관권의 강제에 의해 조작된 공론을 정당화해 주는 역할을 한 지역도 있었을 것이다. 이러한 변화의 소용돌이는 두 가지 형태로 표출되었다. 향중 공론을 만들기 위한 향촌

사회의 이회와 동회의 논의력 신장은 민들의 정치적 역량을 강화시켜 주고 민주적 공론 형성의 장으로 기능했다. 또 한편 관권에 의해 조작된 공론을 정당화해 주는 역할에 한정된 지역은 자신의 공론을 대변하지 못하는 관권과의 투쟁이 발생하는 공간이 되었다.[207]

18세기 이래 조선 사회의 농업 생산력 발전은 농민층의 분화를 촉진했으며 지주-소작관계의 변화를 동반했다. 이러한 변화는 이후 민란 발생의 주요한 원인이 되었다. 우선, 조선 후기에 토지 매매가 활발했던 것으로 추정된다. 자유로운 토지 매매는 소유권의 불균등과 토지 소유권이 강화되는 방향으로 진전되었다. 특히 주목되는 것은 『속대전(續大典)』에 자손이 있는 노비의 토지를 노비주가 자기의 소유로 귀속시키는 것을 금지해 놓고 있어 노비의 소유권도 보장해 주었다는 점이다.[208] 노비에게도 토지 소유권이 인정되었다는 점에서 토지매매의 자유를 확인할 수 있다. 노비가 토지를 소유하게 되는 방식은 부모나 친척으로부터의 상속이나 타인으로부터의 매입 또는 진황지(陳荒地)의 개간 등을 통해서 이루어졌으나, 특히 상속과 매입이 대부분이었다는 점에서 토지 소유권이 폭넓게 인정되었다는 것을 확인할 수 있다.[209] 이런 차원에서 조선 사회의 토지 소유권은 근대적 성격을 띠고 있었음을 알 수 있다.[210]

토지소유의 이러한 특징은 일찍부터 토지의 상품화를 자유롭게 하였으며, 자유로운 매매는 토지소유의 분화가 이루어질 수 있는 근원적 배경이 되었다. 서구에서는 토지소유가 상, 하급 소유로 나누어져 있었던 만큼 토지소유의 경제적 실현인 지대수취를 위해서 영주-농노 간에 신분적 지배 예속관계를 기초로 한 경제외적 강제가 매개될 필요가 있었다. 그러나 조선의 경우 서민지주나 노비지주가 존재했다는 데서도 알 수 있듯이 신분적 지배예속관계가 매개될 필요가 없었다. 지대의 수취는 토지소유 그 자체가 지닌 배타적 성격에 기반한 하나의 '사회적 약속'이라는 성격이 강하였기 때문이다. 이상과 같이 조선 후기 토지소유에는 서구의 '봉건적' 토지소유가 보이는 중층성이 존재하지 않았으며, 그에 따른 자유로운 토지상품화는 농민층의 소유분화를 상당히 진전시키고 있었다. 특히, 후기에 오면 신분제의 와해현상이 현저해지고 이른바 서민지주가 등장함으로써 지주와 전호 사이에 신분적 상하관계가 사라져가고 있었다. 이 같은 토지소유의 구조나 성격은 서구는 물론 중국이나 일본과도 크게 다른 것이었다.[211]

화폐경제의 발달과 토지의 상품화 촉진 등으로 인해 토지 소유를 둘러싼 갈등과 상공업 부분의 발달에 따른 잉여이익과 이권을 확보하려는 갈등이 구조화되었다. 이런 구조적 변화 속에서 농어민과 상공업인들은 권력층에 의해 지속적으로 부당한 피해를 당해야만 했다. 이런 모순의 집적을 해소할 수 있는 능력을 상실한 19세기 세도정치로 인해 백성들이 직접 국가권력과 맞서 싸우게 되는 민란의 시대가 도래하게 된 것이었다. 특히 토지의 상품화 촉진은 토지 분배의 양극화를 촉발하게 되었고, 거대한 분쟁을 유발하는 요인이었다. 또한 향촌 지배 구조의 변화와 함께 백성의 정치적 역량이 성숙해지고 있었고 관에 의한 직접적인 수탈에 노출되어 있었다는 점을 동시에 고려할 때, 19세기 내내 왜 민란이 발생했는지 알 수 있는 것이다.

## 3) 임술민란과 동학농민전쟁

### (1) 지주-소작관계의 모순과 임술민란

1862년 임술민란은 삼남지방을 중심으로 70개의 군현에서 발발했다. 농민들의 주된 요구 조건은 삼정 문란을 바로잡고 관의 침탈을 중단하라는 것이었다.[212] 또한 "소민·초군이 자신들의 요구와 고을민 일반의 이해를 잘 결합하여 그들의 의사를 대변하면서 항쟁을 전개하였다는 것은 항쟁의 국면에서지만 그들이 고을 정치의 장에서 주도적 위치를 확보했다는 것을 보여준다"[213]는 지적은 주목해야 한다. 이는 향촌사회 지배 구조의 변동과 연계된 것으로서 양반과 사족 중심 또는 수령과 이향 중심의 향촌 구조에서 소민과 초군이 대안집단으로의 면모를 갖추어 갔다는 것을 의미한다. 특히 임술민란 당시에 농민들이 임금을 대리하여 윤음을 선포하는 선무사마저 모욕하고 협박을 하는 상황이 벌어졌다. 백성들은 자신들의 요구를 보장받기 위해 선무사를 핍박하는 것도 서슴지 않았고, 돌멩이를 던지는가 하면, 백성들의 요구에 가로막혀 선무사가 몰래 도망치는 상황도 발생했다.[214]

항쟁의 결과, 정부는 5월 25일 삼정이정청(三政釐正廳)을 설치하고 왕이 직접 6월 10일 인정전(仁政殿)에 나아가 삼정구폐답문(三政救弊答問)을 발표했다. 당대의 지식인들(당상·당하·참하인·생원·진사·유학)에게 자신들의 생각을 써 내도록 한 것이다. 이 당시 만여 장의 시권(試券)이 제출되었다고 하는데, 이는 1만 명 이상의 지식인들이 "자신들의 현 시국에 대한 입장, 국가의 개혁 방향을 제시"[215]했다는 것을 의미한다. 이것은 임술민란 과정에서 농민들의 국가에 대한 저항 수준이 어느 정도였는지 보여주는 것이다. 1862년 임술민란은 3~4개월 동안 활발하게 전개되었으며, 전국적으로는 1년 이상 지속되었다.

김용섭은 기존 연구가 임술민란[216]의 원인을 주로 삼정(三政)의 문란(紊亂)과 지배층의 주구(誅求)에 있다고 보았으나, 단지 지배층의 법외의 수탈과 이로 인한 피지배층의 빈곤화로 모든 원인을 돌리는 것은 문제라고 지적했다. 김용섭은 임술민란의 배경으로 조선 사회의 발전 과정에서 봉건적 관료체제의 붕괴와 근대적 사회의 태동, 이에 따른 민중의식의 변화에 주목해야 한다고 강조한다.[217] 이것은 사회경제적 모순에 의해 촉발된 객관적 조건뿐만 아니라, 그 모순의 공간을 전환시켜 민의 공간으로 확보하려는 의식의 확산에 주목하자는 것이다. 단지 모순에 반응하는 객체로서 민이 아니라, 모순을 능동적으로 해결해 나가려는 주체로서의 민의 의식에 대해서도 충분한 검토가 필요하다. 사회경제적 조건에만 착안할 경우 객관적 지표로서의 모순 구조는 드러날지 모르지만, 그것을 행동으로 전환시키는 주관적 인간 행위에 대한 해석은 다른 것이기 때문이다.

이 당시 소민들은 각종 세금 문제뿐만 아니라 양반·요호부민 지주들에 대한 울분과 불만 때문에 들고 일어난 측면도 강했다. 그러나 당시 안핵사(按覈使) 박규수(朴珪壽, 1807~1877)는 소민들이 양반 사족의 사주와 선동에 따라 항쟁에 가담했다고 보고함으로써[218] 진주민란의 핵심 원인이었던 소민들의 민막(民瘼)을 해결할 수 있는 방도인 토지개혁을 통한 지주·소작제의 혁파와 토지소유제의 근대화 해결의 문제가 은폐되는 결과로 나타났다.

임술민란의 가장 중요한 문제는 지주-전호의 대립 문제였다. 즉 토지겸병과 토지편중에 따른 지주-소작제의 모순이 누적되면서, 이 분노가 항세 운동으로 전환되어 나타난 것이다. 따라서 문제의 본질은 지주와 소민 간의 대립이었다. 이것은 임술민란이 발생한 대다수 지역에서 소민들이 농민봉기를 사실상 주도했으며, 특히 지주들에게 가장 핍박받았던 초군(樵軍)들이 주도세력으로 등장했다는 점에서 알 수 있다. 이 초군들은 농민층 분화과정에서 최하층의 몰락농민 중 한 부류였으며, 임노동자화한 층이있을 것으로 추정된다. 이들은 지주들에 의해 산에서 쫓겨나고 땔나무 시장까지 빼앗긴 층으로서 지주에 대한 적대의식이 항상 바닥에 깔려 있었다. 동시에 이들은 초군이면서 농민이라는 이중적 착취에 놓여 있는 부류였다.[219]

이처럼 임술민란의 근본원인은 지주-소작관계의 모순에 기인했다. 부세가 지대에 전가되지 않았던 중부와 북부지역에서는 거의 난이 발생하지 않았으며, 부세가 지대에 덧붙여지는 삼남지방에서만 난이 일어났다는 점에서 임술민란의 원인은 삼정문란만이 아니라 지주제의 심각한 모순에 따른 것이었다.[220] 따라서 19세기 민란은 삼정문란과 관의 억압에 의한 백성의 삶의 피폐함과 동시에 누적된 지주-소작제의 모순을 극복하기 위한 백성들의 새로운 방식의 저항이었다는 점에서, 근대로 이행하는 과정에 발생한 사건임을 알 수 있다. 이러한 문제의식은 1980년대 이후 역사학계에서 임술민란을 근대지향성이라는 맥락에서 연구하도록 유인한 요인이었다.[221]

(2) 동학농민전쟁 1: 집강소와 폐정개혁 12개조

동학농민전쟁은 동학이라는 종교적 모태와 조선 사회의 현실이 결합된 상징적 사건이었다. 동학농민전쟁은 농민들, 즉 빈농·농촌노동자, 영세상인, 영세수공업자, 실업자층, 천민층 등이 그 주력이었다. 이들은 빈한한 삶의 지속과 변할 것 같지 않은 미래에 대해 절망하거나 좌절하지 않고, 새로운 희망을 만들기 위한 투쟁을 선택했다.

농민들의 참여에 거대한 빗장을 열어준 것은 동학이었다. "향촌사회 내에서 동학조직은 민의를 모아 가는 역할을 수행했으며, 지역에 따라 수령의 지속적인 탐학에 대해 저항하거나, 평소 향촌사회에서 '동학을 엄금'했던 토호에 대해서도 집단적인 공격을 감행하기도 하였다. 이로 인해 당시 향촌지배층으로 하여금 '민란들은 모두 동학당의 소행'이라는 인식을 주었던 것으로 보인다"[222]는 분석처럼, 당시 동학은 기존 지배질서의 변혁에 가장 중요한 역할을 담당했다. 동학농민전쟁이 발생한 지역과 동학의 조직이 기포한 내용을 보면 상당한 연관성을 가지고 있음을 알 수 있다.[223] 기포한 지역과 포의 수는 다음과 같다.[224]

전라북도: 고부 11, 남원 14(5), 임실 12(4), 금구 8(5), 태인 7, 김제 5(3), 고창 4, 무장 5, 순창 2(7), 진안 3, 무주 3, 부안 (4), 전주 (12), 익산 (6), 여산 (5), 장수 (5), 임파 (5), 금산 (1), 만경 1(1), 옥구 1, 정읍 2, 진산 (3), 고산 (10), 함열 (1) 이상 24지방 155포

전라남도: 무안 15, 장흥 (7), 담양 7, 장성 (5), 능주 (2), 보성 (2), 영암 (4), 광주 (2), 강진 (6), 영광 (3), 흥양 (6), 창평 (2), 곡성 (4), 해남 (2), 나주 (2), 구례 (1), 흥덕 (1), 순천 (1) 이상 18지방 72포

충청남도: 서산 (14), 덕산 (7), 신창 (4), 당진 (2), 예산 (1), 태안 (1), 홍주 (5), 오천 (2), 해미 (4), 안면도 (4), 남포 (2), 대전 (2) 이상 12지방 48포

충청북도: 충주 (2), 청주 (10), 청안 (1), 옥천 (2), 문의 (1), 괴산 (1) 이상 6지방 17포

경상남도: 진주 (3), 곤양 (1), 하동 (1), 남해 (1) 이상 4지방 6포

경기도: 안성 (2), 양지 (1), 여주 (3), 이천 (3), 양근 (1), 지평 (2), 광주 (1) 이상 7지방 13포

강원도: 원주 (2), 횡성 (1), 홍천 (3) 이상 3지방 6포

황해도: 해주 (5), 송화 (4), 재령 (3), 문화 (2), 강영 (1), 신천 (1), 풍천 (2) 장연 (1), 안악 (1) 이상 9지방 20포

동학농민전쟁 당시 봉기한 농민들이 초토사(招討使)에게 보낸 「성문(程文)」(1894.4.19)을 보면, 임술민란 이후에도 관의 백성에 대한 침탈이 얼마나 심각했는지 알 수 있다.

> 방백과 수령은 목민(牧民)하는 사람입니다. 선왕(先王)의 법(法)으로 선왕(先王)의 민(民)을 다스리면 천년이 지나도 그 나라는 번영할 것입니다. 오늘날 방백과 수령은 왕법(王法)을 돌아보지 않으며 왕민(王民)을 생각하지 않고 탐학을 저지릅니다. 군전(軍錢)을 때 없이 지나치게 배정하고, 환전(還錢)을 없앤다고 원본(元本)까지 독촉하고, 무명잡세(無名雜稅)를 거두고, 각종 요역(徭役)을 날마다 거듭 징수하며, 인척(姻戚)의 조세까지 징수하는 데 싫증 낼 줄을 모릅니다. 전운영(轉運營)은 규정 외의 것을 독촉하여 거두고 균전관(均田官)은 결복(結卜)을 환롱하여 조세를 거두며 각사(各司)의 장교와 하인들은 무한히 토색합니다. 이 가지가지를 더 이상 참고 견딜 수가 없습니다.[225]

임술민란이 일어난 지 30여 년이 지났지만, 상황은 전혀 변하지 않았다. 이러한 관에 의한 백성에 대한 수탈과 참학(慘虐)의 누적은 백성들을 거족적인 저항 또는 봉기로 내몰았다. 부세문제는 전혀 나아지지 않았고, 각종 무명잡세를 통해 더욱 가혹한 착취가 벌어졌다. 관리들은 자신의 이익 추구에 여념이 없었다. 따라서 동학농민전쟁은 "현량하고 정직하게 국왕을 보필하고 보국해야 할 책무를 가졌지만 부정부패를 일삼고 사리사욕을 추구함으로써 자신들이 약속했던 인정을 외면하고 학정(虐政)만 자행했던 공경대부와 지방관 등 지배층에 대한 엄정한 인식을 토대로 농민군이 스스로의 힘으로 인정을 회복함으로써 '보국안민(保國安民)'을 이루겠다는 목적에서 일어난"[226] 사건이었다. 충청도 서산에서 동학접주를 지낸 자의 회상을 통해서 1894년 봄 동학에 대한 백성들의 공감대를 확인할 수 있다.

> 운수는 참말 있습니다. 자 이런 일도 있었소. 내가 입도한 지 며칠에 전지문지(傳之聞之)하여 동학의 바람이 사방으로 퍼지는데, 하루에 몇 십 명씩 입도를 하곤 하였습니다. 마치 봄 잔디에 불붙듯이 포덕이 어찌도 잘되는지 불과 한두 달 안에 서산 한 군이 거의 동학화가 되어 버렸습니다. 그 까닭은 말할 것도 없이 첫째 시운(時運)이 번복하는 까닭이요, 만민평등을 표방한 까닭입니다. 그래서 재래로 하층계급에서 불평으로 지내던 가난뱅이, 상놈, 백정, 종놈 등 온갖 하층계급은 물밀 듯이 다 들어와 버렸습니다. …그런데 이때에 있어서 제일 인심(人心)을 끈 것은 커다란 주의나 목적보다도, 또는 조화(造化)나 장래 영광보다도 당장의 실익(實益) 그것이었습니다. 첫째 입도만 하면 사인여천(事人如天)이라는 주의 하에서 상하귀천 남녀존비할 것 없이 꼭꼭 맞절을 하며, 경어를 쓰며, 서로 존경하는 데서 모두 심열성복(心悅性服)이 되었고, …그때야말로 참말 천국천민(天國天民)들이었지요.[227]

이 동학교도는 1894년 봄에 동학 민중의 처지가 '천국의 하늘 백성' 같았다고 회상하고 있다. 서산군에서 한두 달 사이에 군(郡) 전체가 동학교도가 되다시피 한 이유는 인간평등의 새로운 세상을 현실에서 경험했으며, 신분질서에 억눌렸던 하층민들에게 모두가 평등한 '가능성의 세상'을 보여줬기 때문이다. 동학에 입도하면서 인간을 존중하는 상호 맞절과 경어를 사용했으며, 서로를 존중하는 마음을 느꼈고, 새로 입도한 신도들은 충심으로 기뻐하고 성심을 다하여 순종했다는 것이다. 동학의 신분해방과 적서차별은 당대 백성들의 가장 절실한 시대적 요구의 뇌관을 긴드린 것이었다.

한울은 반상을 구별이 없이 그 기운과 복을 준 것이요, 우리 도는 새 운수에 둘러서 새 사람으로 하여금 다시 새 제도의 반상을 정한 것이니라. 이제부터 우리 도 안에서는 일체 반상의 구별을 두지 말라. 우리나라 안에 두 가지 큰 폐풍이 있으니, 하나는 적서구별이요, 다음은 반상의 구별이라. 적서의 구별은 집안을 망치는 근본이고, 반상의 구별은 나라를 망치는 근본이니, 이것이 우리나라의 고질이니라.[228]

관료적 폭정과 사회경제적 모순의 집적으로서 동학농민전쟁은 국내적으로 '사회적 평등의식과 경제적 균산의식'을 기반으로 동력을 확보하였으며, 외세의 침탈과 관료적 폭정으로부터 나라를 구하고 백성의 안녕을 도모해야 한다는 보국안민의 정신 속에서 진행되었다.[229] 이들은 봉건적 수취체제의 모순을 제거하고 소생산농민 또는 소상품생산자로서 자립할 수 있는 세상을 꿈꾸었고, 신분해방을 통해 모두가 평등한 자치 세계를 꿈꾸었으며, 합의제에 기초한 권력구조를 만들어가는 세상을 꿈꾸었다.[230] 전봉준은 "일본병을 물리치고 간악한 관리를 내쫓고 임금 주변을 말끔하게 한 뒤에 어떤 선비를 기둥으로 세워 정치를 집정하게 하고(何人か柱石の士を押立て政治を執らしめ) …국사를 몽땅 일인의 세력가에게 위임하는 것은 폐해가 크다는 것을 알기 때문에 여러 명사들이 협력해서 합의제(合議制)로 정치를 하게 해야 하겠다고 생각"[231]했다. 여기에서 합의제는 일본과 친일괴뢰내각을 몰아내고 일군(一君)인 고종을 중심으로 새로운 정부를 수립하는 것이며, '명사합의제 정부'는 '의정부 합의제'라 할 수 있다.[232]

이런 꿈을 만들기 위한 항쟁에서 농민군은 정치적 주체로서 새롭게 자신의 위치를 규정하였다. 우선 농민군은 보국안민의 주체로 규정되었다. 농민군의 「정문」(1894.4.19.)에서 "자신들이 중심이 되어 억조창생 혹은 팔로가 상의하여 거사를 결심"했다고 함으로써 "공론을 통해 자신들의 거사"를 결정했다고 밝혔다. 즉, 이제 민은 "천하던 준맹(蠢氓)에서 방본의 민으로, 징충(懲忠)의 존재에서 보국안민의 주체로" 바뀐 것이다. 이런 변화에는 근본적으로 동학의 평등사상이 주요한 역할을 했다. 또한 당시 농민군들은 "이 집회에서는 촌척의 병기도 휴대하지 않았으니 이것은 곧 민회"이며, "듣기에 각 국에도 역시 민회가 있어서 조정의 정령(政令) 가운데 민국에 불편한 것이 있으면 회의하여 강정(講定)"한다고 언급했다.[233] 이는 동학도들은 자신의 집회를 민회 즉 백성의 모임으로 규정하고 조선을 민국으로 표현했다는 점이다. 백성이 모인 국가를 상정하고 그 국가의 주체임을 선언한 점은 동학농민전쟁의 상징적 의미를 알 수 있게 한다.

동학은 지역 차원에서 집강소를 통해 공동체 자치를 실현하려고 했다. 1894년 7월 보름(음) 전봉준은 각 읍의 포에게 명령하여 읍마다 도소를 설치하고 자기 사람으로 집강을 세워 수령의 일을 수행하게 했고, 호남지방의 경우 군사권과 재정권을 집강소가 행사했다.[234] 9월(음)에도 집강소를 통한 자치가 집행되었다. 순창 집강 이사문(李士文)은 "오늘날 어느 고을을 막론하고 그 고을의 일은 모두 도인들이 주관하지 수령들에게 맡기지 않고 있습니다. 우리 고을의 일에 관하여 접장께서 몸소 응대하고자 한다면 저와 함께 의논하실 일이지 무엇 때문에 원님을 번거롭게 하십니까"[235]라고 말한 것에서 알 수 있다.

당시 백성을 대변했던 동학의 집강소를 중심으로 자치를 실시했다는 것은 백성들이 자치 차원에서 백성 참정을 경험했다는 것이다. 이 집강소가 높이 평가되는 이유는 정부도 공인했다는 점이며, 농민층이 주도하거나 참여한 집강소가 상설기구로 관아에까지 합법적으로 설치될 수 있었다는 점 등이다. 이는 역사상 최초의 일로 농민전쟁의 큰 성과물이었다. 즉 혁명적인 농민대중이 국가권력에 참여한 첫 사례를 남긴 것이다.[236]

태인의 집강소에 「요역절목(徭役節目)」 1책과 「전세도록(田稅都錄)」 1책이 있었다는 사실도 농민군이 읍정에 간여하고 있었음을 보여준다. 지역에 따라서는 농민군들이 주체적으로 방곡령을 실시하거나, 직접 조세를 거두거나 관아에서 거두어 놓은 조세를 도소로 옮겨와 군수물자로 쓰기도 했다. 스스로의 손으로 각종 소송을 해결해 나가거나 탐관오리를 징치하고, '횡포한 부호배'나 '불량한 유림'을 징치하거나 스스로의 사회적 신분을 해방해 나가기도 하였다.[237]

태인 지역 집강소의 사례지만, 방곡령 실시, 조세 수납, 소송 진행 등을 비롯하여 사회적 신분해방의 일을 했다는 점에서 자치의 근대적 성격을 명확하게 보여주고 있다. 집강소는 ① 탐관오리의 징계, ② 신분해방운동과 사회신분제의 폐지, ③ 횡포한 부호의 응징과 토재(討財), ④ 삼정의 개혁, ⑤ 고리채의 무효화, ⑥ 미곡의 일본 유출 방지, ⑦ 지주제도에 대한 저항, ⑧ 인민소장의 처리, ⑨ 관리의 문부(文簿)의 검열, ⑩ 동학의 전도(傳道)와 농민군의 강화, ⑪ 농민군의 무기와 마필의 공급, ⑫ 군수전(軍需錢)과 군수미(軍需米) 비축 등의 역할을 했다.[238] 집강소가 일종의 군민공치(君民共治)의 개념이기 때문에, 지역 차원의 통치자 역할을 분점한 것이다. 그리고 관료 징계, 각종 사회정책에 대한 조정, 제도 수립 및 폐지, 군사 및 법률문제 등 종합적인 사항을 집강소를 통해 짧은 기간이지만 경험했다.

동학농민군은 백성들의 민심을 획득하며 농민전쟁을 수행했다. '친일괴

'뢰내각'의 외무아문 대신을 맡았던 김윤식이 "호남의 비도(농민군)는 여전히 곳곳에 둔집하여 지나는 곳은 추호도 범하지 않고 민의 원소(冤訴)가 있는 자에게는 부결입단(剖決立斷, 옳고 그름을 갈라 판단함)해서 도리어 민심을 얻고 있다"[239]고 밝힌 점에서 확인할 수 있다. 친일괴뢰내각의 관리도 동학농민군의 대중적 지지를 인정할 수밖에 없었던 것이다. 농민군은 전쟁 수행 과정에도 백성들의 민생을 살피고, 백성의 편에 있는 자들만 받아들였다.

집강소 설치와 함께 중요한 것은 동학농민군이 폐정개혁 12개조를 통해 구체적인 사회개혁에 나섰다는 것이다. 동학농민군 지휘자 전봉준과 전라감사 김학진 간에 맺어진 '전주화약'에 의해 만들어진 집강소에서는 폐정개혁안을 실천했다. 반봉건·반외세의 구조적 문제를 극복하는 것과 함께 백성들의 절실한 요구를 집약한 폐정개혁의 실행은 백성들의 열렬한 환영을 받은 것으로 보인다. 1894년 8월 20일(음) 경상도 예천지역의 동도 검찰관(檢察官) 장극원(張克元)의 행장과 수행원의 규모가 관찰사에 비견될 정도였으며, "송사를 해결해 달라고 온 자들이 시장처럼 몰려들었다"[240]는 기록이 있다. 이는 집강소가 실질적인 관의 역할을 집행했으며, 백성들은 집강소를 통해 자신의 송사를 해결할 수 있다고 믿었음을 알 수 있다.

집강소의 정강이었던 폐정개혁 12개조는 오지영의 『동학사』에 의해 확인되었다. 『동학사』의 초고본(1926)의 12개조는 다음과 같다.

1. 인명을 남살(濫殺)한 자는 벨 것, 2. 탐관오리는 거근(祛根)할 것, 3. 횡포한 부호배를 엄징(嚴懲)할 것, 4. 유림과 양반배의 소굴을 토멸할 것, 5. 천민 등의 군안(軍案)은 불지를 것, 6. 종문서는 불지를 것, 7. 백정의 머리에 패랭이를 벗기고 갓을 씌울 것, 8. 무명잡세 등은 혁파할 것, 9. 공사채를 막론하고 과거의 것은 같이 시행치 못하게(並勿施) 할 것, 10. 외적(外賊)

과 연락하는 자는 벨 것, 11. 토지는 평균분작(平均分作)으로 할 것, 12. 농군의 두레 법은 장려할 것.[241]

『동학사』 발간본(1940)은 약간 다른데 그 12개조는 다음과 같다.

1. 도인과 정부 사이에는 숙혐(宿嫌)을 탕척하고 서정(庶政)에 협력할 것, 2. 탐관오리는 그의 죄목을 사득(査得)하여 일일이 엄징할 것, 3. 횡포한 부호배를 엄징할 것, 4. 불량한 유림과 양반배는 징습(懲習)할 것, 5. 노비문서는 화거(火袪)할 것, 6. 칠반(七班)천인의 대우는 개선하고 백정두상에 평양립(平壤笠)은 탈거(脫去)할 것, 7. 청춘과부는 개가를 허할 것, 8. 무명잡세는 일절(一切) 시행하지 말 것, 9. 관리채용은 지벌을 타파하고 인재를 등용할 것, 10. ㅇ과 간통(奸通)하는 자는 벨 것, 11. 공사채를 막론하고 기왕의 것은 일절 시행치 말(幷勿施) 것, 12. 토지는 평균으로 분작(分作)케 할 것.[242]

신분해방, 여성해방, 평등사회 등의 대안 방향을 제시한 폐정개혁안은 당대 백성들의 민심을 반영한 것이었다. 그래서 당시 군국기무처도 폐정개혁안을 갑오경장에 담을 수밖에 없었던 것이다. 동학의 폐정개혁안을 상상의 허구로 규정한 유영익의 글이 오히려 폐정개혁안이 사실이었음을 보여준다.[243] 즉, 그의 글에 의하면, 갑오친일괴뢰내각은 반상·신분 차별의 철폐와 노비해방, 청춘과부의 개가 허용 등의 백성의 요구를 갑오경장의 개혁의안에 반영했다는 것이다. 따라서 동학농민군의 폐정개혁안의 주 내용이 반상·신분 차별의 철폐와 노비해방, 청춘과부의 개가 허용 등이었음을 알 수 있다.

한편 당시에는 17~18세기부터 시작된 광작(廣作)의 폐단이 커지고 있어서 경작권을 균분하라는 '균경균작론(均耕均作論)'이 여론화되고 있었다.[244] 이런 여론화를 감안할 때, 1894년 폐정개혁 12개조의 균작(均作)의 요구는 농민들의 일반적인 정서를 반영한 것이다. 반봉건 투쟁 목표로 처음 분명하게 언어화된 토지개혁 요구는 1894년 제1차 동학농민전쟁의 집강소 강령으로 제시된 폐정개혁 12개조의 "토지는 평균으로 분작(分作)케 할 것"[245]으로 반영되었다. 토지 평균분작의 의미는 근대적 토지개혁의 요구로 볼 수 있다. 신분해방·지벌타파와 유림·양반 징습(懲習) 요구에서만이 아니라 이 토지개혁 요구에서도 동학농민봉기는 '혁명 운동'이었던 것이다.[246]

### (3) 동학농민전쟁 2: 척왜(斥倭)와 보국안민

동학농민전쟁은 제2차 봉기부터 일본의 침략에 맞선 반외세 전쟁의 성격을 명확히 했다. 1894년 6월 9일~15일에 일본은 8000여 명의 왜군 혼성여단을 조선에 파병·상륙시켰고, 7월 23일 경복궁을 침공하여 고종을 생포했다. 따라서 이것은 일본에 의한 불법적 침략 전쟁으로서 '갑오왜란'이라고 규정해야 할 것이다.[247]

1894년 일본군의 서울 점령과 경복궁 침공은 일본 관리들의 보고 속에서도 왜 '갑오왜란'이었는지 확인된다. 7월 23일 경복궁을 침공한 11일 뒤에 오오토리게이스케(大鳥圭介) 조선 주재 일본 공사가 본국에 보고한 내용을 보면, 경복궁 침공은 "이 나라(조선) 위정자의 경질을 재촉하여 내정개혁의 실마리"를 잡는 것이며, "일청(日淸) 전쟁이 시작되기 전에 조선정부를 개혁파의 손에 넘겨 우리의 움직임에 이익을 도모하려는 계획"이었다. 즉, 고종을 경질하고 일본의 이익에 따라 움직이는 친일 정권을 세우는 것이었다. 그래서 경복궁을 침공한 지 11일밖에 안 되었지만 "조선 조정의 요즈음의 상황은 대원군이 정사를 감당한다고 하시만, 모든 정부는 영의정인 김굉집(김홍집)에게 위임"되었다고 보고했다. 즉, 조선의 모든 정무는 친일 김홍집에 의해 일본의 이익에 따라 움직였던 것이다. 그렇다면 일본의 이익은 무엇인가에 대해 살펴보면, 동일한 보고에서 확인된다. "조선을 독립국으로 내세워 적어도 그가 혼자 걸어 나갈 실력을 갖기까지는 우리의 보호 아래 두고 모든 것을 도와주는 것밖에 없다고 생각합니다."[248]

일본의 이익은 '친일괴뢰정부'를 수립하고, 이후 조선의 보호국화를 통해 일본의 야망을 실현하려는 것이었다. 따라서 1894년 이전부터 일본은 조선의 보호국화를 추진했음을 확인할 수 있다. 1894년에 벌어진 일본의 '갑오왜란'의 근본 목적은 당시 우치다사다스치(內田定槌) 서울총영사의 보고에서 확인할 수 있다.

> 우리 제국정부가 이 나라(조선) 국정에 간섭하는 것은…장래 조선이 우리 일본 제국의 보호를 받게 하는 조약을 체결하여 내정개혁에 관해서도 역시 제국 정부의 보호를 받게 하는 조약을 체결하여, 제국 정부는 조약상의 권리로 이 나라 정부의 내치, 외교에 간섭하는 것이 매우 긴요하다고 생각합니다. …우리나라가 청나라와 교전하는 것은 조선을 우리 보호국으로 만드는 조약을 체결하기 위한 것이므로 그 방해를 제거하기 위하여 가장 필요한 일입니다.[249]

일본이 청나라와 교전을 하는 이유를 '조선을 우리 보호국으로 만드는 조약을 체결'하기 위한 것이라 밝히고 있다. 청일전쟁의 핵심적 이유는 조선의 보호국화였던 것이다. 따라서 일본의 경복궁 침공은 불법적 침략 전쟁이며, '갑오왜란'이다. 이에 맞서 싸운 동학농민군과 고종은 불법적 침략 전쟁에 맞서 싸웠던 것이고, '갑오친일정부'는 '조선의 보호국화'에 찬동하여 나라를 팔아먹고 동학농민군을 탄압한 '반역정부'다. 이것을 확인해 주는 것은 고종이 동학군 진영에 보낸 밀지를 통해서다.

고종은 1894년 음력 8월 전봉준 또는 동학군 진영에 '삼남(三南) 소모사(召募使) 이건영(李建永)에게 밀지를 보낸다'라는 거의(擧義) 밀지를 보냈다. 이 밀지는 왜군에게 압수되어 남아 있는 거의 유일한 것으로 보인다. 그 내용은 다음과 같다.

> 너희들은 선대 왕조로부터 교화하여 내려온 백성들로서 선왕의 은덕을 잊지 않고 지금까지 보존하고 있다. 그러나 조정에 있는 자들은 모두 저들에게 붙어서 안으로 의논할 자가 한 사람도 없으니, 외로이 홀로 앉아 하늘을 향하여 통곡할 따름이다. 방금 왜구들이 대궐을 침범하여 화가 국가에 미쳐 운명이 조석(朝夕)에 달렸다. 사태가 이에 이르렀으니 만약 너희들이 오지 않으면 박두하는 화와 근심을 어떻게 하랴. 이에 교시(敎示)하노라.
> 8월 초10일.[250]

고종의 거의밀지를 전봉준은 동도(東徒)의 지도자들과 회람했다. 이 회람 과정에서 전봉준은 고종의 밀지가 일본에 누설되지 않도록 할 것을 당부하고 있다.

> 대궐에서 소모사(召募使) 이건영에게 보낸 밀지가 이곳에 와 있는데, 이와 같은 일이 왜인에게 누설되면 화가 옥체에 미칠 것이니 조심하여 비밀을 지킬 것. 의룡(義龍)·월파(月波)·화중(和仲) 형네들 회람.[251]

고종은 생포된 상황에서도 별입시(別入侍) 등을 통해 거의밀지를 동학군과 의병들에게 보내 반일의병투쟁을 전개했다. 전봉준도 일본이 반드시 조선을 병탄하려는 의도임을 깨닫고 제2차 봉기를 했다고 밝혔다. 따라서 고종과 동학농민군은 일본의 침략적 전쟁에 맞서 공동전쟁을 수행한 것이다.

> 금년 6월(양력) 이래 일본병이 그치지 않고 계속 우리나라에 온 것, 이는 반드시 우리나라를 병탄하고자 하는 것이라고 임신(임진의 오기)년의 화란(禍亂)을 생각했고 인민들이 국가가 멸망하면 생민이 어찌 하루라도 편할 수 있을까 하고 의구심을 갖고서 나를 추대하여 수령으로 삼고 국가와 멸망을 함께할 결심을 갖고 이 거사를 도모했다.[252]

고종과 동학농민군, 그리고 수많은 백성들은 자신의 목숨을 바쳐 나라를 구하기 위해 일어선 것이다. 백성들은 자신의 삶의 위해 봉기했지만, 나라가 위급할 때, 자신의 삶을 던졌다. 그들은 이미 새로운 세상을 만들어 가는 새로운 주체였던 것이다.

### 4) 근대화의 추진과 독립을 위한 항일 항전
### : 대한제국에서 대한민국으로

동학농민전쟁에서 농민군의 패배와 갑오친일정부에 의한 반(反)근대적 사이비개혁으로 인해 고종과 민비는 일본의 볼모로 잡혀 있게 되었고, 정부는 친일파에 의해 장악되었다. 일본에 맞서 비밀리에 거의밀지를 보내며 조선의 독립을 지키려고 했던 고종의 노력도, 척왜를 외치며 보국안민(保國安民)을 위해 제2차 봉기를 감행했던 동학농민군도 패배했다. 고종은 일본의 볼모로 잡혔고, 참전했던 동학농민군 중에 20만 명 또는 30~40만 명이 희생되었다.[253] 조선총독부의 자료에 의해도 1894년 동학농민전쟁에 300만 명이상의 백성이 참가했고, 동학 2대 교주 최시형이 당시 손병희에게 60만 명의 도인을 이끌고 남방 동학당과 합류하도록 했다.[254] 동학농민전쟁은 그야말로 조선의 독립을 지키기 위한 처절한 항쟁이었다.

이런 상황에서 고종과 명성황후는 '인아거일(引俄拒日)' 전략으로 조선의 독립을 추진하려 했으나, 일본의 명성황후 시해 즉, '을미왜변'에 의해 좌절되었다. 일본이 왕비를 시해한 것은 "주둔 왜군의 유지, 현역병의 교체 투입을 통한 왜군의 전력 강화, 그리고 갑오왜란에 따른 각종 전투에 필수적인 조선전역 전신망의 장악, 그리고 고종과 명성황후의 집요하고 교묘한 왜군철병 정책의 분쇄 등이었다."[255] '을미왜변'으로 고종은 명성황후를 잃고 다시금 일본에 생포되는 상황이 되었다. 이런 상황을 타개하기 위한 것이 아관망명이며, 아관망명을 통한 갑오친일정부의 붕괴와 대한제국의 수립이었다.

아관파천으로 지칭되는 고종의 러시아공사관으로의 이동은 아관망명으로 재규정되어야 한다. 그 이유는 고종이 지방이 아닌 도성의 국제법상 '치외법권 지역(extraterritorial area)'인 러시아공관으로 이어(移御)했으며, 피란해서 숨어 있었던 것이 아니라 망명 이후 곧바로 김홍집 내각 체포령을 내렸고, 고종이 아관으로의 이동을 '외국에서 이미 행해지는 관례'로서의 망명으로 이해했다는 점이다.[256] 따라서 아관망명 이후 탄생한 대한제국은 '국내망명정부'로 규정하는 것이 옳다.

"모든 망명정부는 임시정부이고, 모든 임시정부의 궁극 목표는 '광복'(국권의 회복과 독립)이며, 제1과업은 국권회복을 위한 독립투쟁이다."[257] 고종의 대한제국은 망명을 통해 나라의 독립을 최선의 가치로 놓는 임시적이며 비상적인 망명정부였다. 1897년 10월 12일 출발한 대한제국은 '구본신참'에 입각해 '광무개혁'을 추진했다. 광무개혁은 임시적이며 비상적인 방식으로 나라의 독립을 획득하는 것을 목적으로 한 것이었기에, 광무(光武)라는 강력한 군사력을 갖추기 위해 노력했다. 대한제국은 강력한 군사력뿐만 아니라 경제적으로 비약적인 발전을 이룩했다.

대한제국의 군사력 강화와 경제적 도약에 대해 우려한 일본은 다시 1904년 '갑진왜란'을 통해 1894년의 '갑오왜란' 당시와 같이 군사력으로 대한제국을 침공했다. 러일전쟁으로 가려졌지만 1904년 '갑진왜란'은 일본의 불법적 침략성을 다시금 확인해 주는 것이다. 1907년 일제에 의해 고종이 퇴위되고 대한제국의 군대가 해산당했다. 이때부터 1910년까지 3년간 전 국민의 대일항전이 전개되었다. 세계적 수준의 압도적 군사력과 경제력을 가진 일본도 한국을 병탄하는 데 3년이란 전쟁이 필요했다. 그만큼 우리 국민은 목숨을 걸고 나라의 독립을 위해 싸웠다. 1894년 일본의 경복궁 침공부터 1910년 일제의 한국병탄까지 우리 국민은 16년의 전쟁을 전개했다. 퇴위된 고종은 그 이후에도 조선의 독립을 위해 망명을 통한 임시정부 수립 등 다양한 노력을 시도하다가 일제에 의해 독시(毒弑)당했다. 고종의 독시 이후 우리 국민은 공분했고 그 공분은 3·1운동으로 이어졌다. 3·1운동의 중심은 1894년 동학농민전쟁을 이끌었던 동학의 후신 천도교였다. 그리고 1910년 병탄 이후부터 1945년까지 36년의 대일독립운동을 전개했다. 우리 국민은 51년이 넘는 기간 동안 쉼 없이 나라의 독립을 위해 목숨을 바쳤다.

이와 같은 거대한 역사적 흐름 속에서 여성해방과 어린이 존중의 결실이 조금씩 맺어졌다. 백성의 새로운 세상에 대한 염원 속에서 여성해방의 자양분이 움트기 시작했고, 어린이 존중의 새로운 사상이 만들어졌다. 백성의 꿈과 계몽군주의 꿈이 만나면서 근대의 사상적 동력은 만들어졌고, 그 사람들의 힘으로 근대의 경계를 넘어왔다.

# 4장

---

# 조선시대의
여성

## : '어둠'에서 '빛'으로

조선시대의 여성관은 신유학(新儒學)으로 지칭되는 성리학(性理學)에 의해 형성·정착되었다. '삼종지도(三從之道)'로 나타나는 남성에 대한 여성의 종속이라는 관점이 대체적인 조선사회의 여성관으로 이해된다. 실제 조선사회에서 여성들은 성리학적 규범과 질서로 인해 인간적 권리를 보장받지 못했으며, 부계 혈통에 의한 제사 의례와 장자 상속 관행 등에 의해 배제되었다. 원인은 '공자주의'를 왜곡한 성리학에 기원했다. 공자주의의 핵심은 남녀평등(男女平等)을 넘어선 모정주의(母情主義)의 대동(大同) 세상의 실현이었다. 소강시대(小康時代)를 넘어 남녀평등 사회를 지나 어머니의 사랑으로 운영되는 사회로 나아가는 것이다. 그러나 조선 성리학은 여성을 남성에게 종속된 존재로 규정하고 여성의 권리를 원천적으로 박탈했다.

　　여성들은 성리학적 규범과 질서에 맞서 저항했지만, 동시에 또한 성리학적 규범과 질서의 '포로'이기도 했다. 조선 초기에는 고려사회의 전통·관행과 성리학적 규범·질서가 충돌했지만, 조선 중기를 넘어서면서 성리학적 가치가 전체 사회에 구조화되었다. 따라서 조선 성리학은 여성을 억압하는 부권(父權) 사회, 남성중심 사회의 이데올로기 장치로 기능했다. 그러나 조선의 백성과 여성들은 남녀평등과 인간존중의 가치를 실현하기 위해 노력했으며, 그러한 노력들은 조선 후기에 동학사상으로 나타났다. 따라서 이 장부터는 조선시대에 면면히 내려온 여성해방의 과정을 추적하고, 그들은 어떠한 생각과 실천을 전개했는지 해석할 것이다. 이것이 바로 조선의 근대성을 확인하는 작업이며, 여성의 해방사상과 그들의 실천을 복원하는 것이기 때문이다.

## 1. 동아시아의 여성관과 모정주의

성리학에 의해 왜곡된 동아시아 여성관의 검토가 필요하다. 그 이유는 성리학이 여성 억압과 사회적 위계를 재생산하는 역할을 했기 때문이다. 성리학에서 표방한 여성관은 양반사회에서 상당한 영향력을 행사했지만, 중인 이하 계층에서 어떤 영향을 미쳤는지는 충분이 검토할 필요가 있다.

1969년 미국의 역사학자인 거다 러너(Gerda Lerner)는 "역사학자들이 여성을 얼마나 소홀하게 다루었는지 경악할 뿐"이라고 고백했다.[258] 여성은 남성 권력에 의해 억압당하고 배제되었으며, 역사 기록에서도 소홀하게 취급되거나 삭제되었으며, 그것을 추적·연구하는 역사학자들에 의해서도 소홀하게 다루어졌다. 따라서 과거의 여성들의 실상을 생생하게 복원하는 것은 어쩌면 불가능한 일일지도 모른다. 그래서 이러한 불공정한 사태에 대해 일단의 학자들은 왜 '그의 역사(history)'가 '그녀의 역사(herstory)'보다 중요한지 물었고, 수많은 역사 해석 배후에 있는 불평등한 권력관계를 비판했다.[259]

지나온 시간 동안 역사학자들에 의해 잘못 해석되어왔던 역사도 있고, 기록되지 않은 수많은 사건들도 있다. 아마 대부분은 기록되지 못한 사건, '언어화 되지 않은 사건들'로 남아 있을 것이다. 그 사건들에는 우리가 익히 알고 있는 역사적 인물들이 아니라, 수많은 '무명(無名)의 사람들'로 가득할 것이다. 이름도, 언어도 남기지 못한 사람들의 다양한 사건과 역사들이 어쩌면 '진짜 역사'일지도 모른다. 특히 남성권력에 의해 짓눌린 여성들은 스스로의 이야기를 언어로 남기지 못했다. 지금 남아 있는 흔적과 기록들은 남성들의 이야기 속에 부분적으로 드러난 것들이거나, 특정한 여성들이 언어로 남긴 '특이한' 기록이거나 '남성에 의해' 기록된 것이다. 검안(檢案) 자료가 민중의 이야기, 그중에서도 민중인 여성의 목소리를 들려주는 아주 드문 자료 중에 하나라는 것에서도 알 수 있다.[260]

조선시대 성리학의 굴레에서 억눌리며 살아 왔던 여성들의 삶을 추적하는 것은 '어둠'의 흔적들을 찾아서 '빛'으로 드러내는 작업이다. 즉, 여성들의 남겨진 흔적과 흩어진 이야기들을 발견하고, 공감해석적으로 읽고 이해하는 방법을 통해 그들의 삶은 부분적으로 복원될 수 있을 것이다.

## 1) 동아시아의 여성관: 유교적 '모정주의'

동아시아의 여성관을 추적하면, 성리학적 여성관과 달리 남성 우위의 위계적 남녀불평등을 인정하지 않는다. "지금까지 주로 '여성괘'로 읽혀 오면서 부정적으로 평가되어 오던 곤괘(坤卦)는 건도(乾道)의 '생명의 창생'에 비해서 만물의 '형성과 성장'을 주관하는 도(道)"[261]이다. 건괘가 '생명의 창생'을, 곤괘가 '만물의 형성과 성장'을 주관하는 것이 도(道)라고 한다면, 건괘와 곤괘는 상하의 관계 또는 위계의 관계에 있다고 보는 것은 타당한 해석이 아니다.

> 「단전(彖傳)」에 가로되, 위대하도다. 건의 으뜸이여! 만물이 이것을 바탕으로 비롯되어 이내 하늘을 통할하네(彖曰, 大哉乾元! 萬物資始乃統天).···지극하도다! 곤의 으뜸이여! 만물이 이를 바탕으로 생육하니 하늘을 순순히 받드네(至哉坤元!, 萬物資生乃順承天).[262]

곤괘는 하늘을 순순히 받는 것이니 그대로 해석하면 상하 또는 위계적이다. 그러나 건과 곤은 위계적 관계가 아니라 건곤의 합으로써 만물이 만들어지고 작동하는 것이다. 즉, 건은 생명의 시작이고 곤은 생명의 완성이기 때문에 만물은 건곤의 합으로써만 가능하다. 따라서 "한번 음(陰)하고 한번 양(陽)하는 것을 도(道)라고 한다. 그것을 계승하는 것을 선(善)이라 하며, 그것이 개체 속에 이루어진 것이 본성(性)이다."[263] 즉, 양과 음을 동일한 도의 관점으로 보는 것이 타당하며, 이는 남녀 모두 평등함을 의미한다. 건이 만물의 성명(性命)을 부여하지만 그것이 생명 형태로 나타나는 것은 곤에 의해서다. 즉, 만물은 곤에 의해 자신의 존재양태를 드러내며, 성명을 온전히 실현하는 것도 곤의 몫이다. 곤은 생명의 궁극적인 완성을 뜻한다. "하나의 생명이 탄생함에 있어 건은 만물의 시발로서 성명을 부여한다면, 곤은 형체를 부여하여 건곤의 합동작용에 의하여 온전한 생명이 생성되는 것이다."[264]

천도를 따르기 위해 고대의 현자는 건(乾)과 곤(坤)을 도입해 하늘과 땅의 기능을 특징짓고 「상경(上經)」을 열었다. 인도를 확립하기 위해 고대 현인은 남편과 아내의 전제조건인 함(咸)과 항(恒)을 선택해 「하경(下經)」을 시작했다. 하늘과 땅의 관계는 상호작용적이고 영구적이다. 동일한 식으로 남편과 아내의 관계는 항구적 지속과 교감의 특질을 가져야 하는 것이다.[265]

주역의 '택산함(澤山咸)' 괘에 의하면, 남편과 아내의 관계는 항구적 지속과 교감의 특질을 갖는다고 되어 있다. 동아시아는 하늘과 땅을 건(乾)과 곤(坤) 또는 양(陽)과 음(陰)으로 상징화했다. 이것은 상호 상보하는 힘이지 어느 한쪽에 의한 일방적 종속이나 파괴를 의미하지 않는다. "차라리 음인 여

성적인 힘을 양인 남성적인 힘보다 더 필요불가결한 요소로 취급"한다고 볼 수 있다.[266]

　　남녀의 구별은 곧 부부윤리라는 논리로 뒷받침되는데, 이처럼 유교사회에서 부자와 부부를 인간의 가장 기초적인 관계로 보는 것은 그 유래가 오래되었다. 유교에서 남녀의 역할 분리를 의미하는 '남녀유별'은 관념적으로 음양론과 결합하였고 현실적으로 내외 관념에 기초해 해석됨으로써 남존여비의 공고한 이념의 틀로 정형화되었다.[267]

　이처럼 최근까지 공자의 여성관은 남녀 차별적이라고 해석해 왔으나, 이는 공자철학의 문제라기보다는 유학의 성리학적 변용에 의한 것으로 보는 것이 타당하다. 예를 들면, "여자와 소인은 기르기가(대하기가) 어려우니, 가까이 하면 불손하고 멀리 하면 원망한다"[268]는 『논어』의 구절을 유교가 여성에게 불평등하다는 점을 보여주는 근거로 제시한다. 그러나 이 부분은 남녀가 서로를 대하는 관점이 같다는 측면에서 접근하는 것이 더 적합하다. 여성의 입장에서 보면 남성과 소인도 '불가근불가원(不可近不可遠)'의 관계인 것이다. 대부분의 해석이 남성 중심적인 것이었다는 측면에서, 여성의 입장에서 볼 때도 남성과 소인을 기르거나 대하기가 어려우며, 가까이 하면 불손하고 멀리하면 원망하는 것은 마찬가지다. 이런 관점이 아니라 일방적인 남성의 시각으로 보면 여성 차별적이라고 해석할 수밖에 없게 된다.

　택산함(澤山咸)은 "함(咸)괘의 위에 있는 태(兌)는 연못과 소녀(작은딸)를, 아래의 간(艮)은 산과 소남(작은아들)을 나타낸다.…함괘는 산 위에 연못이 있는 상으로서 연못이 물로 산을 고루 적셔주는 못과 산 사이의 감응의 이치"[269]이다. 산택손(山澤損)은 "손(損)괘는 소녀(少女), 즉 막내딸을 뜻하는 아래의 태와 소남(少男), 즉 막둥이를 뜻하는 위의 간(艮)으로 이루어진 괘다. 막내딸은 막둥이를 좋아하고 따르므로 상괘는 하괘를 헌신적으로 따르고 돕는다. 따라서 손괘는 익(益)괘와 정반대로 먼저 덜거나 줄이고 나중에 얻거나 보태는 절약의 상 또는 아래를 덜어 위를 도와주는 수세(收稅)의 상[損下益上之義]이다."[270] 여성괘인 택산함은 여성이 위에 있고 남성이 아래 있는 것으로 위의 연못이 아래의 산에 물을 고루 적셔주는 것이다. 이와 반대인 산택손은 남성이 위에 여성이 아래에 있는 형국으로 손(損), 즉 덜어내거나 잃는 상이다. 남성이 여성의 상위에 있는 형국이 나쁘다는 것이다.

천지비(天地否)는 비지비인(否之匪人)으로 '막히니 비인간이로다'의 뜻이다. 비(否)괘는 "비지비인으로 천지가 막혀서 비인간(非人間), 몰인도(沒人道)의 상황이 되는 것 또는 비인(소인배) 때문에 막혀 천하가 불통, 정체되는 것을 뜻한다." 「단전(彖傳)」에서는 "하늘과 땅이 사귀지 못해 만물이 불통하고, 상하가 사귀지 못해 천하에 나라다운 나라가 없다. 소인의 도는 자라고 군자의 도는 사라진다"고 했다.[271] 지천태(地天泰)의 태는 편안한 상이라는 뜻이다. 「단전(彖傳)」에 따르면 "태괘는 천지가 사귀어 만물이 통하며 상하가 사귀어 상하의 뜻이 같게 되는 괘다. 안은 양이고 밖은 음이요, 안은 강건하고 밖은 순하며, 군자의 도는 자라고 소인의 도는 사라진다."[272] "태괘의 핵심 메시지는, 백성들이 진심으로 서로 의사를 소통할 때 조화가 창출되고 일이 순조롭게 성취된다는 것이고, 이것의 반대는 '비(否)'다. '태'가 '비'로 가고 '비'가 '태'로 가는 것은 자연법칙이다."[273]

건(乾)이 위에 있고 곤(坤)이 아래 있는 '비'괘는 천지가 막혀 불통·정체되는 것이며, 곤이 위에 있고 건이 아래 있는 '태'괘는 천지가 사귀어 만물이 통하는 군자의 도이다. 따라서 여성이 아래 있을 때, 세상은 막히게 되고, 그 반대였을 때 천지만물이 서로 통하는 세상이 된다는 뜻이다. 이처럼 동아시아의 주역에 의해서도 군자의 도가 이루어지는 세상은 여성 상위 사회인 것이다. 여성 상위는 남녀의 불평등을 의미하는 것이 아니라, 어머니의 사랑이 가장 근간이 되는 모정주의(maternalism) 사회를 뜻하는 것이다.

'고대의 현자'의 생각은 현대적인 진화론에 의해서도 차츰 확인되고 있다. 서티(Ian Dishart Suttie, 1898-1935)는 "각 엄마 아래서 형성되는 '형제자매단(Band of brothers and sisters)' 안에서 사회의 배아(胚芽)를 본다"[274]면서, 모자간 사랑으로부터 사회의 도출을 추출한다. "사회가 아이의 엄마사랑과 아이에 대한 모정 또는 모성애로부터 도출된 것인 한에서, 이 사회는 모정주의적(maternalistic) 성격을 갖는다."[275] 남녀의 성별을 떠나 모정에 의해 아이들은 양육되고 생존한다. 지난한 진화의 과정에서 '인간의 사랑과 우애'는 '인간의 본유적 모정 또는 모성애의 표현'이다. 따라서 "사회 일반은 '모정주의 사회'이어야 하고, 참된 사회는 각 성원들에게 모정을 베풀어 위로·양육·교육하는 '어머니' 노릇"을 하고, 그 사회의 구성원들은 "거의 본능적으로 사회에 대해 모정을 기대하고 까마득한 유아 시절의 모자관계를 심리적으로 복원하여 사회와 일체감"을 느낀다. 따라서 사회가 모성애로 출발했기 때문에 "부성애도 모정을 원형으로 삼아 발전했다"고 봐야 한다.[276]

공자는 유독 어머니의 자애(慈愛)가 아니라, 아버지의 자애만을 거듭 강조했다. 『대학』에서 "사람의 아비이면 자애에 산다"[277]고 했으며, 『예기』에서는 "인의란 무엇을 말하는가? 아비는 자애하고…임금은 인애하는 것이다"[278]라고 강조했다. 공자가 아버지의 자애를 강조한 이유는 "어머니의 모정은 차라리 맹목적 사랑으로 전락할 잠재적 위험이 현실화되지 않도록 반드시 얼마간 절제되어야 하는 반면, 아버지의 부정(父情)은 하늘이 모든 인간에게 품부한 천성적 부모애의 모정적 배아를 최대한 개발하고 본받아야"[279]하기 때문이다. 모정적 사랑이 충만한 곳이 바로 대동사회(大同社會)다. 그래서 공자도 "옛날의 정치는 사람사랑이 가장 컸으니, 사람을 사랑할 수 없으면 제 자신을 보유할 수도, 땅을 편안케 할 수 없으면 낙천할 수 없고, 낙천할 수 없으면 제 자신을 완성할 수 없다"[280]며, 사람사랑(愛人)을 정치와 수신의 핵심으로 보았다.

이런 관점에서 본다면, 공자의 여성관은 "소강(小康)시대의 '남존여비(男尊女卑)' 사회로부터 과도적 중간시기의 '남녀평등(男女平等)' 사회를 거쳐 대동(大同)시대의 '여존남비(女尊男卑)' 사회로(의) 발전"[281]으로 볼 수 있다. 따라서 동아시아 유교문명사회는 '모정주의적 가부장제 사회'라 할 수 있으며, 동시에 동아시아의 전통적 여성관은 모정주의에 입각하여 남녀평등을 넘어서는 어머니의 사랑이 펼쳐지는 세상이다. 이런 한에 있어 공맹철학의 여성관은 성리학의 여성관과는 전혀 다른 것이다.

## 2) 공자철학의 변질: 성리학에 의한 왜곡

공자철학은 주희의 성리학에 의해 왜곡되었는데, 이를 신유학이라 칭한다. 성리학은 남송(南宋)의 주희(朱熹, 1130~1200)가 공맹철학을 우주론적·인간학적으로 새롭게 해석하여 정리하고 합리론적(=主理論的)으로 굴절시킨 철학체계라는 견해가 있다. 중국에서 성리학은 12세기에 일어나 18세기 초까지 번성했으며, 고려 말에 유입되어 조선에서 14세기 말부터 공식적 국가철학이 되었고, 실학이 등장하여 성리학에 정면으로 도전하기 시작한 18세기 후반까지 영향력을 유지했다. 특히 조선 중기에 해당하는 16세기에 벌어진 사단칠정논쟁은 조선 성리학의 최고점을 상징했다.[282]

공자철학과 성리학을 구분하는 이유는 남녀관계와 여성에 대한 태도에서 극명한 차이를 보이기 때문이다. 그 점에서 공맹철학을 본류로 하는 '유학',

즉 공자철학 또는 '초기 유교'와 한대(漢代) 이후 변실·왜곡되었다고 간수하는 '또 다른 유교'로 구분하는 미국의 중국학자 크릴(Herrlee Glessner Creel)의 논의에 주목할 필요가 있다.[283]

크릴은 공자는 전면적인 사회적·정치적 개혁을 주장한 위대한 혁명가 중에 한 사람이었으나, 현재 통용되는 지식의 대부분은 한대 또는 그 이후에 나온 것으로 공자철학과는 상당한 괴리가 있다고 생각했다.[284] 그 이유로 동아시아의 공자철학을 유럽으로 전파한 초기 예수회 선교사들의 자료를 제시한다. 이 선교사들은 유교경전을 연구하면 할수록 당시 중국에서 유행하는 철학이 원시 유교와는 전혀 다르다고 판단했다. 선교 활동의 원조인 마테오 리치(Matteo Ricci)는 신유학의 형이상학에 대해 "내가 보기에는 500년 전 우상숭배파(불교)로부터 차용해온 것 같다"고 생각했으며, 신유학은 "공자가 아니다!"라는 결론에 도달했다. 예수회 선교사들의 이러한 주장은 역으로 중국 지식인들에게 알려져 토론이 전개되었고, 그 결과 신유학은 불교에서 많은 내용을 받아들인 공자철학의 왜곡이라고 주장하는 학파도 만들어졌다.[285]

중국의 공자와 공자철학은 1613년 새무얼 퍼채스(Samuel Purchas)에 의해 처음으로 유럽에 소개되었다. 그 이후 공자경전이 라틴어 번역서로 발간되기 시작했고, 1711년 노엘(François Noël)에 의해『중국제국의 고전6서(Sinensis imperri livre classici sex)』가 번역되었다.[286] 이 책은『대학』·『논어』·『중용』·『맹자』등 사서와『효경』,『소학』을 라틴어로 번역한 것이다. 이후에는『서경』,『시경』,『역경』,『예기』등의 유교경전들도 여러 선교사들에 의해 번역되어 나왔다.[287] 이렇듯 예수교 선교사들에 의해 유럽에 소개된 공자철학은 초기 유교사상이었다. 그러나 그 이후 유입된 많은 것들을 접하게 되면서 초기 유학과 다른 '신유학'을 발견하게 된 것이다. 크릴은 이것을 군주권의 목적에 봉사하도록 공자철학의 일부를 전도시킨 '신유학'이라고 규정했다.[288] "예수회 선교사들이 서신을 통하여 그토록 열광적으로 유럽에 보고한 유교가 17, 8세기 중국에서 일반적으로 통용된 정통유교가 아니었다"는 것이다.[289]

신유학은 조상 중심의 부계친(父系親) 출계집단(出系集團)을 사회의 기본요소로 강조했다. 중국의 『성리대전(性理大全)』에 "종자를 선택할 때 어떤 법적 통제가 없으면, 조정은 다음 세대의 관직재[世臣]를 기대할 수 없다. 종법이 없다면 종자가 죽을 경우, 족(族, 출계집단)은 붕괴되어, 그 집은 다음 세대로 이어지지 못하기 때문이다. 만약 종법이 세워져 고위관료들이 자신들의 가계를 유지할 수 있게 되면, 그들은 국가에 충성과 정의를 바칠 것이고, 이로써 국가의 기초는 확고해질 것"[290]이라고 규정했다. 또한 주자도 『근사록(近思錄)』에서 부계친 출계집단의 가부장적 질서를 옹호했다.

> 오늘날에는 종자(宗子)가 없어서 조정에는 대대로 벼슬하는 신하가 없다. 만약 종자의 법을 세운다면, 사람들은 조상을 존중하고 근본을 소중히 여길 줄 알 것이며, 사람들이 근본을 소중히 여긴다면, 조정의 권위가 저절로 높아지게 될 것이다.…종자의 법을 세우는 것은, 또한 하늘의 이치이다. 비유하자면 나무와 같아서, 반드시 뿌리를 따라서 바로 올라간 하나의 줄기가 있고, 또한 반드시 곁가지가 있는 것과 같은 것이다.[291]

이 성리학적 관점은 조선사회에 깊숙이 침윤(浸潤)되었다. 가계의 혈통을 이어나가기 위해 남성 중심의 가부장 질서를 강조하는 것은 공자의 사상에 대척(對蹠)하는 것이다. 공자는 "군자의 도는 부부에게서 단서를 만드니, 그 지극함에 이르러서는 천지에 밝게 드러난다"고 했다.[292] 건과 곤은 생명의 창조와 성장에 필수적이어서 세상은 남성만으로 근본이 이어지는 것이 아니다. 따라서 성리학적 관점은 공자철학을 왜곡시킨 것이다.

부계친 중심 구조의 구축과 이에 따른 장자 중심의 봉사 관행, 남녀 위계에 의한 불평등의 구조화 등이 성리학에 의한 공자철학의 왜곡에 있었다는 것을 논의할 필요가 있다. 일단 공자는 "천하에 나면서부터 귀한 자는 없다"라며 태생적 인간평등을 주장했다.[293] 공자철학에 의하면 특권적 신분질서는 존재할 수 없으나, 조선의 성리학은 '위민적(爲民的) 위탁통치론'으로 사대부에 의한 백성 통치를 교묘하게 정당화한다. 백성을 위해 지혜로운 사대부들이 어리석은 백성을 다스려야 한다는 통치이데올로기를 정당화했다.

조선 후기에 접어들면서 성리학에 근거한 여성 차별과 억압이 더욱 강화되었다. 18세기 성리학자 한원진(韓元震, 1682~1751)은 부녀자 교육을 위한 글 「한씨부훈(韓氏婦訓)」을 남겼는데, 그 내용은 가히 철저한 남녀 위계 구조의 확인과 여성 차별로 점철되어 있다.

부인은 평생의 영광과 수치, 기쁨과 슬픔이 다만 그 남편의 어질고 못남에 달렸다.…하물며 양 하나에 음이 둘인 것은 천도에 항상 그러한 것이요, 여러 여자가 한 지아비를 섬김은 인사에 당연한 일이다.…비록 가장이 첩에게 빠져서 처를 소박해도 처는 다만 분수를 미루어 운명에 맡기고 성내며 다툴 것을 생각하지 않고 첩을 평소와 다름없이 대하고 가장을 더욱 공경하여 섬김이 마땅하다.…남자의 바른 위치는 밖에 있고 여자의 바른 위치는 안에 있으니, 부부유별이 엄한 것이 집안을 바르게 하는 큰 단서이다.[294]

한 여성의 삶은 남자에 달려 있으며, 여성이 남성을 섬기는 것은 당연한

데 그것은 당연히 부부유별에 입각한 것이라는 가르침[訓]이다. 동시대 조관빈(趙觀彬, 1691~1757)은 효(孝)와 열(烈)을 위해서라면 환란에 맞서 죽음을 결행하는 것이라 했다.[295] 성리학자 박윤원(朴胤源, 1734~1799)은 여자를 경계하는 글에서 "여자가 친정에서 부모에게 효도하고 곧 출가해서는 시부모에게 충성"해야 하고, 남편은 하늘인데 "남편을 공경하지 않는다면 이는 하늘을 공경하지 않는 것"이고, "부인은 사람을 섬기는 자이니 그 도는 순종함을 주로 할 뿐이다"라고 경고한다.[296] 이렇듯 조선 후기 성리학자들은 가부장적 질서와 남녀 위계질서를 강조하면서 공자철학의 여성관을 왜곡한 성리학적 관점을 유지했다.

> 우리나라의 풍속에 이르러서는 한 사람을 따라 죽는 것이 떳떳한 도리여서 비록 궁벽한 마을의 백성으로 빈천하여 의지할 곳이 없다 하더라도 청상으로 홀로 지내며 흰 머리로 죽는다. 만약 옛날의 의(義)를 적용한다면 절부가 아님이 없다. 이 동쪽 둘레 수천 리에 나라를 세운 지 4백년 만에 맑음을 간직한 대를 마을마다 세울 만하고, 의를 지켜 세운 정려는 집마다 만들 만하다.[297]

북학파인 연암 박지원(朴趾源, 1737~1805)이 「김유인의 일에 대한 기록(金孺人事狀)」에서 궁벽한 마을의 가난한 청상과부가 수절하며 늙는 것을 칭송하는 대목이다. 4백년 만에 세상이 맑아졌고 집집마다 정려를 세울 만하다고 만족해한다. 이와 같은 성리학자와 북학파의 규범은 1894년 동학의 폐정개혁 12개조의 청상과부 재가 허용의 요구에 직면할 수밖에 없었다.

## 2. 성리학적 질서와 조선시대 여성: '성리학의 구렁'에 빠진 여성들

조선시대 여성의 지위와 역할의 변화는 신유학, 즉 성리학적 질서가 고려 후기부터 조선 중기까지 어떻게 구축되는가의 문제와, 조선 중기부터 시작된 정치경제적 변화 과정이라는 두 측면의 거대한 변동을 살펴보아야 한다. 성리학적 질서는 조선의 창업 후 200여 년 동안 그 이전 고려시대까지의 질서와 충돌하면서 이를 대체하여 새로운 사회질서의 원형이 되었다. 조선시대의 성리학적 질서가 구조화되기 전까지, 역대 왕조에서 여성은 상당한 자율성과 독립성을 갖고 있었던 것으로 보인다. 고구려시대 평강공주는 무명의 청년인 온달과 자유연애를 통해 결혼했다. 결혼에 있어 귀천(貴賤)의 차이를 극복한 것이다. 또한 고국천왕비인 우후(于后)는 고국천왕이 서거하자(A.D. 197) 산상왕(山上王)인 연우(延優)의 왕비가 되었다. 이로 미루어볼 때, 당시 여성들에게 수절도 필요 없고 재혼도 자유로웠던 것으로 보인다.[298]

고려시대에 여성들은 조선시대에 비해 상당히 높은 지위를 가졌던 것으로 보인다. 이러한 지위가 가능했던 이유는 남자 형제들과 나누어 갖는 상속권인 경제적 능력 때문이었다. 따라서 고려 사회에서 부인은 자기 스스로 판단해서 남편을 떠날 수 있었고, 과부라 해도 바람직스럽지 않은 혼인 상대자로 낙인찍히지 않았으며, 남편이 죽은 이후 재혼은 흔한 일이었고, 이로 인해 사회적 지위도 잃지 않았다.[299] 고려에 온 송(宋)나라 사신은 여름에 남녀가 구별 없이 시냇가에서 옷을 벗고 목욕하는 모습을 진기하게 여겼으며, 쉽게 결혼하고 헤어지는 것에 놀라기도 했다. 고려 성종(成宗)의 왕비 유씨는 홍덕원군(弘德院君)에게 시집갔다가 성종에게 개가한 사람일 정도로 재혼은 보편적이었다.[300] 단 고려시대에 관직은 남자들의 전유물이었다. 대신 토지 등의 경제적 문제를 둘러싸고 '균분(均分) 상속제'에 의해 여성들의 경제적 위치를 지킬 수 있었던 것으로 보인다. 조선 초기에도 이런 관행은 지속되었으나, 건국 초기를 지나 성리학이 국가 운영의 중심 사상으로 자리 매김하면서 점차 변화되어 갔다.

## 1) 부계승계 원칙과 제사 관행의 변화

우선 성리학적 질서와 고려시대의 유산과의 충돌 과정을 살펴볼 필요가 있다. 중요한 충돌 지점은 상속 제도의 변화에 의한 여성의 사회경제적 권한의 급격한 약화였다. 조선사회에서 여성이 심각한 차별과 종속에 처하게 된 가장 근본적인 원인은 '균분상속'에서 '장자상속'으로의 변화였다. 조선 초기 입법자들이 해결할 수 없었던 난제 중 하나는 "수평 지향적 사회에 장자상속이라는 수직적 원칙을 이식"하는 것이었다. 고려에서는 후계자가 반드시 다음 세대일 필요가 없었던 관행들이 장자 상속의 원칙과 충돌했기 때문이다.[301] 즉 균분상속제도를 장자상속제도로 변화시키는 과정에서 고려 사회의 전통과 지속적인 충돌이 발생했다. 장자상속제도의 도입은 조선사회가 고려의 전통으로부터 벗어나는 첫걸음이었다.[302]

이런 제도적 변화에도 불구하고 15~16세기까지 남녀에게 균등한 상속 관행은 이어졌다. 「율곡선생남매분재기(栗谷先生男妹分財記)」에 의하면, "가정(嘉靖) 45년 병인(丙寅, 1566) 5월 20일에 형제자매가 부모의 재산을 나누는 일을 의논"했으며, "장유(長幼)의 차례대로 경국대전에 의해 시행할 일"이라고 되어 있어, 이미 『경국대전』에 자녀균분상속이 규정되어 있음을 알 수 있다.[303] 18세기 초까지도 자녀균분상속의 관행은 남아 있었고, 17세기부터 아들과 딸에게 차등 분배하는 재산상속이 일반화되어 가긴 했으나, 딸의 시가로부터 항의가 계속되어 상속 문화의 변경이 쉽지 않았다.[304] 또한 16세기

초에 작성된 상속 문서에 자녀에게 재산이 균등하게 분배되는 양상이 기록되어 있다. 1510년 상속 문서를 보면, 다섯 명의 아들과 두 명의 딸을 포함한 일곱 명의 형제자매가 24곳에 작은 토지들을 상속받았는데, 장자가 분배받은 지역은 9곳, 차자는 4곳, 각 딸들은 8곳이었다.[305] 이는 16~17세기까지도 부계의식이 조선사회에 확고하게 구축되지 못했음을 보여준다. 혼인의 경우도 여전히 '처가거주제'가 지속되었다. 딸은 계속 상속권을 갖고 있었으며, 법적으로는 인정받지 못했지만 법을 위반하면서까지 의례 문제에서 독자적으로 행동할 수 있는 수단을 가지고 있었다.

그러나 이러한 흐름은 성리학적 의식이 서서히 정착됨에 따라 변화되기 시작했다. 특히 여성의 전통적인 경제적 자립권의 축소는 중요했다. 부계승계원칙이 도입되면서, 부인의 토지와 노비의 상당량은 남편 가족이 보유하게 되었고, 나머지는 부인의 친정으로 돌려주는 대신 제사 상속자에게 주어지는 방향으로 변화되었다.[306] 또한 명종 9(1554)년 왕명에 의해 전처가 낳은 자식들이 있을 경우, 사망한 남편의 토지를 마음대로 처분하던 후처의 권한도 금지되었다. 이러한 전반적인 변화는 여성의 경제력을 약화시켰으며, 남편의 경제력에 의존하도록 만들었다. 16세기 중반에 이르면 부계친(父系親)이라는 한정된 집단에 의해 가계 상속과 제사 문화가 집중되었다.

이러한 변화의 배경은 사회경제적 변화와 연동된 제사 관행의 전환이었다. 15세기 중엽인 세종대 조선 인구는 약 550만에서 700만 명 정도로 추정된다. 1591년 임진왜란 직전인 16세기 후반 인구는 1,000만 명 또는 그 이상으로 추산되는데,[307] 임진왜란을 겪으면서 인구의 1/3 또는 200만 명 정도가 감소했다.[308] 이후 완만한 인구 상승이 진행되었고 실질적으로는 17세기 중엽에 이르러서야 신속한 증가가 나타났다.[309] 인구의 지속적인 증가는 농지의 확보와 식량의 원활한 수급 등을 필요로 했다.

이런 상황에서 농업 분야에서 거대한 변화가 발생했다. 농업 노동력이 노비노동에서 고용노동 위주로 변화되어 가면서, 노비 중심의 경영지주 가작(家作) 성격에서 고공(雇工)노동, 고지(雇只)노동,[310] 임노동 등에 의존하는 '경영형 부농'적 성격으로 전환되어 갔다. 이 변화의 배경은 첫째, 이앙법의 도입을 통해 경영 규모를 확대하였는데 이 과정에서 노동력을 최대한 줄여 나갈 수 있었고, 둘째, 농지의 개간을 통해 경영을 확대하며 농지소유의 규모를 넓히는 동시에 면세의 혜택까지 누렸으며, 셋째, 토지매매를 통해 경영을 확대하며 농업상품화가 촉진된 점 등이다.[311] 이 과정에서 농민층의 분해는 가속화되었고, 동시에 신분제의 해체도 수반되었다. 신분과 무관하게 영세빈농층과 무전무전(無田無佃)의 농민층이 배출되었고, 이들은 자신의 노동력을 상품화할 수밖에 없었다.[312] 경영형 부농이 상천민(常賤民)에서 지주 대열에서 탈락한 양반, 한사(寒士), 잔반(殘班) 등에 이르기까지 다양했던 것과 마찬가지로, 임노동자화 된 계층은 상천민(常賤民)뿐만 아니라 몰락한 양반까지 다양했다.

15세기에 관개시설이 확대되고 논농사가 널리 보급되는 등 농업혁신이 크게 일어났지만, 17세기에 들어서 선진농업에 대한 투자는 점차 수익성을 잃어가기 시작했다. 동시에 경영형 부농이 늘어나면서 노비들은 지주경영자인 양반의 토지에서 탈출하여 임노동자화 되는 경향이 높아졌다. 기존의 양반 지주경영층의 상황은 악화되었다. 이런 경제적 상황과 맞물려 양반들은 제례를 새롭게 해야 할 필요성에 직면했다. 재산의 분산상속은 부모의 재산이 개별 자녀들의 단혼가족으로 분산되어 줄어든다는 것을 의미했다. 따라서 이와 같은 "단혼가족의 경제적 불안정성을 극복하는 방안이 자녀 차등적이고 장자 우대적인 재산상속"이었다. "자식들이 단혼가족을 형성하여 부모로부터 분화되어 감으로써 가족의 경제기반이 약화되고 사회적 위상을 유지하기 어려운 사태에 이를 것을 대비하여 저자에게, 그중에서도 가장 먼저 혼인하는 장남에게 사회적 위상을 유지할 수 있도록 재원을 첨가하여 상속"했던 것이다.[313]

또한 경제구조 변화에 대한 가장 효과적인 대응책은 현존하는 상속 관행을 개정하여 토지의 분산을 줄이는 것이었다. 그래서 『의례편람(儀禮便覽)』에서 주장하듯이 장자를 세습 재산의 주요 상속자로 인정하면서 조상을 봉사하기 위해 세습 재산의 상당 몫을 따로 떼어 놓는 방식이 나왔다. 모든 자손에게 균등하게 배분되던 상속은 부계 자손들이 조상들에게 적절한 제례 행위를 하도록 하는 지원 수단의 성격을 갖게 되었다. 이러한 변화로 인해 가장 피해를 본 것은 여성들이었다. 여성이 남편 집안에 통합되면서 이전에 받은 상속이나 지참금 형태로 가져온 재산은 여자가 출생한 가족과 영원히 분리되었던 것이다. 즉 이러한 변화에 따라 재산과 상속의 권리는 남성의 지배 영역으로 넘어가게 되었다. 또한 장자를 경제적으로 우대해 독점적 봉사자 지위를 인정함으로써 세습 재산의 균분상속 관행은 점차 깨지기 시작했다.[314]

제사의 관행에서 부계 중심성이 정립되어 감에 따라, 여성은 제사와 재산 상속에서 권한이 더욱 약화되었다. 15세기 『경국대전(經國大典)』에 부계친 계승을 규정하여 딸과 며느리 등 여성들은 봉사(奉祀)는 물론 입후(立後)에서도 배제되었다. 법 규정에 의한 제한에도 불구하고, 조선 전기까지 여성은 여전히 제사 및 의례에 일정한 영향력을 행사했었다. 특히 총부(冢婦, 맏며느리)는 두 가지 특권을 통해 일정한 영향력을 유지해 왔다. 그것은 봉사(奉祀) 자격을 물려받는 것과 죽은 남편의 후사를 지명하는 권리였다.[315] 봉사 자격은 제사를 올리는 권한으로 인해 과부에게 경제적인 도움이 되었으며 남편 형제의 아들보다 우위에 서게 하는 근거가 되었다. 총부의 권한은 16세기인 중종(中宗) 초기까지 확실하게 유지되었던 것으로 보이나, 조선 중기 이후 부계적인 가족질서가 강화되면서 점차 축소되었고, 1746년 『속대전(續大典)』에서 총부의 봉사와 입후 권한은 소멸했다.

제사 문화의 변화는 양반계층의 상속 과정에 상당한 영향을 미쳤다. 사회경제적 변화와 맞물리면서 성리학적 질서는 일상생활에 더욱 깊게 뿌리내려 갔다. 권래(權來)의 유언장(1615)은 당시 아들과 딸에 대한 상속의 심정이 담겨 있다. "아들과 딸이 부모에게서 똑같이 신체 외양을 받았으니 사람으로서 감정은 다르지 않을 것이다. 그러나 내외의 원칙[內外之體]을 통해서 볼 때 그들은 차이가 크다.····재산을 분배할 때에 이르러 이 모든 것을 생각하니 아들과 딸 사이에 차이를 둘 수밖에 없다."[316]

그리고 김명렬(金命說, 1613~?)이 작성한 유언장(1669)에서 그 질서의 단면을 읽을 수 있다. "부모 자식 간의 정과 도리는 아들이건 딸이건 차이가 없지만 딸은 부모가 살아 있는 동안 부모를 봉양할 도리가 없으며 부모가 죽은 후에도 제사를 지내는 예가 없는데, 어떻게 딸에게 아들과 똑같은 몫의 토지와 노비를 나누어줄 수 있겠는가?"라고 기록되어 있다. 성리학적 제사 문화의 정착과정에서 성적 차별이 발생할 수밖에 없었던 상황을 확인할 수 있다. 아들과 딸 모두 자식이지만 부모 봉양과 제사 관행에 있어 어쩔 수 없이 딸에게 차별적으로 대할 수밖에 없는 아버지의 심정이 녹아 있다. 부계 중심의 혈연적 가부장제의 정착과 제사문화의 변화는 여성의 재산상속을 매개로 하는 경제적 권한을 매우 약화시켰다. 김명렬도 "정과 도리에 비추어 딸에게 토지와 노비를 3분의 1만 주더라도 조금도 잘못된 것이 아니다. 딸과 외손이 어찌 감히 그 이상을 받지 못한다고 다투려는 마음을 가질 수 있겠는가?"라고 차등 분배가 당연하다고 밝힌다.[317]

그러나 여전히 딸에 대해서도 아들과는 차별적이지만 재산을 상속했다.

김명렬의 아들과 딸은 몇 명인지 알 수 없지만, 재산의 1/3은 딸에게 상속되었다. 이런 차별적 상속에 대해 아버지와 외조부로서 딸과 외손이 재산 상속에 대해 다투려는 마음을 갖지 말 것을 언급한 것은, 딸과 시가(媤家) 집안에서 재산 상속의 비율에 대해 불만이 있었음을 간접적으로 보여주고 있다. 17세기 사대부 집안의 가장은 남녀 자식의 일정한 평등성은 인정하면서도 당대의 제사와 일반관행을 근거로 들어 상속에서의 차별을 당연시했으며, 이에 따라 여성의 경제력은 더욱 약화되었다. 딸은 조상 제사에 참여하지 않으므로 상속재산을 나눌 수 없다는 내용은 재산상속에 관한 문서인 화회문기(和會文記)에서 17세기 후반부터 계속 나타난다. 예를 들면, 「권목남매화회문기(權霂男妹和會文記)」(1682)와 「권징남매화회문기(權澄男妹和會文記)」(1690) 등에서 확인할 수 있다. 김명렬이 유언장을 작성했던 그 해에 장모인 윤씨로부터 처남의 후손과 사위였던 자신이 균등하게 재산을 상속받았다는 점에서 17세기의 상황이 남녀 재산상속에서 전환적 시기였음을 확인할 수 있다.[318]

## 2) 여성 차별 제도의 정착과 구조화

남성권력이 여성에게 가하는 각종 차별적 제도가 도입·정착되면서, 성리학적 질서와 규범은 점점 강화되었다. 이것은 조선 사회에서 여성에 대한 차별이 어떻게 정착·확대되었는지를 보여준다. 1413(태종 13)년 법에 의해 부인이 있는 남성이 다시 부인을 취하는 것이 금지되었다. 이는 중혼을 금지한 것으로, 부인이 있는 남성과 결혼하는 여자는 첩이 되었다. 고려시대에 과부에게 재혼은 보편적이었으며, 단지 문무 고위관리들에게 재혼은 직위의 강등이 발생하므로 꺼려했던 정도였다. 태조 당시 유신(儒臣) 박강생

(朴剛生)은 "명문거족(名門巨族)의 부녀행실(婦女行實)을 보면 재가(再嫁)는 고사하고 삼가(三嫁)를 하고도 태연하며 그중에는 자손이 많은데도 음욕(淫慾)을 이기지 못하여 자매(自媒)하여 시집가는 자가 있다"고 비난하였다.[319] 고려시대의 결혼 풍습의 영향 때문에, 조선 초기에 과부들이 재혼하는 경우는 흔했던 것으로 보인다.

조선시대에 『대명률』의 규정에 준해 이혼이 법적으로 인정되었으나, 부인이 이혼을 요구할 수 있는 공식적인 통로가 거의 차단되어 있었다.[320] 국가 또한 부부의 이혼을 방지하는 방향의 정책을 추진했다. 만약 양반이 이혼하려면 사헌부에 고발하거나 예조에 문서를 올려 이혼을 신청하고, 정부에서 논의를 하여 이혼 여부를 결정했다. 이혼 결정도 배우자의 부정이 현저하거나 특별한 사유에 해당해야 가능했다. 평민은 양반에 비해 이혼이 자유로웠지만, 휴서(休書)라는 이혼 증서를 작성하거나 상대방의 부정이 확실해야만 했다.[321]

동시에 국가는 여성의 재가도 통제하기 시작했다. 그 통제는 법의 제정을 통해서 착수되었다. 조선 초기에는 3회 이상 시집간 여성의 문제만 거론했으며, 재가자 자녀의 관직 서용(敍用)은 막지 않았다. 즉 『속육전』에 3회 시집간 여인의 자식은 출사를 제한하는 내용만 언급되었다. 그러다가 『경국대전』에 2회 시집간 여인의 자식부터 출사를 제한하는 조치, 즉 재가한 본인의 봉작(封爵)과 자식의 동·서반직 진출·대과(大科)·소과(小科) 응시 등이 모두 금지되었다.[322] 그리고 1485(성종 16)년에 '재가녀자손금고(再嫁女子孫禁錮)'의 법령은 『경국대전예전(經國大典禮典)』에 첨입(添入)되었는데, 이 법에 의해 간통했거나 재혼한 여성의 아들과 손자는 문무 관리로 진출할 자격이 가로막혔다.[323] 또한 서자들은 소과와 대과를 치를 수 없었다. 재혼이나 간통은 자식과 자손들에게 천형(天刑) 같은 것이었다. 자손의 미래를 위해 과부들은 현재의 수절을 강요당하기 시작했다.

이러한 제도는 양반가에 해당하는 것이었으나, 조선 후기로 갈수록 하층까지 보편적 형태로 뿌리내리기 시작한 것으로 보인다. 부녀자들이 자기 스스로 정숙을 지키는 것은 기본이었고, 하층 부녀자들까지 개가를 수치로 알면서 과부는 늘어만 갔다.[324] 신분의 귀천과 상하를 막론하고 수절은 도덕과 윤리가 되어 갔다.

이와 함께 성리학적 의례를 주입하기 위해 여성에 대한 훈육과 교화가 진행되었다. 1434(세종 16)년 우리나라와 중국의 충신·효자·열녀 각각 35명을 뽑아 105명의 행적을 소개하고 그림으로 그린『삼강행실도(三綱行實圖)』를 배포했고, 1475(성종 6)년 성종의 어머니 소혜왕후가 편집한『내훈』을 통해 여성으로서 지녀야 할 덕목들을 교화했다.

여자가 갖추어야 할 네 가지 행실이 있으니, 첫째는 부덕(婦德)이요, 둘째는 부언(婦言)이요, 셋째는 부용(婦容)이요, 넷째는 부공(婦功)이다. 부덕이란 반드시 재주와 총명함이 남보다 뛰어난 것만은 아니고, 부언이란 반드시 말을 잘하여 유창한 것만은 아니며, 부용이란 반드시 얼굴이 아름답고 고운 것만은 아니고, 부공이란 반드시 공교한 솜씨가 남보다 뛰어난 것만을 이름이 아니다. 맑고 여유로우며 정숙하고 고요하여 절개와 가지런함을 지키며 행동함에 부끄러움을 알며 움직이고 멈춤에 법도가 있음이 바로 부덕이다. 말을 가려서 하고 나쁜 말은 하지 않으며 때가 된 후에 말하여 다른 사람이 싫어하지 않게 하는 것을 바로 부언이라 한다. 더러운 때를 씻어서 옷과 치장을 청결하게 하며 때에 맞춰 목욕하여 몸을 더럽게 하지 않는 것이 바로 부용이다. 오로지 길쌈에 마음을 두고 놀고 즐기는 것을 좋아하지 않으며 술과 밥을 정결히 마련하여 손님을 극진히 대접하

는 것을 바로 부공이라 한다.[325]

『내훈』은 강고한 남녀 차별적 요소를 담고 있다. 「언행장(言行章)」의 '남녀유별(男女有別)' 부분에 "남녀는 한자리에 섞어 앉지 말고, 시렁에 함께 옷을 걸지 말며, 수건과 빗을 함께 사용하지 말고, 물건을 직접 주고받아서도 안 된다"[326]라는 행동규정, 「부부장(夫婦章)」의 "아내가 비록 남편과 대등하다고 하나 남편은 아내의 하늘"이며, "비록 매를 맞는다 해도 어찌 감히 원한을 품으리오. 남편은 소임이 높고 아내는 낮으니, 혹시 때리고 꾸짖는다 해도 분수에 당연한 것이다. 내가 어찌 잠시라도 말대답을 하고 성을 낼 수 있겠는 가"[327]라며, 남녀의 위계적 질서를 강요하는 내용들이 적시되어 있다. 이런 내용이 왕실에 의해 여성의 삶의 지표로 제시되었다. 즉, 여성들의 일상생활과 세부적인 행동까지도 통제하려고 했던 것이다.

조선시대 중기부터 성리학적 법과 제도가 정착되면서 여성의 지위와 역할은 남성에게 의존적인 양상으로 변화되었다. 인간으로서의 평등한 권리도 보장받지 못했고, 종속적 지위로 전락했다. 그러나 고려시대의 전통적 관행들은 여전히 성리학과 충돌했다. 이는 법·제도에 저항한 여성들의 일상적 행위가 조선시대 내내 광범위하게 전개되었음을 의미한다. 즉, 일상 속의 여성들은 성리학에 저항하면서 나름의 '생존전략'을 구사했다. 양반가 여성들은 불평등한 차별적 구조에 대해 낙담했지만, 글·시·음악 등을 통해 남성들의 세계에 참여하기도 했고, 소설을 탐닉하기도 했고, 가사 일을 통해 자신의 고유한 영역을 만들어내기도 했다. 양반 여성들은 다양한 방식으로 자신들의 이해와 욕망을 표출하기 위해 노력했으며, 성리학적 억압 구조 속에서도 자신들만의 정체성을 지키기 위해 노력했다.

중인 이하의 여성들은 양반가의 여성들과 다른 삶을 살았던 것으로 보인다. 이들은 성리학적 규범과 질서 속에 '포박되지 않은 사람들'이었던 것으로 보인다. 신분적으로 평범하거나 천했지만 삶의 방식은 성리학적 통제 영역의 경계 또는 경계 밖에 있었다. 이들에게 변화가 발생한 계기는 신분제가 와해되어 가는 과정에서 중하층 남성들의 신분변동 과정과 연관되었다. 즉, 신분 상승 인구의 확대에 따라 양반 계층의 성리학적 질서에 서서히 포박되어 갔던 것으로 보인다.

문반·무반 등 사족 출신의 열녀가 15세기에 약 67%, 16세기는 45%, 17세기는 약 41%인 반면, 양녀·천민은 15세기 13%, 16세기, 40%, 17세기, 41%를 차지했다. 열행(烈行)의 윤리가 조선 후기로 넘어가면서 양반 여성에서 중하층 여성까지 확산되었음을 통계적으로 확인할 수 있다(표 4-1] 참조). 이것은 성리학적 규범을 확산하려는 지배층의 확산정책과 점차적인 신분 상승과 연동된 중하층의 성리학 규범 '따라 하기'가 결합된 것으로 보인다. 17세기에 열녀 중 신분 미상의 비율이 상당히 높은 이유는 열녀문화가 전 사회적으로 확산되었던 결과일 가능성이 있다.[328] 동시에 18세기 이후 신분상승에 의한 양반층의 증가를 고려할 때, 열녀 문화는 전 계층으로 더욱 확산되었을 것이다.

**[표 4-1] 15~17세기 열녀의 신분 분포**

| | 문반의 처 | 무반의 처 | 급제, 생원, 유학, 학생의 처 | 향리, 서리, 역리의 처 | 군인의 처 | 양녀(良女) | 천민 | 기타 | 미상 | 계 |
|---|---|---|---|---|---|---|---|---|---|---|
| 15세기 | 28명(약24%) | 23명(19%) | 28명(약24%) | 15명(약13%) | 7명(약6%) | 10명(8%) | 6명(5%) | 1명 | 28명 | 146명 |
| 16세기 | 7명(9%) | 8명(약11%) | 19명(25%) | 4명(5%) | 5명(약7%) | 21명(28%) | 9명(12%) | 2명 | 39명 | 114명 |
| 17세기 | 9명(13%) | | 17명(약28%) | 3명(약5%) | 7명(11%) | 10명(16%) | 15명(25%) | | 254명 | 315명 |

출처: 朴珠, 『朝鮮時代의 旌表 政策』, 62~64, 135~136, 208~209쪽.

## 3. 성리학적 질서에 맞선 조선의 여성들

조선 초기는 고려사회의 규범질서와 성리학적 규범질서가 계속 충돌한 시기였다. 당대 사람들의 습속(習俗)은 성리학적 질서와 마찰을 빚었다. 조선 초기에 성리학은 오히려 고려시대의 습속의 '주변부'였다고 할 수 있다. 사람들의 심성에 뿌리박힌 고려 사회의 규범과 질서를 단시간에 변화시키기 어려웠던 것이다. 동시에 성리학적 규범과 질서는 양반 사대부의 질서였으며, 중하층 백성들에게 성리학적 규범과 질서는 침투되지 못하고 외면당했다. 이런 흐름이 조선 초·중기의 모습이었고, 우리가 알고 있는 조선사회의 성리학적 질서와 규범은 17~18세기 이후의 모습이다. 그러나 이 질서와 규범의 구조화에도 불구하고, 이에 맞서 자신의 인간적 가치와 정체성을 지키려는 여성들의 노력은 지속되었다. 동시에 성리학의 위계적 남녀구조에도 불구하고, 가족이라는 관계는 질서를 교란시키는 중요한 역할을 담당했다. 조선 후기의 시대적·학문적 분위기는 서서히 변모해서, 여성의 사회적 위치에 대한 인식도 새롭게 변화되었고, 여성들 자신이 시화(詩畵)와 같은 정서적 활동만이 아닌 남자와 대등한 지적 학문 활동도 전개했다.[329]

조선 후기 여성들은 성리학이 강요하는 여성 억압적 질서에 순응하면서 동시에 성리학적 질서와 규범이 강요하는 방식을 자신의 이익과 목적에 부합하도록 무한히 변환하거나 적응하는 전유의 과정을 통해 대응했다. 통념으로 알고 있었던 종속·억압된 존재만이 아니라, 인간적 정체성과 자신의 이익과 목적에 맞게 다양한 방식으로 대응해왔던 것이다.

## 1) 성리학적 질서와 규범의 '전유' 1
### : 성리학적 질서에 맞선 '무명의 여성들'

 부계 중심의 가부장 질서는 장자 중심의 재산상속과 제사문화를 통해 만들어졌으며, 족보와 호적을 통해 공·사적으로 유지·확대되었으며, 국가의 제도와 법률에 의해 강화되었다. 그러나 장자 중심의 재산상속은 조선 중·후기에 정착되었으며, 이 또한 딸과 시가의 완고한 저항으로 완벽하게 관철된 것도 아니었다. 제사문화는 재산상속 문제와 밀접한 관련이 있었다. 장자에 의한 제사문화의 정착은 장자 우선 재산상속과 곧바로 연결되기 때문이다. 이 문제는 "서자녀는 물론, 장남 이외 적자녀의 혼인과 가족 형성을 억제하는 사회·경제적 요인"이 되었다. 이런 문제점을 타개하기 위해 등장한 고육지책이 바로 계자(繼子)의 설정이었다.[330]

 (1) 일상에서 벌어지는 성리학적 법과 제도의 전유
 국가의 성리학적 법과 제도가 일상에서 어떻게 작동했는가를 살펴보면, 대체로 양반집단에 국한되고, 나머지 계층에서는 제대로 작동하지 않았던 것으로 보인다. 성리학적 법과 제도는 현실에서 구현되기 어려운 모순적인 것들이었다. 국가에 의한 처첩과 적서(嫡庶)의 구별은 양반사회 내부의 문제였을 뿐이었다. 18세기에 이르러 일반 평민들이 양반의 관례를 따르려는 문화가 확산되기 전까지는 양반 이외의 계층에게는 그다지 중요한 문제가 아니었다. 대부분의 계층에서 재혼이 흔했다는 것은 처첩과 적서의 구분이 한정된 양반집단에서만 통용되었다는 것을 보여준다. "양반계층을 넘어선 광범위한 계층이 흔하게 재혼을 하며, 이들 계층들에게는 전처와 후처의 구분은 있을지라도 반드시 전처가 사망해야만 재혼할 수 있다는 인식은 없었다.

이들 사이에서는 처·첩의 구분이 없었기 때문이다."[331]

조선 초기부터 여성의 재가문제는 심각한 사회문제의 하나로 등장했다. 『성종실록』에 의하면, 정승(政丞)을 지낸 자, 의정부(議政府)·육조(六曹)·사헌부(司憲府)·사간원(司諫院)·한성부(漢城府)·돈녕부(敦寧府) 2품 이상, 충훈부(忠勳府)의 1품 이상이 모여서 부녀의 재혼 금지 문제를 논의하기도 했다. 의견은 대체로 양분되었으며, 현실적 문제를 감안하여 가난하고 의지할 곳이 없는 과부는 부득이한 경우에는 문제 삼지 말자는 의견과 그런 경우를 인정하면서도 자녀도 있고 가난하지도 않은데도 재가한 과부는 '삼부(三父)'의 사례와 같이 처리할 것을 주장하는 의견이 맞섰다. 그러나 이후 논의는 대체로 '굶어 죽는 것은 사소한 일이나 절개를 잃는 것은 극히 중요한 일(餓死事極小 失節事極大)'이라는 성리학적 명분에 따라 개가를 전면 금지하는 방향으로 진행되었다.[332] 그리고 1477년 7월 18일, 성종은 재가한 여자의 자손도 벼슬길에 오르지 못하도록 하는 조치를 취했다.

예조(禮曹)에 전지(傳旨)하기를, "전(傳)에 이르기를, '신(信)은 부덕(婦德)이니, 한 번 더불어 함께하였으면, 종신토록 고치지 않는다.'고 하였다. 이러므로 삼종지의(三從之義)가 있고, 한 번도 어기는 예(禮)가 없더니, 세도(世道)가 날로 비속(卑俗)하면서부터 여자의 덕이 부정(不貞)하여, 사족(士族)의 여자가 예의(禮義)를 돌보지 않고, 혹은 부모가 뜻을 빼앗기도 하고, 혹은 스스로 중매하여 사람을 따르니, 스스로 가풍(家風)을 무너뜨릴 뿐만 아니라, 진실로 이 명교(名敎)를 점오(玷汚)하게 함이 있으니, 만약 금방(禁防)을 엄히 세우지 않으면 음벽(淫僻)한 행실을 그치게 하기 어렵다. 이제부터는 재가(再嫁)한 여자의 자손(子孫)은 사판(士版, 벼슬아치 명단)에 나란히 하지 않음으로써 풍속을 바르게 하라." 하였다.[333]

성종 16(1485)년에 간행된 『경국대전』 제과조(諸科條)에는 문과의 생원·진사시에 응시할 자격이 없는 자를 규정하였는데, 여기에는 죄를 범하여 영원히 등용할 수 없는 자, 장리(贓吏)의 아들, 재가녀와 실행부녀의 자손, 서얼 등이 포함되었다. 이러한 제한이 시행되자 연산군 3(1497)년에 단성현의 훈도 송헌동(宋獻소)은 과부 재가를 부분적으로 허용하자는 상소를 올렸다. 20세 이하의 과부는 재가를 허용해 달라는 것이었다. 그 내용은 다음과 같다.

> "시집간 지, 4일 만에 홀어미가 된 자가 있고 1년 만에 홀어미가 된 자가 있으며 혹은 나이 20, 30에 홀어미가 된 자가 있는데, 이들이 끝내 능히 정절(貞節)을 지켜서 공강(共姜)·조씨(曹氏)처럼 나간다면 다 말할 나위 없거니와 부모도 없고, 형제도 없고 또 자식도 없어, 혹은 행로(行露)의 젖은 바가 혹은 담장을 넘어든 자에게 협박을 받는 바가 되어 마침내 본래의 절행을 잃고 말게 됩니다. 청컨대 부녀의 나이 20세 이하로 자녀가 없이 홀어미가 된 자는 모두 개가(改嫁)를 허하여 살아가는 재미를 붙이도록 하여 주시옵소서." 하니, 왕은 명하여 의정부(議政府)·육조(六曹)에 수의하도록 하였다.[334]

16세기에 이르러 여성의 개가(改嫁) 금지가 형사적인 법률로 규정된다. 그러나 이러한 법률에도 불구하고 현실적 제약 조치는 신고주의에 의해서만 가능한 민사(民事)적인 것이었다. 1510년 반포된 『수교집록(受敎輯錄)』의 「형전(刑典)」에는 "정실이든 후실이든 정식으로 혼인한 여인이 남편을 잃었다고 해서 다른 사람과 재혼을 하거나 몰래 남의 남자와 간통하면 그녀를 고소할 수 있다"[335]고 규정되었다. 따라서 신고하지 않으면 처벌하지 못하는 것으로, 여성의 개가는 성리학적 규범에 의해 금지될 뿐이었다.

**[표 4-2] 홀아비 가운데 전처의 사망 신고를 한 식년에 재혼신고를 한 비율(1717년)**

| | 상층 | | 중층 | | 하층 | | 합계 | |
|---|---|---|---|---|---|---|---|---|
| | 인원 | % | 인원 | % | 인원 | % | 인원 | % |
| 재혼 | 51 | 13.8 | 175 | 32.2 | 111 | 45.3 | 337 | 29.1 |
| 미혼 | 318 | 86.2 | 369 | 67.8 | 134 | 54.7 | 821 | 70.9 |
| 합계 | 369 | 100 | 544 | 100 | 245 | 100 | 1158 | 100 |

출처 : 김건태, 「18세기 초혼과 재혼의 사회사: 단성호적을 중심으로」, 『역사와 현실』 51(2004), 211쪽.

과부의 재가 불허의 문제는 홀아비들의 결혼을 통해 무용지물이 되었다. 과부와 홀아비의 사랑이 법과 제도를 현실에서 작동하지 못하도록 한 것이다. 1717년 단성지역 호적을 보면, 홀아비의 29.1%가 전처의 사망신고를 한 식년에 재혼신고를 했다. 홀아비의 3명 중 1명은 1~2년 내에 재혼을 한 것이다. 중층은 32.2%, 하층은 45.3%로 그 비율은 더 높다. 그 이유는 결혼을 통해 가정을 꾸리고 가사와 함께 농사도 지어야 하는 현실적 상황 때문이다. 『주자가례(朱子家禮)』의 성리학적 규범과 질서도 삶의 현실 앞에서는 무력한 것이었다. 성리학적 삶을 살아야 했던 상층의 경우도 13.8%가 재혼했다. 부인이 사망하면 남편이 1년 동안 상복을 입고 자식은 2년 동안 상복을 입어야 하는 상황에서도 재혼을 선택한 것이다. 조선시대에 부인 사후의 재혼은 자연스러운 관행이었기 때문에 양반의 재혼은 문제될 것이 없었다.[336]

단, 여성의 재가가 불가능한 상황이었기 때문에 홀아비들이 재혼을 할 때에는 처녀를 부인으로 맞이해야 했다. 19세기 단성지역에서 홀아비들이 처녀를 부인으로 맞아들이는 재혼의 사례가 많았다는 사실에서도 확인된다. 그러나 어느 부모가 처녀인 딸을 홀아비에게 시집을 보내려고 할 것이며, 나이 차이가 너무나 큰 늙은 사위를 맞이하려고 했겠는가. 경제력이 월등하거나 사회적인 명망가가 아닌 이상 홀아비의 재혼율은 낮을 수밖에 없었

다.[337]

　18세기 전반으로 보면, 홀아비 가운데 절반인 50.3%가 전처의 사망신고를 한 식년 또는 그 다음 식년에 재혼신고를 했다. 계층별로도 상층 30.8%, 중층 57.6%, 하층 69.5% 수준이다. 흥미로운 점은 상층은 18세기 후반으로 갈수록 재혼율이 높아지는 반면, 중하층은 재혼율이 떨어진다는 점이다. 그 원인은 당시 신분질서의 균열과 와해 때문일 것으로 추측된다. 중하층의 재산 증가와 이에 따른 신분상승 등으로 신분 이동이 전개되면서 상층의 재혼율이 높아진 측면이 있고, 또한 신분 상승의 요구 속에서 중하층이 양반의 『주자가례』를 따라하는 문화가 확산된 측면도 있다.[338]

**[표 4-3] 18~19세기 단성지역 홀아비의 재혼 현황**

|  | 전처 사망 후 3년 안에 재혼 | | | 전처 사망 후 6년 안에 재혼 | | |
|---|---|---|---|---|---|---|
|  | 홀아비 수 | 재혼남 수 | % | 홀아비 수 | 재혼남 수 | % |
| 18세기 | 1,158 | 337 | 29.1 | 515 | 259 | 50.3 |
| 19세기 | 516 | 48 | 9.3 | 168 | 53 | 31.5 |

출처 : 김건태, 「19세기 단성지역의 결혼 관행」, 앞의 글, 245쪽.

　18세기 단성지역에서 전처가 사망한 후 6년 이내에 재혼하는 비율이 절반 수준인 것은 홀아비의 재혼이 흔한 일이었을 뿐만 아니라, 과부의 재가도 흔한 일이었다는 것을 보여준다. 특히, 양반사대부가의 상황과 달리, 중하층의 백성들은 홀아비든 과부든 자유롭게 재혼을 할 수 있었던 것으로 보인다. 단성지역에 거주하는 중층 홀아비들이 재혼할 때 30세 이상 된 여자를 받아들이는 비율이 월등히 높았다. 이는 중층 홀아비들의 상당수가 과부와 재혼했다는 것을 보여준다. 하층 재혼남의 경우, 재혼 대상이 30세 미만이 28.9%였고 30세 이상은 71.1%였다. 이는 하층 재혼남들의 상당수도 과부와 재혼을 한 것으로 볼 수 있다.[339] 홀아비의 재혼이 자유로웠다는 것은 중하층 여성들의 재혼도 자유로워야 가능한 것이다.

　조선 후기 작자 미상의 가사인 「덴동어미 화전가」는 17살에 과부가 된 여인의 일생을 노래한 것이다. 첫 결혼 이후 남편이 죽고, 이승발의 후취로 들어갔으나 괴질로 남편이 죽었다. 그 이후 삼십 넘은 노총각과 과부가 결혼했는데 바닷물에 빠져 죽고, 상처한 홀아비와 다시 결혼을 해서 아들을 낳고 잘 살다가 집에 화재가 발생해서 남편을 잃었다. 네 번 결혼을 하고 네 명의 남편을 모두 저세상으로 보냈다. 그 여인은 "첫째 낭군은 추천(鞦韆)에 죽고, 둘째 낭군은 괴질에 죽고, 셋째 낭군은 물에 죽고, 넷째 낭군은 불에 죽어"라며, "나도 수절만 하였다면 열녀각은 못 세워도 남이라도 칭찬하고 불쌍하게나 생각할 걸 남이라도 욕할게요 친정 일가들 반가 할까"라며 한탄한다. 그러면서 재혼을 한 여인들의 말로가 모두 좋지 않았다는 말로 마무리된다.[340] 내용은 여인들이 재혼을 하면 그 말로가 좋지 않다는 것이지만, 그 박복한 인생의 여정에도 주변 사람들은 재혼을 권하고 생명을 간수하라고 강권한다. 평범한 여인들은 총각이건 홀아비건 재혼이 가능했고, 주변 사람들도 수절과 자결보다는 이승의 삶을 살도록 권유했던 것으로 보인다. 따라서 중하층 여성들에게 재가는 제재의 문제가 아니라 자유로운 선택의 문제였다고 볼 수 있다.

　조선사회의 '공문서'라 할 수 있는 호적을 통해서도 이러한 사실을 확인할 수 있다. 호적에 여성의 개가 사실이 나타나기 때문이다. 여성의 재혼을 금지한 것은 양반과 평민 상층에 해당하며, 평민과 천민 집단에서는 호적에 재혼한 흔적이 남아 있다. '의자(義子)', '의녀(義女)'가 호적에 명기되는 데, '의자녀'는 전처가 후처의 자식을, 후처가 전처의 자식을 일컫는 단어라는 점에서 그렇다.

호적에 명기되는 호주에 있어서도 부계중심 호주 승계는 18세기에 들어서서 확산되었다. 『단성호적(丹城戶籍)』에 의하면, 1678(숙종 4)년에 남편이 부인에게 호주를 물려준 경우가 142건으로 전체의 90.6%인 반면에, 아들에게 호주를 물려준 경우는 단 3건에 불과했다. 그런데 40여년이 지난 1717(숙종 43)년에 아들이 아버지로부터 바로 호주를 이어 받은 경우가 74건으로 대폭 늘어났다.[341]

[표 4-4] 대호(代戶)의 신분별 성비(단위: 명, %)

| 연도 | 양반 | | 양인 | | 천인 | |
|---|---|---|---|---|---|---|
| | 남 | 여 | 남 | 여 | 남 | 여 |
| 1678 | 9(11.7) | 68(88.3) | 2(3.6) | 54(96.4) | 0 | 27(100) |
| 1717 | 40(60.6) | 26(39.4) | 49(65.3) | 26(34.7) | 20(62.5) | 12(37.5) |
| 1759 | 33(86.8) | 5(13.2) | 38(64.4) | 21(35.6) | 8(50.0) | 8(50.0) |
| 1789 | 45(59.2) | 31(40.8) | 57(67.9) | 27(32.1) | 8(57.1) | 6(42.9) |

출처 : 정지영, 「조선 후기 호주승계방식의 변화와 종법질서의 확산」, 12쪽.

17세기에서 18세기로 넘어오면서 호주의 승계가 부인에서 아들로 바뀌고 있다. 이 변화는 장자 중심의 상속과 제사문화가 정착되고 있음을 보여주는 것이며, 국가의 지침에 의해서 더욱 가속화된 것으로 보인다. 호적 작성지침인 『갑오식호적사목(甲午式戶籍事目)』에 의하면, "과부가 비록 가사를 주관한다고 해도 만일 아들이 장성했으면 그 아들로 주관하게 한다(寡婦雖主家事 子若長成 以其子主戶爲白齊)"[342]는 것이다. 이때 가사를 주관하는 것은 죽은 호주가 남긴 재산을 관리·처분할 권한을 함께 갖는다고 해석할 수 있다. 따라서 부계 혈연에 의한 장자 또는 형제들에게 재산이 상속되는 관행이 보편화되며, 여성들이 재산상속에서 점차 배제되는 것을 알 수 있다. 핵심은 이런 현상이 18세기에 접어들면서 전면적으로 확산된다는 점이다. 즉 17세기 중반까지 호주의 기재는 남편, 부인, 아들의 순이었는데, 18세기로 넘어오면서 남편, 아들, 부인으로 바뀌게 되었다.[343]

단, 양반 계층의 대호에서 여성에서 남성으로의 호주 계승이 압도적으로 늘었으나, 18세기 말에 다시 여성 대호가 증가하는 현상을 볼 수 있다. 18세기에 양반가에서는 장성한 아들에게 호주를 승계하지 않고 주호(主戶)를 계속 유지하는 어머니들이 많았다. 통계적 분석에도 불구하고 18세기에 양반가에서 가부장적 부계질서가 확고하게 수립되었다는 점에 대해서도 회의적인 연구들이 나오고 있다. 여전히 호적에 여성 주호가 등장한다는 사실이 가부장적 부계질서에 여성들이 상당하게 저항했다는 것을 확인해 주기 때문이다.[344]

## (2) 여성의 목소리로 자신을 '드러내기'

조선시대 정소(呈訴)를 통해서도 여성들의 사회적 활동을 확인할 수 있다. 조선시대 '소원(訴冤)'은 어떠한 법적 제약도 받지 않고 자유롭게 허용되었던 것으로 보인다. 따라서 조선 후기 평민 여성들은 정부에 억울한 일을 호소하는 소원을 제기했다. 정조 재임기간 동안 여성의 상언과 격쟁은 총 405건이었는데, 그중 양반 부녀자를 뜻하는 씨(氏)가 108건, 평민층 여성을 뜻하는 소사(召史)는 297건이었다. 양반 부녀자의 상언·격쟁은 대체로 '입후(立後)'에 집중되었던 반면, 평민층 여성은 주로 '신원(伸冤)'과 '민은(民隱)'에 집중되었다. 평민층 여성은 억울하게 뒤집어 쓴 죄를 풀어달라거나, 사회·경제적 비리와 침탈을 호소하는 비율이 월등히 높았다. 즉 부세, 소송, 옥송(獄訟) 등이 많았는데, 예를 들면 사망한 남편의 부세 면제, 부당한 부세 징수 중단 또는 면제 등 일상생활의 문제를 제기했다(표 4-5] 참조). 이를 통해 평민 이하의 여성들도 국가 제도를 활용해 자신의 처지 개선을 위해 노력했음을 알 수 있다.

[표 4-5] 정조대 여성의 상언 격쟁 내용[345]

| | 간은(干恩) | 산송(山訟) | 신원(伸寃) | 입후(立後) | 민은(民隱) | 합계 |
|---|---|---|---|---|---|---|
| 씨(氏) | 7 | 6 | 4 | 87 | 4 | 108 |
| 소사(召史) | 6 | 27 | 192 | 11 | 61 | 297 |
| 합계(A) | 13 | 33 | 196 | 98 | 65 | 405 |
| 비율(%) | 3.2 | 8.1 | 48.4 | 24.2 | 16.1 | 100 |
| 전체(B) | 1,703 | 508 | 496 | 419 | 762 | 3,888 |
| A/B(%) | 0.8 | 6.5 | 39.5 | 23.4 | 8.5 | 10.4 |

출처: 김경숙, 「조선 후기 여성의 呈訴活動」, 89~123쪽.

평민층 이하 여성들의 요구는 다양했다. 자신의 토지나 재산을 부당하게 도매(盜賣)한 것에 대한 소송, 남편이나 아들이 소송이나 무고로 인하여 투옥되었을 때 이를 면제해 달라는 호소, 전남편의 횡포로 가업이 파산할 지경이라는 호소, 생계를 위하여 실절(失節)하여 첩이 되었다는 호소, 첩으로 들어가기 전의 전남편 소생을 적실 자녀들이 노비로 사환하려는 것을 막아 달라는 호소 등 일상에서 벌어지는 억울함을 국가에 제기했다.

그리고 정소(呈訴)의 내용 중에 하층민 여성들이 재혼 또는 첩이 되는 상황이 그대로 드러나 있고, 이러한 상황을 당연시하는 모습은 양반가 부녀자들과 상당한 차이를 보여준다. 예를 들면, 조선 후기 조원서(曺元瑞)의 처가 딸을 구명하기 위해 관에 제출한 원정(原情)에서 딸이 실절(失節)한 것은 살기 위한 것이었으며, 딸이 수절하지 못하고 재혼하여 실절한 것은 사회적인 비난의 대상이나 관가에 잡혀가 처벌을 받을 죄는 아니니 돌려달라고 호소하고 있는 것에서 알 수 있다. 조선 후기에 평민층 이하의 부녀자들은 "정절 관념이 매우 현실적인 모습을 보이며", "성리학적 이념에 충실한 삶을 사는 것보다는 생계를 위하여 실절하고 재가(再嫁)하는 길을 택하였다."[346]

조선 후기에 진행된 상언·격쟁은 대체로 남성들에 의해 진행되었지만, 여성들도 자신의 문제를 국가에 호소했다. 양반가 부녀자들은 "사회 이념의 영향을 강하게 받고 사회에서 요구하는 가치관 및 질서에 적극적으로 참여하는 삶"을 선택했다면, 평민층 이하 부녀자들은 "일상생활에서 부딪히는 현실적인 억울함이나 민원(民願)을 호소하는 정소(呈訴) 활동"을 양반가 부녀자들보다 상대적으로 활발하게 전개했던 것으로 판단된다.[347]

또한 조선 사회의 주변부에 위치했던 독녀(獨女)는 과도하게 자기 이해에 밝고, 국가의 금제를 어기고, 왕에게 거침없이 격쟁하는 등 기존 질서에 반항하거나 국가에 '외람'된 행동을 전개했다.[348] 이들은 다양한 문제를 격쟁이라는 방식으로 제기했던 것으로 보인다.[349] 이 독녀들은 사회에서 구성하는 비율이 낮았으나 규범적 혼인 밖에 놓인 존재였으며, 조선 사회의 보편적 가족 구조 속의 구성원과는 다른 삶을 영위했다.[350]

조선시대의 성리학적 질서와 규범 및 국가에 의한 통제는 양반사대부에 국한된 현상으로 볼 수 있을 듯하다. 중하층의 무명의 사람들과 특히 여성들은 말을 해도 '기록되지 않는 사람들'이었고, 따라서 그들의 삶은 '기록되지 않는 사실과 사건들'이었다. 이들은 성리학적 질서와 규범에 포박되지 않았다. 18세기 이전까지 국가가 침투시키고자 했던 다양한 성리학적 질서와 규범은 10% 미만의 양반들, 어찌 보면 한양 중심의 것이었을지도 모른다. 그 외 사람과 지역들은 전통적 삶의 관행에 익숙했고, 자신의 삶의 현실에 맞게 행동했다. 적서(嫡庶)와 처첩(妻妾)의 차별은 양반만의 질서였을 뿐이고, 족보와 호적은 부계 혈연집단의 유지·강화를 위한 것만은 아니었고, 제사와 재산상속의 장자 우선주의는 도처에서 충돌했다.

우리가 알고 있는 성리학적 규범과 질서, 부계 혈연 중심의 가부장제라는 것은 실제로는 18세기에 이르러서야 사회화되었다고 보는 것이 더 타당하다고 판단된다. 그것은 18세기에 경제적 변화와 연동된 신분제의 균열과 와해, 백성들의 민권의식의 성장과 시민사회의 형성에 의한 지역사회 권력의 변화 속에서, 성리학적 규범과 질서는 사회에 더욱 확대되면서 동시에 파괴되어 가는 '이중적 상황'에 처한 것으로 보인다.

## 2) 성리학적 질서와 규범의 '전유' 2
### : 여성 억압의 질서를 드러낸 양반가 여성들

조선 초기부터 외부의 접촉을 금지했고 규방(閨房) 밖으로 벗어나지 못했던 존재인 양반가 여성들은 성리학적 질서와 규범으로 인해 가장 억압받았다. 그렇다고 이들이 성리학적 규범과 질서에 무조건 순응하며 살아온 것만은 아니다. 인간으로서의 평등성, 억압받는 현실에 대한 저항과 부정, 새로운 세상에 대한 희구(希求)와 '작은 투쟁' 등을 통해 여성으로서의 가치와 인간으로서의 정체성을 지키기 위해 고투했다.

### (1) 성리학적 질서와의 충돌
성리학적 질서와 규범을 지키려는 양반들의 완고한 모습 이면에는 부모로서 여성인 딸을 사랑하는 애틋한 마음과 현실의 불평등에 대한 고뇌가 있었다. 양반 가문의 여아(女兒)에게도 상당한 수준의 글공부와 교양・예절 교육은 필수적이었던 것으로 보인다. 가사에서 여성에게 경영권과 자율권이 보장되었다는 측면에서, 이는 여성의 사회활동을 위한 것이라기보다는 가족이라는 울타리를 잘 운영하기 위한 필수 요소였을 것이다.[351]
16세기의 『미암일기(眉巖日記)』에 나오는 유희춘(柳希春, 1513~1577)의 처인 송덕봉(宋德峰, 1521~1578)의 일상생활에서 가정주부 역할의 일단을 살펴볼 수 있다. 그녀는 집안의 농업경영, 재산 증식 등 경제적 책임부터, 노비 단속, 가족과 친척의 정신적 지주 역할까지 담당했다. 남편이 관직이나 귀양으로 집안에 있는 시간이 많지 않았던 관계로 송덕봉은 집안의 모든 대소사를 관할했다. 아들딸과 손자들의 육아와 교육에서부터 친척들의 일까지 돌봤으며, 마을의 곤궁한 사람을 구휼하는 마을공동체의 안주인 역할까지 담당했다.[352]

양반가의 실제적인 일상생활에 있어서 성리학적 질서와 규범만이 획일적으로 관철된 것 같지는 않다. 18~19세기 성해응 집안의 여성들을 살펴보면, 완고한 성리학적 전통 속에서도 여성을 교육하고 일정한 수준에서 평등하게 자식을 대하는 모습이 엿보이기 때문이다. 성해응 집안의 모습으로 당대의 모든 사대부 집안을 평가할 수는 없지만, 실제 삶의 전개양식을 엿볼 수 있다는 점에서 의미가 있다. 성해응은 창녕(昌寧) 성씨 양반 집안이지만 서얼의 후손이었다. 그는 여성이 재주와 덕행을 갖추기 위해서는 '시례지훈(詩禮之訓)', 즉 가정교육이 중요하다고 보았으며, '서사(書史)'와 '문사(文史)', 즉 경서(經書)와 사기(史記), 문장을 꾸준히 읽어야 한다고 보았다. 특히 성해응은 서사(書史)는 옛 성현(聖賢)의 말과 행동을 실어 놓은 것이라 의지(意志)를 분발케 하므로 미리미리 강독하고 궁구하여 의지를 항상 정(定)하게 하고 식견을 밝게 해두어야 갑자기 생기는 일에 잘 대처할 수 있게 된다고 생각했다.[353] 즉, 여성은 가정교육이 중요하지만, 서사의 학습을 통해 세상에 대처하는 방법도 배워야 한다고 생각했던 것이다.

이 집안의 여성들은 책을 소리 내어 읽었고, 성해응의 아버지인 성대중은 시집온 며느리에게 책을 옮겨 적게도 했다. 또한 성대중은 누이와 학문적 재주를 겨루면 누이에 미치지 못했다고 밝혔다. 그리고 성해응 집안으로 시집은 유득공의 딸은 친정에서 성해응 집안보다 더 많은 교육을 받았다. 이 조카며느리는 친정의 오빠들보다 『맹자』에 더 정통했으며, 천문(天文)·의약(醫藥) 등도 대강의 내용을 알고 있었다고 한다. 유득공도 아들과 딸을 대등하게 교육시켰으며, 성해응 집안도 여성이 학문을 하는 것에 관대했다.[354]

조선시대 성리학적 시각으로 보면 여성교육은 극히 제한되며, 가급적 여성으로서 지켜야 할 도리와 행실만 가르친 것으로 알고 있으나, "여성교육도 지역, 신분, 집안, 개인의 가치관, 능력에 따라 적지 않은 편차"가 있었다.[355] 성해응, 유득공과 같은 양반 집안이 당대의 보편적 표준이었는지 알 수 없다. 그러나 성리학적 여성관이 지배적인 속에서도 아들과 딸을 공평하게 교육시키는 양반가가 있었으며, 실제로 집안에서 여성들도 다양한 교육과 학문을 접하는 기회가 점차 확대된 것으로 보인다. 그 이유는 17세기 이후 점차로 신분 질서가 무너지면서 양반으로 진입한 중인 또는 평민계층은 기존의 양반들과는 다른 집단적 정체성을 가졌으며, 여성문제에서 일정한 진보성을 가졌기 때문이라고 판단된다. 또한, 18세기에 들어서 평민문화의 확산, 서당 등 다양한 교육 기회의 확대가 이루어지면서, 여성도 학문을 접할 수 있는 기회의 공간들이 확대되었다.

부계 혈통의 상징이라고 할 수 있는 족보(族譜)도 실질적으로 시대마다 다른 의미를 가지고 있었다. 계보 형식을 갖춘 최고(最古)의 족보인 성종 7(1476)년에 작성된 안동 권씨(安東權氏)의 『성화보(成化譜)』는 "자식들이 성별과 무관하게 출생 순으로 기재되며, 손녀나 외손자녀의 계보, 즉 '여계(女系)'가 몇 대에 걸쳐서 기록"되었다. 이것은 초기 족보의 기록에서 여성에 대한 차별이 없었다는 것을 보여준다. 족보에 사위는 '여부(女夫)'로 기재하는데, 그중 '후부(後夫)'라고 기재된 것도 있는데, 이것은 명문사족 출신 여성의 재혼 사실을 족보에 밝히고 있는 것이다. 따라서 초기의 족보는 부계혈통의

기록이라는 측면보다 '혼인 네트워크'의 기록이라는 성격이 강했던 것으로 보인다.[356]

조선 중기로 접어들면서 외손자녀에 대한 기록이 축소되고 출생 순으로 등재되던 것이 아들과 딸, 적자녀와 서자녀를 구분하는 형식으로 등재되기 시작했다. 이런 면에서 족보가 부계 혈연집단 중심성의 강화를 보여주는 것으로 해석되었다. 그러나 족보에 장인의 성명을 기록하기 시작함으로써 배우자의 성씨가 더욱 많아졌다. 이것은 조선 중기 이후에도 족보가 일종의 광범위한 혼인관계 기록으로서의 의미가 높았다는 점을 보여준다. 즉 "계층적 결합의 근거가 되는 혼인네트워크를 구축하는 것이야말로 조선시대 족보의 기본 성격"[357]이었다. 족보 편찬이 18세기부터 광범위하게 성행했다는 점에서 18세기 이전까지 족보는 일종의 양반 사회 내부의 차등적 혼인관계를 위한 기록물로서의 의미가 컸으며, 18세기에 이르러서야 부계 혈연의 종법질서 구축을 위한 기록물로서의 의미가 중시되었다고 볼 수 있다.

부계혈통을 상징하는 것 중의 하나가 대가족이라는 것도 사실이 아니다. 조선시대 호적을 보면, 조선의 가족은 '주호 부부와 미혼의 자식들로 구성된 단혼가족을 기본단위'로 했다는 것이 확인된다. 여기에 노비와 고공이 주호의 가족들과 함께 등재되었다.

양반가의 성리학적 질서와 규범이 점차 강화되었으나, 그 질서와 규범을 둘러싸고 다양한 갈등이 분출되었다. 성리학적 질서와 규범으로 일상을 살아간다는 것은 여성에게 불합리하며 견디기 힘든 삶의 지속이었기 때문이다. 일상에서 벌어지는 인간 간의 삶의 갈등, 가족 간의 삶의 갈등, 위계적 구조에 대한 상실감 등은 바로 그 일상에서 갈등과 분쟁으로 표출되었다. 고부 간의 갈등은 성리학적 질서와 규범에도 불구하고 지속되었던 것으로 보인다.

『역시만필(歷試漫筆)』의 사례를 보면, 홍첨지의 며느리가 시댁 식구와 다투다가 격분해서 며칠 동안 음식도 먹지 않다가 인사불성에 이르렀다는 내용이 있다. 이문건(1494-1567)의 며느리인 서른여덟의 김종금은 예순일곱인 시어머니 김돈이(1497-1566)와 불화 때문에 죽고 싶다며 대들었고, 시어머니 말에 의하면 며느리가 툭하면 말을 거역하고 온갖 능욕을 다했다고 한다. 남편과 자식을 잃은 청상과부도 성리학적 규범과 무관하게 자신의 삶을 한탄하며 살게 했다. 이수귀가 기록한 정판서의 며느리는 청상과부가 되면서 술에 의존해 살았다고 한다. 매일 술을 몇 병씩 마시면서 시름을 달래다가 간경변을 얻고도 술을 끊지 못해서 끝내 사망했다.[358]

또한 가부장적 제도와 관행에 포박된 삶을 거부하고 '주변적 여성'으로 살아간 이들도 존재했다. 결혼을 거부하고 홀로 살거나 여승이 되어 사회 밖으로 나오는 등의 방법을 통해서, 성리학적 질서와 규범을 탈출한 것이다. 권문재상이 결혼을 하지 않는 딸을 걱정해 꾸짖으니, 그 딸은 "인생 백 년도 안 되는데, 부부의 즐거움 때문에 성질을 굽히고 사는 것보다는 부모님 모시고 성질대로 살겠습니다"라는 말로 독신을 고집했다.[359] 가부장적·성리학적 질서와 규범에 의한 결혼생활을 하지 않겠다는 주장이다. 그리고 어느 양반집 딸은 자결하기 전에 자신의 몸종에게 이런 말을 남겼다. "너의 처지는 나와 처신하는 도리가 다르니 나를 쫓아 죽을 것이 없다. 나를 묻은 다음에 나라를 두루 돌아다녀 보아 기사(奇士)를 택하여 그의 처나 첩이 되어라. 너 역시 기이한 포부와 걸출한 기상이 있는데 어찌 평범한 남자에게 머리를 숙이고 고분고분 살겠느냐?" 이 몸종은 기사(奇士)를 선택했으나, 그 남자의 풍모가 마음에 들지 않아, 과거에 하고 다녔던 남장을 다시 하고 길을 떠난다. 그러면서 그 몸종은 "남장을 그대로 두었으니 가뿐히 갈아입고 나설지라. 어찌 다시 여자로서 음식을 장만하고 바느질하는 일에 얽매어 지내겠습

니까"라는 말을 남겼다.[360]

이렇듯 양반사대부가에서 강고하게 뿌리내린 것으로 보이는 성리학적 질서와 규범도 일상에 뿌리내리는 과정에서 다양한 저항과 전유로 인해 온전히 땅에 뿌리내리기 어려웠다. 새로운 질서와 규범이 일상에서 수용되기 위해서는 긴 시간이 필요했다. 이런 관점에서 조선 후기에 밀려든 성리학적 질서와 규범은 일상생활에 전면적으로 정착되기는 어려운 문화였던 것으로 보인다.

성리학자들의 여성관이 가장 보수적이며 완고했고, 실학자들의 여성관도 일정한 변화는 있었지만 근본적 한계를 벗어나지는 못한 것으로 보인다. 실학자들은 조선사회에서 여성들이 억압받고 있으며, 이러한 억압의 완화가 필요하다는 점은 알고 있었다. 성호 이익(星湖 李瀷, 1681~1763)은 "나이 어리고 의지할 데 없는 몸으로 하여금 한을 머금은 채 일생을 마치게 하니, 이는 지나친 일"이라며, 여성의 재가(再嫁) 금지에 부정적 입장을 밝혔다.[361] 이는 여성의 개가 불허를 반대할 뿐 아니라, 개가녀의 자손에게 청로(淸路)를 허용하지 않는 제도의 불합리성을 비판하는 뜻도 있는 것으로 보인다. "우리나라의 아름다운 풍속에 중국도 따르지 못할 것이 있는데, 미천한 여자도 절개를 지켜 개가하지 않는 것이다. 이는 국법에 개가한 자의 자손은 청선(淸選)의 길을 허락하지 않기 때문이다."[362] 즉, 성호는 여성이 절개를 지켜 재가하지 않는 것을 아름다운 풍속으로 규정하면서, 단지 개가녀의 자손에게 '청선(淸選)의 길'을 허락하지 않는 것을 불합리한 것으로 보았기 때문이다. 또한 부녀자들이 항상 규방에 거처하며 출입을 할 적에 가마를 타고 다니는 것을 아름다운 풍속으로 규정하는 등 전반적으로 보수적인 입장을 유지했다.

그리고 이익은 여성들의 학문을 인정하지 않았다. "글을 읽고 의리를 강론하는 것은 남자가 할 일이요, 부녀자는 절서에 따라 조석으로 의복·음식을 공양하는 일과 제사와 빈객을 받드는 절차가 있으니, 어느 사이에 서적을 읽을 수 있겠는가? 부녀자로서 고금의 역사를 통달하고 예의를 논설하는 자가 있으나 반드시 몸소 실천하지 못하고 폐단만 많은 것을 흔히 볼 수 있다. 우리나라 풍속은 중국과 달라서 무릇 문자의 공부란 힘을 쓰지 않으면 되지 않으니, 부녀자는 처음부터 유의할 것이 아니다. 『소학』과 『내훈(內訓)』의 등속도 모두 남자가 익힐 일이니, 부녀자로서는 묵묵히 연구하여 그 논설만을 알고 일에 따라 훈계할 따름이다. 부녀자가 만약 누에치고 길쌈하는 일을 소홀히 하고 먼저 시서에 힘쓴다면 어찌 옳겠는가?"[363]

즉, 여성은 가족 공양, 제사 준비, 손님 맞을 준비 등으로 분잡하여 책을 읽을 시간이 없는 것이 당연한데, 그런 여성이 예를 논한다는 것은 자신의 직분은 지키지 않으면서 남성의 일인 책을 읽었다고 비판한 것이다. 그런데 고금의 역사에서 폐해가 무궁했다는 것은 조선시대에도 여전히 책을 읽으며 학문을 접하는 여성들이 상당수 존재했다는 것을 간접적으로 보여주는 것이다. 정약용(茶山 丁若鏞, 1762~1836)은 여성을 남성에 비해 낮은 지위에 있는 존재, 종속적 존재, 남성을 주인으로 놓고 여성은 이를 받드는 존재로 이해했다.[364]

이혼한 여성에 대한 태도에서도 실학자들의 관점이 드러난다. 이익은 "부모에게 불효하고 음란한 행실이 있어 도저히 그대로 둘 수 없는 여자"라고 규정했고, 정약용은 "부인의 죄는 음란함이 가장 으뜸"이라 주장했다.[365]

인간평등과 여성해방이라는 새로운 관점으로의 이동은 근대의 진입을 알리는 신호라 할 수 있다. 그런 점에서 실학자들은 성리학보다 진일보된 관점과 태도를 가지고 있었지만, 성리학의 근본적인 한계를 벗어나지 못했다. 이러한 한계의 극복은 19세기 '동학사상'에 이르러서야 가능했다.

(2) 성리학의 전유를 통한 '드러내기'

18세기를 거치면서 양반가 여성들의 학문과 저술 활동이 점차 확대되었다.[366] 단, 18세기 이전 여성들의 학문과 저술 활동은 자료 발굴의 한계 때문에, 18세기를 그 분기점을 삼는 것이 타당한지는 확실하지 않다. 현재까지 발굴된 자료가 대체로 18세기 이후의 것이어서, 18세기 이후 여성들의 학문 및 세계를 바라보는 모습을 통해 당대 양반가 여성들의 삶을 부분적으로 엿볼 수 있다. 그러나 당시 여성이 글을 모아 출간한다는 것이 어려웠다는 점을 고려한다면, 후대에 남겨진 글은 학문적·문학적으로 상당히 빼어났다고 볼 수 있다. 또한 여성들은 후대에 자신의 생각과 업적을 남기고 싶어 했을 것이다.

특히, 17세기를 지나면서 여성 유학자 또는 성리학자들이 등장했다는 것은 중요한 의미를 갖는다. 조선 후기 양반사대부가 여성들은 성리학이 강요하는 여성 억압적 질서에 순응하면서 동시에 성리학적 질서를 전유하여 그 학문을 통해 도덕적 완성체인 군자가 될 수 있다는 신념을 실행에 옮겼다는 점에서 그렇다. 여성들이 지배적인 사회질서에 참여하기 위한 방법으로 성리학적 여성관을 수용하면서도, 여성의 종속성을 완화시키고 사회에서 입지를 확보하는 전략을 선택했다는 것이다. 즉, 성리학의 수용과 내면화가 양반가 여성들의 수동성과 교화를 보여주는 증표로서만 해석할 것이 아니라, 여성 스스로 주체성을 확보하기 위해 수용한 측면도 있다는 것이다.[367] 따라서 조선 후기에 양반가 여성들의 성리학 또는 유학의 수용은 지배질서로의 포박이라는 측면도 있으나, 기존 질서를 전유하여 여성의 입지를 확보하기 위한 전략으로도 볼 수 있다.

이제 조선 후기 여성들의 저작을 통해 당대의 이야기를 살펴보자. 성리학 또는 유학을 접했던 양반가 여성들이 세상을 어떻게 이해·해석했고, 살아

갔는지를 추적하면, 그들의 삶을 부분적으로 이해할 수 있을 것이다. 『저암집(著庵集)』의 「윤지당유고서(允摯堂遺稿序)」에 "임윤지당이 이 책을 지은 것이 설사 여성으로서 바람직한 바가 아니었다고 하더라도, 오히려 족히 선왕대의 성대했던 학문 장려 정책의 결과를 엿볼 수 있다"라고 적혀 있다. 이는 조선시대에는 여성교육이 제한되었으나, 여성들이 학문을 접할 수 있는 기회가 점차 확대되었음을 시사한다. 따라서 18세기에 이르러 유교 교육이 여성 사회로 확산되기 시작했으며, 여성들 자신의 의식이 비약적으로 성장했음을 반영하는 것이다.[368]

우선, 조선시대 여성 성리학자로 학계에 의해 발견되고 서술된 임윤지당(任允摯堂, 1721~1793)은 "나는 비록 부인이지만, 하늘에서 받은 성품은 애당초 남녀의 차이가 없다"는 남녀평등의 관점을 제시했다. 억압받는 여성으로서, 본연한 성품에는 남녀에 차별이 없다고 주장하며, 남녀 간 불평등은 사회에 의해서 강요된 것임을 비판한 것이다. "마침내 안연(顔淵)이 배운 것을 성취할 수 없을지도 모르지만, 성인의 경지에 도달하고자 하는 마음만은 간절하다"는 심정을 피력하면서, 여성이지만 공자의 애제자였던 안연처럼 성인의 경지에 오르기 위해 학문에 정진할 것을 밝히고 있다.[369] 안연이 서른두 살에 요절한 공자의 애제자였다는 점에서, 윤지당의 학문에 대한 갈망을 느낄 수 있다. 이는 여성이지만 남성처럼 성인의 경지에 도달하고 싶다는 것이다. 어쩌면 여성이라는 존재론적 한계를 절감하면서도, 남녀가 본성에서는 평등하기 때문에 스스로 열심히 학문을 하면 성인의 경지에 오를 수 있다는 의지의 피력이었을지도 모른다.

임윤지당은 태극(太極)·이기설(理氣設), 이기심성론(理氣心性論) 등 당대 조선 성리학의 주류 논리에 해박한 지식이 있었던 것으로 보아, 성리학에도 조예가 깊었다는 것을 알 수 있다. 또한 오빠와의 다양한 학문적 논쟁도 했던 것으로 보인다. '사단칠정론(四端七情論)'부터 시작해서 이황의 '리기이원론(理氣二元論)'과 '리기호발설(理氣互發說)', 이이의 '기발일도설(氣發一途說)'과 '리통기국설(理通氣局說)'까지 벌어진 16세기의 사단칠정논쟁들을 잘 알고 있었던 것으로 보인다.

또 다른 여성 유학자 강정일당(姜靜一堂, 1772~1832)은 "비록 부인들이라도 큰 실천과 업적이 있으면 성인의 경지에 이를 수 있습니다. 당신은 어떻게 생각하십니까"라고 남편에게 물으며, "사람의 성품은 본래 모두 착하나 각기 최선을 다하여 성인이 되네. 도덕을 갈구하면 도덕이 이루어지리니 진리를 밝혀서 스스로 성실을 다하리"라고 했다.[370] 이는 윤지당과 유사하게 여성이라도 학문적 성취와 실천을 다하면 성인의 경지에 이를 수 있다고 생각하면서, 남편의 의견을 듣고자 한다. 즉, 성선설(性善說)에 입각하여 남녀 모두 도덕을 이루고 진리를 밝히는 데 최선을 다한다면 성인이 될 수 있다는 것이다.

임윤지당과 강정일당에 대해 "남성 중심의 지식체계를 비판하고 남성지배로부터 해방을 모색하는 여성주의 지식"과 구별되며, "성별화 된 지식에 의문을 갖기보다 오히려 남성의 지식체계를 인간 보편의 진리로 여겨 적극적인 습득과 수용을 통해 남성 중심의 지식 세계의 일원이 되고자"했다는 평가가 있다.[371] 그러나 조선 후기 여성의 지위와 역할의 한계 속에서 남성이든 여성이든 학문을 닦으면 성인의 경지에 오를 수 있다는 입장을 피력했다는 것은 시대사적으로 상당한 의미가 있다. 이들이 남성 지배로부터 해방을 모색하지 않았다는 식으로 현재적 관점에서 규정하기보다는 남녀가 평등하다는 것을 성리학을 통해 입증해 보고 싶어 몸부림치고, 여성도 학문에서 뒤지지 않는다는 점을 성리학을 통해 입증하려 노력했다고 보는 것이 오히려 타당한 해석이라고 생각된다. 즉, "양반지배층의 전유물인 성리학 연구어 세계에 이처럼 여성이 참여하였고 또 여성의 학설과 주장을 인정하여 주었다는 것은 여성 능력에 대한 사회인식의 변화이며, 여성의 인간으로서 의 자아인식의 발견"이라는 측면에서, "여성의 능력이 동등하다는 새로운 인식의 태동"으로 볼 수 있다는 것이다.[372]

김운(金雲)은 농암(農巖) 김창협(金昌協, 1651~1708)의 딸인데, 김창협은『망 녀오씨부묘지명(亡女吳氏婦墓誌銘)』에서 살아생전의 딸을 회상했다. 즉 그는 "운(雲)에게『논어』와『서경』을 간단히 가르쳤더니 배우기를 마치지 않고도 그 이해력이 명철하였고, 육예경전(六藝經傳)을 두루 다 읽은 자라도 그보다 뛰어나지는 못했을 것"이라고 회고한다. 또한 김운은 남편에게 "나는 여자 라 세상에 드러낼 공덕이 없는 것이 한스럽습니다. 차라리 일찍 죽어 아버 지의 글 몇 줄을 무덤에 새기는 것이 나을 것 같아요"라며, 여성임을 한스러 위했다.[373] 그래서 김운은 아버지의 묘지명으로 후세에 자신의 이름을 알리 게 되었다.

신작(申綽)이 쓴 묘지(墓誌)에 따르면, 이사주당(李師朱堂, 1739~1821)은 "어 려서부터 책을 좋아하여 경전의 뜻을 깊이 알았고 그 밖에 여러 책에도 두 루 통했다." 구체적으로『소학』,『가례』,『여사서』등을 익혔고『논어』,『맹 자』,『중용』,『대학』,『시경』,『상서』등을 정밀하게 연구했다. 그녀는 또한 18 세기의 태교서인『태교신기(胎敎新記)』(1800)의 저자이다.[374]

이빙허각(李憑虛閣, 1759~1824)은 술·음식만들기(酒食議), 옷 만들기·물 들이기·길쌈하기·수놓기·누에치기(縫紝則), 밭일·꽃 심기·가축 기르 기(山家樂), 태교·육아법·응급처치법, 방향 선택·길흉·부적·귀신 쫓는 법·재난 방지법(術數略) 등 생활 전반의 내용을 담은『규합총서(閨閣叢書)』 의 저자이다. 그녀는 "부인 가운데 어찌 인재가 없으리오"라며 여성도 남자 와 마찬가지로 능력 있는 존재임을 밝힌다. '열녀록'에 297명의 여성을 소개했는데, 남자 못지않게 충의, 지식, 문장, 재예를 갖춘 여성, 글씨 잘 쓰는 부인, 남자 소임을 한 여성들, 여장군이나 칼 잘 쓰는 여성 등을 소개한 것은 여성 중에도 남성 못지않은 인재가 있다는 것을 밝히기 위함이었을 것이다.[375]

아버지이자 남편인 남성들도 여성들을 학문적 동료이자 삶의 동반자로 여기는 경우가 있었다. 딸을 대하는 아버지의 사랑은 성리학적 질서 속에서 다른 방향으로 나타났던 것으로 보인다. 화서 이항로(李恒老, 1792~1868)는 자신의 둘째 딸인 벽진이씨에게 네 편의 편지를 보냈는데, 일상적인 생활 이야기가 담겨 있다. 아마도 벽진이씨는 아버지에게 글을 전문으로 하겠다고 밝힌 것으로 보인다. 이항로는 딸의 이런 행동이 힘든 시집살이로 이어질 것을 충분히 알고 있었기 때문에, 직분을 잊지 말고 며느리로서의 본분을 다하라고 질타하는 편지를 보냈다. 질책과 걱정이 담겨 있는 편지 내용은 다음과 같다. "편지를 보니 이르기를 네가 길쌈을 하지 않고 글 쓰는 데만 오로지 한다고 하니, 이것은 가히 그 순서를 크게 잃은 것이라고 할 수 있다.…듣자니 네가 길쌈을 그만 두면 이것보다 더 크게 직분을 잃는 것이 없을 것이다. 너는 장차 문자로 먹고 입을 작정이러냐?"[376]

역으로 김창협(金昌協: 1651~1708)은 어린 나이에 죽은 딸의 제문에서 자신의 딸에게 여사(女士)라는 호칭을 쓰면서, 여성의 몸으로 남성적 담론을 낙으로 누린 이는 오직 자신의 딸 하나뿐일 것이라고 기록했다. 학문을 즐겼던 자신의 딸을 아버지이자 학자로서 높이 평가했던 것이다.[377] 일반 여성은 여성적 잣대인 부덕으로 평가하였으나, 학문을 좋아하고 잘하였던 자신의 딸만은 남성 유학자와 동등한 잣대인 학문의 성숙도로 평가하였다.

부인을 잃은 남편의 제문을 통해서 당시 남성들이 자신의 부인을 어떻게 대했는지 부분적이지만 확인할 수 있다. 제문에 나타난 바에 따르면, 대부분의 남성들이 실제 생활에서 아내를 부모님의 며느리로서보다 자신의 동반자로 보았다. 예를 들면, 18세기 노론에 속한 오원(吳瑗, 1700~1740)은 여성이 남편에게 순종하는 것이 능사가 아니라 남편을 올바른 길로 이끄는 것이 중요하다고 생각했다.[378] 또한 식견이 높은 여성은 '여선비(女士)'로 인정해 줬다. 민우수(閔遇洙, 1694~1756)는 "부모님의 가르침을 받아 경서와 역사서를 대강 섭렵했을 뿐만 아니라, 패관잡설에 이르기까지 두루 읽어 식견이 매우 넓었"다고 회고하고,[379] 윤봉구(尹鳳九, 1683~1767)는 "당신의 그 덕성과 식견은 옛말의 이른바 '여선비'라 해도 과언이 아닐" 것이라고 밝혔다.[380]

그리고 자신의 부인을 지기(知己) 또는 사우(師友)로 생각하는 경우도 있었다. 박윤원(朴胤源, 1734~1799)은 "당신만큼 고매하고 명석한 식견을 가진 자는 그리 많지 않은 듯하오. 그래서 나는 안방에서 집안 살림에 관한 얘기보다는 주로 의리(義理)와 고금에 관한 담론을 하곤 했소. 이따금 예문(禮文)이나 학술, 심오한 성명(性命)에 대해 언급을 하면, 당신은 좋아하며 이해하는 듯했소.…밖에서는 뜻을 같이하는 동지(同志)가 적은데, 집에서 이런 지기를 얻어서 좋다고 여겨 왔었소. 이제 나는 아내를 잃은 게 아니라 좋은 친구를 잃은 거라오"라고 부인을 지기로 생각하는 마음을 표현했다.[381] 송능상(宋能相, 1710~1758)은 "누군가 평소에 절차탁마하고 바르게 타일러주기를 바랐는데, 그런 유익한 사우의 역할을 당신이 해 주었소"라고 제문에 적었다.[382]

이렇듯, 조선 시대의 성리학적 질서와 규범 속에서도 다양한 방식의 전유를 통해 여성들은 스스로의 역할과 의미를 찾기 위해 노력했다. 이런 노력은 여성만으로 그친 것이 아니라, 딸의 학문을 인정하는 아버지로, 부인의 능력을 인정하는 남편으로 이어졌다. 소설 『방한림전』의 방관주와 영혜빙 두 여인의 결혼을 통해 부부관계를 대등하고 평등한 지기관계로 바꾸고자 했던 여성들의 바람은 실제 삶 속에서도 부분적으로 전개되었던 것이다.[383]

즉, 일상에서 성리학적 질서와 규범은 다양한 방식으로 부서지고 있었던 것이다.

### (3) 성리학적 질서와 충돌하는 일상생활

학문과 철학적 문제가 아닌 일상생활의 영역에서도 성리학적 질서와 규범은 다양한 방식으로 전유되어 변질된 것으로 보인다. 풍양조씨(1772~1815)가 자신의 삶을 기록한 『자기록』(1792)에는 조선 후기 양반집 부인의 심성과 가족들과의 생활사가 잘 드러난다. 성리학적 규범과 질서에 충돌하는 다양한 생활사가 담겨 있으며, 남편을 간병하며 느끼는 다양한 일화도 섬세하게 그려 낸다. 이 자전적 일기는 풍양조씨가 성리학이 강요하는 여성적 삶을 살고자 하지만, 그 행동을 실천하는 과정에서 벌어지는 정신적 갈등이 자세히 드러난다. 남편의 죽음을 따라하지 못하는 비통함, 남편의 죽음을 따라하려는 것으로 알고 시부모, 친정아버지가 말리는 과정, 남편의 죽음 이후 가문의 유지를 위해 죽음을 무마시키는 과정에서 벌어지는 다양한 일들을 통해 열녀 관습에 대한 당시 양반들의 일상적 태도를 읽을 수 있다.

풍양조씨는 남편이 죽자 오륜(五倫)과 삼강(三綱)을 이야기하며 '즐거운 혼백'이 되는 것이 마땅하다고 하면서도, 자신이 죽음을 택하지 못하는 다양한 근거를 말하고 있다.

> 차마 눈앞에 친정아버지의 이러한 모습을 대하고 보니 내가 만일 죽으면 그 슬프고 끔찍한 설움으로 옛사람처럼 눈이 멀어질 것 같았다. 자식이 되어 효를 이루지 못하나 우리 아버지가 어머니를 겸하여 낳으시고 기르시고 돌보아 키워주신 하늘같은 큰 은혜를 저버려 참혹한 정경에 더하여 차마 자식의 죽음을 더하지는 못할 바였다. 또 생각해 보니 한낱 시누이도

하나 없으니 시부모님은 외롭고 의탁할 데기 없고 다시 받들 사람이 없으니 이를 생각하지 않음은 정리는 이를 것도 없고 도리어 남편을 저버리는 것이었다. 또 우리 형제의 각별한 정을 생각할 때 언니가 나와 원통하게 슬픈 이별을 하고 나면 비록 자결하여 따르지는 않겠으나 반드시 그로 인하여 병으로 죽을 것이 분명하였다.[384]

과부가 된 풍양조씨는 커다란 슬픔 속에서 자결하려고 하나, 시댁과 친정 식구들에게 제지당한다. 주변 친척들의 적극적인 만류 속에서, 풍양조씨도 자신이 살아야만 하는 이유를 밝히고 있다. 또한 당시 풍양조씨는 상당히 자유롭게 친정을 방문하고 며칠간 머물렀고, 시댁에서도 이런 행동을 크게 문제 삼지 않았다. 심지어 풍양조씨의 언니는 친정에 있는 시간이 시가에 있는 시간보다 더 길었던 것으로 보인다. 아마 조선시대에 많은 양반가에서 이런 일이 벌어졌을 것이다. 성리학적 질서와 규범보다 지금 살아가는 삶이 더 중요했기 때문이다.

국가의 이야기와 삶의 이야기가 충돌했으며, 우리가 알고 있는 조선시대의 여성과 사대부 집안의 이야기는 전혀 다른 모습으로 전개되었는지도 모른다. 이런 점들을 통해 조선 후기 여성을 성리학적 구조에 '포박된 존재'라기보다는 일정한 '자율성을 가진 존재'로 바라볼 필요가 있다.

부부 간의 존중은 양반가의 일상적 예절이었던 것으로 보인다. 『자기록』에는 "내가 본래 부부간에 가깝다고 해서 무례함을 몹시 한심하게 여기고 남편 또한 경박함을 싫어했던지라 서로 대할 때 조심하여 사실(私室)에서 남편이 출입할 때면 내가 일찍이 일어나지 않은 적이 없고, 내가 오갈 때면 남편도 반드시 누웠다가도 관을 바로하고 일어났다"[385]고 했다. 『자기록』이 한글로 되어 있지만 한자어나 고사가 많이 나오는 것으로 봐서 풍양조씨는 일정한 교육도 받았던 것으로 보인다. 남편이 풍양조씨가 문자붙이나 언문류를 보는 것은 심히 기뻐하지 않았다는 것에서도 풍양조씨가 평소에 글 읽는 것을 즐겨했음을 알 수 있다.

조선 후기에 양반가 부인들은 동등한 인간으로서의 대우를 받고자 하는 열망이 강했던 것으로 보인다. 김삼의당(金三宜堂, 1769~1823)은 「혼례를 올린 날 이야기(禮成夜記話)」에서 남편이 "죽을 때까지 남편을 거스르지 않아야 한다 하니, 남편이 잘못이 있더라도 따라야겠지요?"라는 물음에 대해 "아비에게는 간쟁하는 아들이 있고, 임금에게는 충간하는 신하가 있습니다. 형제는 올바름으로 서로 이끌고 친구는 착한 일로 서로 권면한다 하였으니 어찌 부부 사이에만 그렇지 않겠습니까. 그러니 내가 당신을 거스르지 않겠다 함이 어찌 당신의 잘못도 따르겠다는 말이겠습니까"라며 혼인 첫날 부부 간의 관계를 동등한 것이라 밝히고 있다.[386]

김호연재(金浩然齋, 1681~1722)는 여성해방에 대한 생각이 강했고, 술에 취해 지은 「취중에 짓다(醉作)」라는 시도 짓고, 자유로운 삶을 추구했던 것으로 보인다.[387] 그녀는 "남편이 비록 소외하더라도 스스로 과실이 없음을 생각하면 사람들이 비록 알지 못하나 청천백일을 대해도 부끄러움이 없는 것이니 무슨 까닭으로 깊이 스스로 걱정하여 한갓 부모의 끼쳐 주신 몸을 상하게 하랴?"[388]라면서, 부끄러운 일이 없었다면 소박을 당하더라도 자신의 몸을 상하게 할 필요가 없다고 하였다. 또한 "남편에게 연연해하지 말고 '여성이지만' 오직 덕을 높이고 수신(修身)해야 한다고 주장했다."[389] 이것은 남편에 종속된 부인이 아니라, 주체적인 인간으로서 구속에서 벗어나서 수신에 정진할 것을 말한 것이다. 이러한 그녀의 생각은 아마도 불평등한 세상에 대한 한탄이며 이를 극복하기 위한 자신의 견해일 것이다.

조선 후기 일상생활에서도 여성들의 변화는 다양하게 일어났던 것으로 부인다. 강정일당이 자신의 증손녀에게 낮잠, 수다, 과음, 흡연을 경세할 섯으로 당부한 것이나,[390] 여성들의 복식이 성적인 매력을 강조하는 방향으로 변하면서 "좁고 짧은 저고리에 하체를 강조한 풍성하고 긴 치마의 상박하후(上薄下厚) 실루엣이 양반층 여성에게까지 유행·확대"[391]된 것이나, 여성들의 사치풍조가 만연된 사회풍조 등에서 유추할 수 있다. 여성들의 화전놀이도 "선인의 풍류와 동일시하며 경치와 술을 향유하는 태도에는 남성들의 특권화 된 체험의 영역이 여성들에 전유되는 상황을 표현함으로써 가부장적 가치에 반발하는 즐거움"을 누리기도 했다. 이는 "경치의 심미적 완상(玩賞)과 술의 향유를 통해 문화적 교양을 대등하게 공유하고자 하는 의식"으로 볼 수 있다.[392] 이렇듯 조선 후기 여성들은 가체(다리), 후계(뒷머리를 부풀리는 것), 담배, 사찰 방문, 정기적인 외출과 놀이 등의 '작은 저항'을 통해 성리학적 규범과 질서를 전유했다.[393]

(4) 문학과 '가상'을 통한 성리학적 질서의 전유

조선 후기의 특징 중 하나는 여성영웅소설이 성행했다는 점이다. 이런 새로운 문학의 등장에 대해 서구적 페미니즘 수용 이전에 이미 페미니즘적인 사유가 조선사회에서 발생했다고 평가하는 연구도 있다. 페미니즘을 "여성에 대한 차별과 억압에 주목하고 그 개선을 목적으로 하는 사유와 활동"이라고 포괄적으로 규정한다면, 여성영웅소설 등장은 일종의 페미니즘적 사유와 그 사유에 근거한 문학 활동이라는 것이다. 특히 엄격한 내외법(內外法)에 의한 여성 활동의 규제와 억압이 존재했던 조선 사회에서 여성영웅소설이 등장했다는 점을 주목할 만하다. 이것은 단지 새로운 소설 장르의 등장만이 아니라, 이 소설의 창작과 확산은 조선 후기 여성들의 지위와 역할에 관해 문제를 제기하고, 이에 대한 사회적 토론의 근거로 활용되었을 것

이라는 지적이다.[394]

여성영웅소설에 대해서는 '진일보된 여성주인공의 영웅적 행위 과시'로써 '뛰어난 여성' 대 '무력한 남성'으로 표현되는 서사문학의 갈등구조를 물려받아 '당대의 불합리한 여성현실에 대한 비판적 시각을 제공'하면서 '인습적 삶 속에서 억압받던 여성독자들의 현실적 원망(願望)을 대변'하는 강한 여성 중심적 성격의 작품으로 규정된다. 따라서 여성영웅소설의 등장은 여성의 사회제도에 대한 불만을 해결하기 위한 방향의 모색 속에서 여성 지위의 확대와 여성의 자아실현 욕구를 드러내는 문학작품 활동이 활발하게 전개되었다는 것을 뜻한다. 그런 의미에서 조선 후기는 여성이 문학 작품을 통해서 자신의 문제를 적극적으로 제기하고 사회적 토론을 전개하는 새로운 전환점이라고 볼 수 있다.[395]

임진왜란으로 시작된 백성에 대한 국가와 관료의 돌봄 포기, 소빙기로 인한 대기근의 고통스러운 일상, 성리학적 질서와 규범에 의한 억압된 삶의 심화라는 환경 속에서 여성들은 사회적 약자로서 가장 고통스러운 존재였다. 여성들은 국가와 남성으로 상징되는 가부장적 · 위계적 · 권위적 사회에서 누적된 억압과 수탈 속에서 살아왔다. 따라서 여성들은 누구보다도 국가와 남성을 불신했으며, 새로운 세상에 대한 갈망이 높았을 것이다. 현실의 탈출구가 보이지 않을 때, 여성들은 기존 질서의 전유를 통해 자신의 이익과 목적에 부합되도록 다양한 전술적 대응을 해 왔을 것이다. 그 방식 중 하나는 가상의 세계를 문학작품에 투영하여 성리학적 질서와 규범을 '전유'하는 것이다. 즉, 가상의 현실 속에서라도 해방의 상상과 평등한 세상을 느끼고 싶었던 것이다.

문학작품에서 중요한 키워드 중에 하나는 '남장(男裝)'이었다. 소설에서 남장을 선택한 것은 그 사회가 부과한 젠더 역할과 규범에 도전하는 것이다. 남성과 평등해지려는 욕망 또는 남성들이 독점하는 독립성과 자유에 대한 선망 속에서 남성이 되어 살아보고 싶은 욕망을 표현한 것이다. 즉, 여성의 남장 활동은 '동일성에 근거한 평등의 추구'를 문학적으로 형상화한 것이다.[396] 조선 후기에 등장한 여성소설들은 이렇듯 능력과 자질에 있어 남녀가 다르지 않다는 점을 사회에 제기하는 통로로 활용되었다.

이에 비해 『박씨전』은 남장을 하지 않고, 여성이 남성보다 훨씬 뛰어난 능력을 발휘하여 나라와 백성을 구한다는 내용이라는 점에서 급진적·직접적이다. 박씨부인은 남성의 세계와 공적 영역 밖에 위치하면서 남성의 문제와 공적 사건을 해결한다. 국사(國事)와 국난(國難)을 해결·극복하는 중추적 역할을 여성의 공간에서 여성만의 능력으로 감당하는 방식을 채택한 것이다. 그녀는 누구의 부인이 아니라 자신의 성을 가진 박씨부인으로서 독립적이며 능동적인 방식으로 사태를 해결해 나갔다. 이런 방식의 채택은 국가와 남성에 대한 불신, 평등한 주체로서 여성의 능력을 드러내기 위한 것이다.

박씨부인은 "남성을 모방하는 일 없이, 여성인 채로 그 능력을 발휘하였고, 여성의 탁월성과 가치를 주장"한다. 또한 '피화당(避禍堂)'이라는 오행(五行)의 원리에 입각해서 각종 나무를 심고 정성껏 돌봄으로써 자기만의 기묘하고 변화무쌍한 해방의 공간을 설정한다. 이 공간은 나중에 전쟁이 발발했을 때 남성적 폭력으로부터 다수의 여성들을 안전하게 보호하는 공간이 되었다. 이 해방의 공간은 조선 후기 여성에게 가해진 억압과 수탈을 막아낼 수 있는 자율과 평화의 공간을 상징한다.[397]

『방한림전』 등 남장을 통해 남녀평등을 간접적으로 제기하는 방식이 대체적인 흐름이었다면, 『박씨전』은 남성보다 월등히 뛰어난 여장부를 통해 조선 사회의 문제점을 정면으로 지적한 것이라 할 수 있다. 즉, 조선 후기에 국가와 남성이 여성에게 부과하려는 여도(女道)를 거부하고, 여성 스스로 결정한 삶을 살아가는 모습을 통해 기존 질서를 비판하고 전유하려는 것이다. 여성도 기회가 동등하게 주어진다면 남자 못지않은 아니 더욱 뛰어난 능력을 발휘할 수 있다는 것을 소설을 통해 드러낸 것이다. 그런 차원에서 남성을 압도하는 여성의 활약을 그린『홍계월전』은 남성우월주의를 적나라하게 비판하고 여성이 남성을 극복할 수 있다는 점을 적극적으로 부각한 여성영웅소설이라 할 수 있다.[398] 또한『홍계월전』은 여성임을 속이고 살아왔음에도 불구하고 나라의 곤란한 상황을 극복해야 하는 조건과 지금까지의 남장여성의 성과를 인정하며 왕의 명령으로 현직이 유지된다는 점에서, 남성보다 뛰어난 여성의 능력을 국가가 인정해야 한다는 것을 간접적으로 주장하고 있다.

이렇듯 조선시대에 '무명'의 중하층 여성 그리고 양반가 여성은 억압적이며 불합리한 성리학적 질서와 규범에 순응하면서도 정면으로 맞서서 새로운 세상을 갈구했다. 이런 노력들이 서서히 누적되면서, 조선사회에도 인간평등과 여성해방의 근대적 가치들이 나타나고 현실화되기 시작했다.

## 4. 조선 후기 여성해방의 흐름과 동학사상

### 1) 조선 후기 여성해방의 흐름

소혜왕후(昭惠王后)의『내훈』(1475)은 여성이 지녀야 할 덕목을 정리하여 교화할 목적으로 발간한 것으로 여성의 역할을 성리학적 관점에서 정리한 것이다. 이러한 한계에도 불구, '여성의 주체화'의 단초를 읽을 수 있다. "무릇 인간이 태어날 때 하늘과 땅의 영험한 기운을 받고 오상의 덕을 품어 이치로는 옥과 돌이 다름이 없으되 난초와 쑥이 차이가 있는 것은 어찌 된 일인가. 자신의 몸을 닦는 도리를 다하고 나하지 못함이 있기 때문이다."[399] 인간은 모두 똑같이 태어났으나 난초와 쑥처럼 큰 차이가 나는 것은 스스로 자신을 수련하지 못한 탓이라는 뜻이다. 이는 인간은 태어날 때부터 천지의 신명함으로써 동등하게 태어났으나, 수신의 도에 따라 옥석이 가려진다는 것이다.

또한 『내훈』 「부부장(夫婦章)」에서 "단지 아들만 가르치고 딸은 가르치지 않는다. 이것은 남자와 여자가 다르다는 생각에 가려서 그런 것"이라며, 여성교육의 필요성을 제기했다.[400] 여성교육이 필요한 이유를 남편이라는 대상의 잘못을 바로잡기 위한 역할로서 한정한다는 점에서 한계는 명확하나, 남녀의 격차를 근본적인 것으로 보지 않고 교육을 통해 바로잡을 수 있다고 한 것은 평가할 만하다. 17세기 유럽의 여성교육에서 "치장을 모르는 소박한 아름다움이 중시되고, 지식을 통해 획득되는 지혜나 예술적인 우아함은 수상쩍은 것으로 취급"[401]되었던 사실과 비교하면, 15세기 조선사회에서 여성을 위한 교화 서적에 왕후가 여성교육을 강조한 점은 의미가 있다.

그러나 성리학의 영향 속에 있는 남성들은 지극히 반(反)여성적이며, 남성 우월적 관점을 드러낸다. 그러다가 18세기를 지나면서 여성에 대한 태도가 점차적으로 변화된 것으로 보인다. 18세기 후반, 이덕무(李德懋, 1741~1793)의 『사소절(士小節)』(1775)에는 부녀자들의 예절이 담겨 있는데, 여성에 대해 다른 관점을 보여준다. "대개 부녀자들 중에는 재주와 성품이 슬기롭고 총명한 자가 많으므로 쉽게 알아듣고 잘 감동하니, 노둔한 남자에 비하여 그 공효(功效)가 어찌 빠르지 않겠는가.…옛날의 부인들은 남편이 과오를 범하더라도 올바른 도리로 권하기도 하고 깨우쳐 주어서 남편이 과오를 범하지 않게 하였"[402]다면서, 여성의 '성품과 행실' 부분에서 여성이 슬기롭고 총명한 사람들이 많으며, 둔한 남자에 비하여 좋은 결과를 낼 수 있으며, 남편이 과오를 범하지 않도록 할 수 있다고 하였다.

'인륜' 부분에서는 남자라 하더라도 "반드시 자신이 높은 체하여 장부는 곧 하늘과 같고 임금과 같다는 생각으로 마구 포악한 행동을 하고, 잘못된 일은 모두 부인만을 전적으로 책망해서는 안 된다", 또한 "며느리 된 자는 조심하여 시아버지를 받들어 오직 시아버지께 사랑을 못 받을까 염려하고, 시아버지 된 자는 또한 며느리의 착한 점은 아무리 작은 것이라도 칭찬해 주고, 허물은 미세한 것은 눈감아주어야 한다"고 하였다.[403] 이는 남편은 부인을 인격적으로 대우하기를 요청하고, 시아버지는 며느리와 상호존중의 관계에 있음을 강조하는 것이다. 이덕무는 서자 출신의 실학자로서 높은 벼슬을 하지 못했다. 아마도 시대의 변화와 서자라는 신분적 한계, 그리고 실학자로서의 학문적 태도 등으로 인해 성리학의 전통적 관점과는 다른 해석을 한 것으로 보인다.

전쟁을 겪고 조선 후기로 접어들면서, 국가권력에 대한 불신과 양반사대부에 대한 분노, 남성권력에 대한 절망은 더욱 커져갔다. 특히, 전쟁의 가장 큰 피해자는 여성이었다. 전쟁의 피해와 상흔은 고스란히 여성의 몫이었다. 왜적에게 방치된 여성들은 강간의 대상이었고, 조선의 남성들은 자신의 부인이 정절을 지켰는지 아닌지를 물었다. 병자호란 당시 포로로 잡혀갔다가 속환한 여인들에게는 정조를 잃은 여성이라는 낙인이 찍혔다. 이들의 이름은 '환향녀(還鄕女)'였다. 전쟁으로부터 백성을 지키지 못한 국가와 남성권력이 오히려 그 피해자인 여성들에게 정절을 지키지 못한 것을 비난하는 사태에 이른 것이다.

여성들은 "욕되게 살아남았다는 이유로 사회와 가족에게 온갖 멸시와 질타를 받아야" 했고, "남자들은 천신만고 끝에 살아남은 아내를 따뜻하게 맞아주기는커녕 정절을 잃었다는 이유로 이혼을 요구했다." "혼인 대상을 결정힐 때에도 포로 여부를 따졌다." 이수광은 『지봉유설(芝峰類說)』(1614)에서 "아 슬프다. 사대부들이 평상시 책을 읽으며 그 뜻을 강론하면서 누가 '내가 대장부다!'라고 말하지 않으리오마는 위기에 이르러 명을 내리면 도리어 부인보다 못하니 낯이 두텁다 하지 않으리오"라며 당시의 상황을 한탄했다.[404]

여성들의 절규와 한탄은 국가에 수용되지 않았다. 평민문화의 발달과 함께 이들의 이야기는 소설로 회자되었다. 여성들은 실록이 아닌 소설을 통해 그들의 분노와 절규, 그리고 새로운 세상을 그리워하는 간절한 희망을 드러냈다. 소설 『박씨전』에서 '박씨부인'은 여장부이며 국가를 살려낸 인물로 묘사된다. 남편을 올바르게 살도록 교육시키며, 예지력으로 전란에 대비하여, 국가와 왕과 백성을 지켜낸다. 왕이 박씨부인에게 "규중 여자가 맨손의 홀몸으로 무수한 호적(胡狄)의 날카로운 기운을 꺾어 조선의 위엄을 빛냈으니, 이는 고금에 없는 일"[405]이라고 평가하는 부분은 남성을 경멸하는 시선이 담겨있다. 오랑캐 장수가 "제가 천하를 횡행하고 조선까지 나왔으나 무릎을 한 번도 꿇은 바가 없더니, 부인의 휘장 아래에 무릎을 꿇어 비나이다"[406]라는 부분은 여장부의 기개를 보여준다.

이 소설은 병자호란에 맞서 나라와 백성도 지키지 못한 국가와 남성권력을 신랄하게 비판하고, 여성의 힘으로 국가와 백성을 지킬 수 있다는 이야기를 담고 있다. 그리고 박씨부인의 남편인 이시백이 부임한 고을은 "산에는 도적이 없고, 밤에는 대문을 닫지 않으며, 물건이 길에 떨어져도 주워 가는 자가 없으니"[407]라며, 대동의 마을이 되었다고 한 부분은, 새로운 세상을 염원하는 여성들의 마음을 담고 있다.

## 2) 영웅을 꿈꾸는 여성들과 상상의 도피처 동성애

문학작품은 그 사회의 반영물이다. 창작된 소설은 '있는 그대로의 현실'은 아니지만, 작가의 프리즘을 통해 당대 사람들의 희로애락(喜怒哀樂)과 다양한 일상, 그리고 거대한 사상적·정치적 흐름, 사회·문화의 변화라는 원석을 그 바탕으로 하기 때문이다. 소설 속 조선사회의 모습도 '있는 그대로의 현실'은 아니지만, 다양한 문학작품을 통해서 간접적으로 그 사회의 모습을 구성할 수 있을 것이다. 특히 조선 후기에 여성영웅소설이 급증했다는 사실은 여성의 심성 변화를 반영한다고 할 수 있다.

『박씨전』 외에도 많은 여성영웅소설이 18~19세기에 등장했다. 그중 『방한림전』은 19세기에 창작된 것으로 추정되는 여성영웅소설이다.[408] 주인공 방관주는 여성으로 태어났지만 남장을 하고 살아가는 길을 택했고, 가부장적 결혼을 거부하던 영혜빙은 여자인 것을 알면서도 방관주와 결혼했다. 이러한 소재는 조선 후기로 접어들면서 여성들의 달라진 의식과 새로운 성 관념을 반영하는 것이다. 19세기 서양에서도 소설을 통해 동성연애 등 현실에서 실행하기 어려운 내용들이 등장했고, 극소수의 여성들은 이를 실제로 실행했다. 예를 들면, 『파니 캠벨 또는 여자 해적 선장(Fanny Cambell or Female Pirate Captain)』(1815)이라는 소설을 읽은 에드워즈(Emma Edwards)는 자기도 머리를 자르고 남자 옷을 입기만 하면 캠벨처럼 '남성다운 자유와 찬란한 독립'을 성취할 수 있을지도 모른다는 생각에 실제로 그렇게 했다. 그리고 예쁜 소녀와 결혼할 뻔했으며, 남북전쟁 당시에 북군에 들어가기도 했다. 19세기 말에는 '영예로운 미혼녀(the Glorified Spinsters)'와 '신여성'들 사이에서는 '여성 간의 결혼'이나 '보스턴 식 결혼'이 벌어졌다. 또한 일부 여성은 평생 여자 친구와 함께 살기 위해 독신을 선택하기도 했다.[409]

권력과 남성에게 억눌린 일상과 성리학적 규범을 일탈하는 새로운 방식으로 동성애라는 소재를 채택했다고 볼 수 있다.[410] 즉, 동성애를 통해 내외법이 엄격하게 지켜졌던 조선사회의 젠더(gender) 체계에 직접 문제제기를 한 것이다. 이 작품을, 당대의 모순 극복을 위한 새로운 가능성을 추구한 작품이라고 적극적으로 해석하는 입장, 가부장제에 대한 도전이라기보다는 통속적 재미로 동성애를 택했다는 입장, 조선시대의 가부장제를 비판하면서 평등의 페미니즘과 차이의 페미니즘의 연대를 상징하는 문학적 장치로서 동성애를 택했다는 입장 등 다양한 해석이 제기되었다.[411]

『방한림전』이 당시 소설과 다른 것은 '여(女)-여(女) 간 부부(夫婦) 결연'담(譚)으로서 남성이 배제되었고, 영웅여성이 죽을 때까지 남자로 살아갔고 끝까지 남장(男裝)으로 국장(國葬)되어 여(女)-남(男)-남(男)이라는 독특한 성별적(性別的) 신분 변모를 유지했다는 점이다.[412] 남성의 원천적 배제라는 새로운 접근과 역으로 남장 여성이 여성성을 되찾는 것이 아니라 가부장적인 남자로 삶을 마감했다는 점이 독특하다.

방관주는 조선 후기 여성영웅소설에서 자주 등장하는 남장 여성으로서, "사회적으로 구성된 여성의 삶, 즉 젠더로서의 여성의 삶을 거부하는 인물"[413]이라는 점에서 전형적이다. 따라서 남장을 통해 남성사회에 편입했던 방관주보다, 여성임을 알고도 방관주와 동성결혼을 선택한 영혜빙의 태도에 대한 적극적 해석이 필요하다. 영혜빙은 "내 본디 남자의 사랑하는 아내가 되어 그의 제어를 받으며 눈썹을 그려 아첨하는 것을 괴롭게 여기고"[414] 있어서, 그런 삶을 살지 않기 위해 동성결혼을 선택한다. 여성이라는 이유만으로 남성에 복종하는 순종적 삶을 살기를 거부하고, 당시 누구도 인정하지 않았던 위험하고 모험적인 삶을 선택했다는 점에 주목해야 한다.

가장 주목되는 것은 '동성결혼'이라는 파격적인 소재를 중심으로 이야기를 전개한다는 점이다. 남성 중심 사회에서 여성들 간의 동성결혼을 소설의 소재로 선택했다는 것 자체가 남성권력에 대한 여성의 경멸과 거부의 시선을 드러내는 일이다. 개인의 자유를 중시하는 미국 사회에서도 2015년 6월 27일에야 미국연방대법원의 결정에 의해 동성결혼이 합법화되었다는 점에서, 19세기 조선사회에서 동성결혼을 소설화했다는 것은 상당히 급진적인 의미를 담고 있다. 특히, 조선사회에서 금기시되었던 동성결혼은 성리학적 규범과 질서에 정면으로 도전하는 것이며 파격적인 젠더적 관점을 담고 있다. 결론에서 동성결혼이 왕의 용서를 받았다는 점에서 국가권력과 사회규범에 대한 전복적 접근이라 할 수 있다.

이런 이야기가 소설로 나타날 수 있었던 것은 "19세기 이후 조선사회의 성 담론이 여성의 달라진 의식을 바탕으로 큰 진폭으로 흔들리고 있었음을 의미"[415]한다.

> 오늘 경의 일을 들으니 놀랍고 기특하도다. 어질고도 기특한 자로다. 규방 여자의 지혜가 이 같을 수 있으리오? 규방의 약한 몸이 지략과 용맹이 대단하여 적진에 대해 신출귀몰하여 싸우면 반드시 승리할 줄 알았으리오? 짐이 경의 몸이 미진한 데 없으되 오직 키가 여러 신하 중에서 작고 수염이 없는 것을 괴이하게 여겼으나 우두커니 깨닫지 못해 경의 인륜을 온전히 못 했도다. 이는 짐이 어두워 현명하지 못했기 때문이로다. 백 번 뉘우치고 천 번 애달프나 누구를 한하리오? 경은 안심하여 일어나기를 바라노라.[416]

『박씨전』과 유사하게 『방한림전』의 방관주도 여성이 국가를 지키는 내용을 담고 있다. 방관주가 남성으로 신분을 숨기기는 했으나, 북방 오랑캐의 반란을 평정한다. 이는 국가를 시키지 못한 남성권력에 대한 분노를 에둘러 표현한 것으로 보인다. 동시에 두 소설은 여성영웅이 국가를 지켜낸 것을 국왕에게 최종적으로 인정받는 내용을 담고 있다. 이것은 남녀평등 세상에 대한 왕의 최종적 승인을 받고 싶은 당대 여성들의 간절한 바람을 반영한 것이며, 동시에 여성을 억압하는 구조에 대한 강렬한 저항의 메시지로 해석할 수 있다. 왕은 최종적으로 "경은 안심하여 일어나기를 바라노라"라고 하며, 여성의 활약과 능력을 인정할 수밖에 없었다는 점에서 이를 알 수 있다.

19세기에 나온 것으로 추정되는 소설 『홍계월전』은 여성이 남성을 압도하며 조롱하는 내용의 여성 우위형 소설이다.[417] 이 소설도 남장 여성의 영웅적 이야기다. 남장 여성인 '계월'이 동문수학인 남성 '보국'과의 경쟁에서 항상 앞서나간다. 이는 여성이 남성보다 월등하다는 것을 보여주는 대목이다. 남성인 '보국'이 실수를 만회하는 데 도움을 주면서도 조롱하는 '계월'의 이야기는 동시에 남성을 경멸하는 시선을 담고 있다. 즉, 여성도 남성만큼의 능력이 있다는 점, 오히려 더 높은 능력을 발휘할 수 있다는 것을 보여주려는 것이다.

연대와 작자 미상의 몽유록계 한문소설 『강도몽유록(江都夢遊錄)』은 병자호란을 이야기의 배경으로, 강도에서 목숨을 잃은 여인들의 생생한 체험을 주요 서사로 다룬다. 즉, "남성이 아닌 여성이, 전쟁에서 살아남은 자가 아닌 죽은 자의 원혼이, 그리고 현실이 아닌 꿈속에서 그날의 일이 재현되고 있다."[418] 그 내용은 병자호란 당시 국사(國事)를 담당한 대신과 관료들의 책임론을 강력하게 언급하는 것이다. "종묘사직이 전란을 당하매 그 참상을 이루 다 말할 수 없습니다.…구태여 그 이유를 따진다면 이에 이르도록 한 사람은 바로 우리 낭군이지요.…이 모든 것이 강도를 지키지 못한 데서 연유한 것이니 낭군의 목숨이 도끼 아래 떨어진다 해도 군법에 마땅할 것입니다."[419] 이는 전란에 대한 국가와 남성이 아닌 여성과 피해자의 시선을 보여주고 있다. 또한 국가를 지키지 못한 국가와 남성권력에 대한 여성의 분노와 비판이 처절하게 반영되어 있다.

이처럼 18~19세기에 진행된 신분제의 와해와 평민문학의 확산에 따라 다양한 소설이 광범위한 계층에서 읽혀지는 가운데 여성을 소재로 한 소설들도 다수 등장하였다. 소설화된다는 것은 소설을 읽는 독자가 있다는 것이고, 독자들의 요구를 반영하는 소설이 등장했다는 것이다. 독자들이 읽고 싶어 하는 이야기가 소설로 담겨졌을 것이고, 다양한 방식으로 전파되었을 것이다. 그런 만큼 여성 관련 소설의 등장의 의미는 매우 크다. 즉, "사회혼란에 따른 의식 변화와 여성의 잠재적 욕구가 소설에 반영되기 시작하였는데 특히 조선 후기 여성들이 소설의 대표적 독자층으로 확대되면서 작품에 영향력을 갖게 되었고 이러한 배경에서 능동적인 여성 주인공의 활약이 두드러진 소설이 다수 창작되었다." 그 출현 배경은 "여성의 자아실현 요구, 유교사회의 엄격한 규범 및 남녀 차등에 대한 불만, 여권신장에 대한 시대적 요청과 소설의 보급과 성행, 여성 독자층 및 작가 층의 형성, 그리고 왜란·호란이라는 국가적 위기를 겪은 후 생긴 외적에 대한 반감" 등이다.[420]

## 3) 동학의 인간평등과 신분해방 사상

조선사회에서 인간평등과 여성해방의 문제를 근본적으로 제기한 것은 동학이었다. '서학'의 부분적 영향도 있었지만, 동학은 여성문제에 대한 발상의 전환과 여성해방에 대한 혁명적 근대성을 담고 있었다. 조선 중기에 전란을 겪은 이후, 평등한 세상을 갈구하는 백성들의 흐름은 지속되었다. 영조 24(1748)년, 청주와 문의 일대에서 발생한 유언비어 사건의 가담자인 오명후(吳命垕)는 같은 가담자인 이항연(李恒延)에게 "그대는 양반의 권세에 의지하지 마라. 의당 귀한 자가 천하게 되고 천한 자가 귀하게 되는 세상이 올 것이다"라고 하였다.[421] 또한 평민으로 가담한 자들은 "우리도 평민으로 남아 있을 날이 머지않을 것이다. 어찌 왕후장상의 종자가 있겠는가?"[422]라며 신분의 해방을 넘어 역성혁명까지 언급하였다. 정조 9(1785)년에 발생한 변란의 주체들은 "이후의 세계는 귀천이 없어지게 되니, 우리들이 하향한 후에 마땅히 사업을 일으키면, 가히 시조가 될 수 있다"고 했다.[423] 이들이 반란을 도모한 것은 왕조를 전복하고 평등한 세상을 만들기 위해서였다.

동학은 역성혁명적 왕조교체설의 개벽사상에 영향을 받았으며, 민중이 갈구하는 신분해방·인간평등의 세상을 주창했다. 이후 서서히 일군만민 체제(一君萬民體制)의 이념이 담긴 순수한 국왕 중심주의인 '신존왕주의(新尊 王主義)'의 영향을 받았다. '신존왕주의'는 대외적으로 "임진·병자양란에 대한 기억 속에서, 그리고 영불연합국에 의한 북경함락(1860)과 이양선의 출몰로 표현된 서세동점의 문명위기 속에서 중국·일본·서양에 대한 강한 방위의식"과 대내적으로 "임금의 눈귀를 막고 제 이익을 취하는 데 급급한 중앙과 지방의 세도가적, 즉 수령·이향과 세도가들의 세도정치를 배격"하는 "반상·적서·양천, 나아가 중앙사족과 향촌사족, 권문세가와 일반사족의 차별을 낳는 봉건적 신분제도"의 철폐라는 신분해방의 열망이 결합된 것이다.[424]

동학농민전쟁 제2차 봉기 당시였던 1894년 10월 16일에 전봉준은 양호창의군(兩湖倡義軍) 영수(領袖) 명의로 항일 전쟁에 동참할 것을 요구하는 글을 충청감사 박제순(朴齊純)에게 보냈다. 이 글에서 "일본 오랑캐가 분란을 야기하고 군대를 출동하여 우리 임금을 핍박하고 우리 백성을 뒤흔들어 놓았으니" "원컨대 각하(閣下)도 깊이 반성하여 죽음으로써 의를 함께"하자는 것이었다.[425] 이처럼 농민군은 국왕을 중심으로 일본의 침략을 막는 것을 급선무로 판단하여 충청감사에게 농민군과 함께 왜적에 맞설 것을 요청했다. 동학군 대장인 우만경을 만난 러시아 군인은 "자신들은 창선(=장성) 출신으로 나주에 있었으며, 전주에 모여 서울로 가서 왕을 보호하기 위하여 일본인들을 쫓아낼 계획이라고 설명"했다고 전한다.[426] 국왕을 중심으로 반외세 독립을 유지하는 것이 당시 농민군의 입장이었음을 알 수 있다. 따라서 농민군들은 스스로를 의병이라 부른 것이다. 1894년 8월 28일(음), 예천의 동학도들이 보낸 통문을 보면 이를 좀더 잘 알 수 있다.

조선 사람이 조선 사람을 해치는 것은 같은 지역에 사는 사람들의 상정이 아닙니다. 500년 동안 왕도(王道)정치가 펼쳐지던 나라에 왜인(倭人)들이 득세를 하여 억조창생이 덕화(德化)를 입지 못하고 있습니다. 천리의 방기(邦畿)가 어떤 지경에 이르렀습니까? 도탄에 빠진 백성들이 어떻게 편안하게 살 수 있겠습니까? 지금 도중(道中), 동학의 본뜻은 왜를 물리치는 것입니다. 예천 고을의 일은, 읍인들은 도인들이 모이는 것을 의심하고 도인들은 읍인들이 군대를 편성하는 것을 의심한 데서 비롯되었으나, 실제로 죄를 지은 사람은 두 사람입니다. 오늘 본읍 예천에서 도회를 열고 죄인들을 잡아들인 뒤에 한마음으로 왜를 물리칠 계획입니다. 같은 동토(東土)의 백성들인데도 만약 왜를 물리치려는 뜻이 없다면 하늘 아래에서 당신들이 옳은 것입니까? 도인들의 의(義)가 옳은 것입니까? 도인들은 의병(義兵)입니다. 그렇게 아시기 바랍니다.[427]

이러한 과정을 거치는 동안 동학은 신분해방과 인간평등 요구의 일관성을 유지하면서 그 흐름을 새롭게 발전시켰다. 1860년 득도한 수운 최제우는

'한울님'은 "지기 안에 모셔져 있는 존재이브로 신분과 남녀노소의 구별과 차별 없이 누구나 동학의 가르침대로 수련하면 한울님과의 일체를 경험할 수 있다"[428]고 했다. 최제우는 「교훈가」에서 "부하고 귀한 사람 이전 시절 빈천이오 빈하고 천한 사람 오는 시절 부귀로세"[429]라며 신분 차별 없는 인간평등 세상의 도래를 얘기했다.

포교를 시작한 1861년부터 인간평등과 신분해방의 철학을 제시한 것으로 세계사적으로도 상당히 빠른 것이다. 고종이 1882년과 1883년 반포한 신분혁파령 반포는 "스위스와 프랑스를 제외할 때 귀족제를 유지하고 있던 모든 구미제국과 일본을 능가하는 것이었다. 이때는 미국도 신이주민(소위 'new arrivals')·히스패닉·아시아인·흑인을 엄격히 가르는 철저한 신분제사회"였기 때문이다.[430] 정조의 '유훈'을 실천한 순조의 공노비 철폐가 1801년이었다는 점에서 1863년 단행된 미국의 노예해방 조치보다 60여 년 앞선 것이며, 고종의 대한제국 시기에 완벽한 신분철폐가 이뤄졌다는 점에서 전 세계적으로도 상당히 선진적인 것이었다.

조선사회의 신분해방 흐름은 개벽사상에서 동학까지 백성들의 간절한 염원이 하나의 강력한 동인이 되었으며, 동시에 국왕에 의한 부분적 신분해방 조치가 결합되어 나타났다. 이미 숙종(재위 1674~1720) 대부터 사회문제가 되었던, 노비의 입역(立役) 의무 대신 자신의 소유주에게 납부하던 공물인 노공(奴貢)의 절반과 비공(婢貢)의 3분의 1을 면제해 주었다. 영조는 비공을 면제하고 노공은 반으로 줄였다. "선조(先朝)께서 내노비(內奴婢)와 시노비(寺奴婢)를 일찍이 혁파하고자 하셨으니, 내가 마땅히 이 뜻을 계술(繼述)하여 지금부터 일체 혁파하려 한다. 그리고 그 급대(給代)는 장용영(壯勇營)으로 하여금 거행하게 하겠다." 하고, 이어서 문임(文任)으로 하여금 윤음(綸音)을 대신 지어 효유하게 하였다. 그리고 승지에게 명하여 내사(內司)와 각 궁방(宮

房) 및 각 관사(官司)의 노비안(奴婢案)을 돈화문(敦化門) 밖에서 불태우고 보고하도록 하였다.[431] 순조는 아버지인 정조의 유훈에 따라, 1801년 내노비(內奴婢)와 시노비(寺奴婢)를 혁파한 것이다.

이 흐름은 고종에 이르러 전면적인 신분 철폐로 이어졌다. "우리나라에서 문벌을 숭상하는 것은 참으로 천리(天理)의 공평한 이치가 아니다. 나라에서 사람을 등용함에 있어서 어찌 귀천으로 제한을 둔단 말인가? 이제 경장(更張)하는 때를 당하여 마땅히 사람을 등용하는 길을 넓혀야 할 것이다."[432] 1882년 고종은 서북인(西北人), 송도인(松都人), 서얼(庶孽), 의원(醫院), 역관(譯官), 서리(胥吏), 군오(軍伍) 들도 현직(顯職)에 통용하도록 하여 인재등용의 문을 넓히고 신분의 벽을 부분적으로 허물었다.

뒤이어 교육의 문을 개방하였고 인재등용에서 귀천의 구별을 두지 말 것을 유시(諭示)하였다. 그 내용은 다음과 같다.

> 지금 통상(通商)과 교섭(交涉)을 하고 있는 이때에 관리나 천한 백성의 집을 막론하고 다 크게 재화(財貨)를 교역하도록 허락함으로써 치부(致富)를 할 수 있도록 하며, 농(農)·공(工)·상고(商賈)의 자식도 학교에 들어가는 것을 허락하여 다 같이 진학하게 한다. 오직 재학(才學)이 어떠한가만을 보아야 할 것이요, 출신의 귀천(貴賤)은 따지지 말아야 할 것이다.[433]

최종적으로 1886년 고종은 절목(節目)을 공포하여 노비해방을 단행했다.

1. 구활(救活)과 자매(自賣) 노비, 세전(世傳) 노비는 모두 다만 자신 한 몸에 그치고 대대로 부리지 못한다. 1. 구활과 자매 노비의 소생은 매매할 수 없다. 1. 세전 노비로서 이미 사역(使役) 중인 자도 그 한 몸에 그치며, 만약

소생이 있는데 의탁할 곳이 없어서 사역을 자원하는 경우에도 새로 사는 예로 값을 준다. 1. 자매 노비는 비록 하루 동안 사역을 당하더라도 명분이 이미 정해진 뒤에는 쉽게 모면할 수 없으며, 가주(家主)가 몸값을 갚으라고 허락하기 전에는 몸값을 갚겠다고 청할 수 없다. 1. 단지 자신 한 몸에 그치고 대대로 부리지 못하게 하는 만큼 매입한 돈 문제는 자연히 제기할 수 없으며, 본인이 죽은 뒤에 절대로 소생에게 징출(徵出)할 수 없다. 1. 약간의 돈과 쌀에 의한 숙채(宿債) 때문에 양인(良人)을 억눌러서 강제로 종으로 삼는 것은 일체 금지한다. 1. 노비 소생으로서 스스로 면천(免賤)하겠다고 하면서 분수를 업신여기고 기강을 위반하는 자는 특별히 엄하게 징계한다. 1. 이처럼 규정을 세운 뒤에는 높고 낮은 사람을 막론하고 모든 사람들이 전철을 답습하면서 조령(朝令)을 어기는 경우 적발되는 대로 법에 따라 감처(勘處)한다.[434]

이처럼 백성들의 신분해방의 거대한 움직임과 함께 왕에 의한 신분해방의 제도적 모색이 서서히 진행되었다. 국왕과 백성 모두는 신분해방을 실행되어야 할 시대적 과제로 자각했던 것이다. "정조와 순조의 신분해방 노선을 잇는 고종의 이 일련의 신분해방 조치는 1863년 링컨의 노예해방조치보다 더 실질적인 것이었다. 링컨의 조치는 형식적인 해방 조치로서 미국 흑인에 대한 '법적' 신분차별은 '평등하지만 분리된다(equal but separate)'라는 세그리게이션(segregation) 법제도로써 1970년대에까지도 유지되기 때문이다. 고종의 이 「노비해방절목」이 제대로 시행된다면 사회제도로서의 노비제를 한 세대 내에 점진적으로, 그러나 완전히 소멸시키는 '혁명적' 노비해방령이었다."[435]

특히 동학교도들 간에는 신분 차별도 남녀차별도 없었다. 「도남서원통문

『道南書院通文』(1863.12.1.)은 당시 동학교도들을 "하나같이 귀천의 차등을 두지 않고 백정과 술장사들이 어울리며 엷은 휘장을 치고 남녀가 뒤섞여서 홀어미와 홀아비가 가까이 하며 재물이 있든 없든 서로 돕기를 좋아하니 가난한 이들이 기뻐한다"고 묘사한다.[436] 동학을 '사교(邪敎)'로 배척한 유학자들이 동학교도들의 모습을 보고 이를 제압하기 위하여 돌린 통문에서 동학교도들은 신분에 따른 귀천·빈부의 차등을 두지 않고 서로 어울리고 존중했으며, 남녀도 동등하게 상호 존중했다는 것을 엿볼 수 있다.

수운의 뒤를 이은 해월 최시형은 원천적인 인간평등 사상을 기반으로 신분해방, 특히 적서차별의 철폐를 강조했다. 1865년 10월 28일 수운 선생 탄신기념일에 모인 제자들에게 해월은 "인(人)이 내천(乃天)이라. 고로 인은 평등하여 차별이 없나니, 인이 인위로써 귀천을 분(分)함은 한울님 뜻에 어긋나는 것이니라. 우리 도인들은 일체 귀천의 차별을 철폐토록 하여 스승님의 본뜻에 따르도록 하자"며, 신분차별은 동학의 정신에 위배되는 것이니 차별을 철폐하자는 수운 선생의 뜻을 따르자고 강조하였다.[437] 또한 1866년 3월 10일 수운 선생이 돌아가신 제2주기 제례 후에 해월은 "양반과 상놈을 차별하는 것은 나라를 망치게 하는 일이오, 적자와 서자를 구별하는 것은 집안을 망치는 일이니 우리 도인들은 앞으로 적서의 차별을 철폐해야 한다"고 강조했다.[438]

사회의 운영 원리에서도 신분적 차별을 용인하지 않고 직업적 차이만 인정했다.

사시의 차례가 있음에 만물이 생성하고, 밤과 낮이 바뀜에 일월이 분명하고, 예와 지금이 길고 멀음에 이치와 기운이 변하지 아니하니, 이는 천지의 지극한 정성이 쉬지 않는 도인 것이니라. 나라 임금이 법을 지음에 모든 백성이 화락하고, 벼슬하는 사람이 법으로 다스림에 정부가 바르며 언숙하고, 뭇 백성이 집을 다스림에 가도가 화순하고, 선비가 학업을 부지런히 함에 국운이 흥성하고, 농부가 힘써 일함에 의식이 풍족하고, 장사하는 사람이 부지런히 노고함에 재물이 다하지 않고, 공업하는 사람이 부지런히 일함에 기계가 고루 갖추어지니, 이는 인민이 지극한 정성을 잃지 않는 도이니라.[439]

이상에서 보이듯이 '사농공상(士農工商)'을 이야기하고 있으나, 신분 차별적 관점이 아니라 자신의 직분에 맞게 살아가는 것이 도(道)라는 점을 이야기한다. 모든 사람들이 자신의 역할에 맞게 순리에 따라 살아가야 한다는 것이다. 이는 해월의 「독공(篤工)」에서도 확인된다.

도에 대한 한결같은 생각을 주릴 때 밥 생각 하듯이, 추울 때 옷 생각 하듯이, 목마를 때 물 생각 하듯이 하라. 부귀한 자만 도를 닦겠는가, 권력 있는 자만 도를 닦겠는가, 유식한 자만 도를 닦겠는가, 비록 아무리 빈천한 사람이라도 정성만 있으면 도를 닦을 수 있느니라.[440]

이 글에서는 동학은 신분이나 빈부의 차이와 무관하게 정성을 다하면 도를 닦을 수 있다는 평등 의식을 제시한다. 따라서 사농공상은 신분적 차별을 위한 언급이 아님을 알 수 있다.

1860년 동학을 창도한 수운부터 해월에 이르기까지, 즉 1860년대부터 인간평등, 신분해방, 여성해방은 동학의 기본적인 세계관이었다. 1891년 3월, 전라도 지역의 동학 지도자인 김낙삼(金洛三)이 호남 좌우도 16포(包) 도인 100여 명을 인솔하고 해월에게 나아가 호남좌우도편의장을 노비 출신인 남계천(南啓天)으로 정한 것을 인정할 수 없다고 하자, 해월은 다음과 같이 말했다.

> 오도(吾道)는 5만년(五萬年) 개벽(開闢)의 운(運)을 승(乘)하야 무극대도(無極大道)를 창명(刱明)한지라. 문지저앙(門地低昂)과 노소등분(老小等分)은 국견(局見)의 미습(迷習)이니 어찌 논(論)하리오. 비록 문지가 비징(卑徵)한 자(者)라도 두령(頭領)의 자격(資格)이 유(有)하면 그 지취(指揮)를 일준(一遵)하여서 도리(道理)를 창명(彰明)함이 가(可)하리라.[441]

문벌을 따지거나 노소를 나누는 것은 짧은 생각의 나쁜 악습이니 논할 이유가 없고, 능력과 자격이 있으면 그런 사람이 두령의 역할을 하면 된다는 것이다. 『동학사(東學史)』는 해월 선생이 "오도(吾道)는 후천개벽(後天開闢)이오, 갱정포태지운(更定胞胎之運)이라 하였으니 선천(先天)에 부패(腐敗)한 문벌고하(門地高下)와 귀천등분(貴賤等分)을 어찌 의논(議論)하리오. 수운 선생(水雲先生)의 일을 보라. 두 여비(女婢)를 해방(解放)하여 하나는 양녀(養女)를 삼고 하나는 자부(子婦)를 삼었나니 그 뜻을 생각(生覺)하라"[442]고 타일렀다고 하였다.

『해월신사법설』의 「포덕(布德)」 편에는 "소위 반상의 구별은 사람이 정한 바요 도의 직임은 한울님이 시키신 바니, 사람이 어찌 능히 한울님께서 정하신 직임을 도로 걸을 수 있겠는가. 한울은 반상의 구별이 없이 그 기운과 복을 준 것이요, 우리 도는 새 운수에 둘러서 새 사람으로 하여금 다시 새 제도의 반상을 정한 것이니라. 이제부터 우리 도 안에서는 일체 반상의 구별을 두지 말라. 우리나라 안에 두 가지 큰 폐풍이 있으니 하나는 적서의 구별이요, 다음은 반상의 구별이라. 적서의 구별은 집안을 망치는 근본이요 반상의 구별은 나라를 망치는 근본이니, 이것이 우리나라의 고질이니라. 우리 도는 두목 아래 반드시 백배 나은 큰 두목이 있으니, 그대들은 삼가 하라. 서로 공경을 주로 하여 충절을 삼지 말라. 이 세상 사람은 다 한울님이 낳았으니, 한울 백성으로 공경한 뒤에라야 가히 태평하다 이르리라"[443]라고 타이른다.

수운의 뜻에 따라, 수운의 순도(殉道) 이후 해월은 인간평등, 신분해방, 여성해방의 뜻을 공표했으며, 1891년에 다시금 반상차별과 적서차별 등 신분차별 철폐와 인간평등 및 여성해방을 천명했다. 동학의 근대적인 신분해방의 관점은 유럽과 비교해도 절대 뒤처지지 않는 것이며, 오히려 훨씬 빠른 시점에 근대의 해방 정신을 표방하였다. 조선의 역사에서도 고종의 조치보다 20여 년 앞선 것이며, '근대화의 시작'이라고 역사학자들이 주장하는 1894년 갑오경장(갑오사이비개혁)보다는 30여 년 이상 앞선 것이다.

신분차별의 문제와 관련해서는 정조의 유언을 실천한 1801년 순조의 '공노비해방' 조치 이후, 60여년 만에 동학에서 신분해방의 기치를 집단적으로 제기하기 시작한 것이다. 서재필(徐載弼, 1864~1951)의 자서전에서도 동학의 신분해방 노선에 대한 기억이 기록되어 있다.

그[최제우-인용자]의 앞에는 양반도 없고, 상놈도 중인도 백정도 종도 없었다. 그리하여 그를 믿는 제자들 간에는 귀천의 계급이란 조금도 인정되지 않았다. 서로 평등이요, 서로 형제였다. 계급제가 엄격하던 그때에 상놈이 양반과 만나 서로 절을 하고 서로 형제라 부르며 서로 '하우'를 하니 될 말이냐고 비난 공격이 많았지마는, 오랫동안 양반계급에 눌리어 살던 그들에게 그러한 공격쯤은 당초부터 문제가 아니었던 것이다.[444]

동학의 인간평등, 신분해방, 여성해방은 동학농민전쟁으로 이어졌다. 1894년 4월 9일(음) 고창현에서는 동학교도 수천 명이 감옥을 부수어 죄수를 석방하고 무기를 빼앗았는데, 특히 호적 서류를 약탈했다.[445] 호적을 약탈했다는 것은 신분 기록을 없앴다는 것으로 당시 농민봉기의 중요한 이유 중 하나가 신분해방이었음을 알 수 있다. 영장(營將) 벼슬을 한 김시풍(金始豐)은 동학봉기에 합류했는데, 그는 "어두운 임금을 버리고 밝은 임금을 옹립하는 것은 옛날부터 있어온 진리"라며 역성혁명을 주장했다. 또한 "우리 대장께서 7월 보름 이내에 어지러운 세상을 평정하고 새로운 나라를 세우려 했는데 일이 이미 어그러졌으니 다시 무슨 말을 더 하겠는가"라고 한 점을 미루어볼 때, 양반 출신 또는 벼슬을 했던 사람들 중에는 동학농민봉기를 통해 새로운 국가를 세우려 한 사람도 있었음을 알 수 있다.[446]

동학에 대한 백성들의 지지는 상당했던 것으로 보인다. 동학이 봉기하여 백성들의 모든 해독을 없애 준다는 이야기에 기뻐했으며, 동학농민군에 의해 성과 고을이 함락된 것도 백성들은 기뻐했다고 한다. 여기에 더해 동학이 패했다는 소식이 전해져도 백성들이 믿지 않았다고 하니, 당시 동학을 향한 백성들의 기대와 신뢰를 짐작할 수 있다.[447]

동학농민군은 '폐정개혁안'을 통해 해방의 세상을 요구했다. 특히, 신분해방을 통한 평등 세상에 대한 희구는 대단했던 것으로 보인다. "노비와 주인이 함께 입도한 경우에는 또한 서로를 접장이라 불러 마치 벗들이 교제하는 것 같았다. 이런 까닭에 사노비와 역참에서 일하는 사람, 무당의 서방, 백정 등과 같이 천한 사람들이 가장 좋아라 추종하였다." 또한 "부자들을 위협하고 양반을 모욕하고 관리를 꾸짖고 욕하며 구실아치와 군교들을 결박"하는 등 '쌓인 원한과 굴욕'을 마음껏 풀어냈다. 그래서 "오직 양반들만이 죽는 한이 있어도 들어가지 않았고, 동학을 피하여 사방으로 흩어졌다."[448]

이러한 거대한 '폐정개혁'의 요구는 시대의 내세였으므로 당시 '갑오친일 정부'에서 대폭 수용할 수밖에 없었다. "군국기무처는 처음에 동학농민군의 폐정개혁 요구를 충족시켜 주는 개혁의안을 채택함으로써 민심을 수습코자 했다.…군기처의 의안 중 20여 건은 바로 재기(再起)한 동학농민군의 회유 및 진압책과 관련된 것이다. 군기처는 갑오경장 초두에 일련의 평등주의적 인 사회개혁을 선언함으로써 민심을 수습코자 했다."[449] 갑오친일정부의 군 국기무처는 당시의 상황을 수습하기 위해서 동학농민군의 폐정개혁 요구를 수용할 수밖에 없었고, 이 수습책을 통해 사태를 무마하려고 했다는 것이 다. 갑오친일정부가 동학농민군의 요구를 수용했다는 것은 "친일괴뢰정부 가 신분해방·과녀(寡女) 재가 자유허용 조항을 동학농민군의 폐정개혁 요 구, 즉 오지영의 『동학사』에 실린 '폐정개혁 12개조'의 반상·천민신분·노 비해방 및 청춘과부 개가 허용 조항들을 가져와 갑오경장의 개혁의안에 반 영했다는 말이다."[450] 따라서 동학과 동학농민군은 조선의 근대화를 추동한 근본적 힘이었음이 갑오친일정부의 정책에서도 증명된 것이다. 신분해방 과 여성해방을 통한 인간평등의 세상을 요구하는 백성의 요구는 '시대정신' 이었으며, 근대화의 사상적 동력이었던 것이다.

동학농민전쟁 기간 동안, 노비들은 주인을 '협박'하여 노비문서를 불태우 며 면천을 강요했고, 양반들은 화를 피하기 위해 이에 응하였다. 노비문서 를 불태우는 등의 행동은 단지 분풀이 방식만은 아니었던 것으로 보인다. 그 이전부터 동학교도들은 "백정이나 재인들 또한 평민이나 양반과 더불어 평등한 예를 행"했다는 것에서 동학의 이상을 실현하기 위한 방편으로 활용 된 측면도 있었다. 이들은 "서로 대하는 예가 매우 공손하였으며 신분의 귀 천이나 나이에 상관없이 평등한 예"로 대했다.[451] 동학교도들은 실제 일상생 활에서 신분해방과 인간평등의 이상을 실천하고 있었던 것이다.

1894년 5월(음) 이후부터 동학에 대한 백성들의 지지는 더욱 확산되어서, 수령과 선비 중에서도 동학과 봉기에 참여하는 사람이 많아졌다. 『동경대전』은 '위대한 성인'이 저술한 것처럼 여겨졌다고 하며, "마을에서는 강당을 설치하여 새벽부터 저녁까지 공부하였고, 어린아이들은 모두 '격검궁을지가(擊劍弓乙之歌)'를 입에 달고 있어 논두렁이나 밭두렁에서도 그 소리를 들을 수 있었으며, '시천주(侍天主)'를 읊어대는 소리가 좁은 길에 가득하였다. 이러한 현상은 호남지방에서 경기지방에 이르기까지 천 리에 이어졌는데 평민들은 감히 아무도 배척하지 못하고 적을 따라 입도한다고 하였으며, 적은 이들이 도인이 되었다고 하였다."[452]

그러나 동학과 백성에 의해 어렵사리 시작된 근대화는 갑오친일정부에 의해 곧 반동화의 길로 들어섰다. 즉 1894년 8월 10일(양9.10)에 발표한 '관문(關文)'을 통해 개혁 조치라고 스스로가 주장했던 공사노비제의 혁파와 인신매매금지 조항은 유명무실화(有名無實化)되었다. 관문을 내건 이유는 갑오친일정부 입장에서 노비들의 신분해방투쟁이 지나치게 확산되지 않고 억제하도록 유도하기 위함이었다. 그 내용은 다음과 같다.

"공사 노비제를 일절 혁파하고 인신매매를 금할 것"이라는 1조는 곧 체휼지의(體恤之意, 가엾게 여기는 뜻)였다. 이는 양민을 눌러 천민으로 만들어 세세토록 노비역을 지게 하는 것을 금지한 것이고, 일찍이 팔린 자들(曾所販賣者)을 논하는 것이 아니다. 근일 세간에서 무뢰배들이 그 본의를 깨닫지 못하고 이것을 빙자하여 폐단을 일으켜 반상이 서로 어긋나 사류(士流)가 그 체모를 보존할 수 없고 서민이 감히 상민의 분수를 범한다.…노비가 주인을 능멸하는 것이 허다하다는 것과 패륜 행동의 소문이 계속 들려오고 있다. 참으로 통탄스럽고 놀라운 일이다.[453]

개혁조치라고 주장했던 신분해방은 관문을 통해 스스로 허구였음을 자인하고 있다. 전통적인 반상의 구별에 어긋나는 행동을 하는 자들은 '무뢰배'로, 노비들의 적극적인 신분해방 움직임은 주인을 능멸하는 '패륜'으로 규정했다. 노비제도 혁파를 '반쪽짜리'로 만들어 버린 것이다. 따라서 소위 갑오경장의 신분해방 등을 통한 개혁조치는 조선사회의 근대화가 아니라, 갑오친일정부의 기만적이며 실제로는 반개혁적인 조치에 불과했다. 동학과 백성에 의해 요구된 개혁조치들을 수용하는 척 하면서, 실질적인 근대화 조치의 이행을 방해한 것이다. 따라서 갑오친일정부는 근대화를 가로막은 정부이며, 갑오경장은 '반(反)근대적 조치' 또는 '개혁의 왜곡'이었다.

이러한 왜곡 조치를 바로잡고, 확실한 신분해방을 실천한 것은 대한제국시기 고종 황제에 의해서였다. 따라서 신분제도 철폐는 고종이 1880년대부터 추진해 온 신분제 개혁정책과 동학농민군의 신분·노비해방 운동, 대한제국기 광무개혁으로 완성된 것이다. 특히 "광무 연간의 실질적 신분해방 조치와 탈신분적 공직 등용 정책 덕택에 대한제국기에는 서자나 중인, 병졸과 하급 장교, 변방의 양민·천민 출신들이 명문가문 후예들을 밀쳐내고 근왕직(勤王職)에 참여하는"[454] 일이 보편화되었다.

## 4) 동학의 여성해방사상

수운은 득도 이후 최초의 포교 대상은 자신의 부인이었다. 또한 수운은 가내의 여종 두 명을 각각 며느리와 수양딸로 삼아 인간평등을 몸소 실천했다. 당시 상황에서 이와 같은 실천은 보기 드문 일이었다. 이런 실천은 동학이 남녀 모두를 평등하게 한울님으로 보는 자각을 기반으로 했다. 그래서 무엇보다도 여성포교와 여성해방의 실행을 중시했다. 수운의 '가화론(家和

論)'은 "지배와 종속이라고 하는 상하관계의 유교적 부부 지배질서와는 근본
적으로 다른 것이다. 인간 도리의 근본은 부부를 둘러싼 가족에서 출발되는
것이며 부부는 어디까지나 서로 협조하는 수평적 관계여야 한다는 것이다."
또한 "유교적 속박 속에서 억눌려 왔던 여성들에게 새로운 삶의 의미를 찾
게 했다. 여자에 대한 포학과 압제의 상징이었던 시부모와 남편으로부터 한
울님 모시는 똑같은 인간이라는 대우를 받을 수 있다는 놀라운 사실을 알게
되었다. 또한 부녀들도 일도(一道)하여 수련하기만 하면 도성덕립(道成德立)
의 군자가 될 수 있다는 평등관을 갖게 했다. 이것은 인간 존엄성에 대한 위
대한 각성이며, 또한 여성해방의 높은 기치이기도 하다."[455]

　수운은 여성에게 동학을 포덕하는 일을 중시했다. 「안심가」에서 "거룩한
내 집 부녀 이 글 보고 안심하소… 거룩한 내 집 부녀 자세보고 안심하소"[456]
라며 여성의 관심과 참여를 촉구했으며, 또한 여성들이 글 읽기를 게을리하
지 말 것을 강조했다. 이와 함께 수운은 「도수사」(道修詞, 1861년 12월 말경 집
필 추정)에서 "수신제가 아니하고 도성입덕 무엇이며 삼강오륜 다 버리고 현
인군자 무엇이며 가도화순(家道和順) 하는 법은 부인에게 관계하니 가장이
엄숙하면 이런 빛이 왜 있으며 부인 경계 다 버리고 저도 역시 괴이하니 절
통코 애달다"라며, 남성들이 여성을 새로운 자세와 태도로 대할 것을 주
문한다.[457] 또 가도를 화순하게 하는 데에는 부인의 역할이 크며, 도를 얻기
위해서는 가화가 필수적이라는 점을 강조한다. 결국 남편들이 성의를 다하
여 부인을 공경할 것을 강조하는 것이다.[458] 즉, 수운의 여성관은 "사회의 제
반 구조에서 소외당했던 여성들의 고통을 남성들이 자각케 하여 여성도 평
등한 인간으로서 가족의 중심 구성원이며, 무엇보다 여성의 평온은 곧 가화
의 근본이 됨을 인식하는 것"이다.[459]

　여성해방의 문제를 더욱 적극적으로 제기하고 실천한 것은 해월 선생이

다. 1867년 해월은 "나는 비록 부인(婦人) 소아(小兒)의 말이라도 또한 배울 것은 배우며 쫓을 것은 쫓나니 이는 모든 선(善)은 다 천어(天語)"이기 때문이라고 하여, 인간평등뿐만 아니라 여성해방과 어린이 존중까지 제기했다.[460] 『해월신사법설』의 「부화부순(夫和婦順)」에서는 "부화부순은 우리 도의 제일 종지"이며, "남자는 한울이요 여자는 땅이니, 남녀가 화합치 못하면 천지가 막히고, 남녀가 화합하면 천지가 크게 화하리니, 부부가 곧 천지란 이를 말한 것이니라"고 밝히고 있다.[461] 부부와 남녀의 화목이 동학의 근본이며, 부부의 화목이 바로 천지이고 도의 근본임을 밝힘으로써, 인간해방·여성해방이 동학의 핵심임을 천명한 것이다.

따라서 남성들은 여성에게 성심을 다해 포덕하고 상호존중의 자세로 대할 것을 강조한다. "여자는 편성이라,[462] 혹 성을 내더라도 그 남편 된 이가 마음과 정성을 다하여 절을 하라. 한 번 절하고 두 번 절하며 온순한 말로 성내지 않으면, 비록 도척의 악이라도 반드시 화할 것이니, 이렇게 절하고 이렇게 절하라."[463] 여성이 조선사회의 억압적 상황 속에서 살아왔으므로, 포교를 할 때 성을 내더라도 존중의 자세로 더 고개를 숙이고 한울처럼 대하라는 뜻이다. 그만큼 철저하게 동학에서는 여성존중의 자세와 태도를 요구한다.

『해월신사법설』의 「대인접물」(待人接物, 1885년 6월 설법 추정)[464]에서는 "내가 청주를 지나다가 서택순의 집에서 그 며느리의 베 짜는 소리를 듣고 서군에게 묻기를 '저 누가 베를 짜는 소리인가' 하니, 서군이 대답하기를 '제 며느리가 베를 짭니다' 하는지라, 내가 또 묻기를 '그대의 며느리가 베 짜는 것이 참으로 그대의 며느리가 베 짜는 것인가' 하니, 서군이 나의 말을 분간치 못하더라. 어찌 서군뿐이랴. 도인의 집에 사람이 오거든 사람이 왔다 이르지 말고 한울님이 강림하셨다 말하라"고 했다.[465] 이는 두 가지의 뜻이 있는

데, 하나는 며느리도 한울님처럼 대하라는 것이며, 또 하나는 노동을 천시하는 잘못된 태도를 바로 잡는 것이다. 해월은 천시되는 여성인 며느리와 노동을 대하는 태도를 말한 것이며, 이것을 '천주직포설(天主織布說)'이라고 한다.

해월은 부인수도를 강조하고 장려하면서 "부인은 한 집안의 주인이니라. 음식을 만들고, 의복을 짓고, 아이를 기르고, 손님을 대접하고, 제사를 받드는 일을 부인이 감당하니, 주부가 만일 정성 없이 음식을 갖추면 한울이 반드시 감응치 아니하는 것이요, 정성 없이 아이를 기르면 아이가 반드시 충실치 못하나니, 부인 수도는 우리 도의 근본이니라. 이제로부터 부인 도통이 많이 나리라"고 하며, 앞으로 동학의 도를 깨달은 여성들이 많이 나올 것이라고 예언하였다. 여기에서 여성을 대상으로 한 적극적인 포교 의지와 여성해방에 대한 해월의 생각을 읽을 수 있다. "이것은 일남구녀(一男九女)를 비한 운이니, 지난 때에는 부인을 압박하였으나 지금 이 운을 당하여서는 부인 도통으로 사람 살리는 이가 많으리니, 이것은 사람이 다 어머니의 포태 속에서 나서 자라는 것과 같으니라."[466] 해월은 이전까지는 여성이 억압받았던 시대였으나 앞으로는 동학에 도통한 여성들에 의한 후천개벽의 세상이 열릴 것이라고 예언하였다. 그 이치는 사람이 모두 어머니의 포태 속에서 태어나고 어머니의 사랑으로 자라나는 이치와 같다고 했다. 이는 동학이 모정주의 사회를 지향한다는 점을 보여주는 것이다. 동학이 지향하는 세상은 남녀평등을 넘어서, 어머니의 사랑이 펼쳐지는 세상이다.

그래서 해월은 여성의 수도와 삶의 문제에 상당한 관심을 기울였다. 1890년 「내칙(內則)」과 「내수도문(內修道文)」을 통해 여성이 임신했을 때 취해야 할 행동원칙과 여성의 일상생활의 행동원칙을 제시했다. 「내수도문」에 "부모님께 효를 극진히 하오며 남편을 극진히 공경하오며 내 자식과 며느리를 극진히 사랑하오며 하인을 내 자식과 같이 여기며 육축이라도 다 아끼며 나무라도 생순을 꺾지 말며 부모 분노하시거든 성품을 거슬리지 말며 웃고 어린 자식 치지 말고 울리지 마옵소서"[467]라는 내용을 통해 만물이 한울님이라는 평등사상을 구체적인 일상생활과 접목했다. 어머니의 모정으로 가족을 대하고 하인도 자식처럼 여기고 세상만물을 접하라는 것이다. 모정주의를 구체적으로 실천하는 방법을 알리려는 것이었다. 1860년 수운 최제우에 의해 창도된 동학은 인간평등·신분해방·여성해방의 가치 실현을 통해 '대동 평등' 세상을 실천하려고 했으며, 궁극적으로 어머니의 사랑이 실천되는 세상인 모정사회를 지향했다. 동학은 세계사적으로 상당히 이른 시점에 근대성을 내장하고 있었으며, 미래사회의 모형인 모정사회를 지향했다는 점에서 상당히 선진적이었다고 볼 수 있다.

특히 여성해방을 남성이 주장했다는 것은 가히 혁명적이라 할 수 있다. 대체로 여성해방은 여성들의 입과 시선으로 제기되었다. 영국의 울스턴크래프트(Mary Wollstonecraft, 1759~1979)는 여성으로서 『여성교육에 관한 고찰(Thoughts on the Education of Daughters)』(1787), 『여성의 권리옹호(A Vindication of the Rights of Woman)』(1792) 등을 통해 여성의 교육적·사회적 평등을 주장했다. 18세기 말에 여성의 입장에서 여성의 평등을 주장했다는 점에서 유럽사회에서 선구적이었다고 할 수 있다.

조선사회에서도 18세기 초반부터 임윤지당(任允摯堂)과 강정일당(姜靜一堂) 같은 여성들이 저술을 통해 남녀평등을 주장했다. 서양에서 남성에 의한 여성해방이 주장된 것은 1869년 런던에서 존 스튜어트 밀의 『여성의 종속(The Subjection of Women)』의 출간을 통해서였다. 이 책은 부인이었던 해리엣 테일러(Harriet Taylor Mill, 1807~1858)의 직접적인 영향 속에서 저술된 것으로 알려지고 있다. 밀은 1840년 이후의 출판물은 해리엇과의 '합동작품'

이라고 한 것에서 알 수 있다.[468] 서양사회사에서 이 책은 상당히 중요한 의미가 있으며, 20세기 후반에 이르러 여성해방과 남녀평등이 상식적 문제로 사회의 시야에 들어오기 전까지는 남성에 의해 쓰인 독보적인 저작이었다.[469]

조선에서는 여성문제의 해결을 위한 노력이 책으로 출간되지는 않았지만, 1860년 동학이 창도된 직후부터 여성해방을 삶 속에서 실천했다. 수운은 득도 이후 자신의 여종을 며느리와 수양딸로 삼았고, 동학교도들은 "엷은 휘장을 치고 남녀가 뒤섞여서 홀어미와 홀아비가 가까이 하며 재물이 있든 없든 서로 돕기를 좋아"했다. 조선에서는 학문적 · 이론적 영역이 아니라 삶의 현장에서 실천된 것이다.

## 5) 동학농민전쟁과 여성

동학농민전쟁 기간 동안, 여성이 어떤 역할을 했으며, 농민군의 가족 구성원은 어떻게 이 과정을 겪었는지에 대한 구체적인 자료는 너무나 부족하다. 여전히 남성 중심, 양반 중심 사회라는 구조로 인해 여성의 이야기와 평민 · 노비의 이야기는 기록되지 못했기 때문이다. 동학농민전쟁에 관한 기록에는 주로 남성의 목소리와 행동만 담겨 있다. 그러나 동학의 신도이며 지주-소작관계에서 억압받았던 여성들도 전쟁의 주체였다. 즉, 동학이 신분해방과 남녀평등을 실천한 종교라는 점에서, 동학농민전쟁 기간 동안 여성도 나름의 역할을 수행했을 것이다. 동학농민전쟁 기간 중 여성의 전투 참여는 아주 적은 사례만 확인된다.

광주목사의 첩보에 의하면, 1894년 섣달 28일 날 13명의 죄인을 잡아 '물고'를 냈다고 하면서, 그 13명 중의 한 명이 엄소사(嚴召史)이며 그녀는 '동학통령(東學通靈)'이라 칭하는데 공정(公庭)에서 자수했다. '통령(通靈)'은 정신과 신령이 서로 통한다는 뜻으로 수운과 같이 하늘의 뜻을 얻었거나 득도를 했다는 의미로 해석할 수도 있는데, 이럴 경우 동학교도들 내에서 상당한 신망을 받았을 것으로 예상할 수 있다. 아니면 '통령(統領)'의 잘못된 기록이라면, 동학에서 '통령'은 의병대장을 의미하기 때문에 농민군의 지도자였을 가능성도 배제할 수 없다. 13명 중 6인은 동학 접주로서 군기(軍器) 강제 탈취와 백성 재물 약취 죄목으로, 3인은 군기 탈취 죄목으로, 2인은 평민(平民)을 침학(侵虐)한 죄목으로, 1인은 행패의 죄목으로 처벌되었으며, 나머지 1인이 엄소사이다. 이 13인의 죄인은 죄를 규명하면 용서하기 어렵다고 보고했다.[470] 따라서 엄소사는 농민군의 지도적 위치 또는 농민전쟁의 지도자급인 손화중(孫化仲)·최경선(崔京先)과 같은 인물의 기포장(起包將), 마부(馬夫) 등 측근들이었던 것으로 보인다. 따라서 엄소사라는 여성도 이 정도의 지위 또는 역할을 했을 것으로 추정된다.

장흥읍성 전투에서 농민군 중에 여성 지도자로서 활약을 한 이소사(李召史)라는 여성도 있었다. 「양호우선봉일기(兩湖右先鋒日記)」에 의하면, "장흥의 민인(民人) 등이 잡아 바친 여자 동학도는 그들이 '신이부인(神異夫人)'이라 일컫는데, 요사스런 말을 하여 어리석은 백성들을 현혹한 일대 요물인지라 이달 초 1일에 나주에 주둔하고 있는 일본군 진영 대대로 압송"[471]했다고 되어 있다. 일본의 『국민신문(國民新聞)』(1895.3.5.)은 "동학당에 여장부가 있다. 동학당의 무리 중에 한 명의 미인이 있는데, 나이는 꽃다운 22세로 빼어나기가 경성지색(傾城之色)의 미인이라 하고, 이름은 이소사라고 한다. 오랫동안 동학도로 활동하였으며, 장흥부가 불타고 함락될 때 그녀는 말을 타고 말 위에서 지휘를 하였다고 한다. 일찍이 꿈에 천신(天神)이 나타나 오래된 제기(祭器)를 주었다고 하며, 동학도가 모두 존경하는 신녀(神女)가 되었다"

고 전했다.[472]

동일인물인 이소사에 대해 동학군 토벌에 나선 일본군의 보고에서는 그 신녀가 장흥의 현감을 죽였다는 소문이 있는데 실제로는 이소사가 미친 사람이었는데 동학도들이 옹립해서 천사(天使)로 만들어 이용했으며, 소모관(召募官) 백낙중(伯樂中)에게 잡혀 모진 고문을 받았다고 전하고 있다.[473] 장흥 전투에서 말을 탄 여성이 농민군을 지휘했다는 것이며, 일본군은 여성 지휘자를 미친 사람으로 보고할 정도라면 상당한 전투 능력을 지녔던 것으로 보인다. 이처럼 동학농민전쟁 기간 동안 농민군을 지휘한 여성 지도자를 일본의 신문과 일본군의 보고를 통해 확인할 수 있었다.

농민군 지도자의 부인들도 상당한 고초를 당했던 것으로 보인다. 전남 장흥지역의 사례를 보면, 농민군을 토벌하던 1895년 1월 4일(음력) 보고에서 인부(印符)를 탈취한 이인환(李仁煥)을 잡기 위해 부인인 유소사(劉召史)를, 장흥 남면 접주였던 김일의 부인인 문소사(文召史)를 감옥(監獄)에 가두었다가 풀어주었다.[474] 장흥지역에서 농민군의 부인을 감옥에 가두는 일이 몇 건 발견되었으니, 농민군이 봉기한 지역에서도 대부분 이러한 양상이 나타났을 것이다. 장성(長城)전투에서는 여성들이 직접 전투에 참여한 것은 아니지만 정부군의 포에 물을 부었다는 증언이 남아 있다.[475] 해월의 딸과 대접주 임규호의 부인 등도 옥천 민보군에게 체포되어 충청감영에 넘겨지기도 했다.[476]

여성이라는 조건 속에서 직접 전투에 참여하지는 못하지만, 간접적인 방식으로 농민전쟁에 참가한 여성 동학교도 또는 농민군에 가담하거나 동조한 여성들이 상당히 많았을 것으로 추측된다. 여성과 동몽(童蒙) 등은 농민군의 전투 과정에서 다양한 차원에서 전투를 지원하고, 전투의 보조 역할을 담당했을 것이다. 이들의 참여는 동학이 여성해방과 어린이 존중사상을 표방했다는 점에서, 농민군의 승리는 여성들에게 시대적 모순을 극복하고 새로운 세상을 열 수 있는 가능성으로 이해되었을 것이다.

동학농민전쟁보다 100여 년 앞서 벌어진 프랑스혁명(1787~1799) 당시에도 여성들은 혁명에 참여했다. 일정한 차이는 있었겠지만 봉건적 착취에 의해 더욱 심각한 억압을 겪은 여성들의 혁명 참여는 다양한 방식으로 이루어졌을 것이다. 프랑스혁명 당시 뒤케(Félicité Duquet) 등 많은 여성들이 직접 전쟁에 참여했다. "실제로 여성들은 조국을 위해 전장에서 싸웠는바, 그 가운데 44명의 여성 병사에 관한 증거가 발견되었다.…그녀(뒤케)는 자신이 조국에 대한 신성한 사랑에 의해 남성으로 위장하고 국가방위를 위해 자발적으로 행군했다고 설명하였다."[477]

이 당시 여성들의 가장 큰 관심사는 과부의 재가문제였으며, 그중에서도 청춘과부 문제였다. "과부의 재가 자유는 사회적 원한의 소리가 높았기 때문에 허용된 것이기도 했지만, 농민군에 참가했던 여성들이 싸워 얻어낸 측면도 있다는 사실"[478]에 주목할 필요가 있다. 가장 심각한 사회문제가 되었던 청춘과부의 재가를 허용하는 것은 여성들의 원한을 해소하는 것임과 동시에 동학의 여성해방 관점을 실천하는 것이기도 했다.

『경국대전』을 개정하여 재가녀(再嫁女)의 아들들의 과거길과 청요(淸要) 벼슬길을 막아 버린 성종 임금 이래 재가길이 막혀 버린 10~20대 청춘과부들의 원정을 풀어주기 위해 200여 년 동안 계속 제기되어 온 청춘과부 개가 허용에 대한 관리와 유생들의 부단하고 절절한 요구, 동학농민전쟁에 참전한 이조이[李召史]·엄조이[嚴召史] 등 10~20대 청춘과부 여성동학군들의 직접적 요구, 그리고 동학 고유의 여성해방 이념 등의 단적인 표출일 뿐이다.[479]

과부 재가문제가 조선 후기에 얼마나 중대한 문제였는지 살펴보도록 하자. 이옥(李鈺, 1760~1815)은 "살아 정절을 지키는 것은 어렵고, 죽음으로 정절을 지키는 것은 쉬운 일", "살아서 열녀가 되는 일이 죽어서 되는 것보다 어렵다"고 했다.[480] 정약용도 정절 때문에 여성이 죽는 것을 천하의 흉한 행동으로 규정하고, 열녀를 국가에서 포상하는 제도에 문제가 있다고 지적했다.[481] 당시 죽은 남편을 따라 죽는 과부들의 행동에 대한 우려와 동시에, 그런 상황으로 내몰고 있는 국가의 시책에 대한 비판을 담고 있다. 사대부 양반들은 이중 잣대를 가지고 있었던 것으로 보인다. 가문의 명예를 지키기 위해서 과부의 재혼 금지와 수절을 강조하면서도, 자신의 친인척 과부에 대해서는 재혼을 시키고도 다양한 방식으로 그것을 은폐한 것이다. 그 방식은 죽음으로 은폐하는 것이고, 신분상 특권을 포기하고 북관에서 무관과 살게 하거나 지방 양반의 첩으로 재가시키는 등 그 유형은 다양했다. 부모의 마음은 다 같은 것이었다. 좀 길지만 일국(一國)의 재상의 딸 사랑과 슬픈 헤어짐의 내력에 관한 글을 인용한다.

딸이 아랫방에서 단장을 곱게 하고 거울에 얼굴을 비추어 보더니, 얼마 안 있어 거울을 던지고 얼굴을 가린 채 대성통곡하는 것이었다. 재상이 그 모습을 보자 매우 가엾은 생각이 들어, 바깥채에 나가 앉아 있는데 두어 식경이나 말이 없었다. 그런데 마침 친지 가운데 문하에 출입하는 무인이 있었는데, 집도 없고 아내도 없이 나이 젊고 건장한 사람이었다. 찾아와서 절하며 문후를 여쭙는지라, 재상이 주위의 사람을 물리치고서 그에게 말하였다.

"자네의 신세가 이처럼 매우 곤궁한데, 내 사위가 되지 않겠나."

그 사람이 황송하여 안절부절 못하며 말하였다.

"어떠한 하교이신지, 소인은 뜻을 모르와 감히 봉녕(奉命)치 못하겠나이다."

"희롱하는 말이 아닐세."

이어 은자 한 봉을 궤 안에서 꺼내 주며 말하였다.

"이것을 가지고 가서 건장한 말과 가마를 세내어 대령하다가, 밤에 파루(罷漏)한 뒤 뒷문 밖에 와서 기다리게. 절대 때를 놓쳐서는 안 되네."

그 사람이 반신반의하면서 은자를 받아 그 말대로 가마와 말을 구비해 뒷문 밖에서 기다리고 있었다. 그러자 어둠 속에서 재상이 어떤 여자를 끌고 나오더니, 가마 안으로 밀어 넣으며 경계하는 것이었다.

"곧장 북관(北關)으로 가서 살게."

그 사람은 어떠한 곡절인지도 모른 채 가마를 따라 성을 나왔다.

재상은 안방으로 들어오더니 곡을 하였다.

"내 딸이 자결을 하였다."

집안사람들이 놀라고 당황하며 모두 곡을 하는데, 재상이 이어 말하였다.

"내 딸이 평생 다른 사람을 보지 않으려고 하였으니, 내가 염습하는 것이 좋겠다. 비록 오라비라도 들어와 볼 필요 없다."

이러더니 혼자서 이불을 염하여 싸서 시체 모양으로 만들고 이불로 덮었다. 그제야 비로소 시가에 통지하였는데, 입관한 다음 보내어 시가의 선산하에 묻었다.[482]

조선 후기 들어 성리학적 규범에 따른 여성 재가 불가와 함께, 소가족제도 하에서 부(父)·부(夫)가 사망한 '가(家)'의 유지에 부(婦)·모(母)의 비중과 역할이 높아지면서 이런 현실이 여성들의 재가를 가로막는 장애물로 작용했다. 특히 과부 중에서도 나이가 어리고 자식도 없는 청상과부를 비롯한 청춘과부의 인생은 가혹하기 그지없었다. 조선 후기로 넘어올수록 수절(守節)은 사대부 여성뿐만 아니라 서민과 천민여성까지도 지켜야 할 덕목으로 확산되었다. 『자기록』에는 18~19세기를 살았던 풍양조씨(1772~1815)는 동갑내기 양반 남편의 죽음 앞에 자결을 고민하고 실행하려 했으나 시부모와 친정아버지 등의 만류로 포기하는 내용이 있다. 풍양조씨는 삶을 선택했지만 당대 사대부 집안의 부인들은 남편의 죽음 앞에 수절뿐만 아니라 스스로의 목숨도 버릴 생각을 할 정도로 성리학적 질서와 규범에 포박 당했다.

이러한 시대적 상황을 반영하여, 1894년 동학농민군은 현실적으로 여성들이 느끼는 가장 중요한 문제인 "청춘과부(靑春寡婦)는 개가(改嫁)를 허(許)할 사(事)"를 '폐정개혁(廢政改革)' 요구 중 하나로 제시했다.[483] 그만큼 당대 백성이 특히 여성이 무엇을 요구하는지를 정확히 알았던 것이다. 동학농민군은 동학교도와 백성들에게 폐단이 많은 문제에 대해 광범위한 의견을 청취했을 것이다. 동학농민군들은 이미 향회, 민회 등을 통해 지역민들의 의견을 모아서 지방수령이나 중앙정부에 제기하는 방식을 실천해 왔다. 따라서 여성들에게도 시정해야 할 사안을 물었을 것이고, 가장 폐단이 많은 것이 과부 그것도 청춘과부의 재가 금지였을 것이다. 과부들은 가장 큰 고통을 받고 있는 청춘과부의 개가를 허용하는 것에 공감대를 형성했을 것이고, 동학농민군 수뇌부는 이 내용을 폐정개혁안에 담았다. 즉 청춘과부들에게 개가를 허용하는 것은 당시 여성문제의 모순을 해결하는 핵심 사안이었다.

아마도 나이 먹은 과부들에게 재혼을 하라고 말하면, 젊은 과부들이나 재혼할 수 있게 해달라고 했을 것이다. 청춘과부들은 재혼하라는 주변의 권유에 대해 '꿀 먹은 벙어리'처럼 아무 말도 하지 못했을 것이다. 그만큼 당시 청춘과부들에게 재혼은 감히 입에 담기도 어려운 일이었다. 이런 상황은 우리가 공감 해석적으로 이해하면 쉽게 수긍할 수 있다. 실제로 만약 청춘과부들의 재혼이 허가된다면, 그 외 과부들의 재혼은 사회적으로 큰 문제없이 수용되었을 것이다.

이런 요구를 수용한 갑오친일정부는 군국기부처의 의안 중 하나로 "과부(寡婦)가 재가(再嫁)하는 것은 귀천을 막론하고 자신의 의사대로 하게 한다"는 내용을 공표했다.[484] 그러나 정부의 조치는 미봉책이었으며 반동적인 방식으로 변질되었다. "개가를 과부의 '자유'에만 내맡기고 이 '자유'만을 강조한다면 어떤 정숙한 과부도 개가하지 못할 것이다. 따라서 '개가 자유'만을 강조하는 것은 실은 (반半)강제적 재가의 길을 봉쇄해 모든 과부의 개가를 차단하는 새로운 방편이었다. 이런 방식으로는 특히 예민한 10~20대 청춘과부의 개가의 길은 열리는 것이 아니라 오히려 청춘과부 자신이 자유의지로 자기에게 행사하는 당대 윤리도덕의 '구조적 강권'에 의해, 또는 성리학적 윤리의식에 의해 '체계적으로 찌그러진 의사소통'에 의해, 말하자면 청춘과부 자신의 '자유로운' 이데올로기적 의사소통에 의해 완봉(完封)될 것이기 때문이다."[485]

재가 문제를 자유의사에 맡기는 정부의 조치에도 불구하고, 당시의 상황은 재가 조치를 따르지 않는 자들에 대한 처벌법을 재가 허용 조치와 동시에 반포하지 않으면 시행이 어려울 것이라는 의견이 제시될 정도였다.[486] 그만큼 재가를 용인할 수 있을 정도의 사회적 분위기가 형성되지 않은 측면과 함께, 과부들 스스로도 정부의 조치를 믿고 재혼을 할 만한 상황이 아니었다는 것을 의미한다.

과부의 재혼 문제가 어려웠다는 것은 또한 1898년 당시 『저상일월』을 통해서도 확인할 수 있다. "안동의 마암 정씨 종가 댁에 청상과부로 사는 젊은 과수가 있었는데 어느 날 밤 갑자기 마을의 홀아비들이 그녀를 부대자루에

넣어 교자에 실어 달아났다. 보쌈을 당한 것이었다. 정씨는 교자에 실려 가면서 목메어 울었다는 것인데 이 소리를 듣고 그녀를 구출하는 사람이 있었다. 가까스로 구출된 정씨는 집에 돌아오자마자 자결하였"다. 이 가슴 아픈 이야기에 대해 이 일기의 저자인 양반 박씨는 '난초는 불에 탔어도 향기가 남고 옥은 부서져도 빛이 선명하다'라며 칭송하고 있다.[487]

1930년대까지도 과부의 재가 문제가 여성해방운동의 쟁점으로 여전히 제기되었다는 것에서도 확인할 수 있다. 1930년 『신여성(新女性)』 3월호에 "조선의 여성해방 문제는 과부문제부터 해결하는 것이 좋을 것 같다"[488]라는 기사가 나올 만큼, 과부문제는 여전히 관습적으로 해결하는 것이 어려웠다. 그럼에도, 갑오친일정부는 「관문」(關文, 1894.8.10.[양9.10])을 통해 과부의 재가를 더욱 어렵게 만드는 반동적 조치를 하달했다.

> "과녀 재가는 귀천을 막론하고 그의 자유에 맡긴다"는 이 한 조항은 조정이 화기(和氣)를 맞는 뜻을 인도하는 것이니, 무릇 과녀의 지아비가 죽음에 종신 고집하며 수절하는 경우에 누가 그녀를 강제로 시집보낼 수 있는가? 거꾸로 진실로 마땅히 시집가야 하지만 시집가지 않는 것이 화기를 상하게 하고 있다면 비록 그 부모라 할지라도 어찌 꼭 억지로 그녀를 시집가지 못하게 하겠는가? 시집가고 안 가고는 남이 강요할 수 있는 바가 아니므로 '자유' 두 자가 있는 소이이니라.[489]

과부가 개가를 하고 말고는 개인의 자유이니, 누구도 개가를 해라 말라 강요하지 말고 자유의사에 맡기라는 하달공문을 내린 것이다. 조선시대 400여 년간 성리학적 규범에 의해 과부의 재혼이 금지되어 온 상황에서, 재혼을 허가했으니 과부들은 재혼 가부를 자신의 의지에 따라 결정하라는 것이다. 이런 고로 당시에 개가 허가 조치와 함께 개가를 하지 않은 자들에 대해 처벌법도 동시에 시행해야 한다는 의견이 나왔던 것이다. 개가를 허용하는 사회적 분위기의 형성과 함께 과부들에게 적극적으로 개가를 강권하지 않는다면, 어느 누구도 쉽게 개가하기 어려웠을 것이다. 하물며 10~20대의 청춘과부들로서는 개가하겠다는 의사를 표시하기가 더욱 어려웠다는 것은 당연하다.

이런 상황에서 박영효(朴泳孝)는 1895년 3월 10일 내무아문 훈시를 통해 "과부를 위협하여 개가시키는 짓을 금할 것(제16조)"을 명했다.[490] 이는 갑오친일정부에 의한 개혁 조치의 후퇴이며 복고(復古)적 조치에 다름 아니다. 조선시대 내내 가장 중요한 사회 문제이며, 여성들에게 심각한 고통을 안겨주었던 과부의 개가 문제를 갑오친일정부는 적극적으로 추진해 나갈 의사가 없음을 드러낸 것이다. 오히려 자유롭게 결정하기 어려운 과부들, 특히 청춘과부들에게 자유라는 이름으로 더욱 힘든 결정권을 부여한 것이다. 박영효의 이런 태도는 그가 1888년 고종에게 올렸다는 상소문인 『건백서(建白書)』의 내용을 의심하게 만든다.[491] 여하간 갑오친일정부의 반동적이며 역행적 조치로 인해 과부의 개가문제는 여전히 답보상태였던 것으로 보인다.

이러한 상황의 새로운 돌파구는 대한제국 고종황제에 의해 1900(11.30)년에야 이뤄졌다. 궁내부의 회계원경 민치헌(民致憲)은 '갑오경장'에도 불구하고 여전히 답보상태에 빠져 있는 과부 개가 문제의 상황을 고종에게 보고한다.

늙어서 지아비가 없는 이에 대해서도 왕정이 당연히 먼저 돌보아주고 있는데 하물며 젊은이야 더 말할 것이 있습니까? 경장 이후로 사무를 아는 사람들은 먼저 개가의 소통을 확고한 의론으로 삼으면서도 겉치레가 습관이 되고 오히려 구습에 교착되어 청산의 곡소리를 붉은 끈으로 꽉 묶었다는 소리를 아직 듣지 못했습니다. 설혹 이를 행한 사람이 있는 경우에도 남이 침 뱉고 매도할까봐 저어하여 예의로 맞아들이지 못하고 담 너머로 끌어오는 짓을 면치 못하고 있으니 이 역시 어찌 예속에 어긋남이 있지 않겠습니까?[492]

과부의 개가를 자유의사에 맡긴 지 6년여가 흘러도 상황은 전혀 호전되지 않은 것으로 보인다. '갑오경장' 이후에도 구습에 빠져서 개가는 여전히 어려웠고, 개가를 하더라도 남이 뭐라고 할까 두려워서 혼례를 치르는 것도 생략하고, 심한 경우에는 담 너머로 몰래 신부를 맞이했다는 것이다. 그만큼 과부의 개가 문제는 여전히 사회적으로 어려운 것이었다. 이러한 상황에서 민치헌은 10~20대 청상과부만이 아니라 30~40대 과부의 재가 허용까지 가능하도록 하는 비답을 고종황제에게 받아냈다.

지금부터 집에 젊은 과부가 있으면 반드시 길일을 잡고 납폐(納幣)하는 것을 일체 혼인 의식대로 하되 15세부터 20세까지는 첫 초례(醮禮)로 짝을 맞고, 30세부터 40세까지는 재혼예식 또는 삼혼예식으로 짝을 맞으며, 이 나이를 넘은 자는 때를 놓쳤으니 그대로 두고, 이를 위반한 자에 대해서는 다른 풍속이라고 물리쳐야 할 것입니다. 혹시 부모가 권하고 이웃이 깨우쳐 주어도 끝내 고집하면서 다른 사람에게 시집가지 않으면 꼭 뜻을 빼앗지는 말고 칠거지악을 엄격히 밝혀 주되 강요협박을 엄금해야 합니다. 그리하여 한 고을이 행하고 일국이 본받으면 안으로 원녀가 없고 바깥으로는 홀아비가 없게 되며 박명도 좋은 인연을 맺을 수 있고 유명(幽冥) 우울도 길상으로 전화되어 이 세상이 융화의 지역이 될 것입니다.[493]

민치헌은 과부 재혼의 구체적인 방법까지 제시한다. 10~20대 과부들은 일반 혼례와 똑같이 하고, 30~40대는 재혼·삼혼 예식으로 진행하자는 것이다. 이런 고을 단위의 사회적 노력을 통해서 온 나라에 퍼지게 하면, 남편이 없어 슬퍼하는 여자도 없고 홀아비도 없는 세상이 될 것이라고 상소한 것이다. "이 상소문은 분명 군기처나 박영효의 재가강요·협박 금지 요구와 달리 '끝내 고집하면서 다른 사람에게 시집가지 않으면 꼭 뜻을 빼앗지 말고' 또 '강요 협박을 엄금하되', 실질적으로 '부모는 권하고 이웃은 깨우쳐 주어야 한다'고 말하고 있다. 친일괴뢰정부와 박영효의 본의는 과부의 재가 '자유'를 말하면서 '자유의 이름'으로 '부모와 이웃의 권고와 계몽'의 도덕적 의무까지 분쇄해 버리는 데 있었던 것이다."[494] 최종적으로 고종이 "청한 대로 의정부와 중추원에서 품처하라고 명"함으로써 과부 재가문제는 앞으로 나아갈 수 있었다.

### 6) 조선사회 여성문제에 대한 서학과 개화파의 흐름

동학농민전쟁은 농민군의 패배로 끝났지만, 그 거대한 백성의 봉기는 조선사회 근대화의 자양분이었다. 여성문제에 대한 인식이 전환되는 계기를 마련한 것도 동학이었다. 동학은 청춘과부의 재가 허용을 폐정개혁의 주요한 내용으로 내세웠다. 제1차 동학농민전쟁을 통해 여성문제의 근본적인 해결책을 제시한 것이다. 이 외에도 서학 즉 천주교와 기독교가 종교적 측면에서 남녀평등과 여성문제에 영향을 미쳤으며, 실학에서 이어진 개화사상도 일정한 영향을 주었다. 그러나 들불처럼 번진 동학과 동학농민전쟁의 거대한 흐름과는 비교가 되지 않는 수준이었다. 동학을 '비도(匪徒)'로 규정한 황현도 1894년 5월 이후 마을에서는 새벽부터 저녁까지 『동경대전』을 공부했고, 어린아이들은 동학의 '궁을가(弓乙歌)'를 입에 달고 다녔고, '시천주(侍天主)' 읊어대는 소리가 좁은 길에도 가득했다고 전할 만큼 동학이 백성들 속에 깊숙이 전파되었음을 알 수 있다.[495]

(1) 성리학적 규범과 타협한 서학

조선 후기에 전파된 천주교는 『성경직해(聖經直解)』를 비롯하여 교리서, 묵상서, 신심서 등 여러 종류의 책을 한문과 한자로 발간했다. 이를 통해 교리를 전파했는데, 주 내용은 천주존재(天主存在), 상선죄악(賞善罪惡), 삼위일체(三位一體), 강생구속(降生救贖) 등 천주교 4대 교리와 천지창조(天地創造), 영혼불멸(靈魂不滅) 등을 중점적으로 설명했다.[496] 18세기 말 이후로 천주교 신자들 내부에서는 제사의 거부, 일부일처제, 결혼에서의 당사자의 동의, 과부의 재가 등을 특징으로 하는 천주교식 결혼과 가족제도를 유지하려는 노력을 지속했다. 이러한 천주교의 관행은 성리학 규범과 충돌을 일으켰다.[497]

한국의 여성사 연구는 대체로 여성 개화의 계보를 18세기에 실학에서 천주교 여성운동으로 그리고 19세기에 동학에서 개화기 여성운동으로 이어졌다고 봤다. 특히 이 과정에서 천주교와 기독교를 뜻하는 서학의 영향력이 상당했으며, 여성해방과 조선 근대화의 핵심 역할을 담당했다고 주장한다. 19세기 말 조선의 근대화는 내부의 자각이 아니라 외부의 충격에 대한 반응으로 시작되었고, 외부 충격은 평등사상과 민주정신을 함양한 서학이 전래되면서 '마침내' 조선의 전통적 여성관을 뒤 흔들었고, 이런 서학은 개화파들에게 적극 수용되었다는 것이다. 그 개화파들은 박영효, 김옥균, 유길준 등이다.[498]

조선 말기 무능하고 부패한 정치질서의 몰락과 봉건적 경제 질서의 붕괴, 가치관의 갈등과 계급 갈등으로 인한 사회적 혼란과 무질서가 조선사회를 위기로 몰아가고, 무지와 미신, 빈곤과 질병, 계급차별과 성차별이 만연한 상황에서 도입된 기독교는 한국사회를 변화시키는 하나의 원동력이 될 수밖에 없었다. 이렇게 선교 초기의 한국교회는 한국 사회의 개화와 근대화에 중심적인 역할을 담당하게 되었다.[499]

조선의 근대화를 추동하고 그 과정에서 성리학적 질서와 규범에 억압당하던 여성들의 해방과 남녀평등의 자양분은 서학이라는 것이다. 대체로 여성사연구는 서학의 인간평등 · 남녀평등 정신과 문화가 조선사회에 상당한 영향을 미쳤다고 본다.[500] 또한 "인간이 신 앞에 평등하다는 천주교의 이념은 차별적인 신분질서를 바탕으로 한 조선 사회를 뿌리째 뒤흔드는 불온한 사상"[501]이었다고 적극적으로 해석한다.

이러한 새로운 종교적 · 문화적 충격은 조선사회에 일정한 영향을 미쳤을 것으로 추정된다. 단, 이러한 충격이 근대화와 남녀평등의 동력이었는지에 대해서는 면밀한 판단이 필요하다. 서학이 진정으로 조선사회에서 근대의 사상적 동력으로 작용했는지, 조선사회의 구체적 현실에서 남녀평등과 여성해방에 지대한 영향을 미쳤는지에 대한 근거를 제시해야 한다. 대체로 통념은 서학이 근대화와 여성문제에 긍정적 또는 지대한 영향을 미친 것으로 보고 있으나, 그렇지 않았다는 반론도 제기된다. 즉, "현재까지 발견된 자료들에 의해서 알 수 있는 것은 조선시대의 천주교회는 조선 땅에서 신분 해방이나 남녀 차별의 철폐를 위해 어떠한 실질적인 시도도 한 적은 없다"[502]는 문제제기다.

첫 번째 근거로 제시한 것은 천주교 신도들 사이에서 신분적 차이가 존재했으며, 그 신분적 차이를 철폐하기 위한 노력조차 확인되지 않는다는 것이다. 18세기 말에 정약종(丁若鍾, 1760~1801)이 저술한 천주교 교리해설서인 『주교요지(主教要旨)』에 의하면, "하늘 위에 천신같이 높은 이와 세상에 사람 같이 귀한 이도 다 천주 앞에서는 지극히 천하고 지극히 낮아 종이 되고 백성이 된다." 단, 여기서의 인간평등은 조선의 모든 백성이 천주 앞에서 동등한 인간인 형제로서 존재하는 것이지, 신분제 사회인 조선의 현실을 무시하고 모든 백성이 신분적으로 평등하다고 규정한 것은 아니라는 해석이다.[503]

최양업 신부의 서한을 보면, "우리 포교지의 상태는 신자들 중에서 신분의 계급 차이로 서로 질시하고 적대시하므로 분열이 일어나서 큰 걱정"이며, "그리스도교의 신덕(信德)과 형제애가 부족하고, 계속되는 논쟁과 암투와 증오로 신자 공동체가 와해되고 비(非)건설적으로 소모"되고 있다고 전했다.[504] 이것은 천주 앞에 평등한 형제임에도 불구하고, 현실의 신분적 질서로 인해 신도들 간의 갈등이 일상적으로 있었다는 것을 확인해 준다.

두 번째 근거로는 서학이 조선 사회의 남녀 차별과 여성해방을 위해 어떠한 노력을 전개했는지에 대한 근거 문제다. 물론 천주교 신도집단 내부에서 일부일처제, 결혼에 대한 당사자 결정, 과부의 재가 등을 통해 성리학적 규범에 저항한 것은 사실이다. 1801년 이순이 루갈다의 편지에서 "여기 요안(남편 세례명)은 남은 남편이라 ᄒ나 나는 ᄎ우라 ᄒᄂ니"라고 하여 남편을 'ᄎ우', 즉 '충실한 벗'이라 불렀다. 이런 점은 서학이 조선사회에 미친 영향이라는 점에서 주목할 만하다. 단 조선사회의 양반사대부들도 부인을 자신의 지기와 사우로 존중한 측면도 있다는 점을 동시에 고려해야 한다.[505] 그러나 조선사회에 적응된 천주교는 남녀 차별 철폐에 적극적으로 나서지 않았던 것으로 보이며, 오히려 이러한 질서와 규범을 인정한 측면도 있었다. 『주교요지』에 의하면, "계집이 사나이에게서 난 것은 아내 마땅히 남편에게 공순

(恭順)하게 하심이요"[506]라며 여성이 남성에게 순종하는 것을 덕이라 설명하고 있다. 18세기의 서학은 여성 억압 구조에 저항하는 측면은 담지하고 있었으나, 19세기 중반 이후부터는 '조선사회화'된 천주교로 변형된 것으로 보인다.

이는 19세기 중반 이후 천주교 여성 신자들의 경우, 여필종부(女必從夫)의 식을 강하게 드러내고 있는 점에서 확인된다. 이 당시 여성 신자들 중에는 순교든 배교든 남편을 따라가는 경향이 강했다. 예를 들면, "장부 없는 계집이 무엇에 쓸데 있으리오", "남편 없이 어린 여편네가 어찌 혼자 살리오, 차라리 양주같이 치명하여 죽겠다", "비록 배교하려고 해도, 남편이 이미 죽었으니 아녀자가 어찌 편안히 살겠는가. 여필종부는 상경(常經)이라고 할 수 있으니, 속히 죽기를 바란다"라는 발언에서 알 수 있다.[507]

이처럼 천주교는 서학으로서 남녀문제에 있어서 조선의 성리학적 질서보다 근대적 내용을 전파했다는 점은 인정된다. 그러나 천주교의 조선사회 적응과정에서 성리학적 질서를 상당 부분 수용하면서 남녀 차별적이며 위계적인 방식으로 점차 변화된 것으로 보인다. 이는 천주교가 조선사회에 전파되는 과정에서 기존문화와의 충돌을 방지하기 위한 측면과 남성 중심의 천주교 전파로 인해 성리학적 질서와 천주교의 교리가 뒤섞이면서 발생한 측면도 있을 것이다.

공소회장들을 위한 지도서인 『회장규조(會長規條)』(1839년경으로 추정)에 "공소에나 제 집에서 남녀가 서로 상관하는 것이 극히 조심할 때라. 이목에 걸리며 표양 좋지 못한 것은 마치 남녀가 마구 말함과 남의 안방에 짐짓(일부러) 들어감과, 친척(을) 핑계하고 밤이나 낮이나 여인 방에 버릇없이 다니며 놀며 자는 그런 상스러운 풍속을 진절이 엄금하느니, 아무 동네라도 이런 폐단이 있거든 신부가 임하신 때에 본 회장이 실상을 밝히 고하여 벌하고 고치게 할지니, 만일 무슨 사정으로 인하여 숨기면 회장을 중벌하고 소임을 삭(削)할 것이라"[508]고 적시되어 있다. 대한제국 시기에도 "하나님께서 당초에 남녀를 내시매 음양이 서로 배합이 되었으니 음이 없으면 양이 쓸데없고 양이 없으면 음이 쓸데없나니 남녀가 동등이라"고 한 것처럼, 천주교와 기독교의 조선화(朝鮮化)가 지속적으로 진행되었다.[509] 그만큼 조선사회에 서학의 확산이 쉽지 않았음을 간접적으로 알 수 있다.

또한 고려해야 할 점은 서학이 곧 근대화 또는 남녀평등이라는 관념이다. 서양의 경우도 교회법상에 위배사항이 없거나 교회의 허락이 없는 한 이혼이 불가능했다.[510] 동시에 근대화의 격랑 속에서 보편적 남성들은 자신의 권리를 확대했고 평등의 지평을 넓혔을지 모르나, 여성들은 여전히 가부장제의 억압 속에서 빠져나오지 못했다는 역사적 사실도 직시할 필요가 있다. 유럽의 르네상스도 프랑스혁명과 같은 진보적 시대에도 여성해방은 실현되지 못했다. 유럽의 르네상스는 부르주아 부인들의 길들이기 그리고 계급을 가로지르는 마술적 학대의 상승을 의미했고, 프랑스혁명도 자유와 평등으로부터 여성을 확실하게 배제하는 것이었다.[511]

18세기 이후 조선의 여성들에게 천주교는 일종의 새로운 '탈출구'로 발견되었을 것이다. 천주교에 들어온 여성들은 "병을 고치거나 아들을 갖기 위해서, 신세가 비참하여, 세상이 싫어서, 인간의 고민을 잊기 위해서 등 현실의 질곡에서 벗어나기 위한 강한 열망이 큰 비중을 차지"했으며, 그중에서도 청상과부가 많았다는 점에서, 천주교는 여성들에게 일종의 억압을 탈피할 수 있는 출구로 인식되었을 개연성이 높다.[512] 또한 천주교는 여성을 억압하던 혼인과 제사라는 성리학적 규범을 거부했다는 점에서 여성에게 친화적이었을 것이다.

천주교의 '동정녀'라는 존재는 혼인이라는 굴레를 벗어나려는 여성들의 심성을 반영하는 것이다. 천주교는 "조선의 혼인제도 바깥에서 보이지 않게 존재해 온 비혼 여성들에게 숨어들 공간과 여성으로서 그들의 정체성을 표현할 방법과 언어, 그리고 이름을 제공했던 것"[513]이다. 동정녀는 자신을 누구의 부인으로 혹은 과부로 속이며 성리학적 규범을 벗어나려고 고투했다. 이들은 '허씨(許氏)'의 아내로 자신을 호칭했으나, 이들은 마음속으로 '허씨(虛氏)의 부인'이라고 부름으로써 '사실 나는 누구의 아내도 아니다'라는 의지를 다졌다. 그들은 억압당하는 가정이라는 공간을 부정했던 것이다.[514] 즉, 전근대 사회에서 대개 종교를 통해 이루어졌던 여성의 '동정 지키기'는 여성이 가부장 사회에서 결혼과 함께 짊어져야 했던 다양한 의무와 함께 출산과 육아의 부담으로부터 해방되는 통로였다.[515]

그리고 19세기에 접어들어 서학이 조선사회에서 어떤 위치에 있었는지 살펴볼 필요가 있다. 서학서(西學書)의 보급은 18세기부터 시작되어서 점차 확산되었던 것으로 보인다. 18세기 후반의 상황을 보면, "한문을 한글로 번역하여 등출(謄出)해서 아래로는 부녀자나 아이들에게까지 이르렀다"거나,[516] "어리석은 농부와 무지한 시골 아낙네라 하더라도 그 책을 언문으로 베껴 신명(神明)처럼" 받들었다고 전한다.[517] 19세기 중반부터 인쇄소를 세우면서 대량으로 서학서를 보급했던 것으로 보인다. 1866년 칼레 신부가 서울에서만 대략 2만 권 이상이 인쇄되었다는 것으로 보아 전국적으로 더 많은 서학서들이 전파되었을 것이다.[518] 이것은 천주교 교도들의 증가와 교세 확장을 위한 노력의 일환이었을 것이며, 새로운 학문에 대한 조선 사회의 호기심도 일조했을 것이다.

그리고 19세기 중반 이후 조선 사회의 천도교 신자의 규모를 확인해 보도록 하자. 1890년대 중반 서양 사람들이 서울에 천주당을 세워서 강좌를 열고 돈을 주고 사람들을 데려다 가르쳤고 그 교세가 상당히 확대될 것으로 보였지만, "실제 적막하기만 할 뿐 그렇게 드날리지" 못했고 "오직 부녀자와 어린아이 그리고 천한 종처럼 사리분별하지 못하는 사람들이 종종 추종하였다"고 당시 상황을 설명한다.[519] 동학농민전쟁이 진압된 이후, 동학교도에 대한 심각한 탄압으로 인해 동학을 빠져나온 사람들이 동학과 같은 종류인 '남학'으로 몰리기도 하고, 전라우도 일대에는 서학(천주교)이 크게 번성했다고 한다. 특히 이 시점에 서양 선교사들이 백성들에게 포교 활동을 활발하게 전개하여 천주교 신도들이 많이 생긴 것으로 보인다.[520]

[표 4-6]과 같이 1895~1900년까지 신도 증가율이 급격히 높아졌다.[521] 이는 동학의 탄압을 피해 많은 신도들이 서학으로 들어갔다는 것을 의미하며, 따라서 신도 수의 증가는 동학에 대한 탄압과 개화의 확대 등에 힘입은 것으로 보인다. 황현은 1899년 당시 기독교도가 4만 명이라고 추정했고,[522] 천주교의 통계도 1900년 기준 4만 2천여 명이었다. 서학은 당시 조선사회의 백성들에게 큰 호응을 얻지 못했으며, 여전히 군소종교의 수준에 머물렀다.

[표 4-6] 개항기 조선 천주교회

| 연도 | 신자 수 | 증가율(%) | 본당수 | 선교사(프) | 한국인 신부 | 신학생 |
|---|---|---|---|---|---|---|
| 1883 | 12,035 | - | 1 | 10 | 0 | 0 |
| 1885 | 14,039 | 3.03 | 2 | 11 | 0 | 6 |
| 1890 | 17,577 | 5.96 | 9 | 22 | 0 | 20 |
| 1895 | 25,998 | 5.12 | 18 | 38 | 0 | 32 |
| 1900 | 42,441 | 11.02 | 40 | 40 | 12 | 39 |
| 1905 | 64,070 | 5.81 | 45 | 44 | 11 | 20 |
| 1910 | 73,517 | 3.18 | 54 | 47 | 15 | 41 |

출처 : 「한국교회의 역사」, 한국천주교주교회의 · 한국천주교중앙협의회. http://www.cbck.or.kr/page/page.asp?p_code=K3122(검색일: 2016.3.3.)

이와 반대로 동학은 정부의 탄압에도 불구하고, 신도 수는 계속 증가했다. 동학이 종교로 인정된 1907년 신도 수가 200여만 명이었기 때문이다. 총리대신 이완용과 법부대신 조중응이 고종에게 "한성부 남서(漢城府南署) 미동(美洞)에 사는 박형채(朴衡采)의 청원서를 받아보니, 그 내용에 '지난 갑자년(1864)에 동학의 우두머리로 사형을 당한 최제우(崔濟愚)와 무술년(1898)에 죽음을 당한 최시형(崔時亨)은 정도(正道)를 어지럽히고 사악하게 하였기 때문에 사형을 당하였으니 시기에 맞는 법을 시행한 결과였습니다. 그러나 그후 뜻있는 선비들이 이따금 그의 학문과 연원을 탐구해 보니 사실은 서학(西學)에 대조(對照)하여 동학(東學)이라고 칭하였고, 그 도를 앞을 다투어 숭상하여 동쪽에서 서쪽으로 점차 퍼지기를 마치 우체소를 설치하고 명령을 전달하듯이 되어 지금 그 학문을 받들고 그 도를 지향하는 사람이 200여만 명이나 됩니다"라고 보고했다.[523]

(2) 개화파의 반(半)근대적 여성관

개화파는 유교적 가치에 근거한 가족제도와 '현모양처'론에 입각했다는 점에서 근대적 남녀평등관으로 보기는 어렵다. 그러나 북학파의 전통을 이어받았다는 점에서 남녀평등 문제 등에서 성리학자들보다 진전된 면을 보이기도 한다.

우선, 박영효의 『건백서』를 통해 남녀평등과 여성문제에 대한 개화파의 생각을 엿볼 수 있다. 이 상소문은 일본에 체류 중인 개화파들의 생각을 정리한 것이며, 동시에 일본이 1894년 '갑오왜란'을 통해 조선의 내정에 개입하기 위한 자료로 참조하려 했다는 점에서 그렇다. 박영효는 세상에 널리통하는 도리(道理)와 정의(正義)로서 하나의 통의(通義)로 "남자와 여자, 남편과 아내는 그 권리에 있어 균등하다는 것"을 제시하고, '반(班)·상(常)·중

(中)·서(庶)'의 등급을 폐지하는 인간평등도 통의로서 주장한다. 이러한 통의를 실현하기 위한 각론으로 "남자가 첩을 얻는 것을 금지하며, 과부가 임의대로 개가하는 것을 허락하는 일"과 "양반(班)·상민(常)·중인(中)·서민(庶)이 임의대로 서로 혼인하도록" 건의하였다.[524] 남녀가 동등하게 교육받을 권리 주장, 축첩 제도의 폐지, 과부의 재혼 허용 등은 근대적 요소를 담아냈다.

1894년 군국기무처의 의안에 의하면, ③ 적처와 첩이 모두 아들이 없는 뒤에야 양자를 들이는 것을 허하고 옛 법전을 신명할 것(一嫡妾俱無子然後 始許率養申明舊典事), ④ 남녀조혼은 속히 의당 엄금하고 남자는 20세, 여자는 16세에 비로소 결혼을 허락할 것(一男女早婚亟宜嚴禁 男子二十歲 女子十六歲以後 始許嫁事), ⑤ 과녀의 재가는 귀천을 막론하고 그의 자유에 맡길 것(一寡女再嫁 無論貴賤 任其自由事) 등이 제시되었다.[525] 이 의안은 여성의 사회신분개혁과 관련되었다는 점에서 조선의 봉건적 신분질서의 폐단 중 여성문제가 얼마나 중요했는지 보여준다. 그러나 박영효는 '갑오경장' 과정에서 신분해방과 과부 개가 조항을 왜곡시키고 오히려 가로막았다는 점에서 그가 근대적이었다는 것을 수긍하기 어렵다. 관문을 통해 과부의 재가를 더욱 어렵게 만드는 조치를 취하는 등 박영효는 실제 여성문제를 적극적으로 해결할 의지가 없었다고 보이기 때문이다.

그리고 개화파인 유길준의 『서유견문』을 통해서도 여성관과 남녀평등에 대한 입장을 확인할 수 있다. 유길준은 "어린아이는 나라의 근본이고, 여자는 어린아이의 근본이며, 지금의 어머니는 옛날의 동녀(童女)다. 그러므로 동녀가 실상은 나라의 근본을 만든 근본이니, 그가 만약에 교육을 받지 않았다면 나라의 근본을 이루는 근본이 되기는 고사하고, 그 근본을 병들게 하거나 해칠 뿐이다"라며, 여자에 대한 교육의 중요성을 강조했다. 그러나 여성교육의 중요성을 강조한 것이 여성이라는 동등한 인격체에 대한 존중에서 나온 것으로 보이지 않는다. 유길준은 바로 가부장적 남성 우위의 관점을 드러내기 때문이다. 그는 "배우지 못한 여자에게 어린아이를 잘 가르치라고 책임지우는 것은 장님더러 단청(丹靑)을 분별하라고 하거나 귀머거리더러 음악을 논평하라고 하는 것이나 같다"고 힐난한다. 그리고 여자에 대한 교육의 책임은 전적으로 남성이 담당하는 것으로 규정하고, "여자가 지식이 없는 것은 그 죄가 실상 남자에 있다"[526]고 주장했다.

그리고 유길준은 근본적으로 "사람이 천지간에 태어나면서 이미 남녀라는 구별이 있었으니, 이 둘 사이에 분별하는 예절을 마련치 않을 수 없다"라는 관점을 가지고 있었다. 남녀의 차별은 근본적인 것으로, 남녀를 분별하는 예절은 반드시 필요하다는 것이다. 또한 여성이 교육받아야 하는 이유의 핵심은 조선의 개화와 부강을 위해 아이들을 잘 보육하여 인재를 양성하는 것에 집중되었다. 이런 보육과 교육의 역할을 맡아야 할 여성에게 지식이 없는 것은 남성들의 탓이라는 것이다. 철저한 남성 위주의 관점과 함께 여성의 역할을 가정에서의 보육과 교육의 차원으로 제한한다. 즉, 박영효를 비롯한 개화파의 이런 입장이 남녀평등이라는 철학적 가치를 실천하기 위한 것인지에 대해서는 회의적이다. 개화파들의 여성관이 인격체로서의 여성에 근거한 것이라기보다는 "전통적인 '현모양처론'에 입각해서 구국과 자강을 위한 계몽의 차원에서 여성 교육"을 생각했다는 점에서 그렇다.[527]

실제로 20세기에 들어오면서 여성교육은 전통적인 유교적 여성관을 서구식 교육과 결합하는 방식을 택한 것으로 보인다. 즉 20세기 초 여성교육의 교재들은 주역에 대한 새로운 해석을 통해 남녀의 다름은 인정하면서 남녀가 인간으로서 평등하다는 내용을 담았다. 1908년 발행된 『초등여학교본』에는 남녀문제를 다음과 같이 기술하였다.

음양이 성품이 다르고 남녀가 힝흠이 다르니, 남즈는 양의 굿센 거스로 덕을 슴고 녀즈는 음의 부드러운 거스로 쓰임을 슴으느 그러느 빅셩을 닉든, 초에 ᄉ람의 권리는 남녀가 동등ᄒ야 본디 즈유가 잇고 지룽은 남녀가 동구ᄒ야 각각 소양이 잇거늘 남즈만 듕히 녁이고 녀즈는 듕히 아니 녁이니, 쏘한 편폐치 아니냐.[528]

음양에 따라 남녀가 다르지만, 사람은 태어날 때부터 남녀가 동등하며 자유가 있고 지능(知能)도 남녀가 같은데 왜 남자만 중하게 여기는 것인지를 비판하며 문제제기를 한다.

20세기에 들어서면서 남녀평등문제는 초등학교 1학년용 한문 교과서에 나올 정도로 상식적인 의미를 받아들여진 것으로 보인다. 신문의 논설에서도 사회적 폐습으로 남아 있는 문제를 지적하면서 남녀의 평등한 권리를 주장한다는 점에서, 일상적 현실에서 남녀차별은 여전히 작동하고 있지만 사회 담론 수준에서는 대한제국 시기를 거치면서 신분해방·인간평등·남녀평등은 상식으로 수용된 것으로 보인다.[529]

서학과 개화사상 모두 남녀평등과 여성문제에 일정한 근대성을 보여주었지만, 그 한계도 명확했다. 이런 흐름은 서학과 개화파들이 서양의 여성관에 영향 받았기 때문으로 추정된다. 선교사들에 의해 서양의 문화가 수용되었고, 박영효와 유길준에게 상당한 영향을 끼쳤던 후쿠자와유키치(福澤諭吉)도 서양 학문의 영향을 받았다. 당시 모성담론의 지배적인 영향은 빅토리아조(1837~1901) 이후 백인 중산층 가정을 모델로 한 것이었다. 빅토리아 시기는 '가정 중심성(domesticity)'이 탄생한 시기다. 이에 따라 당시 많은 작가들은 "여성의 기본 임무는 남편과 자녀들에게 평화·아름다움·정서적 안정이 있는 천국을 만들어주는 가정적 의무라는 점을 강조"했다.[530] 즉 여성의 역할은 가정에서 아이들을 낳고 기르고 가르치는 것이었다. 여성은 오히려 이 시기에 가정에 더욱 포박되었다.

## 7) 명성황후와 동학농민전쟁 이후 여성문제

구한말 당시 개화파와 갑오친일정부는 일본과 함께 명성황후를 적대시했으며, 다방면으로 그녀를 폄훼하고, 제거하려고 했다. 유길준은 명성황후의 유일한 목표는 돈이어서 국가는 안중에 없으며 폴란드의 매리(Mary, 존3세의 왕비)나 프랑스의 마리 앙트와네트(Marie Antoinette, 루이 16세의 왕비)보다 더 나쁜 세계 역사상 최악의 악녀라고 비방했다.[531] 김윤식(金允植, 1835~1922)은 명성황후의 시해 소식을 듣고 윤치호의 사촌에게 "아, 큰일이 성공했도다(大事成矣)"라고 안도했다.[532] 윤치호도 왕비의 음모와 악한 총신(寵臣)들을 포기하도록 만들 수 있는 방법이 없다면, 왕비를 폐위하는 것을 옹호할 것이며 자신은 일본 암살자들이 자행한 왕비의 잔인한 살해행위를 가하다고 여길 마지막 사람이라고 일기에서 밝혔다.[533] 이와 같이 갑오친일정부의 주요 인사들은 명성황후의 시해를 간접적으로 원하거나 용인했다. 일본 장교가 일본정부의 명령에 따라 명성황후를 살해한 것은 무장하지 않은 문민을 총검으로 살해했다는 점에서 국제법상 일반적 전쟁범죄에 속한다. 따라서 갑오친일정부 주요 인사들은 전쟁범죄의 간접적 공모자이자 공범이라고 할 수 있다.

또한 명성황후 시해가 일본의 조선 침략을 위한 발판이었다는 점을 고려한다면, 갑오친일정부는 '반역적 행위'에 동조한 것이다. 일본이 명성황후를 시해한 것은 "청일전쟁의 강화가 성립하고 삼국간섭이 일어난 후에도 조선에서 일본이 전신선을 확보하기 위하여 계속해서 일본군의 주둔을 희망하는 일본정부와 대본영의 뜻을 받은 전권공사 미우라 고로가 그 장애물이 되는 왕비-러시아와 결탁하여 일본에 대항하는 자세를 보이고 있던 왕비-를 제거하고 친일정권의 확립을 목표로 경성수비대라는 일본의 군대를 사용하여 일으킨 모략 사건이다."[534] 즉, "삼국간섭과 인아거일로 뿌리째 흔들리게 된 왜군의 조선강점 체제를 안전한 수준으로 회복하기 위해 절박하게 요구되는 갑오왜란의 궁극적 승리에 필수적인 주둔왜군의 유지, 현역병의 교체 투입을 통한 왜군의 전력(戰力) 강화, 그리고 갑오왜란에 따른 각종 전투에 필수적인 조선전역(戰域) 전신망의 영구 장악, 그리고 고종과 민 왕후의 집요하고 교묘한 왜군철병 정책의 분쇄 등"이 직접적인 목적이었다.[535]

1895년 '을미왜변(명성황후 시해사건)'을 "역사상 고금을 통틀어 전례 없는 흉악"한 사건이라 규정한 유일한 일본인은 우치다사다쓰치(內田 定槌) 주한일본영사다.[536] 그 외 일본정부와 일본인들은 명성황후 시해가 자신들과는 무관한 일이라고 변명했다. 이런 정보조작에 열중했던 인물 중에는 후쿠자와유키치도 있었다. 후쿠자와는 일본을 비난하는 미국 여론을 진정시키기 위해 조작된 이야기를 『뉴욕헤럴드』 기자에게 건네기까지 했다.[537] 일본의 학자들은 "외척의 발호를 뿌리 깊은 당쟁의 소산으로 파악하고 대원군과 황후의 대립관계를 필요 이상으로 부각시키며 황후가 고종을 무시하고 교만 방자한 행동을 취함으로써 일본의 앞길에 걸림돌이 되었으므로 살해할 수밖에 없었다"는 역사 서술은 공통된 방식이었다.[538] 우리 학계도 명성황후가 외척을 득세하게 했고 세도정치를 재현해서 조선을 쇠망에 이르게 했다는 견해가 여전히 남아 있다.

그러나 명성황후를 직접 경험한 외국인들의 시선은 전혀 달랐다. 스코틀랜드의 여성 화가인 장 드 팡주(Jean de Pange)는 명성황후를 '남다른 지성과 강한 의지력을 겸비한 여성'으로 평가했다.[539] 1883년 최초로 조선 주재

미국 특명전권공사로 부임한 루시우스 하우드 푸트(Lucius Harwood Foote, 1826~1913) 장군의 부인인 로즈 푸트(Rose F. Foote)는 명성황후를 "강하고 의지가 굳은 성격에다 똑똑하고 위엄 있고 동양 전체를 통틀어 가장 머리가 좋은 여성"이며, "유교에 심취한 학자일 뿐만 아니라 정부문제를 다루는 데 통달했고 모든 조선의 정치적인 위기 상황마다 눈에 띄는 인물"로 기억하고 있다.[540] 푸트 여사는 일본을 방문했을 때 일본인들이 명성황후에 대해 험담을 하는 사람이 있으면 즉시 나무라며 "왕후마마의 고귀하고 고상하며 열정적인 성품을 여러분들이 제대로 이해하지 못하고 계시네요. 왕후마마를 겪어본 저로서는 조선을 일으켜 세우려는 마마의 열망에 대해 신뢰와 깊은 애정을 가지게 되었답니다"[541]고 응수했다.

　미국 특명전권공사의 부인 눈에 비친 명성황후는 강력한 의지와 정부의 문제에 대한 정확한 이해를 통해 조선을 일으켜 세우려고 노력한 인물이었다. 또한 '갑오친일정부'에 맞서 "일본장교에게 훈련받은 군인들을 내쫓고 개혁 내각의 친일파를 친조선적인 자신의 친구들로 바꾸려는 대담한 쿠데타를 계획"한 인물로, 이 계획이 "왕후가 한 마지막 용감한 싸움"이라고 평가했다.[542] '갑오경장'을 추진한 김홍집 내각이 철저한 친일정부였으며, 개혁을 위장한 반개혁적 정책을 추진했다는 점에서, 이에 맞선 명성황후의 노력은 갑오친일정부를 전복하고 국권을 회복하려는 정당한 것으로 평가되어야 할 것이다.

　명성황후를 직접 경험한 일본 주요인사들 중 일부는 명성황후의 특출한 능력을 인정했다. 명성황후 시해사건이 발생했을 당시 미우라 고로(三浦梧樓)의 전임자였던 이노우에 가오루(井上馨)는 명성황후의 '장시간에 걸쳐 호소하는 연설'을 듣고 "정말로 깊이 느꼈고, 대한방침을 전부 변경하고 싶었다"고 밝힐 정도였다.[543] 미우라 고로도 "이 왕비는 여성으로서는 실로 드물게 재능 있는 훌륭한 사람이었다. … 왕비는 국왕의 의자 뒤에 비단천을 치고 그곳에서 입을 열고 국왕에게 무언가를 지시했으므로 사실상 조선 국왕은 이 왕비라고 해도 좋을 것"이라고 평가했다.[544]

당시 황현도 명성황후의 높은 식견을 인정했다. "왕후는 문사(文史)에 통달하여 백관들의 장주(章奏)를 늘 스스로 열람하였다. 『팔가문초(八家文鈔, 唐·宋八代家文鈔)』를 읽기를 좋아했으며, 일찍이 북경에서 가본(佳本)을 구입해 오기도 하였다."[545] 또는 "황후는 총명하고 민첩하며 권변(權變)의 계략이 풍부하여 항상 임금의 측근에서 임금이 미치지 못하는 것을 보필했다"라고 설명했다. 뒤이어 "제 마음대로 하여 방자함이 날로 심해졌으며 임금이 도리어 제재를 받는 바가 되었다"고 비난하지만, 명성황후의 능력은 수미일관 인정하고 있음을 확인할 수 있다.[546] 윤치호는 고종 앞에서 명성황후에게 "네가 참으로 무식하구나"라며 면박을 당하기도 했다.[547] 이후 황후로 추존하는 책봉조서에 명성황후는 다음과 같이 평가되었다.

예로부터 어진 황후(皇后)가 하늘을 받들고 도(道)를 따라서 궁내(宮內)에서 바른 자리에 앉아 풍속과 교화의 기틀을 잡는 것을 시작으로 온 나라를 교화하여 아름다운 덕이 밝게 나타나 후세까지 가르침을 남기게 된다. 이에 반드시 행적과 공로를 표창하여 한번 시호를 올림으로써 백대에 증거를 남기는 것은 떳떳한 윤리이고 아름다운 법으로서 역대의 큰 전례(典禮)이다. 생각건대 황후 민씨(閔氏)는 영특하고 슬기로우며 착하고 온화하며 단정하고 엄숙한 자품으로 왕비에 간택되어 왕실의 빈(嬪)이 되었다. 아름다운 신정 왕후(神貞王后)를 계승하여 정성과 효도가 두터웠고 종묘(宗廟)를 공손히 받들어 엄숙하게 게을리 하는 일이 없었다. 궁중에서는 새벽부터 정사에 부지런해야 한다고 짐을 일깨웠고, 태자를 낳아 자손들이 번성하게 될 복이 깃들게 하였으며, 경서(經書)와 역사를 널리 알고 옛 규례에 익숙하여 나를 도와 궁중 안을 다스림으로써 짐에게 큰 도움이 되었다. 어려운 때를 거듭 만나서 온갖 근심을 다 맛보았으며 사변에 대처하여서는 경도(經道)와 권도(權道)에 합치되었고, 황후로서의 위의를 손상시키지 않으면서도 위태로운 상황을 편안한 데로 인도하여 태평의 기반을 다졌으니 어찌 거룩하고 아름답지 않겠는가? 내가 임금 자리에 오른 지 32년이 되는 을미년(1895) 8월 20일에 세상을 떠났는데 이런 궁내의 사변은 너무나 불측스러운 것이어서 만고에 없었던 일이다. 원수를 갚지 못한 채 상복을 벗은 지금, 나의 슬픔과 동궁의 애통함은 끝이 없다. 생각건대 오늘날 큰 왕업을 중흥하여 자주 국권을 찾은 것은 실로 황비(皇妃)가 도와준 성과이다.[548]

미국의 첫 선교사 중 한 명인 스크랜튼 부인(Mary Fletcher Scranton, 1832-1909)이 1885년 6월에 조선에 들어왔고, 황후는 이화학당 설립을 음으로 양으로 격려했으며, 첫 여학교의 이름인 이화(梨花)란 이름을 지어주었다.[549] 이처럼 황후는 고종을 보좌할 정도로 높은 정치적 식견을 가지고 있었고 국내 정치세력의 동향을 파악할 정도로 비상한 정치 감각을 지녔던 여성정치인으로 평가할 수 있다.[550] 1887년 조선에 들어와 선교활동을 한 선교사 존스(Geo Herber Jones)는 조선 여성의 지위가 실질적으로 높다고 평가하며, 주부들을 가정 경영의 '실질적 가장(Man-of-the-house)' 역할을 하면서, 드러나지 않고 실력을 행사하는 강력한 능력이 있다고 생각했다. 존스의 생각에 가장 적합한 인물을 그 스스로 민 황후라고 보았다.[551]

일본정부에 의한 명성황후 시해를 알게 된 고종은 갑오친일정부를 무력화시키기 위한 준비에 착수한 것으로 보인다. 즉 1896년 2월 11일 고종이 러시아공관으로 망명을 단행하게 되는 역사상 유례없는 국왕의 국내 망명이 성공했다. '아관망명'은 '국내임시망명정부'의 성격을 띤다. 고종의 러시아 공사관으로 '이차(移次)'한 곳이 "당시 국제법상 외국 영토나 다름없는 '치외법권 지역(extraterritorial)'이었다는 사실"과 고종이 이범진을 통해 "전국에 거의(擧義) 밀지와 보부상 동원령을 내려 경복궁 탈출을 대내적으로 준비"했다는 점 등에서, 정치적 망명이며 임시망명정부 수립이 목표였다는 것을 알수 있다.[552]

이처럼 명성황후는 시해 이전에는 조선의 근대화와 일본으로부터의 독립을 위한 여성 지도자로서의 역할을 했으며, 일본정부에 의한 시해 이후에는 고종의 국내임시망명정부 수립의 결단과 항일투쟁으로 이끈 원동력이 되었다. 고종의 아관망명에 대해, 조선교구 제8대 교구장으로 임명된 뮈텔(Mutel, Gustave Charles Marie) 신부는 "이것(아관망명)이야말로 혁명이다. 백성들은 이를 기쁘게 받아들이고 또 그것을 그들의 해방으로 보고 있다고 말할 수 있다"[553]고 했으며, 러시아공사 악셀 슈페예르(Аксел Н. Шпейер, 士貝耶)도 당시 본국에 보고한 조선 백성들의 민심은 "기쁨과 환호로 가득 찬 민중들은 충성심과 존경심을 전하기 위해 국왕을 만나게 해달라고 요구하고 있습니다. 그런데 기쁨으로 충만한 이 분위기는 왜인들의 심각한 몰이해로 인해 금방 암울해질 수 있다는 점이 불행입니다"[554]라고 전한다. 이와 같이 명성황후의 죽음은 아관망명을 통해 갑오친일정부를 붕괴시켰고, 대한제국(대한국)의 선포를 통한 근대화 추진의 중대한 원동력이 되었다.

고종은 많은 시간을 정사를 돌보는데 바쳤고 밤에도 일을 쉬지 않았고, 새벽까지 각료들과 회의를 계속하는 경우도 있었으며, 아관망명 직후부터는 백성들은 고종을 아버지처럼 존경했다고 한다.[555] 대한제국 선포 이후 고종은 '구본신참'의 전략을 통해 한국사회의 근대화 개혁을 강력하게 추진

했다. 정부의 근대화 개혁은 사회에도 파급되어 다양한 변화가 발생했다. 1898년 9월 1일, 서울 북촌의 양반부인들이 「여권통문(女權通文)」을 발표했다. 그 핵심 내용은 남녀가 동등한 권리를 갖고 있으니 이제는 과거 구습을 타파하고 개명 진보를 위해 여학교를 설립하여 여성교육을 실시하자는 내용이다.[556] 이 통문은 양반 여성들에 의해 최초로 제기된 여성권리선언이라 할 수 있다. 일본의 최초 여권선언문은 「원시, 여성은 태양이었다(元始, 女性は太陽であった)」이었는데, 이 선언문이 1911년 9월 11일에 『세이토(青鞜)』 창간호에 발간사로 선포되었다는 점을 고려할 때, 한국은 거의 13년 앞서 여성의 권리를 선언한 것이다.[557]

이 발표에 대해 많은 신문들은 놀랍다는 반응이었다. 북촌에 여성들이 여학교를 설치하자는 통문에 대해 놀랍고 신기해서 논설로 기재했다는 내용, 우리나라 부인들이 이런 사업을 창설할 생각을 할 줄 몰랐으며 진실로 희한하다는 내용, 여학교 설치를 의논했다는데 그렇게 할 줄은 알지 못했다는 내용 등 대부분 「여권통문」에 대해 예상하지 못했다는 반응이었다. 충청도 지역 양반가의 일기에도 등장하는 등 당시 「여권통문」 발표는 상당한 이슈였던 것으로 보인다.

서울에 비로서 여학당(如學黨)이 나타났다고 한다. 당수(黨首)는 완화군(完和君)의 어머니 이 상궁이라 한다. 그들은 임금에게 상소를 올리고 대궐 문밖에서 만세를 불렀다. 이에 임금이 우비답(優批答)을 내렸다 하는데 당원이 무려 수백 명이나 된다고 한다. 천하에 이같은 기기 괴괴 형형 색색한 일이 만고에 있을 수 있는가. 그 뒤 여학당이 1,000명으로 늘어났다고 하며 그 형세가 매우 융성하다는데 상소의 내용을 알아 본 결과 첫째 여성에게도 사로(仕路[官職])를 열어줄 것, 둘째 여자들의 장의(장옷, 얼굴을 가리는 쓰개치마)를 없애줄 것, 셋째 내외법을 없애줄 것, 넷째 남편이 고질병으로 신음할 때 부인이 남편을 버리고 갈 수 있도록 허락해 줄 것 등이라 한다. 세상에 남편이 된 자로서 차마 눈뜨고 볼 수 없는 일이 아니고 무엇인가.[558]

이 양반은 여성들의 이런 주장은 '남편이 된 자로서 차마 눈뜨고 볼 수 없는 일'이라고 표현할 정도로 상당히 파격적이었던 것으로 보인다.

이러한 여성권리 주장의 흐름은 최초의 여성단체라 할 수 있는 '양성원(養成院)' 설치(1898.9.2)로 이어졌고, 그 이후 한국 여성에 의해 자생적으로 설립(1899.2.26)된 최초의 '순성(順成)여학교'로 진전되었다.[559]

구한말 언론인 및 독립운동가 이종일(默庵 李鍾一, 1858~1925)은 개화의 문제 중에서 가장 화급한 것이 부녀자의 사회참여운동과 여성해방운동이라고 했으며, 『제국신문』을 통해 여성해방을 널리 전파했다. 묵암은 개화사상과 동학사상을 동일시하고 여성해방과 여성의 사회참여운동도 동학운동을 조금 더 확대한 것이라고까지 했다. 또한 여성개화는 동학사상에서 출발한 것이며, 양성원의 운동도 그 사상적 맥락에서는 동학사상에서 그 기원을 찾아야 한다고 밝혔다.[560] 실제 조선 후기 남녀평등 및 여성해방의 사상적 기초는 동학에서 시작되었고, 동학농민전쟁 시기 집강소를 통한 자치 및 폐정개혁 요구를 통해 더욱 확산되었다. 따라서 동학농민전쟁 이후에 전개되는 다양한 여성운동의 기본적 자양분은 동학에서 출발했다고 보는 것이 정확할 것이다.

「여권통문」에서 밝힌 여성들의 남녀동등권 요구에 대해, 『독립신문』은 남녀노소 상하귀천에 차이가 없으며 남녀평등이 문명개화의 요소임을 인정하면서도 가정을 챙기고 자식을 교육시키는 '현모양처'라는 테두리 내로 한정했다.[561] 『독립신문』 논설(1896.5.12)을 보면, "그 부인네들이 자식을 낳으면 그 자식 기르는 법과 가르치는 방책을 알 터이니 그 자식들이 충실 할 터이요, 학교에 가기 전에 어미의 손에 교육을 많이 받을 터이라. 그런즉 여인네 직무가 사나이 직무보다 소중하기가 덜 하지 아니하고, 나라 후생을 배양하는 권이 모두 여인네에게 있은즉 어찌 그 여인네들을 사나이보다 천대하며 교육하는 데도 등분이 있게 하리오"라고 했다.[562] 즉, 여전히 여성의 역할은 아이들의 보육과 교육, 그리고 가정에서의 내조라는 영역을 강조한다. 또한 「여권통문」에서 여성교육을 강조한 것에 대해서 『제국신문』은 "이중에 어떤 부인이 지식과 문견이 넉넉해서 남의 나라 문명한 학문으로 교수나 노릇 할 만한 이가 있는지 마치 믿을 수 없는지라"며, 교육할 만한 여성이 없으니 외국 여성이 필요하다고 하였다.[563] 한국 여성은 교육할 능력이 없으니 외국 여성을 초빙해서 교육해야 한다는 것이다.

『독립신문』의 논조는 시간이 흐를수록 오히려 여성의 역할을 제한하는 방향으로 치우쳤다. 남편과 논의할 내용은 집안일로 한정되었으며, 남편을 도와서 편지를 대서하거나 문서를 기록하는 역할을 담당하고, 한가할 때에나 서책을 보며 학문을 토론해야 하며, 아이들의 보육과 교육에 진력해야 한다는 것이다.[564] 남녀평등을 주장하지만, 여성들이 득의양양하여 모든 것을 간섭하거나 남편을 이기려고 하는 것을 용납할 수 없다고 주장한다. 따라서 가정과 부부가 화목하기 위해서는 여성이 남성 앞에 분수를 지켜야 한다고 설명한다.

우리가 대한 여인에게 한마디 말씀을 붙이노니 몇 백 년을 내려오며 남자에게 압제를 받다가 졸지에 동등 권리를 주어서 무슨 일이든지 여인의 임의대로 하게 되면 저 학문 없는 여인들이 별안간 세상을 만났다고 양양

득의하야 대소사를 간섭하지 아니하는 것이 없을뿐더러 도리어 남편을 이기려고 장관의 일이 많을 것이니 만약 그 지경에 이를 것 같으면 그러한 여인들은 세계상에 용납지 못할지라. 극히 여인을 위하야 염려하거니와 대한 남자들은 개명에 진보코자 하거든 여인에게 동등 권리를 주어 천대치 아니함이 천리에 합당하고 대한 여인들은 남자에게 압제를 면할수록 분수를 지켜 남편의 뜻을 거스르지 아니함이 인사의 당연한 바라.[565]

이러한 과도기적 태도 속에서 여성계몽은 "근대적 일군을 육성하기 위해 2세를 잘 키우고 인종경쟁을 하는 시대에는 문명부강한 나라의 압제에서 벗어나야 한다는 사회진화론에 기반한 실력양성론"[566]이 중심이었다. 사회진화론은 강력한 개화의 이데올로기 기능을 담당했다. "늙은 부인 젊은 처자 장옷 벗고 활동하여 예배당에 간다던지 학교에 간다던지 시세 알고 학문 배워 나 먹을 일 내가 하소. 남편의 덕 믿지 말고 공것 먹을 생각 말소."[567] 모든 성인 여성들은 남성에게 기대지 말고 스스로 생존의 방편을 마련하라고 촉구하며, 전체 인구의 절반으로서 나라의 부강을 위해 국민의 역할에 최선을 다할 것을 강요받았다.[568] 이처럼 보편적 권리로서 남녀평등의 문제가 전복되어, 문명개화와 부국강병을 수행하기 위한 도구로서 남녀동등이 주창되었고, 여성도 국민으로서 생산의 주체 및 사회진화의 역군이 될 것을 강요한 것이다.[569] 그러면서도 남녀평등은 어디까지나 남성 우위의 구조를 유지하는 선에서만 용인되었다.

## 8) 일제 식민지에 포박(捕縛)된 정민과 은경,[570] 그리고 신여성

동학농민전쟁 이후 탄압받던 동학은 1905년 천도교로 개칭하고 교단을 재정립하면서, 1906년부터 부인전도회(婦人傳道會)를 조직하고 부인전교사 제도를 두어서 여성 포교 활동에 적극 나섰으며, 1910년 4월부터는 부인 봉교사를 선정하여 각 지방에 파송하기도 했다.[571] 천도교는 여성문제에 적극적이어서 1923년 9월 개벽사에서 『신여성』을 창간했다. 또한 1921년 1월 30일 평양에서 천도교평양여자청년회가 창립되었는데, 천도교에서 최초로 조직된 여성단체이며, 그 다음 해에 서울에도 천도교여자청년회가 설립되었다.[572] 그리고 1926년 별도의 천도교청년여자회가 조직되었는데, 그 조직의 강령은 "일로 앞날의 세상은 남녀 양성 중에 일방(一方)이 저 일방(一方)을 지배할 수 없다는 것을 확신하는 동시에 우리 회는 우리와 뜻을 같이하는 이와의 실력으로써 양성쌍보(兩性雙補)의 새 세상 오기를 기함"[573]이라고 밝혔다. 이 강령을 통해 천도교청년여자회의 남녀평등에 대한 기본 입장과 방향을 알 수 있다. 천도교 이 외에도 천주교와 개신교 등의 종교단체, 각종 여성단체들이 조국의 독립을 위해 다양한 분야에서 활동했으며, 을미의병과 정미의병 당시에는 여자의병대를 조직해서 군자금 마련과 고된 훈련도 했다.

3·1운동은 의암 손병희를 중심으로 천도교에서 준비되었다. 『묵암비망록』에 의하면, 1914년 제1차 세계대전이 일어나자 천도교계에서는 손병희에게 운동 전개를 요청했으나 응낙하지 않았다고 한다. 그래도 1914년 이후부터 천도교 중진들 내에서는 민중운동에 대한 논의가 지속되었고, 1918년 9월경에 독립시위운동에 관한 전반적인 계획이 수립되었다. 그러나 1918년 제1차 세계대전에서 일본이 연합국의 일원으로 승전국이 되어 계획이 주춤했으나, 일제에 의해 고종이 독살된 1919년 1월 이후 거사를 실행하기로 결정했다.[574] 고종황제의 서거 당시 상황에 대해 "그 소식이 서울 장안(長安)에 퍼지는데 더구나 일인(日人)들과 매국노(賣國奴)의 음모(陰謀)로 시해(弑害)를 당(當)하였다 하며 민족(民族)의 망국한(亡國恨)은 이 기회(機會)에 터지고 말

았다. 온 장안(長安)이 철시(撤市)하고 이 거리 저 거리에서 통곡(痛哭)하는 울음소리가 들려오는가 하면 일제관헌(日帝官憲)의 제지(制止)에도 불구(不拘)하고 중학생(中學生), 소학생(小學生)까지 동맹휴학(同盟休學)하고 대한문(大漢門) 앞으로 몰려가서 통곡(痛哭)"했다. 이 흐름은 3·1운동으로 이어진 것이다. "왕년(往年)부터 일찍이 조직적(組織的)으로 만반(萬般)을 준비(準備)해 오던 손의암 선생(孫義庵 先生)은 이런 호기(好機)를 이용(利用)해서 간부 중(幹部中) 유수(有數)한 권동진(權東鎭), 오세창(吳世昌)과 당시 보성고등보통학교장 최린(崔麟) 등으로 상의(相議)하여 조선민족대회(朝鮮民族大會) 33인의 명의(名義)로써 3월 1일 오후 2시에 독립을 선언하였다."[575] 의암은 일본경찰의 신문에서 3·1운동의 동기를 다음과 같이 밝혔다.

근래 도쿄에서는 조선유학생(남녀)이 조선독립에 대하여 정부에 의견서를 제출하고 또 서울에서는 괴상한 폭발물 사건이 있을 뿐만 아니라 조선에 있는 학생은 국권회복의 의견서를 조선총독부에 제출한다는 풍설이 있어서 이 일은 학생이 함부로 일으켜서 성과를 거둘 수 없다고 생각하여 나는 1월 20일경 권동진, 오세창, 최린 3인을 자택으로 불러…우리들이 정식으로 의견서를 정부에 제출하는 것이 어떠냐고 말한 일이 있다.…그 후 10일쯤 지나서 3인이 내게 와서 그 동지에 상당한 사람이 있고 그 가운데에는 기독교인도 있다고 말하여 그것이 동기가 되어…금일까지 이 혁명을 진행하여 온 것이다.[576]

천도교는 이 운동 이후에 임시정부를 구성할 것을 결의하고 대한민간정부 각료까지 결정했다. 1919년 4월 1일 현재로 "대통령: 손병희 부통령: 오세창 국무총리: 이승만 내무부장관: 이동녕 외무부장관: 김윤식 학무부장

관: 안창호 재무부장관: 권동진 군무부장관: 노백린 법제부장관: 이시영 교통부장관: 박용만 노동부장관: 문창범 의정부장관: 김규식 총무부장관: 최린 등이다."[577] 그러나 천도교의 민족대표 등 30여 명의 지도급 인사들이 체포됨으로써 임시정부는 상해에서 만들어졌다. 천도교는 3·1운동 이후에도 젊은 천도교인을 상해 대한민국임시정부에 파견하여 활동하게 하고, 상당한 군자금도 지원했다.[578]

3·1운동 과정에서 여성들의 역할도 과소평가될 수 없다. 선언서의 전달과 인쇄, 태극기의 제작 등 가장 기초적인 부분에서 여성들은 활발한 역할을 했다. 또한 "용기가 없어 아무도 만세시위를 이끌어내지 못한 개성에서 일대 만세시위를 이끌어낸 전도사 어윤희, 3,000여 명의 천안 아오내 만세시위를 계획·준비해 피를 흘리는 격렬한 만세시위를 일으킨 유관순, 대규모의 만세시위를 주도한 해주의 기생들, 대구와 부산에서 일대 만세시위를 선도한 여교사와 여학생들을 비롯해 전국 각지에서 애국적이고도 평등한 국민의식을 가지고 여성들"이 3·1운동에 참여했다.[579]

개성에서는 어윤희 전도부인이 군중을 이끌고 시위를 진행했다. 그 상황에 대해 "오후 2시 정각에 어윤희는 왼편 팔에 선언서를 걸쳐 매고 남문 쪽부터 중앙지대로 연설을 하며 올라왔다. 그 뒤를 따르는 교회 부인들과 청년들은 삐라를 뿌리면서 만세를 불렀다. …이 소식이 삽시간에 퍼지자 천여 명의 군중이 대화정 일본인 촌으로 쇄도하며 그네들 집문 앞에 달린 일장기를 모조리 찢어버렸다"고 전하고 있다.[580] 1919년 '3·1운동' 이후 여성들은 다양한 방식으로 반일운동을 전개했다. 비밀리에 평양에서 만들어진 '대한애국부인회'는 여성독립운동단체로서 대한민국임시정부의 독립군자금을 모금하는 등의 활동을 전개하다 간부들이 1920년 체포되었다. 공판기록 보도를 보면, "재작년 팔월경에 평양에서 야소교감리파(監理派)와 장로파(長

老派)의 다수한 부인이 련합하야 조선독립의 목적을 성취하기 위하야 대한 애국부인회(大韓愛國婦人會)라는 회를 조직하고 강서(江西) 증산(甑山) 진남포(鎭南浦) 등 중요한 디방에 지회를 설피하며 님원을 선뎡하야 부인네들이 손수 독립운동자금을 모집하야 재작년 십일월경에 상해림시정부로 다수한 금전을 보내고 조선독립을 위하야 매우 노력하든" 40~50여 명의 간부들을 체포했다고 되어 있다.[581]

조국의 독립과 평등한 세상을 갈구했던 여성들의 노력이 지속되었다. 그러나 일제의 식민통치는 여성을 더욱 억압적인 삶으로 내몰았다. 일제는 일본의 '양처현모주의'를 강요하면서 일부일처제에 근거한 근대적 가족에서 여성의 위치를 아내의 역할로 제한함으로써 내조하는 부인, 자녀를 양육하는 어머니로 고정했다. 이 흐름은 1930년대 이후 더욱 강화되고 제2차 세계대전 기간 동안에는 가족에게 희생하고 헌신하는 어머니, 황국신민화 정책에 동조하는 군국주의적 모성을 가진 여성이 되기를 강요받았다.[582]

친일지식인들도 이런 흐름에 동참했다. 이광수(李光洙)는 "여자교육은 모성 중심의 교육이라야 한다. 여자의 인생에 대한 의무의 중심은 남의 어머니 되는 데 있다. …좋은 어머니가 되며 좋은 아이를 길러내는 것이 오직 여자의 인류에 대한 의무요, 국가에 대한 의무요, 사회에 대한 의무요, 또 여자가 아니고는 하지 못할 것이다."[583] 여성은 어머니로서 국가의 요구에 충실한 모성애를 발휘해야 한다는 것이다. 이때 이광수가 호칭한 그 국가는 다름아닌 일제였다.

근대화의 흐름에 따른 여성들의 변화에 대해서도 호의적이지 않았다. 당시 대부분의 지식인들은 소위 '모던걸'[584]로 불리던 '신여성'들을 비난하거나 이단시하였다.[585] 최초의 신여자로 소개되었고 일본 유학을 마치고 돌아온 여성운동가 김일엽은 1920년 3월 창간된 『신여자』라는 잡지를 통해 등장했다.[586] 그리고 1923년 『신여성』이 창간되면서 근대화의 물결에 의해 제한된 소수였지만 교육받은 여성들을 신여성으로 지칭했다. 이들은 1930년대 후반부터는 소비문화의 대중화에 따라 보편적인 것으로 차츰 인식되어 갔다.[587] 여성은 국가의 문명개화와 부강을 위해 교육받아야 하지만 한정된 영역이어야만 했고, 소비의 주체로서 새롭게 등장하는 신여성은 비난의 대상이 되었다.

일제에 의한 여성의 통제정책도 추진되었다. 일제 철도 당국은 1920년대 초반 풍기문란 단속을 빌미로 남녀학생의 열차 칸을 분리하는 지침을 공표했다. 여학생들은 현모양처로서 엄격한 통제와 관리가 필요하며, 이를 위해 지속적인 감시를 용인해야만 했다. 1927년 숙명여자고등보통학교가 제정한 '나날의 양식'에 의하면, 야간에 외출할 때 가족 또는 같은 학생들과 동행해야 했으며, 편지도 검열의 대상이었다.[588] 일제 강점기 여성노동자는 최하층으로서 민족적 차별과 성적 차별이라는 이중적 억압을 감내해야만 했다. 이 시기 한국 여성 중 농업부문에 종사하는 비율이 80% 정도였으며, 나머지 여성은 비농업 부문의 범주 중에서 노동자계급의 비율이 큰 비중을 차지했는데 대부분 생산 공정 노동자였다. 제사(製絲) 분야 여성노동자들의 노동쟁의에서 중요한 쟁점 중 하나는 일본인 남자 감독의 비인격적인 통제였다.[589] 비인격적 통제는 인권의 유린에서부터 성폭력까지 다양했던 것으로 보인다. 황해도 옹진 암기농장(岩崎農場)의 동맹파업에 대한 보도에서 여성노동자들의 힘겨운 작업장 일상을 엿볼 수 있다.

로동조건에 잇서서는 녀자로동자가 더 더열하다 합니다. 그곳의 녀공의 수는 오륙십 명인데 그들의 생활은 실로 참담합니다. 그야말로 눈물의 생활입니다. …매일 아츰 일곱시 반부터 저녁 여섯시까지 열 시간 이상 로동을 하여 오게 되는데 아츰에 출근이 좀 느지면 오전식 벌금을 밧고 점심시간에 좀 느지면 십전, 작업 중 한 사람의 과실됨을 직공들이 누구라고 말하지 아니하면 오전 내지 십전, 코를 한번 잘못 풀어도 오전 내지 십전, 너무 곤하야 잠간 조는데는 의례히 십오전식 이 모양으로 벌금을 바더 엇더한 때에는 임금보다 벌금이 만케 되여 그 다음날 임금 중에서 제하게 되는 때도 비일비재하고 하며 좀 더 심하면 구타까지 능사로 하여 온다 합니다.[590]

구타와 성추행·성폭행 등이 일상적으로 벌어지고 있다는 것도 간접적으로 확인된다. "감독이나 검사란 자들이 우리에게 대하는 태도는 실로 매스꼼이 날 지경이지요. 또 추잡한 언동이나 다 만습니다. 녀직공도 사람인 이상 소 말과 같은 대우를 어찌 참겠습니까? 그거 구복이 원수가 되야서 부모에게서도 듣지 못하든 가지가지의 욕설과 당하지 못해본 구타까지 당해 가면서도 일하는 것인데"[591]라고 밝힌 것에서, 비인간적 대우와 욕설, 구타를 당했음을 알 수 있다. "전남 함평읍내 신곡(神谷) 제사공장 직공 30명은 동현 동맹파업을 단행하얏다는 데 내용을 들은즉 그 공장에서 감독하는 김윤삼(金允三)이라는 이가 잇던 녀직공을 구타한 것이 원인이라"[592]는 기사를 통해 당시 여성노동자들이 동맹파업을 벌인 이유가 작업장에서 일상적으로 벌어진 구타였음을 알 수 있다. 특히 제사공장의 여성노동자들의 경우, 15세 미만의 유년공 비율이 66.5%(1921), 23.5%(1925), 39.4%(1930), 37.3%(1940) 등으로 나이 어린 여자 아이들이 압도적이었다.[593] 한국의 여자아이들이 가장 철저한 일제의 착취 대상이었다.

이 한국의 여자아이들은 1931년 만주사변을 기점으로 일본에 의해 노동력 동원의 대상이 되었으며, 1941년 11월 국민근로보국협력령에 의해 학생에서 일반인, 25세 미만의 여성까지 근로보국대에 동원되었다. 이것이 바로 지금도 일본이 사과하지 않고 있으며, 대한민국 국민들에게 공분을 일으키고 있는 일본군 위안부(Japanese military sexual slavery) 문제다. 이것은 1944년 8월 23일 일왕 서명으로 공포된 '여자정신근로령'에 의해 공식화되었다.[594] 일본 군인의 증언을 통해 식민지 한국의 어린 여성이 어떤 일을 겪었는지 알 수 있다.

> 내가 익숙한 위안부는 직업용 일본 명을 마사오라고 불렀다. 집안은 강원도의 가장 가난한 농가였는데 어느 날 갑자기 촌장이 와서 "군의 명령이다. 나라에 대한 봉공으로 딸을 내놓아라"라고 했다. 봉공의 뜻을 금방 이해했기 때문에 부모는 손을 빌며 큰소리로 '아이고'를 거듭했으나 촌장은 듣지도 않았다. 이 면에는 8명의 할당이 있었는데 면에는 처녀가 5명밖에 없으니까 한 사람도 놓치면 안 된다고 했다. 촌장 뒤에는 칼을 가진 일본인 순사가 있었다. 5명의 마을 처녀가 돌과 같이 트럭에 실려서 마을 경계인 다리를 건너간 것이 고향과의 이별이었다. … "매일 15명을 손님으로 받아요. 몸이 안 되겠어요. 살아 있는 것이 불가사의해요"라고 그녀는 말했다.[595]

1930년대 여성노동자들의 부당대우 반대 및 처우개선을 요구하는 파업이 계속 벌어졌다. 1935년 "대전 군시(郡是) 제사회사 직공의 동맹파업을 위시하야 최근 남조선에는 동맹파업이 계속적으로 일어나고 잇다"[596]고 밝히고, 부산의 삼화고무공장과 충남 예산의 충남제사회사 여성노동자 백여 명이 부당한 대우에 파업 단행 등을 보도했다. 동일한 대전 군시 제사공장에서는 1936년에도 파업이 발생했다. 남녀 노동자 800명이 파업에 참여했는데, 검속(檢束)된 여공 18명은 감독의 해고를 요구하며 끝까지 물러서지 않았다고 한다.[597] 식민지 여성들은 가장 억압받고 착취당했지만, 가장 완강하고 일상적으로 일제에 저항했다.

이제까지 조선사회 근대화의 사상적 동력으로서 여성해방의 문제에 대해 검토했다. 개벽사상과 동학사상으로 대표되는 인간평등과 여성해방의 세상을 향한 역사를 검토하면서, 인간평등과 여성해방이 외부의 유입에 의해 이뤄진 외생적 근대화의 결과가 아니라, 조선사회의 자생적이며 내재적 힘의 발로였음을 확인할 수 있었다. 여기에 더해 다음은 서양의 여성관과 여성의 지위 변화를 검토하고, 그 내용을 조선사회와 비교할 것이다. 조선사회와 서양사회를 비교분석하면, 여성문제에 대한 조선사회의 근대화 동력이 어떻게 존재했는지를 알 수 있을 것이다.

## 5. 서양의 여성관과 여성의 지위

앞에서 조선사회의 여성관과 여성문제를 살펴보았다. 조선사회는 우리의 통념과 달리 여성해방에 있어 근대적 사상을 내포하고 있었다는 점을 확인할 수 있었다. 이 절에서는 근대화의 시초로 전제되는 서양의 여성관과 실제적인 여성의 지위는 어떠했는지를 살펴볼 것이다. 조선사회와 서양사회의 비교연구를 통해 여성문제에서의 조선사회의 근대화 과정을 좀 더 명료하게 확인할 수 있을 것으로 판단되기 때문이다. 이를 위해 서양 여성관의 지적 흐름을 추적하고, 서양사회에서 여성의 평등과 성·결혼이 어떻게 진행되었는지 살펴보고, 여성 억압의 남녀 불평등을 뚫고 남녀평등과 여성해방을 위한 흐름이 어떻게 전개되었는지 확인할 것이다.

## 1) 서양 여성관의 지적 흐름의 추적

### (1) 고대 서양의 여성관

서양의 고대 철학자 플라톤(Πλάτων, Plátōn)부터 근대의 경계라 할 수 있는 계몽주의 시기의 철학자들에 이르기까지 각각 여성을 어떻게 생각하고 판단했는지 살펴보자. 우선 플라톤은 남녀의 차이를 "여성은 아이를 낳으나 남성은 아이를 생기게" 한다는 점만 있을 뿐이라고 밝힌다. 따라서 "우리의 남자 수호자들도 그리고 그들의 아내들도 같은 업무에 종사해야만 한다고 우리는 여전히 생각"하며, "여자고 남자고 간에 나라의 수호와 관련해서는 그 성향"이 같기 때문에 "그만큼 더 약하거나 그만큼 더 강하다는" 차이만 제외한다면 같은 일을 할 수 있다고 주장했다.[598] 당시 아테네에서 여성은 일종의 동산으로서의 재산으로 취급되었고, "순종적이며 열심히 일하고 검소하게 가정을 꾸리는 여성, 그리고 무엇보다도 부부간의 정절을 존중하는 여성이 부인으로서의 자격을 부여"받았다. 또한 그리스에서 "가정의 운영과 상속인의 출산이라는 한정된 역할을 맡았던 여성은 교육도 받지 못했고, 격리된 처소 외부의 문화적·지적 자극을 경험하는 것도 허용되지 않았다. 따라서 남편과 부인이 일상의 동반자가 되거나 감성적·지적 동료가 된다는 것은 사실상 불가능했다."[599]

> 그리스 …여성은 일단 결혼하면 남편 이외의 그 어떤 성욕 배출구도 허용되지 않았으며, 무조건 남편과 성행위를 해야만 했다. 그러나 남편은 부인에게 만족감을 줬다는 이유로 부인 이외의 다른 사람과도 이성애나 동성애를 할 수 있었다. 이런 이중 잣대는 간통이라는 그리스 단어가 기혼 여성이 자신의 남편이 아닌 다른 남성과 성교했다는 뜻으로만 쓰인다는

점에서 분명히 드러난다. 말할 필요도 없이 간통에 대한 처벌은 상당히 가혹했다. 심지어 남편이 사망했을 때조차, 여성은 자신의 삶이나 육체를 통제할 수 없었다. 왜냐하면 아버지나 수호자가 여성을 다시 보호하게 되고, 멋대로 그녀를 재혼시킬 수 있었기 때문이다. 만약 그 여성이 말을 듣지 않으면 시민은 자신의 누이나 딸을 첩으로 보내버릴 수 있었으며, 여성은 소유주에게 아무런 불평도 하지 못했다. 심지어 첩의 신분에서 매음굴로 떨어질 수도 있었다.[600]

당시 그리스 여성의 상황을 감안하면, 플라톤의 남녀관은 혁명적이라고 할 수 있다. 플라톤은 "우리가 여자들을 남자들과 같은 목적에 이용코자 한다면 여자들에게도 같은 것을 가르쳐야"[601]하며, 국가 수호라는 목적을 위해 여성을 이용하고자 한다면 여성도 남성과 동등하게 교육을 시켜야 한다고 주장했다. 또한 동시에 남자 수호자들의 아내에게 시가와 체육 교육을 받도록 하는 것은 '자연(자연의 이치, 성향)에 어긋나지(para physin)' 않는다는 것에 동의했다.[602] 동시에 공산주의적 공동체라는 가상의 세계 속에서 여자도 남자와 같이 관직을 공유할 것이며,[603] 여자들 중에서도 자질을 충분히 지니고 태어났다면 통치자가 될 수 있다고 보았다.[604]

플라톤의 후기 저작인 『법률』도 약간의 차이는 있지만 유사한 입장을 견지했다. 그는 "모든 관행을 남녀에게 공통되게 제도화한다는 것은 나라의 행복을 위해서 더 좋을 것"[605]이라면서, "어른이고 아이고 간에 모두가 가능성에 따라(kata to dynaton) 의무적으로 교육을 받아야만" 하며, "남자들에 관련된 것들 모두와 똑같은 것들을 여자들도 수련해야만 한다"고 주장했다. 그 이유는 "우리들의 고장들에서 모든 남자들이 온 힘을 다해 여자들과 일제히 똑같은 것들을 추구하지 않는 일이 진행되고 있다는 것은 그 무엇보다

두 가장 어리석은 일"이며, "입법자에게는 바로 이 일이 놀랄 만한 실수가 될 것"이기 때문이다.[606] 따라서 여성도 남성과 함께 교육과 다른 것들에 최대한 관여해야 한다는 것이다.

그러나 플라톤의 여성관도 시대적 한계는 있었다. 플라톤의 남녀평등은 아테네의 관습을 인정하는 테두리 내에서의 평등이었다. 결혼문제와 관련, 플라톤은 남녀 모두 적합한 상대를 찾아서 35세 안에 혼인을 하도록 했지만, 그 약혼의 결정 권한은 아버지, 할아버지, 아버지 소생의 오라비 순이었고 아무도 없을 경우에 한해서 그다음 권한이 어머니에게 부여되었다.[607] 국가를 위해 남녀 모두에게 혼인은 의무였으나, 선택권은 남성에게만 주어졌고, 여성은 남성의 선택에 복종하는 구조였다. 플라톤은 "여성과 남성은 평등하다고 널리 선언"했지만 "여성을 남성 시민과 평등하게 대할 수 없었다는 것"이다.[608]

또한 플라톤에게 남녀의 동등성은 국가 수호라는 제한된 목적을 위한 것이었다. 즉, 국가 수호에 필요한 남성적 특징이 최고선으로 전제되는 남성 중심적 사고 속에서 여성도 동등한 역할을 해야 한다는 것이기 때문에, 여성의 차이를 배려하고 존중하는 가치는 드러나지 않는다. 따라서 "플라톤의 여성 교육론은 남성과 여성을 분리하지 않았다는 점에서는 고무적이지만, 남성 중심의 가치를 확대재생산하는 측면이 남아 있다는 점에서는 여전히 반쪽자리"라 할 수 있다. "그에게 있어서 여성은 타자화 된 존재일 수밖에 없고 따라서 그가 주장하는 여성 교육은 혁명적 선언 이상의 의미를 넘어설 수 없었다."[609]

플라톤의 제자 아리스토텔레스(Aristoteles, BC 384~BC 322)는 여성은 재생산을 담당하는 존재이면서, 이성(로고스)보다 오히려 감정에 의해 통제되는 존재라고 이해했다.[610] 그는 "노예는 숙고능력을 전혀 지니지 않았고, 여성은 이것을 지녔으나 권위가 없고(아퀴론 ἄκυρον), 어린이는 이것을 미개발 상태로 지녔다"[611]고 보았다. 그는 여성을 정서 장애자이자 합리적인 선택을 통해서 자신의 욕망을 통제할 수 없는 존재로 규정하거나, 또는 여성은 자신을 둘러싼 남성(테크메사의 조언에 귀를 기울이려 하지 않았던 아이시스처럼 여성의 충고에 귀기울이지 않는 마성들)과의 관계에서 권위를 인정받지 못한다는 것을 암시하는 것이기도 하다.[612] 그는 여성에게 적합한 것이 있다면 남성이 여성에게 양도할 수 있지만, 남성의 지배가 필연적인 것으로 보았다. 따라서 여성을 공적 영역의 일부로 보지 않았으며, 가족 내에서도 남성이 여성에 대해, 아버지가 자녀에 대해, 주인이 노예에 대해 권위를 갖는다. 여성은 숙고능력은 지녔으나 권위는 없으며, 동시에 가정의 유지와 자녀의 출산이라는 역할을 맡고 있기 때문에 여성은 남성과 평등하게 여가를 누리지 못한다. 또한 이성이 뛰어나지 않은 여성은 공적 영역에 참여할 수 없다.[613]

아리스토텔레스에게 있어 '프락시스(πρᾶξις: 실천・행위・활동)', 즉 정치활동, 철학, 문예활동 등을 할 여가(스콜레 σχολή)를 확보할 수 있도록 주인을 귀찮은 노예 지배의 업무로부터 해방시킬 재력과 스콜레의 관점에서 고대 그리스의 '제가(오이코노미아 οἰκονομία)'의 성공 기준인 노예관리 업무를 대리인에게 위임할 수 있는 경제적 여유가 확보되어야 한다.[614] 이런 재력과 여유를 여성은 원천적으로 가질 수 없다는 점에서, 여성의 공적 영역 참여는 애당초 불가능했던 것이다. '제가(齊家)적' 지배권은 이성적 지혜에 의해서 가능하고, 이 지혜는 재력을 통해 여가를 확보한 남성의 몫이기 때문이다.

(2) 중세의 암흑과 합리주의 철학자들의 여성관

유럽의 중세시대는 여성에게 암흑의 시대였다고 평가할 수 있다. 영국의 정치인이자 사상가인 필머(Sir Robert Filmer, 1588~1653)는 "신은 아담에게…

여성의 지배권을 줬다", "신은 아담이 그의 부인을 지배하도록 운명을 정해 놓았고, 이브의 욕망은 아담의 욕망에 종속되어야 했다"는 창세기의 구절을 인용했다.[615] 남성에 대한 여성 지배는 신에 의해 정해진 것이며, 여성의 정신적 욕망 또한 남성에게 종속된다는 것이다. 사회계약론의 핵심적 논거에 의하면, 인간의 자유는 남성의 자유이고, 평등·자유·계약 등도 남성의 특권으로 간주했다. 인간의 권리는 여성에게 적용되지 않았다.

홉스(Thomas Hobbes, 1588~1679)도 가부장적이며 남성 중심적 관점을 가졌지만, 자연 상태에서 정치적 권리는 모권(母權)으로 판단했던 것으로 보인다. 따라서 홉스는 여성에 대한 남성의 자연적 지배가 전혀 없다는 전제에서 출발한 유일한 계약론자였던 것이다.[616] 그러나 계약과 함께 여성은 남성에게 종속된다. 홉스는 "자식에 대한 지배권은 두 사람에게 똑같이 속해야" 하지만, "이 문제는 시민법에 의해 결정되는데, 판결은 대체로 (항상 그렇지는 않지만) 아버지를 지지"하며, 그 이유는 "대부분의 경우 코먼웰스(commonwealth)는 가족 중 어머니보다 아버지를 지지"하기 때문이라고 규정한다.[617] 또한 그는 "인간들 사이의 모든 지배권은 가족에서 시작"되었고, "자연법에 의해서 가족의 아버지는 그의 부인과 아이들의 절대적인 군주"로 규정했다.[618] 그리고 "그 가족의 구성원이 한 남자와 자녀이건 또는 한 남자와 그의 하인이건 또는 한 남자와 그의 자녀들과 하인들이건 모두 그러하며, 그 경우 아버지 또는 남편이 주권자다."[619]

루소(Jean-Jacques Rousseau, 1712~1778)는 모든 시민의 평등을 옹호하면서도 남녀평등을 인정하지 않았다. 이런 관점으로 인해 현대 반(反)페미니즘의 지주로 간주되기도 한다.[620] 루소의 여성관은 남성에 의한 합리주의적 가부장제적 지배로 나타난다.[621] 그의 저작 『에밀(Emile)』의 내용은 완전히 남성 중심의 가부장제적 지배로 가득 차 있다. 루소는 기본적으로 "성(性)과 관계없이 모든 점에 있어서 여자와 남자는 똑같다. 같은 기관, 같은 필요, 같은 능력을 가지고 있다.…그리고 다른 관련을 지어 생각해 보아도 여자와 남자 사이에는 약간의 차이가 있을 뿐"이라고 전제한다. 그러나 이런 전제에도 불구하고, 완전히 정반대로의 논지를 전개한다. "여성은 특히 남성의 마음에 들기 위해 태어났다고 할 수 있다. 남성도 역시 여성의 마음에 들어야 한다 해도 이것은 그다지 직접적으로 필요한 것은 아니다.…여성은 남성의 마음에 들기 위해, 또는 정복당하기 위해 태어난 것이라면 남성에게 도전하는 따위의 짓은 하지 말고 남성이 기분 좋게 여기는 자가 되어야 한다."[622] 여자가 태어난 이유가 남성을 위한 것이라는 주장이다. 따라서 "남성이 불공평한 차별을 하고 있다고 여성이 불평을 한다면 여성의 잘못"이고, 여성의 사명은 아이를 낳는 것으로 규정된다.[623]

동시에 여성교육은 남성의 마음에 들고, 쓸모가 있고, 남성의 사랑을 받고, 존경받고, 남편이 어릴 때는 길러주고, 크면 뒷바라지를 하고, 조언을 해주고, 위로해 주고, 생활을 즐겁게 기분 좋은 것으로 만들어주는 역할을 잘하기 위해 실시되어야 한다.[624] 여자아이는 어릴 때부터 속박을 감수해야 하며, 만약 이 속박이 불행이라 할지라도 그 속박을 벗어나려고 하면 더 큰 불행으로 고통을 받아야 한다. 여자아이에게 속박은 일종의 운명이다. 따라서 여성은 태어날 때부터 운명적으로 불행이라는 '원죄'를 안고 있는 존재다. 즉, "우리 남성의 불행의 원인이 된 여성이 그 불행과 함께 고통을 받는 것은 당연"하며, 여성은 "남성이라는 불완전한 존재, 때로는 많은 부도덕을 지니고 결점 투성이의 존재에 복종하게끔 태어난" 존재가 된다."[625]

그리고 루소는 여성이 이성적 사유를 할 수 없는 존재라고 보고, 이를 근거로 남녀를 다르게 교육하는 것은 당연한 자연적 이치라고 이해하였다. 즉, 남성에 의한 여성교육은 타당하지만, 동등한 교육은 불가하다는 것이다. 이런 논리로 인해 여성은 다른 교육을 받아야 한다. "여자아이란 거의 모두가 읽기·쓰기를 배우라면 싫어하지만 바늘을 쥐라면 반드시 좋아서 배우려 한다"거나 "어릴 때부터 자기가 컸을 때의 모습을 상상하고 그런 재능이 언젠가 자기의 몸을 치장하는 데 도움이 된다고 생각하며 기뻐"한다는 것이다.[626] 따라서 "여성에게 어울리는 지식만을 배워야 한다."[627] 이러한 남성의 가부장제적 지배의 관점에도 불구하고 루소의 논지를 긍정적으로 보는 학자들이 있다.

슈와르츠는 "남성을 지배하려는 여성의 욕구가 전 사회의 도덕적 갱생을 위하여 사용될 수 있다는 것이 루소의 믿음이었다"고 하면서 남성에 대한 표면적인 복종을 통하여 남성을 조종하는 여성의 간접적 지배가 "여성뿐만 아니라 전체 사회에 유익할 수 있다"고 주장하였다. 파니 와이스와 앤 하퍼는 루소가 엄격한 성역할 분리를 주장한 것은 그가 "애정으로 엮어진 성역할 분업적 가족을 개인적 차원 및 정치적 차원에서 가장 유익한 것"이라고 생각하였기 때문이라고 주장하였다. 그녀들에 의하면 이러한 가족을 통해 "사람들은 협소하고 파괴적인 이기적 관계를 넘는 타인과의 애착관계를 형성할 수 있고, 따라서 보다 나은 사회적 존재가 될 수 있다." 폴 토마스 역시 "루소는 성적 열정과 두려움이 공동체의 이익을 위해 사용되고 조직되기를 원했다"고 주장하면서 루소의 성 정치학의 공익성을 강조하였다.[628]

이러한 논지는 여성을 단지 남성의 부속물로 바라보는 관점의 연장이다. 루소의 이성 속으로 들어간 것처럼, 남성에게 표면적으로 복종함으로써 여성이 남성을 간접적으로 지배하는 것이 전체 사회에 유익할 수 있다는 주장, 성 역할을 통한 분업적 가족이 개인 및 정치적 차원에서 유익하다는 주장 등은 인간으로서의 여성의 본성과 평등한 존재감을 전체 사회의 이익에 복종시키는 것으로 귀결되며, 동시에 남성 위주의 사회에 여성이 복종하는 것을 정당화하는 이데올로기로 작동한다.

또한 버거(Brigitte Berger)는 루소가 인간을 옥죄는 비참한 전통의 가장 강력한 원인이자 더 나은 사회 질서를 가로막는 주요 장애물을 가족으로 보았고 가족의 해체를 주장했다면서, 루소를 여성해방론의 선두로 평가했다.[629] 그리고 "루소에 의한 성별 영역 분리는 부정적인 면도 있지만 18세기 사회에서는 긍정적인 면도 있었다. 그것은 여성에게 가정 내의 문제에 관한 권리를 부여하는 것이었다. 18세기의 경우 여성들은 남성들과 함께 살롱 및 사교계에 활동할 수는 있었지만 아무런 생산적인 일도 하지 못하였으며 가정 내에서의 결정권도 거의 없었다"며, "이러한 루소의 입장은 여성에게 아무런 생산적 역할도 부여하지 않았던 당시 사회에서는 진일보한 입장"이며, "루소의 여성관은 주로 남성들의 입장에서 모든 일들이 이루어지고 지적, 도덕적 영역에서 여성이 남성보다 열등하다는 사고가 지배적이던 당시에 여성의 역할을 강조하고 여성교육의 당위성을 주장했다는 점에서 의미가 있다고"고 평가한다.[630]

성별 영역 분리는 남녀평등의 관점 속에서 신체적 차이 또는 기능적 분업이라는 측면에서 이해될 수 있는 것이지, 근본적인 남녀차별 관점 속에서 성별 영역 분리는 차별을 더욱 구조화 또는 고착화시키는 것이다. 따라서 루소의 여성관은 페미니즘 발달에 지대한 영향을 끼쳤는데, 그것은 지극히 부정적인 영향으로 봐야 한다. 또한 루소가 여성에게 교육이 필요하다고 주장했지만, 그 교육의 내용과 철학이 무엇인지가 중요하다. 교육의 방향이 항구적인 남성 우위와 여성의 차별을 구조화하는 것이라면, 그 교육은 페미니즘 발달에 긍정적인 영향을 미쳤다고 볼 수 없다.

　루소의 교육관이 18세기라는 시대적 한계를 극복하지 못한 아쉬움을 토로하면서도, 루소의 여성관은 여성을 적대적이고 여성차별적인 시각으로 대하는 것은 아니라고 옹호하는 주장도 한다. 그 근거는 루소가 "여성은 그 눈이고 남성이 팔이지만 그러면서도 여성은 남성으로부터 무엇을 보아야 할 것인가를 배우고 남성은 여성으로부터 무엇을 해야 할 것인가를 배우는 식으로 서로 의존하는 상관관계"라고 말한다는 점과 "강자는 겉보기에는 지배자이지만 실제로는 약자에 의존한다"고 주장하는 점을 든다.[631] 그리고 인류의 파멸을 막기 위해서 여성의 주도권은 인정될 수 없다고 주장한다. "자연의 법칙, 즉 사정 이후 휴지기를 갖는 남성이나 필요에 의해서만 교미를 하는 짐승들의 암컷과는 달리, 여성에게는 욕망을 제어할 어떠한 생물학적 장치도 없기 때문에 여성들에게 성적 주도권을 인정하다 보면 자칫 모두의 파멸을 가져올지도 모른다"는 논리로, 루소는 인류의 종족 유지와 관련된 우려 때문에 여성의 주도권을 인정하지 않았다는 것이다.[632]

　여성은 남성을 위해 태어났고 남성에게 복종하는 존재라는 점에서 상호 의존관계라는 변명도 구차하기 그지없다. 루소에 의하면, 그 상호관계는 "만일 여성도 남성도 같은 정도의 근원으로 거슬러 올라갈 수 있고, 같은 정도로 자질구레한 일에 신경이 미친다면 남녀는 항상 서로 독립하여 끊임없는 불화 속에 살 것이며, 상호관계는 잘 되어 나가지 못할 것이다." 상호관계는 "여성은 스스로 판정자가 되는 상태에 놓여 있지 않기 때문에 아버지와 남편의 결정을 교회의 결정과 마찬가지로 받아"들일 때 성립가능하다. "여성은 자기 혼자 힘으로 신앙의 규칙을 끌어낼 수 없"으며, "지혜와 신앙을 모두 함께 가질 수 있는 여성은 눈에 띄지 않는다."[633] 따라서 루소의 상호의존은 남성과 여성의 명확한 위계구조 속에서 가능한 것이다. 루소의 본뜻이 남녀의 상호의존이라거나 강자가 약자에 의존한다고 해석하는 것은 그야말로 '견강부회(牽强附會)'다.

> 남녀의 상호적인 의무의 엄격도는 같지도 않고, 또 같을 수가 없다. 이 점에 있어서 남성이 불공평한 차별을 하고 있다고 여성이 불평을 한다면 여성의 잘못이다. 이 차별은 인간이 만든 것은 아니다. 또한 편견이 만든 것도 아니고 이성이 만들어 낸 것이다.[634]

남성 우위의 남녀불평등은 인간이 만든 것이 아니라, 이성이 만든 것이다. 남성인 인간이 만든 것이 아니기 때문에, 여성이 이에 대해 불평을 하는 것은 여성의 잘못이라고 말한다. 이 편견을 만든 이성의 경우도, 여성의 이성은 실천적인 이성이어서, "그것은 이미 아는 것의 목적을 달성하는 수단을 찾아내는 일에는 지극히 유능하지만 목적 그 자체를 찾아내지 못하는"[635] 이성에 불과하다고 본다. 루소는 여성의 이성적 사고 역량을 의심한다. "여성은 확고한 추론의 능력을 가질 수 있을까. 여성은 그런 것을 길러야 할 필요가 있을까. 순조롭게 자랄 수 있을까. 이성을 기른다는 것은 여성에게 부과된 직분에 도움을 줄까. 그것은 여성에게 어울리는 단순성과 양립할 수 있을까." 이 의심으로 인해 그는 "여성이 여성에게 적합한 일만을 하게 되고 그 밖의 모든 일에 관하여는 깊은 무지의 상태에 놓이는 것을 무조건 나쁘다고 하지는 않았다."[636]

루소를 포함한 정치 이론가들은 자연적인 것으로 알려진 모성애는 정치 생활과 합리적 토의에 부적합하다고 간주했다.[637] 모성애를 가정으로 가두고 여성의 직분으로 한정한 것이다. 이성을 제대로 가질 수 없는 '실천이성' 정도의 수준인 여성에게 정치생활과 합리적 토론은 불가능하다는 것이다.

서양의 정치이론은 '모정주의'를 그 근저에서부터 부정하고 남성 우위의 가부장제적 지배를 옹호했다. 따라서 "양성이 서로 동등하고 동일한 의무를 가진다고 주장하는 것은 거론할 가치가 없을 만큼 경솔한 것이다." 루소는 이러한 관점으로 인해 "가부장제적 이성 덕택에 부부관계는 이성적 지식을 갖춘 유식한 에밀(남편)이 무지한 소피(아내)를 스승으로서 지배하는 교육독재체제, 즉 교육론적 '지식의 지배' 체제로 귀착"되는 것이다.[638] 루소에 대한 또 다른 변명은 프랑스라는 시대적 상황을 고려한다면 루소의 여성관은 반(反)여성주의적인 것이 아니라는 주장이다. 그 근거는 당시 프랑스의 여성관이 루소와 대동소이했기 때문이며, 오히려 몽테스키외, 디드로, 달랑베르, 콩도르세와 같은 몇몇 사상가를 제외하면 보편적이라는 것이다.[639]

칸트(Immanuel Kant, 1724~1804)도 극단적 여성 차별주의자였던 것으로 보인다. 칸트에 의하면 남성만이 도덕적 법칙을 존중하면서 행동할 수 있다고 믿었고, 여성의 도덕경험은 배제했다. 인간에 대한 존재론적 이원론, 즉 인간을 이성적인 도덕주체와 그렇지 못한 사람으로 나누고 여성은 후자에 해당하는 열등한 존재로 규정했다.[640] 칸트에게 여성은 인간이지만 열등한 존재이며, 이성을 가지고 있지만 열등한 이성을 가진 존재였다. "여성은 동정적이며 이타적이고 공손한 '여성적' 덕목을 갖고 있지만 여성의 이성은 실용성을 넘어서지 못하고 감정에 사로잡히기 쉽기 때문에 남성에 비해 열등한 존재이며 타인 의존적이다. 즉 여성은 도덕행위자로서, 시민으로서 자격 미달이라는 것이다. 그래서 그들은 남성이 자신들의 보호자가 될 것을 요구한다."[641] 칸트도 루소와 마찬가지로 여성을 실천이성만을 가지고 있는 열등한 존재로 규정하고, 시민으로서의 자격조차 없다고 판단했다. 열등한 존재인 여성은 남성의 보호 아래 있어야 한다는 것이다. 남성에 의한 여성의 보호는 가부장제의 강화로 직결된다. "여성은 그들도 인간이기 때문에 인간으로 대우되지 않으면 안 되는 존재이면서도 성인이 되어서도 독자적 도덕 주체가 될 수 없는 영원한 미성숙의 존재로서 가부장적 보호 속에 종속되어야 하는, 가부장의 권리 하에 속하는 사물로서 취급되어야 하는 존재이다."[642]

칸트는 이분법적 대비를 통해 남성 우위와 여성 열등의 구조적 구분을 옹호했다. 인간이라는 동일 존재를 남성과 여성으로 분리하여, 우월한 이성적 존재와 열등한 이성적 존재로 분류하는 논리를 펼친 것이다. 칸트가 볼 때 이성에 따라 입법하고 이성에 의해 의무를 준수할 수 있는 것은 남성이다. 여성은 열정에 쉽게 사로잡히는 존재이며, 이 감정/(열정)으로 인해 여성은 자율성을 잃어버린 노예와 같은 존재로 전락할 가능성이 높다. 따라서 칸트는 감정/(열정)은 이성의 자율성을 위협하는 것이며, 이성에 반하는 악을 배태할 수 있다고 생각했다. 즉 감정/(열정)을 자유를 빼앗아가는 쇠사슬로 본 것이다.[643] 감정의 조절능력의 부재를 여성이 열등하다는 증거로 판단하고, 남성의 가부장적 보호 속에 포박된 존재로 규정한 것이 칸트의 여성관이었다. 극단적 이성 추종의 독단적 합리주의 철학은 이성의 이름으로 남녀를 구분하고, 여성을 가부장제에 가두었다.

헤겔(Georg Wilhelm Friedrich Hegel, 1770~1831)은 여성의 재산권과 이혼권을 일정하게 인정한다는 점에서는 상대적 근대성을 보여준다. 그러나 남성과 여성에 이분법적으로 접근하는 태도, 즉 공적/사적으로 분리하고 이성의 남성성을 강조한다는 점에서는 기존 학자들과 유사하다.

남성은 곧 자기존립적 통일성을 획득하려 투쟁하는 외화의 과정을 통해서만 현실적이고 실재적으로 자신뿐만 아니라 외부 세계와도 투쟁하고 노동하며 국가와 학문생활도 영위해 나아간다.…남성은 가족 안에서 이런 통일성을 침착하게 직관하며, 정서상으로 주관적인 윤리적 삶을 영위한

다. 여성은 가족에 자신의 실질적인 운명을 거는데, 가족에 전적으로 충실한 것이야말로 여성의 정신을 뒷받침해 주는 윤리적 토대이다.[644]

남성은 국가와 학문생활이라는 공적 영역의 활동을 통해 외부 세계와 투쟁을 하거나 노동을 전개한다. 이런 과정을 통해 자기 존립적 통일성을 획득해 나갈 수 있다는 것이다. 여성은 가정이라는 한정된 영역에 충실한 것이 윤리적 토대이다. 남성은 외부의 공적인 삶을 통해서 윤리적 삶을 영위할 수 있는 존재인 반면, 여성은 가정 안에서만 찾을 수 있다. 헤겔이 프로이센의 일반 도시법(1794)에서 엄격하게 금지했던 다른 신분과의 결혼이라는 당시 상황에도 불구하고, "프랑스혁명으로 촉발된 근대세계의 변화와 시민법의 확산을 지지했던 계몽주의 사상가"로서 배우자의 자유선택권, 여성의 재산권과 이혼권을 인정했다는 점에서는 그 의미를 부여할 수 있다.[645] 그러나 헤겔이 "여성은 한낱 감성적 헌신으로 인하여 자신의 명예마저도 내던지"는 존재로 평가하는 한계를 벗어나지 못했다는 점에서, 그는 여성차별주의자라고 평가할 수밖에 없다.[646]

쇼펜하우어(Arthur Schopenhauer, 1788~1860)도 지독한 여성차별주의자였던 것으로 보인다. 그에게 여성은 어린아이와 남성의 중간 존재였으며, 참된 의미의 인간은 남성뿐이었다. 여성은 "한평생 어린아이에서 벗어날 수 없고, 언제나 눈앞의 것만 보고 현재에 집착하며, 사물의 외면과 실상을 곧장 오인하여 중대한 일보다 사소한 일에 얽매"이는 '근원적인 결함'을 내포한 존재였다. 여성의 역할은 단지 "종족의 번식을 위해 존재"하며, "그 일생의 임무는 그것으로 끝난다"는 것이다.[647]

마르크스(Karl Heinrich Marx, 1818~1883)로 대표되는 마르크스주의자들은 계급의 이해를 남성 노동자계급의 것이라 생각했다.[648] 남성 노동자에 의한 계급문제 해결만이 여성문제 해결의 출구라는 것이다. 즉 "맑스는 남성의 노동에서 출발해 여성노동의 특수성을 무시하는 쪽"으로 간 것이다.[649] "사실상, 자유의 영역은 궁핍과 일상적 고려에 의해 결정되는 노동이 중지될 때에야 비로소 시작된다. 즉, 바로 그 본성에서, 자유의 영역은 실제 물질적 생산영역 너머에 존재한다. …이 영역에서 자유는 단지 사회화된 남성, 연합된 생산자들에 의해서만 이루어진다.

"사실, 자유의 영역은 궁핍과 외적인 합목적성의 강요로 노동하기를 그칠 때에야 실제로 시작된다. 즉, 자유의 영역은 그 본성상 실제의 물질적 생산 영역 저편 너머에 있는 것이다. …이 영역에서는 오직 사회화된 남성, 연합된 생산자들만이 자유롭다."[650] 자유의 영역은 남성 즉, 연합된 남성 생산노동자들의 영역으로 한정된다. 남성과 여성의 노동도 분리된다. "상품체(商品體)는 자연소재(自然素材)와 노동이라는 두 요소의 결합이다. …노동 자체에서도 인간은 끊임없이 자연력의 도움을 받는다. 따라서 노동은 그것에 의해 생산되는 사용가치(즉 물적 부[物的 富])의 유일한 원천은 아니다. 윌리엄 페리가 말한 바와 같이, 노동은 물적 부의 아버지고 토지는 그 어머니다."[651] 사용가치는 남성 노동에 의해 창출되지만, 그것이 유일한 원천은 아니며 자연소재의 도움을 받는다. 그것이 토지인 어머니다. "노동은 물적 부의 아버지고 토지는 그 어머니다"라는 비유에 대해, "이 비유는 마치 여성을 소극적이고 자연적이며, 따라서 완전한 인간 피조물보다 열등한 존재로 보는 성차별적 묘사"로 비판받기도 했다.[652]

마르크스에게 노동은 남성의 전유물이었다. 여성의 노동, 모성, 가정은 부차적인 지위에 불과한 것으로 본 듯하다. "사회주의적인 인간에게 있어서 이른바 세계사 전체는 인류의 노동에 의한 남성의 산출, 곧 남성을 위한 자연의 생성에 다름 아니다."[653] 그가 보기에 노동에서 여성은 부차적이며, 남성에 의해 변형 가능한 존재였다. 노동 저편의 자연을 대상화했던 것과 마찬가지로, 여성과 어머니도 대상화한 것이다. 이후 엥겔스(Friedrich Engels, 1820~1895)가 "여성의 해방, 남녀의 평등은 여자가 사회적 노동에서 배제되어 사적인 가사노동에만 종사하고 있는 한 불가능하며, 또 앞으로도 불가능할 것이라"고 지적했지만,[654] 이것은 오히려 여성문제에 대한 마르크스의 한계를 보여줄 뿐이었다. 마르크스는 여성의 노동참여나 어머니의 가사노동에 대해서도 침묵했다. 엥겔스의 이런 요청에도 불구하고 19세기 내내 사회주의자들의 여성차별은 사라지지 않았다.

### (3) 서양 여성문제의 전환점, 존 스튜어트 밀

여성문제에 대한 서양의 반(反)여성적 태도와 달리, 급진적 방식의 남녀평등과 여성해방을 제기한 것은 19세기의 밀이었다. 남성의 목소리로 밀은 여성해방과 남녀평등을 주장했다. 남성 밀의 이러한 사고에는 부인 해리엇 테일러(Harriet Taylor)의 도움이 지대했을 것이다. 어쩌면 밀의 여성관은 부인과의 합작품이라고도 할 수 있다.

> 밀 이전에는 여성에 대한 남성의 사회적 우위, 남녀 구분이 남성에게 끼치는 부도덕한 영향을 꾸준히 논의한 철학자가 없었다. 이전 철학자들은 남성이 여성보다 권위를 지니는 것이 자연스럽다(아리스토텔레스, 그로티우스), 가족 성립 이전에는 남성이 여성을 지배하지 않았으나 시민사회에서는 누가 가정을 통치해야 하는가를 둘러싼 논쟁을 해결하기 위해 이런 지배가 필수적이다(로크), 여성은 보호를 대가로 종속에 동의했다(홉스), 여성의 종속은 양육과 사랑을 둘러싼 감정이 발전한 결과이다(루소)라고 주장해 왔다.[655]

이런 서양의 전통과 달리, 밀은 『여성의 예속』(1869)이라는 저서를 통해 여성에게도 투표, 교육, 고용의 기회를 줘야 한다고 주장했다. 밀의 시선에 19세기 서양의 현실은 여전히 여성에게 억압적이었다. 여성들은 "자신의 삶에서 행복을 찾기보다는 자신의 종속을 조건으로 해서만 주어질 뿐인 남성의 호의와 애정"656에 자신의 능력을 허비해야 했다. 여성이 결혼을 하면 남편의 인격에 속하게 되고 "결혼생활에서 빚어지는 (강간을 비롯한) 인간 존엄성의 모독은 어처구니없게도 관습과 법률로 허용"되는 상황도 발생했다. 여성은 "남편과의 '부당한 성관계'를 거부하지 못한다는 조항, 남편이 강간에 덧붙여 처자를 불법으로 유기(遺棄)하거나 극도로 학대하지 않는 한" 여성은 남편과 합법적인 이혼이 불가능했다.657 여성은 남성에 의해 굴욕적 삶을 강요당했던 것이다. 그래서 밀은 1867년 영국 의회에 가정폭력 처벌 법률 제정을 촉구했다.658

19세기 후반까지 여성은 재산을 소유할 수 없었으며, 부모로부터 재산을 상속받더라도 남편의 재산으로 귀속되었다. 미국에서도 1875년쯤에야 대부분의 주들이 부인에게 독립적인 소유의 권한을 인정하는 법을 통과시켰다.659 "여성은 남성의 허락이 없으면 아무런 일도 할 수 없다. 적어도 암묵적인 허락은 받아야 한다. 여성은 재산도 전혀 소유할 수 없다. 오직 남성의 이름으로만 취득할 수 있을 뿐이다. 여성이 어쩌다가 재산을 가지게 되더라도, 심지어 유산으로 받는 것이라 하더라도, 바로 그 순간 그것은 결국 남성의 것이 되고 만다."660 19세기에도 여성은 자유로운 재산권을 향유할 수 없었다.

이 당시까지 여성해방 또는 여성의 권리 향상은 남성의 권리를 약화시키는 것으로 이해되었다. 남성은 여성의 권리 향상에 나설 이유가 없었던 것이다. 여성의 권리는 가급적 향상되어서는 안 되며, 향상된다 하더라도 아주 서서히 진행되어야 할 것이었다. 그래서 밀은 "남성과 여성을 둘러싼 오늘날의 사회적 관계를 만들어낸 원리는 그 자체가 잘못된 것이고, 인간 사회의 발전을 가로막는 중대한 장애물 중 하나"이며, "이것은 완전 평등의 원리로 대체되어야 마땅"하다고 주장했다.[661]

　그러나 밀의 선진적 사상에도 일정한 한계가 있는 것으로 보인다. 왜냐하면, 남녀평등이라는 관점에도 불구하고 남성은 생계를 책임지고 여성은 가정과 아이를 보살피는 기존의 관념을 인정한 것으로 보이기 때문이다. 밀은 "재산이 아니라 수입에 의해 가족의 생계가 영위되는 상황에서는, 남편이 돈을 벌어오고 아내는 그 돈의 지출을 관리하는 것이 일반적으로 가장 적합한 남녀 분업의 형태"로 보았다. 그 이유는 여성이 일을 하게 된다면, 원래 주어진 역할, 즉 가정의 일에 신경을 쓰지 못할 것이며 "여성이 밖에서 일을 해서 돈을 더 벌어온다고 하지만 이것저것 따져 보면 오히려 큰 손해"라는 것이다. 그래서 "여성이 자신의 노동으로 가정 경제에 도움을 준다는 것은 바람직한 관습"이 아니라고 생각했다. 또한 "남성이 직업을 선택할 때처럼, 여성이 결혼을 하는 순간 일정 시점까지 집안일을 전담하고 아이를 키우는 것을 자신이 일차적으로 해야 할 일로 받아들이는 통념"이 맞으며, 따라서 "다른 목표나 일거리는 몰라도, 적어도 지금 말한 가사 책임을 수행하는 데 걸림돌이 되는 것은 전부 배제하게 된다고 이해해도 될" 것이라 생각했다.[662]

　이것은 시대적 한계라고 할 수 있다. 이런 한계에도 불구하고 밀은 서양에서 가장 빠르고 선진적인 여성해방론자였다. 밀은 1833년부터 '남성과 여성의 가장 뛰어난 인격'은 사실상 아무런 차이가 없다는 신념을 표방했다.[663] 실제로 1869년 『여성의 종속』에서 여성의 평등과 참정권을 주장했다.

어떤 조건에서든, 그리고 한계가 무엇이든 간에, 남성은 투표권을 가지고 있는데 여성이라고 해서 그 권리를 부인하는 것은 정의의 원리에 어긋나는 일이다. …여성의 공정하고 평등한 권리를 보장한다는 차원에서도 그들에게 투표권이 부여되어야 한다.[664]

이러한 밀의 주장은 최초의 남성의 목소리였다는 점에서 서양에서 가장 진보적인 남성이었다. 1860년 최제우는 득도한 직후 자신의 여종 두 명을 며느리와 수양딸로 삼았으며, 신분해방과 남녀평등의 가치를 표방했고, 남편들이 성의를 다하여 부인을 공경하라고 강조했다. 이는 조선이 서양보다 약간 앞서거나 또는 서양과 유사한 시점에 남성의 목소리로 여성해방과 남녀평등을 제기한 것이다. 특히 동학은 실제 일상생활에서 인간평등과 여성해방을 실천했다는 점에서 그 의의는 더욱 크다. 동학의 제2대 교주 해월 최시형은 일상생활에서 부인의 수도가 동학의 근본임을 강조했고, 앞으로 여성의 시대가 올 것이라고 예측했다. 19세기 중반 조선과 영국에서 여성해방, 남녀평등의 주장이 남성의 목소리를 통해 제기된 것이다. 조선의 이 흐름은 동학의 남녀평등과 과부의 재가 허용 등으로 전개되었고, 밀의 주장은 여성해방과 페미니즘의 자양분이 되었다.

서양에서 여성으로서 여성해방의 거대한 족적을 남긴 울스턴크래프트(Mary Wollstonecraft, 1759~1797)와 여성의 해방을 외치다 단두대에서 사라진 올랭프 드 구즈(Olympe de Gouges, 1748~1793)의 노력에도 불구하고, 프랑스혁명과 계몽의 시대에 남녀평등을 헌신적으로 주장했던 여성들의 외침은 '들리지 않는 목소리'에 불과했고, '부당한 주장'으로 치부되었다. 그러나 이러한 여성들의 지속적이고 헌신적인 운동의 흔적이 여성해방의 거대한 흐름을 추동했다.

## 2) 서양 계몽주의시대: 여성의 평등과 성·결혼

### (1) 중세, 고된 여성의 일상

프랑스혁명 이전 유럽은 여성에 대한 차별과 억압의 사회였다. 쇼펜하우어가 인용한 17세기 독일철학자 토마지우스(Christian Thomasius, 1655~1728)의 「첩을 얻는 데 대하여」라는 논문에서 그 일단을 엿볼 수 있다. 쇼펜하우어는 이 논문을 꽤 읽을 만한 것이라고 언급하는데 그 이유는 "거기 보면 모든 문명 국민에게는 옛날부터 루터의 종교개혁 당시에 이르기까지 축첩은 하나의 묵인된 풍습, 아니 어느 정도 공인된 관습으로 인정되어 전혀 불명예스럽게 여겨지지 않았다. 그런데 이것이 불명예스럽고 비공식적인 악습으로 여겨지게 된 것은 루터의 종교개혁에 기인한다"는 것이다.[665] 즉, 그는 여성들에게는 일부다처제가 말썽이 덜할지 모르기 때문에, 축첩이 사라진 것이 오히려 문제라고 주장했다. 17세기 일부다처제의 축첩제를 옹호한 철학자의 논문을 19세기 철학자가 다시 옹호한 것이다. 남녀평등은 근대화와 계몽에 의해서도 달성되지 못했으며, 근대화 이후의 지난한 과정을 통해 달성된 성과였다.

여성들의 일상은 고단하고 억압적이었다. 여자 아이들은 집에서 일을 하거나 다른 집에서 일을 했는데, 임금이 매우 낮아서 가장 좋은 직업조차도 남성 임금의 1/3이나 1/2이었다.[666] 1599년 영국 일링(Ealing)지역의 경우, 15세에서 19세 사이 여자 아이의 거의 3/4이 부모 곁을 떠나 대부분 하인으로 생활하는 것이 보편적이었다.[667] 어린 여자들의 대부분은 다른 집에서 일을 하면서 아주 낮은 급여를 받고 생활했다는 것을 알 수 있다.

도시에서 가장 힘든 일을 담당한 것은 사별(死別) 여성들이었다. 이들은 생존을 위해 닥치는 일은 무엇이든 했으나, 이를 통해 생계를 해결하기는 불가능했다. 유일한 해결책은 재혼을 하는 것이며, 이것이 '가장 행복한 해결책'이었다. 파리의 경우 16~18세기에 남성은 부인이 죽은 지 몇 달, 심지어 몇 주밖에 지나지 않았는데도 재혼을 했다.[668] "재혼율은 상층계급보다 하층계급에서 훨씬 높았고, 상층계급에서는 사별 여성이 될 때를 대비해 결혼 계약서에 명시된 돈과 자산이 있었기 때문에 궁핍을 면할 수 있었다.… 홀아비는 두 번째 부인으로 젊은 미혼 여성을 선택하는 경우도 많았다. 사별 여성은 나이가 많거나 자녀가 있을 때 남편감을 찾을 기회가 줄었다."[669] 이런 현상은 조선 후기의 상황과 유사하다. 어느 사회이건 신분제사회에서 근대화 과도기에는 유사한 현상이 벌어졌던 것으로 보인다. 중하층의 빠른 재혼은 생존과 생계를 위한 고육지책(苦肉之策)이었을 가능성이 높다.

17세기 여성은 법적으로도 남성에 비해 상당한 차별을 당했다. 여성들은 교회에서 남편과 같은 좌석에 앉으면 교회법에 의해 처벌을 받을 지경이었다.[670] 인종의 색깔에 따른 차별이었던 20세기 미국의 '인종분리법'과 같이, 남녀의 차별에 따른 처벌이 가능했던 것이다. 또한 남성의 간통에는 관대했으나 여성에게 간통은 처벌의 대상이었다. 아내에게 폭행을 가하는 남성에게도 관대했다.[671] 근대로의 진입 이전에 여성은 남성의 위계적 하위에 배치된 존재로서 온갖 낮은 임금의 노동을 강요당했고, 가정이라는 한정된 영역 밖으로 나오는 것이 금지되었다. 국가와 법에 의해서도 평등한 권리를 누릴 수 없는 존재였다. 여성에게 평등이란 단어는 낯선 것이었고, 인간의 천부적 인권을 보장받을 권리도 당연히 없었다. 이런 상황에서 계몽과 프랑스혁명이 벌어졌다. 여성들은 계몽의 빛과 혁명의 수혜를 받을 수 있을 것으로 생각했으나, 그것은 '몽상'이었다. 여성들은 그 이후에도 기나긴 투쟁과 역경을 통해 그나마 평등한 권리를 누릴 수 있게 되었다.

(2) 계몽주의와 여성 문제

서양의 근대는 계몽주의(Enlightenment)를 떠나서 이해하기 어렵다. 계몽주의 시대의 여성해방과 남녀평등 문제에 대한 이해와 태도를 살펴보는 것은 근대의 문을 열었다는 계몽주의 근대성과 한계를 드러내는 창이 될 것이다. 계몽주의에 있어 보편적 · 기본적 평등은 근대 민주적 가치의 핵심 내용이었다. 중세 유럽의 평등 개념은 절대적 신의 믿음 아래 평등을 의미했다. 불멸의 영혼을 믿는 교회도 "신약성서 권위에 기초해서 믿는 자와 믿지 않는 자뿐만 아니라 궁극적으로 '구원받을 자'와 영구히 지옥으로 갈 자 간의 근본적 이원성 또는 정신적 위계질서를 주장"했다. 이런 흐름에 중대한 변화를 가한 것은 계몽주의였다. 계몽주의는 중도적 주류(moderate mainstream)와 급진적 계몽주의(radical enlightenment) 간의 긴장 속에서 변화 · 발전했다. 중도적 주류와 급진계몽주의 간의 긴장은 이신론(Deism)과 무신론(atheism) 간의 분열이며, 초자연적 대리자에 대한 믿음과 유물론 간의 분열이라고 할 수 있다. 그 핵심은 위계와 평등 간의 경쟁이었다.[672]

이스라엘(Israel)은 계몽주의를 두 가지로 분류하며 다음과 같이 정의했다. 하나는 이성과 전통 간의 균형을 상정하고 대체로 현 상태를 지지하는 '중도적(이원 실체, two-substance) 계몽주의(moderate Enlightenment)'이며, 다른 하나는 육체와 정신을 하나로 융합하고, 신과 자연을 동일한 것으로 환원하고, 모든 기적과 육체에서 분리된 정신을 배제하며, 전통을 버리고 이성을 인간 삶의 유일한 지침으로 적용하는 급진적(일원 실체, one-substance) 계몽주의(Radical Enlightenment)이다. 급진계몽주의는 철학적 이성을 인간 삶의 유일한 지침으로 상정했고, 사회에 대한 이론들을 평등의 원리에 정초하려고 노력했으며, 철학 · 과학 그리고 도덕을 신학으로부터 전적으로 분리시켜 도덕을 평등의 원리에 정초시켰다. 급진적 계몽주의는 어떤 식으로도 단순히 무신론, 또는 훨씬 더 모호하게 자유사상 또는 무종교와 동일시될 수 없다. 이들은 본질적으로 스피노자주의적인 철학적 기반을 갖추고 있었다. 나아가서 급진적 계몽주의는 완전한 사상의 자유, 표현의 자유 그리고 출판의 자유를 강력히 주장하는 것에 의해, 그리고 민주주의를 최선의 통치 형식으로 판별하는 것에 의해 본질적으로 규정되었는데, 이 또한 스피노자주의적이었다.[673]

이스라엘은 급진적 계몽주의의 핵심을 철학적 이성, 도덕의 세속적 기준에 의한 평등의 확대라고 주장한다. 그러나 유럽의 계몽주의는 첫째, 지성적, 합리주의적, 군사주의적 전통의 스콜라철학과 데카르트주의를 벗어나 경험과 경험과학을 중시하는 탈(脫)희랍, 탈(脫)헬리니즘으로 나아갔다. 둘째, 서양의 계시 신학적 도덕철학에서 벗어나 탈주술화, 세속화되었다. 셋째, 동아시아의 정신문명과 서양의 계몽철학을 '패치워크'하여 근대적 사상과 제도의 혁신을 이루었다. 이런 흐름의 원동력은 공자철학과 서양 계몽철학자들의 만남과 이를 통한 패치워크였다.[674] 따라서 이스라엘의 주장은 일정한 타당성을 보이지만, 이성이 아닌 경험과 경험과학을 중시한 것이 계몽이었다는 점에서 여전히 합리주의적 오류를 범하고 있다.

여하간 계몽주의자들은 재산과 지위(status)의 제도화된 불평등이 자유를 파괴하고, 자연적 조화를 혼란하게 만들고, 사회를 분열적·억압적으로 만든다고 주장했다. 즉, 계몽주의자들에게 불평등 문제는 사회구조에 대한 새로운 사고를 자극하기 시작했고, 이는 부를 어떻게 재분배할 것인가의 문제로 이동했다. 이제 문제는 계몽주의의 시각에서 만약 신이 정한 질서가 존재하지 않는다면 또는 적어도 철학적으로 설명할 수 없다면, 의미 있는 대안은 모든 한계, 계급 장벽을 가로질러 체계적이고 일반화된 급진적 평등주의를 확대하기 위한 도덕, 정치, 사회이론의 토대가 무엇인가에 대한 것이

었다.[675]

인간의 평등문제에서 남성과 여성은 어떤 위상과 위치에 처해 있는지, 남녀평등의 문제 있어 여성의 결혼, 순결, 매춘 문제에 대한 태도는 어떠했는지, 이에 근거해서 여성의 성적 해방(erotic emancipation) 문제를 어떻게 다루었는지 등이 쟁점으로 부각되었다. 그러나 대부분의 계몽주의자들은 여성해방문제에 대해 기존의 태도에서 벗어나지 못했다. 급진적 계몽주의 계열에서만 여성해방문제를 좀 더 진전된 형태로 논의했다. 그러나 앞에서도 언급했듯이, 남녀문제에서 중도적 주류와 급진적 계몽주의 간의 차이가 드러나는데, 중도적 주류는 기존의 규범과 질서를 대체로 수용하는 태도를 유지했으며 급진적 계몽주의의 좀 더 진전된 논의들은 프랑스혁명 과정에서 커다란 울림은 있었으나, 혁명은 남성들의 '전유물'로 끝나 버렸다. 혁명이 지나고 난 후 여성들의 지위와 권리는 거의 변하지 않았기 때문이다.

데카르트(René Descartes, 1596~1650)는 어디에서도 인간 정신에 대한 그의 개념을 사회에서 인간의 기본적인 도덕 정치적 평등을 정당화하고 요구하는 이론 구조와 통합하지 않았다. 데카르트주의자들은 프랑소아 뿔랭 드 라 바르(François Poullain de la Barre, 1647~1725)에서 이론적 자원(『Discours physique et moral de l'égalité des deux sexes)』[1673])을 빌려왔다. 그 내용은 인간 정신을 자유롭게 하는 것은 개인들의 사회적 신분, 인종, 부, 육체적 능력 또는 종교와 실제 연결되지 않는 지적 또는 교육적 해방이라는 관점이다.[676] 데카르트주의자였던 뿔랭은 지속적으로 남성과 여성의 육체적 구성의 차이가 여성의 지적 능력의 문제와 하등의 관련도 없다고 주장했다. 데카르트와 뿔랭 양자에게 있어 이성(reason)과 정신(mind)은 인간에게 동물보다 더 높은 지위(status)를 부여해 주는 요소였다. 데카르트는 감정(passion)의 기원이 마음(mind, soul)에 놓여 있우며 엄밀한 의미에서 그런 감정은 어느 하나의 젠더적 특징을 가지고 있지 않기에 "이성과 감정 간의 관계는 기본적으로 남녀에게 동일하다. 여성은 남성과 같이 감정의 효과를 이해할 능력이 있으며, 이성의 사용을 통해, 그리고 도덕적 판단을 만듦으로써 관리할 수 있다"고 생각했다.[677]

뿔랭은 남성과 여성의 지적 능력이 본질적으로 차이가 있다는 편견에 대항할 수 있는 유일한 효과적 무기는 교육이라고 주장했다. 여성에게 더 나은 교육과 훈련이 필요하다는 것이다. 또한 뿔랭은 결혼이 상호계약의 형식일지라도, 결혼 내의 권위는 '자연스럽게 더 능력 있고 더 강한 남성의 몫의 차지가 된다'는 푸펜도르프(Samuel von Pufendorf, 1632~1694)와 로크 같은 저자들의 지배적인 관점을 거부하거나 또는 덜 편파적으로 만들기 위해 결혼법 개혁을 촉구했다.

그러나 뿔랭도 당대의 한계를 넘어서지 못했다. 여성을 둘러싼 남성의 폭정을 완화하기 위한 결혼법 개혁 제안은 분쟁(disputes)의 판결을 더 좋고 공평하게 해야 한다는 의견으로 국한되었고, 결혼제도의 어떠한 근본적 개혁도 제안하지 않았다는 점에서 그렇다. 즉 데카르트주의자들은 여성의 보편적 평등을 인정하지 않았다고 볼 수 있다. 뿔랭은 데카르트의 이론을 근거로 오히려 여성의 의존성과 복종을 극찬하면서 여성의 활동범위를 가정으로 한정하려 했으며, 남성인 아버지와 남편에 의한 여성의 통제를 강화하려고 했다. 따라서 데카르트주의가 "여성평등에 관한 충분한 철학적 근거를 제공했다거나 또는 뿔랭이 도달한 놀랍도록 혁신적인 페미니스트적 결론이 완벽에 근거했다고 주장하는 일군의 학자들의 주장은 덜 이성적이다."[678]

로크(John Locke, 1632~1704)는 어린이에 대한 부모의 복종, 남성에 대한 여성의 복종, 신분적 종속을 인정했다. 그가 가부장제에 대해 저항한 것은 사실이지만, "여성이 열등하다는 경험적 사실을 대체로 받아들였고, 신이 원래부터 그렇게 질서를 만들었디"고 생각했다.[679] 이린 관점에서 "여성이 남편에게 복종해야 한다는 것은 인간의 법률과 국가의 관습이 일반적으로 그렇게 정해 왔던 것이고, 내가 가정한 것처럼 자연 상태에 그 기초를 두고 있는 사실이다."[680] 단, 로크는 가부장제에 저항하고 이혼제도를 받아들였다는 점에서 그 유의미성을 보여줬다고 할 수 있다.

문제는 여전히 '여성은 남성과 동등하며 평등할 수 있는가'였다. 중도적 주류와 급진적 계몽주의 간의 핵심적 차이는 남성과 여성의 동등성에 대한 평가였다. '급진적 계몽주의'는 여성은 '거의 모두 가장 중요한 미덕에서' 남성과 동등하다고 주장하는 경향이 있으며, 따라서 동일한 방법에서 도덕적·지적 교육이 가능하다고 생각했다. 반대로 중도적 주류는 여성의 지적 능력이 본질적으로 남성보다 약하고, 여성에게 바람직한 도덕적 자격의 차이가 있기 때문에, 여성교육은 남성과 상당히 구별되어야 한다는 경향이 있었다.[681]

뿔랭과 달리 맨드빌(bernard Mandeville, 1670~1733)은 남성과 여성이 전체적으로 미덕(virtue)에서 동등하다고 생각했다. 맨드빌은 산문 저작인 『The Virgin Unmask'd』(1709)에서 페미니스트적 관점을 보여주었는데, 'Antonia'와 그녀의 고모 간의 예절을 둘러싼 대화로 구성되었다. 그는 여성의 재치는 남성의 재치와 동등하며, 교육만이 여성 다수를 증진시킬 수 있다고 권유한다. 그러나 맨드빌도 현재의 환경 때문에 육체적·지적 영역(특히 논쟁과 토론 분야)에서 남녀가 불평등한 관계라고 보았다. 이는 정신적 역량 또는 지적 능력의 예리함의 차이가 아니라, 여성이 정치, 법, 예술, 과학에 관한 토론에서 남성이 향유한 것보다 부족하기 때문이라는 것이다. 맨드빌은 결혼에 대해 비판적이었다. 잔인하고 이기적이며 지배하려 드는 남편을 현행법 하에서는 완전히 방어할 수 없다는 것이다. 지배적인 결혼 형태와 법에 의해 여성에게 부과된 남편에 대한 강요된 복종은 거대한 불행을 유발한다고 주장했다. 이것은 스피노자주의와 유물론적 급진적 계몽주의의 전형적 주제가 되었다. 특히, 이혼의 권리의 부정 또는 거의 가능하지 않은 (unavailability) 이혼은 여자에게 인간적 해방과 자유의 가공할 장애물로 간주되었다. 급진적 계몽주의자인 마르퀴 다르젠(Marquis d'Argens, 1703~1771)도 어떤 사람도 그 스스로 원하지 않는 것을 다른 사람에게 강요해서는 안 되며, 죽을 때까지 이혼이 불가능하다는 도그마는 공포로 간주된다고 선언했다.[682]

이스라엘(Israel)에 의해 중도적 주류로 분류되는 몽테스키외(Charles-Louis de Secondat, baron de La Brède et de Montesquieu, 1689~1755)는 정조, 금욕, 수치심을 일반적으로 남성보다 여성에게 강제된 것이며, 주로 여성에게 적절한 어떤 것으로 간주했다. 따라서 모든 국가는 여성의 무절제(incontinence)에 관한 경멸과 수치에 동의할 것이라고 생각했다. 그는 결혼이라는 제도에 사제와 종교의 개입이 필요하다고 봤다. 즉, 무엇이 왜 '불순한지 또는 불법인지' 설명하기 위해 필요하며, 결혼 성례와 기념은 신학이 허용하는 것과 그렇지 않은 것을 규제하기 위한 사회적 고안물이었다. 따라서 "중도주의적 계몽주의 철학이 관습, 전통, 종교, 실정법을 도덕질서의 기초로서 방어할 뿐만 아니라, 여성 평등의 모든 가능성 또는 인간 성욕(libido)의 자유에 정면으로 저항"했다는 것을 확인할 수 있다.[683] 1775년 피에르 루셀(Pierre Roussel, 1723~1782)은 여성은 성과 육체에 의해 확인되는 반면, 남성은 정신과 기력으로 스스로를 확인한다고 정의했고, 여자가 공적 경력을 쌓으면 사회의 기반이자 자연적 질서의 기초인 가족이 파괴된다는 기고했다.[684]

이와 반대로 급진적 계몽주의는 남성이 고안한 사회적 압력과 신학적 구실(pretexts)의 전체 시스템을 폭로·거부했다. 이들은 신의 보상과 처벌뿐만 아니라 군주제, 귀족정, 기독교적 권위가 제거된 평등, 정의, 자선(charity)에 기초한 그런 사회는 개인의 해방을 생각할 수 있고, 남녀 모두 지적 · 사회적 · 감각적 · 성적으로 풍요롭게 할 수 있다고 생각했다. 결혼 외의 성적 즐거움을 사악한 것으로 매도하는 교의를 최초로 공격한 저자는 아드리안 비버랜드(Adrian Beverland, 1650~1716)였다. 그는 "성적 즐거움에 관한 욕망은 모든 남녀에게 기본적 동력(drive)이며 그리고 그것이 위하는 형식이 무엇이건 얼마나 많이 숨기게 될지라도 그것은 보편적인 인간 특성으로 남아 있다"고 주장했다. 이것으로부터 "여성이 남성보다 성적 욕망을 자연스럽게 덜 가질 것이라는 일반적인 생각 그리고 여성의 순수성과 정조의 전통적 숭배는 실제에서 어떠한 근거도 없으며 단지 전통, 종교, 편견에 의한 완전한 인공적 구성물이라고 추론"했다. 즉, 여성은 "남성과 같이 동일한 욕망을 느끼며, 육체적 만족에 관한 동일한 갈망"을 느낌에도 불구하고, 그것을 감추도록 사회적으로 강요당하고 있다는 것이다.[685]

이와 같이 18세기 중반에 발생한 거대한 감정적 · 문화적 소동은 자위를 포함하여 성적 즐거움을 추구하는 것이 본질적으로 죄도 아니고 도덕적으로 일탈적이지도 않으며, 오히려 인간 삶의 불가피하게 긍정적 장비(accoutrement)라는 새로운 도덕 철학적 주제(그 시대 대부분의 사람들에게 수용되지 않은)의 출현에 의해 추동되었다.

(3) 근대에도 지속된 여성에 대한 억압

이러한 계몽주의를 둘러싼 학자들의 논의와 별개로 유럽 여성의 역사는 암흑이었다고 할 수 있다. 중세 이후 유럽의 사고방식은 여성은 태어날 때부터 남성에 비해 신체적으로 약할뿐더러 이성적인 사유능력이 떨어진다는 것이었다. 따라서 19세기 프랑스에서 법적으로 여성은 단지 타자와 맺는 관계 속에서 상대적인 위치를 확인할 수 있는 존재였다. 인간으로서 남성과 여성이 동등한 주체로 인정된 것이 아니라, 남자를 중심으로 남자의 어머니, 남자의 딸, 남자의 부인으로서 상대적인 지위만을 인정받았다는 것이다.

첫째, 시민적·인간적 권리를 제대로 보장받지 못한 여성에게 정치적 권리도 당연히 보장되지 않았다. 18세기 말까지도 남성과 동등한 정치적 권리를 보장하는 국가는 유럽 전역에서 찾아볼 수 없었다. "중앙아메리카라든가 남아메리카, 그리스, 오스트리아, 이탈리아, 스페인 그리고 퀘벡 지방의 여성들은 제1차 세계대전이 끝날 무렵까지도 여전히 해방되지 않았다. 프랑스만 해도 1946년에 가서야 여성에게 투표권을 인정하며, 스위스에서는 1971년에나 가서야 이루어졌다."[686] 여성이 정치적 권리를 갖는다는 것은 이성적인 사유가 떨어지는 존재에게 권리를 부여하는 것이 된다. 따라서 당시 의학·종교 서적에서 여성이 정치적 권리를 갖는다면 국가가 통제 불능상태로 치달을 것이라는 담론이 넘쳐흘렀다. 특히 의학과 종교서적에서 그러한 내용이 압도적이었다는 것은 신체적·정신적 측면에서 여성의 불평등을 구조화하기 위한 담론이 양산되었음을 의미한다. 여성해방 또는 남녀평등의 요구가 등장하기 시작한 것은 18세기 말이었다. 이 흐름은 주로 중·소 부르주아 출신에다 교육 수준도 꽤 높았던 여성들을 중심으로 전개되었다.

둘째, 여성들은 교육적 혜택도 전혀 누릴 수 없었다. 대부분의 여권운동가, 남녀평등론자들은 여성의 사회적 지위를 끌어올리기 위해서는 남자와 동등한 교육이 필요하다는 점에 동의했다. 프랑스의 경우 "주민이 500명 이상일 경우 반드시 여자초등학교를 설립해야 한다는 의무조항이 생겨난 것은 1850년 3월 15일 팔루법(loi Falloux)이 통과되고, 1867년 4월 10일에 이 '팔루법'을 보강한 뒤뤼법(loi Duruy)이 통과된 후의 일"이었다. 그리고 1879년

법에 의해 여자사범학교가 67개 설립되었고, 1881년 12월 21일에는 카미유 세 법(loi Camille Sée)이 통과됨으로써 국립 여자중학교와 고등학교가 최초로 문을 열었으며, 뒤이어 1883년에는 세브르(Sévres) 여자고등사범학교까지 설립되었다.[687]

셋째, 가족 내에서 여성의 지위는 남성의 부속품 또는 종속적 위계에 의해 침해당했다. "19세기의 서구 사회에서는 어디를 막론하고 여성의 법적 권리는 모두 남편에게 위임되어 있었다."[688] 이는 18세기까지 대부분의 철학자들이 남편의 권위는 자연법과 상응하는 것이며, 여성은 이성적으로 남성에게 떨어진다고 판단했기 때문이다. 따라서 가족 내에서 기혼여성은 "오직 가족 안에서만 그리고 가족과의 관계를 통해서만 존재 의의를 부여" 받았다. 여성은 결혼 이전과 이후에 사회제도 속에서 가족이라는 울타리 안에 갇힌 존재들이었다. 블로크(Marc Bloch, 1886~1944)는 "결혼이라는 것은 흔히 아주 솔직하기 짝이 없는 이해관계의 결합에 지나지 않았으며, 여자들에게는 보호제도에 불과"하다고 규정했다.[689] 실증적 사례로서 프랑스 민법전 제213조에 의하면 '남편은 아내를 보호할 의무가 있으며 아내는 남편에게 복종할 의무가 있다'고 규정했다. 가정 내에서 남편은 아내를 보호할 의무, 아내는 남편에게 복종할 의무와 권리 관계가 구성된 것이다. 이러한 규정은 성서의 해석에 기원한다. 프랑스 민법의 입안 작업에 참여했던 한 의원은 "아내의 복종이라는 표현이 귀에 좀 거슬릴지는 모르나 원래 이 표현은 사도 바울의 말에서 따온 것이다. 그리고 바울의 권위로 말할 것 같으면 바로 최고의 권위에 버금가는 것"[690]이라며 성서적 권위를 그 근거로 삼고 있다. 또한 "자연과 법이 남편에게 권위를 부여한 목적은 아내의 행실을 올바르게 지도하는 데" 있다고 주장한다.[691] 즉, 신의 섭리이며 자연법이기 때문에 여성은 반드시 이러한 법칙에 복종해야 한다는 것이다.

## 3) 유럽의 근대화시기: 여성의 억압과 여성해방 움직임

근대정치사상에서 '인간의 해방과 인간의 권리 확보'는 절대로 포기할 수 없는 핵심 주장이지만, 여기에 여성이 과연 포함되어 있는지는 프랑스의 인권선언이나 미국의 독립선언서 모두 침묵하고 있다. 혁명과 선언서 이후 제정된 미국 헌법에도, 프랑스 국민의회나 국민공회 헌법에도 여성의 권리는 언급되지 않는다. 선언서와 헌법에 명시된 인간이나 시민에 여성이 과연 포함되는지 논쟁해 볼 여지도 없이, 프랑스혁명 당시 거리에서 인간의 권리를 외쳤던 여성들은, 미국에서와 마찬가지로, 혁명 이후 모두 가정으로 돌아가야 했다. 사회에서는 여성이 사라지고 근대 기획은 마무리되었다.[692]

프랑스혁명(1789~1794)은 "자유와 평등을 인간의 기본 권리로 천명하면서도 능동적 시민(citoyon actif)과 수동적 시민(citoyon passif)을 구분하고 능동적 시민에게만 선거권을 부여함으로써 혁명의 성과를 재산을 지닌 소수의 부르주아에게만 돌려주는 불평등을 초래한 것과 마찬가지로, 여성들의 인권 역시 보호받아야 할 권리의 범주에서 제외하였다." 공적 영역은 여전히 남성의 전유물이었고, 여성은 "성적인 정숙, 복종, 모성이라는 사적 영역에 제한"되어 있었다. "자유와 평등의 나라라고 자처하는 프랑스에서⋯ 1965년까지만 하더라도 프랑스 여성은 남편의 동의 없이는 은행의 구좌를 트는 것조차 불가능했다."[693]

1776년 미국인들이 수립한 가상의 질서는 모든 사람이 평등하다고 선언했지만, 한편으로는 또 다른 위계질서를 확립했다. 이 선언서는 위계질서로 혜택을 받는 남자와 위계질서에 힘을 빼앗긴 여자 사이의 위계질서를 창조했다. 또 자유를 향유하는 백인과 평등한 인권을 누리지 못하는 흑인 및 아메리카 원주민 사이의 위계질서를 창조했다. 후자는 열등한 인종으로 간주되었기 때문이다. 독립선언서에 서명한 사람 중 많은 이가 노예 소유주였다. 이들은 서명과 동시에 노예를 해방하지 않았으며, 스스로를 위선자로 여기지도 않았다. 이들의 견해에 따르면 '인간'의 권리는 깜둥이와는 아무 관련이 없었다.[694]

서양에서 최초의 평등체계를 만들었다는 미국도 모두가 평등하다고 선언했지만 그 내부 골격은 남성 우위의 위계질서로 재구축되었으며, 또 다른 차별에 눈감았다. 피부색의 차이를 기준으로 우열을 가렸으며 인간적 차별을 정당화했다. 모든 인간은 동등하고 평등했지만 피부색이 검은 인간은 해당되지 않았다. 백인 남성은 평등을 주장했지만, 평등한 인간을 소유하는 위선을 당연한 것으로 여겼다. 이런 비인간적 차별은 1970년대에 와서야 철폐될 수 있었다. 따라서 계몽과 혁명의 거대한 물결 속에서 여성은 배제되었으며, 그 배제의 상흔은 20세기까지 지속되었던 것이다.

계몽주의 선구자로 불리는 로크는 남편과 아내는 부모의 권력을 공동으로 보유하고 있으며, 남편과 아내의 권력관계는 기본적으로 계약에 근거한다고 하였지만, 더 능력 있고 강한 자인 남성에게 자연스럽게 최종결정권을 부여하였다. 또한 로크는 여성의 투표권이나 시민권에 대해서도 명확히 언급하지 않았지만, 정부 형성에 명시적으로 동의를 한 것은 남성이므로, 이들이 최종 결정권을 갖는 것은 당연하다고 생각했다.[695]

계몽주의 철학자들도 이런 관점에서 예외는 아니었다. 디드로(Denis Diderot, 1713~1784)는 "여자들은 단지 우리의 쾌락에 맞춰져 있다. 만약 여자들이 이 매력을 잃어버리면 자신들을 위한 모든 것을 잃어버리게 된다. 그 어떤 부수적인 생각도 우리들에게 그녀들을 흥미로운 것으로 만들 수 없으며, 여자들이 더 이상 수유를 하지 않고 아이들을 양육하지 않을 때는 특히 더 그렇다"[696]는 편지를 애인에게 보냈다. 여성을 남성의 쾌락을 위한 대상으로, 아이를 기르는 양육자로 보는 관점에 서 있다. 이런 의미에서 프랑스혁명은 오히려 "남성의 덕성은 정치라는 공적인 세계에 참여하는 것"을 뜻했고, "여성의 덕성은 가정이라는 사적 세계로 물러나는 것"이었다. 동시에 "공화주의적 덕성이라는 이상은 남자들 간의 형제애에 기반하고 있었으며, 여기서 여성은 가정의 영역으로 추방되었다."[697] 혁명은 새로운 세계와 사유로의 진입을 의미했지만, 여성에게는 오히려 새로운 차별과 억압의 세계로의 진입을 의미하는 것이기도 했다.

프랑스의 국민공회(Convention Nationale, 1792~1795) 의원 아마르(Amar)는 여성들의 정치참여 금지를 선언(1793.10.30)했다. 여성들은 정치적 권리를 행사할 수 있는 신체적 능력도 부족하지만, 무엇보다도 윤리와 도덕성이 결여되어 있기 때문에 정부는 더 이상 여성들이 정부 일에 개입하는 것을 금지시켜야 하며, 결코 가정에서 벗어나서는 안 될 존재들이라는 것이다. 또한 바지르(Basire)는 여성정치단체와 여성협회들이 공화국을 위기에 빠뜨리고 있기 때문에 여성들의 모든 정치활동을 금지시켜야 한다고 주장했다.[698] 1791년 루이스 마리 프뤼동(Louis Marie Prudhomme)의 설명처럼 "여성은 처음부터 죽을 때까지 영원한 의존상태로 태어난 존재이므로, 여성에게 어떤 의미에서 시민적, 정치적 자유는 논할 필요조차 없다"고 생각했다. 1793년 국민공회는 "여성의 모임을 금지했으며, 혁명법정은 가장 잘 알려진 여성 일부를 반역자로 처형했으며, 주요 혁명가들은 여성 활동가들을 '변질된 여성'과 '악녀'로 조롱했다."[699] 프랑스혁명 초기 정치지도자로 활약했던 미라보(comte de Mirabeau, 1749~1791)는 여성을 가정생활을 위해 태어난 존재로 생각했다.[700] 이런 지배적 생각은 1804년 "여성은 복종하도록 대이닌 존재이므로 정치적 권리를 인정할 필요가 없다. 아내는 남편에게 절대적으로 복종해야 한다"는 나폴레옹법전으로 나타났다.[701]

여성의 역할은 공적 영역이 아닌 가정으로 한정되었다. 여성의 지배력은 아버지와 남편의 집 문턱 안에서만 가능했다. "여성이 진실로 지배하는 곳은 바로 그곳이다. 여성들이 일상적인 임무를 완수함으로써 남성들이 가정 밖에서 당하는 수고와 고통을 보상하는 곳도 바로 그곳이다."[702] 여성은 공적인 영역에서 활동하는 것이 용납되지 않았다. 이것은 당시의 사회적 통념이었다. 여성을 가족과 가정에 묶여 있어야만 하는 존재로 간주했던 당시에, 미망인은 성적으로 위험한 존재로 의심받았다. 미망인은 성에 대한 욕구가 강렬할 것이라는 혐의 때문이었다.[703] 19세기 초반으로 추정되는 때, 프랑스의 보수적인 사상가 드 메스트르(Joseph de Maistre, 1753~1821)는 둘째 딸 콩스탕스(Constance)에게 "얘야, 여성의 미덕이란 가정을 잘 관리하고 남편에게 위로와 격려를 줌으로써 남편을 행복하게 해 주고 아이들을 훌륭하게 기르는 데 있는 법이다"라는 편지를 보냈다.[704]

그러나 이러한 암흑 속에서도 여성의 해방과 남녀평등을 위한 다양한 움직임은 존재했다. 콩도르세(marquis de Condorcet, 1743~1794)는 「여성에게 시민권을 허용하는 것에 대하여」라는 글에서 인류의 어느 누구도 진정한 권리를 갖지 않거나 그렇지 않으면 모두가 동등한 권리를 가져야 하며, 종교, 피부색, 성별이 어떻든 간에 다른 사람의 권리를 부정하는 사람은 다른 사람의 권리를 부정하자마자 자신의 권리만큼은 간절히 요구한다고 주장했다. 또한 "여성은 부드럽고 가정적인 미덕에 있어서는 남성보다 우월하며…남성과 마찬가지로 자유를 사랑할 줄 안다. 여성은… 어느 국가에서든지 남성의 자존심과 독단 때문에 [자신들이] 소외되었던 무대에 등장하였고, 그때마

다 시민으로서의 미덕이 무엇인지를 보여주었다"며, 여성의 문제에 대한 진일보된 주장을 전개했다.[705]

또한 남녀 간의 평등한 교육과 평등한 정치적 권리를 강조했다. 그 이유는 "우리는 교육에 여러 수준의 단계를 수립해야 함을 이미 밝힌 바 있다. 또한 교육이 여성을 위한 것과 남성을 위한 것이 동일해야 한다는 사실을 저해할 수 있는 것은 아무 것도 없음을 알고 있다. 모든 교육은 무릇 증거를 동원하여 진리를 제시하는 것이므로, 진리를 택하고 이를 입증하는 방법이 요구되는 과정에 남성과 여성 간의 구분이 따로 있을 수 없기 때문이다." 또한 여성이 가정에 얽매이거나 여성에게 공직에 진출하는 것을 막는 것은 있을 수 없으며, 교육은 물론 "시민으로서 정치적 활동에 그리고 사회의 공무에까지" 남녀평등이 확대되어야 한다고 주장했다.[706]

여성들 스스로도 자각된 모습으로 여성평등을 위해 노력했다. 올랭프 드 구즈는 '여성과 여성시민의 권리선언'을 통해 남녀평등과 여성의 권리에 대한 입장을 개진했다.

제1조 여성은 출생과 더불어 그리고 그 이후 계속해서 평등한 권리를 누린다. 공공의 효용에 입각한 경우에만 사회적 구분이 허용될 수 있다. 제2조 모든 정치적 결사의 목적은 여성과 남성의 자연적이고 침해할 수 없는 권리를 보존하는 데 있다. 그 권리는 자유권, 재산권, 안전권, 그리고 압제에 대한 저항권이다. … 제6조 입법은 일반의지를 표현한다. 모든 여성시민과 남성시민은 직접 또는 그 대표를 통하여 일반의지 형성에 기여할 자격이 있다. 입법은 모든 사람에게 동일하여야 한다. 남성시민과 여성시민은 법 앞에 평등하므로 그들의 능력에 따라 평등하게 또 그들의 역량과 재능 이외에는 어떠한 구분도 없이 계급, 공직 그리고 고용의 모든 자리에 기

용될 수 있다. … 제10조 누구도 자신의 기본적인 의사표현 때문에 고통을 당해서는 안 된다. 여성이 교수대에 오를 권리가 있다면, 자신의 의사표현이 법으로 정한 공공질서를 해치지 않는 한, 연단에 오를 권리도 있어야 한다. 제11조 사상과 의견의 자유로운 소통은 여성에게 가장 소중한 권리에 속한다. 그러한 자유가 있어야 아이의 아버지로부터 그 아이가 친자임을 인정받을 수 있기 때문이다. 따라서 모든 여성 시민은 야만적인 편견 때문에 진실을 숨기도록 강요당할 필요 없이, 내가 당신 아이의 어머니라고 자유롭게 말할 수 있어야 한다. 그러나 법이 정한 경우에는 그 자유의 남용에 대해서 응분의 책임을 져야 할 것이다. … 제13조 공권력의 유지와 행정의 비용을 위해서는 여성과 남성의 공동의 분담이 요구된다. 여성은 모든 의무와 모든 힘든 과업을 동등하게 수행한다. 따라서 여성은 지위, 고용, 직위, 명예와 직업의 배분에서 남성과 동등한 몫을 나눈다.[707]

그녀는 이 선언에서 여성들에게 "도대체 언제쯤이면 눈을 뜰 것인가? 혁명으로 너희가 무슨 이득을 얻었느냐? 더 심한 무시와 더 독한 모멸이 아니더냐?"라며, 프랑스혁명 이후에도 변하지 않는 여성 차별의 개선을 위해 여성 스스로 나설 것을 촉구했다. 나아가 여성과 남성은 하등 다를 것이 없는 평등한 존재임을 선언했다. "여자여, 당신들과 우리 남자들 사이에 같은 점이 무엇이 있는가? 너희는 이렇게 말해야 하리라. '남녀가 다를 게 무엇이냐, 모든 게 다 똑같다'."[708]

최초의 페미니스트로 인정받는 울스턴크래프트는 남성과 여성이 단지 생식 기능의 차이와 힘의 강약을 제외하고는 다르지 않다고 주장했다. 그녀는 『여성권리의 옹호(A Vindication of the rights of Women)』(1792)를 통해 자신의 주장을 전개했다. 그녀는 당시 오래된 편견이었던 "여성은 남성의 노리

개, 딸랑거리는 장난감이 되도록 창조되었으며, 남성이 이성을 버리고 기분 전환을 하려 할 때는 언제나 그의 귀에 듣기 좋은 소리를 들려줘야만"한다는 생각을 비판했다.[709] 또한 프랑스 사회에서 벌어지고 있는, "여성들은 도덕적인 존재로 간주되거나, 아니면, 너무도 나약해서 남성들의 우월한 능력에 전적으로 복속해야 하는 존재로 간주"되는 현실을 비판했다. 이런 생각을 가진 그녀에게 루소는 "천재성은 열렬히 존경"하지만, "언제나 분노가 존경을 대신하게" 하는 인물이었다. 그녀에게 남녀는 동등한 능력을 가진 존재일 뿐이었다. 그래서 "지성이 지식을 쌓거나 원칙으로 확고해지기 이전에 세상으로 보내진 군인 남성들"과 여성을 비교하면서, 그녀가 "뚜렷하게 인식할 수 있는 유일한 차이는, 병사들이 인생에서 좀 더 많은 것들을 볼 수 있는 자유의 이점을 누릴 수 있다는 것"뿐이었다.[710] 환경 차이만 아니라면 남성 군인과 여성은 전혀 차이가 없는 존재인 것이다. 즉, 그녀는 동일한 교육과 건강한 육체를 가진 여성이라면, "가족을 건사하고 다양한 미덕들을 실천함으로써 남편의 친구가 되지, 그의 보잘 것 없는 부양가족이 되지 않을 것"이라고 주장했다.[71]

그래서 그녀는 조심스러운 결론으로 "양성 모두의 발전을 위해서 남녀가 사적인 가정에서뿐만 아니라 공적인 영역인 학교에서도 함께 교육받아야 한다"고 생각했다. 즉, "남녀 공학을 실시한다면, 정신을 오염시키는 성별 구분 없이 신중함을 야기하는 우아한 품위들이 일찌감치 길러질" 수 있을 것으로 판단했다.[712] 그녀에게 여성을 남성처럼 교육시키는 것이 목표이자 취지였으며, 이를 통해 여성들이 남성이 아니라 자기 자신에게 지배력을 행사하길 원했다. 이를 위해 5세부터 9세까지의 소년·소녀 어린아이들을 위한 공립학교를 정부가 만들어야 하며, 남녀 어린아이들 모두 자유롭게 교육받아야 한다고 주장했다.[713]

그래시 울스턴크래프드는 당시 독특하고 상식적이지 않은 인물로 평가되었을 것이다. 영국의 종교작가인 해너 모어(Hannah More)라는 여성은 울스턴크래프트를 싫어했다. 그 이유는 울스턴크래프트가 주장하는 남녀평등이 비자연적이고 비도덕적이라고 확신했기 때문이다. "물고기에 지느러미가 부여되고 새에게 날개를 주어 날게 한 것과 마찬가지로, 남성에게 더 우월한 육체적인 힘과 더 확고한 정신이 부여된 것은 그가 심오하게 대담한 행동의 마당과 토론의 자리를 주재하기 위한 것이다. 통치라고 하는 복잡한 기술, 무기를 사용하는 투쟁, 복합적이고 심오한 과학, 혼잡한 상거래, 그리고 더 높은 차원의 힘과 더 넓은 범위의 힘을 요하는 작업은 남자들의 몫이다."[714] 모어에게 이러한 생각이 보편적이었다. "아내들이여, 남편에게 복종하여라. 그것이 주님이 원하시는 바이다."[715] 복음주의자들에게 사도 바울의 가르침은 율법이었다.

남녀평등과 여성해방을 향한 흐름은 19세기에 들어 더욱 확산되고 심화되었다. 1800년 서식스(Sussex)에서 많은 여성들은 제분업자들에게 통밀가루만을 생산하게 한 법에 항거해 "고스덴(Gosden) 풍차로 돌진했는데, 그곳에서 그들은 갈색 밀가루를 제공한 제분업자를 혼내 주고, 그가 입고 있던 옷을 빼앗아 갈기갈기 찢어 놓고, 동시에 그가 뒤에도 똑같은 방법으로 기구들을 사용할 경우 기구들도 똑같은 방법으로 손봐줄 것이라 위협했다."[716]

1848년 미국의 세니카폴스(Seneca Falls)에서 중산계급과 상류계급 여성들이 참여하여 개최한 제1차 전국여성권리대회를 통해 '여성과 남성의 평등원칙'을 천명했다. 이 대회에서 미국독립선언문의 형식을 차용한 감정의 선언문(the Declaration of Sentiments)이 발표되었다. 이 선언문은 다음과 같이 밝히고 있다.

모든 남성과 여성은 평등하게 태어났으며, 조물주는 빼앗길 수 없는 일정한 권리를 모든 사람에게 부여했다는 사실을 자명한 진리라고 생각한다. 그러한 권리에는 생명, 자유, 행복 추구의 권리가 포함되어 있다.…인류의 역사는, 여성에게 절대 폭력을 수립할 직접적인 목적으로, 남성이 여성에게 위해와 권리 침해를 되풀이해 온 역사이다.…남성은 여성이 선거권의 빼앗길 수 없는 권리를 행사하도록 결코 허용하지 않았다. 남성은 여성에게 그것의 제정에 있어 여성이 아무런 발언권도 행사하지 못했던 법률에 복종하라고 강제하였다. …남성은 법적으로, 기혼여성을 시민으로서 사망자와 마찬가지인 존재로 만들었다. 남성은 여성의 모든 재산권을 박탈했으며 여성이 벌어들인 급여에 대한 권리조차 박탈하였다. 남성은 여성을 도덕적으로 무책임한 존재로 만들었는데, 그 이유는 (현행법 아래) 남편이 동석한 자리에서 여성이 저지른 범죄는 처벌받지 않기 때문이다. … 남성은 여성이 철저한 교육을 받을 수 있는 기관에 입학하지 못하게 금했으며, 여성에게는 모든 대학의 문호가 닫혀 있다 .…우리는 여성이 미합중국의 시민으로서 여성에게 속한 모든 권리와 특권을 즉각 행사할 것을 주장하는 바이다.[717]

이 선언은 백인여성들을 위한 것이었다. 그곳에 흑인 여성은 존재하지 않았다. 흑인 노예 출신 여성인 트루스(Sojourner Truth, 1797~1883)는 3년 후 개최된 제2차 대회에서 열정적인 연설로 여권운동에서 흑인여성을 누락시킨 현실을 지적했다. 미국 여성들의 이러한 노력에도 불구하고, 70여 년이 지나서야 여성의 참정권은 미국 '연방헌법 수정조항' 제19조에 명문화되었다.[718] 프랑스혁명에서 남성은 여성을 동원했을 뿐, 그들에게 평등한 권리를 보장하지 않았다. 그 혁명의 성취물은 남성들의 몫이었다. 프뤼돔(Louis-

Marie Prudhomme, 1752~1832)은 프랑스의 모든 여성들에게 혁명을 위해 불타는 횃불로 무장하라고 촉구하면서, "일단 우리 조국에서 이런 도적 일당들을 몰아낸 후 여자들은 옛집으로 돌아가 익숙한 가사노동의 멍에를 다시 져야 할 것"이라 했다.[719] 여성은 혁명에 동원되는 존재이지만, 남성이 규정한 여성의 본업인 가사노동으로 되돌아가야 했다.

미국의 '독립선언서'에도, 프랑스의 '인간과 시민의 권리선언'에도 남성만 있을 뿐, 여성은 배제되었다. 미국의 '독립선언서'에는 "모든 사람은 평등하게 창조된다는 것, 그들은 창조주로부터 양도할 수 없는 일정한 권리를 부여 받는다는 것, 그리고 이에는 삶, 자유 및 행복의 추구 등이 포함된다는 것, 이러한 권리를 확보하기 위해 인간들 사이에 정부들이 수립되며, 이들의 정당한 권력은 피치자의 동의에 연유한다는 것, 어떠한 형태의 정부라도 그러한 목적들을 파괴하는 것이 될 때에는 그 정부를 바꾸거나 없애 버려 새 정부를 수립하되, 인민들에게 자신들의 안정과 행복을 가장 잘 이룩할 것 같이 보이는 그런 원칙들에 입각하여 그 토대를 마련하고 또 그런 형태 하에 권력을 조직하는 것이 인민의 권리라는 것"을 명시하고 있다. 그러나 그것은 남성만의 권리였다.

〈인간과 시민의 권리들의 선언〉(1789년 8월 26일)

제1조 사람들은 자유롭게 그리고 권리에서 평등하게 태어나며 또 그렇게 존속한다. 사회적 차별은 오직 공동의 유용성에 입각할 때에만 가능하다.

제2조 모든 정치적 결사의 목적은 인간의 자연적이고 소멸할 수 없는 권리들을 보존하는 데 있다. 이 권리들은 자유, 소유권, 안전, 그리고 압제에 대한 저항이다.

제3조 모든 주권의 원리는 본질적으로 국민에게 있다. 명백하게 국민으

로부터 유래하지 않은 권위는 어떠한 단체나 개인도 행사할 수 없다.

〈인간의 권리들의 선언〉(지롱드파의 선언, 1793년 5월 29일)

제1조 사회 속의 인간의 권리들은 평등, 자유, 안전, 소유권, 사회적 보장, 압제에 대한 저항이다.

제2조 평등은 각자가 동일한 권리들을 향유할 수 있음에 있다.

제4조 모든 시민들은 모든 공적인 지위, 직무, 임무에 오를 수 있다. 자유로운 인민들은 그것들을 선택할 때에 덕성과 재능 이외에는 선호의 다른 동기들을 알지 못한다.

〈인간과 시민의 권리들의 선언〉(산악파의 선언, 1793년 6월 24일)

제3조 모든 사람들은 자연에 의해 법 앞에서 평등하다.

제5조 모든 시민들은 평등하게 공적인 직무에 오를 수 있다. 자유로운 인민들은 그것을 선출할 때에 덕성과 재능 이외에는 선호의 다른 동기들을 알지 못한다.[720]

프랑스혁명 과정에서 제기되었던 인간과 시민의 권리 선언도 마찬가지였다. 사람들은 자유롭고, 그 권리에 있어 평등하게 태어났으므로 사회적 차별은 안 된다. 모든 주권은 국민에게 있고, 인간의 권리는 평등, 자유, 안전, 소유권 등이며, 인간으로서 압제에 저항할 수 있는 권리가 있다. 모든 시민은 공적인 지위, 직무, 임무에 오를 수 있으며, 법 앞에 평등하다. 프랑스혁명 과정에 제기되었던 많은 강령과 같은 선언들도 그 대상은 남성이었지, 여성에게 해당하는 권리는 아니었다.

프랑스혁명 결과, 일시적이긴 하지만 남녀평등의 새로운 가능성을 보여주었다. 1789년 제헌의회는 모든 인간은 '자유, 소유, 안선에 대한 그리고 압제에 대항할 수 있는' 천부인권을 가졌다고 천명했다. 이 당시에 '모든 인간'에는 여성도 포함되었다. 아들과 함께 딸도 재산상속에서 동등한 권리를 주장할 수 있게 되었다. 1791년 9월 헌법은 민법에 성인 연령 규정을 남녀 모두에게 동등하게 적용했으며, 여성도 이성적인 사유능력과 독립성을 가진 것으로 인정되어 공문서에 대한 증인을 설 수 있는 법적인 자격과 본인의 판단에 따라 채권 관계를 맺을 수 있는 권리를 획득했다. 1792년 이혼법은 남녀 모두에게 동등권 권리를 부여하는 진보적인 내용을 담았다.[721] 1792년부터 1803년까지 3만 건의 이혼이 있었다. 그만큼 여성들은 평등한 권리와 제도를 활용했다. 그러나 나폴레옹(Napoléon Bonaparte, 1769~1821) 시대에 들어서 여성의 권리는 심각하게 축소되었다. 1816년 이혼제도는 폐지되었다.[722] 다시 여성은 계몽이 아닌 어둠 속으로 쫓겨 들어간 것이다.

19세기 내내 좌파 진영에서도 남녀평등과 여성의 정치적 권리 부여에 소극적이었다. 즉, 노동운동 내부에서 "여성의 지위는 여성을 가족과 가정 관리, 임금 지불 여부와 무관한 보조적인 경제적 역할에 할당하는 명백하게 차별적인 사고와 연결되어 있었다."[723] 여전히 여성은 가정의 영역 내의 역할로 한정되었으며, 노동 현장에서는 남성 노동의 보조적 역할의 수준으로 폄하되었다. 여성은 생계에서 남성에게 의존하는 보충적 임금 소득자로 묘사되는 이데올로기 때문에 낮은 임금을 받아도 되는 노동자였다. 이로 인해 공장 생산의 가장 초기로부터 여성은 동일노동에 대해 남성 임금의 절반만 받았다.[724] 독일의 사회주의자 베벨(August Bebel, 1840~1913)은 부르주아적 '페미니즘'이 사회주의 정당의 의제를 훼손할까봐 염려했고, 다른 사회주의자들은 여성참정권투쟁은 남성참정권이 보장될 때까지 보류되어야 한다고 주장했다.[725] 진보적 관점을 가졌다고 하는 노동운동 또는 좌파진영의 여성에 대한 태도와 관점이 이 정도 수준에 불과했다면, 당대 사회에서 여성의 지위와 역할은 그야말로 참담한 수준이었음을 알 수 있다. 또한 1837~38년에 영국 헌법을 민주화하기 위해 제안된 차티스트운동의 6원칙은 여성의 투표권을 명백하게 배제했다. 이러한 차별은 가정이라는 여성의 자리와 성적 차이의 적절한 질서를 거듭해서 강조했다.[726] 이렇듯 19세기에도 여성은 인권의 사각지대에 있었으며, 정치적 권리를 보장받는 것은 거의 불가능했다. 즉, "19세기 민주주의 운동은 노동계급의 이상을 작업장의 연대와 직종 간 협력만이 아니라 여성을 가정에 위치 짓는 극명하게 젠더화 된 체통의 통념에 바탕을 두면서 여성을 종속시키는 고귀한 남성성(masculinity)의 모델을 확인했다."[727]

그러나 이러한 흐름은 19세기 말 좌파 진영으로부터 서서히 변화하기 시작했다. 프랑스 노동당(Parti ouvrier francais: POF)의 1882년 강령은 여성의 완전한 정치 · 경제적 해방을 호소했다. 프랑스의 경우, 1884년 3월 21일 법 제정 이후에야 기혼여성 노동자들이 남편의 허락 없이 노동조합에 가입할 수 있었다.[728] 1875년 독일 사회민주당 창당대회는 처음에는 남성 참정권만을 옹호했으며, '남녀 양성 시민'이라는 단어를 추가하자는 베벨의 수정안은 기각되고 대신 '모든 시민'이라는 언급만 들어갔다. 그러나 이후 독일 사회민주당의 에르푸르트 강령(Erfurter programm)은 여성의 완전한 시민권 및 투표권과 더불어 "공법과 민법에서 남성에 비해 여성을 불리하게 만드는 모든 법률의 폐지"를 요구했다. 독일 사회민주당은 1895년 독일에서 처음으로 여성의 참정권을 위한 의회 동의안을 제출했고, 1908년 여성이 정치적 결사의 권리를 획득했을 때에는 사회민주당의 여성운동이 급속하게 성장했다.[729]

그러나 이러한 변화에도 불구하고 많은 남성 사회주의자들은 여성을 사제들에게 미신적으로 얽매여 있고 계급의식이 결여된 보수주의에 찬동하는

'후진적인' 세력으로 여겼디. 따라서 여진히 어성해방과 남녀평등의 실은 가시밭길이며 더욱 많은 진전과 험난한 파도를 넘어서야 하는 문제였다.

## 6. 근대화 과정에서의 동서양의 여성문제 비교 연구

동서양의 근대화 과정에 남녀평등과 여성해방은 중대한 사회적 문제로 등장했다. 사회적 억압과 차별의 질서를 철폐하기 위한 노력은 근대화 과정 내내 지속되었다. 정치적 참정권에서부터 법·제도와 일상생활에 이르기까지 각종 억압의 구조를 벗어나는 것은 여성의 절박한 요구였다. 모든 인간은 동등하며 따라서 남녀는 평등하다는 상식적 요구는 근대화의 여정에서도 쉽게 받아들여지지 않았다. 동서양 모두 여성의 정치 참여는 불가능했고, 각종 법·제도는 불평등을 구조화하는 기능으로 작동했으며, 일상생활은 남성 중심의 위계적 질서가 강력했다. 서양에서 여성은 이혼을 마음대로 할 수 없었고, 조선사회도 이혼과 재혼이 극단적으로 어려운 사회였다. 18~19세기를 거치며 남녀평등의 주장이 서서히 등장했으며 남성 중심 사회도 조금씩 변화했다. 그러나 지금의 남녀평등과 여성해방의 문제는 실제로는 20세기적 현상이다.

우선, 동서양 모두 근대화 과정에서 여성들은 자신의 권리와 평등을 확보하기 위해 다양한 방식의 저항과 여성해방의 방향을 모색했다. 18세기 이전 동서양은 남성 위주 사회를 남녀 모두 일반적 통념으로 받아들였다. 남성 우위를 인정하고 공적 역할은 남성의 것이었으며, 여성은 남성의 하위에서 가정이라는 사적 영역을 담당하는 존재였다. 그러나 신분에 관계없이 일부 여성들은 이런 사회적 통념에 맞섰다. 16세기 조선사회의 송덕봉은 가정과 친척, 마을의 대소사(大小事)를 도맡아 관장했으며, 남편에게 정도(正道)

를 가르치기를 마다하지 않았던 인물이었다. 16세기 임진왜란을 겪으면서 여성들은 국가와 남성권력의 무책임성을 통감하며 사회관이 변화되었다. 18~19세기 양반가 여성들은 남녀의 성품에 차이가 없음에도 차별이 고착화된 사회 구조에 분노를 피력했다. 중하층의 여성들도 일상생활에서 권력이 부과한 질서를 거부하고 생존과 생계를 위한 일상의 전술을 구사했다. 이혼과 재혼은 일상적으로 가능했던 것으로 보이며, 여성의 호주로서의 자격도 상당 부분 지켜내기 위해 노력했다. 이름 없는 '무명의 여성들'은 성리학적 질서에 맞서 자신의 존재를 확인했던 것이다.

서양의 경우도, 울스턴크래프트, 구즈 등 선각적 여성운동가들이 프랑스 혁명 과정에서 남녀평등과 여성해방을 위한 투쟁을 계속했다. 여성이 교수대에 오를 권리가 있다면, 연단에 오를 권리도 있어야 한다고 주장하며, 실제 단두대에서 처형된 구즈가 그 전형적 예라 하겠다. 1795년 파리 여성들은 봉기가 일어나기 수주일 전부터 거리를 점령하고 시위를 벌였고, 여성들은 시위에 가담하라고 호소하면서 꽁무니를 빼는 남자들에게는 '비겁한 놈'이라는 낙인을 찍었다. 각종 정치단체의 토의에 참여하는 일이 금지되었지만, 여성들은 각종 포럼, 클럽에 참여했으며 살롱에서 남자들과 함께 정치를 논의했다.[730] 여성을 차별하고 억압하는 구조 하에서도 여성들은 꾸준히 해방의 잠재력을 만들어왔으며, 일상의 영역에서 권력이 부과한 질서를 가로지르고 균열을 만들어 온 존재였다.

둘째, 조선사회와 서양에서 남성의 목소리로 여성해방과 남녀평등을 본격적으로 제기한 것은 19세기 중반부터라는 사실이다. 여성의 목소리를 통한 차별과 억압의 철폐 주장은 동서양 공히 오랜 시간 동안 지속되었다. 그러나 본격적으로 남성에 의해 인간평등에 기초한 남녀평등의 주장이 제기된 것은 조선사회는 동학의 창시자 수운 최제우, 서양은 존 스튜어트 밀로

부티라고 힐 수 있다. 1860년 득도한 직후 수운은 신분해방과 남녀평등의 차원에서 자신의 여종을 며느리와 수양딸로 삼았다. 수운의 뒤를 이은 제2대 교주 해월 최시형은 동학에 도통한 여성들에 의한 후천개벽 세상이 올 것이라고 예언했다. 존 스튜어트 밀은 1869년 영국 런던에서 『여성의 종속』을 출간하며, 여성의 참정권과 남녀평등을 주장했다. 동학의 인간존중과 남녀평등 사상은 갑오친일정부 신분해방과 과녀 재가 허용 등의 근대 정책을 추진할 수밖에 없도록 한 원동력이었다. 밀을 비롯한 남녀평등과 여성해방의 요구는 19세기 말부터 20세기 초까지 여성들의 참정권을 확보하는 동력이 되었으며, 남녀평등의 법과 제도를 서서히 만들어갈 수 있는 원동력이었다. 남성에 의한 남녀평등과 여성해방의 목소리는 이렇듯 새로운 변화를 만들 수 있는 중요한 계기가 되었다.

셋째, 남녀평등과 여성해방의 분출이 국가와 남성권력에 의해 실패했으며, 새로운 돌파구를 만드는 과정에서 거대한 희생을 감수할 수밖에 없었다는 점이다. 박의경은 "여성이 사라진 근대기획"이라는 담론을 통해 근대의 역사도정에서 여성은 사라졌다고 봤다. 즉, "시민혁명을 거쳤음에도 불구하고, 인간 대 여성으로 왜곡된 '그들만의 정치사상'을 기획한 근대계몽 사상가들의 민낯"을 들춰내야 한다고 주장한다.[731] "계몽과 근대는 이렇게 출발선에서부터 인류의 절반인 여성을 태우지 못하고 달려왔기에, 역사의 완성을 위해서는 미로에서 헤매는 여성을 귀환시켜야 한다"는 것이다.[732] 계몽과 프랑스혁명을 통과한 지점에 남녀평등은 사라졌다. 다시금 여성에 대한 억압구조는 온전히 재생되었다. 조선사회도 대한제국 시기를 통해 남녀평등과 여성권리의 증진을 위한 일련의 시책들이 점진적으로 진행되었으나, 일본의 식민지 강점에 의해 더 철저한 여성 억압구조로 회귀했다. 일제는 대한제국 시기에 폐기된 신분제를 부활시켰으며, 제국주의-식민지의 위계구조 하에 남성 우위의 여성 억압구조를 더욱 강화했다. 대한제국 시기의 근대화를 향한 진전된 도정은 일제에 의해 반근대화의 어둠 속으로 되돌려지게 된 것이다. 따라서 동서양은 여전히 미완의 과제인 남녀평등과 여성해방의 도정 위에 있다. 남녀평등이 남성과 여성의 분쟁의 문제로 전환되고, 여성해방의 문제가 여성권력의 강화로 이해되는 것은 문제다. 이런 문제는 서양의 합리주의적 전통과 오랜 남성 중심의 관행과 관습 속에 내장되어 있었던 것으로 보인다. 그 한계를 통해 여성문제에 대한 모성주의적 접근의 필요성을 확인할 수 있을 것이다.

첫째, 서양은 합리주의 철학의 전통이든 경험주의 철학의 전통이든, 정의제일주의 또는 정의지상주의를 주장한 학자들은 한결같이 남녀평등의 반대편에 있었다.

이들은 정의에 너무나 강력한 강세를 두었기 때문에, 보편적 생명애 또는 모성애를 격하하거나 몰각했다. 칸트와 니체(Friedrich Nietzsche, 1844~1900)는 동정심을 '고통을 늘리는 병리적 기제'로 생각했다.[733] 동정심은 그저 고통을 늘리는 질병의 원인으로 격하시킨 것이다. 아담 스미스는 사랑과 배려보다 정의를 앞세우는 관점을 견지했다.

> 사회는 항상 서로를 해치고 침해하려고만 하는 사람들 사이에서 온전히 존속할 수 없다. 침해가 시작되는 순간, 상호적 분개와 적개심이 발생하는 순간, 사회의 모든 유대는 산산조각이 나고, 사회를 구성하는 다른 구성원들은 말하자면 자기들 간의 어긋난 감정들의 침범과 대립에 의해 멀리 이산되고 흩어진다. 강도들과 살인자들의 사회가 있다면, 오래된 관찰에 의하면, 적어도 자기들끼리는 서로 강탈하고 살해하는 것을 삼가야 한다. 그러므로 인혜(仁惠, beneficence)는 정의보다 사회의 존속에 덜 본질적인 것이

다. 사회는 가장 편한 국가 인에 있지 않을시라도 인혜 없이 존속할 수 있다. 그러나 불의의 만연은 사회를 철저히 파괴하지 않을 수 없다.[734]

스미스에 의하면, 서로가 침해를 가하기 시작하면 사회가 붕괴하고 정의가 사라진 사회는 철저히 파괴될 것이라고 생각했다. 따라서 인혜 없이도 사회는 존속 가능하지만, 정의가 사라진 불의의 사회는 존속 불가능하다. 그래서 가장 중요한 가치는 정의라는 것이다. 그러나 "'정의'가 사라질 때 사회의 모든 유대(bands)가 산산조각 나려면 산산조각 나는 이 유대가 정의에 앞서 이미 존재"해야 한다. 스미스 스스로 정의에 앞서 이 사회를 유지하도록 만든 유대가 선차적임을 '정의'의 논증과정에서 밝히고 있다. 유대, 즉 연대가 정의보다 선차적이다. 뒤르켕(Emil Durkheim)은 '연대'를 도덕의 근본으로 보았다. 즉, "연대는 도덕적 법적 규칙들의 체계로 표현된다. 기계적 연대는 억압적 도덕률(법률)을 낳는 반면, 유기적 연대는 분업적 업적에 따른 몫의 분배, 즉 배상승인에 관한 도덕률을 낳는다."[735]

스미스 자신의 논지에 의해서도 정의 이전에 유대라는 도덕적 인혜가 선차적이다. 그 선차적 유대를 유지하기 위해 정의가 필요한 것이다. 그러나 스미스는 계속 인혜보다 정의를 강조한다. "인혜는 건물을 지탱해주는 기초가 아니라 건물을 아름답게 하는 장식품이다. …반대로 정의는 전체 구조물을 받쳐주는 주된 기둥이다."[736] 이렇듯 정의를 앞세우는 학자들은 도덕과 감정의 문제를 부차적인 것으로 취급했다.

캐롤 길리건(Carol Gilligan)은 남성적 정의제일주의를 비판하며, 모정적 '배려심'을 전면에 내세웠다.[737] 그녀는 "정의제일주의 철학자들은 칸트주의 유산의 보존을 위해 엄청난 도덕적 가치(사랑과 배려)를 무시하는 …윤리학적 '부정의'를 저지르고 있다"고 보았다. 정의제일주의를 주장하는 학자들은

"이타주의, 배려, 또는 책임 있는 사랑 등의 원칙이 원칙 문제가 아니라 경험적 동기 문제로 취급"하여 배제한다. 따라서 사랑과 배려의 윤리는 원칙이 아닌 부차적 문제로 치부되었다. "우정, 결혼, 낙태, 양육, 배려 등의 도덕성과 긴급한 개인적 문제들"을 "참된 도덕적 문제에 범주적으로 대립시키는 방식으로" 도덕성을 생각하는 잘못된 윤리학적 사고방식인 것이다.[738] 로렌스 콜버그(Lawrence Kohlberg)도 "인혜(benevolence)는 논리적으로, 그리고 심리적으로 우리가 정의(justice)라고 부르는 것에 앞선다"고 밝혔다.[739] 평생 칸트·롤스주의적 정의제일주의를 주장했던 콜버그조차 말년에는 정의보다 선차적인 것은 인혜라는 점을 인정한 것이다. 하버마스(Jurgen Habermas)도 말년에 정의제일주의를 버리고 연대와 인애(仁愛)를 정의와 대등한 관계로 인정했다. 기존의 "스미스, 쇼펜하우어, 칸트, 스펜서(Herbert Spencer), 롤스(John Rawls), 콜버그, 하버마스 등 경험주의·합리주의 진영을 가리지 않고 '창궐'하던 정의제일주의"는 서서히 인애제일주의로의 대체되고 있는 것이다.[740]

둘째, 서양 합리주의 철학 전통에 근거한 학자들은 '이성제일주의' 또는 '이성맹종주의'에 치우쳐서 감정과 도덕윤리를 폄하하거나 몰각·배제했다. 남성만을 이성을 가진 존재로 상정하고, 여성은 남성이 보호하거나 대의하는 존재로 규정했다. 이성이라는 이름으로 남성이 여성을 공적 세계와 무관한 사적 가정 일에 적합한 아이를 보호하고 기르는 존재로 포박한 것이다. "합리주의자들은 늘 감각은 특수하고 사유는 보편적이라고 착각한다."[741] 여성의 목소리로 남녀평등과 여성해방을 주장했던 울스턴크래프트도 당시의 '이성제일주의'에 함몰되는 한계를 드러냈다. 이성을 중심으로 남녀 모두 이성적 가치를 존중해야 한다는 점을 강조했다. 따라서 "열정이나 감정에 대해 긍정적으로 언급하는 경우도 간혹 있기는 하지만 오로지 극복의 대상으로만 간주하는 경향"이 강했다. "섬세함과 예민한 감각, 그리고 예상되는 결과보다 과정 중에 일어나는 세부적인 일을 중시하는 여성의 태도는 그녀에게 있어서 바람직하지 않은 것으로 간주"되었다.[742] 남성과 여성 누구나, 즉 인간이라면 본성적으로 갖게 되는 감정과 공감의 문제는 이성의 도그마 앞에 바람직하지 않은 것으로 배제되었다. 이러한 울스턴크래프트의 논지 전개로 인해 "계몽주의적 이성의 언어를 사용함으로써 오히려 긍정적일 수도 있는 여성 고유의 특성을 무시하고 '여성적임'을 부정하는 '소외와 억압 그리고 분리'"를 야기했다는 부정적 평가가 제기되었다.[743]

길리건은 서양 도덕철학에서 '감정'이 크게 등한시되는 것은 문제 삼고 그 이유는 도덕추리의 '남성적' 그림을 그리고 싶어 하는 강력한 성벽에 기인한다는 것이다. 이것은 성숙을 향한 행위자의 발달이 '지성적·인지적' 수완의 견지에서 개념화되고 측정되는 그림이다. 그리하여 이 '남성적' 그림 성벽은 감정을 성숙한 도덕적 판단력의 획득과 수행에 대립되는 것으로, 심지어 이것에 해로운 것으로, 그리고 생물학적인 또는 '자연적인' 이유에서 도덕적 문제를 다루는 '여성적' 방법과 보다 가까운 연결을 가진 것으로 보는, 서구사회에서 광범하게 견지되는 관점이 감정을 본래적인 도덕적 논의와 한 팔 거리로 격리시켜 놓는 데 기여했다는 것이다. 길리건은 남성적·여성적 성벽의 경쟁적 본성에 대한 우리의 각성을 고양시키고, 특히 '감정의 등한시'는 '여성의 등한시'에 기인한다는 것을 보여주었다.[744]

서양의 이성제일주의는 감정을 '성숙한 도덕적 판단력의 획득과 수행에 대립'되는 것으로 보고, 감정을 '해로운 것' 또는 '여성적 방법'과 가까운 것으로 규정했다. 따라서 인간을 인간으로 만드는 이성에 해로운 생물학적이고 자연적인 것이 감정이며, 이성을 활용하는 '남성적' 그림과는 반대에 위치하는 것이기 때문에 도덕적 논의를 가로막는 것이었다. 감정은 여성의 것이며 이성을 가로막는 장벽이었던 것이다. 그러나 데이비드 흄은 "이성은 감정의 노예이고 노예이어만 하며, 감정에 봉사하고 복종하는 것 외에는 감히 다른 직무를 결코 요구할 수 없다"고 했다.[745] 흄에 의하면, 감정을 배제하는 '남성적' 그림은 감정에 봉사하고 복종하지 않는다면 다른 직무를 결코 요구할 수 없는 이성을 맹종하는 아무것도 할 수 없는 '헛생각'일 뿐이다.

현대 뇌과학의 발전에 따라서 이성의 이름으로 감정을 배제했던 합리주의가 얼마나 비합리적인 사고를 했는지 확인할 수 있다. 뇌 표면을 '대뇌피질'이라 하는데, 피질은 켜켜이 쌓인 종이 형상을 한 3mm 정도 두께의 신경세포층이다. 대뇌피질은 먼저 만들어진 하층의 변연피질(limbic cortex)과 나중에 만들어진 신피질(neocortex)로 구성되었다. 신피질은 고등포유류 중에서 인간이 가장 발달했는데, 우뇌 신피질은 감정조절, 결심, 결정, (사회적·도덕적) 판단 등을 맡고 좌뇌 신피질은 언어·사유 기능을 맡는다.[746] 따라서 이성이라 부르는 것은 좌뇌 신피질이 담당하며, 감정이라는 것은 우뇌 신피질이 담당한다고 할 수 있다. 우뇌 신피질이 감정을 조절하고, 결심과 결정, 판단 등을 담당한다. 좌뇌 신피질은 그저 이런 우뇌의 역할에 보조적 역할을 담당할 뿐이다. 그러나 서양 합리주의는 주객을 전도시켜 이성의 우위성을 고수하면서 감정을 배제하는 철학을 설파했다.

영장류동물학자인 드발(Frans De Waal)은 '박애최상론'을 주장했다. 드발은 자유, 평등, 박애 중에서 가장 고귀한 이상은 박애라고 주장했다. "도덕적으로 말해서 박애는 셋 중에서 가장 고귀한 이상이고, 다른 두 이상에 대한 주의 없이 달성할 수 없는 것이다. 박애는 애착, 유대, 집단 결속력에 그토록 심각하게 의존하는 생존법을 가진 유인원의 관점에서 이해하기 가장 쉽기도 하다. 유인원들은 공동체 건설자들로 진화했다."[747] 인간에게 가장 중요한 섯은 박애로 지칭되는 애착, 유대, 결속력 등의 감정적인 것이다. 이것이 인간을 인간으로서 존재하게 했다는 것이다. 즉 흄의 이성은 감정의 노예이어야만 한다는 18세기 초중반의 논변이 인류의 과학 발전에 따라 사실로 확인되고 있는 것이다.

이성과 정의를 강조하는 남성의 권력은 인류의 진화에 역행하는 것임을 알 수 있다. 따라서 마지막으로 동양의 오랜 전통인 모정주의가 남녀평등과 여성해방의 지향이라 할 수 있다. 앞에서도 언급했듯이 공자주의의 핵심은 '대동사회'를 통한 남녀평등을 넘어선 모정주의 세상이다. 어머니의 사랑이 넘쳐흐르는 사회에서 남녀평등은 어머니의 품속에서 완성된다. 아이는 직관적 도덕론자여서 학습을 통해서가 아니라고 본성적으로 도덕을 발휘한다. 이와 같은 "친사회적 행태는 배운 것이 아니다." 아이는 "다른 소리보다 인간의 소리를 더 좋아하고 남성의 소리보다 여성의 소리를, 다른 여성의 소리보다 엄마의 소리를 더 좋아한다."[748] 사람은 본성적으로 사람을 좋아하고 그것도 여성을, 궁극적으로 엄마의 소리를 가장 좋아한다. 어머니의 품과 같은 사회에서 아이들은 편안하게 지낼 수 있는 것이다.

비천한 노동이든, 육아와 관련된 정교한 기술이 필요한 노동이든, 여성의 노동은 늘 개인적 봉사를 수반하는 특수한 종류의 노동이다. 보호, 친밀성, 감성이 요구되는 여성노동의 본성을 분명히 드러내려면, 이데올로기적으로 부과되는 '사랑'이라는 용어를 써야 할 것이다. 사랑이나 개인들 간의 밀접한 관계가 없다면 인간은 왜소해질 것이며, 생존할 수 없을 것이다. 이처럼 감성이 요구되는 노동은 여성이 자식과 남성에게 자기 자신의 무엇인가를 제공하도록 만든다. 따라서 사람의 생산은 사물의 생산과는 질적으로 다르다. 사람의 생산에는 보살피는 노동, 즉 사랑의 노동이 필요

하다.[749]

사람을 보살피는 노동은 사랑이 필요하며, 이 사랑은 아낌없이 타인에게 제공되는 것이다. 어머니가 자기 자식에게 행하는 노동은 어떠한 전제조건도 없는 무조건적인 사랑이 그 근간이라는 뜻이다. 인간사회에서 사랑과 연대가 없다면 인간은 생존할 수 없을 것이라는 언급은, 인간이 인간으로서의 삶을 살아가기 위해서 요구되는 것은 사랑과 연대라는 것이다. 이 본성적 감정으로부터 발현되는 순수한 모정주의 사회는 남과 여로 이원화하여 일방에 의한 일방의 권한 침해를 복구하기 위한 투쟁과 갈등으로서 남녀평등을 넘어서는 새로운 대동의 사회로 인도할 것이다. 이성도 정의도 아닌 사랑과 연대라는 본성적 감정으로부터 발동되는 세상을 의미한다. 그것은 바로 거대한 공감의 세상이다.

심리학자이자 인지과학자인 스티븐 핑커(Steven Pinker) 하버드대 교수는 여성은 남성과 다른 심리를 가지고 있다고 주장한다. "우리는 높은 지능을 가졌지만 지배에 대한 욕구가 전혀 없는 예를 알고 있죠. 바로 여성입니다. 여성은 완벽하게 지능적이지만 우두머리 수컷의 심리를 가지고 있지 않아요."[750] 여성이 남성과 다른 것은 어머니와 같은 모정을 가지고 있기 때문이다. 그것의 핵심은 공감이다.

동서양 공히 근대화의 도정에서 여성의 억압구조를 극복하지 못했다. 남녀평등은 20세기에 들어서서 현실에 적용되었다. 1893년 뉴질랜드에서 여성에게 참정권이 쟁취되었을 뿐, 여성의 참정권은 20세기적 현상이었다. 2015년 사우디아라비아에서 여성에게 투표권이 부여되었다는 사실을 통해서 여전히 남녀평등은 그 도정에 있음을 알 수 있다. 남녀평등과 여성해방이 현실화되는 과정은 지난한 여정이었고 수많은 희생을 요구했다. 또한 인산은 평등하다는 것을 사회적으로 설득하는 데도 상당히 시간이 필요했다. 서양도 이러한 노력 속에서 점진적으로 여성의 보편적 권리가 확보되었다.

조선사회는 동학에 의해 그 가능성이 시작되었다. 수운 최제우의 뒤를 이은 해월 최시형은 부인수도를 장려하면서, "부인은 한 집안의 주인이니라. 음식을 만들고, 의복을 짓고, 아이를 기르고, 손님을 대접하고, 제사를 받드는 일을 부인이 감당하니, 주부가 만일 정성 없이 음식을 갖추면 한울이 반드시 감응치 아니하는 것이요, 정성 없이 아이를 기르면 아이가 반드시 충실치 못하나니, 부인 수도는 우리 도의 근본"이라고 밝혔다. 동학의 수도를 위한 근본은 부인의 수도이며, 앞으로 동학의 도를 깨달은 여성들이 많이 나올 것이고 예언했다. 그리고 조선사회에서 "지난 때에는 부인을 압박하였으나 지금 이 운을 당하여서는 부인 도통으로 사람 살리는 이"가 많을 것이며, 그 이유는 "사람이 다 어머니의 포태 속에서 나서 자라는 것"과 같다고 밝힌다.[751] 앞으로의 세상은 여성과 같은 수도를 통해 후천개벽 세상이 열릴 것이며, 억압받던 여성의 시대에서 모정주의 세상으로 변할 것이라고 예언한 것이다. 그 핵심은 어머니가 포태하여 열 달 동안 자식을 애지중지 키우는 사랑을 뜻하는 것이다.

일제 식민지의 굴곡을 겪지 않았다면 300만 명의 신자를 자랑했던 동학이 여성의 권리를 확보하기 위한 활동을 지속했을 것이다. 그랬다면 대한민국은 세계 어느 나라보다도 여성의 권리가 보장되는 모정주의 사회를 만들어 가고 있었을 것이다. 남녀평등을 넘어서는 어머니의 사랑이 펼쳐지는 세상, 그런 세상 말이다. 이는 근대화의 정의에 근거할 때, 정치적 차원에서 국민 참정이 실현되고, 남녀 모두 시민적 자유인 양심·종교·사상·학문·예술·언론·출판·표현의 자유가 신장되고, 교육·문화·예술의 대중화에 의해 누구나 풍요로운 문명을 만끽할 수 있는 근대화를 의미한다.

# 5장

## 조선시대의 어린이

### : 인내천의 천사

1922년 5월 1일 경성에서 천도교소년회가 주최하는 어린이날 행사가 열렸고, 이듬해 1923년 5월 1일에는 천도교소년회를 비롯하여 불교소년회, 반도소년회가 주최하고 동아일보·조선일보가 후원하는 어린이날 행사가 개최되었다. 공식적으로 대한민국의 어린이날 시작은 1923년 5월 1일이다. 1919년 3·1운동 이후 더욱 강화된 일제의 억압 속에서도 방정환을 중심으로 천도교는 어린이날 기념행사를 진행하며, 어린이 존중사상을 실천했다. 한국의 어린이날 제정은 1920년 4월 23일 최초로 어린이날을 지정한 터키 다음으로 빠르다. 한국이 어린이날을 제정하고 기념했다는 것은 식민지 상황에서도 인간존중의 세상을 위한 노력이 지속되었다는 것을 보여준다. 어린이 존중사상이 식민지 시대에도 가능했던 이유를 알기 위해서는 어린이를 대하는 조선사회의 모습을 추적해야 한다.

특히 어린이 존중사상을 가능하게 했던 동학과 천도교의 종교철학을 이해해야 한다. 왜냐하면 남녀평등, 인간존중사상을 지속적으로 강조했던 동학의 거대한 흐름이 그 배경이었기 때문이다. 이 장에서는 조선시대 어린이의 생활과 어린이 교육, 동학의 어린이 존중사상을 알아볼 것이다. 이와 함께 고종의 교육개혁과 대한제국의 교육정책을 점검하고, 방정환(小波 方定煥, 1899~1931)이 전개한 어린이운동의 내용을 설명한다. 이런 결과를 토대로 서양의 어린이문제 대응과 비교를 통해 조선사회의 근대성을 도출할 것이다.

# 1. 조선사회의 어린이

어린이에 대한 태도는 인간을 대하는 철학의 문제이며, 한 사회의 인간존중 수준을 가늠할 수 있는 기준이라 할 수 있다. 그렇다면 조선에서 세계에서 두 번째로 어린이날을 제정한 동력은 무엇이었을까? 동학이 창도된 1860년 이전의 조선사회에서 어린이들은 어떤 존재였을까? 조선사회는 어린이를 어떻게 이해하고 양육ㆍ교육했을까?

## 1) 동아시아의 어린이관

조선사회의 어린이 문제에 접근하기 전에, 전통적으로 동아시아지역에서는 어린이를 어떻게 생각했는지 살펴보자. 공자는 '대동사회(大同社會)'를 이야기했는데, 대동사회는 어린이가 마음껏 성장할 수 있고, 부모가 없는 아이들은 나라가 보살폈으며, 사람들은 자신의 자식만을 사랑하지 않고 모두의 자식을 사랑했다.[752] 공자가 생각한 대동사회는 어린이들이 자유롭게 살아가고 사랑받는 세상이다. 그래서 고대의 현왕(賢王)들이 정치를 할 때 다섯 가지의 마음가짐 중에 하나가 유소(幼少)를 자애롭게 대하는 것이었다.[753] 나라의 왕은 아이들을 사랑으로 대해야 함을 천명한 것이다. 공자사상의 핵심인 인(仁)은 사랑이다. 공자는 제자 번지(樊遲)가 인(仁)이 무엇이냐고 묻자 사람을 사랑하는 것(애인[愛人])이라 했다.[754]

그리고 왕은 인을 실천하고, 자식은 효(孝)를 실천하고, 아버지는 사랑(慈)을 실천하는 것이라 했다. 즉 "사람들의 임금이면 인에 살고,…사람의 자식이면 효에 살고, 사람의 아비이면 자애에 산다"는 것이다.[755] 공자에게 인(仁), 자(慈), 효(孝)는 사람사랑이며 사람존중이다. 따라서 『예기』에서 "인의란 무엇을 말하는가? 아비는 자애하고…임금은 인애하는 것"이라고 한 것이다.[756] 사람의 열 가지의 인의(人義), 즉 사람으로서 마땅히 지켜야 할 도리 중에 가장 앞단에 놓은 것이 아버지의 사랑이다. 또한 "백성의 부모는 백성이 좋아하는 것을 좋아하고 백성이 싫어하는 것을 싫어"한다며, 임금은 백성을 자식처럼 대할 것을 강조했다.[757]

맹자는 양혜왕(梁惠王)에게 "내 어린이를 어린이로 사랑해서 남의 어린이에게까지 미친다면" 천하를 움직일 수 있다고 했다. 노인은 섬기고 어린이를 사랑하면 세상을 다스릴 수 있다는 것이다.[758] 맹자도 공자와 마찬가지로 어린이를 사랑으로 대하는 것이 통치의 근본임을 밝힌 것이다. 『맹자』에서 '측은지심은 인의 단서(惻隱之心 仁之端也)'라 했고, '측은지심이 없으면 사람이 아니(無惻隱之心 非人也)'라고 했다.[759] 자기와 아무런 관계도 없는 어린아이가 우물에 들어가면 죽을 것을 끔찍하게 여겨 아이를 살리기 위해 사람들은 곧장 우물로 달려간다. 그것이 측은지심이고 인(仁)의 단서이며, 사람의 본성이다. 하물며 가장 힘없는 아이들을 보호하고 사랑하는 것은 물을 필요가 없는 것이다.

그러나 조선사회의 아동관은 "오늘날 서양의 부모 자녀 관계처럼 우인관계(友人關係)를 유지한 것이 아니라 엄격한 상하질서를 요구"하였고, "그 결과 부모의 자녀에 대한 관계인 자정(慈情)은 은장(隱藏)되었고, 반대로 자녀의 부모에 대한 관계인 효성은 강조되었다"는 비판적 문제제기가 있다.[760] 조선사회는 엄격한 상하질서만 요구하고, 자식을 사랑하는 마음은 없고 효도만 강조한다는 것이다. 공맹철학에 의하면 이는 유교적 전통이 아니며, '성리학적 왜곡'이라 할 수 있다. 이와 함께 학자들이 성리학적 질서의 시선으로 조선사회를 바라보는 편향의 결과이기도 한 것으로 여겨진다. 어느 부모가 자식을 사랑하지 않고 효도만을 요구했겠는가! 사람은 자식으로 태어나서 부모로 성장한다. 일방적 질서만을 요구할 수 없다. 공자는 아버지의 자애를 강조했다. 아버지는 자식을 사랑해야 한다는 것이다. 어머니를 이야기하지 않은 것은 어머니는 당연히 자식을 무한히 사랑하기 때문이다. 따라서 공자는 부모의 자식에 대한 자애를 이야기하고 있는 것이다.

> 오랜 세월 공자말씀 행세를 해온 엄부자모(嚴父慈母) 개념은 공자의 인(仁)철학의 대표적인 '성리학적 변조'에 속하는 것이다. 엄부자모는 공맹경전에 털끝만큼도 근거가 없다. 전체 공자경전 중『효경(孝經)』에서 딱 두 번 등장하는 엄부(嚴父)는 '아버지를 존엄하게 모신다'는 뜻으로서 '엄(嚴)'자가 동사로 쓰였고,『예기』에 나오는 '자모(慈母)'는 자기를 양육해 준 아비의 첩을 가리킬 뿐이기 때문이다.[761]

공맹은 어머니의 사랑은 언급도 하지 않았다. 어머니는 이미 자식을 임신했을 때부터 그야말로 무한정의 사랑을 베풀기 때문이다. 그래서 오히려 아버지의 사랑을 강조한 것이다. 따라서 자모자부(慈母慈父)만이 공맹철학을 반영한 것이다. 공맹철학이 실천되는 세상에서 아이들은 사랑받는 존재이며 행복을 누리는 존재일 것이다. 또한 조선사회의 성리학적 질서 때문에 아이들이 위계적 질서에 갇히고 강요된 효도를 했다는 것도 사실로 보기 힘들다. 이는 조선 후기 풍속화를 통해 일상생활에서의 아동에 대한 인식을 연구한 논문의 내용을 통해서도 엿볼 수 있다.

> 아동은 가족을 구성하는 중요한 존재로 인식되었다. …한 가족이라는 단위가 부모와 아동을 포함하는 개념임을 나타내었다. 그리고 아동은 한 가족의 사랑, 보호의 대상이었다. 이는 젖먹이는 어머니와 아동의 그림에

서 젖 먹는 아동을 내려나보는 어머니의 자상하고 행복한 표정, 손자를 업고 평양감사의 뱃놀이를 구경하고 있는 할아버지의 모습, 손자의 돌상에서 즐거워하는 할아버지의 모습 등에서 쉽게 찾아볼 수 있다.[762]

## 2) 조선시대 어린이의 일상

조선시대에 어린이 또는 아동(兒童)을 가리키는 말은 주로 '동몽(童蒙)'이 사용되었다. 아동의 기준은 영아와 구분되는 4, 5세부터 14, 15세까지의 아이들을 의미했다. 이문건(黙齋 李文楗, 1494~1567)의 『양아록(養兒錄)』에서 아동기를 16세(歲)까지로 보았다는 점에서 유추할 수 있다. 양반인 이문건은 손자인 숙길이 6세가 되자 글공부를 시켰다고 했으니, 이미 16세기 이전부터 6세가 되면 집안 차원에서 교육이 시작되었다.[763] 그리고 양반과 서인의 자제는 8세가 되면 성균관에 진학하기 위한 예비학교 성격의 국가 교육기관인 사학(四學)에 입학할 수 있었다. 이 사학은 서울에 있는 관계로 재사(기숙사) 제도를 마련하여 학비 및 운영비용 일체를 국가에서 부담했다.[764]

조선 초기 양반가의 어린이 양육과 교육에 대한 기록은 이문건의 『묵재일기』와 『양아록』에서 볼 수 있다. 당시 양반가는 아이의 젖을 먹이는 노비의 성품까지도 고려했다. 성품이 좋은 노비의 젖을 먹여야 아이의 성품이 좋아질 것이라 생각했던 것이다. "여종 눌질개가 양육하겠다고 지원하여 꺼리지 않으니 기쁘다. 여종 춘비는 비록 아이가 있어 젖을 먹이고 있으나 젖의 양이 많지도 않고 또 그 성격이 매우 험해서 젖을 먹이라고 하지 않았다"는 것을 통해 젖을 물리는 것도 여종의 성품을 따졌음을 확인할 수 있다.[765] 이문건은 손자 돌보는 것을 여종 돌금에게 맡겼는데, 그 이유는 여종 돌금의 성품이 좋았기 때문이라고 하였다.[766] 이런 정황을 보면, 양반이나 사대부 집안은 유아를 키울 때 상당한 정성을 기울였다는 것을 알 수 있고, 가족의 가장 큰 어른인 할아버지가 이 문제에 신경을 쓸 정도로 중요한 것이었다.

아이가 태어나면 축문을 읽었는데, "젖 잘 먹고 젖 흥하게 점지해서 잘 먹고, 잘 놀고, 잘 자고, 긴 명을 서리 담고, 짧은 명은 이어대서 수명 장수하게 점지하고, 장마 때 물 붓듯이 초생달에 달 붙듯이 아무 탈 없이 무럭무럭 자라게 해주십시오"라는 내용으로 아이의 건강과 장수를 기원하였다.[767] 주로 양반가의 경우이지만 조선사회는 태어난 아이의 생명에 대한 지극한 존중과, 태어난 생명을 건강하게 키워야 한다는 아동관을 가지고 있었다. 양반가의 이러한 흐름은 사회적 문화로서 신분제의 하층으로도 확산되었을 것이다.

이문건의 『양아록』을 보면, 할아버지의 손자 사랑이 곳곳에 배어 있고, 양반 가문에서 아이를 대하는 당대의 모습이 고스란히 드러난다. 할아버지는 손자가 "항상 또 다른 병에 걸릴까 걱정되어, 음식물을 잘 골라 먹이고자" 하여 "쇠고기와 생과일이 어린아이에게 병을 잘 걸리게 한다"고 걱정한다.[768] 할아버지는 손자를 "안아 눕히고 그와 더불어 잠자며, 밤을 함께 지내고 항상 따로 놔두지" 않았다.[769] 어린아이들은 정말 애지중지 길렀던 것으로 보인다. 손자가 14세가 되어 술을 자주 마시고 취하는 것을 꾸지람하면서 회상하는 대목에서 알 수 있다. "어릴 적에는 한결같이 어여뻐 여기고 안타깝게 생각하여, 손가락 한 번도 대지 못했는데, 지금 가르침에 당하여서는 어찌 한결같이 조급하게 화를 내며, 이처럼 자애롭지 못하게 되는데 이르렀던 말인가? 이 할애비의 난폭함을 진실로 경계한다."[770] 손자가 아주 어렸을 적에는 자애(慈愛)로 양육했던 자신의 모습을 회상하면서, 손자의 훈육에서 난폭함이 나타나는 것을 스스로 자책하고 있다.

사주당(師朱堂) 이씨(1739~1821)가 밝힌 아버지의 역할에서도 아이의 생명을 존중하는 마음이 드러난다.[771] "날마다 공경으로써 서로 대접해야 하고, 혹 깔보는 일이 없어야 하고, 둘이 있을 적이라도 하지 않아야 할 말은 하지 않아야 하고, 안방이 아니면 동침하지 말아야 하고, 몸에 병이 있거나 상중이면 동침하지 말아야 하고, 음양이 고르지 않거나 날씨가 예사롭지 않으면 동침하지 말아서 헛된 욕심이나 사악한 기운이 끼어들게 하지 말아야 하는 것이 자식을 낳을 아비의 도리이다." 자식을 낳을 아비는 부부 간에 서로를 공경으로 대해야 하며, 모든 몸가짐을 조심해야 한다고 밝히고 있다. 그렇지 않으면 '헛된 욕심'과 '사악한 기운'이 끼어든다는 것이다. 그만큼 자식의 생명에 대한 존중과 자식을 낳을 부모의 자세와 태도를 강조하였다.

이덕무(李德懋, 1741~1793)는 『청장관전서(靑莊館全書)』의 「영처고자서(嬰處稿自序)」에서 "어린아이가 장난치며 즐기는 것은 '천진(天眞)' 그대로이며, 처녀가 부끄러워 감추는 것은 '순수한 진정(眞正)' 그대로인데, 이것이 어찌 억지로 힘쓴다고 되는 것이겠는가?"[772]라고 했다. 이덕무의 시 세계는 어린아이의 천진한 모습과 처녀의 순수한 진정을 그 기본으로 삼고 있었다는 것을 알 수 있다. 그래서 1760(영조 36)년 최초로 자신의 시문(詩文)을 모아 엮어서 낸 시집에 '어린이와 처녀를 지향하는 시집'이라는 뜻의 '영처고'라는 제목을 붙였다고 한다. 이덕무는 동심(童心)을 지키는 것을 시인의 본분으로 삼았다.[773] 또한 이덕무는 『사소절』 서문에서 "아버님께서 나를 가르치셨는데, 매를 때리거나 꾸짖지 않으셨다"고 회상했다.[774] 그만큼 조선사회는 아이들을 자애로서 대했다는 것을 알 수 있다. 어린이와 같은 마음이 시의 기본이라고 생각한 것이다.

이덕무는 서자 출신이어서 중앙 정계에 등용되지 못한 인물이었다. 18세기의 서얼 출신 문인과 예술가들의 시를 대하는 태도를 통해 어린이에 대한 어른들의 세계관도 읽을 수 있다. 그들에게 어린이는 가장 선한 본성의 대상이었던 것이다. 이덕무는 '봄날에 아이들의 희롱을 씀(春日題兒戲)'이라는 시에서 봄날 아이들의 나비를 쫓는 모습을 아름답게 그리고 있다. "김씨 동산 흰 토담에 복사나무 살구나무 나란히 줄 이뤘는데, 버들피리 불며 북장구 쳐대며 어깨동무 아이들 나비 잡느라 바쁘구나."[775] 이덕무에게 아이들이 뛰노는 세상이 바로 이상사회였던 것이다. 묵재 이문건도 "동심은 때 묻지 않았으니, 그 천성을 어찌 바꿀 수 있으리?"라며, 아이들의 천성은 때 묻지 않은 선한 것으로 생각했다.[776]

조선시대 회화를 통해서도 아동의 일상에 간접적으로 접근할 수 있다. 조선의 어머니들은 장소나 시간을 가리지 않고 자녀를 옆에 데리고 지속적으로 양육에 힘썼다. 잔치 구경하는 어머니 등에 업혀 있거나, 일하는 어머니 등에 업혀 있거나, 일터에서 귀가하는 어머니 등에 업혀있거나, 농사철 새참 내가는 어머니를 따라가거나, 물을 긷거나 짐을 머리에 이고 가는 어머니의 손을 잡고 따라가거나, 행상하는 어머니 등에 업혀 있거나, 주막 일을 보는 어머니 뒤에 앉아 있거나, 다양한 회화들 속에서 어머니가 모든 일상생활에서 자식과 항상 함께 하고 있음을 알 수 있다.[777] 어머니뿐만 아니라, 가족공동체는 어린 자식들의 양육에 모두 참여했다. 할아버지, 할머니, 아버지, 형제자매들까지 가능한 상황에서 어린아이를 잘 돌보기 위해 협력했다.

아이들도 가족의 일원으로서 다양한 가사 일에 참여한 것으로 보인다. 남자 아이들은 집안 청소, 어른들의 잔심부름, 노인 시중들기 등을, 여자 아이들은 가내 가사 일이나 잔치를 돕거나, 바느질, 참 나르기, 음식 나르기 등을 했다. 상민자녀들 중 남자 아이들은 일찍 생업에 종사할 준비를 했는데 농사일, 고기잡이 등의 일상적 생업을 도왔고, 연령이 높은 남자 아이는 독자적인 생업에 참여하기도 한 것으로 보인다.[778]

18세기 말로 추정되는 김홍도의 '자리 짜기'라는 풍속화를 보면, 어머니는 고치에서 실을 잣고 아버지는 자리를 짜는 夫, 그 바로 뒤에서 어린 자식이 글을 읽고 있다. 작자미상의 경직도(耕織圖) 중 '보리타작과 모내기'(19세기로 추정)도 어른들은 보리타작과 모내기를 하는데 아동들은 훈장과 함께 공부를 하는 모습이 나온다.[779] 부모는 생계를 위한 노동을 하고 아동은 공부를 하는 회화를 보면, 18~19세기에 아동교육이 이미 광범위하게 실시되었음을 확인할 수 있다. 이런 회화들은 백성들의 일상적 삶의 모습을 반영한 것이다. 그만큼 아동교육은 당시의 일상적 모습이었음을 알 수 있다. 또 당시의 풍속화를 통해 "남아는 아버지, 여아는 어머니와 긴밀한 관계를 유지하였으며, 공부와 놀이가 아동의 생활에서 중요한 부분을 차지"했다는 것을 알 수 있다.[780]

## 3) 조선 후기 정부의 어린이정책

국가 차원에서는 가족과 사회가 해결할 수 없는 유기아(遺棄兒)·행걸아(行乞兒) 문제를 해결하는 제도를 수립했다. 정조 7(1783)년에 반포된 『자휼전칙(字恤典則)』은 조선시대 흉년을 당해 걸식하거나 버려진 아이들의 구호방법을 규정한 법령집이다. 조선 정부는 초기부터 아동복지를 위한 법률을 마련하고, 기관을 운영했다. 유기아를 양자·노비·고공으로 수양하는 유기아 수양법은 조선전기에 이미 대체적인 규정이 마련되었으나 법체계를 본격적으로 갖춘 것은 숙종 21(1695)년 「을해유기아수양법(乙亥遺棄兒收養法)」이었으며, 이후 영조 8(1732)년 「임자진휼사목(壬子賑恤事目)」, 정조 7(1783)년 『자휼전칙』 등을 제정하여 유기아·행걸아에 대한 관리, 수양 규정이 정비되었다.[781] 『자휼전칙』에 의하면 3세까지의 젖먹이를 유기아로, 4세부터 10세까지의 어린아이를 행걸아로 구분하고 있다. 이 구분은 정부에서 유기아 · 행걸아에게 합량할 때에 차별을 두기 위한 것으로, 일반적으로는 각처를 떠돌며 구걸하는 아이들은 10세를 넘더라도 행걸아로 불리기도 하였으며, 4, 5세 된 아이를 유기아라 부르기도 하였다.[782] 정조는 이 법의 제정 이유를 다음과 같이 밝혔다.

흉년이 들어 굶주리는 해에 우리 민생들 중에 부황이 들어 전련(顚連)하게 되는 사람들이 어느 누가 왕정(王政)이 구제해 주어야 할 사람이 아니겠는가마는, 그중에도 가장 말을 할 데가 없고 가장 가긍(可矜)한 사람은 어린아이들(童稚)이다. 저 장정(壯丁)인 사람들은 남의 용보(傭保)가 되어 물 길어 주고 나무라도 해 주며 그래도 살아가게 될 수가 있지마는, 어린아이들은 이와 달라 몸을 가리기와 입에 풀칠을 제 힘으로 할 수 없으므로 훌쩍거리며 살려 주기를 바라며 의지할 데가 없게 된다. 길 가에 유기(遺棄)해 놓은 유(類)에 있어서는 그동안에 무슨 사고가 있어선지 알 수 없지마는 요컨대 부모가 없어서 그 지경이 되었을 것이고, 설사 부모가 있다손 치더라도 몸에 기한(飢寒)이 절박해지자 둘 다 보존하게 되지 못할 것을 헤아리고서 인정도 없고 사정도 없이 길거리에 내다 놓으며 누군가가 애처롭게 여겨 구출해 주기 바랐을 것이다. 혹시라도 인인(仁人)이 있다가 그 즉시에 거두어다 기르게 된다면 진실로 천행이겠지마는, 그렇게 되지 않아 어느덧 시일이 지나 버리면 그만 아무 죄도 없이 죽어가게 될 것이다.[783]

정조는 흉년이 들어 몹시 가난하여 어찌할 수 없는 사람 중에서 가장 불쌍하고 가여운 것이 어린아이이기 때문에, 그중에서도 유기된 아이들을 어진 사람들이 수양하면 천행이겠지만 그렇지 않으면 죽게 될 것을 염려하면서 『자휼전칙』을 제정했다. 그만큼 어린아이들을 구휼하는 문제에 많은 관심과 애정을 기울였음을 알 수 있나. 『예기』에 의하면, "어려서 아비가 없는 자는 '고'이고, 늙어서 자식이 없는 자는 '독'이고, 늙어서 처가 없는 자는 '환'이고, 늙어서 지아비가 없는 자는 '과'다. 이 넷은 백성 중에서 궁하고 의지할 데 없는 자들이라서, 다 경상(經常)의 생계를 보장 받는다"[784]고 했다. 동아시아는 전통적으로 어려서 부모가 없는 고아들의 생계를 가장 먼저 보장하도록 했다. 이것이 왕이 해야 하는 가장 중요한 일 중 하나였다.

정조는 어느 누구보다도 공자철학을 잘 알고 있는 왕이었기 때문에, 유기된 어린아이들을 위한 정책에 최선을 다했다. 그 사례로 정조는 강화부 유수(江華府留守) 정지검(鄭志儉)에게 『자휼전칙』을 주면서 어린아이가 유기되는 상황이 발생하면, 형식에 구애받지 말고 그 아이들이 어떻게 수양(收養)되었는지를 서면으로 즉각 보고해서 왕에게 전달되도록 할 만큼 각별한 관심을 기울였다.[785] 『자휼전칙』이 제정된 이후, 암행어사 서영보(徐榮輔)가 올린 보고에 따르면, "작년 이래 유랑민이 버린 어린아이들이 대부분 읍 소재지의 주막에 얹혀 있었는데, 큰 마을과 부유한 집들로서 의식이 약간 넉넉한 사람들이 선뜻 거두어 기르기 때문에 들판에 버려지는 신세를 면"게 되었으며, 그 이유는 정조가 "나의 아이를 생각하여 남의 아이에게까지 미치게 한 성대한 은덕", 즉 『자휼전칙』에 있다고 하였다.[786]

정약용은 "우리나라 조정에서도, 버려진 아이를 거두어 길러 그 아이를 자식이나 종으로 삼는 것을 허용함을 법으로 정하였는바, 그 법조문은 상세하고도 치밀하다"고 하였을 만큼, 『자휼전칙』은 구체적인 절차와 대책을 잘 담고 있었다. 또한 『목민심서』에서 어린이를 사랑하는 '자유(慈幼)'는 선왕들의 큰 정치라고 규정한다. 이 큰 정치의 틀 속에서 "백성이 곤궁하여 자식을 낳고서도 건사할 능력이 없으면, 그 아이들을 가르치고 양육하되, 내 아들 딸처럼 보살"펴야 하며, "흉년이 드는 해에는 아이 버리기를 물건 버리듯 하니, 수령은 이를 거두어 길러 백성의 부모가 되어야 한다." 기근이 발생하지 않았는데도 유기아가 발생하면 "고을의 백성들을 모아 그 아이를 거두어 기르도록 하되, 관에서 그 양식을 보조해 주도록 하라"고 밝히고 있다.[787] 고을의 수령은 왕의 자유(慈幼) 정책에 근거해서 아이들이 버려지면 부모와 같이 양육하고 가르쳐야 한다는 것이다.

조선사회는 국가와 민간이 분담하는 구휼정책을 추진했다. "민간에서 유기아 · 행걸아를 노비 · 고공 · 양자로 수양하는 것을 법제적으로 뒷받침하는 유기아수양법(遺棄兒收養法)과, 유기아 · 행걸아에 대한 정부의 직접적인 조치로서 이들에게 급량(給糧)을 시행"했던 것이다.[788] 국가의 구휼은 유기아는 풍흉(豐凶)을 가리지 않고 급량을 실시했고, 행걸아는 흉년에 보리 수확기까지 급량했다. 유기아 · 행걸아에 대한 구체적인 세부지침까지 만들어서 구휼을 진행하도록 한 것이다. 이러한 지침뿐만 아니라 급량의 절차와 사후 감독, 의료 대책, 그리고 이런 실무적 일을 지방 차원에서 진행할 절차와 재정 등도 상세히 규정을 해두었다. 1809년과 1810년에 전라도 지역에 흉년이 발생했는데, 기민(飢民)과 행걸아 발생 인구수를 매달 3회 씩 통계를 확인해서 기록해 둔 것으로도 알 수 있다(표 5-1) 참조).

[표 5-1] 1810년 호남 설진시(設賑時)의 기민(飢民) · 행걸아의 구수(口數) 변동 추이(단위/口)

| 시기 | 飢民 | 行乞兒 | 시기 | 飢民 | 行乞兒 |
|---|---|---|---|---|---|
| 1월 13일 | 206,894 | 119 | 3월 13일 | 412,517 | 149 |
| 1월 23일 | 340,732 | 141 | 3월 23일 | 397,018 | 147 |
| 2월 3일 | 423,966 | 137 | 4월 3일 | 376,118 | 144 |
| 2월 13일 | 423,552 | 144 | 4월 13일 | 350,448 | 148 |
| 2월 23일 | 422,482 | 145 | 4월 23일 | 315,728 | 141 |
| 3월 3일 | 420,433 | 145 | 5월 4일 | 252,984 | 141 |
| | | | 계 | 4,342,872 | 1,701 |

출처 : 『湖南賑飢錄』(『各司謄錄』19, 全羅道編). 변주승, 「조선 후기 유기아 · 행걸아 대책과 그 효과」, 377쪽에서 재인용.

정조 낭시 규정은 일정한 부침은 있었지만 계속 유지되었으며, 구휼정책은 왕이 직접 지속적으로 점검하였다. 순조 32(1832)년 충청도의 『초기절목(抄飢節目)』에 의하면, 유기아·행걸아 대책은 『자휼전칙』의 규정에 따라 유기아는 풍흉(豊凶)을 불문하고 유양(留養)하며 행걸아는 설진읍(設賑邑)에 한해서 유양토록 하고 있다.

남녀의 성별, 성명과 나이, 거주지, 유양을 개시한 날짜, 양미(糧米)·의(醬)·곽(藿)의 수효, 양식을 제공한 고직(庫直, 창고를 보살피고 지키던 사람)의 성명을 일일이 성책(成冊, 책으로 만듦)하여 매월 초 1월에 보고토록 하였다. 또 옷이 없는 자에게는 먼저 옷을 만들어 지급하고 그 비용은 상진곡(常賑穀)에서 회감(會減)토록 하였다. 한편 부모와 친척, 그리고 주인집의 유무(有無)를 상세히 조사하여 성책에 기재하고 혹시 이들을 자녀나 노비로 삼기를 원하는 자에게는 허락하여 착실히 솔양(率養)토록 하되, 솔양인(率養人)의 성명과 거주지도 함께 기재토록 하였다. 또한 유기아·행걸아를 막론하고 솔양할 사람이 없으면 그 없는 형지(形止)도 매월 보고토록 하였다.[789]

구휼과 급량의 세부적인 상황을 기록하고 책으로 만들어서 매월 보고하도록 했고, 구체적인 구휼의 절차와 후속조치 등도 기록하여 처음부터 끝까지 진행된 사항을 확인할 수 있도록 했다. 이러한 구체적인 지침에도 불구하고 구휼정책도 여러 가지 문제에 봉착했던 것으로 보인다. 『자휼전칙』이 반포된 바로 다음 해에 유기아를 수양한 사례가 없다면서 진청당상(賑廳堂上)과 제도감사(諸道監司)를 처벌했다.[790] 1834년 순조는 유사(有司)들이 책임을 모면하고자 유기아만 한두 명 씩 수양할 뿐이며 경외(京外)를 물론하고 행걸아를 수양했다는 보고는 듣지도 못했다고 질책했다.[791] 법률과 규정에 따른 어린아이 구휼정책이 현실에서 제대로 작동하지 않았던 사례도 많았던 것으로 보인다. 정조 이후부터 시작된 19세기 조선의 세도정치에 의해 정부가 역할을 제대로 하지 못한 정치적 환경도 상당한 이유였을 것이다.

「유기아수양법」를 제정하고 정비한 이유가 유기아·행걸아의 구휼이지만, 실제로는 도망 노비의 증가로 인해 양반 사회의 기반이 흔들리는 것을 배려한 정책이라는 논지도 있다. 즉 새로운 노비를 충원하기 위한 것이라는 지적이다.[792] 이 법에서 대부분 13세를 기준으로 그 미만은 노비로 그 이상은 고공으로 수양하도록 규정하였다는 점 등이 근거가 되었을 가능성이 있다.[793] 또한 "정부기관에 의해 구활을 받은 민중들을 노비로 편입시켜 왔으며, 부민(富民)들의 사구활동(私救活動)에 의해 구제된 기민(飢民)들의 일부도 사노비(私奴婢)로 전락"하였고, "진휼청(賑恤廳)은 '구휼아위노(救恤兒爲奴)'의 법으로 조선 후기의 노비 재창출의 소임을 담당하는 중추기관이 되고 있었다"라고 주장한다. "즉 노비도망의 대세로 인하여 조선 양반사회의 기반이 흔들리는 것을 지탱하기 위한 기관"이 되었다는 것이다.[794]

그러나 『자휼전칙』을 제정·반포한 정조는 노비추쇄법을 폐지했으며, 정조의 유지를 이어받아 순조는 즉위 첫 해인 1801년 내노비(內奴婢)·시노비(寺奴婢)를 혁파했다.[795] 순조는 공노비의 혁파가 정조의 뜻임을 밝혔다. 따라서 유기아수양법이 노비 충원을 고려한 정책은 아니었을 것이다. 당시 농업경제의 변화에 따라 고공의 수가 증가했다는 점에서 13세 이전의 노동력이 없는 아이들은 입양 또는 노비 등을 통해 생존할 수 있도록 하는 방식을 택했을 것이며, 13세 이상의 아이들은 농촌의 고공 인력으로 흡수된 것으로 보인다.

급량을 받았던 유기아·행걸아들의 대부분은 사망한 것으로 보인다. 『평안감영계록(平安監營啓錄)』의 기록에 의하면, 유기아의 급량을 정지한 사유 중에 85%가 병으로 사망했다고 하였고, 8세가 되어 급량이 정지된 사례는 4.3%였으며, 솔거양육(率去養育)된 사례는 10.6%였기 때문이다.[796] 즉 대부분의 유기아는 병으로 사망했거나 허위보고에 의해 사망 처리되었다는 것이며, 실제로는 10% 내외의 유기아들만이 양자든 노비든 양육이 되었다. 평안도라는 한정된 지역의 통계이지만 '유기아수양법'이 노비 충원을 위한 것이었다면, 위와 같이 사망률이 높지 않았을 것이다. 농촌은 노비노동에서 고공노동으로 전환되고 있었고, 신분상승의 일반화로 인해 하층 노비의 비율이 전반적으로 하락하는 추세였다. 양반들이 노비의 충원을 원했다면, 유기아들의 높은 사망률을 이대로 방치하지 않았을 것이다.

또한 17세기 후반부터 시작되어 18~19세기에 일반화되었던 입양의 흐름을 볼 때도 어린아이 진휼정책이 노비충원이라는 주장에 동의할 수 없다. 예를 들면, 신등면 안동 권씨는 17세기 후반에서 18세기 전반 사이에 입양을 적극적으로 수용하여 26세손의 8.8%가 양자였고, 18세기 후반에서 19세기 전반의 인물들은 15.4%가 양자였다. 입양의 확대로 가계 단절 비율은 1% 이하로 떨어졌다고 한다.[797] 이는 부계 중심 가족 질서 유지를 위한 가계 계승 차원의 계후 입양이었다. 18세기에 양반들이 거주하던 곳은 입양이 일반적이었다. 여기서 입양이 좀 더 보편화되면서, 사회경제적으로 점차 나아지고 있던 중서층이 자신의 가계를 계속 유지하기 위한 방편으로 입양을 시작했다. 입양의 확산이 부계 중심 가계 질서 유지, 즉 남성권력의 위계적 구조화라는 문제점에도 불구하고, 조선 후기에 확대된 양반의 부계 중심 가계 질서는 사회 일반으로 확산되었던 것으로 보인다. 이는 조선사회의 양반 구조가 흔들리고 신분 상승을 통한 신분제의 근간이 흔들렸던 상황과 연동된 것이었다.[798]

단, 입양은 주로 가계의 문중을 중심으로 이루어졌다는 점에서 유기아들이 주된 입양의 대상은 아니었을 것이다. 유기아들은 대개 사망하거나 일부의 아이들만 입양·노비·고공이 되었을 것이다. 다만 입양이 전 사회적으로 확산되었다는 점에서 유기아 대책이 노비 충원 정책이 아니었음을 간접적으로 확인시켜 준다는 것이다. 안동 권씨 족보에서 권시준(權時準) 계파의 경우, 16~19세기에 출생한 남성이 약 2,700명이었는데 이 가운데 계자로 기재된 자는 370여 명이었다. 시계열적으로 계자가 기재되기 시작하는 17세기 후반에 13%에서, 18세기 후반에 17%로 상승했다가 19세기에 14%로 줄어들었다. 대략 10명 중 1~2명은 계자였던 것이다.[799]

## 2. 조선사회의 어린이교육

### 1) 조선 후기 정부의 교육체계 정비

임진왜란이 끝난 후, 어린이교육 문제가 중요 사안으로 등장했다. 선조 33(1600)년 정언(正言) 이정험(李廷馦)은 어린이교육의 복원이 시급함을 간언했다. "난리 이후로 문교(文敎)가 폐기되어 서울이나 시골에 영특하고 총명한 아동이 있어도 그대로 자라면 장차 버린 사람이 될 터이니, 이 얼마나 애석한 일입니까. 동몽(童蒙)을 가르치는 일을 하찮게 보아 소홀히 다루면 안 됩니다. 대개 세상을 경륜함에 있어서는 인재를 양성하는 것보다 더 중요한 일이 없고 인재를 기르는 데는 어린이를 가르치는 일이 중요하니, 해조(該曹)로 하여금 동몽 교수(童蒙敎授)와 동몽 훈도(童蒙訓導)를 구규(舊規)에 의거해 차출하게 하여 인재를 양성하는 방법을 세우소서."[800] 즉 붕괴된 어린이교육 체계를 복원하는 것이 조선의 인재 양성을 위해 절실하다는 것이다.

선생으로 파괴된 교육체제를 정비하는 것은 시급한 국가시책이있다. 그러나 1년 이후 사간원에서 다시금 어린이교육 체계의 문제점을 지적한 것으로 보아, 교육문제가 여전히 개선되지 못했던 것으로 보인다.

> 어린이를 가르치는 것은, 비단 글귀를 익히고 글 뜻을 통달하도록 하려는 것만이 아니라, 장차 청소하고 어른에게 응대하는 예절과 나라에 충성하고 부모에 효도하는 법도를 가르쳐 타고난 천부의 양심이 자연히 싹터서 그침이 없도록 하기 위한 것이니, 그들을 가르치는 직임이 어찌 중대하지 않겠습니까. 난리 이후 전쟁의 분망함으로 인하여 전혀 어린이들을 교양함이 없어 매우 한심하였습니다.[801]

인조 대에 들어서서 예조는 교육을 관리하기 위한 구상을 제시했다. 황해도 관찰사 권첩(權怗)이 학행(學行)이 있는 유생들을 교관(敎官)이라는 명칭으로 각 고을에 배치하여 여러 유생들을 장려 · 교회할 것을 청했는데, 이에 예조에서는 다음과 같이 답했다.

> 일찍이 본조가 정엽(鄭曄)의 상소에 따라 청하기를, '생원 진사 및 경서에 밝으면서 여러 차례 과거를 치른 사람을 훈도(訓導)로 삼고, 또 사유(師儒)의 자격이 있는 사람으로서 문관(文官)이나 음관(蔭官)을 막론하고 현재 산관(散官)으로 있는 자를 제독관(提督官)으로 삼아야 한다. 제독관은 경상도와 전라도에 각각 4원(員)을 두고 평안도 · 황해도 · 함경도에는 각각 3원을 두며 경기와 강원도에는 각각 2원씩을 두고, 훈도는 5~6개 고을이나 3~4개 고을마다 1원씩 두고서 왕래하며 가르치게 해야 한다. 또 제독관은 1개월에 한 차례씩 소속된 각 향교를 순찰하여 성과가 있는 훈도를 예조

에 보고하여 승진하는 길을 열어 주게 하고, 제독관의 근무 태도 역시 감사에게 등급을 매기도록 하여 권장하고 징계하도록 해야 한다.…'고 하였는데, 훈도와 제독관은 이조와 예조가 함께 의논하여 뽑으라는 뜻으로 이미 계하되었습니다. 지금 이후로는 2품 이상의 관원으로 하여금 각각 사장(師長)에 적합한 사람 5~6인씩을 추천하게 해야 합니다. 그리고 수령으로 하여금 온 고을의 공론을 모아 해당되는 자의 이름을 감사에게 신보하게 하고, 감사는 여러 고을에서 선발된 자를 모아 이조에 이첩하도록 함으로써 착실하게 준행하도록 해야 하겠습니다.[802]

벼슬의 품계만 받고 일정한 직무가 없는 직에 있으면서 교육할 역량이 있는 자들을 제독관으로 임명하도록 했으며, 제독관 밑에 훈도를 두어서 고을을 교차로 왕래하며 가급적 많은 고을에서 교육이 실시될 수 있도록 했다. 제독관 밑에 훈도를 두는 방식으로 전국적 차원에서 국가에 의한 교육이 실시되도록 조치한 것이다. 그러나 인조(仁祖) 대에도 교육은 여전히 문제였던 것으로 보인다. 인조 14(1636)년 예조(禮曹)에서 "근년에 오면서 동몽교관(童蒙教官) 중에 직무를 제대로 살피지 않는 자가 많아, 매번 본조가 고강(考講)할 때 구두를 해석할 수 있는 자를 구하여 강에 응하여 녹을 받게 하고 있으니, 참으로 한심스럽"다고 왕에게 보고하였다. 어린이를 교육하는 교육담당자들의 직무 능력이 수준 이하라서 고강(考講) 시, 이 문구의 해석이 가능한 사람을 구하여 임시로 임금을 주고 있는 현실이 한심스럽다는 것이다. 이런 상황을 타개하기 위해 예조에서는 국가 차원의 교육체계의 방향을 제시하자, 인조는 이 정책을 받아들였다.

지금 이후부터는 교관에게 명하여 소속된 동몽들에 대해 각각 성명과 나이를 써서 나열하여 거안(舉案)을 만들게 한 다음, 한 달에 두 차례씩 고 강하되, 혹 예절을 논란하게도 하고 재예를 시험하게도 하소서. 그리고 교 관의 근만(勤慢)을 등급을 매겨 성과를 이룬 자가 있으면 계품하여 승진시 켜서 격려하고 권면하는 바탕으로 삼으소서. 외방에 대해서는 목이나 부 등 큰 고을에는 교양관을 가려 보내어 그에게 늠료(廩料)를 주어서 체모를 무겁게 해 속읍을 순회하며 유생을 가르치게 하되, 1년마다 서로 체임하게 하고, 감사는 그의 근만을 고찰하여 전최(殿最)를 엄격하게 하도록 하소서. 그리고 작은 고을은 본 고을 수령이 감사와 상의하여 각각 그 고을 사람 중 에 재행(材行)이 있는 자를 가려 뽑아 학장(學長)으로 삼은 다음, 학업을 권 장하고 겸하여 예절을 강론케 하며, 또 재예를 시험하되 일체 규례에 의하 게 하고 교양관이 순회할 때 그 배운 것을 시험하게 하소서. 그리고 그 직 임을 잘 거행한 교양관 및 학장은 본도 감사로 하여금 사실대로 계문하게 하여 교양관은 실직에 올려 서용하고, 학장도 상당한 직을 제수하여 조정 에서 권장하는 뜻을 알게 하소서. 그러면 인재가 성취될 희망이 있을 것입 니다.[803]

중앙과 지방 차원의 교육 체계를 새롭게 개편해서 인재 양성을 실질적으 로 추진하자는 것이다. 중앙교육을 담당하는 교관은 근무의 성과를 정확하 게 판정하여 인사에 적용할 것을 제안했다. 지방의 경우, 능력 있는 교양관 에게는 지방관에게 주는 봉급(늠료)을 높여서 사기를 진작하고, 전최[지방관 원(京外官員)의 근무 상태를 다각도로 조사해 성적을 매기는 고과(考課)]를 엄격하게 시행하는 이중적 정책을 제안했다. 이 교양관들은 1년 단위로 보직을 변경 하자는 제안에 대해 인조는 교양관의 성과를 확실히 하도록 2년으로 연장 했다. 동시에 작은 고을의 경우도 성과가 있을 경우, 교양관은 관직의 벼슬에 올려 서용하고 학장에게도 상당한 직을 부여할 것을 제안했다. 이런 조치들은 조정에서 교육문제에 각별히 관심이 있다는 것을 널리 알리려는 것이며, 이런 정책을 통해 좋은 인재를 양성하려는 것이었다. 또한 임진왜란 이후 오랫동안 해결하지 못했던 어린이 교육체계를 복원하려는 것이었다.

교육문제는 동서고금을 막론하고 난제였던 것으로 보인다. 효종 4년 (1653), 영중추부사 이경여(李敬輿)는 동몽 교양의 문제점을 지적하며, 능력 있는 선비를 통한 제대로 된 교육의 필요성을 다음과 같이 상소했다. "학교의 정사(政事)는 소략하기가 또한 심하므로 동몽(童蒙)의 교양이 바르지 않아서 경박하고 사치한 것이 드디어 조장되고 세도(世道)가 점점 투박해져서 지도하는 방도를 잃었으니, 맑은 명망과 도타운 학문이 있는 선비를 얻어 성균(成均)의 직임을 맡겨 부박한 버릇을 통렬히 억제하고 오로지 실행을 숭상하게 하면 성취하는 보람이 반드시 적지 않을 것입니다."[804]

중앙 정부 차원에서 지방의 향촌에 각기 서당을 세우고 훈장을 두어 가르치라는 지침이 있었으나, 효과가 크지 않았고 오히려 그 지침이 허물어진 현실이 한스럽다고 하였다. 중앙과 지방 교육이 정부가 의도한 대로 진척되지 않았음을 알 수 있다. 따라서 성균관 좨주(祭酒) 송준길(宋浚吉)은 교육정책의 변경을 예조에 상소했다. 그 내용은 첫째, 각 단위 학교의 학칙인 학령(學令)에 규정하여 매년 말마다 관학 유생들 중에서 재주와 품행이 우수한 사람을 뽑아 보고하여 등용하도록 했고, 둘째, 동몽교관(童蒙敎官)은 충원하고 쓸모없는 분교관은 폐지하여 사대부와 서민의 자제 모두를 교육시킬 수 있도록 한다는 것이며, 셋째, 지방 고을에서 훈장을 공론에 따라 뽑아 차임하고 관에서는 충분히 지원하며 수령은 직접 교육을 참관하여 확인하며, 능력 있는 훈장은 호역(戶役)을 면해주고 동몽교관으로 승급시켜 주며, 뛰어난 학생들에게는 상을 베풀도록 했다.[805]

영소 대에도 교육을 담당하는 농봉교관의 자질문제를 중요하게 다룬다. 영조는 "동몽교관(童夢敎官)으로 말하더라도, 집[家]에는 숙(塾)이 있고 고을[州]에는 서(序)가 있고 나라[國]에는 상(庠)이 있어 사자(士子)들이 어려서부터 학습하였으나, 이제는 교관(敎官)이 문득 겉치레가 되었다. 대저 교관은 곧바로 6품(品)이 되므로 설치한 뜻이 매우 중대한데 가르치는 데에 종사하지 않고 앉아서 6품에 오르는 것은 그들의 도리에서도 부끄러움이 많을 것이니, 예조(禮曹)에 신칙(申飭)하여 가르치는 일의 부지런하고 게으른 것을 보아서 승천(陞遷)의 바탕으로 삼도록 하라."[806] 동몽교관들이 6품이라는 높은 벼슬로 시작함에도 불구하고, 교육에 관심을 갖지 않으니, 철저히 인사평가를 해서 직급 승진의 기준으로 삼도록 지시한 것이다. 또한 영조는 학교 정책의 문제점을 지적하면서 "서울에서는 태학(太學)과 사학(四學)에서 동몽교관(童蒙敎官)이 반드시 소학을 중점으로 삼아 교회(敎誨)하게 하고, 향리에서는 교원(校院)과 수령(守令)이 또한 반드시 소학을 중점으로 삼아 교회하게 하라"고 신신당부했다.[807] 영조는 특별히 8세 안팎의 아동들의 수신서(修身書)인 『소학(小學)』의 교육을 강조했고, 원손(元孫)에게는 『동몽선습(童蒙先習)』을 읽히도록 했으며, 직접 원손에게 이 책을 외우도록 했다.[808] 또한 거의 매년 동몽들과 동몽교관들을 직접 만나서 아동교육을 중요하게 다루었다.

이렇듯 조선사회에서 교육문제를 강조한 것은 임진왜란으로 인해 붕괴된 교육체계를 복원하기 위한 필요였지만, 근본적으로 공맹철학의 핵심 중 하나가 교민(敎民)이기 때문이다. 공자는 국가의 제1책무를 '양민(養民)'·'부민(富民)'으로 규정하고, '교민'을 제2책무로 규정했다. 『논어』에서 제자 염유(冉有)가 "이미 백성들이 많으면 또 무엇을 더하여야 합니까?"라고 묻자, 공자는 "부유하게 하여야 한다"고 했다. 이에 다시 염유가 "이미 부유해지면 또 무엇을 더 하여야 합니까?"라고 묻자, 공자는 "가르쳐야 한다"고 답했다.[809]

공자는 국가의 책무를 백성을 먹여 살리고 또한 부자가 되게 하며, 그다음 제2책무로 백성의 교육을 말한 것이다. 따라서 조선사회에서 교육은 치자의 통치행위 중 두 번째로 시급하고 중요한 임무였다.

임진왜란을 겪은 지 얼마 안 된 조선사회에서 서당은 상당히 빠른 시간 내에 복원된 것으로 보인다. 송시열(尤庵 宋時烈, 1607~1689)이 "수십 집의 촌락에 서당이 없는 곳이 없다"고 했다.[810] 임진왜란이 끝난 지 얼마 안 된 1604년에 정경세(鄭經世, 1563~1633)는 『양정편(養正篇)』을 간행했는데, 이것은 서당 아동들을 대상으로 발간한 가장 종합적이고 체계적인 교재였다. 그만큼 교육에 대한 조선사회의 열의가 높았음을 엿볼 수 있는 것이다.[811]

조선 시기의 관학은 알려진 대로 서울의 4부 혹은 5부 학당 및 성균관과 지방의 향교가 있었으며, 조선 후기에는 향교와 별도로 운영되던 양사재(養士齋)와 감영에서 운영하는 영학(營學)이 있었다. 그에 반하여 사립 교육기관은 정사(精舍), 가숙(家塾), 서재(書齋), 서원, 서당이 있었다. 명종 원년(1546) 6월, 동몽교육에 관한 내용을 담은 『경외학교절목(京外學校節目)』이 제정되었다. 동몽훈도(童蒙訓導)는 사족·서얼을 막론하고 마땅한 사람으로 정하고 사족 및 일반 백성의 자제 중 8, 9세로부터 15, 16세에 이르는 자를 모아 교육토록 했다. 그리고 중종 14(1519)년 『경민편(警民編)』의 보급은 일반 농민을 그 교화 대상으로 했다. 『경민편』의 보급은 소농의 성장에 따른 것이라고 한다면, 조선 후기 동몽교육 대상의 확대는 광범위한 일반 농민의 성장을 배경으로 한 것이었다.[812]

18세기 조선에는 반상차별 없이 입학할 수 있었던 335개소(1918년 통계)의 지방 향교와 서울의 사학(四學), 그리고 대학교육기관인 성균관 등 국립 교육기관들 외에도 양반과 부호양민들이 주도하던 도합 910개소의 사립

서원·사우·서재·정사가 있었다. 그런데 향교·사학·성균관 등 국립학교는 모든 정식 유생들에게 무상교육, 무상숙식, 학비지급, 학전(學田)지급, 면세 및 요역면제의 완벽한 교육복지 혜택을 제공했다. …가난한 유생이나 상민 출신 유생만이 아니라 부호와 고위사대부 출신 유생들도 무상교육·무상숙식·학비제공·노비배정 등의 교육복지 혜택을 다 누렸다는 말이다.[813]

이렇듯 조선은 국가차원에서 교육문제를 중요한 정책으로 다루었다. 교육은 국가가 책임지는 것이며, 따라서 국가 차원에서 재정을 충당했다. 이런 국립교육 체계는 18세기까지 유지되었다. 조선사회 교육문제의 변화는 임진왜란 이후부터 급격하게 진행된 사회경제적 변화로 인한 신분질서의 변동에 기인했다.

## 2) 사회경제적 변화에 의한 교육교재의 다양화

조선 후기 문신 겸 실학자로서 소론계 인물인 유수원(柳壽垣, 1694~1755)은 다음과 같이 교육 상황을 논했다. "부민(富民)·대상(大商)의 의식이 유족해지면, 또한 그 자손의 입신양명을 희망하여 촌 가운데 숙(塾)을 세우고 현명한 스승을 맞이해서 몽매한 사람들을 교육시킬 것은 필연적인 사리라고 하겠다. 그리하여 곳곳에서 이러한 일이 일어나면, 문풍(文風)이 크게 떨치게 되어 국가에서 등용할 인재가 많아질 것이니, 이것이 또 하나의 이익인 것이다."[814] 이는 18세기 조선사회의 사회경제적 변화를 반영하는 것으로, 요호부민(饒戶富民)의 등장과 신분제 질서의 변동을 의미한다. 새롭게 부상한 요호부민과 상업적 이익을 통해 성장한 대상들의 부가 증가하면, 이들이 자신의 부를 바탕으로 좋은 교육시설을 짓고 좋은 교사를 초빙하여 교육을 실시할 것이라는 것이다. 이로써 양반뿐만 아니라 중인 이하의 자식도 교육을 받고 국가의 인재가 될 수 있으므로 국익에 부합된다고 전망하였다.

이러한 사회경제적 변화에 조응하여 상당수의 서당의 훈장은 중인 신분이었으며, 서당의 훈장들은 요호부민과 부유한 상인의 집 자손들을 교육대상으로 생각했다. 이는 조선 사회가 17~18세기에 들어서서 신분제의 변동과 동시에 중인 이하의 자식들에 대한 교육이 확산되었음을 의미한다. 즉 서당은 대부분 중인층 이하의 자제들을 주요 교육대상으로 삼았다는 것이다.[815]

이중환은 『택리지(擇里地)』(1751)에서 "옛날에는 사대부란 것이 따로 없고 모두 민(民)이었다. 민은 네 가지로 분류되었는데 사(士)로서 어질고 덕이 있으면 나라 임금이 벼슬을 시켰고, 벼슬을 못한 자는 농(農)·공(工)·상(商)으로 되었다. …사대부라는 명호로 농·공·상을 업신여기고 농·공·상의 신분으로 사대부를 부러워한다면 이것은 모두 그 근본을 모르는 자이다. 대저 성인의 법이 어찌 사대부만이 가능하리오. …사(士)이거나 농·공·상이거나를 막론하고 사대부의 행실을 한결같이 닦는 것이 마땅하다"라고 했다.[816] 홍대용(洪大容, 1731~1783)은 "재능과 학식만 있으면 비록 농민과 상인의 아들이라도 중앙정부에 앉는 것이 외람된 일이 되지 않으며, 재능과 학식이 없으면 비록 정승 판서의 자식이라도 낮은 위치에 있게 됨을 조금도 원망하지 말아야 한다"고 언급했다.[817]

신분제의 해체 과정에서 서당의 확대를 통해 교육 기회를 넓히고, 교육을 통해 신분 상승을 하려는 다양한 노력이 전개되었다. 이런 흐름 속에서 서당의 교육 교재도 다양화되었다. 전통적으로 『小學』의 명륜(明倫), 경신(敬身), 입교(立敎)의 세 가지 강령은 조선시대 모든 교재의 기본 골격으로 활용되었다. "명륜에서는 가르침의 근본 이유가 인간 사이의 윤리를 밝히는 것에 있음을 밝히고, 경신에서는 몸과 마음을 검속하고 다스리는 법도를 알려 주며, 입교에서는 사람을 가르치는 바른 법을 드러내는" 구성체계라 할 수 있다.[818] 조선시대는 대체적으로『소학』을 중심으로 아동교육이 실시되었다.

그리고 조선 중기에 해당하는 중종 14(1519)년 황해도 관찰사 김정국(金正國)이 저작한『경민편(警民編)』은 도내의 어리석은 백성을 교화하기 위해 간행되었다. 이후 효종 7(1656)년 이후원(李厚源)의 주청으로 향촌의 무지한 백성, 부녀자, 서당 아동 등 넓은 층을 대상으로 재간되었다. 특히『경민편』은 아동학습서로 널리 사용되었던 것으로 보인다. 이 책은 '지주-전호 관계를 근간으로 한 봉건적 사회체제의 유지'를 위한 교육서 역할을 했다.[819] 즉 기존의 신분 위계질서를 강조하는 교육서로서, 당시 사회경제적 변화로 인한 신분질서의 변동에 대응하는 차원에서 다양한 백성들의 교육을 위해 활용되었던 것으로 보인다.

조선 후기 실학자이자 서자였던 이덕무(李德懋)의『사소절(士小節)』은 1775년에 저술되었는데, 남자 성인을 위한 사전(士典), 여성을 위한 부의(婦儀), 아동을 위한 동규(童規) 등으로 구성되었다. 남성, 여성과 함께 아동을 위한 별도의 장이 편성되었다는 점에서 교육학적으로 큰 의미가 있는데, 그 이유는 아동을 사회 구성원의 일원으로 인정하고 존중한다는 것을 보여주기 때문이다. 특히 이 책에서 성인 남성에게 "어린이에게 비록 과실이 있더라도 함부로 꾸짖지 말고 마구 때리지 말라"며, 아동을 인격적으로 대우해야 한다고 언급하여 어린이에 대한 인간적 존중의 의미도 담고 있다.[820] 단, 이덕무 스스로 서문에서 밝혔듯이,『사소절』은 선비의 입장에서 자신의 허물을 깨우쳐 되도록 허물을 적게 하는 목적이 가장 중요했으며, 부의는 내 집 부인을 경계하기 위한 것, 동규는 자제들을 훈계하기 위한 것이었다. 전체적으로 성리학적 질서의 틀 속에서 작은 예절의 내용을 담고 있다. 여하간 조선 후기부터 아동 대상의 다양한 교재들이 나오고 아동 존중의 교육적 가치들을 강조하는 글이 상당히 발견된다는 측면에서 조선사회의 아동관은 서구 근대 이전의 모습과는 달랐다고 할 수 있다.

양반들을 대상으로 하는 전통적인 교육서와 달리 중인 출신에 의해 저술된 아동교육서도 있었는데, 그것은 정조 19(1795)년 발간된 『아희원람(兒戲原覽)』이었다. 『아희원람』은 중인 출신의 유명한 위항문학인이었던 장혼(張混, 1759~1828)이 서술했다. 서문에서 이 책을 발간한 이유를 밝히는데, 그 내용은 다음과 같다.

처음 공부하는 사람들이나 사물의 이치에 어두운 사람들은 귀로 들리는 것은 귀중하게 생각하고 눈에 보이는 것은 천시하는 경향이 있다. 그래서 그들은 가까운 것에 대해서는 업신여겨 알려고 하지 않고 멀리 있는 것에 대해서 무작정 관심을 기울인다. 나는 평소 그들이 화려한 것만 많고 실속이 없는 것을 걱정해 왔다. 그래서 전거가 될 수 있는 고금의 사실과 글을 모을 필요가 있다고 생각했다. 여러 사상가들의 저술을 모으고 온갖 책을 수집하고 돌이나 청동기에 새겨진 기록을 참조하고 보고들은 것을 참작하여 무익한 것은 빼버리고 긴요한 것만 요약하여 종류별로 모은 뒤 하나하나 검토하면서 뽑아냈더니 전체 글자 수가 수만이었고 조목이 열 개나 되었다. 소소한 작은 것들을 힘들게 알아나가니 쉬운 것에서부터 이끌어서 점점 깊숙이까지 젖어들게 한다는 뜻이 아마도 여기에 있으리라![821]

장혼은 잘못된 교육 풍토를 바로잡고 일상적인 내용으로부터 조금씩 학문을 심화시키는 방향으로 가기 위한 길잡이로서 『아희원람』을 저술했다고 밝히고 있다. 이런 취지에 맞게 이 책은 "아동들이 일상생활에서 흔히 접하게 되는 진솔한 이야기와 삶에 더욱 관심을 기울인다."[822] 그래서 장혼은 글을 가르치되 눈과 귀에 익숙한 이어(俚語, 항간에 떠돌며 쓰이는 속된 말)로 가르치겠다는 뜻을 밝힌 것이다. 이런 대중적 접근 때문에, 『아희원람』은 방각본(坊刻本)으로 간행되어 시중에 널리 유포되었다.[823]

『아희원람』의 구성을 보면 자연현상, 인간의 삶, 우리나라의 역사와 민속문화, 사람과 동물의 모양과 성품, 인물 소개 등 일상적인 내용으로 서술되었다. 양반 중심에서 범위를 확대하여 모든 아동들이 쉽게 접할 수 있도록 책이 구성되었음을 확인할 수 있다. 또한 중국의 선진화된 문화는 인정하면서도 조선의 독자적인 국속과 역사가 있다는 점을 강조한 것은 기존의 아동교재와는 차별적이다.[824] 우리의 시조로서 단군이 중국의 요임금과 동시대에 백성을 가르쳤다고 기록했다.[825] 그 이전에 비합리적이라고 비판받던 각종 설화, 민담을 소재로 교재를 만들었다는 점에서, 성리학 일변도의 사회에서 점차 벗어나고 있다는 징후로 볼 수 있다. 이는 교육의 대상이 기존의 향교와 서원에 포섭되지 않은 새로운 교육 수요층을 대상으로 이동하고 있다는 것을 보여주는 증거이기도 하다.[826]

19세기 초반은 다양한 초학 교재가 발간된 시기이기도 하다([표 5-2]). 다양한 교재의 발간은 교육대상의 확대와 교육내용의 다양화를 보여주는 징표이다. 이 당시에 천자문류(千字文類), 백과사전류(百科事典類), 문해류(文解類), 소학류(小學類) 등 다양한 형식과 내용의 교재가 등장했다.

문자교육의 경우, 기존 동몽서가 아동의 이해 수준이나 경험에 근거하지 않았다는 비판 속에서 아동들의 삶의 경험을 중심으로 학습할 수 있도록 변화되었다. 문해류의 경우, 기존 소학의 애친경장융사친우지도(愛親敬長隆士親友之道)와 쇄귀응대진퇴지절(灑歸應對進退之節) 식의 "물 뿌리고 쓸고[灑掃]

부름에 답하고 물음에 답하고[應對] 나아가고 물러나는[進退] 예절과 어버이를 사랑하고[愛親] 어른을 공경하고[敬長] 스승을 높이고[隆師] 벗들을 친애하는[親友] 방법" 등의 수준을 넘어 세계에 대한 전반적인 이해도를 높이는 방향으로 전환되었다.[827] 또한 이 당시 주목되는 것은 "아동의 교재 편찬에서 중국 일변도에서 탈피하여 우리 고유의 역사와 문화를 다루었으며, 소학류의 수신서 일변도에서 탈피하여, 일상생활에서 활용할 수 있는 실제적인 내용을 담은 교재의 출판이 가능"했다는 것이다.[828]

### [표 5-2] 19세기 간행된 초학 교재 목록[829]

| 구분 | 서명 | 저자 | 내용 |
|---|---|---|---|
| 천자문류 | 아학편(兒學篇, 1800년대 초) | 정약용 | 인륜, 천문, 지리, 박물 |
| | 몽유편(蒙喩篇, 1810) | 장혼 | 천자문의 단점을 보완하기 위해 만든 어휘집 |
| | 정몽류어(正蒙類語, 1884) | 이승희 | 종래의 『천자문』을 대신해 아동기의 교육내용을 새롭게 체계화시켜 제시 |
| | 몽어유훈(蒙語類訓, 1888) | 이승희 | 종래의 『천자문』을 대신해 아동기의 교육내용을 새롭게 체계화시켜 제시 |
| | 몽학사요(蒙學史要, 1868) | 김용묵 | 사자체(四字體)의 천자문의 형식. 이천자(二千字)의 한자로 중국과 우리나라의 역사를 간추림 |
| 백과사전류 | 아희원람(兒戲原覽, 1803) | 장혼 | 고금의 사문(事文) 가운데 아이들이 찾아보아야 할 내용을 열 가지 주제로 정리 |
| | 근취편(近取篇, 1810) | 장혼 | 네 글자로 된 속담과 고사숙어 1046개, 세 글자로 된 고사숙어 98개, 두 글자로 된 숙어 192개 |
| | 계몽편(啟蒙篇, 1810) | 장혼 | 수편(首篇), 천편(天篇), 지편(地篇), 인편(人篇)으로 구성. 장절(章節)이 비교적 짧막하여 초학자의 구독(句讀), 문의(文義) 해독에 용이 |
| 문해류 | 발몽편(發蒙篇, 1808) | 박재철(朴載哲) | 학업(學業), 오륜(五倫), 기화(奇話) 등 |
| | 초학문(初學文, 1877) | 허전(許傳) | 인도(人道), 형모(形貌), 천도(天道), 음식(飲食), 의복(衣服), 농업(農業), 궁실(宮室), 인성(人性) 등 |
| | 몽어(蒙語, 1888) | 곽종석(郭鍾錫) | |
| | 유학경위(儒學經緯, 1896) | 신기선(申箕善) | 이기(理氣), 천지형체(天地形體), 인도(人道), 학술(學術), 우주술찬(宇宙述贊) |

| 소학류 | 해동속소학(海東續小學, 1884) | 박재형 (朴在馨) | 인륜, 제왕, 입징, 싱학, 명도. 고종(高宗) 21년에 박재형이라는 선비가 쓴 일종의 교과서 |
| | 동몽의학(童蒙宜學, 1899) | 조종호 (趙鍾灝) | 조선 말기의 문인. 야곡(冶谷) 조극선(趙克善)의 후손으로, 자제들의 교육을 위해 찬술 |

출처 : 최종찬, 「19세기 초학교재에 나타난 아동교육관의 특징」, 322쪽.

## 3) 교육대상의 확대와 서당의 변화

조선 후기 교육은 서당의 확산을 빼놓고 설명할 수 없다. 16세기 서당의 주요 기능은 사족(士族) 자제들의 학문수양과 후학양성이었으나, 이는 향촌 사회 내부의 향권(鄕權) 장악과도 긴밀히 관련되었다. 이런 흐름은 17세기로 접어들어, 정부와 재지사족(在地士族)의 결합 양태로 진화했다. 향촌마다 서 당이 설립되면서 그 고을의 수령과 재지사족이 결합된 것이다. 정부는 수령 을 통해 성리학 교육을 강화하여 국가에 충성하는 인재를 양성하는 교육 시 스템을 구축하고, 재지사족들은 서당을 통해 지역사회에서 자신의 권한을 강화하려는 요구가 결합된 것이다. 18세기에 들어서며 서당은 변화되는데, 서당 설립은 주로 보족(保族)・의가(宜家)라는 향촌사회의 혈연적 기반과 연 대 강화가 주목적이었다. "서당교육이 단순히 향촌사회를 성리학적 질서의 사회를 이끌기 위한 매개 기구로 이용되는 것만이 아니라 자신들의 족적인 기반을 토대로 하여 지배세력을 재생산하는 측면"이 강화된 것이다.[830]

18세기 이래 서당의 훈장은 재지사족 또는 몰락양반층 출신이 대부분이 었다. 조선 후기에 접어들면서 서당 설립이 일반화되고 서당을 설립하는 계 층도 몰락 양반, 중인에 이르기까지 폭이 상당히 넓어졌다.[831] 정조 7(1783) 년 「관서어사사목(關西御史事目)」에 의하면, "유(儒)라는 명색(名色)을 가장하 게 되면서는 서당(書堂)이 각사(各社)마다 두루 열립(列立)하게 되었고, 각 고을에 향사(鄕祠)를 함부로 세우고서 무턱대고 금법을 범하며 이를 빙자하여 거두는 짓을 하여 가지가지의 폐단이 되고 있는데 저지하여 억제하게 되지 못하고" 있다고 보고했다.[832] 또한 성균관 노비 출신 정학수가 서당을 열어 서울에서 가장 활발하게 운영을 했다는 사실만으로도 서당의 대중화를 확인할 수 있다. 19세기에는 양반신분으로 천인 집안의 훈장이 되는 상황까지 발생했던 것이다.[833]

> 18세기 …당시의 몰락양반층은 …학장(學丈) 또는 사장(師丈)이라고 불리웠으며 그들은 개인집에서의 가정교사로서 향촌서당의 교사로서 우급의자(優給衣資)하는 곳을 찾아 전국을 유랑하였다. 한 곳에 정착하는 경우에도 짧으면 며칠~몇 개월, 길어야 1~2년, 일반적으로 6개월 내지 1년 정도가 정착기일이다. 그들은 부유한 상민층 자제의 교육도 담당하는 경우가 있으며 학전(學錢)의 우급처(優給處)이면 벽촌·도서지방도 사양치 않았다. 이들은 18세기 중엽 경에 이르면 일층 광범하게 증가된다고 보이며, 그들의 역할은 기층민의 의식을 높이고 각성케 하는데 크게 기여하며, 그들의 의사를 대변하는 면도 커져간다고 생각된다.[834]

서당의 대중화와 훈장의 확대는 시대의 사회경제적 변화를 정확하게 반영한다. 몰락한 양반층, 중인 출신의 훈장들이 확대되는 서당들을 찾아다니면서 생계형 활동을 전개했다. 그만큼 훈장들의 사회에 대한 비판의식은 높았다. 영·정조 시대에 많은 변란의 배후에 서당의 훈장이 있었다는 점에서 확인할 수 있다. 몰락 양반과 유랑지식인의 의탁처가 되었던 서당은 평민들에게 교육을 받을 수 있는 공급자이기도 했지만, 변란과 모의의 공간이기도 했다. 영조 9(1733)년의 '노곡서당(老谷書堂)' 사건은 이 서당에 모여 도당

(徒黨)을 만들어서 무신년 '이인좌의 난'과 같은 일을 일으키기 위해 모의했다.[835] 서당이 역모의 공간이었던 것이다. 이외에도 영조 10(1734)년 서당에서 취회(聚會)한 혐의, 영조 13(1737)년 서당 모의, 영조 21(1745)년 차도림(車道林)의 서당 모의 사건 등 영조시대의 실록을 통해서 많은 변란모의 사건이 등장한다.[836] 1894년 동학농민전쟁을 주도한 전봉준도 한때 훈장이었다는 것에서 조선 후기 훈장의 사회사적 의미를 확인할 수 있다.

미상불 서당 대중화의 배경은 생산력 증가와 상품경제의 활성화에 따른 요호부민의 확대와 지주제 해체과정에서의 소농민(小農民)의 성장이었다. 농민들은 신분상승의 갈망과 자식 교육을 위해 서당의 수요자로 등장했다. 그 사례들을 보면 다음과 같다. 1755년 춘천 북중면의 교영계(敎英契)는 농민 중심으로 서당을 만들기 위한 동네 계였다. 농민들은 글을 모르기 때문에 학장을 모셔 와서 아이들을 가르치기 위함이었다.[837] 구례군 토지면은 상당히 가난한 고을이었지만 약 115호에 한 개의 서당이 있었다. 이 마을이 얼마나 가난했는지는 토지면의 미동서당(美衕書堂) 운영기금 마련을 위한 금고문(金鼓文)에서 알 수 있다. "오직 한 말의 곡식, 한 꾸러미의 돈, 한 바구니의 채소와 한 동이의 막걸리"라도 상호부조해서 서당의 운영기금을 모아달라는 것이었다. 그만큼 농민들의 교육열이 강했다는 것을 알 수 있다.[838]

섬 지역에서도 서당은 확대되었다. 1803년 진도(珍島) 송산리(松山里)에서는 학계(學契)와 서당을 창설했는데, 이 지역은 섬임에도 불구하고 교육을 위해 학계를 만들었다. 『대동학계안(大同學契案)』 서문의 설립 취지에, "대저 인간의 도리는 모두 책에서 나온다. 누가 학문에 힘쓰지 않겠는가? 그러나 학문에 뜻이 있으나 가세(家勢)가 빈궁하여 성취할 수 없으니 참으로 가슴이 아프다. 이에 지난 계해년(癸亥年)에 마을 주민 20여 명이 계를 맺고 돈을 모아 토지를 구입하였다"고 밝혔다.[839] 인간의 도리를 다하기 위해서는 학문에 힘을 써야 하나, 그럴 경제적 여력이 없는 상황을 한탄하며 주민들이 갹출하여 학계를 설립한 것이다.

조선사회는 유교와 과거의 영향으로 교육을 중시하였다. 조선 후기에 들어서, 인구 증가, 시장 성장, 국가의 장려 등에 힘입어 민간이 설립한 초·중등교육기관인 서당이 확산되었다. 『목민심서(牧民心書)』「예전(禮典)」에 의하면, 19세기 초에 서당이 대개 4~5개 마을마다 존재하여 서당마다 선생이 '아동 수십 명'을 가르쳤다.[840] 18세기 중후반과 19세기 전반에 걸쳐 조선의 서당 수는 2만1천여 개소, 훈장은 2만1천여 명, 학동은 26만여 명에 달한다고 추산하는 연구 결과도 있다.[841] 이헌창은 1794년 『호구총수(戶口總數)』에 수록된 전국의 동리수(洞里數)는 39,456개이고 『조선총감부통계년보(朝鮮總督府統計年報)』에 의하면 1910년 말 동리수(洞里數)가 68,819개인 것으로 보아, 19세기 초에 서당은 1만개에 달한 것으로 보았다. 『조선총독부통계년보』에 의하면, 1911년 전국의 서당 수는 16,540개, 수학(修學) 아동 수는 141,604명이었는데, 조선인이 설립한 각종 사립학교는 1910년 2,225개였다. 경제침체기인 19세기에 서당이 오히려 증가한 것이다.[842]

이상과 같이, 조선사회는 서양과 달리 아동을 양육·교육시키는 데 심혈을 기울인 전통이 있었다. 이런 흐름 속에서 동학의 인간평등사상은 아동도 모두가 같은 인간으로 존중받아야 한다는 점을 천명했다는 점에서 근대적인 선언이었다. 이와 함께 고종은 교육개혁을 추진하면서 교육 근대화를 추진했으며, 특히 대한제국 시기에 조선사회 교육체계의 근본적 혁신을 위해 노력했다.

## 4) 동학의 어린이 존중사상

아동에 대한 인식의 근본적이고 철학적인 전환은 동학에 의해 이루어졌다. 동학은 남녀평등과 인간존중사상을 천명했다. 수운의 최초의 포덕 대상은 자신의 부인 박씨였으며, 자신의 노비 두 명을 며느리와 수양딸로 삼았다. 수운 최제우는 시천주(侍天主), 즉 모든 사람이 자기 안에 한울님을 모시고 있다고 했다. 수운은 시(侍)란 "안으로 신령한 영이 있고 밖으로 기운 작용이 있다"고 밝혔고, 주(主)는 존칭으로서 부모처럼 섬긴다는 것으로 자기 안에 모신 한울님을 부모처럼 섬긴다는 뜻이다. 따라서 자기 안에 한울님을 모시고 있는 모든 인간은 평등하며 존중받아야 한다.[843] 수운은 1862년 남녀노소 모두가 평등하다는 인간존중사상을 설파했다. 이와 함께 동학에서 "도란 것은 갓난아기를 보호하듯이 대자대비하여 수련성도로 일이관지"하는 아이를 대하는 마음이다.[844] 「논학문(論學文)」에서 밝힌 내유신령(內有神靈)은 "처음 세상에 태어날 때 갓난아기의 마음"이며, 외유기화(外有氣化)는 "포태할 때에 이치와 기운이 바탕에 응하여 체를 이룬 것"이다.[845] 따라서 "대신사께서 모실 시자의 뜻을 풀어 밝히실 때 안에 신령이 있다 함은 한울을 이름이요"라고 해월이 해석했으므로,[846] 갓난아기는 바로 한울인 것이다.

수운은 "'인의예지'는 옛 성인의 가르친 바요, '수심정기(修心正氣)'는 오직 내가 정한 것"이라 했다.[847] 해월은 수심정기에 대해 "사람이 능히 그 마음의 근원을 맑게 하고 그 기운 바다를 깨끗이 하면 만진이 더럽히지 않고, 욕념이 생기지 아니하면 천지의 정신이 전부 한 몸 안에 돌아오는 것"이라고 설명했다.[848] 또한 수심정기하는 법을 알면 성인되기가 어렵지 않으며, 모든 어려운 가운데 제일 어려운 것을 수심정기라 했다. 이렇게 어렵기 때문에 수심정기하는 법은 "갓난아이 보호하는 것 같이 하며, 늘 조용하여 성내는 마음이 일어나지 않게 하여 늘 깨어 혼미한 마음이 없게" 해야 한다고 강조했다.[849] 즉 수심정기는 갓난아이를 대하고 보호하는 것이며, 이를 통해 성인이 될 수 있는 것이다. 따라서 동학에서 어린이를 존중하는 것은 수운이 최초로 밝힌 수심정기를 실천하는 것이다. 수심정기는 "바로 천지를 내 마음에 가까이 하는 것이니, 참된 마음은 한울이 반드시 좋아하고 한울이 반드시 즐거워"하도록 하는 것이다.[850] 궁극적으로 "아이가 난 그 처음에 누가 성인이 아니며, 누가 대인이 아니리오"라고 말하듯, 어린아이와 같은 마음으로 돌아가는 것이다.[851]

이렇듯, 동학의 핵심인 내유신령, 외유기화, 수심정기는 어린이를 대하는 것이며, 어린이의 마음으로 돌아가는 것이다. 동시에 "시천주조화정(侍天主造化定) 영세불망만사지(永世不忘萬事知)"의 13자 주문도 궁극적으로 어린이의 마음으로 돌아가는 것이다. 그래서 해월은 1886년 「내수도문(內修道文)」에서 "어린 자식 치지 말고 울리지 마옵소서. 어린아이도 한울님을 모셨으니 아이 치는 것은 곧 한울님을 치는 것이오니, 천리를 모르고 일행 아이를 치면 그 아이가 곧 죽을 것이니 부디 집안에 큰 소리를 내지 말고 화순하기만 힘쓰옵소서"라며, 어린아이를 한울님과 같이 대하는 것이 도의 길임을 밝혔다.[852] 따라서 어린아이는 한울님으로 대해야 한다. 해월은 어린아이에 대한 폭력은 살인으로 이어진다며 일체의 폭력적 행위의 금지를 제시했다.

아이를 때리는 것은 곧 한울님을 때리는 것이니 한울님이 싫어하고 기운이 상하느니라. 도인집 부인이 한울님이 싫어하고 기운이 상함을 두려워하지 아니하고 경솔히 아이를 때리면, 그 아이가 반드시 죽으리니 일체 아이를 때리지 말라.[853]

그리고 해월은 다음과 같이 천명했다. "누가 나에게 어른이 아니며 나에게 스승이 아니리오. 나는 비록 부인과 어린아이의 말이라도 배울 만한 것은 배우고 스승으로 모실 만한 것은 스승으로 모시노라."[854] 이는 남성 중심 사회에서 배제되었던 부인과 어린아이도 스승으로 삼을 수 있음을 밝힌 것이다. 1880년대 중반에 이런 천명을 한 것은 역사적인 선언이라고 할 수 있다.

해월은 '전 우주생명이 하늘님'이라고 생각했고, 그래서 그는 "당시 사회에서 가장 천대받고 있던 계층이던 노비나 여성, 아이들에 주목하여 그들을 가장 거룩한 존재인 하늘님으로 모시고 섬기는 실천에 남다른 노력"을 기울였던 것이다. 즉, 해월의 삶은 "만인 평등과 인간 존엄의 보편주의 실현" 그 자체였다고 이해할 수 있다.[855] 수운의 뒤를 이은 해월의 시대에 '사인여천(事人如天)'에 의한 인간존중은 동학교도들의 삶으로 체현되었다. 1894년 충청도 서산의 동학접주로 동학농민전쟁에 참여했던 홍종식의 회상에 의하면, "입도만 하면 사인여천이라는 주의 하에서 상하귀천 남녀 존비 할 것 없이 꼭꼭 맞절을 하며, 경어를 쓰며, 서로 존경"[856]했다. 동학은 모든 인간을 평등한 존재로 보았다. 그것이 어린아이이든 어른이든 마찬가지였다. 특히 해월에게 새로운 생명, 갓난아이, 어린아이는 생명의 정수이며, 한울님의 모습이었다.

무릇 사람이 잉태할 처음에 한 점의 물뿐이요. 일 개월이 되면 그 물의 형상이 이슬과 같고, 이 개월이 되면 그 물의 형상이 한 알의 구슬과 같고, 삼 개월이 되면 화공현묘 조화의 수단으로 어머님 혈기를 받되 태문으로 받아들이는데, 먼저 코와 눈을 이루고 차차 형상을 이루고, 머리가 둥근 것은 한울을 체로 하여 태양의 수를 상징하고, 몸의 넋은 태음을 상징하고,

오장은 오행을 상징하고, 육부는 육기를 상징하고, 사지는 사시를 상징하고, 손은 곧 마음 내키는 대로 하는 바, 조화의 수단이므로 한 손바닥 안에 특별히 팔문, 구궁, 태음, 태양, 사시, 열두 달의 수를 늘어놓아 화생하느니라.[857]

한 생명의 잉태와 그 신비함은 한울님의 조화이다. 한 점의 물에서 시작하여 코와 눈의 형성을 이루고, 전체 신체는 자연의 모습과 조화를 이루면서 생명이 탄생한다. 막 태어난 아이의 몸과 마음, 오장(五臟)과 육부(六腑), 사지(四肢)는 태양과 달, 우주 만물을 이루는 오행(五行, 金, 水, 木, 火, 土), 천지 사이에 있다는 육기(六氣, 陰, 陽, 風, 雨, 晦, 明)를 상징한다. 사람은 곧 천지만물을 상징하며, 그 사람 안에 한울님을 모시고 있다는 것이다. 천지는 하나의 기운으로 되어 있으며, 인간과 자연도 마찬가지이다. 생명이 탄생한 순간은 한울님이 화생한 것이다. "사람이 곧 한울이기 때문에 태아가 모태에서 자라는 것은 한울의 성령이 개체화되어서 성장을 하는 것"이며, "태아와 어린아이는 한울의 외적 형태의 작음에 지나지 않을 뿐이며 그 본질은 마땅히 존중"을 받아야 한다는 것이다.[858] 따라서 어린아이를 존중하는 것은 동학의 정수(精髓)라 할 수 있다. 이 흐름은 제3대 교주 손병희의 사위인 방정환으로 이어졌다.

## 3. 고종의 교육개혁

### 1) '구본신참'에 입각한 고종의 교육개혁

고종은 1880년대 들어 교육개혁을 단행했다. 고종은 1880년대 들어서서 중국에서 한역된 서양문물 소개서를 포함해 구입한 도서가 3천여 종에 4만여 책이나 되었다. 그만큼 서양문물의 소개와 교육에 대해 고민이 많았다.[859] 그리고 외침으로부터 조선을 방어하고 독립을 유지할 역량을 구축하는 차원에서 서양의 무기기술 습득을 위해 1881년 김윤식을 영선사(領選使)로 학생 69명을 인솔하여 중국의 병기제조기술 유학을 떠났다. 정부는 별도로 신식군대인 별기군(別技軍)도 창설했다. 여기에 추가로 1888년 미국 군사교관을 초빙하여 연무공원(鍊武公院)도 설치했다.[860]

또한 고종은 1881년 어윤중, 홍영식, 박정양 등 62명의 신사유람단을 일본에 파견했다. 이 신사유람단 중 일부가 일본 유학생으로 남았는데, 그들은 유길준(俞吉濬), 윤치호(尹致昊), 유정수(柳定秀), 김양한(金亮漢) 등이었다.[861] 이처럼 고종은 1873년 친정을 시작하면서 대외정세에 각별한 관심을 드러냈으며, 변화하는 세계정세 속에서 교육을 통한 국가발전을 생각하고 있었다. 특히 1882년 임오군란을 진압한 이후 고종은 "백성들에게 불편했던 종전의 정령(政令)들은 다 없애 버리고 어진 관리들을 골라 백성들을 다스리게 할 것이며, 실효 있는 방법을 강구하여 온 나라 사람들과 함께 다시 새롭게 시작하려고 한다"면서 유신(維新)을 대소인민(大小人民)에게 밝혔다.[862]

고종은 세계의 변화를 다음과 같이 규정했다. "영국·프랑스·미국·러시아 같은 구미(歐美) 여러 나라에서는 정교하고 이로운 기계를 새로 만들고 나라를 부강하게 만드는 사업에 최선을 다하고 있다. 그들은 배나 수레를 타고 지구를 두루 돌아다니며 만국(萬國)과 조약을 체결하여, 병력(兵力)으로 서로 견제하고 공법(公法)으로 서로 대치하는 것이 마치 춘추 열국(春秋列國)의 시대를 방불케 한다. 그러므로 천하에서 홀로 존귀하다는 중화(中華)도 오히려 평등한 입장에서 조약을 맺고, 척양(斥洋)에 엄격하던 일본(日本)도 결국 수호(修好)를 맺고 통상을 하고" 있다는 것이다. 그래서 1876년부터 일본과 강화도 조약을 체결하고 개항을 했으며, 미국·영국·독일 등 여러 나라와도 화약(和約)을 맺었다고 하였다.[863] 고종은 친정을 시작하면서 세계 정세에 주목했으며, 개방정책을 통해 국가의 부흥을 추구하고자 했다. 이런 차에 1882년 발생한 임오군란 진압을 계기로 '유신'의 필요성을 공개적으로 밝히고, 그 일환으로 신분해방과 평등한 인재등용, 그리고 보편교육을 통한 국가 부흥책을 시작한 것이다.

개항장이자 군사 요충지인 원산(元山)에 최초의 근대적 사립학교인 원산학사(元山學舍)가 건립(1883.9.28.)된 것은 고종의 유신과 깊은 관련이 있었던 것으로 보인다. 이 학교는 덕원부의 개화파 관리와 지방 유지들이 설립했으며, 덕원부사 정현석(鄭顯奭)이 학교 설립인가를 신청했다.[864] 원산학사의 교수과목은 경서 등 전통적인 것도 있으나 외국어, 세계의 지리와 역사, 자연과학 등 근대식 과목으로 구성되었다. 특히 새로운 시무(時務)로서 외교와 통상을 담당할 인재양성을 도모했다는 점에서 고종이 추구했던 부국(富國)과 강병(强兵)을 위한 교육에 주력했다는 것을 알 수 있다.[865]

민족사학인 원산학사가 시작된 것은 국가를 부흥시키기 위해 교육이 절실하다는 개항장인 원산의 민과 관의 공동의 노력이라는 점과 함께 고종의 교서도 중요한 요인이었다. 직접 해외의 문물을 접하는 개항장에서 교육을 통해 국가의 발전을 도모하려는 움직임이 시작되었고, 우리 학문과 외국의 학문을 결합하려는 노력을 병행했다는 점에서, 구본신참의 정신에 입각해서 자라나는 세대에게 근대적 보편교육을 실시하고 이를 통해 국가를 부강으로 이끌려는 애국적 실천이었던 것이다. 이후에도 민간 차원의 사립학교 건립은 계속되었다.

그리고 정부는 근대적 교육개혁을 계속 추진했다. 1883년 6월 통리아문의 부속기관으로 동문학(同文學)을 설립해서 외국어 교육을 실시했다. 1886

년 9월에는 최초의 관립 근대학교인 육영공원(育英公院)을 설립했다. 같은 해 5월에는 여성 사립학교인 이화학당, 6월에는 배제학당이 설립되어 새로운 서양식 교육이 시작되었다. 육영공원의 외국인 교사였던 길모어(George William Gilmore)에 의하면, 고종의 생각은 진보적이었으며 국민의 교육수준을 높이는 것이 국익이라고 생각했다. 길모어는 '중국적인 독단사상과 보수주의에 심취한 사람들'로 둘러싸인 고종이 뜻을 제대로 펼치기 위해서라도 '국왕의 진보적 정책을 지지하는 사람이 절실히 필요'하며, 이런 사람을 양성하는 것이 육영공원의 목적이라고 생각했다. 즉, "학생들은 서양문화와 업적을 대표하는 사람들과 접하고, 개화사상과 그 혜택을 학습해 얻음으로써 자유주의적인 인간이 되고 국왕을 지지하는 사람이 될 것"이라고 했다.[866] 서양학문의 습득을 통해 궁극적으로 국왕을 지지할 인재를 양성하여, 고종 자신이 추구하는 정책을 추진할 수 있는 인재를 만드는 것이 육영공원의 설립목적이었다.

이미 고종은 1883년 우리 교육사에서 획기적이며 근대적인 교서를 내렸다. 그것은 2월 5일(음.12.28) 농민 · 상인 · 수공업자의 자식이라도 출신의 귀천과 무관하게 학교에 입학할 수 있게 하는 내용이었다.

왕은 다음과 같이 말한다. 예로부터 치화(治化)를 갱신(更新)하려면 먼저 선입관을 깨버려야 한다. 우리나라에서 문벌을 세습하는 유풍은 그 유래가 오래되었다. 귀족들은 지서(支庶)가 수없이 뻗어나가 부모를 섬기고 자식을 기를 밑천이 없고, 천민(賤民)은 문벌이 한미하다는 이유로 먼 옛날부터 억눌려 살아 왔다. 번성하게 하고픈 마음은 비록 간절하였지만 도와서 계도하는 것이 어려워 나는 몹시 안타깝다. 지금 통상(通商)과 교섭(交涉)을 하고 있는 이때에 관리나 천한 백성의 집을 막론하고 다 크게 재화(財貨)

를 교역하도록 허락함으로써 치부(致富)를 할 수 있도록 하며, 농(農)·공(工)·상고(商賈)의 자식도 학교에 들어가는 것을 허락하여 다 같이 진학하게 한다. 오직 재학(才學)이 어떠한가 만을 보아야 할 것이요, 출신의 귀천(貴賤)은 따지지 말아야 할 것이다.[867]

고종은 이 교서를 발표하기 전인 1882년 9월 4일(음.7.22) 서북인, 송도인, 서얼, 의·역관, 서리, 군오(군졸) 등 소외계층의 출사제한을 철폐하는 개혁 조치를 발표했다. 국가의 부강을 위해 신분차별을 철폐하고 능력 있는 인재를 등용하려는 조치였다. 이러한 신분차별 철폐 조치 이후 교육교서에서 밝힌 교육기회의 평등 선언은 우리 교육사에서 근대화의 상징적 조치로 평가할 수 있다. 이 선언은 "기존의 '사(士)'에만 국한되었던 학문수학의 기회를 농·공·상인에게도 허용한다"는 파격적 지시이며, "소농중심의 경제체제를 근간으로 하는 성리학적 기본 사고를 극복한 지시라 평가"할 수 있다.[868] 동시에 변화하는 국제정세를 반영하여 국가 부강의 길을 교육에서 찾으려는 정책이었다.

그런데, 우리 근대교육의 기점을 '갑오친일정부'가 들어선 1895년으로 규정하는 것이 대체적인 흐름인데, 그 이유는 1895년이 교육조서(敎育詔書)가 발표되고 근대학교가 설립된 시점이라는 것이다.[869] 해방 직후 이만규(李萬珪, 1882~1978)도 이 조서를 "교육입국의 대이상(大理想), 대결심(大決心)으로 시세(時勢)를 새로 바꾸어 놓은 역사적 조서"[870]라고 정의했다. 그 이후의 연구도 유사한 맥락이다. 예를 들면, 갑오개혁은 "전통사회의 봉건적 교육체제를 제도상 전면적으로 부정하였다는 점에서 우리나라 근대교육상 획기적인 일"[871]이라는 것이다.

그러나 1883년 고종의 보편교육을 주 내용으로 하는 교서가 발표된 시점을 우리의 근대교육의 기점으로 보는 것이 타당한 것이다. 고종의 교서는 신분차별 철폐를 통한 능력 있는 인재의 등용을 발표한 직후에 취해진 보편교육 실시 천명이었기 때문이다. 교서 발표 이후 '동문학'과 '육영공원' 등 근대적 교육기관을 설립했으며, 민간차원의 교육기관 설립을 지원했던 점도 이를 뒷받침한다. 1884년 '갑신정변'이 발생하지 않았다면, 아마도 1886년 취해진 신분해방 조치인 「노비해방절목」의 공표는 더욱 앞당겨졌을 것이다. 신분해방이 단행된 1886년 고종은 내무부에 전교를 내렸는데, 그 내용은 범민(凡民)의 자제라도 체계적으로 교육받아서 교화가 순조롭게 이루어지도록 지방의 소학(小學) 단계의 교육기관인 강사(講舍)를 여리(閭里) 촌방(村坊)까지 설립하는 방안을 만들도록 한 것이었다.[872] 이 조치에 의해 설립된 것이 서양학문을 교육할 '육영공원'이었다. 1883년 보편교육 천명에 뒤이어 1886년에 구체적인 지침 수립을 내무부에 지시한 것인데, 이것도 갑신정변이 아니었다면, 더 빨리 이루어졌을 것이다.

고종은 인재등용에서의 신분차별 철폐, 보편교육을 통한 교육입국의 실현, 신분해방을 통한 민국의 실현이라는 국가비전을 추진했던 것으로 판단된다. 따라서 근대적 교육으로의 획기적 전환은 고종의 국가비전의 중요한 한 축이었다. 따라서 일부 학자들이 주장하는바 갑오경장을 근대교육의 기점으로 보는 것은 객관적이지 않다. 특히 1895년 2월 교육조서가 발표된 시점은 고종이 일본의 포로상태에 놓여 있었으며, 갑오왜란 이후 일본의 꼭두각시 노릇을 했던 갑오친일정부에 의해 발표된 조서였다는 점에서, 이 시점을 우리 근대교육의 기점으로 보는 것은 문제가 있다. 1883년을 우리나라 교육의 근대화 기점으로 보고, 교육 근대화가 오히려 일본과 친일파들의 갑신정변과 갑오왜란에 의해 왜곡·지체되었으며, 실제로 1895년 7월 이후 고종이 왕권을 실질적으로 행사하면서 교육개혁이 다시 추진되었다고 보는 것이 옳을 것이다.

고종의 개혁적이며 근대적 관점은 친일 역적 박영효의 상소문인 『건백서 (建白書)』(1888)에서도 확인할 수 있다. 박영효는 『건백서』에서 고종의 신분 해방 조치를 극찬해 마지않았다. 교육 정책에 대해서도 고종이 이미 조치한 방안을 뒤늦게 제시하며 뒷북을 치고 있다. 박영효는 "학교를 설립하는 일 은 이 세상에서 가장 급하고 중요한 것"이며, "널리 배워 이치에 통달한 선 비를 맞아들임으로써 나라 백성들을 교육시"켜야 한다고 주장했다. 즉, "위 로는 춘궁(春宮) 전하(殿下)로부터 서민의 자제에 이르기까지, 학교에 나아가 천지(天地)의 무궁한 이치를 밝히게 한다면, 문덕(文德)과 재주, 기예(技藝)가 찬란히 다시 일어날 것"이라며 보편교육을 주장했다. 그 실천방안으로 "소 학교와 중학교를 세워, 남녀 여섯 살 이상의 백성들로 하여금 모두 학교에 나아가 수업을 받게 하는 일"을 비롯한 백성들의 재주와 덕행, 문화와 기예 를 가르치는 세부 방안을 제시했다.[873] 박영효의 주장은 고종이 이미 1883년 교서를 통해 밝힌 내용들이다.

박영효가 주장하는 교육의 핵심은 '재앙을 미연에 막는' 것이었다. 즉, 교 육의 의미는 재앙을 방지하고, 무지한 백성을 개명시키는 수단이었을 뿐이 다.[874] 이런 관점에 서 있는 박영효의 행적은 불을 보듯 뻔하다. 그는 1895년 7월 '불궤음모(不軌陰謀)'의 역모를 꾀하다 발각되어 일본으로 간신히 도망갔 다. 이에 대해 고종은 다음과 같이 언급했다. "짐(朕)은 박영효(朴泳孝)의 갑 신년(1884) 문제에 대해서 혹시 용서해 줄 수 있기 때문에 이전 죄를 기록하 지 않고 특별히 좋은 벼슬에 임명하여 충성을 다함으로써 스스로 속죄하게 하였다. 그런데 도리어 끝까지 나쁜 생각을 고치지 않고 반역을 은근히 꾀 하여 그 사실이 이미 드러났으므로 바야흐로 법부(法部)에서 엄격히 신문하 여 정죄(正罪)를 하게 하였는데 고약한 우두머리를 잡았으니 나머지 사람들

은 모두 내버려두고 따지지 않음으로써 널리 용서해 주는 은전(恩典)을 보이
라."[875] 박영효는 1884년에 이어 1895년에도 고종을 몰아내려는 음모를 실행
하려다가 실패했다.

## 2) 갑오친일정부의 교육정책

1894년 갑오왜란에 의해 갑오친일정부가 들어섰고, 이 정부에서 교육행
정은 학무아문이 전담했다. 그리고 1895년 2월 2일(양.2.26) 고종 명의로 '교
육에 관한 조서'가 발표되었다.[876] 이 조서의 내용은 교육이 '나라를 보존하
는 근본'임을 밝히고, 허명(虛名)을 제거한 실용(實用)적 학문을 추진하자는
것이다. 그 내용으로 덕(德)·체(體)·지(智)를 길러서 충군·애국을 하자는
것이며, 왕실의 안전도 신하와 백성의 교육에 달려 있다는 내용이다. 그러
나 이 조서가 고종의 직접 의사를 반영한 것인지, 아니면 갑오친일정부의
조치를 고종이 어쩔 수 없이 추인한 것인지 검토할 필요가 있다. 추측컨대,
이 조서는 갑오친일정부의 초안을 상당 부분 인정하는 가운데, 고종의 의중
을 부분적으로 반영한 것으로 보인다.

우선, 고종의 의중이 반영된 것으로 보이는 부분은 동아시아에서 전통적
으로 강조했던 '덕(德)'을 교육의 가장 우선순위로 놓았다는 점이다. 이 조
서에서 교육내용을 덕(德)·체(體)·지(智) 순으로 한 점은 서양학문과는 입
장을 달리한다. 스펜서(Herbert Spencer)가 완전한 성인생활의 모델로 제시
한 가장 가치 있는 교육의 순서는 '지식 교육(Intellectual Education)', '도덕교
육(Moral Education)', '체육(Physical Education)'이었다.[877] 교육에서 동아시아는
덕을 으뜸으로 놓았으나, 서양은 플라톤 시대부터 지식을 으뜸으로 삼았다.
공자는 '큰 배움의 길(大學之道)'을 "명덕을 밝히고 백성을 새롭게 하고 지선

에 사는 것"이라 했다.[878] 공자는 덕을 밝히는 것을 최우선으로 삼았다.

반면, 플라톤은 『국가론』에서 '선의 이데아'를 아는 것이 '가장 큰(중요한) 배움'이라고 규정했다. "만약에 우리가 이걸(선의 이데아) 모른다면, 이것을 제외한 채 다른 것들을 우리가 아무리 많이 안다고 할지라도 그건 우리에게 아무런 덕도 되지 않는다"는 것이다.[879] 교육에 있어 공자와 플라톤은 선명한 차이를 드러낸다. "인·의·예·지의 명덕(대덕)을 갖춘 공자의 '군자'는 인애(사랑)를 제일로 치고 지혜를 말석에 놓고 명덕을 펴려는 덕자인 반면, 지혜·용기·정심·정의의 대덕을 강조하는 플라톤의 '철학자(지혜를 사랑하는 자)'는 인애를 모르고 지혜를 제일로 치는 천재적 지자"[880]다. 즉, 동아시아는 지식보다는 덕과 인애를 중시하는 사회였다. 개화파들도 동아시아의 전통을 알고 있다는 점에서 덕을 중심으로 하는 교육철학에 동의했을 것이며, 서양에서 강조했던 체육과 지식을 결합시키는 방식을 선호했을 것으로 보인다.

둘째, 고종은 교육의 목적으로 국가의 한과 모욕을 대적할 수 있는 인재의 양성을 들고 있다. 이 조서에서 "나라의 한(恨)에 대적할 사람은 오직 너희들 신하와 백성이요, 나라의 모욕(侮)을 막을 사람도 너희들 신하와 백성"이라고 밝혔다. 고종이 일본과 갑오친일정부에 의해 포로상태에 있었음에도 불구하고, 이런 내용을 넣을 수 있었는지는 확인이 어렵다. 당시 고종의 처지는 아래와 같았다. 1894년 11월 27일 이노우에 가오루(井上馨) 공사는 고종에게 "국왕이 각 대신을 소집하시는 날에는 자신도 그 자리에 참석하게 해 줄 것"과 "같은 생각을 가진 사람들을 모두 대신·협판으로 임명할 것"을 요구할 정도였고, 1894년 12월부터 1895년 2월까지 이노우에 공사의 권력은 고종보다 더 강했다.[881] 그 상징적 사례는 고종이 4명의 협판을 임명했으나 이노우에 공사가 취소를 강력하게 요구하자, 고종이 "앞서의 4명 협판의

임명은 질못되었고 이후 결코 왕비가 정무에 간여하지 못하게 하겠다"고 몇 번이나 직접 사과했다.[882]

이런 와중에 교육조서에 '국가의 한과 모욕'이 담긴 것은 고종의 의지가 아니고는 설명할 수 없다. 교육조서를 발표할 것을 내각에서 요청하고, 초안을 보고했을 것이다. 이 내용에는 아마도 '국가의 한과 모욕'이 담겨 있지 않았을 것이다. 이노우에 공사의 강력한 고문정치 하에서 '김홍집-박영효' 내각이 이런 내용을 넣었을 리 만무하다. 따라서 고종이 이 내용의 삽입을 강력하게 요청했을 것이며, 아무리 친일내각이라 하더라도 고종의 강력한 요청을 부분적으로 수용했을 가능성이 높다. 그 이유는 일본처럼 교육칙어의 발표를 통해 친일내각이 추구하는 '개화정책'을 추진하는 것이 우선이었기 때문일 것이다.

이 교육조서의 큰 틀은 친일파인 박영효의 구상을 학무대신 박정양과 협판 정경원이 구체화했을 가능성이 있다. 이들은 일본 메이지정부의 교육정책을 잘 알고 있었다. 김병하는 고종이 발표한 교육조서의 내용에서 덕(德)·체(體)·지(智) 삼육(三育)의 취지가 '존왕애국(尊王愛國)'이라고 해석한다.[883] 그 이유는 조서에 "너희들 신하와 백성은 임금에게 충성하고 나라를 사랑하는 심정으로 너의 덕성, 너의 체력, 너의 지혜를 기르라"는 내용이 있기 때문이다. 그러나 고종이 '존왕'과 '애국'을 동시에 요구했던 것은『조선왕조실록』에 세 번 등장하는데, 교육의 목적에 대한 것이 아니라, 갑오왜란 이후 김홍집이 조정에 나오지 않자 그를 나오도록 압박하기 위해 2회 사용하고, 나머지 1회는 상소문의 내용이었다.[884]

오히려 1890년 일본의 메이지 천황이 발표한 '교육에 관한 칙어(教育に関する勅語)'에서 존왕과 애국이 강조되었다. 1890년 '교육에 관한 칙어'는 "신민(臣民)이 지극한 충과 효로써 대대손손 천황과 나라를 위해 진력하는 것

이 '국체(國體)의 정화(精華)'이며, '교육의 근원'"이라고 정의했다. 교육의 목적을 천황에 대한 충성과 국가발전으로 규정한 것이다. 국가 주도의 발전을 위한 동원 기제로서 교육이 복무할 것을 천황의 칙어를 통해 공개적으로 신민(臣民)들에게 요구한 것이다.[885] 친일파들은 일본 부강의 원천이 교육이라고 여겼기 때문에, 일본 천황의 칙어를 일종의 모범으로 삼아 조선에 이식하고자 했을 것으로 생각된다. 박영효는 자신이 내무대신으로 있던 1895년 3월 10일 88개조의 내무아문 훈시를 각도에 내렸는데, 그중 제87조가 "백성들에게 일본이 우리의 자주 독립을 도와주는 형편을 효유할 것"[886]이었다. 일본이 조선의 자주독립을 도와주고 있다는 점을 백성들에게 잘 알아듣도록 타이르라는 훈시를 내린 것이다.

친일파들은 일본의 교육칙어를 조선에 이식하여 자신들이 추구하는 개화의 정책을 추진하려는 것으로 볼 수 있다. 일종의 조선에 적용한 일본 천황의 교육칙어라고 할 수 있을 것이다. 이들에게 개화란 일본을 따라가는 것이며, 개화를 통해서만 야만을 벗어날 수 있다고 믿었기 때문이다. 조선의 것은 미개한 것이고 일본의 것은 개화한 것이므로, 개화를 위해서라면 국가를 팔아먹는 것은 아무 문제가 아니었던 것이다.[887]

## 3) 대한제국 시대, 고종의 교육개혁

고종은 1895년 6월 25일 "작년 6월 이래의 칙령이나 재가한 것은 모두 짐의 뜻이 아니니 이를 취소하겠다"고 천명했다.[888] 1894년 일본의 경복궁 침공으로 시작된 갑오왜란 이후 고종의 명의로 나간 칙령과 재가 내용은 자신의 뜻이 아니므로, 모두 취소하겠다는 것이다. 고종에게 근 1년이 넘는 일본에 의한 친일내각 시기는 참을 수 없는 수치였던 것이다. 고종은 1895년 7월

9일 친정을 선언했더.

> 칙령: 짐은 작년(1894) 여름 이래로 국정을 유신하여 독립의 기틀을 꾀하
> 고 중흥의 대업을 세우고 종묘사직에 맹서를 고하고 팔방에 널리 유시한
> 지 1주년이 지났으나 아직 거의 주효하지 못하다. 구습이 오히려 남아 있
> 고 새 법령이 늘 저지당하고 상하의 감정과 뜻이 아직 믿지 못하고 중외의
> 와전과 비방이 층층이 생겨 민생의 곤췌와 국세의 위급이 오히려 전일보
> 다 심하다.[889]

친정을 선언했음에도 일본의 압박 하에 있는 처지였기 때문에, 갑오왜란
이후 약 1년 동안 추진된 정책이 주효하지 못했기 때문에, 민생은 괴롭고 고
달프며(곤췌, 困瘁), 국세(國勢)의 위급은 1년 전보다 더 심각하다고 밝혔다.
친일내각이 추진한 정책이 완전히 실패했음을 선언한 것이다. 고종은 아관
망명 이후 '갑오경장'을 노골적으로 비판했다. "지난번에 역적 무리들이 나
라의 권한을 농간질하고 조정의 정사를 뜯어고치면서 심지어는 의정부(議政
府)를 내각(內閣)이라고 고쳐 부른 것은 거의 다 명령을 위조한 것이었다. 이
때문에 제도와 법이 무너지고 중앙과 지방이 소란해졌으므로 모든 관리들
과 만백성이 걱정하고 분해하며 통탄하고 놀라워한 지가 이제는 3년이 되
었다."[890] 이는 '갑오경장'의 완전한 실패에 대한 고종의 선언이다. 따라서 갑
오친일정부 시기에 발표된 교육조서도 새롭게 재규정되어야 할 것이다.

여하간 이 교육조서 이후 한성사범학교관제(5.10), 외국어학교관제(6.11),
소학교령(9.7)이 반포되었다. 그리고 한성사범학교의 소학교령 제1조에 소
학교의 목적으로 "소학교는 아동 신체의 발달함에 감(鑒)하야 국민교육의
기초와 기생활상(基生活上) 필요한 보통지식(普通知識)과 기능(技能)을 수(授)

함을 본지(本旨)"로 한다고 함으로써, 고종의 교육정책이 소수의 인재양성을 목적으로 하는 것이 아니라 보통교육을 통한 국민양성을 목표로 한다는 것을 알 수 있다.[891] 단, 갑오친일정부의 개화파들이 서양의 근대적 교육개혁을 추진했다는 점은 다른 분야에 비해서 후하게 평가할 수 있을 것이다. 예를 들면, 1895년 제2차 내정개혁에서 근대적 교육기관의 모태로서 한성사범학교가 설립되어 소학교교관 양성이 시작되고, 부속소학교도 설치되었다는 점, 외국어학교를 설립하여 일본어를 비롯한 외국어교육을 실시하여 외교·통상사무관이 양성되었다는 점, 학부산하에 관상소(觀象所)가 설치되어 관상·측후·역서의 조제간행사무를 담당했다는 점 등을 들 수 있다.[892]

일본정부가 민 황후를 시해한 을미왜변(1895.10.8)을 겪으면서 친정을 선언한 고종은 약 3개월 만에 다시금 감금상태가 되었다. 이 과정에서 교육개혁은 개화파의 생각대로 추진된 것으로 보인다. 1895년 11월 14일 학부 고시(學部 告示) 제4호가 발표되었는데, 그 내용은 다음과 같다.

교육은 개화(開化)의 근본이다. 나라를 사랑하는 마음과 부강해지는 기술이 모두 학문으로부터 생기니 나라의 문명(文明)은 학교의 성쇠에 달려 있다. 지금 23개 부(府)에 아직 학교를 다 세우지 못하였지만 우선 경성(京城) 안에 장동(壯洞), 정동(貞洞), 묘동(廟洞), 계동(桂洞) 네 곳에 소학교(小學校)를 세워 아동을 교육하는데 정동 이외의 세 곳에 있는 학교는 건물이 좁기 때문에 장동의 학교는 매동(梅洞)의 전(前) 관상감(觀象監)으로, 묘동의 학교는 혜동(惠洞)의 전(前) 혜민서(惠民署)로, 계동의 학교는 재동(齋洞)으로 옮겨 설치하라. 학생은 8세 이상 15세까지 더 모집하고 그 과정은 오륜 행실(五倫行實)로부터 『소학(小學)』과 우리나라 역사와 지리, 국문, 산술 그 외에 외국 역사와 지리 등 시의(時宜)에 맞는 책을 일체 가르치면서 헛된 형

식을 버리고 신용을 숭상하여 교육을 완전하게 하기에 힘써라.[893]

학무아문에서 교육이 개화의 근본이며 국가의 문명도 교육에 달려 있음을 강조하고, 교육기관과 시설 확충 계획을 고시로 밝힌 것이다. 새로운 학교는 전통적인 교육내용과 함께 실용을 겸비하는 교육의 방향을 제시하고 있다. 이와 함께 어린이들에 대한 보편교육의 확대가 추진되었다. 학부 고시(學部 告示)에 "대체로 다른 나라 학교의 규정을 생각건대 아동이 학교에 입학하지 않으면 그 부형(父兄)에게 벌을 주는 예도 더러 있다. 우리나라에서는 이런 규정을 아직은 시행하지 못하였으나 아동의 부형되는 자는 아들이나 동생을 데리고 본 부에 와서 허입장(許入狀)을 받은 후 학교에 가서 학업을 힘써 닦게 하되 혹 게을러서 중단하는 폐단이 없게 하기를 바란다"고 함으로써 학부모들이 자신의 아이들을 학교에 입학시켜 학업에 전념케 하도록 독려했다.[894]

그러나 당시는 갑오왜란, 을미왜변, 아관망명으로 이어지는 굴곡의 시대였다. 1896년 2월 11일 아관망명을 통해 왕권을 회복한 고종은 자주독립국가를 위한 전략을 추진했다. 이후 상황을 관리하면서 고종은 1897년 10월 12일 대한제국을 선포하고 광무개혁(光武改革)을 시작했다. 광무개혁은 그야말로 '빛나는 무력'을 위한 개혁을 의미했다. 조선은 1870년대 개항 이후 ① 근대화 개혁, ② 동서 문명 차이의 해결, ③ 반제투쟁이라는 3중의 국가과제를 동시에 해결해야 하는 상황에 직면했다. 그러나 조선의 내부사정은 '동도동기론(東道東器論)적 위정척사파', '서구지향적 서도서기론자(西道西器論者)', '친일적 일도일기론자(日道日器論者)' 들이 서로 갈등·반목했다. 임오군란, 갑신정변, 갑오왜란, 을미왜변 등이 당시 조선 내부의 갈등을 극명하게 보여주는 사건들이다.

아관망명과 대한제국 수립 이후 국가의 독립을 지키는 데 핵심 관건은 강력한 국방력이었다. 항일독립을 위해서는 ① 지속적인 갈등을 극복하고 권위 있는 국론통일기제로서 고종의 확고한 왕권의 확립, ② 외세에 대항해 국가를 지킬 수 있는 강력한 첨단무력의 확보, ③ 국제정세를 활용할 수 있는 적절한 동맹의 획득이 필요했다.[895] 따라서 대한제국의 핵심적 개혁은 '광무'일 수밖에 없었던 것이다. 그런 만큼 교육문제에 자원을 분배할 여력이 없었다. 그런 이유로 교육문제는 대한제국 수립 이후 1899년부터 점차로 추진된 것으로 보인다.

　1899년 4월 4일 중학교관제(中學校官制)와 그해 6월 24일 상공학교관제(商工學校官制)를 발표했다. 모두 실학(實學)을 권장하여 실업가(實業家)를 양성하기 위한 것이었다. 고종은 그해 4월 27일 '학교 교육진흥 상공교육 개설에 관한 조령(詔令)'과 '유교를 숭상하고 성균관 관제를 개정하는 조령'을 발표했다.[896] 여기서는 우리의 인재가 외국보다 못한 것이 아닌데도 불구하고, "일상적인 교육이 없기 때문에 인민들의 식견이 열리지 못하고 농상(農商)의 공업(工業)이 흥기하지 못하여 백성들의 생업이 날로 영락하고 나라의 재정이 날로 궁해가고 있다"고 진단한다. 그리고 이를 해결하기 위해 1898년 상공학교(商工學校) 개설을 명령했으나 아무런 진전이 없다며 "진실로 개탄할 노릇"이라고 했다. 아마도 이런 이유로 6월 24일 '상공학교 관제'가 발표되었을 것이다.

　그리고 고종이 "새로 설치한 학교는 겨우 형식을 갖추는 데 그치고 교육의 방도에는 전혀 어두워 5, 6년 동안 조금도 진전된 성과가 없다"고 한 것으로 보아, 갑오경장 이후 교육문제에 전혀 진척이 없었던 것으로 보인다. 이런 평가를 계기로 "정부(政府)에서 해부(該部)에 단단히 신칙하여 종전의 폐풍을 따르는 일이 없도록 하며 일관되고 진지하게 해 나간다면 기어코 이루어서 개진하는 성과가 있을 것"이라며, 교육개혁에 매진할 것을 주문했다. 이와 함께 발표된 유교 숭상과 성균관 관제 개정은 1898년부터 1899년 초까지 진행된 독립신문과 독립협회의 반란과 만민공동회의 폭민화 과정을 지켜보면서 고종이 국가사상과 고등교육 전문지식인 체계의 구축의 필요성을 절감한 것에 기인한 듯하다.[897]

[표 5-3] 교육관제 제정

| 제(諸) 학교관제 | 제정 연월일 |
|---|---|
| 한성사범학교관제 | 1895년 4월 16일 |
| 외국어학교관제 | 1895년 5월 10일 |
| 성균관관제 | 1895년 7월 2일 |
| 소학교령 | 1895년 7월 19일 |
| 한성사범학교규칙 | 1895년 7월 23일 |
| 성균관경학과규칙 | 1895년 8월 9일 |
| 소학교규칙대강 | 1895년 8월 12일 |
| 보조공립소학교규칙 | 1896년 2월 20일 |
| 의학교관제 | 1899년 3월 24일 |
| 중학교관제 | 1899년 4월 4일 |
| 상공학교관제 | 1899년 6월 24일 |
| 외국어학교관제 | 1900년 6월 27일 |
| 농상공학교관제 | 1904년 6월 8일 |

출처: 孫仁銖, 「근대교육의 보급」, 149쪽.

갑오경장부터 광무개혁 기간까지 학교관제와 규칙을 잇따라 제정함으로써, 교육의 발전과 체계를 세우려는 노력은 지속되었다. 1895년 4월 16일 한성사범학교관제를 시작으로 1904년 6월 8일 농상공학교관제(農商工學校官制)까지 교육개혁을 위한 정부의 조치는 지속되었다(표 5-3)

그리고 광무개혁이 시작된 이후 많은 사립학교가 설립되었다. 숭실학교(1897), 배화연학교(1898), 점진학교(1899), 숭의여학교(1903), 호수교여숙

(1904), 보성학교(1905), 양정의숙(1905), 휘문의숙(1906), 진명여학교(1906), 숙명여학교(1906), 중동학교(1906), 대성학교(1907), 오산학교(1907), 동덕여자의숙(1908) 등이다.[898] 기독교 등의 종교단체도 사립학교를 많이 건립했다. 서양 선교사들의 입국 이후 이들은 교육 사업을 포교의 중요한 수단으로 활용했으며, 동시에 교육기관 설립에 열성적이었다. 1886년 배재학당과 이화학당의 건립을 시작으로 기독교 선교사들이 중심이 되어 많은 사립학교가 건립되었다. 사립학교 건립에는 정부도 우호적이었으며, 고종도 직간접적으로 지원을 하였던 것으로 보인다. 1910년 기독교 계통 학교는 801개교(장노교파 501교, 감리교파 158교, 성공회 4교, 안식교회 2교, 각계 합동 1교, 천주교 46교, 종파 미상 84교)였다.[899]

이러한 노력에도 불구하고, 교육 개혁의 진전은 더뎠다. 1904년 고종은 "짐은 임금이자 스승인 자리에 있으면서 교육의 성취를 보지 못하니 마음이 적막하여 밤중에도 잠들지 못하고 있다"며, 교육의 중요성을 강조했다. 그래서 "정부에 명하여 학교를 증설하고 인재를 양성하여 쇠퇴한 시운을 만회하고 중흥의 업적을 이룩하려고 한다"며, "자제들에게 학업에 전심하여 겉치레와 허위를 제거하고 끝없이 분발하여 나라의 위엄과 영광을 떨치게 하라"고 천명한다.[900] 1904년 2월부터 일본에 의해 '갑진재란'이 발생하여 2월 20일에는 4만5000명의 일본군 병력이 한국에 상륙했다. 뒤이어 러일전쟁이 발발했다. 따라서 1904년 이 발언은 안팎으로 몰리는 고통스러운 고종의 심정을 그대로 보여준다.

아마도 국권을 지키기 위한 처절한 고종의 발언이었을 것이다. 1905년 한일의정서에 의해 사실상의 보호국조약이 체결됨으로써 대한제국의 국권은 서서히 허물어졌다. 광무개혁은 그 근대적 성과에도 불구하고 실패로 끝났다. 그러나 고종이 실시한 교육개혁의 성과는 무시될 수 없다. 한국이 일본에 강점되기 직전인 1909년 11월 9일 현재 대한제국의 국공립과 사립학교 총수는 2,236개교, 1910년까지 설립된 각급학교 총수가 도합 3,000여 개에 이르렀다.[901] 1910년 사립학교 총수는 1,973개에 달하는 등 한국의 교육열은 대단했으나, 1910년 합방 이후에 집중적인 탄압과 폐교 조치로 1912년 1,317개, 1914년 1,240개, 1919년에 690개로 급감했고,[902] 학생 수는 8만 명에서 3,800명으로 급감했다. 반면, 전근대적 서당교육의 확산을 유도하여 서당은 16,500개소에서 23,500개소로, 그리고 서당학생 수는 14만 명에서 26만 8000명으로 급증했다.[903] 이와 동시에 일제의 감시가 소홀한 서당은 반일교육의 거점으로 전환되기 시작했다.[904]

고종과 국민들이 조국의 근대화와 부강을 위해 만들어 놓은 교육 근대화의 성과를 일제가 거의 파괴해 버렸다. 탄압 속에서도 남아 있던 교육기관들은 반일교육의 거점이 되고 반일투쟁의 인재를 양성하는 공간이 되었다. 고종과 국민들의 교육성과는 일제에 의해 파괴되었지만, 그 지류는 남아서 교육과 함께 반일투쟁의 주요한 기반이 되었던 것이다. 또 하나의 중요한 흐름은 일제 치하에서도 어린이 존중과 올바른 교육을 위해 실천했던 방정환과 동학(천도교)의 노력이다.

## 4. 방정환의 교육사상과 어린이: 인내천의 천사

일본 조선총독부가 식민지 학생들에게 『국사(國史)』를 보통학교에서 가르치기 시작한 것은 1920년부터다. 이때부터 본격적으로 식민지 아동을 한국 국민이 아니라 일본 국민으로 만드는 교육을 실시했다. 이는 1919년 3·1만세운동의 여진이었을 것으로 판단된다. 『국사』의 기본 내용은 "남부경영론이나 한반도 지배설, 대륙지배설, 조선독립론, 아시아민족해방론 등 모두가 전승사관에 입각"한 것이며, 이 전승사관을 통해 "식민지 한국의 아동에게 패배주의적 의식을 심어주고, 자국민들에게는 모든 전쟁에서 승리한 자긍(부)심을 심어주는 침략사"로 구성되어 있다.[905] 즉, 자라나는 대한민국의 아이들에게 전쟁의 역사를 가르치고, 그것도 왜곡된 일본 전승 역사를 교육한 것이다.

그리고 일제의 조선 침략을 식민지 근대화의 시혜로 포장해서 교육했다. 1932년 『국사』의 내용을 보면, 1894년 일본에 의한 경복궁 침공을 미화하면서 "이후 조선은 국호를 한(韓)으로 바꾸고, 우리나라(日本-인용자)는 한(韓)을 도와주고, 여러모로 정치를 정돈시켰다"는 역사왜곡을 서슴지 않았다.[906] 일제의 경복궁 침공 이후 국권을 회복하기 위한 우리 백성들의 지난한 투쟁은 삭제되고, 오히려 일제가 한국을 도와줬다는 거짓 역사를 교육했다. 이어서 "메이지 천황은 부모가 자식을 사랑한 것같이 깊은 애정을 가지고 조선의 인민의 행복을 생각해왔던 것"이고, "이때부터 반도의 인민은 모두 제국의 신민으로서 황실의 위덕을 우러러 받들고 동양평화의 기초는 점점 단단"해졌다고 서술했다.[907] 조선이 메이지 천황의 신민이며, 천황으로 인해 조선의 인민이 행복하게 되었다는 것이다.

1940년 『국사』는 '식민지 근대화론'을 더욱 노골적으로 드러낸다. "조선의 정치는… 불과 30년 정도 사이에 크게 진보"했으며, "세상은 평온해지고, 산업은 개발되어 그중에도 농업이나 광업의 진보가 현저하고, 근년에는 공업의 발달도 두드러지고, 육해교통기관은 갖춰지고, 사업이 번창하며, 무역은 매년 발전해 갔습니다. 또 교육이 널리 퍼지고, 문화가 진보함에 따라 풍속이나 관습 등도 저절로 내지(內地)와 다를 바 없게 되고, 제도도 잇달아 개선되어 내선일체의 모습이 갖추어 갔습니다." 30년의 식민지통치를 통해 대한민국을 일본화하는 정책을 지속적으로 추진했음을 밝히고 있다. 조선과 일본은 일본의 이름 아래 황국신민이 되어야 한다는 것이다. 따라서 "육군은 특별지원병 제도가 생겨 조선 사람들도 국방의 의무를 짊어지고, 이미 전쟁에 출정하여 용감하게 전사를 하여, 야스쿠니 신사에 모셔져 호국의 신이 된 자도 있고, 우지(氏)로 부르는 것이 허용되어, 내지와 마찬가지 집의 명전(名前)에 붙여지게 되었"다며, 식민지 조선의 백성을 일본의 제국주의 전쟁을 위해 강제로 징집하여 '총알받이'로 내보냈다는 사실을 왜곡하여 밝히고 있다.[908]

이렇듯 '3·1만세운동' 다음해인 1920년부터 일본은 대한의 어린이들에게 왜곡된 역사를 교육시켰다. 식민지 조선의 어린이들은 '황국신민'으로 훈육받으며 자라야 했다. 천황에게 충성하고 일본의 제국주의 전쟁을 위해 봉사하는 일본의 '이등국민'으로 훈육되었던 것이다. 침략전쟁을 정당한 전쟁으로 교육시키고, 조선 침탈을 '문명의 세례'로 포장하여 세뇌시키려는 일본의 의도는 패망 직전까지 계속되었다.

1942년 취학률은 47.7%로 올라갔지만, 1912년 전체 취학률 2.1%, 1920년 4.4%, 1924년 14.7%, 1928년 17.2%로 상당히 저조했다.[909] 1922년 당시 일본의 취학률이 99%인데 반해, 조선의 취학률은 8%에 불과했다.[910] 이러한 편향성은 일제의 자문기관으로 친일적인 성향의 학교평의회(學校評議會)마저 일제의 소극적인 학교증설과 비용의 민간부담에 문제제기를 했다는 점에서도 확인된다.[911] 또한 식민치하 참혹한 어린이들의 삶의 모습과 교육실상을 고발한 『어린이』의 글을 통해서도 일본 제국주의 통치 아래에서 어린이들이 얼마나 고통을 받았는지 알 수 있다.

어린애라고 해서 그들의 모든 생활이 현실을 떠나가지고는 생각할 수 없는 것이니 공장과 농촌에서 아이들은 연한 뼈가 휘고 얼굴에 핏빛이 돌새가 없이 힘을 짜내게 되며 학교에서는 너무나 실제 생활과 거리가 먼 소리를 들을 뿐 아니라 툭하면 한 달에 1원 이내의 돈이 없어서 퇴학을 당하기가 일쑤요 자양분이라고는 털끝만치도 없는 호미조밥이나마 먹을 수 없는 점심시간에 어린애들이라고 푸른 하늘을 바라보고 밥알을 그리는 볼지언정 엉뚱하게 천사의 그림을 그리고 앉았을 어린애는 한사람도 없을 것이다.[912]

이런 극단의 상황에서 식민지 조선의 어린이들의 인권 보호와 민족의식의 고취는 중요한 것이었다. 그 중요한 역할은 방정환을 중심으로 하는 천도교 청년들의 선각적 노력에 의해 진행되었다.

## 1) 방정환과 어린이의 운명적 만남

방정환은 1899년 11월 9일 서울 당주동(唐珠洞)에서 방경수(方慶洙)의 장남으로 태어났다. 아버지 방경수는 동학운동에 가담한 천도교도였다. 방정환은 유복한 집안에서 태어났지만 어린 시절 할아버지의 사업 실패로 인해 힘든 시절을 보냈다. 1916년 방정환은 천도교당에 나가기 시작했다. 어린 시절 친구였던 유광렬은 "소파의 아버지 방경수는 기미독립운동 민족 대표 33인 중 천도교 대표인 권병덕(權秉悳)과 의형제를 맺고 권병덕과 함께 동학의 분파인 시천교(侍天敎)를 믿고" 있었고, "그 후 권병덕이 시천교를 떠나 천도교로 개종하면서 방경수 역시 천도교를 신봉"하게 되었다고 회고했다.[913]

방정환이 천도교당에 나간 것은 그의 인생에 커다란 전환점이었다. 그는 1917년 음력 4월 초파일 천도교 3대 교주인 손병희의 셋째 딸 손용화와 결혼했다. 천도교 교주의 사위가 된 것이며, 이는 향후 천도교에서의 활발한 활동을 예고하는 것이었다. 방정환은 천도교적 신념의 실천과 조국의 독립을 위해 청년운동에 뛰어들었다. 1918년 7월 7일 '경성청년구락부'를 만들었는데,[914] 이 단체는 일본인의 눈을 속이는 비밀결사였다. 1918년 말에 회원이 200여 명 정도가 되었다니, 규모도 상당한 편이었다. 이 단체가 비밀결사였다는 것은 방정환이 훗날 3·1운동 당시에 이 단체를 중심으로 『독립신문』을 만들어 배포하다 체포되었고 고문까지 당했다는 것에서 알 수 있다.[915]

또한 1919년 1월 방정환이 "'우리는 하도 답답하여 우리끼리라도 해보려던 것인데, 벌써 어른들이 일으키게 되었다'고 하면서 그의 장인 손 선생이 중심이 되어 작년(1918) 여름부터 일을 추진하여 근일에는 천도교, 예수교, 불교의 지도자들이 일치단결하여 독립운동을 하게 되었으니 우리들은 그 뒤를 따라서 하면 된다"며 눈물을 흘렸다는 친구 유광렬의 증언이 있다.[916] 청년 방정환에게 조국의 독립은 절실한 과제였으며, 이를 위해 만든 것이 경성청년구락부였다.

3·1운동 이후인 1919년 9월 2일 천도교청년교리강연부가 발족했는데, 방정환은 이돈화(李敦化)·박래홍(朴來弘)·손재기(孫在基)·최혁(崔赫) 등과 함께 간의원에 선출되었다.[917] 이 모임은 1920년 3월 천도교청년회로 개편되어 전국 지부를 결성했다. 천도교청년회는 이후 어린이운동에 중요한 역할을 담당했다. 동시에 천도교청년회 차원에서 1920년 6월부터 『개벽(開闢)』이라는 종합잡지를 발행했으며, 이어 『신여성』·『학생』·『어린이』 등의 월간잡지도 간행했다.

방정환은 이와 함께 창작활동과 잡지 간행사업도 추진했다. 1919년 1월 20일 창간된 『신청년』의 중심인물은 이복원, 이중각, 방정환, 류광렬 등이었는데, 이들은 '경성청년구락부'의 주도자들이었다.[918] 1920년 2월 창간된 『신여자』는 서점에서 판매한 우리나라 최초의 종합 여성잡지였는데, 방정환은 이 잡지의 편집 실무를 맡았다.[919] 방정환은 청년운동과 문학을 통해 당대의 조국의 독립과 새로운 전망을 추구했던 것으로 보인다. 방정환이 어린이운동과 아동문학을 시작하기 전에는 작품 활동을 통해 많은 글들을 투고했다.[920] 대부분의 글들은 아동문제에 대한 것이 아니라 일반적인 문학작품들이었다. 방정환이 어린이를 소재로 한 최초의 작품은 『개벽』 제3호에 실린 '어린이노래-불켜는 이'이다. '어린이노래'의 주인공인 어린이는 "이 몸은 저이와 가티 거리에서 거리로 돌아다니며 집집의 장명(燈)에 불을 켜"는 것이 꿈이다.[921] 세상의 어둠을 밝히는 어른이 되는 것이 꿈이라고 밝힌 것이다. 동학의 어린이 존중사상을 고려할 때, 방정환이 갑작스럽게 어린이문제에 천착했다고 볼 수는 없다. 어린이 존중사상을 담고 있는 천도교의 영향과 식민지 시대의 암울한 현실을 극복하려는 노력이 결합되면서, 방정환에게 어린이문제는 가장 중요한 삶의 가치가 되었다고 볼 수 있다.

이미 1919년 초부터 김기전·박래홍 등과 함께 소년운동에 대한 논의를 진행했다는 언급이 있다.[922] 아마도 이해 9월에 발족한 '천도교청년교리강연부'를 준비하면서 소년운동에 대한 논의도 진행되었던 것으로 보인다. 방정환은 일본에 유학하기 직전에 조선학생대회강연회(朝鮮學生大會講演會)에서 "자녀를 해방하라"는 강연(1920.7.28.)을 했다. 유학 중이던 1921년 7월에는 소년들을 대상으로 하는 최초의 강연도 진행했다. 1922년 12월 25일 천도교소년환등강연회(天道敎少年幻燈講演會)에서는 '생활개조와 아동문제'라는 제목으로 강연했다.[923] 이런 사실을 보면, 방정환은 1918년 경성청년구락부를 만들 때부터 어린이운동의 필요성을 절감했던 것으로 보인다.

방정환은 1920년 9월 중순 일본으로 유학을 떠났다. 1921년 4월 9일 동양대학 전문학부 문화학과에 청강생으로 입학했으나 1922년 3월 20일 퇴학

조치되었다.[924] 그리고 1923년 9월경 일본 유학생활을 정리하고 귀국한다. 3년 정도 일본에 유학생활을 했는데, 이 기간 동안 '색동회'라는 단체를 만들고, 어린이를 위한 잡지인 『어린이』를 창간했고, 어린이를 위한 번안동화집인 『사랑의 선물』을 편저했고, 고국의 어린이날 제정과 어린이운동을 추진했다.[925]

그는 유학 중이던 1921년 6월에 천도교청년회 동경지회를 중심으로 일본 유학생으로 구성된 강연단의 일원으로 6월 20일부터 8월 3일까지 논산, 익산, 군산, 전주, 임실, 광주, 목포, 해남, 철원, 평강, 원산, 영흥, 정평, 함흥동, 홍원, 북청, 리원(利原), 단천, 성진, 청진까지 근 한 달 보름 동안 강연을 진행했다.[926] 조국 곳곳에서의 강연을 통해 현실을 돌파할 수 있는 길을 모색했던 것이다. 또한 천도교청년회를 중심으로 창간된 『개벽』 제3호에 '어린이노래-불켜는이'라는 시를 통해 어린이문제를 공론화했으며, 유학 기간 동안 아동문제에 대한 연구를 결합시키면서 본격적인 활동을 전개했던 것으로 보인다.

1921년 『천도교회월보』에 기고한 '童話를 쓰기 前에 어린이 기르는 父兄과 敎師에게[동화를 쓰기 전에 어린애 기르는 부형과 교사에게]'라는 글을 통해 "처음 말 배운 오육 세쯤의 어린애를 제일귀애(第一貴愛)"한다면서, 이 어린이들의 "천사 갓혼 마음 째씃한 가슴에 가장 適合한 째씃한 神聖한 것[천사 같은 마음 깨끗한 가슴에 가장 적합한 깨끗한 신성한 것]"을 주고 싶다면서, 그 일환으로 "갑잇난 선물을 손슈맨들기 爲하야 이 새로운 조그만 藝術에 붓을 대인다[값 있는 선물을 손수 만들기 위하여 이 새로운 조그만 예술에 붓을 대인다]"고 밝혔다.[927] 또한 "어린이들이 새 세상의 새 일꾼으로 지상천국을 건설하는 데 이바지할 수 있기를 바라는 마음에서 새 일에 임하려 한다"는 각오도 밝혔다.[928] 어린이운동에 뛰어들면서 어린이를 위한 지상천국을 만드는 새로운 일을 시작하겠다고 밝히면서, 동시에 그 어린이를 위한 선물로서 아동문학 활동을 전개하겠다고 공개한 것이다.

천도교소년회 창립에 방정환이 상당한 노력을 기울였지만, 이 기간에 그는 일본 유학중이었다. 1920년 3월 천도교청년회는 첫 사업으로 『개벽』을 창간했으며, 그다음 해인 1921년 4월에 청년회 내에 소년부를 특설했다. 소년부는 1921년 5월 1일 천도교소년회로 정식 발족했다. 천도교소년회는 "만 7세부터 만 16세까지의 소년으로 조직"되었으며, "소년들의 덕지체의 발육을 위한 실행방법을 강구"하는 것을 주 목적으로 했다.[929] 천도교소년회의 행동강령은 "첫째, 소년 대중의 사회적 새 인격의 향상을 기함, 둘째, 소년 대중의 수운주의적(水雲主義的) 교양과 사회생활의 훈련을 기함, 셋째, 소년 대중의 공고한 단결로써 전적(全的) 운동을 지지함"이다.[930] 천도교소년회는 새로운 인격의 향상을 기르는 것과 동시에 동학의 정신과 종교 활동을 바탕으로 소년 대중을 위한 운동을 전개하는 행동강령을 채택했다. 우리나라 최초의 소년운동은 이처럼 동학의 어린이 존중사상을 바탕으로 시작된 것이다.

이처럼 일본에 유학 중인 가운데서도 방정환은 우리나라 최초의 어린이 운동 단체를 만드는 준비를 했으며, 그 노력은 1923년 5월 1일 색동회의 발회식으로도 결실을 맺었다. 방정환의 오랜 친구 진장섭은 1923년 2월경 방정환과 함께 확대된 어린이날 제정을 준비하기로 결정하고, 동지들의 규합에 착수했다고 회고했다. 천도교 차원이 아니라 전 나라 차원에서 어린이날을 제정할 필요가 있다고 판단하고 그 일을 준비하기 시작한 것이다. 1923년 3월 16일 방정환을 중심으로 일본 동경에 유학하던 한국 학생들이 첫 모임을 열고 색동회 창립을 논의했다. 이 모임의 참석자들은 방정환을 필두로 진주(晉州)의 소년운동가 강영호, 와세다대학의 역사과 손진태, 니혼대학 예술과 고한승, 토오요오대학 음악과 정순철, 조준기, 토오쿄오 고등사범학교

영문과 진장섭, 유학생 정병기 등 8명이었다. 정병기가 기록한 회의록에 의하면, 이날 모임의 결의사항은 "동화 및 동요를 중심으로 하고 있던 일반 아동문제까지로 할 사(事)"로 "동화와 동요를 중심으로 한다고 했는데, 그것은 곧 아동문학을 통해서 일반 아동운동을 전개하자는 것이었다. 물론 그 시절은 한국 민족이 일본 정치의 지배를 받고 있었기 때문에, 그들의 마음속에는 민족의 계몽운동을 목적하고 있었지만, 그 뜻을 밖으로 표시할 수 없었"다고 하였다.[931]

방정환은 어린이운동을 자신의 중요한 삶의 방향으로 결정하고, 그 일환으로 조직을 만들고 핵심 사업으로 어린이날 제정 운동을 전개하려고 했다. 그러나 일본의 식민통치 하에서 민족의 계몽운동, 그중에서 어린이의 계몽운동을 전개하겠다는 뜻을 공개적으로 밝힐 수 없었기 때문에 외형적으로는 아동문학을 하는 단체로 포장했다. 색동회 발기동인인 진장섭의 회고에 따르면, 방정환은 주변 사람들과 만날 때마다 '고국의 참담한 현실과 장래의 대책'을 의논하였고, "일본인들의 날카로운 경계의 눈을 피하여 겉으로는 소년의 문제를 연구하는 평범한 단체인 양 보이게 해 놓고, 실제로는 여러 가지 방법으로 우리 어린이들에게 민족의 자주독립 정신을 은밀히 배양해 주자는 것을 목표"로 삼았다고 밝혔다.[932] 그 단체가 바로 색동회였다. 따라서 방정환이 하고자 했던 어린이운동은 동학의 어린이 존중사상을 바탕으로 식민치하 조국의 미래인 어린이들의 자주독립정신을 배양하려는 것이었다.

이와 함께 잡지 『어린이』를 1923년 3월 20일에 창간했다. 발행소는 개벽사로 되어 있지만 실질적인 역할은 천도교소년회가 담당한 것으로 보인다. '현상 글 뽑기'와 '상 타기' 난에 응모할 때 '천도교소년회 편집실'로 보내라고 되어 있는 것에서 확인할 수 있다. 즉, 천도교소년회가 『어린이』 잡지 편집과 운영에 핵심 역할을 했으며, 이런 활동을 주도한 것을 방정환으로 추정된다.[933] 1923년을 기점으로 『신소년』, 『새벗』, 『햇발』 같은 소년잡지들이 창간되고, 신문은 '어린이난'을 꾸미기 시작했고, 출판계는 어린이용 단행본을 출간했다.[934]

그에 앞서 육당 최남선이 『소년』(1908), 『붉은저고리』(1912), 『아이들보이』(1913) 등의 잡지를 발행했지만, 이 잡지들은 소년소녀를 대상으로 표방하면서도 상투 틀고 쪽진 청춘남녀를 대상으로 했다. 따라서 진정으로 어린이를 대상으로 한 근대적 잡지는 『어린이』가 그 시초라 하겠다.[935]

어린이운동은 국내의 천도교 인사들과 일본 유학중인 방정환을 중심으로 하는 색동회가 동시에 추진 · 진행했다. 국내에서 1923년 4월 17일 서울 천도교당에서 김기전을 중심으로 조선소년운동협회가 조직되었다. 일본에서도 방정환을 중심으로 하는 색동회에서 어린이날 제정 운동을 추진하기로 했다. 우리나라의 어린이운동과 어린이날 제정은 방정환 등 천도교를 중심으로 천도교청년회, 천도교소년회, 색동회 등이 담당했다. 이 흐름은 전체 어린이운동의 연합조직 구성으로까지 확대되었다.

## 2) 어린이의 의미와 '인내천의 천사'로서 어린이

1925년 제네바에 모인 아동복지운동가들은 아동복지를 위한 세계회의에서 6월 1일을 국제 어린이날로 정했다. 이후 1954년 유엔(UN)과 유네스코(UNESCO)는 11월 20일을 세계 어린이날로 지정했다. 세계 최초로 어린이날을 지정한 국가는 터키다. 터키는 1920년 4월 23일을 어린이날로 제정했다. 우리나라가 1923년 5월 1일 어린이날을 제정하고 행사를 진행했으니 세계 두 번째로 어린이날을 제정한 셈이다. 좀더 구체적으로는 천도교 차원에서 진행한 1922년 5월 1일 어린이날 행사까지 소급할 수도 있을 것이다.[936]

(1) 어린이의 의미와 방정환

'어린이'라는 용어는 방정환에 의해 확산·정착되었다. 그러나 어원적으로 이미 조선시대에도 어린이라는 용어가 사용되었다. 이재철에 의하면, 『가례언해(家禮諺解)』(1632)에 "인인의사(仁人義士)ㅣ 어린이를의 긍(矜)히 녀겨", 『경민편언해(警民編諺解)』 중간본(1658)에 "얼운은 어린이를 어엿비 너기디 덧덧흔 거시라 아니ᄒ며"라고 '어린이'란 단어를 사용했다고 밝히고 있다. 또한 『훈민정음언해본』에 의하면, '어린 백성(百姓)'이 '어리석은 사람(愚民)'의 의미로 사용되다가 17세기에 들어와 '어린이'가 '어린 사람(少人)'의 의미로 변화되었다고 주장했다.[937] 따라서 어린이라는 용어는 조선시대에도 나이 어린 사람을 지칭하는 의미로 사용되었다. 그 이후 1914년 11월 최남선(六堂 崔南善, 1890~1957)이 창간한 『청춘』 창간호에 '어린이의 꿈'이 실렸다.[938] 그러나 지금과 같은 의미의 어린이의 의미로 대중에게 확산되고 정착된 것은 잡지 『어린이』의 창간부터라고 보는 것이 타당하다. '어린이'란 용어가 보편화되고, 어린이를 중요한 존재로 확인하게 된 획기적 전환 지점에 잡지 『어린이』가 있고, 방정환의 어린이운동이 있었기 때문이다.

방정환 스스로도 어린이의 의미를 모두가 동등하게 존중받는 새로운 의미로서 규정하였다는 점에서도 확인된다. "'애 녀석', '어린애', '아해놈'이라는 말을 없애 버리고 '늙은이', '젊은이'란 말과 같이 어린이라는 새 말이 생긴 것도 그때부터의 일이요, 어린이의 보육, 어린이의 정신지도에 유의하여 여러 가지의 노력이 생기기 시작한 것도 그때부터의 일입니다."[939] 방정환은 어린이를 존중하지 않는 과거의 용어를 폐기하고 모두가 동일하게 존중받는 의미에서 어린이란 단어를 제기한 것이다. 또한 어린이라는 단어의 사용만이 아니라 어린이를 위한 정책과 결합되는 방향을 모색했다. 이는 방정환이 동학의 어린이 존중사상을 시대적 변화에 맞게 새롭게 갱신하려는 의미도 담고 있다.

1922년 5월 1일 천도교소년회에 의해 어린이 날 행사가 열렸다. 그 당시 상황에 대한 기사는 다음과 같다.

천도교소년회에서는 어린이를 위하여 부모의 도움이 더욱 두텁기를 바라는 마음으로 금일 일을 기획하여 '어린이의 날'이라는 이름으로 '항상 10년 후의 조선을 생각하십시오'라고 쓴 네 가지의 인쇄물을 시내에 배포하며 그 소년 회원이 거리거리에 늘어서서 취지를 선전할 터이라는데, 이러한 일은 조선 소년운동의 처음이라 하겠으며 다른 사회에서도 다수히 응원하여 조선 사람의 10년 후의 일을 위하여 노력하기를 바란다더라.[940]

천도교소년회가 주최가 되어 열린 이 행사는 어린이들은 10년 이후 대한민국을 책임질 주체이며, 나라의 미래를 생각한다면 어린이를 위해 사회가 노력해야 한다는 점을 선전했다. 최초의 소년운동으로서 많은 사람들의 호응이 있기를 바란다는 점을 밝혔다. 이날 행사의 네 가지 선전물 중 한 가지는 10년 후의 나라를 위해 어린이들을 대하는 태도를 제시한다. "일. 어린사람을 헛말로 속히지 말아주십시오. 이. 어린사람을 늘 갓가히 하시고 자조 리야기하여 주십시오. 삼. 어린사람에게 경어(敬語)를 쓰시되 늘 부드럽게 하여 주십시오. 사. 어린사람에게 수면(睡眠)과 운동을 충분히 하게 하여 주십시오. 오. 리발이나 목욕가튼 것을 때 맛처하도록 하여 주십시오. 육. 낫분 구경을 식히지 마시고 동물원에 자조 보내주십시오. 칠. 장가와 시집 보낼 생각마시고 사람답게 만하여 주십시오."[941]

방정환이 생각했던 어린이의 보육과 정신지도를 위해서 어른들이 할 수 있는 것이 무엇인지 선전활동을 전개했던 것이다. 어린이운동의 필요성은 방정환을 중심으로 최소한 1919년부터 논의되었고, 이것이 1922년 천도교 차원의 어린이 행사로 실현되고, 뒤이어 1923년 잡지 『어린이』의 창간과 전 국적 차원의 어린이날 제정으로 이어졌다. 이러한 일련의 과정은 어린이문 제의 획기적 전환을 이루는 동인이었다.

1922년 행사는 처음에는 일본 당국의 허가를 받지 못해 승강이를 벌이는 등 우여곡절을 겪으면서 오후 1시가 되어서야 선전활동을 시작하였다. 천 도교소년회 회원들은 탑골공원, 전동, 교동, 광화문 등에서 창가를 하며 선 전활동을 전개했고, 천도교청년회와 소년회 회원들이 연합하여 3대의 자동 차를 이용해서 어린이의 날, 소년 보호 등의 문구를 붙이고 시내 곳곳에서 선전물을 뿌렸다.[942] 이러한 행사는 동학의 인간평등사상을 기반으로 식민 지 조국의 미래인 어린이를 교육하고 어린이를 동등한 인간으로 존중해야 한다는 뜻을 전파하는 것이었다.

> 한 나라 한 사회나 한 집안의 장래를 마튼 사람은 누구인가 곳 그 집안 이나 그 사회나 그 나라의 아들과 손자이라 장래에 희망을 두고 어린이에 게 장래를 맷기이는 가뎡이나 사회에서 엇지 어린이의 일을 등한히 할 수 가 잇스며 새 살님을 부르짓는 우리 사회에서는 과연 아들과 손자를 위하 야 엇더한 일을 하엿는가 옛날 일은 지나간 일이라 말할 필요가 업거니와 수년 이래로 우리의 부형은 그 자손을 위하야 과연 전에 업든 애를 써왓 다. 다시 말하면 그 자뎨를 가르치기에 열심하며 여러 가지로 자손의 인도 에 노력한 것은 근래의 교육열과 향학열이 증명하는 바이라 실로 경하할 현상이라 하려니와.[943]

이 당시 나라의 장래와 희망은 어린이들의 교육에 달려 있다고 생각한 사람들이 많았던 것으로 보인다. 당장 식민지 상황을 타개할 수 없다는 현실 판단과 상황을 타개하기 위한 준비로서 어린이교육이 절실하다는 냉철한 판단이 동시에 존재했다. 그래서 "근래의 교육열과 향학열"이 상당했으며, 어린이의 교육을 위해 "전에 없던 애를 써 왔"던 것이다. 이러한 흐름은 1923년 4월 17일 조선소년운동협회라는 조직으로 승화되었다.[944] 이 협회는 김기전의 주동으로 조직되었다. 4월 17일 서울 천도교당에서 조직된 협회의 결의사항은 5월 1일을 어린이날로 제정하고 제1회 기념 선전 활동을 할 것과 5월 1일 어린이를 위한 기념소년연예회(祈念少年演藝會)와 어른을 위한 기념문제강연회를 개최하기로 한 것이다.[945]

　1923년 5월 1일 행사는 천도교소년회를 비롯해서 불교소년회, 반도소년회 등 전국 40여 개 소년회가 연합한 조선소년운동협회가 주최했고, 동아일보·조선일보가 후원했다. 1923년 5월 1일 조선소년운동협회 선언문은 다음과 같이 밝히고 있다.

　　본 소년운동협회는 이 어린이날의 첫 기념되는 오월일일인 오늘에 잇서 고요히 생각하고 구지 결심한 나마에 감히 아래와 가튼 세 조건의 표방(標榜)을 소래처 전하며 이에 대한 천하형제(天下兄弟)의 심심(甚深)한 주의(注意)와 공명(共鳴)과 또는 협동실행(協同實行)이 잇기를 바라는 바이라.

　　일(一), 어린이를 재래(在來)의 윤리적 압박으로부터 해방하야 그들에게 대한 완전한 인격적 예우를 허(許)하게 하라.

　　이(二), 어린이를 재래의 경제적 압박으로부터 해방하야 만십사세 이하의 그들에게 대한 무상 또는 유상의 노동을 폐하게 하라.

　　삼(三), 어린이 그들이 고요히 배우고 즐거히 놀기에 족할 각양의 가정 또는 사회적 시설을 행(行)하게 하라. 계해(癸亥) 오월일일, 소년운동협회[946]

조선소년운동협회는 어린이들이 과거 가부장적 권위구조에서 벗어나 동등한 인간으로서 존중받아야 하며, 가난으로부터 벗어날 수 있도록 돕고, 그들이 힘든 노동에서 법·제도적으로 벗어날 수 있어서 즐겁게 생활하는 세상을 그리고 있다. 동서양을 막론하고 20세기 초기만 하더라도 어린이노동은 일반적이었다. 법률적 제도와 문화적 우수성이 있는 곳에서도 노동력 확보를 위한 어린이노동은 존재했다. 어린이노동은 어린이들이 자유롭게 성장하고 배우고 놀 수 있는 기회를 뺏어갔다. 이런 일체의 장애물을 걷어내는 운동을 전개하자는 것이다.

(2) 동학과 어린이, 방정환과 김기전

한국사회에서 어린이문제는 방정환을 떼어놓고 이해할 수 없다. 방정환의 사고를 움트게 한 것은 동학의 인간평등, 인간존중사상이었다. "소파는 동학의 제1대 교조 수운 최제우의 시천주, 제2대 교조 해월 최시형의 사인여천, 제3대 교조 의암 손병희의 인내천사상을 바탕으로 자신의 아동교육사상의 체계를 형성하였다. '인간이 곧 한울'이라는 인간존중과 만민평등사상에 기초하여 '어린이는 곧 한울'이라는 인식을 갖게 되었다. 동학사상의 핵심은 인간관이다. 소파의 아동교육사상의 실천은 1920년대 전국을 『어린이』라는 잡지 열풍 속으로 어린이와 인간에 대한 보편적 인식의 전환을 가져오게 하는 어린이운동으로 나타났다."[947] 천도교의 소년운동은 전체 소년운동에서 주도적인 위치에 있었으며, "성장하고자 하는 생명원리에 입각해 무궁한 한울님으로서의 어린이를 교육"하려는 소년교육운동의 성격을 띠고 있었다.[948]

"후일 소춘(小春) 김기전(金起田)이 1922(1921-인용자)년에 천도교소년회를 창립하고 어린이운동을 시작한 것"은 "「내수도문」에 기초한 것이라고 전한다."[949] 우리나라 어린이운동의 양대 산맥이라 부를 수 있는 김기전이 어린이운동을 시작하게 된 계기가 해월 최시형의 「내수도문」에 기초했다는 것은 해월이 수운의 가장 충실한 후계자였다는 점에서 동학의 정수를 기초로 어린이운동이 시작되었음을 의미하는 것이다. 「내수도문」은 다음과 같다.

> 부모님께 효를 극진히 하오며, 남편을 극진히 공경하오며, 내 자식과 며느리를 극진히 사랑하오며 하인을 내 자식과 같이 여기며 육축(六畜)이라도 다 아끼며 나무라도 생순을 꺾지 말며 부모님 분노하시거든 성품을 거슬리지 말며 웃고 어린 자식 치지 말고 울리지 마옵소서. 어린아이도 한울님을 모셨으니 아이 치는 게 곧 하날님을 치는 것이오니 천리를 모르고 일행 아희를 치면 그 아희가 곧 죽을 것이니 부디 집안에 큰 소리를 내지 말고 화순하기만 힘쓰옵소서. 이같이 한울님을 공경하고 효성하오면 하날님이 조와 하시고 복을 주시나니 부디 하날님을 극진히 공경하옵소서. 집에 숨물이나 아무 물이나 땅에 불 때에 멀리 뿌리지 말며 가래침을 멀리 뱉지 말며 코를 멀리 풀지 말며 침과 코가 땅에 떨어지거든 닦으옵시고 또한 침을 멀리 뱉고 코를 멀리 풀고 물을 멀리 뿌리면 곧 천지부모님 얼굴에 뱉난 거시니 부디 그리 알고 조심하옵소서.[950]

「내수도문」은 인간존중과 평등사상, 그리고 어린이 존중과 생명 및 자연에 대한 사랑의 철학을 담고 있다. '하인을 내 자식과 같이 여기'는 것은 신분이 해방된 인간평등의 세상을 의미하며, '어린아이도 한울님을 모셨으니 아이 치는 게 곧 하날님을 치는 것'이라는 관점은 어린이 존중사상을 의미하며, '육축이라도 다 아끼며 나무라도 생순을 꺾지 말며' '침을 멀리 뱉고 코를 멀리 풀고 물을 멀리 뿌리면 곧 천지부모님 얼굴에 뱉난' 것이라는 가르침은 생명과 자연에 대한 사랑의 철학을 닮고 있다. 모든 것은 생명이며 한울이라는 가르침이 「내수도문」의 핵심이다. 김기전은 이런 가르침을 어린이운동으로 실천했던 것이다.

김기전은 조선소년운동협회가 발족된 3일 후인 1923년 4월 20일 '개벽운동과 합치되는 조선의 소년운동'이란 글을 『개벽』 제35호에 실었다.[951] 이 글은 김기전의 어린이운동에 대한 생각을 담은 것이다. 그는 어린이의 미래를 가로막는 것을 윤리적 문제와 경제적 문제로 규정하고, 이 문제를 바꾸어 나감으로써 나라의 미래를 개척할 수 있다고 생각했다. 어른은 "그 사회에 대한 가장 높흔 지위와 가장 만흔 허여(許與)를 밧는 반면"에 "'어린이'는 아모것도 아닌 것으로 취급"함으로써, 근본적으로 어린이의 '인격을 부인'하였다는 것이다. 어린이를 사랑한다고 했지만, "어린이란 조각은 적으되 보통인(普通人)의 안중(眼中)에는 띄우지도 아느리 만큼" 적었고, "여태까지의 사람들의 안중에는 아조 어린이란 것이 보이지" 않았다고 비판한다.

경제적으로도 "현하(現下) 사회제도로브터 오는 무산가정(無産家庭)의 생활난은 그 영향이 고대로 그 가정에 잇는 어린이에게 밋처서 즐겁게 노라야 하고 힘 마추 배와야 할 어린이 그들은 불행하게도 노동하여야 하고 수난(受難)하여야" 하는 제도적 문제를 지적한다. 이런 제도적 문제 때문에 어린이들이 학교는 있지만 먹을 것이 없어서 공부를 못하는 어린이가 상당히 많으며, 그 어린이 중 많은 어린이들은 적은 임금과 힘든 노동으로 자신의 미래를 그르치고 있다고 한탄한다.

이런 현실을 타개하기 위해 김기전은 개벽운동으로서의 소년운동을 주장했다. 오늘이 '세상의 문운이 장차 근본으로 한번 뒤집히려 하는' 때인 하늘과 땅이 열리는 개벽이며, 어린이를 떠나서는 아무런 희망도 광명도 없다고 주장한다. 그러니 이제부터 미래의 상징인 어린이를 사회규범 일체의 중심으로 삼자고 제안한다. 그 방법으로 윤리 면에서는 어린이에게도 경어를 사용하며, 일상생활에서 어른과 동격으로 취급되는 관습을 만들며, 사회 시설을 건설할 때도 어린이의 존재를 염두에 두어야 한다는 것이다. 경제 면에서는 어린이들에게 상당한 의식(衣食)을 주고, 유소년의 노동을 금지하며, 보편적인 취학 기회를 제공해야 한다는 것이다.

　김기전은 어린이 해방을 민족의 정치적 해방과 인간의 계급적 해방의 가장 기초적인 문제로 인식했다. "우리가 몬져 우리의 발 밋헤 잇는 남녀 어린이를 해방치 아니하면 기타의 모든 해방운동을 사실로써 철저하지 못하리라"는 것이다. 즉, 해방의 길은 그 끝에 '어린이 해방'이 있다고 결론짓는다. 따라서 김기전에게 어린이 문제는 조국이 처한 모순을 해결할 수 있는 가장 선차적이며 중대한 과제였다.

　이처럼 김기전은 방정환만큼 어린이운동에서 선구적 인물이다. 1923년 5월 1일 어린이날 행사에서 유인물로 배포된 선전문 중에서 '소년운동의 기초조건'은 김기전이 쓴 '개벽운동과 합치되는 조선의 소년운동'을 압축해 놓은 것이다. 소년운동의 방향성이 김기전의 글을 통해 제시된 것이다. 이 '소년운동의 기초조건'과 『개벽』에 실린 김기전의 글을 세계 최초의 '어린이 인권선언'이라고 규정하는 주장도 있다.[952] 또한 방정환과 김기전의 위상은 『어린이』 창간호에 동화작가이며 편집을 맡았던 이정호(李定鎬, 1906~1938)의 글에서 알 수 있다.

　　맨 먼저 우리를 지도하실 힘 있는 후원자 김기전(金起田) 씨와 방정환 씨를 얻었습니다. 두 분은 누구보다도 제일 우리를 이해해 주시고 또 끔찍이 우리를 사랑하셔서 우리를 위하여 어떻게든지 좋게 잘되게 해 주시지 못하여 늘 안타까워하십니다. 우리는 참말로 친형님같이 친부모같이 탐탁하게 믿고 매달리게 되었습니다. 사실로 소년문제에 관하여 연구가 많으신 두 선생님을 얻게 된 것을 우리 운동에 큰 힘이었습니다(미완).[953]

소년문제에 있어 방정환과 김기전은 가장 강력한 영향력을 갖고 있었던 인물이었다. 정혜정은 "방정환이 소년운동의 실천가였다면 소춘 김기전은 배후에서 모든 것을 기획하는 연출자"라고 두 사람의 관계를 규정한다. 그러나 실천가와 배후 연출자와 같은 관계로 방정환과 김기전을 규정할 수는 없을 듯하다. 연배와 천도교 활동은 김기전이 더 오래되었기 때문에, 방정환이 김기전에게 많은 부분을 배웠던 것으로 보인다. 1923년 '어린이날' 행사의 선전문도 김기전의 생각이 전적으로 반영되었다는 점에서, 이 행사에 깊숙이 간여한 방정환도 김기전의 생각을 수용한 것으로 볼 수 있다. 또한 어린이에게 경어를 사용하는 것도 김기전의 행동에 감명을 받은 것처럼 『별건곤』의 글에서 나타난다.[954]

방정환과 김기전을 중심으로 추진된 어린이운동은 1923년 5월 1일을 기점으로 전국적인 차원에서 대중적으로 진행되었다. 이날 행사와 함께 가장 행렬이 천도교 중앙총부 마당에서 출발했다. 어린이날 행렬이 등장하면 길가의 구경꾼들이 인산인해를 이루었고, '만세!'를 불러도 잡아가지 않는 유일한 날이었다고 한다. 이날 선전물에 나온 어른과 어린이에게 드리는 글을 길지만 인용한다.

어른에게 드리는 글

一. 어린이를 내려다보지 마시고 치어다보아 주시오.

一. 어린이를 늘 가까이 하시어 자주 이야기하여 주시오.

一. 어린이에게 경어를 쓰시되 늘 보드랍게 하여 주시오.

一. 이발이나 목욕, 의복 같은 것을 때맞춰 하도록 하여 주시오.

一. 잠자는 것과 운동하는 것을 충분히 하게 하여 주시오.

一. 산보와 원족(遠足) 같은 것을 가끔가끔 시켜주십시오.

一. 어린이를 책망하실 때에는 쉽게 성만 내지 마시고 자세 자세히 타일러 주시오.

一. 어린이들이 서로 모여 즐겁게 놀 만한 놀이터나 기관(機關) 같은 것을 지어주시오.

一. 대우주의 뇌신경의 말초는 늙은이에 있지 아니하고 오직 어린이들에게만 있는 것을 늘 생각하여 주시오.


어린동무들에게

一. 돋는 해와 지는 해를 반드시 보기로 합시다.

一. 어른에게는 물론이고 당신들끼리도 서로 존대하기로 합시다.

一. 뒷간이나 담벽에 글씨를 쓰거나 그림 같은 것을 그리지 말기로 합시다.

一. 길가에서 떼를 지어 놀거나 유리 같은 것을 버리지 말기로 합시다.

一. 꽃이나 풀을 꺾지 말고 동물을 사랑하기로 합시다.

一. 전차나 기차에서는 어른에게 자리를 사양하기로 합시다.

一. 입은 꼭 다물고 몸은 바르게 가지기로 합시다.[955]


어린이날 배포된 선전물은 어른과 어린이들이 일상생활에서 실천할 수 있는 구체적인 내용을 담고 있다. 동학의 어린이 존중사상을 반영하고 구체적 실천덕목을 담고 있다는 점에서 최초의 어른과 어린이의 실천 강령 성격이며, 동시에 제2의 내수도문이라 할 수 있다. 이 선전물이 인간존중과 평등의 사상을 담고 있으며, 동시에 생명과 자연에 대한 사랑의 철학이 담겨 있고, 긴강과 위생문제도 언급되었다는 점에서 더욱 그러하다.

어린이날 행사 직후인 7월 23일부터 28일까지 소년문제를 연구하는 동경 색동회와 소년잡지를 발행하는 조선어린이사 주최로 경운동 천도교당에서 '소년지도자대회'가 개최되었다. 이 대회의 첫날 강연은 '조선소년운동의 지위'에 대해 김기전, '소년문제에 관하야'에 대해 방정환이 맡도록 되어 있다.[956] 이 대회는 예정대로 열렸으나 김기전의 강연은 이돈화와 방정환의 간담으로 대체되었다.

어린이날은 노동절(메이데이)과 중복된다는 이유로 1928년부터는 5월 첫째 일요일로 변경되었다. 1937년까지 지속되다가 조선총독부가 집회를 금지했고, 해방이 되면서 다시 어린이날을 기념하게 되었다. 제2회 어린이날 행사가 열린 1924년에는 5월 1일부터 4일까지 나흘 동안 경성을 비롯해 각지의 주요한 곳에 1만 장의 포스터를 붙이고 134개의 소년회의 회원이 모여서 30만 장의 선전지를 배포할 계획이라고 밝혔다. 행사를 4일에 걸쳐 진행한 것은 서양의 성탄절과 같이 어린이들이 하루가 아니라 며칠 동안 마음껏 즐겁게 지내도록 하려는 것이었다. 주요 행사는 첫날은 어린이 대회 개최, 이튿날은 어린이보호자대회, 셋째 날은 동화회·동요회·음악회 개최, 넷째 날은 직업소년 위안회와 어린이 야유회 등이다.[957]

당시 어린이날은 학대를 받는 조선의 어린이를 위해서 새롭게 만들어진 기념일로 이해되었다. 어린이날은 "천대와 구박으로 자라나는 조선의 '어린이'들이 '어린이도 한 사람이다!' '어린이에게도 한사람으로서의 리해와 사랑을 다오!" 하고 부르짖는 날이었다.[958] 식민지 상황에서 '어린이날'은 조국의 독립된 미래를 볼 수 있는 희망의 날이었을 것이다. 따라서 1920년대는 어린이운동이 대대적으로 전개되었던 시절이었다. 1927년까지 소년단체가 전국에 적어도 247개 이상 설립되었다.[959] 어린이 대상 잡지도 대중적으로 인기가 있었다. 잡지『어린이』도 판매가 잘 되었다.[960] 어린이에 대한 관심의 증대는 건강과 위생의 문제로까지 확대되었다. 그야말로 1920년대는 '어린이시대'라고 할 만한 상황이었다.

### 3) 방정환의 어린이운동

방정환은 1918년과 1919년 사이에 어린이운동을 준비했으며, 1920년『개벽』에 '어린이노래-불켜는 이'라는 번역시를 통해 어린이란 용어를 쓰기 시작했다. 1921년 2월『천도교회월보』에는「동화를 쓰기 전에 어린애 기르는 부형과 교사에게」라는 글을 통해 아동문학을 시작하겠다는 뜻을 밝혔다. 방정환에게 어린이문제는 천도교적 종교철학의 실천이라는 한 축과 민족의 독립과 미래를 위한 어린이운동이라는 한 축이 결합된 것이다. 따라서 방정환의 어린이사상은 두 가지 관점에서 접근할 수 있다.

### (1) 천도교의 실천으로서 어린이운동

> 나는 이 일을 착수할 때에 더욱 우리 교(敎) 중의 많은 어린 동무를 생각한다. 어여쁜 천사, 인내천의 천사, 이윽고는 새 세상의 천도교의 새 일꾼으로 지상천국의 건설에 종사할 우리 교(敎)중의 어린 동무로 하여금 애 적부터, 시인일 적부터, 아직 물욕의 마귀가 되기 전부터 아름다운 신앙생활을 찬미하게 하고 싶다. 영원한 천사가 되게 하고 싶다. 늘 이 생각을 잊지 말고, 이 예술을 만들고 싶고, 또 그렇게 하련다.[961]

방정환에게 어린이운동은 천도교의 종교사상을 세상에 실천하는 것이었다. 방정환이 아동문학을 시삭하셨다고 공개적으로 밝힌 위의 글에서 천도교의 어린이들을 위해 예술을 하겠다는 포부를 밝히고 있다. '어여쁜 천사, 인내천의 천사'인 어린이들에게 하루라도 더 빨리 아름다운 신앙생활을 예술로서 찬미하고, 이를 통해 영원한 천사가 되도록 예술 활동을 진행하겠다는 것이다. 인내천(人乃天)은 해월 최시형의 강론(1865.10.28)에서 등장했다. 이날 해월은 "인(人)은 내천(乃天)이라 고로 인은 평등하여 차별이 없나니 인이 인위(人爲)로써 귀천을 분(分)함은 시(是) 천(天)에 위(違)함이니 오(吾) 도인(道人)은 일절(一切) 귀천의 차별을 철폐하여 선사(先師)의 지(志)를 부(副)함으로써 위주하기를 망(望)하노라"고 강론했다.[962]

인간이 곧 하늘이며 따라서 인간은 평등하고 귀천의 차별이 없다는 선언이다. 이는 수운의 한울님이 내 몸 안에 모셔져 있다는 시천주(侍天主)의 '해월 식 해석'이다. 이 시천주와 인내천의 철학은 해월에 이르러 당대 사회의 약자이며 동등한 인간으로 대우받지 못했던 어린이에게까지 확장되었다. 「내수도문」이 바로 어린이 존중사상을 확인한 내용이다. "한울님을 모시고 있는 어린아이를 치는 것은 곧 한울님을 치는 것"[963]이니, 당연히 어린이도 한울님과 같이 존중받아야 한다. 또한 자연과 같이 순수하고 한울과 같이 거룩한 존재인 어린이이기에 더욱 그러했다. 방정환은 『어린이』(1923) 창간호의 「처음에」에서 어린이운동의 의미를 밝혔다.

새와 가티 꼿과 가티 앵도 같은 어린 입술로 텬진란만하게 부르는 노래 그것은 고대로 자연의 소리이며, 고대로 한울의 소리입니다. 벼닭이와 가티 톡기와 가티 부드러운 머리를 바람에 날리면서 뛰노는 모양 고대로가 자연의 자태이고 고대로가 한울의 그림자입니다. 거긔에는 어른들과 같은 욕심도 잇지 아니하고 욕심스런 계획도 잇지 아니합니다. 죄 업고 허물업는 평화롭고 자유로운 한울나라! 그것은 우리의 어린이의 나라입니다. 우리는 어느 때까지 던지 이 한울나라를 더럽히지 말아야 할 것이며 이 세상에 사는 사람사람이 모다 깨끗한 나라에서 살게 되도록 우리의 나라를 넓혀 가야 할 것입니다. 이 두 가지 일을 위하는 생각에서 넘쳐 나오는 모든 깨끗한 것을 거두어 모아 내이는 것이 『어린이』입니다. 우리의 뜨거운 정성으로 된 『어린이』가 여러분의 따뜻한 품에 안길 때 거기에 깨끗한 령(靈)의 싹이 새로 도들 것을 우리는 밋습니다.[964]

방정환에게 어린이의 목소리는 '자연의 소리'이고 '한울의 소리'이며, 어린이의 모습은 '자연의 자태'이고 '한울의 그림자'이며, 어린이의 세상은 '평화롭고 자유로운 한울나라'이다. 여기에는 동학의 시천주, 사인여천, 인내천의 사상이 그 바탕에 깔려 있다. 어린이를 어른과 동등하게 고귀한 생명으로 한울님으로 여기고, 어린이와 같은 세상과 나라를 만들어 가는 것이 『어린이』 창간의 의미였다. 방정환은 고귀한 어린 생명이 일본의 식민지 통치와 어른들의 잘못된 인식에 의해 억눌리는 것을 용납할 수 없었다.

지금의 그네의 학교교사와 같이 할까. 그것도 잘못된, 그릇된 인형제조입니다. 화초 기르듯 물건 취급하듯 자기 의사에 꼭 맞는 인물을 만들려는 욕심밖에 있지 아니합니다. 지금의 학교 그는 기성된 사회와의 일정한 약속 하에서 그의 필요한 인물을 조출하는 밖에 더 이상의 계획도 없습니다. 그때 그 사회 어느 구석에 필요한 어떤 인물(소위 입신 출세자겠지요)의 주문을 받고 그대로 자꾸 판에 찍어 놓는 교육이 아니고 무엇이겠습니까? 그러나 어린이는 결코 부모의 물건이 되려고 생겨 나오는 것도 아니고 어느 기성 사회의 주문품이 되려고 나오는 것도 아닙니다. 그네는 훌륭한 한 사람

으로 태어나오는 것이고 저는 제대로 독득한 사람이 되어 갈 것입니다.[965]

어린이를 어른들의 잣대로 보는 것과 교육이 기성의 것을 강요하는 방식은 안 된다는 것이다. 또 "어린이는 결코 부모의 물건이 되려고 생겨 나오는 것도 아니고 어느 기성 사회의 주문품이 되려고 나오는 것도" 아닌 존재라는 점을 강조한다. 어느 누구에게도 예속되지 않은 독립된 존재로서 어린이들이 자랄 수 있는 환경과 그렇게 자랄 수 있는 교육을 해야 한다는 확고한 철학을 제시한 것이다. 부모들에게도 명백하게 강조한다. "내가 낳은 자식이니까 내 마음대로 할 수 있는 것이"라는 생각을 근본적으로 뜯어 고치라는 것이다. 단지 "어린 사람을 충실히, 튼튼하게 남보다 뛰어나게 현명하게 자라게 해주는 방법은 단 한 가지가 있으니 그것은 오직 어린 사람을 항상 기껍게 해주는 것뿐입니다"라며, 자유롭고 건강하게 자랄 수 있는 환경을 만들어주는 것이 교육의 역할이라고 밝힌다.[966]

방정환에게 어린이는 그야말로 '찬미의 대상'이었고, 가야 할 '동경의 세상'이었다. 어린이의 잠자는 얼굴은 '가장 훌륭한 평화만을 골라 가진' 모습이었다. 그 얼굴은 먼지도 없을 만큼 깨끗한 것이고, 싫어할 것이라고 한 치도 보이지 않는 것이고, '부처보다도 야소보다도 하늘 뜻 그대로의 산 하느님'이었다. "더할 수 없는 착함(善)과 더할 수 없는 아름다움(美)을 갖추고 그 위에 또 위대한 창조의 힘까지 갖추어 가진 어린 하느님"이었다. '자비와 평등과 박애와 환희와 행복과 이 세상 모든 아름다운 것만 한없이 가지고 사는 이'가 어린이었다. 어린이는 바로 '하늘의 뜻'이며, 어른들에게 주는 '하늘의 계시'였다. 따라서 이 시대의 역할과 사명은 "어린이들의 기쁨을 찾아"주는 것이었다.[967] "우리가 사는 세상에서 아동시대의 마음처럼 자유로 날개를 펴는 것도 업고, 또 순결한 것도" 없기 때문이다.[968]

어린이에게 기쁨을 찾아주는 하나의 방법으로 방정환은 아동문학을 선택했다. 인간의 교양의 요소로서 예술이 절대적으로 필요한 것과 같이 아동들에게도 인간적 생활의 요소로서 동화가 필요하다는 것이다. 방정환에게 동화는 "동화(童話)의 동(童)은 아동이란 동이요 화는 설화(說話)이니 동화라는 것은 아동의 설화, 또는 아동을 위하야의 설화"[969]이다. 따라서 『어린이』잡지에는 수신 강화와 같은 교훈담이나 수양담은 일체 넣지 말아야 하며, 어린이들끼리의 소식, 그들의 작문, 담화, 동화, 동요, 소년소설이면 충분하다고 했다. 그 이유는 어린이들이 웃고 울고 뛰고 노래하고 그렇게 커 가는 것이 가장 훌륭하기 때문이다.[970] 아동문학은 "독자인 아이들의 눈높이에 맞추어야 하고, 아이들의 눈과 마음으로 마주친 경험을 담고 있어야 하며, 아이들이 읽고 공감하고 감동할 수 있어야 한다"[971]는 것이다.

### (2) 독립된 미래를 위한 어린이운동

방정환의 어린이운동은 조국의 독립과 미래를 위한 것이었다. 방정환의 호인 '소파'에 대한 논란, 방정환의 아동문학관에 미친 일본의 영향력 등을 근거로 그의 어린이운동을 왜곡하려는 연구가 적지 않다. 그것이 의도적인 것이라면 과학의 미명 하에 역사를 왜곡하는 것이다. 방정환은 일본에 유학을 떠나기 전인 1919년 신문을 만들어 배포하다 체포되어 경찰서에서 고문을 받은 경력이 있으며, '3·1운동'의 중심이었던 천도교 교주 손병희의 사위이기도 했다. 또한 유학중이던 1921년 11월 10일에도 천도교청년회원들과 함께 체포되어 취조를 받기도 했다. 그 이유는 일제에 반대하는 운동을 일으키려고 모의했고 여러 청년들을 선동했다는 혐의였다.[972] 이후에도 『어린이』를 비롯한 잡지 원고 검열로 발간 자체가 어려웠던 적도 많았다.

방정환에게 아동문학은 민족의 문제와 결합되어 있었다. 방정환이 중심

인물 중 한 명으로 간여한 『개벽』지는 '민족사상의 원천인 동화문학의 부흥'을 위해 '조선 고래의 동화'를 발굴하는 작업을 추진했다. 어느 민족이든 전설, 민요, 동화, 동요는 "그 민족성과 민족의 생활을 근거하고 거기서 흘러나와서 다시 그것이 그 민족근성(民族根性)을 굳건히 하고 새물을 주는 것"이다. 그런데 '고상한 조선 고래의 동화와 동요'에 관심을 갖는 사람들이 없어서 묻혀 버리고 일본의 동요와 동화만 알고 있다고 한탄했다.[973] 이와 같이 방정환은 우리 전래의 동화와 동요의 발굴을 통해 민족사상의 복원을 추진했던 것이다. 그리고 방정환은 자신의 정부도 갖지 못하고 일본의 문부성과 같이 교육을 담당하는 기관도 갖지 못한 조국의 현실 앞에서, 고래동화(古來童話)의 모집은 너무 어려운 일이지만 우리의 힘으로 착수해야 한다고 밝혔다.

일본동화라 하고 구라파 각국에 번역되어 잇는 「원의 생담(猿의 生膽)」이라는 유명한 동화는 기실 일본 고유한 것이 아니고 조선동화로서 번역된 것인데 조선 별주부의 톡기를 원숭이로 고첫슬 뿐이다.(東國通史에 보면 조선 고유의 것 가트나 혹시 인도에서 온 것이 아닌가 생각도 되는 바 아즉 분명히는 알수 업다.) 그 밧게 「혹쟁이」(혹쟁이가 독갑이에게 혹을 팔앗는데 짧日에 딴 혹쟁이가 또 팔라 갓다가 혹 두 개를 부처 가지고 오는 이약이)도 조선서 일본으로 간 것이다. 그런데 이 혹쟁이 이약이는 독일, 이태리, 불란서 등 여러 나라에 잇다 하는데 서양의 이 혹쟁이 이약이는 그 혹이 안면에 잇지 안코 등(背)에 잇다 하니 꼽추의 이약이로 변한 것도 흥미 잇는 일이다. 이 외에 일본고서, 우치습유물어(宇治拾遺物語)라는 책에 잇는 「허리 부러진 새」라는 동화도 조선의 「흥부 놀부」의 역(譯)이 분명하다.[974]

방정환은 조선의 고래 동화를 발굴하는 작업을 추진하면서, 일본 아동문학에 대해서도 연구를 진행했다. 일본의 동화가 일본 고유의 것이 아니라 조선동화의 번역인 것들도 있으며, 유럽의 동화와 조선의 동화의 유사성도 논하였다. 특히 일본의 동화가 대체로 조선의 동화를 번역하거나 번안했을 것이라는 점을 부각시킨다. 식민지 조국에서 '일부 식자'를 제외하고 일반 국민들의 동화 이해가 거의 없다는 문제를 지적하고, 동화집 몇 권과 잡지에 게재된 동화들이 대부분 외국동화의 번역이고 자체 창작품이 없다는 점도 안타깝게 생각하였다.[975]

그러면서도 우리 전통의 동화를 발굴하면, 훌륭한 동화들을 창작할 수 있고 민족정신을 부활시킬 수 있다는 점도 강조하였다. 조선 동화를 번역 또는 번안한 일본 동화를 언급하고, 서양 동화와 조선 동화의 유사성을 언급하는 것에서 유추할 수 있다. 즉, 현대 아동문학의 수입은 늦었고, 창작 활동을 하는 문학가가 적지만 차근차근 준비하면 충분히 좋은 동화를 만들 수 있다고 생각한 것이다. 그런 차원에서 방정환은 한 사람의 힘으로도 제대로 된 연구를 할 수 없다는 점을 밝히면서 함께 할 동지들이 늘어나서 모임을 만들었으면 좋겠다는 바람도 밝힌다. 이를 통해 아동문학을 발전시키고, 창작된 동화의 보급을 통해 아동교육과 소년 지도의 새로운 길이 열릴 것으로 봤다.[976]

방정환이 어린이운동을 시작한 것은 인내천의 천사에게 기쁨을 주고 동시에 "짓밟히고 학대받고 쓸쓸하게 자라는 어린 혼을 구원"하겠다는 것이었다. '어린 혼을 구원'하기 위해 시작한 것이 소년운동이며, 이 운동을 추진할 소년회를 만들고 소년문제연구회를 조직하고 잡지 『어린이』 발간을 시작했다.[977] 또한 강연을 통해서 어린이운동의 필요성을 절박하게 호소했다.

과거를 도라다보는 생활과 현재만을 생각하는 생활은 우리에게 아모 진보와 향상을 주지 안는다. 오즉 장래를 내여다보는 생활, 거기에 우리의 진보와 향상과 유일의 희망이 잇다. 그런데 장래 세상의 주인 어린이를 우리는 구박할 줄은 알엇서도 존경할 줄은 몰낫다. 그것이 조선사람의 성격(性格)을 망치노하 음모와 당쟁으로 오늘날의 이 디경이 된 것이다. 그럼으로 우리 조선의 장래 한층 더 나아가 우리의 모든 사람의 장래는 오즉 이 길 어린이의 선도(善導)에 잇슬 뿐이다.[978]

　조국의 미래와 모든 사람의 장래는 '어린이의 선도'에 있으며, 장래를 위한 어린이교육과 어린이운동만이 조국의 진보와 향상을 위한 유일한 희망이라고 호소한다. 또한 방정환은 신문 기고를 통해서 어린이운동을 적극적으로 알려 나갔다. 1925년 5월 1일 어린이날을 맞이하여 『동아일보』에 「이깃분 날」이라는 제목의 글이 실렸다. 그 핵심 내용도 '장래를 살리자'는 호소였다. 장래를 살리는 그것 외에는 바랄 것도 믿을 것도 없는 우리에게 "어린이날 희망의 날에 우리는 엇더케 하면 깃붐을 모르고 밝은 빗을 보지 못하고 자라는 우리 어린이들에게 더만흔 깃붐을 주어 그들의 마음이 씩씩하게 자라고 그들의 긔운이 한이 업시 뻐더가게 할가 그것만을 생각"하고 싶다고 밝혔다. 식민지 조국의 현실과 그 현실 속에서 한층 더 억눌린 어린이의 해방을 위한 운동은 조국의 장래와 직결되는 것이었다. 그래서 "눌리우는 사람의 발밑에 또한 겹눌려온 됴선의 어린 민중들"의 해방은 식민통치에 신음하는 어른의 해방문제이며, 그 어른에 의해 억눌려온 어린이의 해방문제였다. 방정환에게 조국의 독립과 미래는 어린이해방에 달려 있었던 것이다.[979]
　또한 한글 보급의 필요성도 제기했다. 방정환은 수만 명의 전문학생, 중학생, 소학생, 여학생들이 여름 방학에 고향에 돌아가서 이웃 농민들에게 언문 한 가지씩을 깨우쳐 주고 오라고 호소했다. 수만 명의 학생이 방학인

40여 일 동안 한글을 가르쳐 주면, 20만 명 이상의 사람들이 문맹에서 벗어날 것이니, 그것부터 시작하자는 것이다.[980] 왜냐하면, 모든 일은 한글을 익히는 것부터 시작되기 때문이다. 조선 사람이 모두 문맹을 면한다면, 우리는 서로 호흡을 같이 할 수 있고 기맥(氣脉)을 통할 수 있게 되어서 "민중 전체가 손목을 맞잡고 같이 움직여 나갈 수 있게 될 것"이라는 것이다.[981]

일부에서 방정환의 운동 방식이 식민 지배 극복보다는 신민화의 논리에 동화될 위험이 높다는 비판을 제기한다. 그 논거는 "그(방정환)는 좋은 사람을 위해 이성훈련보다는 정서교육에 치중하였으며, '어린이독본'에 제시된 것과 같은 도덕을 강조"했는데, "식민지배 체제 하에 놓인 현실을 고려한다면 소년운동에서 추구하는 이상적 인간상은 원만한 인격을 가진 존재와는 달라야" 하며, "소년이 독립을 위한 존재로 양성되기 위해서는 현실의 모순을 직시하고 그 극복을 위해 투쟁할 수 있는 존재"여야 한다는 것이다. 따라서 "좋은 사람은 모순 극복보다는 현실의 도덕을 수용한다는 점에서 식민지배 극복보다는 신민화의 논리에 동화될 위험"이 있다는 비판이다.[982]

인간이 오랜 진화의 기간 동안 형성된 도덕 감정을 정서교육으로 폄훼하고 이성훈련보다 낮은 것으로 치부하는 논리에 동의할 수 없다. 좋은 사람은 똑똑한 사람이 아니라 측은지심(惻隱之心)·수오지심(羞惡之心)·사양지심(辭讓之心)의 도덕 감정을 더욱 높게 수신(修身)한 사람이기 때문이다. '좋은 사람'은 "도움이 필요한 어려운 상황이나 곤경에 처한 사람의 심정에 공감하여 사랑 감정에서 그를 안쓰러워하여 구하고 돕고 싶은 감정"[983]을 갖고 있는 사람이며, "자신의 잘못을 타인이 알게 되어 자신을 부끄러워하는 수치심이고 남의 잘못된 행동을 알고 미워하는 정의감"[984]을 갖고 있는 사람이며, "자아와 타아의 비교 속에서 드러나는 선후 상하 질서를 지켜 타아를 대할 때 타아가 기뻐할 것을 같이 기뻐하는 공감과, 어길 때 타아가 아파할 것을 같이 아파하는 공감에서 생겨나는 공손감정과 우러르는 사랑의 결합감정"[985]을 갖고 있는 사람이다. 여기에 인간의 본성 중 말단인 시비지심(是非之心)은 "옳은 행위를 옳다고 느끼고 그른 행위를 그르다고 느끼는 시시비비(是是非非)의 평가감정"[986]이다. 따라서 도덕을 강조하는 것은 인간의 본성인 사단지심(四端之心)을 더욱 넓히는 것이다.

이 도덕 감정을 도외시한 채, 지식과 이성만을 강조하는 교육은 인간본성에 역행하는 것이다. 저 똑똑한 식민지 시대 지식인들이 친일 부역을 마다하지 않은 것은 머릿속에 지식은 쌓여 있으되, 곤경에 빠진 사람을 도울 감정도, 자신을 부끄러워하는 수치심도, 조국을 사랑하는 공손 감정도 없었기 때문이다. 또한 옳고 그름을 판단할 평가 감정마저도 마비되어 버렸기 때문이다. 식민지배 체제에서 소년에게 체제의 모순을 주입하면 그 소년이 일제에 맞서 투쟁하는 존재가 되는 것이 아니다. 지식은 식민지배의 강고한 힘도 동시에 주입하기 때문이다. '좋은 사람'은 사단지심을 확충하여 식민지배에 신음하는 백성의 아픔을 공감하고, 일제의 나쁜 행동을 미워하는 정의감이 강하고, 조국과 백성에 대한 존경으로 이것을 지키기 위해 나서며, 일제의 옳지 못한 행동에 공분할 줄 아는 감정이 충만한 사람이다. 그런 '좋은 사람'은 신민화의 논리에 동화되지 않을 것이다. 왜냐하면 '좋은 사람'은 인간 본성상 그것을 수용할 수 없을 것이기 때문이다.

방정환의 종교적 실천과 조국의 독립과 미래를 위한 행동은 어린이운동으로 집약될 수 있다. 가장 깨끗한 '인내천의 천사'인 한울님으로서 어린이들을 위한 실천, 그리고 조국의 독립을 위한 미래의 일꾼으로서 어린이운동은 불가분 결합되어 있었다. 그의 종교적 신념과 식민지 조국의 현실이 결합되어 나타난 것이 바로 어린이 존중사상이며 어린이운동이었다.

## 5. 서양의 아동문제

동아시아는 수신(修身)을 가장 중요하게 생각했으며, 교육의 가치를 높게 생각했다. 통치자는 백성을 먹여 살리고 부자를 만드는 양민(養民)과 부민(富民)을 가장 중요한 가치로 생각했으며, 백성을 가르치는 교민(敎民)을 강조했다. "교육에는 차별이 없다"고 천명했으며, 어릴 때부터 귀천(貴賤) 없이 교육을 받을 수 있도록 기관을 설치했다.[987]

> 삼대(三代)의 융성했을 때에 그 법이 점점 갖추어졌으니, 그러한 뒤에 왕궁(王宮)과 국도(國都)로부터 여항(閭巷)에 이르기까지 학교(學校)가 있지 않은 곳이 없어 사람이 태어나 8세가 되면 왕공(王公)으로부터 아래로 서인(庶人)의 자제(子弟)에 이르기까지 모두 소학교(小學校)에 들어가게 해서 이들에게 물 뿌리고 청소하며 응하고 대답하며 나아가고 물러가는 예절과 예(禮)·악(樂)·사(射)·어(御)·서(書)·수(數)의 문(文)을 가르치고, 15세에 이르면 천자(天子)의 원자(元子)·중자(衆子)로부터 공(公)·경(卿)·대부(大夫)·원사(元士)의 적자(嫡子)와 일반 백성의 우수(優秀)한 자에 이르기까지 모두 태학(太學)에 들어가게 해서 이들에게 이치를 궁구하고 마음을 바루며 몸을 닦고 남을 다스리는 도(道)를 가르쳤으니, 이는 또 학교의 가르침에 크고 작은 절차가 나누어진 이유이다.[988]

옛날부터 학교를 만들어 귀천을 가리지 않고 어린이들이 교육을 받을 수 있도록 했다. 중국의 삼대(三代) 시대부터 그 법이 갖추어져 수도부터 작은 마을까지 학교에 들어가서 문(文)을 배웠다. 그러므로 천자의 아들이든 일반백성의 아들이든 모두가 "이치를 궁구하고 마음을 바루며 몸을 닦고 남을 다스리는" 도(道)를 배울 수 있었다. 서양 고대의 플라톤도 "어른이고 아이고 간에 모두가 가능성에 따라(kata to dynaton) 의무적으로 교육을 받아야"[989] 한다고 했다. 고대 아테네의 남자 시민이 된다는 것은 훌륭한 시민으로 이름을 떨치기 위한 군사적 능력의 함양이 필요했다.[990] 이때 '군사적 능력'에서 용기를 가장 중요한 덕목으로 생각했다. 즉, "군인들에게 가장 필요한 덕성으로 인정되는 용기를 기초로 하여 인간의 훌륭함을 고찰하고 이를 교육의 목적으로 삼고자"[991]했던 것이다.

## 1) 중세의 '나쁜 아이'에서 새롭게 발견된 아동

중세 유럽은 '아동의 암흑기'라 불릴 만했다. 18세기에 접어들면서 정감 있고 따뜻한 분위기의 가정이라는 이미지가 확산되었다. 그 이전까지 남아와 여아는 4~5세가 되면 허드렛일을 할당받았고, 농촌의 아이들은 농장의 동물을 돌보거나 추수와 이삭줍기 등을 도왔다.[992] 영국의 아동은 7세에 집을 나와 14세까지 일을 하는 것이 보통이었으며, 14세부터는 약 7년간의 도제생활을 했다.[993] 18세기 초까지도 영국의 방직공장 가족의 아이들은 "4세가 넘으면 그들의 일손으로 그 자신을 부양하기에 충분했다."[994] 산업화 이전의 사회에서 아이들의 근로는 정상적인 것이었으며, 공식 교육은 선택받은 소수에 국한되었고, 다수의 아동들은 여섯 살이 되면 가사를 돕거나, 들판에서 일하거나, 공예품을 만들어야 했다.[995] 그야말로 "유아기는 사회적으로 성인 세계의 중요한 모든 일들을 준비하기 위해 필요한 생물학적인 필수 예비 단계일 뿐이었다."[996] 또한 중세의 기독교적인 아동관은 "대체로 어린이를 원죄를 짊어진 나쁜 아이로 간주하여, 엄격한 가르침과 벌(체벌을 포함한다)로써 그를 교정하는 것이 교육의 본무라는 생각이 지배적이었다."[997] 중세의 아동은 성인 세계로 진입을 준비하는 생물학적 예비단계이며, 원죄를 짊어지고 태어난 교정대상이었던 것이다.

따라서 중세와 달리 '아동의 발견'은 근대의 징표이며, 근대사회로 이행했는지의 여부를 가늠하는 기준이었다. 필립 아리에스는 『아동의 탄생』(1973) 서문에서 프랑스 전통사회에 대해 심각한 질문을 제기했다. "옛 전통사회가 아동은 물론 청소년에 대해서도 별다른 개념은 발전시키지 못했다고 주장"하면서 "아이는 부모로부터 일찍 격리되었으며, 몇 세기에 걸쳐 교육은 아동 혹은 청년이 성인과 함께 살았던 덕분에 견습 수업을 통해 이루어"졌다고 비판했다. 또한 "사람들은 아이를 하나의 동물, 버르장머리 없는 원숭이 같은 애완동물처럼 대했다. 그러다가 아이가 죽으면-당시에는 그러한 일이 흔했다-일부 사람들은 그래도 가슴 아파했지만 대부분의 경우 다른 자식을 갖게 되면서 쉽게 잊곤 했다. 아이는 일종의 익명 상태에서 벗어나지 못했"[998]던 것이다. 그만큼 근대 이전 서구의 아동들은 '익명의 존재'였으며, 인격적 대우를 받는 사회적 존재가 아니었다. 따라서 필립 아리에스는 아동을 발견했다는 것은 근대적 시각의 발견이며, 근대 사회의 성격을 가늠하는 잣대의 역할을 할 수 있다고 보았다. 즉, 그 사회에서 아동을 어떻게 호명하고, 다루고, 돌보는가에 따라 근대적 성격을 파악할 수 있다는 것이다.[999]

산업 사회에 들어서면서 아동을 보는 시선은 변화했다. 필립 아리에스에 의하면 17세기 후반부터 관습상의 변화가 발생했고, 견습 수업은 학교가 대체했으며, 콜레주(collège)를 통해 '학교교육'이라고 부르는 장기적인 아이들의 감금과정이 시작되었으며, 프랑스의 전통사회와 달리 가정은 부부 사이, 부모와 자식 사이에 필수적인 애정의 공간으로 변모되었다는 것이다. 이는 빠른 시기에 근대화를 경험했던 프랑스 사회에서 아동에 대한 관점과 태도가 17세기 후반부터 변하기 시작해서 18~19세기에 들어서야 현재와 같이 "부모들이 아이들의 학업에 관심을 갖고 항상 정성을 다해 주위를 기울였다"는 것이다. 즉, "가족은 아이를 중심으로 조직되기 시작했을 뿐만 아니라 아이에게 큰 중요성을 부여해 아이들은 이제 과거의 익명 상태에서 벗어나게" 되었고, "사람들은 아이를 잃거나 다른 무엇으로도 아이를 대신할 수 없다는 데 대해 커다란 고통을 느끼게 되었으며, 아이를 자꾸 낳아서 기르는 것도 옛날만큼 그렇게 자주 반복할 수는 없게" 되었다는 것이다.[1000]

아동에 대한 관점과 태도의 변화는 17세 후반부터 상층계급 사이에서 그리고, 19세기 후반에 이르러서야 서민계층까지 확산되었다. 미셸 푸코 (Michel Foucault, 1926~1984)는 19세기 전반에 걸쳐 어린이의 자세나 몸짓, 행동양식의 관리, 성 현상의 관리, 자위행위 방지 도구 등 규율화를 위한 수단들이 가정 내부에 침입했으며, 이 규율화를 통해 어린이의 성 현상이 가정 내부에서 지식의 대상이 되었다고 분석했다. 이제 지식 속에 어린이가 대상으로 구성되었다는 것이다.[1001] 그리고 가라타니 고진(柄谷行人)에 의하면, 일본도 아동문학가였던 이와야 사자나미(巖谷小波, 1870~1933) 시대에 아동과 문학을 발견하지 못했으며,[1002] '진정한 근대 아동문학'이 탄생한 것은 오가와 미메이(1882~1961) 시대라는 것에 견해가 일치한다고 평가한다.[1003] 오늘날 우리가 생각하는 어린이에 대한 관점과 태도가 일반화된 것은 어찌 보면 20세기적 현상이라고 규정하는 것이 정확할 것이다.

19세기에 들어서 프랑스 정부는 '아이들을 절대로 때려서는 안 된다'는 아동 구타 금지를 회람으로 돌렸다. 1834년과 1851년 초등학교에 관한 회람에 명시되었고, 1881년 규정에는 '어떠한 종류의 체벌도 절대 금지된다'고 강조되었다.[1004] 그러나 이러한 노력과 달리 1878년 전문가들은 화장실 문 위와 아래에 홈을 파서 화장실 안에서의 자세를 통제할 수 있도록 권고했고, 소녀들을 위한 '자제용 벨트'도 제작되었다. 특히 여자 아이들의 성적 통제를 위한 다양한 기구들이 사용되었다.[1005] 아이를 양육 수 없는 도시의 중간계층 여성이나 도시 수공업자들의 아이들은 농촌지역의 보모에게 보내졌다. 18세기 후반 파리에서 시골의 유모에게 보내진 아기들의 수는 1만 명 정도로 추산되며, 리옹의 경우는 태어난 전체 아기의 1/3(5,000~6,000명 중 2,000명 정도)이 농촌으로 보내졌다고 한다.[1006] 산업화로 인한 도시와 경제의 변화는 가족의 아이 돌봄을 어렵도록 했다. 경제적 요인으로 인해 아이들은 농촌의 보모들 손에서 양육되었던 것이다. 루소도 이러한 상황을 비판했다. "어머니들이 으뜸가는 의무인 자녀 양육을 기피하게 되자 아기는 돈으로 고용된 여자에게 맡기게 된다. 그래서 아기에게 전혀 애정을 느끼지 않는 타인이 아기의 어머니가 된다. …조금이라도 말썽을 부리면 아기는 넝마나 보따리처럼 기둥에 묶인다. 유모가 유유히 일을 끝마칠 때까지 아기는 기둥에 묶여 있다."[1007]

이와 함께 '영아 살해'도 상당했던 것으로 보인다. 19세기 전반까지 영아 살해는 흔하게 발생해서 매년 1,000여 건의 사법처리가 있었는데, 프랑스 제2제국 시기 동안 영아 살해를 강력히 처벌하면서 줄어들었다.[1008] 1893년부터 1914년 사이 파리에서는 한 살 미만 유아 1,000명당 177명이 사망했다. 이는 전체 사망자 수의 12.34%이며, 이렇게 사망한 유아 중 31.35%가 사생아였다. 한 살 이상 네 살 미만의 어린이 사망자 수를 포함시킨다면, 신생아부터 네 살 미만의 어린이 사망 수는 전체 사망자의 19.8%에 달한다.[1009]

프랑스에서 아동문학은 17세기가 되어서야 비로소 나타나기 시작했다. 필립 아리에스는 17세기 말에 프랑스에서 아동에 대한 관점과 태도가 변화되었는데, 그 이유는 아동에 대한 발견이 이루어졌기 때문에 그들을 대상으로 하는 아동문학이 가능했기 때문이라고 보았다. 그러나 실제 아동문학은 18세기 후반에 본격적으로 태동한 근대의 산물이었다. 그 이유는 아동문학으로서 활자나 종이가 등장한다는 것이 중요한 것이 아니라 개인의 권리에 대한 인식의 변화, 아동에 대한 관점의 변화가 아동문학 등장의 핵심이기 때문이다.[1010] 이런 상황에서 공식적으로 아동을 위한 책이 출간된 것은 1744년 영국의 존 뉴베리(John Newbery, 1731~1767)였는데, 그는 영국 최초의 상업적 아동문학 서적을 출판·유통시킨 인물이다.[1011] 뉴베리를 비롯, 다니엘 데포(Daniel Defoe, 1659~1731), 조나선 스위프트(Jonathan Swift, 1667~1745) 등에 의해 아동문학 장르가 형성되었다. 서양에서 16세기 후반부터 17세기 초반에 걸쳐 육아서와 예의범절서가 다수 등장했다. 일본의 경우도 17세기 말에 육아서가 출현했다고 한다.[1012] 1770년대 이후에는 30종 이상의 교육 게임이 가정에 보급되었고, 슈만(Robert Schumann, 1810~1856)의 어린이 풍경, 슈베르트(Franz Schubert, 1797~1828)와 브람스(Johannes Brahms, 1833~1897) 등 낭만파의 자장가 등 어린이를 위한 음악도 등장했다.[1013]

동아시아는 송나라 때 주자(朱子)의 제자 유자징(劉子澄)이 주자의 지시에 따라 『소학(小學)』을 편찬했다. 1187년(남송 순희 14)에 완성되었으며, 내편(內篇) 4권, 외편(外篇) 2권의 전 6권으로 되어 있다. 내편은 입교(入敎)·명륜(明倫)·경신(敬身)·계고(稽古), 외편은 가언(嘉言)·선행(善行)으로 되어 있다. 『소학』은 조선 초기부터 아동의 수신서로 장려되었고, 사학·향교·서원·서당 등 모든 유학 교육기관에서 필수 교과목이었다. 이 외에도 1519년(중종 14년) 김정국(金正國)이 지은 아동학습서인 『경민편(警民編)』, 1775년 서자 출신인 이덕무(李德懋)가 지은 『사소절(士小節)』 등이 있다. 이는 주로 양반 사대부를 중심으로 한 것이었다. 그러다가 18~19세기에 걸쳐 아동교육서가 상당히 많이 발간되었는데, 평민의 양반화 추세가 확대되면서, 아동교육서가 많이 발간되고 널리 읽힌 것으로 보인다.

## 2) 계몽과 아동의 발견

서양에서는 기독교적 종교관에 근거했던 아동에 대한 관점의 변화가 필요했다. 전통적인 기독교적 어린이관은 어린이를 원죄를 짊어진 '나쁜 아이'로 간주했으며, 엄격한 가르침과 벌로써 교정해야 할 대상이었다. 따라서 교육은 엄격함과 벌을 통해 아이들을 교정하는 것이었다. 이러한 변화의 중심은 계몽이었다. 계몽 철학에 의해 "어린이의 인간성에 자발적이고 자연에 합당한 발전을 하게 하는, 의도적이고 계획적인 원조 중심의 새로운 '교육' 개념이 확립"되어 가기 시작했다.[1014]

존 로크(1632~1704)는 "신생아는 경험이 새로이 새겨지는 '깨끗한 백지'와 같다"고 주장하면서, "아이는 외부 세계를 경험하면서 배우며, 그림과 장난감, 모형을 통해 아이의 언어와 개념 습득을 도울 수 있으며", 이런 방식을 통해 "교육은 교훈과 즐거움 둘 다 주어야 한다"고 생각했다. 또 18세기 영국의 작가이자 아동문학 비평가였던 사라 트리머(Sarah Trimmer, 1741~1810)는 로크의 "교훈과 즐거움을 주는 아이디어가 제안되자 아이들을 위한 책이 만들어지기 시작했다"고 주장했다. 로크의 시대 이전에는 아동을 위한 책이 거의 없었다는 것이다.[1015]

프랑스 현대문학의 거장 미셸 투르니에(Michel Tournier, 1924~2016)는 루소의 『에밀』을 다음과 같이 평가했다. "감각적이고 전복적이며, 자연에 대한 감정이나 사회계약보다 분명 더 혁명적인 발견이 있다. 그것은 다름 아닌 어린이 자체에 대한 발견이다. 물론 『에밀』 이전이나 이후에 어린이의 아름다움에 찬탄하는 텍스트들이 없었던 것은 아니다. 그렇지만 그 작가들은 때로는 완성되지 않은 육체의 매력을 찬양하고, 때로는 그 작은 존재 안에 들어 있는, 미래의 약속들을 말할 뿐이다."[1016] '어린이 자체를 발견'했다는 것은 그 이전과 다른 어린이를 발견했다는 뜻이다. 어린이의 아름다움에 대한 찬탄을 뛰어넘는 어떤 발견이 있었다는 것인데, 그 발견은 루소에 이르러서야 아동은 '선한 존재'인 '자연의 인간'으로 이해되었다는 것이다. 과거 아동은 사악하게 태어난다고 생각했는데, 이제는 순수한 상태에서 삶을 시작한다는 관념으로 바뀌기 시작했고, 그래서 아동은 그 이전과 다른 존재가 되었다는 것이다.[1017] 그러나 미셸 투르니에는 '선한 어린이'도 사회의 독으로부터 보호되기 위해 격리되며, 이런 '루소의 잘못'에 의해 어린이들이 충돌 없이 행복하게 사회에 통합되는 것이 어려워졌다고 평가한다.[1018]

이런 해석은 논쟁의 여지가 다분하다. 루소는 "자연의 질서 아래서 인간은 모두 평등"[1019]하다고 했지만, "만물을 창조하신 하느님의 손을 떠날 때 모든 것은 선했으나 사람의 손에 옮겨지게 되자 타락하고 말았다"고 규정했다. 신에 의해 선하게 창조된 인간이 인간세계에 태어나서 삶을 살아가면서 타락하게 되었다는 것이다. 즉, "세상에 태어나자마자 타인 속으로 내던져진 인간은 오늘날과 같은 상태에서는 누구보다도 비뚤어진 인간"이 되어 버린다.[1020] 이런 삐뚤어진 인간을 교정하기 위해 교육이 필요하다. 존재 자체가 사악했던 아동에서 이제는 삶의 시작으로 타락의 위험에 처한 존재의 교정이 필요하게 된 것이다. 따라서 루소의 어린이라는 존재 이해와는 다르지만 교정의 대상이란 측면에서는 동일하다. "아기는 눈에 보이는 것은 무엇이든지 부수려고 한다. 손이 닿는 한의 것은 무엇이든지 꺾거나 깨거나 한다. 돌을 잡듯이 새를 움켜쥐고 자기가 무엇을 하고 있는지조차 모르는 채 그것을 죽여 버린다." 그야말로 위험한 존재다. "아이가 나쁘게 되는 것은 그 아이가 약하기 때문이다. 강하게 만들면 선량해진다. 무엇이든 할 수 있는 자는 결코 나쁜 짓을 하지 않는다."[1021] 이 아이가 악한 것은 약하기 때문이다. 따라서 선한 아이로 만들기 위해 교육이 필요하다. '진정한 교육'은

"교훈을 주는 것이 아니라 훈련시키는 데 있다."[1022]

"아이에게 지나치게 정중한 말을 쓰거나 가르치지 않도록 주의해야 한다. 그것은 마음만 먹으면 주위의 모든 사람들을 자기 의사대로 따르게 하고 원하는 것을 곧바로 가질 수 있는 마법의 주문으로 쓰일 가능성이 있다."[1023] "자기 힘으로 어떻게든 할 수 있는 것은 모두 자기의 것이라고 생각하는 것은 인간이 지닌 자연의 경향"[1024]이다. 루소에게 어린이는 자기의사만을 고집하는 고집불통의 대상이다. 따라서 인생에 있어서 가장 위험한 기간인 출생부터 12세까지는 오류와 무덕이 싹트는 시기이기 때문에, 이 시기에 교육을 통해 이를 근절시켜야 한다. 어린이 시절은 교정의 시기이며, 어린이는 교정의 대상이다. 어린이는 자기 의사대로 사고하거나 행동하는 위험한 존재이며, 이를 교정하기 위한 교육으로서 훈련이 필요하다. "아이는 정신이 모든 능력을 가지게 될 때까지, 정신을 사용해서 아무것도 하지 말아야"[1025] 한다.

루소는 어린이가 눈에 보이는 것은 부수고, 손에 닿는 것은 꺾거나 깨고, 새를 움켜쥐어 죽이는 것은 도덕성이 없기 때문이라고 생각했다. 즉, "이성(理性)만이 우리에게 선악을 가리는 법을 가르쳐" 주는데, "이성의 시기가 올 때까지 우리는 선악을 가리지 못하고 좋은 일도 하고 나쁜 일도" 한다. 그 이유는 "우리들의 행동에는 도덕성"[1026]이 없기 때문이다. 루소는 인간의 평등은 발견했는지 모르겠으나, 신으로부터 자유로워진 인간은 다시 인간세계에서 타락하게 되며 이 타락을 방지하기 위해 어린이는 교정과 훈련의 대상이 되어야 한다고 생각했다.

18세기 프랑스 계몽주의자 콩도르세는 자유와 평등의 이념 위에 어린이들 모두에게 공평한 교육이 이루어져야 한다고 주장했다. 그는 대중의 무지를 악용하여 권력을 자신에게 집중시키려는 독재자의 시도에 제동을 걸기 위해서는 교육을 받은 시민, 자신에게 주어진 권리를 스스로 행사할 줄 알고 권리의 침해에 대항할 수 있는 시민이 많아야 한다고 생각했다. 교육은 인간의 계몽을 통해 자유롭고 평등한 사회를 건설할 수 있는 동력이라고 본 것이다.[1027] 따라서 교육의 보편성은 독재를 막고 인간의 자유와 평등을 보장할 수 있는 수단이다. 그는 "지금까지는 몇몇 개인들만이 유년기에 타고난 모든 능력을 계발하는 교육"을 받아 왔는데, "겨우 10분 1의 어린이들만 특혜"를 받았다고 비판하면서 "어떤 재능도 눈에 띄지 않은 채 빠져나가 사장되지 못하게 하고, 그래서 지금까지는 부유한 집 어린이들의 전유물이었던 모든 원조를 재능 있는 어린이에게 제공하는 공교육의 형태를 취하는 것이 중요하다"고 생각했다.[1028]

교육은 모든 사람들의 것, 다시 말해서 시민 모두에게 확대되어야 한다. 공간과 시간의 분배를 통하여, 허용된 비용 안에서 그리고 아동들에게 어느 정도 제공되든지, 교육[의 혜택]이 분배되어야 한다. 교육은 또한 다양한 단계를 가지고 모든 연령의 사람들에게 제공될 인간 지식의 시스템 전체를 포함하여야 한다.[1029]

콩도르세에게 계몽을 통해 인간의 자유와 평등을 보장하고 독재를 방지할 수 있는 '인간 지식의 시스템'은 공교육이었다. '모든 사람을 위한 일반교육'이 없다면, '자유는 위협'받게 되어 오래 지속되지 못하기 때문이다.[1030]

이상과 같이, 서양에서 어린이 또는 아동의 발견은 계몽과 연동된다. 계몽은 '신들린 유럽과 서양의 계시 신학적 도덕철학'으로부터 '탈(脫)주술화·세속화'이며, 지성적·합리주의적 헬레니즘에서 경험주의로의 전환이었다. 계몽의 시대에 인간은 '신의 하늘'에서 '세속의 땅'으로 내려왔으며, 이성의 시대에서 감정의 시대로 전환되었다. 이와 함께 계몽은 동아시아의 문명을 패치워크하여 사상과 제도의 혁신을 진행했다. 서양의 계몽은 동아시아 문명과의 패치워크가 없었다면 탄생할 수 없었다. 계몽에 의해 인간의 평등이 발견되고 제도화되고 실천됨으로써 남녀노소 모두는 평등하다는 원리가 대중화되었다. 평등의 원리는 교육의 문제로 파급되어 보편교육의 시대를 열게 되었던 것이다. 따라서 서양 계몽철학자들이 동아시아 문명과의 패치워크를 통해 만들어낸 계몽이 자유와 평등을 비롯한 각종 사상과 제도 혁신의 동인이었다.[1031]

우선, '탈주술화·세속화'로, 신에 의해 부여된 변하지 않는 신분적 위계질서는 변화할 수 있는 것이 되었다. 이러한 변화의 촉발 배경은 동아시아에서 신분이 해방된 사회를 발견한 것이었다. 루이 르콩트(Louis-Daniel Le Comte, 1655~1729)는 1696년『중국의 현상태의 새로운 비망록』에서 중국의 신사제도(gentry system)를 다음과 같이 묘사했다. "귀족은 결코 세습적이지 않을뿐더러, 사람들이 수행하는 관직이 만드는 품위들 간에는 아무런 차별도 없다. …그러므로 전 왕국은 행정가와 평민으로 양분된다."[1032] 뒤이어 1735년 프랑스의 뒤알드(Jean-Baptiste Du Halde, 1674~1743)도 중국의 신분해방 사회를 설명했다. "중국에서 귀족은 세습적이지 않다. …어떤 사람이 아무리 저명하다고 할지라도, 아니 그가 제국의 최고 지위에까지 올라갔다고 할지라도 그가 뒤에 남기는 자녀는 자신의 운으로 헤쳐 나가야 하고, 이 자녀들이 정신적 재능이 많지 않거나 편한 것을 좋아한다면 그들은 평범한 사람들의 수준으로 가라앉고 종종 지극히 천한 직업에도 종사하지 않을 수 없다."[1033] 독일의 요안 유스티도 "중국 정치체제는 결코 세습 귀족을 알지 못했다"고 했으며, 신분해방이 된 중국의 자유로운 농민이 더 많이 생산한다고 주장하면서, 독일에서의 농노의 해방과 농민들의 무거운 의무의 철폐도 주장했다.[1034] 근대경제학의 시초라 할 수 있는 중농주의자인 프랑스의 케네도 "중국에는 어떠한 귀족의 세습도 없다"[1035]는 것을 알고 있었다.

기원전부터 중국은 "천하에 태어나면서부터 귀한 자는 없다"[1036]고 했다. 이런 전통은 송나라 시대(宋, 960~1279)에 이르러 과거제에 의한 신사제도를 통해 신분해방을 이룬 사회로 전환되었다. 중국의 탈신분적 평등사회는 서양의 선교사들에 의해 지속적으로 서양으로 전파되었고, 계몽철학자들에게는 상식적 사실로 받아들여졌다. 그래서 혁명 프랑스가 1789년 귀족의 칭호와 특권을 철폐한 획기적 사건은 중국의 영향이 망각된다면 적절히 이해될 수 없다고 했던 것이다.

신분해방과 인간평등 사상의 전파와 확산은 모든 사람의 교육과 어린이 문제도 중요하게 부각시켰다. 1735년 뒤알드는 "중국의 선비관리들이 그토록 수많은 시대에 걸쳐 학문을 직업으로 삼아 왔고, 학문이 다른 모든 편익보다 선호되는 나라에서 그들이 그토록 수고롭게 청소년들을 교육시키는 것은 놀랄 일이 아니다. 중국에는 청소년들에게 과학을 가르치는 학교교사가 없는 도시도, 읍면도, 거의 어떤 작은 마을도 없다"[1037]고 밝혔다. 뒤알드는 중국의 만민평등 교육제도와 과거시험 학위제도의 중요성을 인지하고 있었던 것이다. 요한 유스티도 천민·빈민·귀족을 가리지 않는 만민평등 교육 주장했고, 케네는 중국의 공무원 시험제도와 교육체계를 분석했다. 특히 케네는 『자연법론(Du Droit Naturel)』(1765)에서 "모든 다른 법이 따라야 하는 첫 번째 실정법은 자연적 질서의 법률들의 공교육과 가정교육의 확립"이라고 강조하고, 그의 유서에서 "중국을 제외하고, 정부의 기초인 이 교육제도의 필요성이 모든 왕국들에 의해 무시되어 왔다"고 고백하면서 보통공교육의 확립을 주장했다.[1038] 콩도르세가 프랑스혁명 과정에서 케네의 이상을 추구하는 근대학교 프로그램을 반포했으며, 이것이 유럽의 '교육의 세기'의

개막이었다.[1039] 이를 통해서도 동아시아의 교육체계가 서양교육의 모델이
되었음을 알 수 있다.

## 3) 자본주의에 포박되는 아동

이렇듯 서양은 계몽의 시대를 통해 인간평등과 만민평등교육의 시대를
열었다. 그러나 시대는 개척되었지만, 중세의 유습은 계속되었고, 여기에
자본주의의 악습이 결합되었다. 계몽에 의한 근대의 탄생이 아동의 문제를
전변시키지 못했으며, 자본주의에 의해 아동의 인권이 유린되었다. 19세기
프랑스 파리지역에서 아동은 장시간의 노동, 저임금, 유해한 작업장 환경
속에 방치되어 있었다. 더 큰 문제는 이런 환경이 "노동을 하는 동안 거리를
배회하면서 도덕적으로 유해한 환경에 접하게 될 가능성을 미연에 방지할
수 있다"[1040]는 이유로, 또는 "노동이 아동의 건강을 해롭게 하기보다는 아동
의 성장을 이롭게 하여 육체적으로 강한 성인이 되게 하고 노동에 대한 흥
미를 유발시킬 수 있다"[1041]는 논리로 정당화되었다는 점이다. 이는 자본가
들이 노동력 확보를 위해 아동의 노동을 착취할 수 있는 논리들로 정당화되
었고, 자본의 이익을 위해 아동의 인권이 심각하게 훼손되었음을 뜻한다.

1816년 뉴라나크(New Lanark)의 방적공장에는 다섯 살밖에 안 된 아이들
이 하루 13시간씩 노동하는 광경이 목격되었다. 1833년에 제정된 '공장법
(Factory Act)'에 의해 9세 미만 어린이의 고용이 금지되었고, 1842년에 이루
어진 추가 입법으로 탄광의 어린이 노동이 제한되었고, 여자아이들의 지하
갱도 작업이 금지되었다. 1847년 성인과 어린이의 노동을 하루 10시간으로
제한하는 법률이 만들어졌다.[1042] 미국의 매사추세츠 주는 1842년 노동조합
의 압력에 의해 12세 미만 어린이의 노동을 하루 10시간으로 제한했고, 미

국노동연맹(American Federation of Labor)은 1881년 제1차 연례총회에서 각 주들이 14세 미만 어린이의 고용을 일절 금지하라고 촉구했다.[1043]

1860년 상공회의소에 의해 조사된 통계에 의하면, 파리 소재 산업시설에는 6,481명의 소녀를 비롯하여 총 25,540명에 달하는 16세 미만의 아동이 고용되어 있었다. 산업시설 중에서 아동을 고용하는 비율은 1882년 67.84%, 1884년 61.96%, 1885년 54.58%에 달했다.[1044] 1841년 프랑스에서 '아동노동법'이 통과되어 8~11세 사이의 어린이들은 하루 8시간, 12~16세 어린이들은 하루 12시간으로 노동을 제한했다.[1045] 또한 1874년 "12세 미만의 아동들은 하루에 6시간 이상 노동을 할 수 없었으며, 노동시간 중 한 번의 휴식을 취해야만 하고, 이 나이 이후에는 하루 12시간 이상의 노동에 종사할 수 있는데 여러 차례에 걸친 휴식을 취해야만 한다고 규정되었다." 이러한 아동노동의 금지 법률 제정에도 불구하고, 1893년 6월 12일 제정된 관련 법률 제1조에 아동들이 부모와 함께 작업을 할 경우 그 작업장이 법에서 제시한 '위험하고 비위생적인 작업장의 범주'에만 속하지 않는다면 아동의 노동은 적법한 것으로 인정되었다.[1046] 따라서 법적으로 아동노동의 강도는 약화시켰지만 여전히 가족의 범주에서는 아동노동의 착취를 예외적으로 인정하고 있었다. 그리고 19세기 유럽의 방적공장, 탄광, 유리공장 또는 화공약품공장에서 어린아이들은 불건강하고 유해한 작업환경, 만성 탈진, 영양실조에 시달리고 있었다.[1047]

[표 5-4] 파리와 주변지역 산업시설 고용 아동 수(1882~1889)

| 구분 | | 12세 미만 | | 12세-15세 | | 15세-16세 | | 16-21세 여성 |
|---|---|---|---|---|---|---|---|---|
| | | 남 | 여 | 남 | 여 | 남 | 여 | |
| 1882년 | 파리 | 55 | 55 | 8,258 | 5,923 | 3,561 | 2,506 | 13,306 |
| | 주변지역 | 112 | 16 | 2,510 | 1,847 | 886 | 599 | 3,323 |

| | | | | | | | |
|---|---|---|---|---|---|---|---|
| 1883년 | 파 리 | 28 | 11 | 7,992 | 5,140 | 3,304 | 2,277 | 12,116 |
| | 주변지역 | 80 | 11 | 1,699 | 1,775 | 892 | 705 | 3,454 |
| 1884년 | 파 리 | 0 | 0 | 6,942 | 4,969 | 3,397 | 2,382 | 12,509 |
| | 주변지역 | 141 | 43 | 2,618 | 1,662 | 1,093 | 988 | 3,841 |
| 1885년 | 파 리 | 1 | 1 | 6,289 | 4,236 | 3,078 | 2,277 | 11,081 |
| | 주변지역 | 108 | 6 | 1,349 | 1,149 | 1,131 | 723 | 3,104 |
| 1886년 | 파 리 | 0 | 0 | 7,086 | 5,058 | 3,511 | 2,364 | 11,730 |
| | 주변지역 | 93 | 7 | 1,709 | 1,692 | 915 | 801 | 3,196 |
| 1887년 | 파 리 | 0 | 0 | 6,898 | 5,313 | 3,077 | 2,393 | 11,170 |
| | 주변지역 | 116 | 2 | 2,085 | 1,647 | 1,012 | 789 | 3,148 |
| 1888년 | 파 리 | 12 | 1 | 7,701 | 6,811 | 4,092 | 3,568 | 14,132 |
| | 주변지역 | 50 | 12 | 1,789 | 2,072 | 1,072 | 1,179 | 3,320 |
| 1889년 | 파 리 | 0 | 0 | 8,237 | 7,268 | 4,068 | 3,710 | 15,101 |
| | 주변지역 | 66 | 17 | 2,011 | 2,258 | 1,228 | 1,313 | 4,331 |

출처 : 변기찬, 「19세기말 파리지역에서의 아동노동」, 112쪽

1880년대에 들어서도 파리 시내의 경우, 16세 미만의 아동 노동자는 2만 여 명 수준을 유지했고, 12세 미만의 고용 아동들도 있었다. 법적 금지 등으로 파리 시내의 12세 미만의 아동 노동은 현격히 줄어들거나 사라졌지만, 파리 주변지역은 여전히 지속되었다. 이러한 열악한 상황 속에서도 어린이에 대한 인권문제는 조금씩 진전됐다. 영국은 1876년 교육법 시행령을 통해 5~14세까지 어린이의 학교 출석을 의무로 규정했다.[1048] 1882년 프랑스의 페리법은 6~13세 어린이의 무상 초등교육을 규정했고, 1892년 법에는 어린이가 일할 수 있는 최소 연령을 13세로 규정했다.[1049] 그러나 여전히 자본주의 산업화의 여파는 지속되어서, 곳곳에서 아동노동을 필요로 했다. "거의 모든 곳에서 어린 소녀는 11세나 12세 심지어 그보다 더 일찍 학교를 떠났다. 부르도네(Bourdonnais), 알리에(Allier), 로렌(Lorraine)에서는 그 비율이 30%, 심지어 50%, 68%에 이른다. 서부에서는 50% 이상이다."[1050] 아이들은

교육 공간보다는 자본주의 공장으로 흡수되었던 것이다.

이상과 같이, 19세기 초반까지도 사람들은 여전히 어린이 존재의 인정 자체를 거부하는 방식으로 어린이를 교육했고, 몇몇 작가들은 "아이들은 천성적으로 악마다"라고 선언할 정도였다.[1051] 따라서 "아동은 '나쁜 나무'여서 바로 잡아야 하고, 열정을 억누르고 악덕을 잠재워야 하는 존재이며, 열심히 교육하고 엄격하게 훈련시켜야 할 개인에 불과했다."[1052] 유럽에서 서서히 아동의 인권은 진전되었지만, 20세기에 들어서야 아동의 인권은 보편화되었다.

## 6. 조선사회의 어린이와 근대: 동학과 소파 방정환

대한민국은 세계에서 두 번째로, 그것도 식민지 상황에서 조국의 미래를 위한 헌신적인 노력으로 어린이날을 제정했다. 3·1운동을 전후로 아동문학이 싹트고 자리매김하면서 어린이 문제가 사회적 의제로 대중의 시선에 포착되었다. 이 시점에 '아동'이 발견되었다는 것이다. 또한 아동의 발견은 근대적 시각의 발견이며, 근대사회의 성격을 가늠하는 잣대라는 필립 아리에스의 논리에 따라, 소파의 아동운동은 근대적 성격을 담고 있다고 평가한다.[1053] 대체로 1920년대 방정환을 중심으로 전개된 어린이운동과 아동문학에 의해 대한민국에서 '아동'이 발견되었고, 이것이 우리 사회의 근대적 성격을 담고 있는 것으로 규정한다. "3·1운동이 지나면 계몽주의를 대신하여 낭만주의 운동이 고조되는데 이 속에서 오늘날과 같은 의미의 '문학'이 확립되었고, 과거에는 그 존재에 의미가 부여되지 않았던 '아동'이 새로 발견"[1054]되었다는 것이다.

방정환의 어린이 존중사상의 근원은 동학의 시천주, 인내천의 인간존중과 만인평등의 신분해방 사상이었다. 방정환이 어린이운동을 전개하고 아동문학을 전파·확산한 것은 어린이도 어른과 동등한 존재이며, 한울님이라는 동학사상에 기초한 것이다. 이런 바탕 위에 일본 유학시기에 서양과 일본의 아동문학을 연구한 이력과 활동이 결합되었다. 따라서 우리나라에서 동등한 인간으로서의 어린이(아동)의 발견은 수운 최제우의 동학에서 시작되었고, 제2대 교주 최시형으로 거쳐 제3대 교주 손병희로 이어져 방정환에게서 꽃피었다고 할 수 있을 것이다. 아이를 때리지 말고 한울님처럼 대하라는 해월의 철학은 방정환으로 이어져 '어린이'의 호명과 '어린이날'의 제정, 그리고 아동문학의 전파와 확산으로 나타났다. 즉, "천도교 사회운동과 개혁사상은 방정환의 모든 활동을 뒷받침하는 기본바탕"이며, 그의 아동관과 문학관을 알고자 할 때는 천도교 사상을 이해하는 데서 출발해야 한다.[1055]

이런 근거 위에 동학과 천도교라는 안으로부터의 근대화 동력과 '3·1운동'과 일본 유학생활 과정에서 추진한 소년운동이 결합되면서, 한국 아동문학이 비약적으로 발전했다.[1056] 방정환은 동학과 천도교의 교리 속에서 어린이를 발견했고, 식민지 조국의 독립을 위한 3·1운동 과정에서 절망과 희망을 교차적으로 경험하면서, 어린이를 앞세워 희망을 조직해 나갔다. 그에게 식민지 조국의 어린이들은 일제의 강점에 의한 억압과 어른에 의한 억압을 동시에 받는 가장 순수한 존재였다. 어린이는 어른과 동일한 인간으로 대우받고 존중받아야 하며, 동시에 독립된 인격으로서 나라의 미래를 책임질 주역이었다.

어린이운동의 일환으로, 그 기관지로 방정환 주도로 창간한 것이 『어린이』지다. 당시 한 독자는 잡지 『어린이』를 다음과 같이 회고하였다. "안 보면 못 견디고 잊으려도 잊을 수 없는 부모형제 벗들보다도 더 이끌려지는 살아 뛰는 핏줄의 이끌림이 있었다. 이것은 곧 부모에게서도 학교에서도 배울 수 없었던 민족혼의 이끌림이었던 것이다. 애국애족의 뜨거운 열기가 통해서였던 것이다."[1057] 잡지 『어린이』는 어린이들의 순수한 영혼을 위한 아동문학을 담았지만, 독자들은 그 잡지에서 '민족혼의 이끌림'과 '애국애족의 뜨거운 열기'를 접한 것이다. 방정환을 중심으로 하는 어린이운동은 아동문학뿐만 아니라 조국의 독립에 대한 희망을 함께 전달했다고 봐야 한다. 그의 동지이자 선배인 김기전의 글에서도 민족애의 절실한 바람을 발견할 수 있다. "갑, 필 줄은 알아도 질 줄을 모르는, 사시장춘(四時長春), 늘 피는 꽃이 무슨 꽃일까. 을, 그러면 그러면 말이다. 뜰 줄은 알아도 질 줄을 모르는, 천년만년, 아츰 하늘 비치는 땅이, 어느 땅일까. 무궁화 삼천리, 금수강산, 조선 천지가 아니더냐."[1058]

서양의 근대화를 추격해 가면서 겨우 발전해 나간 저발전의 동아시아와 조선이었다는 우리의 통념은 우리의 실제 역사를 왜곡된 관점으로 이해하게 만든다. 조선시대 어린이들의 삶은 가족 내에서 많은 사랑을 받으며 애지중지하는 생명이며 인격으로 존중받았다. 동아시아의 오래된 교육철학과 국가에 의한 보통교육제도의 덕택으로 많은 어린이들은 교육 혜택을 받을 수 있었다. 서양에서 아동의 발견을 근대의 징표로 이해했다는 점을 고려하면, 조선은 오히려 서양보다 더 이른 시점에 '아동의 발견'이 이루어졌다. 국가도 교육제도를 통해 어린이를 보편적으로 가르쳤으며, 부모 없는 어린이와 굶은 어린이들은 법률을 통해 구제했다. 돌봄이 필요한 어린이들은 국가가 책임진다는 복지국가의 철학이 이미 그때부터 존재했던 것이다. 이런 철학과 제도는 조선 후기 동학의 등장과 함께 어린이 존중사상으로 한 차원 더 발전했다. 어린이는 인내천의 천사와 같은 존재로 여겨졌다. 어린이를 때려서도 울려서도 안 되며, 동등한 생명, 나아가 한울님으로 존중해야 한다고 강조했다. 어린이를 때리고 울리는 것은 한울님을 때리고 울리는 것이라고 했다.

고종은 1880년대 초반부터 교육개혁을 추진했으며, 대한제국 시기 근대 교육기관의 설치와 국가의 부강을 위한 근대식 교육 도입 등에 지대한 관심을 가졌다. 이 당시 많은 학교가 설립되었고. 미래 인재 양성을 위한 노력이 착수되었다. 그러나 일본에 의한 대한제국의 강제병탄으로 인해 광무개혁 기간 동안 진행된 고종의 교육개혁은 파괴되어 버렸다.

식민지라는 조건에서 어른과 동일한 인격체로서 어린이를 대하는 일과 조국의 독립을 위한 미래의 인재를 육성하는 것은 어린이해방에서 긴요한 과제였다. 방정환이 주동하여 시작된 어린이운동과 어린이날 제정은 우리 역사에서 획기적인 이정표였으며, 세계사적으로도 터키 바로 다음으로 앞선 것이었다. "짓밟히고 학대받고 쓸쓸하게 자라는 어린 혼을 구원"하는 어린이운동은 동시에 짓밟히고 학대받는 조국의 미래와 독립을 위한 것이기도 했다. 신분해방과 인간평등의 세상을 향한 동학의 거대한 족적은 어린이운동과 어린이날 제정으로 나타났으며, '어린이 존중사상'으로 자리매김했다. '아동의 발견'을 넘어 인간평등의 한울님으로 어린이를 존중하는 사상이 조선의 후기에 잉태하여 사회운동으로 발전한 것이다.

# 6장

---

# 마치며

: 근대의 경계를 넘은
사람들

한국의 과거를 살아온 사람들의 이야기는 파란만장한 백성들의 삶의 파노라마이며, 그들의 희로애락, 절망과 고통, 꿈과 희망의 거대한 서사시이며, 온 시간 흘린 땀이며, 자유와 평등, 해방을 위한 피의 역사다. 자유롭고 평등한 인간으로 살아가기 위한 근대로의 여정은 그야말로 목숨을 걸어야만 했던 치열한 도전과 투쟁의 시간이었다. 특히, 국가와 남성권력에 의해 철저하게 종속되었던 여성들에게 자유롭고 평등한 인간이 되는 길은 '절망의 벽'을 피와 땀으로 무너뜨리며 넘어야만 했던 여정이었다. 여성들에게 진정한 자유와 평등의 시대가 아직까지 완전히 열리지 않았다는 점에서, 여성해방은 여전히 해결해야 하는 난제다.

대한민국에서 선각자들이 1923년 세계 두 번째로 어린이날을 제정했다는 것은 어린이 존중에 대한 사회적 관심과 성숙된 역량을 반영한다. 그것도 일제에 의해 강점된 상황에서 어린이날을 제정했다는 점에서 그 의미는 더욱 중대하다. 대한민국은 과거부터 모든 생명과 인간을 존중하는 사상과 전통이 면면이 이어져 왔다. 전 세계 차원에서 국가가 어린이날을 지정하고 어린이를 위한 사회를 만들어가기 시작한 것도 실제 '20세기적 현상'이었다는 점에서, 한국인들은 어느 국가들보다 먼저 어린이 존중을 실천했다.

다시 말해 여성해방과 어린이 존중은 오랜 억압과 종속의 역사 속에서 최근에야 확인되고 실천된 것이다. 인류가 성인, 남성 권력에 의해 얼마나 많은 억압과 종속을 지속해 왔는지 알 수 있다. 어린이와 여성이 사회적 약자에서 동등한 인격체로, 특히 어린이가 작은 어른에서 어린이로 호명되고 발견(인정)되는 과정은 문자 그대로 험로(險路)였다. 이 과정은 동서양 모두 비슷한 것이었고, 그 역경을 돌파하는 데 오랜 시간이 걸렸다. 지금까지 살펴봤지만, 근대를 서양만의 것으로 치부해왔던 것이 얼마나 사실과 다른지 확인할 수 있었다. 동아시아는 서양보다 오래전부터 여성해방과 어린이 존중의 사상적 전통을 이어왔다. 따라서 이런 사상적 동력을 기반으로 해서 급격한 산업화 과정에서도 여성해방과 어린이 존중이 큰 문제없이 제 궤도에 올라설 수 있었던 것이다.

단, 조선사회는 공맹철학의 잘못된 해석인 주자학의 수용으로 인해 여성에 대한 억압과 종속이 오랫동안 지속되었다. 조선 성리학에 의해 여성의 일상은 좁은 집안 공간으로 제한되었고, 자신을 드러내지 못하는 삶을 살아야 했다. 양반 사대부 집안의 여성들은 이혼도 힘들었고, 재혼은 더더욱 어려웠다. 이혼은 자신만의 결정에 의해 가능하지 않았다. 국가와 가문이 이혼 과정에 개입했다. 남편이 죽은 이후 재혼은 거의 불가능했다. 재혼한 어미의 자식은 출사길이 막혔다. 10~20대 꽃다운 나이에 청상과부가 된 부녀자들은 평생 수절로 자신의 순결함을 증명해야 했다. 공적인 영역에 여성의 공간은 없었다. 그들은 계속 사적인 공간에 머물러야만 했다.

반면에 조선사회 문제의 원인을 성리학으로 단정하는 것에 대한 비판적 논의가 있다. 그 근거는 조선 후기를 막연하게 성리학적 지배체제라고 설명하는 것만으로는 부족한 정교한 장치들이 국가 주도로 만들어지고 제도적으로 추진되었고, 따라서 조선 후기 사회를 성리학적 관습, 이념의 확산으로 보는 것은 지나치게 단순화한 분석이라는 지적이다. 특히 성리학이라는 문화가 스스로 움직이고, 스스로 확산된 것으로 논의하여 조선 후기 사회에 성리학(유교)적 변환이 일어났다고 설명하는 방식은 조선사회의 '변화'를 논

의하는 것 같지만, 사실은 변화 없는 사회로 조선을 바라보는 것이라는 비판이다.[1059]

그러나 유교적 문화의 확산 결과이든 국가의 기획에 의한 제도적 장치의 도입이든, 결과적으로 조선사회는 성리학적 문화와 제도가 확산되는 효과가 발생했다. 신자유주의 경제 체제를 작동시키기 위해 국가와 자본이 규제혁파, 민영화, 사회적 지출의 축소 정책을 추진한 결과, 신자유주의적 경쟁문화가 사회에 확산된 것과 마찬가지다. 당연히 신자유주의 정책에 의해 가장 피해를 보는 사회적 약자를 비롯한 직접적 당사자들은 신자유주의 정책에 맞서 다양한 방식으로 저항한다. 조선사회도 마찬가지로 성리학적 질서와 규범의 확산에 따른 실질적인 피해자들의 다양한 저항과 전유가 전개되었다. 즉, 조선 후기는 성리학적 질서에 포박된 사회였으며, 지금은 신자유주의 경제정책에 포박된 사회라는 점은 변하지 않는다. 따라서 전체적인 사회적 환경이 어떻게 구성되는가를 규명하고 그 사회적 환경에 맞서는 다양한 사회적 흐름을 설명하는 것은 전혀 충돌하지 않는다는 것이다.

또한 성리학적 질서는 "제사를 지내고, 재산을 상속할 수 있는 경제적 기반과 사회적 지위를 갖춘 사람들에게나 주자학적인 질서 또는 종법질서가 현실적인 의미를 가질 수 있었을 것"[1060]이라 추정한다. 그러나 농민과 몰락 양반이 중심이 되었던 동학 세력은 폐정개혁 12개조 중에서 과부 재가 허용을 담았다. 이것은 조선 사회에서 성리학적 질서가 어디까지 관철되었는지를 보여주는 단적인 사례다. 동학농민전쟁의 주역들이 "제사를 지내고 재산을 상속할 수 있는 경제적 기반과 사회적 지위를 갖춘 사람들"이 아니었는데, 왜 그들은 과부 재가 허용을 자신의 해방의 의제로 주장했을까? 그것은 성리학적 질서에 의해 파생된 모순이 얼마나 사회에 깊숙이 퍼져 있었고 민중, 특히 여성들의 삶을 옥죄고 있었는지를 방증하는 것이다.

조선 후기를 성리학적 질서만으로 모두 해석할 수 없으며, 따라서 성리학적 질서의 변천만으로 조선사회의 역동적인 변화를 담아낼 수 없다는 비판은 수긍할 수 있다. 그렇다고 해서 그 사회의 중심 이데올로기로 작동했던 성리학적 질서와 규범에 대한 해석 없이, 조선 후기 사회가 어떻게 변화했는지 설명할 수 있다는 주장은 오히려 '메아리 없는 외침'이라 하지 않을 수 없다.

　마르크스가 『독일이데올로기』에서 "지배계급의 사상은 모든 시대에 있어서 지배적인 사상이 된다"는 테제를 상기하면 될 것이다. 이 뜻은 다음과 같다. "사회의 물질적 힘을 소유한 계급이 동시에 사회의 정신적 힘을 지배하는 계급이 된다는 것이다. 물질적 생산수단을 수중에 장악하고 있는 계급은 동시에 정신적 생산수단을 통제한다. 그러므로 일반적으로 말해서 정신적 생산수단을 결여한 사람들의 사상은 지배계급의 사상에 종속된다."[106] 즉, 생산수단을 장악하고 생산관계를 재구성하는 지배집단은 피지배집단을 통제하려는 목적으로 정신적 생산수단인 사상을 통제한다. 지배집단의 이익과 목적 달성을 위해 전체사회를 재구성하도록 강제하는 것이다.

　아무튼 조선 후기 성리학적 질서와 규범에 의한 압제 속에서도 백성들은 자신의 정체성을 확인하고 새로운 세상을 위해 행동했다. 그래서 여성들은 이런 삶을 그냥 인고하지만은 않았다. 성리학적 질서와 규범을 전유하는 방식으로 여성의 정체성, 인간의 자주성을 드러냈다. 성리학적 질서와 직접 충돌하기도 했으며, 성리학자가 되어 성리학이 남성만의 것이 아님을 보여주기도 했으며, 성리학적 규범을 우회하는 방식으로 '혼자 살아가기'를 감행했고, 문학과 가상의 세상을 통한 여성영웅 만들기와 동성애 담론의 과감한 노출을 통해 남성권력을 비웃기도 했다. 평민 이하의 여성들에게 성리학적 질서와 규범은 그다지 큰 영향력을 발휘하지 못했다. 이들은 과부의 재가 불허를 현실에서 무너뜨리기도 했고, 가부장적 질서를 교란하기도 했으며, 다양한 방식으로 자신의 정체를 드러내기 위해 분투했다. 이런 노력은 동학과 결합되어 신분해방, 여성해방 사상으로 나타났고, 신분 철폐와 청춘과부재가 허용이라는 현실적 투쟁으로 실천되었다. 고종도 백성들의 민심을 이해하고 신분해방과 남녀평등, 사회적 차별의 시정을 위해 노력했다.

"하나같이 귀천의 차등을 두지 않고 백정과 술장사들이 어울리며, 엷은 휘장을 치고 남녀가 뒤섞여서 홀어미와 홀아비가 가까이 하며, 재물이 있는 사람과 없는 사람이 서로 돕기를 좋아하니 가난한 이들이 기뻐한다." 19세기 중반, 동학교도들은 남녀·노소·신분을 불문하고 서로 존중하는 평등한 사회를 실천했다는 점에서 조선사회의 근대화는 세계사적으로도 상당히 빠른 시점에 이루어졌다. 1860년 이후 조선의 동학교도들은 신분과 남녀를 뛰어넘어 인간으로서 평등하며 존중받아야 한다는 것을 삶에서 실천했다. 수많은 동학교도들이 동학농민전쟁을 통해 인간존중과 신분해방에 의한 자유롭고 평등한 국민을 형성하는 중심이 되었고, 보국안민의 기치 아래 나라의 독립을 위해 싸웠다.

이상에서 살펴본 대로, 조선의 근대는 서양에 의해 이식된 것도 아니고, 일본에 의해 강제적으로 근대가 착수된 것도 아니었다. 임진왜란 때 노골적으로 드러난, 국가에 의한 백성 돌봄의 포기라는 상황에서 백성들은 스스로의 생존을 위해 고군분투했으며, 새로운 세상에 대한 꿈을 개벽사상을 통해 표출했다. 농업경제 발달에 따른 사회경제적 변화는 공고한 것처럼 보였던 신분질서를 아래로부터 서서히 허물기 시작했으며, 지역사회의 자치 권력과 담론 형성을 변모시켰다. 지역은 구향과 신향의 향전을 거치며 신향이 향권의 중심이 되어 갔다. 이러한 민압에 대해 탕평군주인 영·정조는 민국을 표방하며, 언로를 확대하고 백성의 뜻을 존중하는 정치를 표방했다. 이 과정에서 백성들은 신분 위계질서를 허물고, 교육을 확대하고, 다양한 대중 문화를 전파하며 자유롭고 평등한 백성이 되기 위해 노력했다.

19세기 중반, 백성들은 자신들의 의사결정 기구를 민회로 규정하며, 토론을 통한 의사결정과 자치 권력을 확대해 갔다. 관료와 지주의 수탈과 횡포에 맞서 임술민란과 동학농민전쟁을 전개했으며, 외세의 침탈이 시작되자 보국안민의 기치를 걸고 항쟁의 중심에 섰다. 중앙의 부패무능한 권력층을 '타도'하고, 왕과 백성의 직접적인 연합에 의한 권력을 통해 국가의 근대화를 추진하려는 것이 동학농민군 수뇌부의 생각이었다. 봉건적 착취구조와 낡은 생산관계를 변화시키는 사회혁신의 내용은 '폐정개혁 12개조'에 고스란히 담겨 있다. 인간존중과 남녀평등 사상을 중심으로 왕과 백성의 연합을 통해 봉건적 질서를 혁신하는 근대화를 추진하고, 외세의 침탈을 막아내는 반외세 독립전쟁을 통해 부강한 국가를 만드는 것이 당대의 시대정신이었다. 이 과정에서 남녀평등과 여성해방의 거대한 진전이 가능했으며, 어린이를 존중하는 사상이 표면으로 부상되었다.

이상에서 근대의 경계를 넘어온 수많은 무명의 백성들을 움직인 대한민국 근대화의 사상적 동력을 살펴보았다. 그 근대의 경계를 넘어오는 과정에서 수많은 피와 땀이 조국의 땅에 바쳐졌으며, 식민지의 쓰라린 고통을 겪었지만 굽힘 없는 항전을 통해 조국의 광복과 국민의 자유를 획득했다. 한편으로는 이상적 세계에의 꿈을 잃지 않았기에, 한편으로 오랜 역사 전통에 면면히 이어져 온, 그리고 마침내 동학으로 꽃피운 사상적 동력이 있었기에 식민지화의 역경을 이겨내고, 근대화의 진전을 이어나갔다. 그리고 전 세계 어느 국가도 하지 못했던 민주화와 산업화의 동시 달성을 성취했다. 그 힘은 16세기 임진왜란 이래 끊임없이 신분해방과 인간존중 · 여성해방을 위해 봉건적 질서를 허물고 근대의 경계를 넘어온 수많은 사람들이었다.

이 책은 그간의 통념에 시로잡힌 한국 근대화 역사 이해를 전복하는 새로운 역사적 시각의 튼튼한 구축과 강화의 여정이 시작되었음을 알리기 위한 것이다. 우리의 역사 속에서 면면이 이어져 내려온 남녀평등과 여성해방의 힘을 실제로 확인해야 한다는 것과, 인간존중의 완성으로서 어린이 존중의 중대한 힘을 확인해야 한다는 것이다. 이런 힘들은 외부에 의해 이식된 것도 강압적으로 주입된 것도 아니다. 이 힘은 '무명'의 백성들의 도도한 삶 속에 있었고, 피와 땀으로 위계와 종속을 혁파해 왔던 투쟁 속에 있었다. 이런 역사의 힘들이 세상의 다양한 문명·기술과 패치워크되어서 만들어진 것이 오늘날의 대한민국이다.

　이 책은 오랫동안 묻혀지고, 잊혀지고 왜곡되었던, 인간해방·여성해방·어린이 존중을 현실로 만들었던 무명의 백성들의 역사에 바치는 헌정서이며, 오늘의 우리의 참모습을 알 수 있는 뿌리 이야기다.

1) '민국'에 대해서는 "제3장 2. '민국이념'의 확산: '왕과 사대부의 나라'에서 '백성의 나라'로" 참조.

2) 차명수, 「1800년경 잉글란드, 조선, 양자강 하류지역의 총요소생산성 수준 비교」, 제52회 역사학대회 발표논문(2009년 5월), 11~12쪽.

3) 본서 제2장 「조선의 근대를 들여다보는 방법」 참조.

4) '민압(民壓)'은 백성의 국가와 왕에 대한 압력을 뜻한다. 조선중기 이후 일반 백성의 지위가 향상되고 권리가 신장되면서 새로운 흐름이 조성되었다. 특히 정여립과 이후 최제우·최시형·전봉준 등 개벽사상가들과 동네 일반 유생들은 성리학을 타파하고 공자경전 속에서 '내재적 근대화'의 요소들을 발굴해 체제혁명을 추진했다. 이런 사상적 흐름과 백성의 지위와 권리 신장이 결합되어 상당한 사회적 힘이 발생했고, 이런 압력에 대해 국가와 왕은 대응할 수밖에 없는 상황이었다. "정조의 민국(民國)이념도 단순히 민중의 신분적 성장에 대응하는 천재군주의 자기성찰적 시혜조치가 아니라, 대동이념을 지향하는 정통적 군자유학으로부터 분출하는 근대적 이상주의의 강력한 체제도전을 물리치려는 '혁명예방적' 혁신동기에 의해서도 산출된 체제이념이었다." 황태연, 『한국 근대화의 정치사상』(파주: 청계, 2018), 431쪽.

5) 참조: 황태연, 『갑오왜란과 아관망명』(파주: 청계, 2017), 341~396쪽.

6) 『承政院日記』, 영조31(1755, 乾隆20)년 1월 6일. 『承政院日記』를 비롯하여 『朝鮮王朝實錄』 등의 사료는 별도의 표시가 없을 경우, 날짜는 음력이다.

7) 전봉준이 1894년 4월 19일경(양력 5월 19일경) 초토사에게 보낸 함평서한(「湖南儒生原情于招討使文」)에 담긴 내용이다. 황현 지음, 김종익 옮김, 『오하기문(梧下記聞)』(서울: 역사비평사, 1994), 88쪽.

8) 高宗(太皇帝), 〈諭西北間島及附近各地民人等處〉(1909년 3월 15일). 『宮中秘書』(李王職實錄編纂會, 1927). 왕실도서관장서각 디지털 아카이브.

9) '패치워크'에 대한 설명은 황태연, 『패치워크문명의 이론: 동아시아 관점의 새로운 문명관』(파주: 청계, 2016), 33~73쪽.

10) 앞의 책, 75~169쪽.

11) 많은 연구들은 송대(宋代) 중국에서 진행된 변화를 '보편사적 근대의 시작'으로 규정한다. 그 이유는 송대 중국에서 탈신분적 인간평등, 공무원임용고시(과거제), 군현제적 중앙집권제와 운하-도로망을 바탕으로 한 통일적 국내시장과 표준적 시장경제원리가 세계역사상 최초로 등장했기 때문이다. 황태연, 『한국 근대화의 정치사상』(파주: 청계, 2018), 43~44쪽.

12) 황태연, "조선시대 국가공공성의 구조변동과 근대화: '조선민국'과 '대한제국'에서 '대한

민국'으로", 황태연 외, 『조선시대 공공성의 구조변동』(성남: 한국학중앙연구원출판부, 2016), 30쪽.

13) 앞의 글, 122쪽.

14) 이에 대한 반론도 제기되었다. 슐츠는 중세 시대의 아동기는 오늘날의 아동기와 대단히 유사하게 존재했다고 주장한다. James A. Schultz, *The knowledge of childhood in the German middle ages 1100-1350* (Philadelphia: University of Pennsylvania Press, 1995), 2~6쪽. 또한 니콜라스 오옴은 중세 이전에도 아동에 대한 애정이 있었으며 높은 사망률이 자녀에 대한 애정을 갖지 못하게 하는 것은 아니라는 것이다. 즉 성인들이 어린이시절을 특별한 시기로 간주했고 애정을 가지고 대했으며 어린이들만의 고유한 문화적 활동을 가지고 있었다고 주장한다. Nicholas Orme, *Medieval children* (New Haven: Yale University Press, 2003), 4~5쪽.

15) 필립 아리에스 지음, 문지영 옮김, 『아동의 탄생』(서울: 새물결, 2003), 227쪽.

16) 이윤미, 「필립 아리에스의 아동가족사 연구에 대한 고찰: 로렌스 스톤과의 비교를 중심으로」, 『한국교육사학』 31권 2호(2009), 136쪽.

17) Lawrence Stone, *The family, sex, and marriage in England 1500-1800*[abridged edition] (New York: Penguin Books, 1982 · 1984), 122쪽.

18) 필립 아리에스 지음, 문지영 옮김, 앞의 책, 421~422쪽.

19) 앞의 책, 648쪽.

20) Lawrence Stone, *The family, sex, and marriage in England 1500-1800*, 425쪽.

21) Max Weber, *The Protestant Ethic and the Sprit of Capitalism* (London and New York: Routledge, 2005), p. xxviii~xxxi.

22) 김상준, 『맹자의 땀 성왕의 피: 중층근대와 동아시아 유교문명』(서울: 아카넷, 2011), 52쪽.

23) 이영훈, 「한국사에 있어서 근대로의 이행과 특질」, 『경제사학』 21권(1996), 86쪽.

24) "우리가 보기에 초기 근대의 최초의 표출양상은 서유럽이 아니라 중국 송 · 원 연간의 사회 경제적, 정치 문화적 전개 양상에서 풍부하게 발견된다. 그 특징은 절대주의적 통치권의 확립과 비판적 권위를 확보한 학인 · 관료집단의 형성, 농업 생산력의 발전과 농촌 수공업의 성장, 수력 양수기, 수력 풀무, 대형 방적기 등의 기계 발명과 코크스 제련 등 철강부문에서의 혁신 등에서 보이는 다양한 기술혁명과 초기 공업화, 도시, 교통, 화폐 및 금융, 상업 및 무역 영역의 인프라 발전이다. 그 기반은 송대(宋代)에 이뤄졌고, 몽골제국은 그 성취를 흡수하여 당시로는 가공할 만한 수준의 전쟁, 행정, 건설, 교역 역량을 갖춘 세계체제를 구축했다." Jack Weatherford, *Genghis Khan and Making of the Modern World* (New York: Three River Press, 2004). 김상준, 「중층근대성: 대안적 근대성 이론의 개요」, 『한국사회학』 41(2007), 251쪽에서 재인용. 초기 근대의 출현과정에서 서구가 비(非)서구에 미친 영향보다 오히려 비서구가 서구에 미친 영향이 훨씬

컸다는 것은 많은 연구들에서 제기되었다. 유럽근대의 형성에 비서구 문명(아시아)의 영향이 매우 컸다는 주제의 연구로는 John James Clarke, *Oriental Enlightenment: The Encounter between Asian and Western Thought* (London and New York: Routledge, 1997); Joseph Needham, *Science and Civilization in China* v.1~v.3 (Cambridge: Cambridge University Press, 1954~1959); Donald Lach and Edwin Van Kley, *Asia in the Making of Europe* v.1~v.4 (Chicago: Chicago University Press, 1984); Abdur Rahman(ed.), *Science and Technology in Indian Culture* (New Delhi: National Institute of Science, 1984); Ahmand al-Hassan and Donald Hill, *Islamic Technology* (Cambridge: Cambridge University Press, 1986); Robert Temple, *The Genius of China* (London: Prion Books, 1999); K. N. Chaudhuri, *Asia Before Europe: Economy and Civilisation of the Indian Ocean from the Rise of Islam to 1750* (Cambridge: Cambridge University Press, 1990); A. G. Frank and Gills Bary, *The World System: Five Hundred Years of Five Thousand?* (London and New York: Routledge, 1993); Christopher Chase-Dunn and Thomas Hall, *Rise and Demise: Comparing World-System* (Boulder: Westview, 1997); Andre Gunder Frank, *ReOrient: Global Economy in the Asian Age* (Berkeley: University of California Press, 1998); Kenneth Pomeranz, *The Great Divergence: China, Europe, and the Making of the Modern Political Economy* (Princeton and Oxford: Princeton University Press, 2000); John Hobson, *The Eastern Origins of Western Civilization* (Cambridge : Cambridge University Press, 2004); 황태연, 『공자와 세계(1): 공자의 지식철학(상) 』 (파주: 청계, 2011); 황태연, 『공자와 세계(2): 제2권 공자의 지식철학(중)』 (파주: 청계, 2011); 황태연, 『패치워크 문명의 이론』; 주겸지 저, 전홍석 역, 『중국이 만든 유럽의 근대: 근대유럽의 중국문화 열풍』 (서울: 청계, 2003) 등

25) 황태연, 『한국 근대화의 정치사상』, 45쪽.

26) 서구중심주의에 대한 반론으로서 새로운 역사해석을 제기하며, 중국 역사를 새롭게 해석하는 그룹을 '캘리포니아 학파(California School)'로 지칭한다. 윙과 포머란츠는 근대화와 관련 유럽과 아시아(혹은 중국)를 '수평적으로' 파악했으며, 안드레 군더 프랑크는 유럽이 세계경제의 중심이었다거나 세계경제가 여러 개의 병렬로 존재했다는 것조차 부정하고, 19세기 이전에는 오로지 중국을 핵으로 한 동아시아지역이 세계경제의 '중심'이었다고 주장한다. 강진아, 「16~19세기 중국경제와 세계체제: '19세기 분기론'과 '중국중심론'」, 『이화사학연구』 31권(2004), 18쪽. 이러한 논의와 관련된 캘리포니아 학파들의 글로는 Kenneth Pomeranz, *The Great Divergence: China, Europe, and the Making of the Modern Political Economy*; James Z. Lee and Wang Feng, *One quarter of humanity: Malthusian mythology and the Limits of European Experience* (Cornell Univ. Press, 1997); Andre Gunder Frank, *ReOrient: Global economy in the Asian Age*; Jack A. Goldstone, *Revolution and Rebellion in the Early Modern World* (Univ.

of Berkeley, 1991); Richard von Glahn, *Fountain and Fortune: Money and Monetary Policy in China, 1000-17000* (Univ. of Berkeley, 1996), 이상 강진아, 앞의 글, 16쪽 참조.

27) 황태연, 앞의 책, 44쪽.

28) 차명수, 『기아와 기적의 기원: 한국경제사, 1700-2010』(서울: 해남, 2014), 67쪽.

29) 차명수, 「1800년경 잉글란드, 조선, 양자강 하류지역의 총요소생산성 수준 비교」, 11~12쪽.

30) 황태연, 『공자와 세계(1)』, 408~409쪽.

31) Adam Smith, *An Inquiry into the Nature and Causes of the Wealth of Nations* (1776). Volume Ⅰ·Ⅱ. Generally edited by R. H. Campbell and A. B. Skiinner, textually edited by W. B. Todd (Glasgow·New York·Toronto: Oxford University Press, 1976), Ⅰ. xi. 34, 208쪽.

32) 황태연, 앞의 책, 408쪽.

33) 박종효 편역, 『러시아국립文書保管所 소장 韓國관련 文書要約集』(서울: 한국국제교류재단, 2002), 513쪽.

34) 황태연, 『백성의 나라 대한제국』(파주: 청계, 2017), 51쪽.

35) 앞의 책, 1062쪽.

36) 『駐韓日本公使館記錄』 제14권, --, 本省往來信, (3) '韓國에 있어서의 事業에 관한 卑見具申'(1900년 2월19일), 林→靑木.

37) 일본외교사료관 소장자료 3/24/0/15 '한국 외국무역액 기타 총계보고 각 영사 新進一件'. 이태진, "일본도 광무 근대화 성과 예의 주시했다", 교수신문 편, 『고종황제 역사청문회』(서울: 푸른역사, 2008), 150쪽에서 재인용.

38) 이영훈, 「한국사에 있어서 근대로의 이행과 특질」, 92쪽.

39) 황태연, 『갑오왜란과 아관망명』(파주: 청계, 2017), 177~186쪽.

40) 배항섭, 「'근대이행기'의 민중의식: '근대'와 '반근대'의 너머: 토지소유 및 매매관습에 대한 인식을 중심으로」, 『역사문제연구』, 제23호(2010), 63쪽.

41) 황태연, 「조선시대 국가공공성의 구조변동과 근대화」, 30~31쪽.

42) 임승휘, 「16~18세기 유럽 국가의 근대성에 대한 비판적 고찰: 새로운 패러다임을 찾아서」, 『서양사론』 제116호(2013), 212~213쪽.

43) 페리 앤더슨 지음·김현일 외 옮김, 『절대주의 국가의 역사』(서울: 소나무, 1993), 15쪽.

44) 황태연, 앞의 글, 89~90쪽.

45) 페리 앤더슨 지음·김현일 외 옮김, 앞의 책, 41쪽.

46) 앞의 책, 15~16쪽.

47) J. H. Elliot, "A Europe of Composite Monarchies", *Past and Present,* no. 137(1992), 48~71쪽. 임승휘, 앞의 글, 217쪽에서 재인용.

48) 앞의 글, 218쪽.

49) 황태연, 앞의 글, 101쪽.

50) 영조시대 '법치주의'의 확립은 ① 백성의 기본권 보장, ② 관권(官權)의 백성에 대한 개입의 기준과 과도한 개입의 경계, ③ 국가기강의 확립과 강상죄 처벌의 체계화, ④ 관료들의 신분보장, ⑤ 사법절차의 체계화 등을 담고 있다. 金伯哲, 「朝鮮後期 英祖代 『續大典』 位相의 재검토: 「刑典」 편찬을 중심으로」, 『歷史學報』 第194輯(2007), 103~123쪽.

51) 영조는 ① 악형(惡刑)의 폐지와 남형(濫刑) 방지, ② 인신구속(人身拘束)에 대한 제한과 죄인에 대한 처우개선, ③ 국문(鞫問)과정에 대한 감독 강화, ④ 연좌제의 완화와 사회적 약자의 보호, ⑤ 법정에서의 직접 진술 채택과 죄형법정주의 등을 정착시켰다. 앞의 글, 86~103쪽.

52) 황태연, 앞의 글, 101~110쪽.

53) 앞의 글, 109쪽.

54) 『承政院日記』, 영조 31년(1755) 1월 6일.

55) Friedrich II, *Anti-Machiavel ou Essai de Critique dur le Prince de Machiavel*, Publie' par Mr. de Voltaire (a Bruxelle, Chez R. Francois Foppens, M. DCC. XL[1740]). 영역본 인용: King of Prussia Frederick II, *Anti-Machiavel: or an Examination of Machiavel's Prince*, published by Mr. de Voltaire, translated from the French (London: Printed for T. Woodward, at the Half-Moon, between the Two Temple Gates, Fleet-street, MDCCLI[1741]), 3쪽. 황태연, 『대한민국 국호의 유래와 민국의 의미: 국호에 응축된 한국근대사』(파주: 청계, 2016), 91쪽에서 재인용.

56) '국민국가'는 그 외연과 내포가 '국민주권국가'와 일치하지 않는다. 즉, '국민국가'는 민주공화정체의 확립을 통해 나타난 '국민주권국가(popular sovereignty state)', 즉 미국의 민주공화국을 모델로 1820년대 초 멕시코를 기점으로 해서야, 특히 제1·2차 세계대전 이후에야 비로소 확산되기 시작한 '국민주권국가'와 다르다. 또한 신분제적 '양반국가'인가 탈(脫)신분제적 '국민국가'인가의 국체(國體) 문제를 주권의 소재와 실현방식에 근거한 정체(政體) 문제와 혼동해서도 안 될 것이다. 이는 '국민국가'를 '국민주권국가'와 동일시하는 문제를 발생시키기 때문이다. 현대 영국도 모범적인 '국민국가'·'민주국가'일지라도 입헌군주제로서 '군주 없는 공화국'이 아니기 때문에, '국민주권국가'라고 규정할 수는 없다. 따라서 '국체(state form)'는 국가의 주력생산자(邦本)로서의 인민의 정치사회적 차별형태와 차별여부에 따른 국가형태이며, '정체(polity)'는 주권과 통치권의 구분을 전제로 통치권의 소재에 따라 통치형태를 나누는 개념이다. 황태연, 앞의 책, 127~130쪽.

57) 황태연, 「조선시대 국가공공성의 구조변동과 근대화」, 120쪽.

58) 황태연, 『대한민국 국호의 유래와 민국의 의미』, 83쪽.

59) 앞의 책, 77쪽.

60) 18세기에 예언서가 유행하면서 괘서사건 등이 계속 발생했다. 예를 들면, 1733년 전라

도 남원의 괘서 사건, 1748년 충청도 청주와 문의에서의 괘서 사건, 1782년 충청도 진천의 문인방(文仁邦) 사건, 1785년 경상도 하동에서 일어난 이율(李瑮)과 양형(梁衡) 사건 등이다. 백승종, 「18~19세기 『정감록』을 비롯한 각종 예언서의 내용과 그에 대한 당시 대인들의 해석」, 『진단학보』 88(1999), 266쪽.

61) 民有邦本 本固邦寧, 『書經』 〈第二篇 夏書 · 五子之歌 第三〉.

62) 得衆則得國 失衆則失國, 『中庸』 〈傳10章〉.

63) 孟子曰 民爲貴 社稷次二 君爲輕, 是故得乎丘民而爲天子, 諸侯危社稷則變置 犧牲旣成 粢盛旣潔 祭祀以時 然而旱乾水溢 則變置社稷, 『孟子』 〈盡心下〉(14-14).

64) 윤택림, 『문화와 역사연구를 위한 질적연구방법론』(서울: 아르케, 2005), 218쪽.

65) 앞의 책, 117쪽.

66) 앞의 책, 221쪽.

67) 황태연, 『갑오왜란과 아관망명』, 28~29쪽.

68) 황태연, 『백성의 나라 대한제국』, 32쪽.

69) '공감적 해석학'에 대한 자세한 내용은 황태연, 『감정과 공감의 해석학: 공자 윤리학과 정치철학의 심층 이해를 위한 학제적 기반이론』 제2권(파주: 청계, 2015), 1911~2200쪽 참조.

70) 황태연, 『갑오왜란과 아관망명』, 30쪽.

71) "1890년대 조선말과 대한제국기의 사료 더미의 비대칭성에 유의해야 할 것이다. 이 시기의 사료로는 『일본공사관기록』, 수많은 기타 일제기록들, 친일파(김옥균 · 박영효 · 유길준 · 서재필 · 윤치호 · 이인직 · 이광수) 일제밀정(서재필 · 윤효정 · 이규완 · 용일(容日)분자(김윤식 · 정교 · 황현) · 반(反)고종 · 친일역모자(이규완 · 이승만) 등의 저서와 기록, 개인일기와 자기정당화 에세이, 이들의 미담 · 일화집과 전기, 그리고 동학과 의병운동에 적대적인 『독립신문』 · 『황성신문』 · 『매일신문』 · 『제국신문』 등 신문 · 잡지류, 그리고 동학 · 민중사상 · 민족종교를 '이단'과 '사설(邪說)'로 모는 성리학 유생들의 문집과 유고집들이 넘쳐난다. 반면, 백성의 신음소리와 비명소리, 동학농민 · 의병 · 해산국군의 아우성 · 분노 · 함성, 이들의 전투와 투쟁일기, 활자화되지 않은 민중적 혁명철학(개벽사상 · 일군만민 · 신존왕주의 · 민중종교), 고종이 무수히 발령한 밀명과 밀지, 말은커녕 족적도 남기지 않은 친일괴뢰와 일제 앞잡이들의 불궤음도(不軌陰圖)와 흉계, 극비음모와 밀정행각 등은 아예 공개 · 발설되거나 기록된 적이 전혀 없고 비밀리에 기록된 적이 있더라도 식민지시대를 통과하면서 거의 다 민가의 곳간바닥과 일제의 창고 속에서 훼손되거나 망실되어버렸다." 황태연, 앞의 책, 35쪽.

72) 〈공화국을 묻다-정희진 민주공화국은 인간쓰레기가 없어진 사회〉, 『경향신문』, 2016년 10월 7일.

73) 황태연, 『대한민국 국호의 유래와 민국의 의미』, 197~207쪽.

74) 앞의 책, 209~218쪽.

75) 황태연, 『갑오왜란과 아관망명』, 40~44쪽.

76) 황태연, 『감정과 공감의 해석학: 공자 윤리학과 정치철학의 심층 이해를 위한 학제적 기반이론』 제1권(파주: 청계, 2015), 87쪽.

77) 황태연, 『공자와 세계(1)』, 28쪽.

78) 앞의 책, 36쪽.

79) 황태연, 『패치워크문명의 이론』, 51쪽.

80) 황태연, 『공자와 세계(1)』, 29쪽.

81) 앞의 책, 34쪽.

82) 앞의 책, 28쪽.

83) 앞의 책, 46쪽.

84) 황태연, 『한국 근대화의 정치사상』, 43~44쪽.

85) 앞의 책, 812쪽.

86) 卽不過援於古而酌於今 袪其繁而取其簡. 『高宗實錄』, 고종21(1884)년 7월 22일.

87) 『高宗實錄』, 고종34(1897, 광무1)년 10월 20일.

88) 해리 하르투니언 지음, 윤영실·서정은 옮김, 『역사의 요동: 근대성, 문화 그리고 일상생활』(서울: 휴머니스트, 2008), 77쪽.

89) 강수택, 「근대적 일상생활의 구조와 변화」, 『한국사회학』, 제32집(1998), 560쪽.

90) 안병직 외, 『오늘의 사회학』(서울: 한겨레신문사, 1998), 29~30쪽.

91) 알프 뤼트게, 「'붉은 열정'이 어디 있었던가?」, 나종석 외 옮김, 『일상사란 무엇인가』(서울: 청년사, 2002), 331쪽.

92) 이유재·이상록, 「프롤로그, 국경 넘는 일상사: 한국과 일본 일상사의 만남」, 『일상사로 보는 한국 근현대사』(서울: 책과함께, 2006), 29쪽.

93) 홍민, 「북한의 노동세계와 일상의 정치」, 『세계화와 한반도의 정치동학』, 한국정치연구회 제2차 비판정치학대회(2004), 207쪽.

94) 장세룡, 「미셸 드 세르토의 일상과 민중문화」, 『서양사론』, 제82호(2002), 206~209쪽. 미셸 드 세르토(Michel de Certeau)는 '전유'에 대해 '재채용, 은유화, 침투'라는 방식으로 설명한다. 텍스트 쓰기와 읽기의 방식(쓰기는 지배로, 읽기는 전유로 해독)으로 설명된다. '재채용'은 텍스트의 어떤 것을 수용하되, 동시에 의미의 다원성을 확보해냄으로써 결국 텍스트의 기원에서 멀어지게 하는 것이며, '은유화'는 글 읽기를 하면서 텍스트를 비틀어 기호의 의미를 전이시키고 그 결과 단어와 문맥과 심상들이 저자의 의도와 다른 것을 의미하게 만드는 것이며, '침투'는 전통적 텍스트의 용어상 기본 골격과 구조를 인정하면서도 주체의 표시를 포함한 보충적 요소들을 도입해 쇄신된 대른 대안적 의미를 텍스트에서 발생시키는 것을 뜻한다. 장세룡, 앞의 글, 213~214쪽.

95) 앞의 글, 213쪽.

96) 알프 뤼트케, 「일상사 중간보고」, 나종석 외 옮김, 앞의 책, 47쪽. 제임스 스콧(James C.

Scott)은 평범하지만 지속되는 투쟁으로서 '농민저항의 일상적 형태(Everyday Forms of Peasant Resistance)'를 추적했다. 농민들은 일상생활세계에서 느릿느릿 걷기, 하는 체하기, 도망치기, 거짓된 순종, 훔치기, 모르는 척하기, 비방, 방화, 사보타주 등 다양한 방식으로 대응했다. 이것이 '권력 없는 집단의 일상적 무기(the ordinary of powerless groups)'였다. James C. Scott, *Weapons of the Weak: Everyday Forms of Peasant Resistance* (New Heaven: Yale University Press, 1985), p. xvi.

97) '통방'은 감방의 수감자와 암호로 의사를 소통한다는 뜻이다. 여기서 '통방'은 파놉티콘 (panopticon)적 감시사회에서도 개인들 간에는 저항을 위한 소통이 전개된다. 즉 감방 규칙을 위반하는 통방을 통해 파놉티콘적 권력에 대항하는 행위가 벌어진다. 황태연, 『환경정치학과 현대정치사상』(서울: 나남, 1992), 315쪽.

98) "다중은 통합되고 단일하며 대의된 주권적 주체성인 민중의 개념과 달리 반대의적이고 반주권적인 주체성이다. 다중은 비합리적이고 자기 조직화된 다양성이다. 다중은 민중과는 대조적으로 사회적 힘들의 다양성이며 군중과는 대조적으로 공통의 행동 속에서 결합한다. 요컨대 다중은 특이성들의 공통성이며 공통적 특이성이다." 조정환, 『아우또노미아』(서울: 갈무리, 2003), 476쪽.

99) 황태연, 『백성의 나라 대한제국』, 47쪽.

100) 황태연, 「조선시대 국가공공성의 구조변동과 근대화」, 23쪽.

101) 앞의 글, 43쪽.

102) 앞의 글, 50쪽.

103) 허경진 편역, 『조선평민열전』(서울: 알마, 2014), 8쪽.

104) 김용덕, 「婦女守節考」, 『아시아여성연구』 3권(1964), 139쪽.

105) '동래부순절도'의 그림을 보면, "왜적이 성을 넘어오자 관복으로 갈아입고 객사에서 왕이 있는 북쪽을 향해 절한 뒤에 죽음을 기다리는 인물"이 송상현이다. "지붕위에 올라가 기왓장을 깨뜨려 왜군에게 던지는 두 아낙네의 항전 모습을 그려, 성문 밖으로 말을 타고 달아나는 경상좌병사 이각의 모습과 극명하게 대비시키고 있다." 허경진, 『조선의 르네상스인 중인』(서울: 랜덤하우스, 2008), 135쪽.

106) 김성우, 「전쟁과 번영: 17세기 조선을 바라보는 또 다른 관점」, 『역사비평』 통권 107호 (2014 여름), 148쪽.

107) 앞의 글, 153쪽.

108) 이긍익, 민족문화추진위원회 역, 『연려실기록VI』(서울: 민족문화문고간행회, 1988). 241~254쪽. 조혜란, 「여성, 전쟁, 기억 그리고 〈박씨전〉」, 『한국고전여성문학연구』 9(2004), 285쪽에서 재인용.

109) 조혜란, 앞의 글, 284~285쪽.

110) "남자들이 힘이 없어 여자들이 잡혀가 온갖 고통을 당했다가 천신만고 끝에 살아 돌아오니 오히려 이들을 욕하면서 자신들의 무능함을 덮으려 했다." 권순긍, 「병자호란의

치욕을 설욕하는 여성의 힘:《박씨전朴氏傳》」,『계산(논)』, 초암네트웍스(2007년 7월), 49쪽.

111) 황태연,「조선시대 국가공공성의 구조변동과 근대화」, 115쪽.

112) 한상권,『朝鮮後期 社會와 訴冤制度: 上言·擊錚 硏究』(서울: 一潮閣, 1996), 1쪽.

113) 메티스는 영어로 잔꾀(cunning) 또는 교활한 지식(cunning intelligence)으로 번역된다. 메티스는 항상 변화하는 자연과 인간환경에 적응해온 실용적 기술과 획득한 지혜의 포괄적 영역을 의미한다. 메티스의 핵심은 그것이 필연적으로 암묵적이고 경험적인 속성을 갖고 있다는 점이다. 메티스는 대체로 유사하지만 결코 정확하게 동일하지 않은 상황에 대해 가장 적용하기 쉬운 것으로서 그것을 실천하는 사람들에게는 거의 제2의 천성이 될 만큼 기민하고 실용적인 적용을 요구한다. 어떤 의미에서 메티스는 어떠한 공식도 적용할 수 없는 천재성이라는 영역과 기계적인 반복으로 습득할 수 있는 성문화된 지식 영역 사이의 넓은 공간에 가로 놓여 있는 것이다. 배를 다루는 기술과 관련해 항해사의 일반적 지식과 도선사의 특수한 지식 간의 차이라고 볼 수 있다. 도선술은 지역적이고도 상황적인 지식, 도선사의 지식은 해안과 강어귀 주변의 해류와 조류, 현지 바람과 파도 패턴의 특이한 성격, 모래톱의 이동, 표시되지 않은 암초, 초미세 조류의 계절적 변화, 현지 교통 상황, 곳에서 벗어나 해협을 따라 부는 바람의 일상적 변화 패턴 그리고 밤중에 바다를 안내하는 방법 등이다. 여기에 다양한 조건 하에서 서로 다른 수많은 선박을 안전하게 정박시키는 방법이 포함된다. 제임스 C. 스콧 지음·전상인 옮김,『국가처럼보기: 왜 국가는 계획에 실패하는가』(서울: 에코리브르, 2010) 참조.

114) 정석종,「조선후기 사회신분제의 붕괴: 울산부 호적대장을 중심으로」,『대동문화연구』9권(1974), 341쪽.

115) 앞의 글, 342쪽.

116) 김홍철,「근현대 한국 신종교의 개벽사상(開闢思想) 고찰」,『한국종교』35(2012), 7쪽.

117) 노길명,「개벽사상의 전개와 성격」,『한국학연구』28(2008), 200쪽.

118) 영조 24년, 이지서(李之曙)에 대한 추국에서 이지서의 육촌인 이지양(李之陽)은 진인(眞人)이 나올 것이라며, 그 진인은 "금산(金山) 봉계(鳳溪)에 사는 정가(鄭哥)가 아들을 낳았는데 아침에 땅에 떨어져 태어나서 저녁에는 말을 할 수 있었으며, 장대하여 삼척 동자가 되었으므로, 기이하게 여기지 않는 사람이 없었다. 그래서 그의 부모가 밤에 그를 데리고 도망을 갔는데, 이것이 재작년의 일이다"라고 했다.『英祖實錄』영조 24(1748)년 5월 25일.

119) 고성훈,「조선 후기 유언비어 사건의 추이와 성격: 정감록(鄭鑑錄) 관련 사건을 중심으로」『정신문화연구』제35권 제4호(2012), 65쪽.

120)『英祖實錄』영조 15(1739)년 8월 6일.

121) '서북지역'은 조선시대에 인사정책에서 차별을 받았으며, 정치범을 비롯한 중죄인들의 가장 최악의 유배지였다고 한다. 백승종,「18세기 전반 서북(西北) 지방에서 출현한

《정감록(鄭鑑錄)》」, 『역사학보』 164(1999), 106~109쪽.

122) 황선명, 『조선조종교사회사연구』(서울: 일지사, 1985), 277~278쪽. 백승종, 앞의 글, 113쪽에서 재인용.

123) 『推案及鞫案』 235책, '壬寅逆賊仁邦京來等推案', "矣身幼時見諺書鄭鑑錄而聞 起端則 出自高麗王朝矣." 高成勳, 「英祖朝 變亂의 一端: 李之曙 변란을 중심으로」, 『國史館論 叢』 제46집(1993), 165쪽에서 재인용.

124) 崔南善, 『朝鮮常識問答』 上(서울: 三星文化文庫16, 1974), 159~161쪽. 高成勳, 앞의 글, 165~166쪽에서 재인용.

125) 박종성, 『왕조의 정치변동』(서울: 인간사랑, 1995), 149쪽. 김재영, 「정여립의 정치사 상의 재정립」, 『정치정보연구』 3권 1호(2000), 129쪽에서 재인용.

126) 『英祖實錄』 영조 4(1728)년 1월 17일.

127) 『宣祖修正實錄』 선조 22(1589)년 10월 1일.

128) 이영재, 『민(民)의 나라, 조선』(파주: 태학사, 2015), 135쪽.

129) 『推案及鞫案』 권21, 184책, 「戊辰罪人之曙推案」, 46~47쪽. 고성훈, 앞의 글, 76쪽에서 재인용.

130) 『推案及鞫案』 권19, 165책, 「癸丑元八推案」, 471~472쪽. 고성훈, 앞의 글, 76쪽에서 재 인용.

131) 『承政院日記』, 정조 9(1785)년 2월 29일. 고성훈, 앞의 글, 77쪽에서 재인용.

132) 『英祖實錄』, 영조 24(1748)년 5월 25일.

133) 『推案及鞫案』 권26, 「甲子罪人達宇義綱等推案」, 597쪽. 고성훈, 앞의 글, 78쪽에서 재 인용.

134) 『龍潭遺詞』 「敎訓歌」. 1861년 11월 유생들의 음해와 경주 관아의 탄압을 피하기 위해 길을 떠나 남원으로 가던 도중에 지은 것으로 추정된다.

135) 황현 지음, 김종익 옮김, 『오하기문』(서울: 역사비평사, 1994), 137쪽.

136) 『東經大全』 「修德文」.

137) 『東經大全』 「祝文」.

138) 然而爲世 作之君 作之師 君者以法造之 師者以禮敎之. 『東經大全』 「不然其然」.

139) 『海月神師法說』 「降書」(35-1).

140) 조경달 지음, 박맹수 옮김, 『이단의 민중반란』(서울: 역사비평사, 2008), 173쪽.

141) 황태연, 『갑오왜란과 아관망명』, 160쪽.

142) 조경달 지음, 박맹수 옮김, 앞의 책, 172~173쪽.

143) 『大阪朝日新聞』, 1895년 3월 3일 「全祿斗の申供」. 『동학농민혁명자료총서』, 국사편찬 위원회 한국사데이터베이스.

144) 황현, 『梧下記聞』, 「首筆」 '茂長東學輩布告文', 국사편찬위원회 한국사데이터베이스 『동학농민혁명자료총서』 1권.

145) 『東京朝日新聞』, 明治28年 3月 6日「朝鮮時事」; 『大阪朝日新聞』, 明治28年 3月 6日 「東學首領と合議政治」. 『동학농민혁명자료총서(22-23)』. 국사편찬위원회 한국사데이 터베이스.

146) 김용흠, 「19세기 전반 世道政治의 형성과 政治運營」, 『한국사연구』 132(2006), 200~201 쪽.

147) 오수창, 「18세기 조선 정치사상과 그 전후 맥락」, 역사학회 편, 『정조와 18세기』(서울: 푸른역사, 2013), 37쪽.

148) 앞의 글, 49~50쪽.

149) 황태연, 『한국 근대화의 정치사상』, 461~463쪽.

150) 오수창, 앞의 글, 53쪽.

151) 앞의 글, 40~41쪽.

152) 황태연, 「조선시대 국가공공성의 구조변동과 근대화」, 46쪽.

153) 황태연, 『한국 근대화의 정치사상』, 724쪽.

154) 황태연, 『대한민국 국호의 유래와 민국의 의미』, 176~177쪽.

155) 앞의 책, 198~199쪽.

156) 『承政院日記』, 英祖 26(1750)년 7월 3일. 박광용, 「조선의 18세기, 국정 운영 틀의 혁 신」, 『정조와 18세기』(서울: 푸른역사, 2013), 67쪽.

157) 박광용, 앞의 글, 69쪽.

158) 황태연, 앞의 책, 77쪽.

159) 『承政院日記』 영조 31(1755)년 1월 6일.

160) 이태진, 「민국이념은 역사의 새로운 원동력」, 교수신문 기획, 『고종황제 역사청문회』 (서울: 푸른역사, 2005), 194쪽.

161) 『高宗實錄』 고종 40(1903)년 3월 15일(양)

162) 「諭西北間島及附近各地民人等處」(1909년 3월 15일), 『宮中秘書』(李王職實錄編纂會, 1927). 왕실도서관장서각 디지털 아카이브.

163) 李相卨, 「皇室非滅國之利器」, 『新韓民報』, 1909년 3월 31일자. 황태연, 앞의 책, 101쪽 에서 재인용.

164) 황현 저 · 김종익 역, 『오하기문』, 73쪽.

165) 황태연, 앞의 책, 126쪽.

166) 박광용, 「조선의 18세기, 국정 운영 틀의 혁신」, 71쪽.

167) 김인걸, 「朝鮮後期 鄕權의 추이와 지배층 동향: 忠淸道 木川縣 事例」, 『한국문화』 2(1981), 189~208쪽.

168) 한상권, 『조선후기 사회와 소원제도』, 2쪽.

169) 앞의 책, 114쪽.

170) 앞의 책, 116쪽.

171) 앞의 책, 117~193쪽 참조.

172) 박명규, 「한말 향촌사회의 갈등구조: 民狀의 분석」, 『한국사회학회 사회학대회 논문 집』(1993.6), 90쪽.

173) 김인걸, 「민장을 통해 본 19세기 전반 향촌 사회문제」, 『한국사론』 23(1990), 245~246 쪽.

174) 앞의 글, 255쪽.

175) 크건 작건 옥사의 판결에는 모두 정해진 기일이 있는 것이니, 해가 거듭함에도 그가 늙고 병들어 죽도록 방치하는 것은 법에 어긋나는 일이다(大小決獄 咸有日限 經年閱歲 任其老瘦 非法也). 정약용 지음 · 최태응 옮김, 『목민심서』(서울: 북팜, 2012), 414쪽.

176) 앞의 책, 249쪽.

177) 앞의 책, 254~255쪽.

178) 한상권, 「19세기 민소(民訴)의 양상과 추이: 순조대 상언 · 격쟁의 분석을 중심으로」, 『국가이념과 대외인식』(서울: 아연출판부, 2002), 88~104쪽.

179) 상언 · 격쟁의 내용을 각종 은전(恩典)을 요구하는 '간은', 사회경제적인 비리와 침탈을 호소하는 '민은', 산림의 소유권 · 이용권과 관련하여 묘지의 투장과 금장을 둘러싼 '산 송', 살옥 · 국옥 등 각종 옥사와 관련된 억울함을 호소한 '신원', 후사가 없을 때 봉사손 맞이하는 것을 허락해 줄 것을 요청하는 '입후(入後)' 등이었다. 앞의 글, 91쪽.

180) 『속대전(續大典)』(1746년) 형전 추단(推斷)조와 수금(囚禁)조에는 각종 악형을 폐지하 고 남형을 금제하는 조치들이 수록되었다. 이에 힘입어 인명을 중시하는 사회 분위기 가 형성되었다. 앞의 글, 102쪽.

181) 옥사가 생긴 곳에서는 아전과 군교들이 방자하게 횡포를 부려, 집을 부수고 약탈하여 그 마을이 마침내 폐촌되기에 이르니, 으뜸으로 우려해야 할 것은 이것이다. 부임 초기 에 마땅히 다짐해 두어야 할 것이다(獄之所起 吏校恣橫 打家劫舍 其村遂亡 首宜慮者 此也. 上官之初 宜有約束). 정약용 지음 · 최태응 옮김, 『목민심서』, 411쪽.

182) 이태진, 「18세기 한국사에서의 민(民)의 사회적 · 정치적 위상」, 이태진 · 김백철 엮음, 『조선후기 탕평정치의 재조명(上)』(서울: 태학사, 2011), 41~143쪽.

183) 안병욱, 「19세기 민중의식의 성장과 민중운동: 향회와 민란을 중심으로」, 『역사비평』 통권1호(1987), 154~156쪽.

184) 이영재, 『민(民)의 나라, 조선』, 94쪽.

185) 김용민, 「1860년 농민항쟁의 조직기반과 민회(民會)」, 『史叢』 제43집(1994), 73~74쪽.

186) 고동환, 「조선후기 도시경제의 성장과 지식세계의 확대」, 한림대학교 한국학연구소 편, 『다시 실학이란 무엇인가』(서울: 푸른역사, 2007), 256~257쪽.

187) 「이조한문단편집 중」, '市奸記', 李佑成, 林熒澤, 『李朝漢文短篇集』(서울: 一潮閣, 1973), 226쪽. 이문규, 「朝鮮 後期 서울 市井人의 生活相과 새로운 志向 意識」, 『서울학 연구』 제5호(1995), 116쪽에서 재인용.

188) 이헌창, 「조선시대를 바라보는 제3의 시각」, 『한국사연구』 148(2010), 154쪽.

189) 박현순, 「17세기 과거 응시자 증가 현상에 대한 고찰」, 『史學硏究』 제93호(2009), 113쪽.

190) 『正祖實錄』 정조 24(1800)년 3월 21일.

191) 참조; 한영우, 『과거, 출세의 사다리(1~4)』(파주: 지식산업사, 2013).

192) 崔永浩, 「朝鮮時代 科擧制度와 良人: 1392-1600년대 朝鮮社會構造의 한 측면」, 이화여자대학교 사학연구실 편역, 『朝鮮身分史硏究』(서울: 법문사, 1987), 119쪽. 황태연, 『백성의 나라 대한제국』, 269쪽에서 재인용.

193) 『承政院日記』 영조 28(1752)년 1월 9일. 이헌창, 「근대경제성장의 기반 형성기로서 18세기 조선의 성취와 그 한계」, 『정조와 18세기』(서울: 푸른역사, 2013), 153쪽에서 재인용.

194) 김백철, 「영조대 '민국' 논의와 변화된 왕정상」, 이태진·김백철 엮음, 『조선후기 탕평정치의 재조명(上)』, 127~128쪽.

195) 모리스 꾸랑 지음, 李姬載 옮김, 『韓國書誌』(서울: 一潮閣, 1997), 1~2쪽. 이헌창, 앞의 글, 154~155쪽에서 재인용.

196) H. 쥐베르, CH. 마르탱 지음, 유소연 옮김, 『프랑스 군인 쥐베르가 기록한 병인양요』(서울: 살림, 2010), 65쪽. 이헌창, 앞의 글, 156쪽에서 재인용.

197) 노비의 원인별 감소수는 사망 25명, 방매 33명, 도망 1,126명이었다. 전형택, 『조선 양반사회와 노비』(서울: 문현, 2011), 369쪽.

198) 전형택, 「노비의 저항과 해방」, 『역사비평』 1996년 8월, 326쪽.

199) 전형택, 『조선 양반사회와 노비』, 374~375쪽.

200) 변주승, 「18세기 流民의 실태와 그 성격」, 『全州史學』 제3집(1995), 81쪽.

201) 황태연, 『한국 근대화의 정치사상』, 78쪽.

202) 호구(戶口)가 감축된 것이 모두 3분의 1이 넘으니, 이것은 다만 전란이나 기근이나 돌림병으로만 상하여 죽은 것이 아니요, 그 유래가 오래된 것입니다.… 백성을 보전하자면 폐해를 제거하여야 합니다. 그중에 절실히 급한 것을 말한다면 군정·전역·고채입니다. 그중에도 군폐(軍弊)가 더욱 심한 편입니다.… 이른바 향임(鄕任)·유임(儒任)·교열(校列)의 직임(職任)들이 도망가서 숨는 한정(閑丁)의 집결처가 되니, 이에 어린이와 노인에게 군역이 거듭되어서 시끄러운 일이 모두 일어나게 되는데, 하호(下戶)로서 재산도 힘도 없는 자가 어떻게 흩어져 떠돌아다니지 않겠습니까? 이것이 군정이 백성을 흩어버리는 실상입니다. 본도의 전안(田案)은 엉성하고 아주 엉터리입니다. 당초부터 자호(字號)도 기재하지 않고 보척(步尺)도 표기하지 않았습니다. 세월이 오래되자 찢어지고 떨어져 나가서 그나마 없어진 글자가 반수 이상입니다. 그래서 세력 있는 자들이 겸병(兼幷)하고 간악한 자들이 속여서 빼앗습니다. 더러는 땅도 없고 사람도 없는데 결전(結田)만 있습니다. 이것을 허결(虛結)이라고도 하고 부결(浮結)이라고도 합

니다. 세나가 그 땅의 등급이 6등급 중에도 꼴찌여서 그 세금을 3분의 1을 감하게 되며, 다른 도에 비해서 조금 가볍기 때문에 매년 흉년을 만나도 급재(級災)하는 일이 거의 없습니다. 그러니 궁핍한 백성들이 자기 세금도 물기 어려운데, 백지징세(白地徵稅)며 더구나 그 허다한 황폐한 못을 해마다 통수(統首)와 사린(社隣)에게 이징(移徵)하니, 어떻게 흩어져 떠돌아다니지 않을 수 있겠습니까? 이것이 바로 전역(田役)이 백성을 흩어버리는 것입니다. 본도는 중국 칙사의 지대(支待)에 드는 비용과 지방관의 녹봉을 대는 것을 대개 빚놀이 이식을 받아서 지급합니다. 영읍이 갖고 있는 채본(債本)이 모두 68만1천9백80냥 영(零)인데, 모두 빚을 다시 뉘어서 어느 사이에 귀록(鬼錄)이 되어버렸고, 10분의 2를 이식으로 취하는 것이 10년에 열 배가 되었습니다. 사람은 죽고 대가 바뀌어도 본전은 그대로 남아 있어서, 더러 사대(私貸)로 서로 바꾸기도 하고 더러 허명(虛名)을 섞어 기록해서 쫓아다니며 징수 독려하는 것이 온 경내에 가득합니다. 그러니 어떻게 고향을 떠나 흩어지지 않을 수 있겠습니까? 이것이 바로 고채(庫債)가 백성을 흩어버리는 것입니다. 신은 그래서, 호구(戶口)가 감축된 것이 병란이나 기근·돌림병에만 원인이 있는 것이 아니요, 사실은 이 세 가지 폐단에서 연유한다고 말하는 것입니다. 『純祖實錄』, 순조 14(1814)년 2월 26일

203) 근년 이래로 잇따라 큰 흉년을 만나 기근(饑饉)을 겪은 끝에 여역(癘疫)이 심하여지고 산골짜기와 바닷가의 고을은 더욱 혹심한 재화(災禍)를 입었습니다. 그래서 옛날에 살던 백성들이 10명에 1, 2명도 없고, 양전 미토(良田美土)에는 쑥대만 눈에 가득하게 비치는 실정이며, 남아 있는 잔약한 백성들은 농사를 짓고자 하면 양식이 없고, 장사를 하고자 하면 재화(財貨)가 없으며, 떠나고자 하면 구학(溝壑)이 눈앞에 닥치고, 머물고자 하면 산업(産業)이 모두 비어 있는데, 진황지(陳荒地)의 세금이 그대로 있고, 해묵은 포흠(逋欠)의 환곡(還穀)을 오히려 독촉하고 있으며, 옛날 10인의 세금을 지금은 한 사람이 이를 감당해야 하고, 전에 10가호의 적곡(糴穀)을 지금은 한 가호에서 이를 바치고 있어서 처음에는 잔약한 가호가 망하고, 다음에는 중호(中戶)가 파산(破産)하더니, 마침내는 넉넉한 가호마저 죄다 고갈되어 그 형세가 반드시 다하여 없어진 후에야 그칠 것입니다. 한 고을이 이와 같으니 한 도(道)를 알 수 있고, 한 도가 이와 같으니 한 나라를 알 수 있습니다. 『憲宗實錄』, 헌종 3(1837)년 11월 10일

204) 배항섭, 「19세기 후반 민중운동과 공론」, 『한국사연구』 161(2013), 322~323쪽.

205) 권농, 훈장과 이임, 좌상, 두민들, 혹은 대소민인(大小民人)이 모두 모여 마을 차원의 민의를 수렴하는 기구를 뜻한다. 김용민, 앞의 글, 66쪽.

206) 앞의 글, 66쪽.

207) 배항섭, 앞의 글, 325~326쪽.

208) 배항섭, 「'근대이행기'의 민중의식: '근대'와 '반근대'의 너머」, 『역사문제연구』 제23호 (2010), 77쪽.

209) 전형택, 「조선후기 노비의 토지소유」, 『한국사연구』 71(1996), 76~77쪽.

210) 정부는 후손이 없는 노비가 죽기 전에 처분한 토지에 대해서는 선의의 취득자를 보호하려는 정책을 취했으나, 사노비를 소유하고 있는 세력 있는 양반들은 노비의 재산을 자기 소유로 만들기 위해 다양한 방식으로 노비들을 못 살게 굴었다. 전형택, 「조선후기 노비의 토지소유」, 82쪽. 이에 대한 반발로 17세기 후반에는 노비들이 전답을 대거 매도하는 현상이 나타나기도 했다. 이재수, 『조선중기 전답매매연구』(서울: 집문당, 2003), 95쪽, 223~229쪽. 배항섭, 앞의 글, 77쪽에서 재인용. 『경국대전』은 소유권에 관한 기본적인 정의를 명시하였고, 『속대전』은 토지의 이용, 관리 등을 포기한 소유권은 인정하지 않는 등 소유권의 내용을 좀 더 적극적으로 해석하였다. 이는 경작자의 점유권 보호와도 일맥상통하는데 일정 조건이 되면 점유권을 소유권으로 인정하는 선으로 발전하여 『대전통편』에 조문화 된다. 조윤선, 「조선후기의 田畓訟과 法的 대응책」, 『민족문화연구』29(1996), 318쪽.

211) 배항섭, 앞의 글, 77~78쪽.

212) 당시 요구조건을 보면 다음과 같다. 1. 세미(稅米)는 언제나 7냥 5전을 거두는 것으로 아주 정할 일, 2. 각종 군포(軍布)는 소민(小民)에게만 편중되게 걷지 말고 모든 호에 고루 분배하여 거둘 일, 3. 환향(還餉)의 폐단을 없앨 일, 4. 군역과 환곡을 보충하기 위해 결(結)에서 거두는 것을 시행하지 말 일, 5. 이교(吏校)의 폐단과 사령(使令)의 침탈을 금단할 일, 6. 작부하여 세금을 걷는 일을 기일보다 먼저 하지 말 일, 7. 내가 되거나 하천으로 떨어져 나가는 등의 피해를 입은 재결(災結)과 예부터 내려오는 재결, 새로 발생한 재결에 공평하게 조세를 면해 줄 일, 8. 각면(各面) 주인이 의례히 결(結)에서 받는 명목과 각청(各廳)이 계방(楔房)을 맺어 거두는 것을 시행치 말 일, 9. 사대부가(士大夫家)에서 표(標)를 묻고 산을 넓게 차지하는 것을 금단할 일, 10. 각면(各面) 서원(書員)이 의례히 받는 것과 주복(周卜) 명색(名色)을 시행치 말 일, 11. 본부(本府) 각반(各班) 하인(下人)에게 주는 돈은 정한 대로 액수를 줄일 일 등이었다. 김선경, 「19세기 농민 저항의 정치: 1862년 농민항쟁, 관민 관계 위기와 법 담론」, 『역사연구』16호(2006), 103쪽.

213) 앞의 글, 103~104쪽.

214) 앞의 글, 110~115쪽. 당시 박규수의 말을 보는 그 상황을 좀 더 정확하게 알 수 있다. "고금 천하에 백성이 떼 지어 일어나 관장을 위협하고 이서를 불태워죽이고 읍내(邑內)와 외촌(外村)에서 인가를 훼손하고 재물을 겁탈하고서도 마땅히 해야 할 일을 한 듯이 조금도 위축되거나 두려워하는 기색이 없이 의기양양하다는 말을 듣지 못했다. 금일 이곳의 민 같으면 평민이라고 해야 좋겠는가? 난민(亂民)이라 해야 좋겠는가?" 같은 글, 118쪽.

215) 앞의 글, 116쪽.

216) 임술민란(농민항쟁)이 발발하게 원인에 대해 장령 정동직은 "전 전라감사 김시연이 가장 불법을 많이 저지른 자입니다. 민전을 늑탈하는 등 그 허다한 죄를 다 손으로 꼽을

수 없을 지경입니다. 온 도에 해를 끼쳐 원성이 들끓다가 익산·함평의 변괴가 일어나게 된 것입니다"라고 밝히고 있다. 앞의 글, 119쪽.

217) 金容燮, 「哲宗朝 民亂發生에 대한 考察」, 『歷史教育』 1(1956), 85~86쪽.

218) 박규수, 「晉州按覈使查啓辭」, 36쪽. 《壬戌錄(嶺湖民變日記)》. 『한국자료총서(8)』, 〈嶺南〉, 국사편찬위원회 한국사데이터베이스.

219) 조윤선, 「私的 地主制의 측면에서 살펴본 壬戌農民蜂起」, 『史叢』 제37·38 合輯(1990), 113쪽.

220) 황태연, 『한국 근대화의 정치사상』, 456~457쪽.

221) 배항섭, 「임술민란의 민중상에 대한 검토: 근대지향성에 대한 반성과 동아시아적 시각의 모색」, 『역사와 담론』 66(2013), 248쪽.

222) 홍동현, 「1894년 '동도'의 농민전쟁 참여와 그 성격」, 『역사문제연구』 제20호(2008), 180쪽.

223) 동학농민운동 때 농민 등이 동학의 조직인 포(包)를 중심으로 봉기(蜂起)하던 일.

224) 村山智順 著, 崔吉城·張相彦 共譯, 『朝鮮의 類似宗教(1935, 조선총독부)』(대구: 계명대학교출판부, 1990), 54~55쪽. 내용 중 숫자는 전봉준의 격문에 의해 기포한 것이고, 괄호 내 숫자는 최시형의 명에 의해 기포한 것이라 설명하고 있다.

225) 『東匪討錄』 「湖南儒生原情于招討使文」. 국사편찬위원회 한국사데이타베이스. 方伯守宰 牧民之人也 以先王之法 治先王之民 則雖歷年千載 其國享久 今之方伯守令 不顧王法 不念王民 貪虐無常 軍錢之無時濫排 還錢之拔本督刷 租稅之無名加排 各項烟役之逐日疊徵 姻戚之排徵無厭 轉運營之加斂督索 均田官之弄結徵稅 各司校隸輩之討索酷虐 不可條條忍耐.

226) 배항섭, 「19세기 후반 민중운동과 공론」, 330~331쪽.

227) 洪鍾植, 「東學亂實話」, 『新人間』, 34호(1929), 45~46쪽. 박맹수, 「우리 전통사상에서 본 아이: 동학사상을 중심으로」, 한국생태유아교육학회 편, 『생태유아교육선집 1』(파주: 양서원, 2005), 127쪽.

228) 『海月神師法說』, 「布德(33-3)」. 이규성, 『최시형의 철학』(서울: 이화여자대학교출판부, 2011), 209쪽.

229) 전봉준은 일본인과의 전주 면담(1894.7.10.)에서 "…몇 년 전부터 동지를 규합하여 그들을 쫓아내고자 누차 정부에 글을 올려 호소하였으나 받아들여지지 않았다.…국왕 곁의 간악을 제거하려는 명분으로 병대를 일으킨 것이다"라고 밝혔다. 『時事新報』 明治 27年 10月 5日. 배항섭, 앞의 글, 331쪽.

230) 박찬승, 『근대이행기 민중운동의 사회사: 동학농민전쟁·항조·활빈당』(서울: 경인문화사, 2008), 237쪽.

231) 『東京朝日新聞』, 明治28年 3月 6日 「朝鮮時事」; 『大阪朝日新聞』, 明治28年 3月 6日 「東學首領と合議政治」. 『동학농민혁명사료총서(22~23)』, 국사편찬위 한국사 데이터베

이스.

232) 황태연, 앞의 책, 474~475쪽.

233) 배항섭, 앞의 글, 336쪽.

234) 황현 저, 김종익 역, 『오하기문』, 197쪽.

235) 앞의 책, 192쪽.

236) 김양식, 「1894년 농민군 都所의 설치와 그 이념」, 『한국근현대사연구』 제2집(1995), 37쪽.

237) 배항섭, 「동학농민군, 그들의 발자취를 찾아서」 『사람이 세상에서 가장 귀하다: 전라도 고창지역의 동학농민혁명』(서울: 역사공간, 2011), 61~62쪽.

238) 박찬승, 『근대이행기 민중운동의 사회사』, 279쪽.

239) 『續陰晴史(上)』(서울: 국사편찬위원회 1960), 318쪽. 조경달 지음, 박맹수 옮김, 『이단의 민중반란』, 236~237쪽에서 재인용.

240) 『甲午斥邪錄』(동학농민혁명 국역총서 3권). 국사편찬위원회 한국사데이터베이스.

241) 吳知泳, 『東學史(3)』(1926년 초고본), '執綱所의 行政', 『동학농민혁명자료총서』 1권. 국사편찬위원회 한국사데이터베이스.

242) 吳知泳, 『歷史小說 東學史』(京城: 永昌書館, 昭和15年[1940]). 영인본: 오지영, 『東學史』, 『東學思想資料集(2)』(서울: 아세아문화사, 1979), 126-127쪽.

243) 유영익은 "군기처는 처음에 동학농민군의 폐정개혁 요구를 충족시켜주는 개혁의안을 채택함으로써 민심을 수습"하려 했고, "군기처의 의안 중 20여 건은 바로 재기한 동학농민군의 회유 및 진압책과 관련된 것"으로 판단하고, "'벽파문벌반상등급('劈破門閥班常等級) 불구귀천(不拘貴賤) 선용인재사(選用人材事)', 과부재가(寡女再嫁) 무론귀천(無論貴賤) 임기자유사(任其自由事)', '공사노비지전(公私奴婢之典) 일체혁파(一切革罷) 금판매인구사(禁販賣人口事)'와 같은 의안과 8월 2일에 채택된 '역인창우피공(驛人倡優皮工) 병허면천사(竝許免賤事)' 등 일련의 '혁명적' 개혁안"이 나왔다는 것이다. 柳永益, 『甲午更張研究』(서울: 일조각, 1997), 147-148쪽.

244) 김용섭, 『조선후기농업사연구 II: 농업과 농업론의 변동』(서울: 지식산업사, 2007), 326쪽.

245) 오지영의 『歷史小說 東學史』가 '역사소설'이라는 제목을 달고 있는 까닭에 이것을 오늘날의 소설(novel)로 보고 사료적 가치를 부정하는 연구자들도 있으나, 여기서 '역사소설'은 전통적 소설의 의미에 따른 '역사 르포르타주'를 의미한다. 이에 대해서는 황태연, 『갑오왜란과 아관망명』, 300~305쪽.

246) 황태연, 『백성의 나라 대한제국』, 177~178쪽.

247) 1894년 6월 26일 일본의 서울 점령과 7월 23일 경복궁 침공은 조약상의 국제법적 불법성과 현행범적 침략행동이라는 의미에서 조선에 대한 명백한 '침략전쟁'이었다. 따라서 "일본이 조선을 침략한 전란이라는 뜻에서 이 전쟁을 - '임진왜란'에 빗대어 - '갑오왜

란'으로 불려야 하다. 여기서 일본을 '왜'로 낮춰 부르는 이유는 남의 나라를 침략하는 범죄국가를 중립적으로 불러서는 아니 되기 때문이다. 그러므로 우리나라에서나마 일본을 그 경멸적 명칭 '왜'로 부르고 일본의 침략으로 일어난 전란을 '왜란'이라고 부르는 것이 옳다고 생각한다." 황태연, 『갑오왜란과 아관망명』, 83쪽.

248) 『駐韓日本公使館記錄』 1권, 十. 諸方機密公信往 二, (10)'7월 23일 사변전후에 취한 방침의 개략과 장래에 대한 鄙見내신' (機密 第146號 本 86, 1984년 8월 4일), 大鳥圭介→陸奧宗光.

249) 『駐韓日本公使館記錄』 2권, 二. 京城・釜山・仁川・元山機密來信, (3)'對韓政策에 관한 意見 上申의 건' (機密第26號, 1894년 6월 26일), 內田定槌→陸奧宗光.

250) 『東學文書』, 「義兵召集密諭」. 『동학농민혁명사료총서(5)』. 국사편찬위원회 한국사데이터베이스; 『駐韓日本公使館記錄』 8권, 三. 各領事館其他往復 一, (6)'東學黨事件에 대한 會審顚末 具報' (機密號外, 1895년 9월 2일) [別紙 第2號(Ⅰ-1): 大院君의 계책에 의해 나온 東學黨 선동 國王密旨], 領事 內田定槌→井上馨.

251) 『駐韓日本公使館記錄』 8권, 三. 各領事館其他往復 一, (6) '東學黨事件에 대한 會審顚末 具報'(機密號外, 1895년 9월 2일) [別紙 第2號(Ⅰ-2): 同件 密旨의 漏洩防止 指示文], 一等領事 內田定槌→井上馨.

252) 『東京朝日新聞』, 명치28(1895)년 3월 5일. 황태연, 앞의 책, 148쪽에서 재인용.

253) 전쟁과정에 전사한 동학농민군은 3만 여명이 넘고 전상자(戰傷者)까지 합치면 5만 명에 이르며, 학살된 동학교도와 일반 농민까지 합하면 '피살자' 수는 20만 명 또는 30~40만 명으로 추산된다. 여기에 일본에 의해 사살된 의병과 1894년 7월 이후 전사한 왕궁수비대 등 조선군까지 합하면 1895년 1월까지의 갑오왜란 희생자만 보더라도 20만 명을 넘기는 것을 확실하다. 앞의 책, 237~238쪽.

254) 1894년 말 무렵의 동학당도(徒)는 조선반도의 반 이상에서 모두 일어나고, 그 인원은 초토사 홍계훈의 상소에 있는 한 포의 인원수의 최소치로 해도 실로 300만을 돌파했다고 상상할 수가 있을 것이라고 추정했다. 村山智順 著, 崔吉城・張相彥 共譯, 『朝鮮의 類似宗敎(1935, 조선총독부)』, 54~55쪽.

255) 황태연, 앞의 책, 477쪽.

256) 참조: 앞의 책, 561~621쪽.

257) 황태연, 『백성의 나라 대한제국』, 103쪽.

258) 천성림, 「새로운 여성사: 쟁점과 전망」, 『역사학보』, 200호(2008), 131쪽.

259) 앞의 글, 147~148쪽.

260) 김호, 「100여 년 전의 여성들: 규장각 소장 '검안'으로 들여다본 민중의 삶」, 『한신인문학연구』 1(2000), 408쪽; 박소현, 「검안을 통해 본 여성과 사회」, 『古文書硏究』 제50호(2017), 5쪽; 심재우, 「조선후기 인명 사건의 처리와 '검안'」, 『역사와 현실』 23(1997), 222쪽.

261) 이은선, 「한국 유교의 종교적 성찰: 조선후기 여성 성리학자 강정일당(강정일당)을 중심으로」, 『양명학』, 제20호(2008), 51쪽에서 재인용.

262) 황태연, 『실증주역』(파주: 청계, 2008), 25~26쪽.

263) 『繫辭傳(上)』, 五章: "一陰一陽之謂道, 繼之者善也, 成之者性也".

264) 이선경, 「역의 곤괘와 유교적 삶의 완성: 곤괘에 깃든 유교적 종교성과 인문정신을 중심으로」, 이동준 외 24인, 『동방사상과 인문정신』(서울: 심산출판사, 2007), 450~451쪽.

265) 황태연, 앞의 책, 493쪽.

266) 崔文馨, 「동학의 모성론(母性論)과 미래지향의 여성상」, 『동학학보』 18권(2009), 207쪽.

267) 심재우, 「조선시대의 법과 여성의 몸: 여성 처벌 규정을 중심으로」, 『역사와 실학』 51(2013), 153쪽.

268) 唯女子與小人 爲難養也 近之則不孫(遜) 遠之則怨, 『論語』, 「陽貨」(17-25).

269) 황태연, 앞의 책, 492쪽.

270) 앞의 책, 630쪽.

271) 앞의 책, 232쪽.

272) 앞의 책, 214쪽.

273) 앞의 책, 215쪽.

274) Ian Dishart Suttie, *The Origins of Love and Hate* (Oxford · New York: Routledge, 1935; 1999 · 2001 reprinted; Digital Printing 2007), 117쪽.

275) 황태연, 『감정과 공감의 해석학』 제1권, 233쪽.

276) 앞의 책, 236쪽.

277) 爲人父 止於慈. 『大學』(傳3章).

278) 何謂人義? 父慈…君仁. 『禮記』 「禮運」第九.

279) 황태연, 앞의 책, 238쪽.

280) 古之爲政 愛人爲大, 不能愛人 不能有其身 不能安土, 不能安土 不能樂天, 不能樂天 不能成其身. 『禮記』 「哀公問」第二十七.

281) 황태연, 『공자와 세계: 서양의 지식철학(하)』 제5권(파주: 청계, 2011), 692쪽.

282) 황태연, 『공자와 세계(1)』, 304~305쪽.

283) 고희탁, 「'유교'를 둘러싼 개념적 혼란에서 벗어나기: 서구 계몽주의에 영향을 미친 '공자철학'을 실마리로 삼아」, 『신아세아』 23권 2호(2016), 146~147쪽.

284) 크릴 저, 이성규 역, 『공자: 인간과 신화』(서울: 지식산업사, 2012), 21쪽.

285) 앞의 책, 311~312쪽.

286) Samuel Purchas, *Purchas, his Pilgrimage* (London: Printed by William Stansby for Henrie Fetherstone, 1613 · 1614). Francisco Noël, *Sinensis imperii libri classici sex* (Pragae: Typis Universitatis Carlo-Ferdinandeae, 1711).

287) 함대연, 『패치워크문명의 이론』, 76~78쪽.

288) 크릴 저, 이성규 역, 앞의 책, 316쪽.

289) 앞의 책, 310쪽.

290) 마르티나 도이힐러 지음 · 이훈상 옮김, 『한국의 유교화 과정』(서울: 너머북스, 2013), 181쪽.

291) 『近思錄』「治法篇」18.

292) 君子之道 造端乎夫婦 及其至也 察乎天地. 『中庸』, 12-3.

293) 天下無生而貴者也. 『禮記』「郊特生」第十一

294) 이경하 역저, 『18세기 여성생활사 자료집(2)』(서울: 보고사, 2010), 30~42쪽.

295) 앞의 책, 259쪽.

296) 서경희 역주, 『18세기 여성생활사 자료집(6)』(서울: 보고사, 2010), 255쪽.

297) 김경미 · 김기림 · 김현미 · 조혜란 역주, 『18세기 여성생활사 자료집(3)』(서울: 보고사, 2010), 491쪽.

298) 김용덕, 「婦女守節考」, 『아시아여성연구』 3권(1964), 124쪽.

299) 마르티나 도이힐러 지음 · 이훈상 옮김, 앞의 책, 106쪽.

300) 김용덕, 앞의 글, 125쪽.

301) 마르티나 도이힐러 지음 · 이훈상 옮김, 앞의 책, 193~194쪽

302) 앞의 책, 198쪽

303) 이순구, 「조선시대 가족제도의 변화와 여성」, 『한국고전여성문학연구』 10(2005), 133~134쪽.

304) 손병규, 『호적: 1606~1923 호구기록으로 본 조선의 문화사』(서울: 휴머니스트, 2007), 421쪽.

305) 김용만, 「조선시대 재지사족의 재산소유형태」, 『대구사학』 27(1985), 124~125쪽.

306) 마르티나 도이힐러 지음 · 이훈상 옮김, 앞의 책, 301쪽.

307) 한영우는 1,000만 명 정도를, 권태환은 그 이상일 것이라고 추산한다. 韓永愚, 「朝鮮前期 戶口總數에 대하여」, 權泰煥 · 李海英, 『戶口와 生活環境』(서울: 서울대학교출판부, 1977), 33쪽. 권태환, 『韓國社會 人口와 發展』(서울: 서울대출판부, 1978), 18쪽. 이상, Tony Michell, 김혜정 譯, 「조선시대의 인구변동과 경제사: 인구통계학적 측면을 중심으로」, 『역사와경계』 17(1989), 90쪽에서 재인용.

308) 미첼(Tony Michell)은 임진왜란으로 200만 명의 인구가 감소했다고 추정했다. Tony Michell, 「조선시대의 인구변동과 경제사」, 92쪽. 반면 김성우는 전체인구의 1/3이 감소했다고 추정했다. 김성우, 앞의 글, 153쪽.

309) 1681년에 인구가 1,090만 명 정도로 임진왜란 이전의 인구 수준을 회복했다. 1693년 총인구수는 1,230만 명으로 계속 증가했고, 1732년에는 인구가 1,360만 명으로 추산된다. Tony Michell, 앞의 글, 92~93쪽. 인구의 증가 과정에서 1598년부터 시작된 '소빙기'

재난으로 약 140만 명의 인구감소, 1670~1671년(현종 11~12) '경신대기근'이 있었고, 1695~1699년(숙종 21~25)에 발생한 '을병대기근'으로 인해 전체 인구의 25~33%인 400만 명이 사망했다는 추정이 있다. 김성우, 앞의 글, 163쪽.

310) 고지노동(雇只勞動)은 기경(起耕)·파종(播種)·이앙(移秧)·중경제초(中耕除草)·수확(收穫)·탈곡(脫穀) 등의 농업생산 가운데 일부 또는 전 과정의 작업을 농업생산자가 연말·연초에 미리 예약함으로써, 임노동자로 하여금 청부경작(請負耕作)케 하는 관행을 의미한다. 김용섭, 『조선후기농업사연구 II: 농업과 농업론의 변동』(서울: 지식산업사, 2007), 387~388쪽.

311) 앞의 책, 330~333쪽.

312) 앞의 책, 377~378쪽.

313) 손병규, 앞의 책, 421~423쪽.

314) 마르티나 도이힐러 지음·이훈상 옮김, 앞의 책, 306~308쪽.

315) 총부권은 곧 총부의 종법적 지위를 말하는 것으로서, 구체적으로는 총부의 주제권(主祭權)과 입후권(立後權)으로 대표된다. 총부의 주제권은 장자가 죽은 후 장자가 받들던 조상의 제사를 총부가 주제할 수 있는 권리이고, 입후권은 장자가 무후(無後)로 죽었을 경우 그 뒤를 계승할 입후자(立後者)를 총부가 선정할 수 있는 권리를 말한다. 韓基範, 「17世紀 女性의 宗法的 地位」, 『忠南史學』 제9집(1997), 38쪽.

316) 이수건 편, 『慶北地方古文書集成』(경산: 영남대학교출판부, 1981), 796쪽.

317) 『扶安金氏愚磻古文書』(성남: 한국정신문화연구원, 1983), 224쪽.

318) 『扶安金氏愚磻古文書』, 225쪽.

319) 洪起文, 『朝鮮文化叢話』(서울: 정음사, 1946), 117쪽. 김용덕, 앞의 글, 127쪽에서 재인용.

320) 장병인, 「조선시대 이혼에 대한 규제와 그 실상」, 『민속학연구』 제6호(1999), 67쪽.

321) 이욱, 「조선시대 이혼의 사회사」, 『내일을 여는 역사』 20(2005), 234쪽.

322) 김백철, 『법치국가 조선의 탄생』(서울: 이학사, 2016), 247쪽.

323) 김용덕, 앞의 글, 131~132쪽.

324) 장지연, 『逸士遺事』 卷五. 女人多以貞淑自守 雖閭里下賤恥改嫁. 앞의 글, 142쪽에서 재인용.

325) 소혜왕후 지음·이경하 주해, 『내훈(內訓)』(파주: 한길사, 2011), 63~64쪽.

326) 앞의 책, 47쪽.

327) 앞의 책, 155~156쪽.

328) 17세기의 경우, 신분 미상이 많은 이유(전체의 81%)에 대해서는 이 시기에는 구체적 행적의 기록 없이 쉽게 포상이 주어졌기 때문이라고 해석한다. 朴珠, 『朝鮮時代의 旌表政策』(서울: 一潮閣, 1990) 209쪽.

329) 차옥덕, 「'여도(女道)' 거부를 통한 남성우월주의 극복: 〈홍계월전〉, 〈정수정전〉, 〈이

형경전)을 중심으로」, 『한국여성학』 제15권 2호(1999), 229쪽.

330) 손병규, 앞의 책, 426~427쪽.

331) 앞의 책, 148~149쪽.

332) 손병규, 앞의 책, 152쪽.

333) 『成宗實錄』 성종 8(1477)년 7월 17일.

334) 『燕山君日記』 연산 3(1497)년 12월 12일.

335) 『受敎輯錄』은 왕의 윤허를 받아 시행토록 한 여러 규정을 모아놓은 법률서이다. 손병규, 앞의 책, 153쪽.

336) 권내현, 「조선후기 동성촌락 구성원의 통혼 양상: 단성현 신등면 안동권씨 사례」, 『한국사연구』 132(2006), 115쪽.

337) 김건태, 「19세기 단성지역의 결혼관행」, 『고문서연구』, 제28호(2006), 245~246쪽.

338) 김건태, 「18세기 초혼과 재혼의 사회사」, 215쪽

339) 앞의 글, 219~220쪽.

340) 임형택·고미숙 엮음, 『한국고전시가선』(파주: 창비, 2011), 200~218쪽.

341) 정지영, 「조선후기 호주승계방식의 변화와 종법질서의 확산: 17·8세기 『단성호적』에 나타난 과부와 그 아들의 지위를 중심으로」, 『한국여성학』, 18권 2호(2002), 11쪽.

342) 앞의 글, 25쪽. 정지영은 『갑오식호적사목』이 1717년으로 추정하나, 서울대 규장각한 국학연구원의 자료해제에는 편자 미상의 1774년으로 추정한다. 1717년이라면 국가에 의해 호주의 등재가 남성으로 촉진된 것으로 볼 수 있으며, 1774년이라면 사회적으로 부계 중심 관행을 반영한 것이라 할 수 있다.

343) 앞의 글, 14쪽.

344) 손병규, 앞의 책, 176~177쪽.

345) 이 표는 한상권의 『조선후기 사회와 소원제도』의 자료를 근거로 하여 재작성되었다. 1776(정조 즉위)년부터 1800(정조 24)년까지 총 4,427건(신분 직역이 확인되는 숫자는 3,888건)의 상언·격쟁 중에서 여성들에 의해 제기된 것은 405건이며, 동 시기 상언 격쟁의 전체 건수인 3,888건의 약 10.4% 정도에 해당한다. 김경숙, 「조선후기 여성의 呈訴活動」, 『韓國文化』 36(2005), 92쪽.

346) 앞의 글, 114~115쪽.

347) 앞의 글, 116쪽.

348) 정지영, 「조선시대의 외람된 여자 '독녀': 위반과 교섭의 흔적들」, 『페미니즘연구』 제16권 2호(2016), 317쪽.

349) 『승정원일기』 속에는 "남편을 여의고 자식도 없이 나이가 70 가까이 된" 한성부 서부에 사는 독녀 송소사가 지인에게 돈을 빌려주었다가 돈을 떼이자 왕의 행차 앞에서 꽹과리를 울리며 격쟁을 한 일[『승정원일기』 정조 8(1784)년 7월 13일], 한성부 서부에 사는 독녀 한소사가 약방을 하던 남편이 죽은 뒤에 늙은 시어머니를 모시고 사는데 남

편이 살아 있을 때 잘 알던 사람에게 돈을 떼이고 나서 격쟁한 일[『승정원일기』정조 8(1784)년 8월 20일]) 등이 기록되어 있다. 앞의 글, 341~342쪽.

350) 앞의 글, 332쪽.

351) 최문형, 「동학의 모성론(母性論)과 미래지향의 여성상」, 『동학학보』 19집(2005), 210쪽.

352) 정창권, 「『미암일기』에 나타난 송덕봉의 일상생활과 창작활동」, 『어문학』, 78(2002), 547~551쪽.

353) 홍학희, 「18~19세기 성해응 집안 여성들의 삶」, 『한국고전연구』 24집(2011), 300~301쪽.

354) 앞의 글, 302~304쪽.

355) 앞의 글, 306쪽.

356) 손병규, 앞의 책, 399쪽. 가장 오래된 족보는 세종 5(1423)년에 작성된 문화 류씨(文化 柳氏)의 『영락보(永樂譜)』로 알려져 있는데, 서문만 남아 있고 계보의 내용은 전해지지 않는다.

357) 앞의 책, 400~404쪽.

358) 『역시만필』은 1664년에 태어나 27세인 숙종 16년 의과에 합격하였으며 영조 때는 어의까지 지낸 이수귀(李壽龜, 1664-1740?)가 본인의 치험 사례를 모아 엮은 의안이다. 이꽃메, 「『역시만필(歷試漫筆)』의 사례로 재구성한 조선후기 여성의 삶과 질병」, 『의사학』 제24권 2호(2015), 498쪽. 519쪽.

359) 『고금소총(古今笑叢)』 「기문(奇聞)」. 정지영, 「조선시대 혼인장려책과 독신여성: 유교적 가부장제와 주변적 여성의 흔적」, 『한국여성학』 제20권 3호(2004), 22쪽에서 재인용.

360) 권세가에 의해 멸망한 양반집 딸과 이 딸의 비(婢)가 남장을 하고 검객이 되어 원수를 갚는 '검녀'라는 이야기다. 李佑成・林熒澤, 『李朝漢文短篇集(中)』(서울: 一潮閣, 1980). 정지영, 「조선시대 혼인장려책과 독신여성」, 『한국여성학』 제20권 3호(2004), 22쪽에서 재인용.

361) 李瀷, 「出婦」 《類選》 卷7. 人事門. 『星湖僿說』. 한국고전종합 데이터베이스.

362) 李瀷, 「東國美俗」 『類選』 卷9下 經世篇8 論史門 5. 『星湖僿說』. "我東國美俗有中華所不及者乃賤人能守節不再嫁此由扵國法改嫁子孫不許淸路故也." 한국고전종합 데이터베이스.

363) 讀書講義 是丈夫事 婦人有朝夕寒暑之供 鬼神賓客之奉 奚暇對卷諷誦哉. 多見婦女通古今說禮義者 未必躬行而弊害無窮 東俗與中土不. 侔凡文字之功 非致力不能 初非可責也 其小學內訓之屬 都是丈夫之任 宜嘿究而知其說 隨事儆誨而已 若令閨人緩扵蠶織而先務執卷 則奚可哉. 李瀷, 「婦女之敎」 『類選』 卷3上 人事篇 3 親屬門. 『星湖僿說』. 한국고전종합 데이터베이스.

364) 조성을, 「실학의 여성관」, 『한국사상사학』 20권(2003), 28~29쪽.

365) 정해은, 「조선후기 이혼 위기에 처한 여성들」, 『여/성이론』, 26(2012), 117쪽.

366) 기호학파(畿湖學派)의 호락(湖洛) 양론(兩論)을 지양하고 주기설(主氣說)을 초극(超克)하여 유기론(唯氣論)을 제창한 임성주(任聖周, 1711~1793) 가에서 유기론적 도학 연구에 정진한 그의 매(妹) 임윤지당(任允摯堂)이, 학문과 경세(經世)에 뛰어난 홍석주(洪奭周, 1774~1842) 가에서 수리학(數理學)과 시문(詩文)에 정진한 모부인(母夫人) 서영수각(徐令壽閣, 1753~1823)이, 또 『林園經濟志』의 저자인 실학자 서유구(徐有榘) 가에서는 여류 가정실학자 이빙허각(李憑虛閣)이, 또 『諺文志』 저술로 한글 발전에 공헌하고 『物名類考』로 자연과학 연구에 공헌한 유희(柳僖, 1773~1837) 가에서 이사주당(李師朱堂) 등이 배출된 것이 대표적인 예이다. 박용옥, 『韓國近代女性運動史硏究』(성남: 한국정신문화연구원, 1984), 15~16쪽.

367) 정해은, 「조선시대 여성사 연구, 어디로 가고 있는가?」, 『역사와 현실』 91(2014), 329~330쪽.

368) 이영춘, 「영·정조대의 문예부흥과 임윤지당」, 『내일을 여는 역사』 계간 23호(2006), 144~145쪽.

369) 앞의 글, 149쪽.

370) 박현숙, 「강정일당·성리학적 남녀평등론자」, 『여성문학연구』 11호(2004), 63쪽.

371) 이숙인, 「조선시대 여성지식의 성격과 그 구성원리: 임윤지당과 강정일당을 중심으로」, 『동양철학』 제23집(2005), 80쪽.

372) 박용옥, 『韓國近代女性運動史 硏究』, 18쪽.

373) 임유경, 『조선에서 여성으로 산다는 것』(고양: 위즈덤하우스, 2014), 54~56쪽.

374) 정해은, 『역사가 다시 말하다』(서울: 너머북스, 2013), 111쪽.

375) 앞의 책, 125~128쪽.

376) 李恒老, 「答次女金氏婦己亥十二月十二日」(1839), 『화서집』 권13, 『한국문집총간』 권304, 351쪽. 김현미, 「19세기 조선 학자의 딸/ 선비의 아내로 산다는 것: 화서 이항로의 2녀 벽진 이씨의 삶」, 『한국문화연구』 20(2008), 75~80쪽에서 재인용.

377) 박미해, 「조선후기 유학자의 여성인식: 다산 정약용의 가(家) 의식을 중심으로」, 『사회사상과 문화』 제29집(2014), 230쪽.

378) 앞의 글, 231쪽.

379) 민우수, 「祭亡室文」 『貞菴集』. 유미림, 「조선 시대 사대부의 여성관: '제망실문(祭亡室文)'을 중심으로」, 『한국정치학회보』 제39집 5호(2005), 42쪽에서 재인용.

380) 윤봉구, 「祭亡室令人朴氏文」 『屛溪集』. 앞의 글, 39쪽에서 재인용.

381) 박윤원, 「祭亡室文」 『近齊集』. 앞의 글, 42쪽에서 재인용.

382) 송능상, 「祭故室孺人韓氏文」 『雲坪集』. 앞의 글, 43~44쪽에서 재인용.

383) 강진옥, 「〈이형경전(이학사전)〉 연구: 婦道와 자아실현 간의 갈등을 통해 드러난 인간

적 삶의 모색을 중심으로」,『고소설연구』제2집(1996), 118쪽.

384) 풍양조씨 지음, 김경미 역주,『자기록』(서울: 나라사랑, 2014), 96~97쪽.

385) 앞의 책, 48쪽.

386) 임유경, 앞의 책, 47쪽.

387) "취한 후에 건곤(乾坤)이 넓고, 마음을 여니 만사가 평평하구나. 고적히 자리 위에 누웠으니, 오직 즐겁고 잠깐 정을 잊었네." 김호연재 지음 · 송창준 옮김,『浩然齋遺稿』(대전: 향지문화사, 1995), 144쪽.

388) 앞의 책, 170쪽.

389) 정해은, 앞의 책, 99~100쪽

390) 하여주,「조선후기 여성의 기호(嗜好)에 따른 흡연문화 발생과 '몸'의 욕구 발현」,『페미니즘 연구』제15권 제2호(2015), 18쪽.

391) 정인숙,「조선후기 도시의 발달과 여성의 소비문화에 대한 담론의 성격」,『한국고전여성문학연구』제24권(2012), 223~224쪽.

392) 유정선,「화전가에 나타난 여성이 놀이공간과 놀이적 성격: '음식'과 '술'의 의미를 중심으로」,『한국고전연구』18집(2009), 74쪽.

393) 하여주, 앞의 글, 20~21쪽.

394) 박혜숙,「여성영웅소설과 평등 · 차이 · 정체성의 문제」,『민족문학사연구』31(2006), 157쪽.

395) 양혜란,「고소설에 나타난 조선조 후기사회의 성차별의식 고찰: 〈방한림전〉을 중심으로」,『한국고전연구』제9집(1998), 112~113쪽.

396) 박혜숙,「여성영웅소설과 평등 · 차이 · 정체성의 문제」, 172쪽.

397) 앞의 글, 179~180쪽.

398) 차옥덕,「'여도(女道)' 거부를 통한 남성우월주의 극복」, 244쪽.

399) 소혜왕후 지음 · 이경하 주해, 앞의 책, 30쪽.

400) 앞의 책, 159쪽.

401) G 듀위 지음 · 이재형 외 옮김,『세계여성사 2』(서울: 문예출판사, 1995), 64쪽.

402) 이덕무 저 · 이동희 편역,『사소절: 선비집안의 작은 예절』(서울: 전통문화연구회, 2013), 142쪽.

403) 앞의 책, 173~176쪽.

404) 정해은, 앞의 책, 230~231쪽.

405) 작자 미상, 정창권 옮김,『박씨전』(서울: 지식을 만드는 지식, 2012), 108쪽. 이 책은 1925년 발행한 활자본 덕흥서림판 영인본, 동국대한국학연구소 편,『활자본 고전소설전집』권2(서울: 아세아문화사 1976)에 수록된「박씨부인전」을 원전으로 삼은 것이다.

406) 앞의 책, 102쪽.

407) 앞의 책, 64쪽.

408) 작자 미상, 장시광 옮김, 『방한림전: 조선시대 동성혼 이야기』(파주: 이담, 2010).

409) 즈느비에브 프레스 · 미셸 페로 편집, 권기돈 · 정나원 옮김, 『여성의 역사 4(하), 페미니즘의 등장: 프랑스 대혁명부터 제1차 세계대전까지』(서울: 새물결, 1998), 605~609쪽.

410) '동성애'라는 용어가 한국 사회에 등장한 것은 일제 강점기였다. 우선, 한국에서 '연애'가 대중적으로 파급된 시기는 1910년대 말경이다. 권보드래, 『연애의 시대』(서울: 현실문화연구, 2003), 13쪽. 현재 이 분야 연구에 의하면 '동성연애'라는 단어는 1920년대에, '동성애'라는 단어는 1923년에 처음 등장했다고 한다. 신지연, 「1920-30년대 '동성(연)애' 관련 기사의 수사적 맥락」, 『민족문화연구』 45(2006), 270쪽. 조선사회에서 동성애는 남자의 경우 계간(鷄姦), 남색(男色), 남총(男寵), 외색(外色), 용양(龍陽)으로, 여자의 경우 대식 등으로 지칭되었고, 그 대상이 되는 사람은 미남자, 미동, 비역(屄役), 완동(頑童) 등으로 지칭되었으나, 공식문헌에서는 다루어지지 않았다. 김경미, 「젠더 위반에 대한 조선사회의 새로운 상상-〈방한림전〉」, 『한국고전연구』 17집(2008), 208쪽.

411) 앞의 글, 189~191쪽.

412) 양혜란, 앞의 글, 114쪽.

413) 김경미, 앞의 글, 194쪽.

414) 작자 미상, 장시광 옮김, 앞의 책, 30쪽.

415) 김경미, 앞의 글, 213쪽.

416) 작자 미상, 장시광 옮김, 앞의 책, 78쪽.

417) 작자 미상, 장시광 옮김, 『홍계월전: 여성영웅소설』(파주: 이담, 2011), 195쪽.

418) 김정녀, 「병자호란의 책임 논쟁과 기억의 서사: 인조의 기억과 '대항기억'으로서의 〈강도몽유록〉」, 『한국학연구』 35(2010), 215쪽.

419) 앞의 글, 219쪽.

420) 河炅心, 「조선 여성영웅소설의 출현배경에 관한 시론: 『북송연의』의 영향 가능성에 대해」, 『중국어문학논집』 69(2011), 308쪽.

421) 『推案及鞫案』 권21, 184책, 「戊辰罪人之曙推案」, 46~47쪽. 고성훈, 앞의 글, 76쪽에서 재인용.

422) 『推案及鞫案』 권19, 165책, 「癸丑元八推案」, 471~472쪽. 앞의 글, 76쪽에서 재인용.

423) 『承政院日記』, 정조 9(1785)년 2월 29일. 앞의 글, 77쪽에서 재인용.

424) 황태연, 『갑오왜란과 아관망명』, 158~159쪽.

425) 신영우, 「북접농민군의 공주 牛禁峙 · 連山 · 院坪 · 泰仁戰鬪」, 『한국사연구』 154(2011), 266쪽.

426) 카르네프 외 지음, A. 이르계바예브 · 김정화 옮김, 『내가 본 조선, 조선인: 러시아 장교 조선여행기』(서울: 가야넷, 2003), 125쪽.

427) 「甲午斥邪錄」 『동학농민혁명 국역총서』 3권. 국사편찬위원회 한국사데이타베이스.

428) 최문형, 앞의 글, 215쪽.

429) '교훈가'는 수운 최제우가 1861년 11월 하순부터 12월 초순 사이에 지은 것으로 추정된다. 표영삼, 『동학 1: 수운의 삶과 생각』(서울: 통나무, 2004), 150~156쪽 참조.

430) 황태연, 앞의 책, 283쪽.

431) 『純祖實錄』 순조 1(1801)년 1월 28일.

432) 『高宗實錄』 고종 19(1882)년 7월 22일.

433) 『高宗實錄』 고종 19(1882)년 12월 28일.

434) 『高宗實錄』 고종 23(1886)년 3월 11일.

435) 황태연, 앞의 책, 285쪽.

436) 一貴賤而等威無別 則屠沽者往焉 混男女而帷薄爲設 則怨曠者就焉 好貨財以有無相資 則貧窮者悅焉. 崔承熙 編, 『韓國思想史資料選集 : 朝鮮後期篇』(서울: 亞細亞文化社, 1986), 440쪽.

437) "포덕 6년(1865) 10월 28일 대신사의 晬辰享禮를 劍谷에서 擧行하실새 名地 道人이 來會한 者 심다(甚多)한지라 是時에 神師 門徒에게 敎하사 曰 "人은 乃天이라 故로 人은 平等하여 差別이 없나니 人이 人爲로써 貴賤을 分함은 是 天에 違함이니 吾 道人은 一切 貴賤의 差別을 撤廢하여 先師의 志를 副함으로써 爲主하기를 望하노라." 「天道敎書」 '第一編 水雲大神師', 『아세아연구』 5권 1호(1962), 220쪽. 「천도교서」는 1920년 1월 15일부터 3월 31일까지 열린 천도교청년임시강습 때 강의한 내용을 4월에 프린트본으로 출간했다. 표영삼, 『동학 1』, 35쪽.

438) 『天道敎書』, '第一編 水雲大神師', 220쪽. "神師 曰 自今으로 吾 道人을 嫡庶의 別을 有치 勿하고 大同 平等의 義를 實遵하라".

439) "四時有序萬物盛焉 晝夜飜覆日月分明 古今長遠理氣不變 此天地至誠無息之道也 國君制法 萬民和樂 大夫治法朝廷整肅 庶民治家家道和順 士人勤學國恩興焉 農夫力穡衣食豊足 商者勤苦 財用不竭 工者勤業機械俱足 此人民之至誠不失之道也", 『海月神師法說』, 「誠·敬·信」.

440) "道之一念如飢思食 如寒思衣 如渴思水 富貴者修道乎 有權者修道乎 有文者修道乎 雖貧賤者有誠可以修道也", 『海月神師法說』, 「篤工」.

441) 『天道敎書』, '第二編 海月神師', 『아세아연구』 5권 2호(1962), 302쪽.

442) 吳知泳, 『東學史』, 69쪽. 『동학사』의 일부 내용이 사후에 창작되었다는 비판이 있는데, 이에 대한 반박과 근거는 황태연, 앞의 책, 293~309쪽 참조. 대표적인 '사후 창작설'의 주장은 柳永益, 『東學農民蜂起와 甲午更張』(서울: 일조각, 1998) 참조.

443) "神師 曰 所謂班常之別 人之所定也 道之職任天主之所使也 人豈可以能天定之任撤回乎 唯天無別班常而賦其氣寵其福也 吾道輪於新運而使新人 更定新制班常也 自此以後吾道之內一切勿別班常 我國之內 有兩大弊風 一則 嫡庶之別 次則班常之別 嫡庶之別亡家之本 班常之別亡國之本 此是吾國內痼疾也 吾道頭目之下 必有百勝之大頭目 諸君愼

之 相互以敬爲主 勿爲層節 此世之人 皆是天主生之 以使天民敬之以後 可謂太平也." 이
규성, 『최시형의 철학』, 209쪽. 표영삼은 '포덕(布德)' 편의 내용이 1891년 3월에 해월이
말한 것이라고 설명한다. 표영삼, 『동학 2: 해월의 고난 역정』(서울: 통나무, 2005), 169
쪽.

444) 김도태(1948), 『徐載弼博士自敍傳』(서울: 을유문화사, 1972), 208쪽

445) 황현 지음, 김종익 옮김, 『오하기문』, 83쪽.

446) 앞의 책, 83~84쪽.

447) 앞의 책, 97쪽.

448) 앞의 책, 129~130쪽.

449) 柳永益, 『甲午更張硏究』, 147쪽.

450) 황태연, 앞의 책, 299~300쪽.

451) 황현 지음, 김종익 옮김, 앞의 책, 231~232쪽.

452) 앞의 책, 232쪽.

453) 「關草存案」, 甲午 八月十日 關文草. 《各司謄錄(63)》, 218-219쪽. 황태연, 앞의 책, 338
쪽에서 재인용.

454) 황태연, 『백성의 나라 대한제국』, 591쪽.

455) 박용옥, 「동학의 남녀평등사상」, 『한국 여성 근대화의 역사적 맥락』(서울: 지식산업
사, 2001), 147~150쪽.

456) 안심가는 수운 최제우가 1861년 8월 하순경에 동학이 '서학'과 다르다는 점을 일
반 백성들, 특히 부녀자들에게 알리기 위해 지은 것으로 추정된다. 표영삼, 『동학 1』,
143~147쪽.

457) 김용휘, 『최제우의 철학』(서울: 이화여자대학교출판부, 2012), 215쪽.

458) 황묘희, 「수운 최제우의 여성관」, 『동학연구』 3(1998), 107쪽.

459) 김미정, 「동학·천도교의 여성관의 변화」, 『한국사학보』 제25호(2006), 366쪽.

460) 吳知泳, 『東學史』, 『한국사학보』 제25호(2006), 366쪽.

461) "夫和婦順吾道之第一宗旨也.…男乾女坤 男女不和則天地丕塞 男女和合則天地泰和矣
夫婦卽天地者 此之謂也", 『해월신사법설』, 「夫和婦順」.

462) "편성이란…밖의 세상일에 별로 접촉치 못하는 부인들은 자연히 성격의 편벽됨이 있
음을 뜻하는 것이다." 박용옥, 「동학의 남녀평등사상」, 125쪽.

463) 女人偏性 其或生性 爲其夫者盡心盡誠拜之 一拜二拜 溫言順辭勿加怒氣 雖盜跖之惡 必
入於化育之中 如是拜如是拜. 『해월신사법설』, 「夫和婦順」.

464) '대인접물'이란 용어는 1883년 해월이 생활규범에 대한 11개조의 실천요목을 만들어
각 포에 돌린 내용 통문에 들어 있었고, 이후 해월의 글인 '대인접물'은 1885년경에 더
욱 구체적인 내용으로 확대된 것으로 추정된다. 『侍天敎宗繹史』 癸未年條, "師文論于
各包 謹以忠君上 孝父母 隆師長 睦兄弟 別夫婦 信朋友 恤隣里 修身齊家 待人接物." 표

영삼,『동학 2: 해월의 고난 역정』, 115쪽.

465) 余過淸州徐垞淳家 聞其子婦織布之聲 問徐君曰「彼誰之織布之聲耶」徐君對曰「生之 子婦織布也」又問曰「君之子婦織布 眞是君之子婦織布耶」徐君不卜吾言矣 何獨徐君耶 道家人來 勿人來言 天主降臨言.『해월신사법설』,「대인접물」.

466) 婦人家之主也 爲飮食 製衣服 育嬰兒 待賓 奉祀之役 婦人堪當矣 主婦若無誠而俱食則 天必不感應 無誠而育兒則兒必不充實 婦人修道吾道之大本也 自此以後婦人道通者多出 矣 此一男九女而比之運也 過去之時婦人壓迫 當今此運 婦人道通 活人者亦多矣 此人皆 是母之胞胎中生長者如也. 이규성, 앞의 책, 185~186쪽.

467) 표영삼, 앞의 책, 162~164쪽.

468) 앨리스 S. 로시,「감성과 지성 : 존 스튜어트 밀과 해리엇 테일러 밀의 이야기」, 존 스튜 어트 밀 지음 · 김민예숙 옮김,『여성의 예속』(서울: 이화여자대학교출판부, 2006), 214 쪽.

469)『『여성의 예속』이 출판된 지 100년이 지났으나, 아직까지도 여성의 지위에 관한 지적 (知的) 분석과 성적(性的) 평등을 보장하기 위한 정치적 행동을 끌어내려는 호소로서는 거의 유일한 것으로 남아 있다. 그런 종류의 책은 1869년 이전에는 출판되지 않았고, 그 20년 후인 1898년에 샬로트 길만(Charlotte Perkins Gilman, 1860~1935: 미국의 사회 학자, 여성해방론자)의『여성과 경제(Women and Economics)』, 그리고 50년 후인 1951 년 시몬느 드 보바르(Simone de Beauvoir)의『제2의 성(The Second Sex)』이 출판될 정 도였다. … 그리고『여성의 예속』은 그 가운데 첫 번째 작품으로서, 남성에 의해 쓰여진 유일한 작품으로서 특히 흥미롭다고 할 수 있다." 앞의 글, 712쪽.

470)「光州牧使爲牒報事」『先鋒陣呈報牒』,『동학농민혁명 자료총서』16권. 국사편찬위원 회 한국사데이터베이스.

471)「兩湖右先鋒日記」4(1895.1.3.)『동학농민혁명 자료총서』15권. 국사편찬위원회 한국 사 데이터베이스.

472) 홍영기,『동학농민혁명과 한말 의병항쟁: 민주장정 100년 광주 · 전남지역 사회운동 연구』, 광주광역시 · 전라남도(2015), 86쪽.

473)『駐韓日本公使館記錄』6권, 各地東學黨 征討에 관한 諸報告 二, 東學黨征討略記(1895 년 5월). 국사편찬위원회 한국사 데이터베이스.

474)「兩湖右先鋒日記」4(1895.1.4.).『동학농민혁명 자료총서』15권. 국사편찬위원회 한 국사 데이터베이스.

475) 역사문제연구소 지음,『다시 피는 녹두꽃』(서울: 역사비평사, 1994), 132쪽. 김정인, 「동학 · 동학농민전쟁과 여성」, 203쪽에서 재인용.

476)『甲午軍政實記』12월 22일. 신영우,「북접농민군의 보은 도착과 북실전투」,『한국근현 대사연구』제61집(2012), 46쪽에서 재인용.

477) Jacques Guilhaumou et Martine Lapied,「L'action politique des femmes pendant la

Révolution française」, *Encyclopédie politique et historique des femmes*(Paris : PUF, 1997), 142쪽. 이세희 · 현재열, 「프랑스혁명과 여성의 역할」, 『프랑스사연구』 제7호 (2002), 26쪽에서 재인용.

478) 조경달, 『이단의 민중반란』, 236쪽.

479) 황태연, 『갑오왜란과 아관망명』, 307~308쪽.

480) 李鈺, 실학사 고전문학연구회(역), 『이옥전집』 2권(서울: 소명출판사, 2001), 216~218쪽.

481) 정약용, 「烈婦論」, 『與猶堂全書』 文集 卷十一. 한국고전종합 데이터베이스.

482) 이희준 지음, 유화수 · 이은숙 역주, 『계서야담』(서울: 국학자료원, 2003), 209~210쪽.

483) 오지영, 『동학사』, 127쪽.

484) 『高宗實錄』 고종 31(1894)년 6월 28일.

485) 황태연, 앞의 책, 325~326쪽.

486) 김정인, 「동학 · 동학농민전쟁과 여성」, 202쪽.

487) 朴成壽 註解, 『저상일월(渚上日月): 117년에 걸친 한국 근대생활사』(서울: 민속원, 2003), 269쪽.

488) 김정인, 앞의 글, 202쪽.

489) 『關草存案』, 甲午 八月十日 關文草. 『各司膽錄(63)』, 218-219쪽.

490) 『高宗實錄』 고종 32(1895)년 3월 10일.

491) '건백서'에는 "남자가 첩을 얻는 것을 금지하며, 과부가 임의대로 개가하는 것을 허락"하고, "양반(班) · 상민(常) · 중인(中) · 서민(庶)이 임의대로 서로 혼인"하도록 건의하고 있다. 또한 "남자와 여자, 남편과 아내는 그 권리에 있어 균등"하다는 의견을 밝히고 있다. 박영효 저 · 김갑천 역, 「박영효의 건백서: 내정개혁에 대한 1888년의 상소문」, 『한국정치연구』 2권(1990), 290~292쪽. 박영효는 이 상소에서 자신에 대한 죄는 부당하다고 지적하는 것을 보면, 전혀 반성할 생각이 없었던 것으로 보인다. "신(臣)이 역적으로 처벌되는 것은 부당하며, 위로는 성세(聖世)의 덕에 누를 끼치고 아래로는 신의 죽음에 오명을 남길 뿐이므로, 저는 명을 어기고 나라를 탈출하여 타국에서 체류하였고, 성조(聖朝)의 문명이 더욱더 새로워져 신을 역신으로 보지 않을 때를 기다릴 뿐입니다"라고 하였다. 같은 글, 246쪽. 박영효는 고종의 1883년과 1886년 신분해방 조치를 치켜세우면서 여러 가지 개혁조치를 제안하는 것을 볼 때, 건백서는 자신의 정치적 소신을 담은 것이기보다는 재기를 위한 방편으로 만든 것으로 보는 것이 좋을 것 같다.

492) 『高宗實錄』 고종 37(1900)년 11월 30일.

493) 『高宗實錄』 고종 37(1900)년 11월 30일.

494) 황태연, 앞의 책, 392쪽.

495) 황현 지음, 김종익 옮김, 앞의 책, 232쪽.

496) 김정숙, 「조선후기 서학수용과 여성관의 변화」, 『한국사상사학』 제20권(2003), 42쪽.

497) 송지연,「조선시대 천주교 여성의 역사 다시 읽기: 동정녀에 대한 논의를 중심으로」, 『東方學志』제169집(2015), 44쪽.

498) 박의경,「한국 여성의 근대화와 기독교의 영향」,『한국정치외교사논총』제25집 1호 (2003), 31~35쪽.

499) 앞의 글, 40쪽.

500) 김윤성,「조선후기 천주교 여성들의 금욕적 실천: 음식 절제와 성적 절제를 중심으로」, 『여성학논집』제24집 1호(2007), 235쪽.

501) 정해은,「조선 후기 여성들은 왜 천주교에 끌렸는가?」,『내일을 여는 역사』12(2003), 170쪽.

502) 송지연, 앞의 글, 43쪽.

503) 방상근,「19세기 중반 한국 천주교사 연구」경희대 사학과 박사학위논문(2004), 139 쪽.

504)「최양업 신부의 1850년 10월 1일자 서한」, 샤를르 달레 원저, 안응렬·최석우 역주, 『한국천주교회사(下)』(서울: 한국교회사연구소, 1980), 185쪽. 방상근, 앞의 글, 142쪽 에서 재인용.

505) 이승희,「조선 후기 천주교 유입과 여성의 의식 변화에 대한 일고찰: 유한당 권씨의 『언행실록』과 이순이 루갈다의『옥중편지』를 중심으로」,『한국고전여성문학연구』제 27권(2013), 138쪽.

506) 김정숙, 앞의 글, 70쪽.

507) 방상근, 앞의 글, 147쪽.

508) 김정숙, 앞의 글, 73쪽.

509)『대한그리스도인회보』, 48호(1897.12.29.), 전미경,「개화기 '남녀동등' 담론에 나타난 여성에 대한 계몽의 시각」,『한국가정관리학회지』20권 1호(2002), 97쪽에서 재인용.

510) Adrian Thatcher,「Beginning Marriage: Two Traditions」, *In Religion and Sexuality*. edited by Michael A. Hayes, Wendy Porter, and David Dombs (London·New York: Sheffield Academic Press Ltd., 1998). 416쪽. 송지연, 앞의 글, 44쪽에서 재인용.

511) Joan Kelly, *Women, History, and Theory: The Essays of Joan Kelly* (Chicago and London: The University of Chicago Press, 1984), 3쪽.

512) 정해은, 앞의 글, 174쪽.

513) 송지연, 앞의 글, 57쪽.

514) 앞의 글, 50쪽.

515) 앞의 글, 58쪽.

516) 李圭景,「斥邪敎辨證說」『五洲衍文長箋散稿(下)』, 705쪽. 趙珖,「朝鮮後期 西學書의 受容과 普及」,『민족문화연구』44권(2006), 205쪽에서 재인용.

517)『承政院日記』87卷 655쪽. 正祖 12(1788)年 8月2日 辛卯條. 앞의 글, 205쪽에서 재인

용.

518) 趙珖, 앞의 글, 219쪽.

519) 황현 지음, 김종익 옮김, 『오하기문』, 58쪽.

520) 앞의 책, 339쪽.

521) 그 이전 천주교 신자 수에 대해서는 1849년 11,000명, 1853년 12,175명, 1855년 13,638명, 1857년 15,206명, 1859년 16,699명 1861년 18,035명 등으로 추정하는 연구도 있어서 [표 4-6]과는 차이를 보인다. 김정숙, 「조선 후기 천주교 여성 신도의 사회적 특성」, 『교회사연구』 19(2002), 15쪽.

522) 황현 지음, 이장희 옮김, 『매천야록(中)』(서울: 명문당, 2008), 304쪽.

523) 『高宗實錄』 고종44(1907)년 7월 11일(양력).

524) 박영효 저ㆍ김갑천 역, 「박영효의 건백서」, 290~292쪽.

525) 황태연, 앞의 책, 322쪽.

526) 유길준 저ㆍ허경진 역, 『서유견문』(서울: 서해문집, 2004), 333~334쪽.

527) 이배용, 「19세기 개화사상에 나타난 여성관」, 『한국사상사학』 20권(2003), 143쪽.

528) 李源兢, 『초등여학독본』(서울: 曺文社, 1908), 3과 人權. 김언순, 「개화기 여성교육에 內在된 유교적 여성관」, 『페미니즘 연구』 제10권 2호(2010), 65쪽에서 재인용.

529) "태초시에 ᄒᆞ나님이 사름을 내실 때에 일남일녀로 작뎡ᄒᆞ신 것은 음양의 공효가 서로 ᄀᆞᆺ홈이오 남녀의 권리가 동등됨이라." "蓄妾風俗", 『帝國新聞』, 1901년 1월 31일. 앞의 글, 65쪽에서 재인용.

530) 최문형, 앞의 글, 218쪽.

531) 유길준, 「우리들이 작성한 개혁안(1896)」, '兪吉濬의 英文書翰', 이광린, 『改化派와 開化思想 硏究』(서울: 일조각, 1989), 233쪽.

532) 『尹致昊日記(四)』, 1895년 12월 11일. 황태연, 앞의 책, 533쪽에서 재인용.

533) 『尹致昊日記(四)』, 1895년 10월 8일. 앞의 책, 535쪽.

534) 김문자 지음ㆍ김승일 옮김, 『명성황후: 시해와 일본인』(파주: 태학사, 2011), 405쪽.

535) 황태연, 앞의 책, 477쪽.

536) 김문자 지음ㆍ김승일 옮김, 앞의 책, 389쪽.

537) 安川壽之輔, 『福沢諭吉のアジア認識』(東京: 高文研, 2000), 193쪽. 앞의 책, 389쪽에서 재인용.

538) 장영숙, 「서양인의 견문기를 통해 본 명성황후의 정치적 위상과 역할」, 『한국근현대사연구』, 제35집(2005), 17쪽.

539) 장 드 팡주ㆍ콘스탄스 테일러 지음, 심재중ㆍ황혜조 옮김, 『프랑스 역사학자의 한반도 여행기 코리아에서/ 스코틀랜드 여성 화가의 눈으로 본 한국의 일상』(파주 : 살림, 2013), 147쪽. 이 여성 화가는 1894년부터 1901년까지 한국에 머문 것으로 알려져 있는데, 글에 1901년 가을, 황제인 고종을 알현했다고 한 내용이 있는 것으로 보아, 1902년

이후에 쓴 것으로 보인다.

540) 메리 V. 팅글리 로렌스·제임스 앨런 지음, 손나경·김대륜 옮김, 『미 외교관 부인이 만난 명성황후·영국 선원 앨런의 청일전쟁 비망록』(파주: 살림, 2011), 34쪽.

541) 앞의 책, 86쪽.

542) 앞의 책, 91쪽. 고종이 왕권을 유지하고 있는 상황이었기 때문에, '쿠데타'란 표현은 적합하지 않다. 이런 표현이 나오게 된 배경도 당시 김홍집 내각이 일본을 대신하는 친일 내각임을 간접적으로 확인해 준다.

543) 김문자 지음·김승일 옮김, 앞의 책, 390쪽.

544) 三浦梧樓, 『觀樹將軍回顧錄』(東京: 政教社, 1925), 324쪽. 앞의 책, 394쪽에서 재인용.

545) 황현 저·이장희 역, 『매천야록(上)』(서울: 명문당, 2008), 487~488쪽.

546) 앞의 책, 141쪽.

547) 앞의 책, 750쪽.

548) 『高宗實錄』, 고종34(1897)년 11월 6일.

549) 박용옥, 『한국 여성 근대화의 역사적 맥락』, 254~256쪽.

550) 장영숙, 앞의 글, 23쪽.

551) Geo Herber Jones, 「The Status of Women in Korea」, *The Korean Repository,* Vol. 3(1896), 228~229쪽.

552) 황태연, 앞의 책, 581쪽.

553) 한국교회사연구소 역주, 『뮈텔주교일기(1)』(서울: 한국교회사연구소, 1986·2009), 1896년 2월 11일. 앞의 책, 612쪽에서 재인용.

554) 제정러시아대외정책문서(АВПРИ), 서가150, 목록493, 사건5, 리스트25-31. 김종헌 편역, 『러시아문서번역집(II)』(서울: 선인, 2011), 222쪽(64. 슈페예르의 1896년 1월 30일[2월 11일] 보고서). 앞의 책, 613쪽에서 재인용.

555) 카르네프 외 지음, A. 이르계바예브·김정화 옮김, 앞의 책, 104쪽.

556) 「五百年有」, 『皇城新聞』 1898년 9월 8일.

557) 문소정, 「한국과 일본 여성의 근대적 자각에 관한 비교연구: 여권선언문을 중심으로」, 『동북아문화연구』 제53집(2017), 505쪽.

558) 朴成壽 註解, 『저상일월』, 268쪽.

559) 「녀학교 찬셩」, 『독립신문』 1898년 9월 15일.

560) 『默庵備忘錄』, 1898년 8월 20일, 1898년 12월 31일, 1899년 5월 31일. 박용옥, 「東學의 男女平等思想」, 140~141쪽에서 재인용.

561) 『독립신문』 1896년 4월 7일.

562) "사름마다 셰샹에 나면셔브터 지각 비홀 동안은 어머니 슬하에 자라는고로 그 어머니의 지식과 학문 유모가 즈녀의 교육에 크게 관계가 되는 것이니 만일 녀인교육이 셩힝ᄒ면 사름마다 지식 잇는 어머니의 교훈을 밧을 것이니 셩인ᄒ 후에 엇지 총명ᄒ 사

넘이 되지 아니ᄒ리요. ᄯᅩ 안희를 농양 분ᄌ에ᄂᆫ 뇌죠라 ᄒ니 이ᄂᆫ 안에서 돕ᄂᆫ다 흠이라." 「녀인교육」, 『독립신문』 1898년 9월 13일.

563) 『뎨국신문』 1898년 9월 13일.

564) 「녀학교론」, 『독립신문』 1899년 5월 26일.

565) 『독립신문』 1899년 5월 31일.

566) 김현정·오정아, 「여성잡지에 나타난 어머니상에 관한 연구 동향 분석: '문명개화의 대상'에서 '프로슈머 어머니'까지 현모양처상의 변화」, 『여성학연구』 제24권 제3호 (2014), 148쪽.

567) 「활동가 牛童의 童謠」, 『대한매일신보』 1907년 8월 22일.

568) "이천만 동포 중에 여자도 반분자이온데 반분자가 자유를 잃고 인격을 잃고 자의 자식을 모르고 자유로 출입도 못하고 제발 제손도 자유로 쓰지 못하였으니 어찌 나라이 부국이 되리오 슬프다 우리 여자 동포는 오늘부터 번연이 깨우쳐 제 자유를 잃지 말고 남자와 같이 활동하여 국가분자된 자격을 잃지 말고 자의 자식할 능력을 얻어서." 리강자, 「녀자의 자유」, 『녀자지남』 1권 1호(1908), 28~29쪽. 전미경, 앞의 글, 91쪽에서 재인용.

569) 전미경, 앞의 글, 89쪽.

570) 위안부 문제를 주제로 2016년 대한민국에서 개봉된 영화 '귀향'의 주인공 이름이 '정민과 은경'이다.

571) 박용옥, 『한국 여성 근대화의 역사적 맥락』, 375쪽.

572) 천도교여성회본부, 『천도교여성회 70년사』(서울: 천도교중앙총부 출판부, 1994), 46~50쪽.

573) 李團, 「靑年女子會創立」, 『新人間』 제7호(1926년 11월), 44쪽. 정경숙, 「천도교여성단체에 관한 일연구: 1920년대를 중심으로」, 『이화사학연구』 9권(1976), 13~14쪽에서 재인용.

574) 이현희, 「의암 손병희와 3·1운동」, 『동학학보』 제17호(2009), 291~294쪽.

575) 신숙, 『나의 一生』(서울: 日新社, 1963), 47~48쪽.

576) 「손병희의 경찰신문조서답변」, 1919년 3월 1일자. 이현희, 「의암 손병희와 3·1운동」, 300쪽에서 재인용.

577) 이종일, 『默庵備忘錄』, 1925년 1월 10일. 앞의 글, 316쪽에서 재인용.

578) 앞의 글, 318~319쪽.

579) 박용옥, 앞의 책, 475쪽.

580) 崔恩喜, 『韓國開化女性列傳』(서울: 정음사, 1985), 244쪽.

581) 「平壤의 大韓愛國婦人會 控訴判決」, 『동아일보』 1921년 2월 27일.

582) 김현정·오정아, 앞의 글, 149~151쪽.

583) 이광수, 「모성 중심의 여자교육」, 『신여성』, 제3권 제1호(1925), 19쪽. 김혜경, 「'어린

이기'의 형성과 '모성'의 재구성」, 『경계의 여성들: 한국 근대 여성사』(파주: 한울, 2013), 95쪽에서 재인용.

584) '모던 걸'이란 용어는 1920년대 중반부터 회자되기 시작한 것으로 보인다. 이 용어는 일본에서 北澤秀一이 『女性』지 1924년 8월호의 목차에서 처음으로 사용했고, 1926년 에 대한민국으로 들어와 점차 일반화되어 사용되었다고 한다. 高橋康雄, 『斷髮する女 たち─モダンガールの風景』(東京: 敎育出版, 1999), 92, 146쪽. 김경일, 「서울의 소비문 화와 신여성: 1920-1930년대를 중심으로」, 『서울학연구』19(2002), 233쪽에서 재인용.

585) 앞의 글, 234쪽.

586) 이재윤, 「1920-30년대 한국의 이상적 '신여성' 이미지와 패션」, 『Journal of the Korean Society of Costume』 Vol. 64, No. 7(Nov. 2014), 173쪽.

587) 김경일, 앞의 글, 234~235쪽.

588) 『숙명70년사』(서울: 숙명여자중고등학교, 1976), 108쪽. 연구공간 수유+너머 근대매 체연구팀, 『신여성: 매체로 본 근대 여성 풍속사』(서울: 한겨레신문사, 2007), 39쪽에서 재인용.

589) 이정옥, 「일제강점기 제사 여공과 고무 여공의 삶과 저항을 통해 본 공업노동에서의 민족차별과 성차별」, 『경계의 여성들: 한국 근대 여성사』(파주: 한울, 2013), 123쪽.

590) 「여공의 눈물생활」, 『동아일보』 1927년 10월 21일.

591) 『중외일보』 1930년 8월 11일. 이정옥, 앞의 글, 129쪽에서 재인용.

592) 『동아일보』 1931년 10월 20일.

593) 이정옥, 앞의 글, 129~130쪽.

594) 정진성, 「일본군 위안부제도」, 『경계의 여성들: 한국 근대 여성사』, 264~265쪽.

595) 앞의 글. 282쪽.

596) 『동아일보』 1935년 8월 30일.

597) 『경성일보』 1936년 8월 19일. 『조선신보』 1936년 8월 20일, 1936년 8월 23일. 이정옥, 앞의 글, 136쪽에서 재인용.

598) 플라톤 지음 · 박종현 역주, 『국가 · 政體』(파주: 서광사, 2008), 328~331쪽.

599) 수전 몰러 오킨, 「철인여왕과 가정주부: 플라톤이 본 여성과 가족」, 캐럴 페이트만 · 메어리 린든 쉐인리 엮음, 이남석 · 이현애 옮김, 『페미니즘 정치사상사』(서울: 이후, 2004), 32~33쪽.

600) Jean Ithurrigue, *Les idées de Platon sur la condition de la femme au regard des traditions antiques*(Paris: J. Gamber, 1931), 53쪽. 앞의 글, 36쪽에서 재인용.

601) 플라톤 지음 · 박종현 역주, 앞의 책, 322쪽,

602) 앞의 책, 331쪽.

603) 앞의 책, 339쪽.

604) 앞의 책, 502쪽.

605) 플라톤 지음 · 박종현 역주, 『법률』(파주: 서광사, 2009), 464쪽.

606) 앞의 책, 516~517쪽.

607) 앞의 책, 444~449쪽.

608) 수전 몰러 오킨, 앞의 글, 48쪽

609) 강상희, 「서양교육사에 나타난 여성관 및 여성교육론: 플라톤, 루소, 울스턴크래프트
의 논의를 중심으로」, 『교육철학』 제41집(2008), 15~16쪽.

610) 아를렌 색슨하우스, 「아리스토텔레스: 불완전한 남성, 서열제, 그리고 정치학의 한계」,
『페미니즘 정치사상사』, 67쪽.

611) Aristoteles, *Politik* (Mürchen: Deutsche Taschenbuch Verlag, 1973), 1260a4-17쪽. 황태
연, 『공자와 세계: 서양의 지식철학(상)』 제4권(파주: 청계, 2011), 400쪽에서 재인용.

612) 아를렌 색슨하우스, 앞의 글, 68쪽.

613) 앞의 글, 82~85쪽.

614) 황태연, 앞의 책, 400~401쪽.

615) Sir Robert Filmer, *Patriarcha, or the National Powers of the Kings of England Asserted
and Other Political Works,* ed. Peter Laslett (Oxford: Basil Blackwell, 1949), 241쪽, 283
쪽. 캐럴 페이트만, 「신은 인간에게 배우자를 정해줬다: 흡스, 가부장제, 성교권」, 『페미
니즘 정치사상사』, 100쪽에서 재인용.

616) 캐럴 페이트만, 앞의 글, 95~96쪽.

617) 토머스 흡스 지음, 최공웅 · 최진원 옮김, 『리바이어던』(서울: 동서문화사, 2016), 203
쪽.

618) Thomas Hobbes, 「A Dialogue between a Philosopher and a Student of the Common
Laws of England」, *The English Works of Thomas Hobbes of Malmesbury,* vol.
6(London: John Bohn, 1841), 147쪽. 캐럴 페이트만, 앞의 글, 109쪽에서 재인용.

619) 토머스 흡스 지음, 최공웅 · 최진원 옮김, 앞의 책, 207쪽.

620) 린다 레인지, 「루소와 근대 페미니즘」, 『페미니즘 정치사상사』, 159쪽.

621) 황태연, 『공자와 세계(5)』, 686쪽.

622) J. J. 루소 지음 · 정병희 옮김, 『에밀』(서울: 동서문화사, 2011), 515~517쪽.

623) 앞의 책, 521~522쪽.

624) 앞의 책, 527쪽.

625) 앞의 책, 534~535쪽.

626) 앞의 책, 531쪽.

627) 앞의 책, 526쪽.

628) 이봉지, 「루소의 반여성주의: 소피의 교육을 중심으로」, 『한국프랑스학논집』 81(2013),
62쪽.

629) Brigitte Berger, 「What Women Want」, *Commentary,* March 1, 1979.

630) 조희원, 「『에밀』에 나타난 루소의 여성관에 대한 재조명」, 『페미니즘연구』 제12권 2호 (2012), 194~195쪽.

631) 앞의 글, 196쪽.

632) 이혜숙, 「계몽주의 시대의 여성에 대한 담론을 통해 본 프랑스의 페미니즘: 루소와 디드로를 중심으로」, 한국프랑스학회 학술발표회(2001.10), 61쪽.

633) J. J. 루소 지음 · 정병희 옮김, 『에밀』, 546~547쪽.

634) 앞의 책, 521쪽.

635) 앞의 책, 546쪽.

636) 앞의 책, 554쪽.

637) 린다 레인지, 「루소와 근대 페미니즘」, 168쪽.

638) 황태연, 『공자와 세계(5)』, 688~690쪽.

639) 이봉지, 「루소의 반여성주의」, 64쪽.

640) Hannelore Schroeder, 「Kant's Patriarchal Order」, in Robin May Schott, ed., *Feminist Interpretations of Immanuel Kant* (University Park: Penn State University Press, 1997), 282쪽. 임화연, 「여성주의적 관점에서 본 칸트 윤리학」, 『철학논총』 35(2004), 328쪽에서 재인용.

641) Hannelore Schroeder, 「Kant's Patriarchal Order」, 287쪽. 앞의 글, 328쪽에서 재인용.

642) Immanuel Kant, *The Metaphysics of Morals,* ed.&tr. by Mary Gregor (Cambridge: Cambridge University Press, 1996), 61쪽. 앞의 글, 328쪽에서 재인용.

643) Immanuel Kant, *Anthropology from a Practical point of View,* trans. Mary J. Gregor (The Hague: Martinus Nijhoff, 1974), 129/10쪽. 앞의 글, 338쪽에서 재인용.

644) Hegel, *Hegel's Philosophy of Right,* trans. and ed. T. M. Knox (Oxford: Oxford University Press, 1973), para. 166, 114쪽. 쉘라 벤하비브, 「헤겔, 여성과 역설」, 『페미니즘 정치사상사』, 220~221쪽.

645) 앞의 글, 224쪽.

646) G. W. F. Hegel, *Grundlinien der Philosophie des Rechts, Werke in zwanzig Bänden,* Bd. 7 (Frankfurt a. M.: Suhkamp Verlag), § 164 각주, § 166쪽. 이정은, 「인륜적 공동체와 헤겔의 여성관: 비극의 여주인공 안티고네가 속한 세계를 통해」, 『한국여성철학』 창간호(2001), 129쪽에서 재인용.

647) 쇼펜하우어 지음, 권기철 옮김, 『세상을 보는 지혜』 (서울: 동서문화사, 2013), 224~228쪽.

648) 안숙영, 「마르크스주의 페미니즘과 여성노동자 노동권」, 『레프트대구』 2(2010), 53쪽.

649) Nancy C. M. Hartsock, Money, *Sex, and Power: Toward a Feminist Historical Materialism* (New York and London: Longman, 1983), 146쪽. 크리스틴 디 스테파노, 「남성 맑스」, 『페미니즘 정치사상사』, 249쪽에서 재인용.

650) Karl Marx, *Capital: A Critique of Political Economy,* volume Ⅲ [on-line version: Marx. org] (New York: International Publishers, 1999), 593쪽.

651) K. 마르크스 저, 김수행 역, 『자본론 Ⅰ(上)』(서울: 비봉출판사, 1993), 54쪽.

652) 크리스틴 디 스테파노, 앞의 글, 253쪽.

653) Karl Marx, 「Economic and Philosophic Manuscripts」, *Karl Marx Selected Writing,* ed. David McLellan (Oxford: Oxford University Press, 2000), 104쪽.

654) 프리드리히 엥겔스 지음, 김대웅 옮김, 『가족 사유재산 국가의 기원』(서울: 두레, 2012), 282쪽.

655) 메어리 린든 쉐인리, 「결혼에 의한 노예와 우정: 존 스튜어트 밀의『여성의 예속』」, 『페미니즘 정치사상사』, 179쪽.

656) John Stuart Mill, 「Letter to August Comte, October 1843」, *The Collected Works of John Stuart Mill,* vol. Ⅷ The Earlier Letter, ed. Francis C. Mineka (Toronto: University of Toronto Press, 1963), 609쪽. 메어리 린든 쉐인리, 앞의 글, 268쪽에서 재인용.

657) 앞의 글, 268~271쪽.

658) "나는 남성 보호자에게 맞거나 짓밟혀 죽은 여성의 숫자, 남성 보호자가 받은 형벌 기간이 나란히 적혀 있는 연간 보고서를 의회에 제출하고 싶다." Hansard, *Parliamentary Debates,* Series 3. vol. 187 (may 20, 1867), 826쪽. 앞의 글, 271쪽에서 재인용.

659) Stephen B. Presser, Jamil S. Zainaldin, *Law and Jurisprudence in American History: Cases and Materials ,* 7th ed. (Eagan: West, 2009), 661쪽. 윤진숙, 「존 스튜어트 밀의 자유주의 이론과 여성의 권리」, 『서울법학』 제22권 1호(2014), 241쪽에서 재인용.

660) 존 스튜어트 밀 지음, 서병훈 옮김, 『여성의 종속』(서울: 책세상, 2006), 67쪽.

661) 앞의 책, 13쪽.

662) 앞의 책, 97~99쪽.

663) John Stuart Mill, "Letter to Thomas Carlyle, October 5, 1833", *The Collected Works of John Stuart Mill,* vol. Ⅻ : The Earlier Letter, 184쪽. 메어리 린든 쉐인리, 앞의 글, 281쪽에서 재인용.

664) 존 스튜어트 밀 지음, 서병훈 옮김, 앞의 책, 108쪽.

665) 쇼펜하우어 지음, 권기철 옮김, 앞의 책, 233쪽.

666) 루이스 A. 틸리·조엔 W. 스콧 지음, 김영·박기남·장경선 옮김, 『여성 노동 가족』(서울: 후마니타스, 2008), 56쪽.

667) Jean-Claude Perrot, *Genèse d'une ville moderne: Caen auXVIIIe siècle* (Paris, The Hague: Mouton, 1975), 425쪽; Alan Macfarlane, *The Family Life of Ralph Josselin* (Cambridge: Cambridge University Press, 1970), 209쪽. 앞의 책, 62쪽에서 재인용.

668) Micheline Baulant, 「The Scattered Family: Another Aspect of Seventeeth Century Demography」, in *Family and Society,* edited by Robert Forster and Orest Ranum

(Baltimore: Johns Hopkins University Press, 1976), 104쪽. 앞의 책, 85쪽에서 재인용.

669) 앞의 책, 85~86쪽.

670) Christopher Hill, *The World Turned Upside Down* (London: Temple Smith, 1972), 308 쪽.

671) 루이스 A. 틸리 · 조엔 W. 스콧 지음, 김영 · 박기남 · 장경선 옮김, 앞의 책, 89쪽.

672) Jonathan I. Israel, *Enlightenment Contested: Philosophy, Modernity, and the Emancipation of Man 1670~1752* (Oxford: Oxford University Press, 2006), 546~547쪽.

673) Jonathan Israel, *A Revolution of the Mind: Radical Enlightenment and the Intellectual Origins of Modern Democracy* (Princeton: Princeton University Press, 2011), 19~21쪽.

674) 황태연, 『패치워크문명의 이론』, 88~118쪽.

675) Israel, *Enlightenment Contested,* 550~552쪽.

676) Israel, *Enlightenment Contested,* 552쪽.

677) Israel, *Enlightenment Contested,* 573쪽.

678) Israel, *Enlightenment Contested,* 575~576쪽.

679) 멜리사 A. 버틀러, 「초기 자유주의적 페미니즘의 근원: 존 로크의 가부장주의 비판」, 『페미니즘 정치사상사』, 139쪽.

680) John Locke, *Two Treaties of Government,* ed. Peter Laslett (Cambridge: Cambridge University Press, 1960), 47쪽. 앞의 글, 140쪽에서 재인용.

681) Israel, *Enlightenment Contested,* 573쪽.

682) Israel, *Enlightenment Contested,* 577~579쪽.

683) Israel, *Enlightenment Contested,* 582~583쪽.

684) 필립 아리에스 · 조르주 뒤비 책임편집, 미셸 페로 편집, 전수연 옮김, 『사생활의 역사 4: 프랑스혁명부터 제1차 세계대전까지』(서울: 새물결, 2003), 88~89쪽.

685) Israel, *Enlightenment Contested,* 583~584쪽.

686) 즈느비에브 프레스 · 미셸 페로 편집, 권기돈 · 정나원 옮김, 앞의 책, 132쪽.

687) 앞의 책, 142~143쪽.

688) 앞의 책, 155쪽.

689) 마르크 블로크 지음 · 한정숙 옮김, 『봉건사회 I』(서울: 한길사, 2001), 338쪽

690) J. de Maleville, *Anàlyse raisonnée de la discussion du Code civil au Conseil d'Etat,* 2nd ed.(Paris 1807), vol.1, 235쪽. 즈느비에브 프레스 · 미셸 페로, 권기돈 · 정나원 옮김, 앞의 책, 158쪽에서 재인용.

691) Sirey 1897.1. 304, Cass, *crim.,* 2 April 1897. 즈느비에브 프레스 · 미셸 페로, 권기돈 · 정나원 옮김, 앞의 책, 158쪽에서 재인용.

692) 박의경, 「근대정치사상과 인권 그리고 여성」, 『한국정치외교사논총』 제30집 2호 (2009), 128~129쪽.

693) 이혜숙, 앞의 글, 61, 65쪽.

694) 유발 하라리 지음, 조현욱 옮김, 『사피엔스』(서울: 김영사, 2016), 196~197쪽.

695) 박의경, 「계몽과 근대의 아포리아, 여성: 그들의 실종과 귀환을 중심으로」, 『민주주의 와 인권』 13권 1호(2013), 193쪽.

696) 이혜숙, 앞의 글, 62쪽.

697) 린 헌트 저 · 조한욱 옮김, 『프랑스혁명의 가족 로망스』(서울: 새물결, 2000), 170~172 쪽.

698) 이성숙, 「여성과 서양근대 혁명: 혁명에 대한 추억과 미래 혁명」, 『여성과 역사』 12(2010), 10~11쪽.

699) Lynn Hunt, 「Women and Revolutionary Citizenship: Enlightenment Legacies?」 edited by Sarah Knott and Barbara Taylor, Women, Gender and Enlightenment (New York: Palgrave Macmillan, 2005), 565, 568쪽.

700) 즈느비에브 프레스 · 미셸 페로 편집, 권기돈 · 정나원 옮김, 앞의 책, 365쪽.

701) 박의경, 앞의 글, 184쪽.

702) Sylvain Maréchal, Projet d'une loi portant défense d'apprendre à lire aux femmes (Paris: Massé, an ⅠⅩ, 1801); Michelle Perrot, "Le ⅩⅠⅩe siècle était-il misogyne?", L'Histoire, n° 160, novembre 1992, 34~35쪽. 변기찬, 「프랑스의 근대화와 '여성성'의 재규정」, 『지중해지역연구』 제5권 2호(2003), 103쪽에서 재인용.

703) 필립 아리에스 · 조르주 뒤비 책임편집, 미셸 페로 편집, 전수연 옮김, 앞의 책, 221쪽.

704) Raymond Deniel, Une Image de la famille et de la société sous la restauration (Paris: Les Edition Ouvrières, 1965), 194쪽. 앞의 책, 308쪽에서 재인용.

705) Keith Michael Baker, ed., Condorcet, Selected Writings (Indianapolis: The Bobbs-Merrill Company, Inc., 1976), 98-99쪽. 정동준, 「콩도르세의 교육 안에 보이는 평등」, 『서양사학연구』 17(2007), 28쪽에서 재인용.

706) Roseann Runte, ed., Studies in Eighteenth-Century Culture, vol. 7 (Madison: American Society for Eighteenth Century Studies, 1978), 124쪽. 앞의 글, 36쪽에서 재인용.

707) 미쉘린 이샤이 저 · 조효제 옮김, 『세계인권사상사』(서울: 도서출판 길, 2008), 200~202쪽.

708) 앞의 책, 202~203쪽.

709) 메리 울스턴크래프트 지음, 문수현 옮김, 『여성의 권리옹호』(서울: 책세상, 2011), 59 쪽.

710) 앞의 책, 40~43쪽.

711) 앞의 책, 51쪽.

712) 앞의 책, 153~154쪽.

713) 앞의 책, 158쪽.

714) Hannah More, 「Strictures on the Modern System of Female Education」, *The Works of Hannah More,* 11 vols (London: T. Caddell, 1830), Ⅷ, 27쪽. 필립 아리에스 · 조르주 뒤비 책임편집, 미셸 페로 편집, 전수연 옮김, 앞의 책, 107쪽에서 재인용.

715) 앞의 책, 108쪽.

716) E. P. Thompson, 「The moral economy of the english crowd in the eighteenth century」, *Past and Present* 50(1971), 82쪽. 루이스 A. 틸리 · 조엔 W. 스콧 지음, 김영 · 박기남 · 장경선 옮김, 앞의 책, 91쪽에서 재인용.

717) 미셸린 이샤이 저 · 조효제 옮김, 앞의 책, 280~282쪽.

718) 앞의 책, 277~279쪽.

719) Louis-Marie Prudhomme, 「On the Influence of the Revolution on Women (February 12, 1791)」, in Lynn Hunt, ed. and trans. *The French Revolution and Human Right: A Brief Documentary History* (New York: St. Martin's Press, 1996), 131쪽. 앞의 책, 203~204쪽에서 재인용.

720) 최갑수, 「1789년의 '인권선언'과 혁명기의 담론」, 『프랑스사연구』 제4호(2001), 32, 35, 38쪽.

721) 즈느비에브 프레스 · 미셸 페로 편집, 권기돈 · 정나원 옮김, 앞의 책, 72쪽.

722) 필립 아리에스 · 조르주 뒤비 책임편집, 미셸 페로 편집, 전수연 옮김, 앞의 책, 74쪽.

723) 제프 일리 지음 · 유강은 옮김, 『The Left: 1848~2000 미완의 기획, 유럽 좌파의 역사』 (서울: 뿌리와 이파리, 2008), 60쪽.

724) Sonya O. Rose, 「'Gender at Work': Sex, Class and Industrial Capitalism」, *History Workshop Journal,* Vol. 21, Issue 1(1986), 117~118쪽.

725) 미셸린 이샤이 지음, 조효제 옮김, 앞의 책, 273~274쪽.

726) Sonya O. Rose, 「Gender at Work」, 113쪽.

727) 제프 일리 지음 · 유강은 옮김, 앞의 책, 115쪽.

728) 변기찬, 앞의 글, 106쪽.

729) 제프 일리 지음 · 유강은 옮김, 앞의 책, 197~198쪽.

730) 즈느비에브 프레스 · 미셸 페로 편집, 권기돈 · 정나원 옮김, 앞의 책, 43~51쪽.

731) 이옥연, 「근대정치사상에서 사라진 여성을 찾다: 『여성의 정치사상: 울스턴크래프트와 밀』」, 『아시아여성연구』 54권 2호(2015), 212쪽.

732) 박의경, 『여성의 정치사상: 울스턴크래프트와 밀』(서울: 책세상, 2014), 305쪽.

733) 황태연, 『감정과 공감의 해석학』 1권, 507쪽.

734) Adam Smith, *The Theory of Moral Sentiment, or An Essay toward an Analysis of the Principles by which Men naturally judge concerning the Conduct and Character, first of their Neighbours, and afterwards of themselves* (1759, Revision: 1761, Major Revision: 1790), edited by Knud Haakonssen (Cambridge/ New York: Cambridge University

Press, 2002 · 2009 [5. printing]), Ⅱ. ⅱ. ⅲ. §§1~3쪽.

735) Emil Durkheim, *De la division du travail social* (Paris: Presses Universitaires de France, 1930). Emil Durkheim, *Über soziale Arbeitsteilung* (Frankfurt am Main: Suhrkamp, 1977 · 1988), 96~199쪽. 황태연, 앞의 책, 521쪽에서 재인용.

736) Adam Smith, *The Theory of Moral Sentiment,* Ⅱ. ⅱ. §§4쪽.

737) 길리건의 주장은 다음의 글 참조. Carol Gilligan, 「In a Different Voice: Women's Conceptions of the Self and of Morality」, *Harvard Educational Review* 47 (1977) [481~517쪽]; Carol Gilligan, *In a Different Voice: Psychological Theory and Woman's Development* (Cambridge: Harvard University Press, 1982); Carol Gilligan, S. Langsdale, N. Lyons & J. M. Murphy, 「Contributions of Women's Thinking to Developmental Theory and Research」, *Final Report to national of Education,* 1982.

738) Arne Johan Vetlesen, *Perception, Empathy, and Judgement. An Inquiry into Preconditions of Moral Performance* (University Park, Pennsylvania: The Pennsylvania State University Press, 1994), 335~357쪽. 황태연, 앞의 책, 537쪽에서 재인용.

739) Lawrence Kohlberg, Dwight R. Boyd & Charles Levine, 「The Return of Stage 6: Its Principle and Moral Point View」, 157쪽, in: Thomas E. Wren (ed.), *The Moral Domain* (Cambridge, Massachusetts: The MIT Press, 1990). 앞의 책, 537~538쪽에서 재인용.

740) 앞의 책, 537~541쪽.

741) 황태연, 『공자와 세계(5)』, 729쪽.

742) 강상희, 「서양교육사에 나타난 여성관 및 여성교육론」, 38쪽

743) Mary Jacobus, 「The Difference of View」, Jacobus, M. ed., *Women Writing and Writing about Women* (New York: Barnes and Noble, 1979), 10쪽. 강상희, 앞의 글, 39쪽에서 재인용.

744) 황태연, 『감정과 공감의 해석학』 1권, 536~537쪽.

745) David Hume, *A Treatise of Human Nature: Being an Attemot to Introduce the Experimental Method of Reasoning into Moral Subject* (1739~1740), edited by David Fate Norton and Mary J. Norton, with Editor's Introduction by David Fate Norton (Oxford · New York · Melbourne etc.: Oxford University Press, 2001 · 2007), Book 2. 266쪽.

746) Antonio Damasio, *Descartes' Error: Emotion, Reason, and the Human Brain* (New York: Pengein Books, 1994), 27~28쪽. 황태연, 앞의 책, 105쪽에서 재인용.

747) Frans de Waal, *The Age of Empathy: Nature's Lessons for Kinder Society* (New York: Three Rivers, 2009), 198쪽.

748) James Q. Wilson, 「The Moral Sense」, Presidential Address, American Political Science Association, 1992, *American Political Science Review,* Vol. 87(No. 1 March 1993), 3~4

쪽.

749) Hilary Rose,「Hand, Brain, and Heart: A Feminist Epistemology for the Natural Science」, *Signs: Joournal of Women in Culture and Society,* vol. 9 (Autumn 1983), 83쪽. 크리스틴 디 스테파노, 앞의 글, 250쪽에서 재인용.

750) "인공지능은 지능이 아니다" 스티븐 핑커-최재천의 통섭적 대화(SBS, 2016.5.27), http://m.media.daum.net/m/media/digital/newsview/20160527151509478?seriesId=112285(검색일: 2016.5.29.)

751)『해월신사법설』,「婦人修道」.

752)『禮記』「禮運」第九.

753)『禮記』「祭義」第二十四.

754)『論語』「顔淵」(12-22).

755) 爲人君 止於仁…爲人子 止於孝 爲人夫 止於慈.『大學』「傳3章」.

756) 何謂人義? 夫慈…君仁.『禮記』「禮運」第九.

757) 民之所好 好之 民之所惡 惡之 此之謂民之父母.『大學』「傳10章」.

758) 老吾老 以及人之老 幼吾幼 以及人之幼 天下 可運於掌.『孟子』「梁惠王章句 上」

759)『孟子』「公孫丑章句 上」

760) 柳點淑,「朝鮮時代 兒童의 人間關係教育」,『인문연구』16권 2호(1995), 269쪽.

761) 황태연, 앞의 책, 239쪽.

762) 정진·백혜리,「조선 후기 풍속화를 통해 본 아동(children)인식」,『아동학회지』제22권 1호(2001), 122쪽.

763) 백혜리,「조선중기 양아록(養兒綠錄)을 통해 본 아동인식」,『아동학회지』제22권 2호(2001), 210쪽.

764) 심경호,「전근대 시기의 아동관과 아동의 문학」,『창비어린이』5권 4호(2007), 207쪽.

765) 안경식,「우리 조상들의 아이 키우기: '집안'에서의 유아교육」,『생태유아교육연구』2권 1호(2003), 30쪽.

766) "여종 돌금(乭今)은 성품이 어질어 숙희(淑禧)를 부지런하고 조심스럽게 돌보았다. 그래서 다시 또 돌보아 기르고 더러워진 포대기를 주물러 빨라 명한 것이며, 감초탕을 주어 빨리도록 하였더니 토하지 않는다고 한다. 또 볼그레한 꿀을 빨리게 하고 오래 지나니 젖을 먹었다." 이문건 저·이상주 역주,『양아록: 16세기 한 사대부의 체험적 육아일기』(서울: 태학사, 2000), 20쪽.

767) 안경식,「우리 조상들의 아이 키우기」, 한국생태유아교육학회 편,『생태유아교육선집 1』(파주: 양서원, 2005), 134쪽.

768) 常恐更患新 欲深飲食物. 牛肉與生果, 善作小兒疾. 이문건 저·이상주 역주, 앞의 책, 54쪽.

769) 晚臥得復寢, 共夜常不遺. 앞의 책, 87쪽.

770) 今更思之, 當其幼也, 一何憐惜, 不忍一指推之, 今當訓書, 一何躁怒, 不慈至是耶? 翁暴誠可戒焉. 앞의 책, 152쪽.

771) 안경식, 앞의 글, 144쪽.

772) 이덕무, 『靑莊館全書』 제3권, 「영처문고 1(嬰處文稿一): 서(序)」. 한국고전종합 데이터베이스.

773) 심경호, 앞의 글, 216쪽.

774) 이덕무 저·이동희 편역, 앞의 책, 15쪽.

775) 金氏東園白土墻, 甲桃乙杏幷成行. 柳皮鴬栗河豚鼓, 聯臂小兒獵蝶壯. 이덕무, 『靑莊館全書』 제2권, 「영처시고 2(嬰處詩稿二): 春日題兒戲」. 한국고전종합 데이터베이스.

776) 童心少所染, 天性豈磨緇. 이문건 저·이상주 역주, 앞의 책, 88쪽.

777) 최기영·이정미, 「조선시대 회화에 묘사된 아동의 양육과 생활」, 『아동학회지』 제23권 1호(2002), 109쪽.

778) 앞의 글, 110~111쪽.

779) 정진·백혜리, 앞의 글, 117쪽.

780) 앞의 글, 118쪽.

781) 변주승, 「조선후기 遺棄兒·行乞兒 대책과 그 효과: 給糧策을 중심으로」, 『한국사학보』 3·4(1998), 371쪽.

782) 앞의 글, 366쪽.

783) 『正祖實錄』 정조 7(1783)년 11월 5일.

784) 少而無父者謂之孤 老而無子者謂之獨 老而無妻者謂之 矜 老而無夫者謂之寡. 此四者 天民之窮而無告者也 皆有常餼, 『禮記』 「第五 王制」

785) "비록 치아(稚兒) 하나가 유기(遺棄)된 것이라 할지라도, 월말에 장계(狀啓)하는 형식에 구애할 것 없이 수양(收養)한 상황을 내각(內閣)에 첩보(牒報)하여, 전문(轉聞)해 가는 터전이 되게 하라"고 하교를 했다. 『正祖實錄』 정조 7(1783)년 11월 11일.

786) 『正祖實錄』 정조 14(1790)년 4월 30일.

787) 정약용 지음·최태응 옮김, 앞의 책, 154~156쪽.

788) 변주승, 앞의 글, 367쪽.

789) 앞의 글, 380쪽.

790) 『承政院日記』 정조 8(1784)년 10월 19일. 앞의 글, 388쪽에서 재인용.

791) 『備邊司謄錄』 222, 순조 34(1834)년 8월 16일, 549쪽. 앞의 글, 390쪽에서 재인용.

792) 앞의 글, 372쪽.

793) 앞의 글, 393쪽.

794) 변주승, 「19세기 流民의 실태와 그 성격: 浮游集團을 중심으로」, 『史叢』 第40·41合輯(1992), 68쪽.

795) "선조(先朝)께서 내노비와 시노비를 일찍이 혁파하고자 하셨으니, 내가 마땅히 이 뜻

을 계술(繼述)하여 지금부터 일체 혁파하려 한다. 그리고 그 급대(給代)는 장용영(壯勇營)으로 하여금 거행하게 하겠다."『純祖實錄』순조 1(1801)년 1월 28일.

796) 변주승,「조선후기 遺棄兒·行乞兒 대책과 그 효과」, 385쪽.

797) 권내현,「조선후기 입양의 확산 추이와 수용 양상」,『역사와현실』73(2009), 206쪽.

798) 앞의 글, 224~230쪽.

799) 손병규, 앞의 책, 113~114쪽.

800)『宣祖實錄』, 선조 33(1600)년 6월 4일.

801)『宣祖實錄』, 선조 34(1601)년 4월 16일.

802)『仁祖實錄』, 인조 3(1625)년 1월 1일.

803)『仁祖實錄』, 인조 14(1636)년 5월 16일.

804)『孝宗實錄』, 효종 4(1653)년 7월 2일.

805)『孝宗實錄』, 효종 10(1659)년 2월 16일.

806)『英祖實錄』, 영조 4(1728)년 10월 21일.

807)『英祖實錄』, 영조 23(1747)년 8월 4일.

808)『英祖實錄』, 영조 34(1758)년 4월 11일.

809) 冉有曰 旣庶矣 又何加焉? 曰 富之. 曰 旣富矣 又何加焉? 曰 敎之.『論語』「子路」(13-9).

810) 정순우,『서당의 사회사: 서당으로 읽는 조선 교육의 흐름』(파주 : 태학사, 2013), 156쪽.

811) 앞의 책, 172쪽.

812) 김무진,「조선후기 서당의 사회적 성격」,『역사와현실』16(1995), 217~221쪽.

813) 황태연,「조선시대 국가공공성의 구조변동과 근대화」, 59쪽.

814) "富民大商 衣食旣裕 則又望其子孫之立身顯揚 立塾村中 延明師而敎蒙輩 自是必然之理也 到處皆有此事 則文風丕振 蔚爲國家之用矣 此又一利也."『迂書』권8,「論商販事理額稅規制」. 정순우, 앞의 책, 360쪽에서 재인용.

815) 앞의 책, 360~363쪽.

816) 具姬眞,「19세기 중반 儒者들의 普通敎育論과 童蒙書 편찬」,『역사교육』92(2004), 162쪽.

817) 洪大容,『湛軒書』補遺,「林下經論」, "有才有學則農賈之子 坐於廊廟而不以爲僭, 無才無學則公卿之子 歸於輿而不以爲恨." 최종찬,「19세기 초학교재에 나타난 아동교육관의 특징」,『한문고전연구』22권(2011), 334쪽에서 재인용.

818) 정순우, 앞의 책, 325쪽.

819) 앞의 책, 329~336쪽.

820) 이덕무 저·이동희 편역,『사소절(士小節)』, 118쪽.

821) 장혼 지음, 한용진·서범종 옮김,『아희원람(兒戱原覽)』(파주: 한국학술정보, 2008), 11쪽.

822) 정순우, 앞외 책, 366쪽.

823) 앞의 책, 371~372쪽.

824) 앞의 책, 378쪽.

825) "우리나라는 처음에 임금이 없었다. 어떤 사람이 태백산의 신단수 아래로 내려왔는데, 나라 사람들이 그를 임금으로 옹립하니 바로 단군이다(성은 환이고 이름은 왕검이다). 요임금과 동시대에 백성을 가르쳐 머리카락을 묶고 머리는 가리게 하는 등 의복과 음식의 제도를 마련하였다. 상나라 무정 8년에 아달산(구월산)으로 들어가 신선이 되었다. 재위기간은 1000년이었고 사당은 평양에 있다." 장혼 지음, 한용진·서범종 옮김, 앞의 책, 68쪽.

826) 김무진, 앞의 글, 228쪽.

827) 具姬眞, 「19세기 중반 儒者들의 普通敎育論과 童蒙書 편찬」, 173~174쪽.

828) 최종찬, 앞의 글, 331~332쪽.

829) [표 5-2]에 표시된 『아희원람』의 발간연도 1803년은 현존하는 방각본인 완산판(完山板)이나, 실제 저술은 1795년경으로 추정된다. 이 책의 '전운(傳運)'에서 "지금 건륭 60년 을묘"라는 기록은 1795년에 해당한다. 정순우, 앞의 책, 358쪽.

830) 김무진, 앞의 글, 239~243쪽.

831) 앞의 글, 238쪽.

832) 『正祖實錄』 정조 7(1783)년 10월 29일.

833) 정순우, 앞의 책, 481~483쪽.

834) 鄭奭鍾, 『朝鮮後期社會變動硏究』(서울: 일조각, 1983), 17쪽.

835) 『英祖實錄』 영조 9(1733)년 3월 25일.

836) 정순우, 앞의 책, 272쪽.

837) 『推案及鞫案』 제 163·164책, 「逆賊沈鼎衍等推案」. 앞의 책, 480쪽에서 재인용.

838) 앞의 책, 480~481쪽.

839) 김경옥, 「18~19세기 珍島 松山里의 洞契·學契 운영」, 『지방사와 지방문화』 제16권 1호(2013), 115쪽.

840) 이헌창, 「조선시대를 바라보는 제3의 시각」, 『한국사연구』 148(2010), 154쪽.

841) 황태연, 『한국 근대화의 정치사상』, 369쪽.

842) 이헌창, 앞의 글, 154쪽.

843) "侍者, 內有神靈, 外有氣化, 一世之人, 各知不移者也. 主者, 稱其尊而與父母同事者也." 『동경대전(東經大全)』, 「논학문(論學文, 1862)」.

844) "道者 保若赤子 大慈大悲 修煉成道 一以貫之." 『해월신사법설(海月神師法說)』, 「강서(降書, 1884)」.

845) "內有神靈者 落地初赤子之心也 外有氣化者 胞胎時 理氣應質而成體也故." 『해월신사법설』, 「영부주문(靈符呪文, 1890)」.

846)『해월신사법설』,「이천식천(以天食天)」.

847) "仁義禮智 先聖之所教 修心正氣 惟我之更定."『동경대전』,「수덕문(修德文, 1862)」.

848) "人能淸其心源 淨其氣海 萬塵不汚 慾念不生天地精神總歸一身之中."『해월신사법설』, 「수심정기(守心正氣)」.

849) "心如保赤子 寂寂無忿起之心 惺惺無昏昧之心 可也."『해월신사법설』,「수심정기」.

850) "守心正氣 是近天地我心也 眞心 天必好之 天必樂之."『해월신사법설』,「 수심정기」.

851) "兒生厥初孰非聖人孰非大人."『해월신사법설』,「성인지덕화(聖人之德化)」.

852) 표영삼,「내칙 내수도문의 원본」,『신인간』(1990.11), 11~17쪽. 조웅태,「동학의 어린 이 존중사상에 대한 고찰」,『신종교연구』 10권(2004), 237쪽에서 재인용. '내수도문'은 1886년 4월에 악질(惡疾)의 유행을 염려하여 해월이 각 포에 위생준칙을 제시한 것이 다. 표영삼,『동학 2: 해월의 고난 역정』, 138쪽. 그 이후 1890년 11월 '내수도문'과 '내칙' 을 찬제하여 다시금 강조하면서 발표한 것으로 보인다. 오상준,「본교역사」,『천도교회 월보』 제3권 제2호. 표영삼, 앞의 책, 161쪽에서 재인용.

853) "道家婦人輕勿打兒 打兒卽打天矣 天厭氣傷 道家婦人不畏天厭氣傷而輕打幼兒則 其兒 必死矣 切勿打兒."『해월신사법설』,「대인접물(待人接物)」.

854) "孰非我長 孰非我師 吾雖婦人小兒之言 可學而可師也."『해월신사법설』,「대인접물」.

855) 박맹수,「동아시아의 고유한 생명사상: 동학을 중심으로」,『개벽의 꿈, 동아시아를 깨 우다: 동학농민혁명과 제국 일본』(서울: 모시는사람들, 2012), 51쪽.

856) 洪鍾植,「東學亂實話」,『新人間』, 34호(1929), 46쪽. 앞의 글, 52쪽에서 재인용.

857) "大凡 斯人 凝胎厥初 一塊水而已 至一月 其水形如露 至二月 其水形如箇珠 至三月以化 工玄妙造化之手段 收母氏血氣 輸入胎門 先成鼻目 次次成形 頭圓體天 象太陽之數 體魄 象太陰 五臟象五行 六腑象六氣 四肢象四時 手掌卽從心所欲造化之手故 一掌之內 特排 八門 九宮 太陰 太陽 四時 十二月之數而化生."『해월신사법설』,「천지이기(天地理氣)」.

858) 조웅태, 앞의 글, 238쪽.

859) 전상숙·노상균,「병합 이전 한국 정부의 근대적 교육체제 개혁과 관학」,『동양정치사 상사』제12권 1호(2013), 91쪽.

860) 金炳廈,「高宗 敎育詔書에 나타난 敎育思想에 관한 硏究」,『韓祉大學 論文集』 Vol.3(1972), 107~108쪽.

861) 李垠松,「高宗의 開化 敎育政策 硏究: 1880-1884」,『한국교육사학』제21집(1999), 356 쪽.

862)『高宗實錄』, 고종 19(1882)년 7월 20일.

863)『高宗實錄』, 고종 19(1882)년 8월 5일.

864) 신용하,「개화정책」,『한국사 16. 근대: 개화척사운동』(서울: 국사편찬위원회, 1983). 국사편찬위원회 한국사데이터베이스.

865) 具姬眞,「갑오개혁 전후 전통교육제도에 대한 정책」,『역사교육』100(2006), 199쪽.

866) George W. Gilmore, *Korea from its Capital* (Philadelphia: Pressbyterian Board of Publication and Sabbath Work, 1892), 229~232쪽. 전상숙·노상균, 앞의 글, 94쪽에서 재인용.

867) 『高宗實錄』 고종19(1882)년 12월 28일.

868) 李垠松, 앞의 글, 361쪽

869) 金炳廈, 앞의 글, 109~110쪽.

870) 李萬珪, 『朝鮮教育史(下卷)』(서울: 乙酉文化史, 1947), 45쪽. 앞의 글, 101쪽에서 재인용.

871) 손인수, 『한국교육사 연구(하)』(서울: 문음사, 1998), 245쪽.

872) 『日省錄』 고종 23(1886)년 4월 19일. 구희진, 「조선말 成均館의 興學策」, 『동국사학』 57집(2014), 442쪽에서 재인용.

873) 박영효 저·김갑천 역, 「박영효의 건백서」, 277~278, 283~285쪽.

874) 앞의 글, 278쪽.

875) 『高宗實錄』, 고종 32(1895)년 윤5월 14일.

876) 『高宗實錄』, 고종 32(1895)년 2월 2일.

877) Herbert Spencer, *Education: Intellectual, Physical and Moral* (London: G, Manwaring, 8, King William Street, Strand, 1861).

878) 大學之道, 在明明德, 在親民, 在止於至善. 『大學』 「大學章句」

879) 플라톤 지음·박종현 역주, 『국가·政體』, 428~429쪽.

880) 황태연, 『공자와 세계(4)』, 367쪽.

881) 황태연, 『갑오왜란과 아관망명』, 408쪽.

882) 『駐朝日本公使館記錄』, 六. 內政釐革의 件 一, (6) '朝鮮政況 보고에 관한 件'(1894년 12월 28일), 井上一陸奧. 국사편찬위원회 한국사 데이터베이스..

883) 金炳廈, 앞의 글, 106쪽.

884) 『高宗實錄』, 고종 31(1894)년 9월 4일과 7일, 고종 35(1898)년 11월 13일(양).

885) 이권희, 「메이지기(明治期) 국민교육에 관한 통시적 고찰: 교육사상의 변용과정을 중심으로」, 『日語日文學研究』 제91집(2014), 477쪽.

886) 『高宗實錄』, 고종 32(1895)년 3월 10일.

887) 친일파였던 윤치호의 24세 때의 글에서 조선을 팔아서라도 개화를 하는 것이 더 좋다는 노골적인 의사가 드러난다. "이갓튼 정부로 이갓튼 홈흘 세상의 아국 갓튼 약국을 보정하기란 진짓 꿈밖에 일이로다. 이왕 청인 속국이 됨으로넌 ᄎᆞ리 아라ᄉᆞ나 영길니 속국이 되어 그 개화를 배우넌 것이 낫것도ᄃᆞ. 아국조정 수백년 죄악을 생각하면 그 갓치 드럽고 금수 갓튼 정부 진작 망홈이 도리며 백만창생의 복이리ᄅᆞ." 『尹致昊日記(四)』, 1889년 10월 17일자. 황태연, 앞의 책, 534~535쪽에서 재인용.

888) 『駐韓日本公使館記錄』, 五. 機密通常和文電報往復 一·二 第1策, (105) '왕궁호위병

교체문제로 국왕 내각의 충돌 건'(1895년 6월 26일), 杉村→西園寺. 국사편찬위원회 한
국사 데이터베이스.

889)『承政院日記』고종 32(1895)년 윤5월 20일.

890)『高宗實錄』, 고종 33(1896)년 9월 24일 양.

891)『관보』1895년 7월 22일. 박용옥·송병기·박한설 편,『한말근대법령자료집 I 』(서울:
대한민국국회도서관, 1970), 513쪽. 전상숙·노상균, 앞의 글, 97쪽에서 재인용.

892) 勅令 開國 504年 3月 25日;『官報』, 開國 504年 3月 25日. 이상 황태연, 앞의 책, 353쪽
에서 재인용.

893)『高宗實錄』, 고종 32(1895)년 9월 28일.

894)『高宗實錄』, 고종 32(1895)년 9월 28일.

895) 황태연,『백성의 나라 대한제국』, 52~53쪽.

896)『高宗實錄』, 고종 36(1899)년 4월 27일. 양.

897) 독립신문·독립협회의 국가 전복 반란과정과 '만민공동회'의 '폭민화' 과정에 대해서
는 황태연, 앞의 책, 477~520쪽 참조.

898) 앞의 책, 579쪽.

899) 朝鮮總督府,『朝鮮の 保護及 倂合』(1918), 378쪽. 梁東絢,「旧韓末 敎育施策과 私學의
建學精神」,『論文集』Vol. 1(1981) 광주대학교, 432쪽에서 재인용.

900)『高宗實錄』, 고종 41(1904)년 5월 23일. 양.

901) 1909년 11월초 대한제국 학부 학교총수 조사에 의하면, 대한제국 학교총수는 2,236개
소이다. 그 내용은 다음과 같다. 관립고등학교(6개소), 관립실업학교(4개소), 관립보
통학교(103개소), 사립고등학교(1개소), 사립실업학교(5개소), 사립보통학교(15개소),
보조지정학교(23개소), 기타각종학교(1,226개소), 보조학교(31개소), 미선스쿨(828개
소), 학회(28개소) 등이다.「雜報: 學校摠數」『大韓每日申報』, 1909년 11월 11일. 1910
년 통계는 韓㳓劤,『韓國通史』(서울: 을유문화사, 1970·2003), 505쪽. 황태연, 앞의 책,
1027~1028쪽에서 재인용.

902) 박득준,『조선근대교육사』(서울: 한마당, 1989), 213쪽.

903) 박성수 주해,『저상일월(渚上日月)』, 434쪽. 단, 이 책에서 서당 수를 1911년 1,650개,
1919년 2,350개로 쓴 것은 16,500개와 23,500개의 오기로 보인다. 왜냐하면 다른 연구
들에 의하면 조선총독부 자료를 근거로 1918년 서당이 21,619개로 추정하거나, 다음 각
주의 연구처럼 1911년 16,540개, 1917년 24,294개 등을 제시하고 있기 때문이다. 고동
환,「조선후기 도시경제의 성장과 지식세계의 확대」, 한림대학교 한국학연구소 편,『다
시 실학이란 무엇인가』(서울: 푸른역사, 2007), 265쪽.

904) 국권침탈 후 1911년 사립학교는 1,467개교에 학생 수 57,532명이었던 것이 1917년에
는 822개교에 43,643명으로 감축되었다. 그러나 서당은 같은 기간에 서당은 1911년
16,540개 생도 수 141,604명에서 1917년 24,294개 생도 수 264,835명으로 증가했다. 김

정의, 「근대소년운동의 배경고찰」, 『논문집』 8(서울: 한양여자대학, 1985), 16~17쪽. 1920년경에는 서당 수가 줄어들어 21,629개였다. 박달성, 「세계와 공존키 위하여 교육 문제를 재거하며 위선 서당개량을 절규함」, 『개벽』 5(1920), 27쪽.

905) 李鈺耕, 「조선총독부 초등학교 『國史』에 나타난 침략사관과 식민지 아동의 탄생」, 『日 語日文學』 第27輯(2005), 357쪽.

906) 朝鮮總督府(1932), Ⅲ期 『普通學校國史』, 卷 2-50, '明治天皇(五. 明治 27·8년 전쟁)'. 앞의 글, 369쪽에서 재인용.

907) 朝鮮總督府(1932), Ⅲ期 『普通學校國史』, 卷 2-50, '明治天皇(七. 韓國倂合)'. 앞의 글, 368쪽에서 재인용.

908) 朝鮮總督府(1940), Ⅴ期 『初等國史』, 제6학년-25, '동아의 방비'. 앞의 글, 369쪽에서 재 인용.

909) 朴振東, 「日帝强占下(1920년대) 朝鮮人의 普通教育要求와 學校設立」, 『역사교육』 68(1998), 61쪽.

910) "현재 보통학교(普通學校)에 통학(通學)하는 아동수(兒童數)와의 백분비례(百分比 例)를 구(求)하야 보면 백분지팔강(百分之八强)임에 불과(不過)하나니 이것이 엇지 경 탄(驚嘆)할 일이 아니리오"라고 언급되었다. 玄相允, 「緊急한 普通教育의 普及에 對하 여」, 『東亞日報』 1924년 1월 1일.

911) 朴振東, 앞의 글, 67쪽.

912) 濱江漁夫, 「소년문학과 현실성」, 『어린이』(1932.5). 정혜정, 「일제하 천도교의 소년교 육운동과 소파 방정환」, 『한국교육사학』 제24권 제1호(2002), 256쪽에서 재인용.

913) 민윤식, 『소파 방정환 평전』(서울: 스타북스, 2014), 107쪽.

914) "재작년 7월 7일에 방소파(小波) 군과 이일해(李一海) 양군(梁君)의 발기로 경성청년 구락부가 성립되었다."『조선일보』, 1920년 5월 12일, 앞의 책, 127쪽에서 재인용.

915) 『독립신문』은 천도교 인쇄소로서 3.1독립선언문을 인쇄한 '보성사'에서 제1호를 인쇄 한 지하신문으로, 3·1운동 당시 방정환은 천도교의 어른들에 이어, 오일철(오세창의 자제) 등과 이 신문을 제자·배포하고 이를 배포하다 일경에 피검되었다. 한기형, 「자 생성, 혹은 내부의 시각들: 『신청년』과 한국 근대문학 자료」, 『근대서지』 11(2015) 참 조.

916) 「소파와 나」, 『소파아동문학전집』(서울: 문천사, 1965). 민윤식, 앞의 책, 164쪽에서 재 인용.

917) "教理講研部의第一例會觀", 『天道教會月報』 제110호(1919.10), 63쪽. 박현수, 「문학 에 대한 열망과 소년운동에의 관심: 방정환의 초기 활동 연구」, 『민족문학사연구』 28권 (2005), 257쪽에서 재인용.

918) 한기형, 앞의 글, 615쪽.

919) 민윤식, 앞의 책, 176~177쪽.

920) 예를 들어, 『청춘(靑春)』에 '少年御者'(제11호, 1917.11), '바람'(제12호, 1918.3), '自然의 敎訓'·'牛乳配達夫'(제13호, 1918.4), '觀花'·'봄'·'故友'(제14호, 1918.6), '天國'·'시냇가'(제15호, 1918.9), 『유심』에 '고학생', '마음', '現代靑年에게 呈하는 修養論'(3호, 1918.12.), 『신청년』에 '金時計'·'暗夜'·'電車의 一分時'·'東京 K兄에게'(제1호, 1919.1.20.), '卒業의 日'·'사랑하난 아우'·'사랑의 무덤'(제2호, 1919.12.8.), '貴여운犧牲(譯)', '불상한 生活', '참된 동정'(제3호, 1920.8.1.), 『천도교회월보』에 '牛耳洞의 晩秋'(제98호, 1918.10), '나의 詩'(제116호, 1920.4), '小說 愛의 復活'(제117호, 1920.5), 『개벽』에 '어머님'·'新生의 膳物'(제1호, 1920.6), '元山 갈마半島에서'(제2호, 1920.7), '어린이 노래-불켜는 이'(제3호, 1920.8), '望鄕'(제5호, 1920.11) 등이다. 박현수, 앞의 글, 253~260쪽.

921) 잔물, 「어린이노래-불켜는 이」, 『개벽』 제3호(1920.8.25.), 89쪽.

922) 성봉덕, 「천도교소년운동의 이념」, 『新人間』 제367호(1979.5), 4~5쪽. 박현수, 앞의 글, 259쪽에서 재인용.

923) "방정환 군(方定煥君)의 연제(演題)를 임시개정(臨時改定)하야 자녀(子女)를 해방(解放)하라는 문제(問題)로 장열(壯熱)한 웅변(雄辯)을 토(吐)하야 일반청중(一般聽衆)으로 하야금 흥분(興奮)을 야기(惹起)케." 「學生大會講團來開」, 『東亞日報』, 1920년 8월 1일, "텬도교당안에서 소년강연회를 열고 현재 동양대학 학생으로 소년에 대한 연구가 만흔 방정환 씨를 청하야 강연을 일터인대… 소년강연회는 조선에 처음잇는 일이라 하겠더라." 「少年의 게講演」, 『東亞日報』, 1921년 7월 10일, 『東亞日報』, 1922년 12월 25일.

924) 박현수, 앞의 글, 262쪽.

925) 민윤식, 앞의 책, 244쪽.

926) 『東亞日報』, 1921년 6월 11일.

927) 牧星, 「童話를 쓰기 前에 어린이 기르는 父兄과 敎師에게」, 『天道敎會月報』 제126호(1921.2), 92~94쪽. 박현수, 앞의 글, 252쪽에서 재인용.

928) 민윤식, 앞의 책, 254쪽.

929) 천도교청년회중앙본부, 『천도교청년회80년사』(서울: 글나무, 2000), 300~304쪽. 박현수, 앞의 글, 257~258쪽에서 재인용.

930) 민윤식, 앞의 책, 288쪽.

931) 앞의 책, 303~310쪽.

932) 진장섭, 「어린이날과 색동회」, 『소년한국일보』, 1972년 5월 5일. 앞의 책, 316~317쪽에서 재인용.

933) 앞의 책, 351쪽.

934) 앞의 책, 346쪽.

935) 김정의, 「방정환의 소년인권운동 재고」, 『역사와 실학』 14(2000), 873쪽.

936) "천도교 측은 당연히 1922년을 제1회로 해야 한다는 주장이고, 아동문학가들 중에도 1922년부터 기산(起算)해야 한다는 의견이 적지 않다. 윤석중 같은 분도 자서전에서 분명히 '우리나라 첫 어린이날은 1922년 5월 1일'이라고 주장한다. 일반적으로는 1923년부터 제1회로 보는 데 별다른 이론이 없는 듯하다." 민윤식, 앞의 책, 331쪽.

937) 이재철, 「소파 방정환과 어린이운동」, 『소파 방정환선생 서거 66주년 기념 심포지움』(1997.4.28.) 추가자료. 김정의, 「방정환의 소년인권운동 재고」, 869쪽에서 재인용.

938) "어린이 꿈 아츰해에 취(醉)하여 낫붉힌 구름 인도(印度)바다의 김에 배부른 바람 훗훗한 소근거림 너줄째마다 간지어울사 우리 날카론 신경(神經) 초록장(草綠帳)재를 두른 님의 나라도 네게 듯고 아라서 그리워하고 화로수(花露水) 흘러가는 깃블가람에 배타랴고 애씀도 원래네 쏘임 처음고인 포도주(葡萄酒) 가튼 네 말을 길이 듯게 귀밝기 내 바람이니 취하리라 취하야 네괴운 타고 날개도 쳐나는 듯 두루날리라 내 볼이 두둑하고 더운 피 돌아 짜긋한 네 입마춤 바들만하니 닷도록 억개겨러 동무해주게 불빗 쌘히 오라는 하늘 저편에", 최남선, 「어린이 꿈」, 『청춘』, 창간호(1914.10), 2~3쪽.

939) 방정환, 「7주년 기념을 맞으며」, 『어린이』, 8(3)[1930], 2~3쪽. 명지원, 「방정환의 아동교육사상에 대한 연구」, 『열린유아교육연구』 15권 1호(2010), 86쪽에서 재인용.

940) 「十年後 朝鮮을 慮하라: 조선소년운동의 비롯으로 금일텬도교소년회의 활동」, 『東亞日報』, 1922년 5월 1일.

941) 「街路로 趣旨宣傳: 자동차대와 창가대로 난호아 작일 '어린이의 날'의 대선던」, 『東亞日報』, 1922년 5월 2일.

942) 앞의 글.

943) 「十年後 朝鮮을 慮하라: 조선소년운동의 비롯으로 금일 텬도교소년회의 활동」, 『東亞日報』, 1922년 5월 1일.

944) "京城안에 잇는 各 少年團體의 關係者 一同은 지난 4月 17日로써 少年運動協會를 組織하고 地方에 잇는 幾多의 少年團體 其他 社會團體와 聯絡을 取하야써 世界的으로 意義 깁흔 5月의 1日을 期하야 朝鮮 13道 형제로 하야금 一齊히 少年運動의 旗幟를 들도록 하리라 하는 도다." 起瀍, 「開闢運動과 合致되는 朝鮮의 少年運動」, 『개벽』 제35호(1923.5.1.), 20쪽.

945) "1923년 4월 17일 하오 4시 서운 천도교당에서 김기전씨의 주동으로 '조선소년운동협회'가 조직되고, 그곳을 사무실로 하여, 한 달에 한 번씩 월례회를 개최하기로 했으며 기타 결의사항은 다음과 같다. 一. 5월 1일을 '어린이날'로 제정하고 제1회의 기념선전을 하기로 하고, 二. 소년문제선전지 20만 장을 인쇄하여 5월 1일 3시를 기해 전국에 배부하고, 그 날 7시 30분부터 어린이를 위한 기념소년연예회와 어른을 위한 기념문제강연회를 개최하기로 결정했다." 정인섭, 『색동회 어린이運動史』(서울: 學園社, 1975), 51~52쪽.

946) 「少年運動의 宣言 세 가지 조건」, 『東亞日報』, 1923년 5월 1일.

947) 명지원, 앞의 글, 86쪽.

948) 정혜정, 앞의 글, 258쪽.

949) 표영삼, 『동학 2: 해월의 고난 역정』, 162쪽.

950) 앞의 책, 163쪽.

951) 起瀍, 앞의 글, 20~26쪽.

952) 김정의, 「『개벽』 지상의 소년운동론 논의」, 165쪽.

953) 李定鎬, 「『어린이』를 發行하는 오늘까지 우리는 이러케 지냇습니다」, 『어린이』 창간호(1923.3), 1쪽. 김정의, 「방정환의 소년인권운동 재고」, 872쪽에서 재인용.

954) "이뎜에 잇서서 社에 가티 잇는 金起田氏는 나보다 훨신 먼저 경어쓰기에 자리가 잡혓습니다. 시작은 가티 하엿는데 金氏는 자긔집 어린사람(아들)에게도 조곰도 거북거림을 늣기지 안코 경어를 편히 쓰고 잇습니다." 白南奎 외, 「因襲打破 新生活創造의 第一步, 내가 새로 實行하는 일」, 『별건곤』 제4호(1927.2.1.), 5~6쪽.

955) 「오늘, 어린이날」, 『東亞日報』, 1923년 5월 1일.

956) 「소년운동을 진흥(振興)코저」, 『東亞日報』, 1923년 6월 10일.

957) 「'어린이날'의 準備」, 『東亞日報』, 1924년 4월 23일.

958) 「將來를 보고 살자」, 『東亞日報』, 1924년 5월 3일.

959) 조선총독부경무국, 「소년운동」, 『조선의 치안상황』, 1927년, 4쪽. 김정의, 앞의 글, 167쪽에서 재인용. 그러나 김정의는 1920년대 소년단체는 564개 정도였다고 주장한다. 金正義, 『韓國少年運動史』(서울: 민족문화사, 1993), 148~155쪽.

960) "好評! 好評!! 大好評을 바다 박히고 박히고 또 박혀서 세 번을 새로 박히엿건만 그래도 모자라서 이제 네 번째 다시 박힌 새 冊이 나왓습니다. 世界 각국 三十여 나라의 이약이 中에서 가장 자미잇는 것만 추려서 순국문으로 알기 쉽게 번역하엿고 또 이약이 시초마다 그 나라 그 나라의 寫眞과 歷史와 地理를 간단히 설명한 紹介文까지 너어서 그야말로 아름답고도 자상하기 짝이 업는 조흔 冊입니다." 「四版! 四版! 새 冊 發賣: 안 늙은 이는 이번에 속히 사십시오」, 『어린이』 제6권 제3호(1928.5월).

961) 牧星, 앞의 글, 93쪽.

962) 「天道敎書」, '第一編 水雲大神師', 『아세아연구』 5권 1호(1962), 220쪽.

963) 표영삼, 『동학 1: 수운의 삶과 생각』, 337쪽.

964) 「처음에」, 『어린이』 창간호(1923.3), 1쪽. 김정의, 「방정환의 소년인권운동 재고」, 871~872쪽에서 재인용.

965) 방정환, 「소년의 지도에 관하여: 잡지 어린이 창간에 제하여」, 『천도교회월보』(1923.3.15.). 이윤미, 「소파를 통하여 보는 교육사: 소파 방정환 교육론의 교육사적 의미」, 『교육비평』 제12호(2003), 285쪽에서 재인용.

966) 방정환 지음, 민윤석 엮음, 『어른을 위한 소파 방정환의 수필집』(서울: 오늘의 책, 2002), 71~73쪽. 명지원, 「방정환의 아동교육사상에 대한 연구」, 94쪽에서 재인용.

967) 이정원,「소파(小波) 방정환 수필 연구: 〈어린이 찬미〉에 나타난 아동관을 중심으로」,
　　인천교육대학교 교육대학원 석사학위논문(1998), 70~73쪽. 〈어린이 찬미〉는『신여성』
　　제2권 제6호(1924.6)에 실린 수필이다.

968) 小波,「새로 開拓되는「童話」에 關하야, 特히 少年 以外의 一般 큰 이에게」,『개벽』제
　　31호(1923.1), 21쪽.

969) 앞의 글, 19쪽.

970) 방정환,「소년의 지도에 관하여-잡지『어린이』창간에 제하여」,『천도교회월보』
　　1923.3.15. 김수경,「최남선의 '소년'과 방정환의 '어린이' 사이의 거리」,『한국문화연
　　구』16(2009), 66쪽에서 재인용.

971) 김수경, 앞의 글, 70쪽.

972) "작십일 오전 여섯시경에 종로경찰서에서는 턴도교청년회 동경지회(天道教青年會 東
　　京支會長) 방뎡환 씨와 동회간사 박달성(朴達成) 씨와 긔다경셩턴도교 청년회(京城天
　　道教青年會) 회원 수명을 톄포하야 방금 엄중히 취조중이라는대 이제 그 자세한 내용
　　을 듯건대 젼긔 방씨와 박씨와 그 외 수명은 태평양회의를 긔회삼아 모운동을 일으키
　　라고 시내 여러 청년을 선동하얏다는 혐의로서 젼긔와 갓치 톄포된 것이라더라."「天道
　　教青年會 東京支會長」,『東亞日報』, 1921.11.11.

973)「懸賞募集」,『개벽』제26호(1922.8.1.), 112~113쪽.

974) 小波,「새로 開拓되는「童話」에 關하야, 特히 少年 以外의 一般 큰 이에게」, 24~25쪽.

975) 앞의 글, 18쪽, 23쪽.

976) 앞의 글, 25쪽.

977) 방정환,「『어린이』동무들께」,『어린이』제2권 제12호(1924.12), 39쪽. 고시용 · 김은
　　진,「방정환의 어린이관과 도덕교육의 의미」,『종교교육학연구』제41권(2013), 7쪽에서
　　재인용.

978)「將來를 보고 살자」,『東亞日報』, 1924.5.3. 1924년 '어린이날' 행사에서 방정환이 직접
　　연단에서 연설한 내용이다.

979) 방정환,「이 깃분 날」,『東亞日報』, 1925.5.1.

980) 1930년 '국세조사'에 의하면, 일본어 및 한글을 읽고 쓸 수 있는 자 6.8%, 한글만을 읽
　　고 쓸 수 있는 자 15.4%, 일본어만 읽고 쓸 수 있는 자는 0.03%였고, 문맹률은 77.7%였
　　다. 일본어 해득인구는 1923년 4%, 1933년 7.7%, 1942년 20%였다. 김진균 · 정근식 ·
　　강이수,「일제하 보통학교와 규율」, 김진균 · 정근식 편저,『근대주체와 식민지 규율권
　　력』(서울: 문학과 과학사, 1997), 82쪽.

981) 방정환,「夏休 中 歸鄕하는 學生 諸君에게: 數萬名 新進役軍의 總動員-일은 맨미톄 돌
　　아가 始作하자」,『개벽』제49호(1924.7.1), 63쪽.

982) 김대용,「방정환의 소년운동 연구」,『한국교육사학』제33권 제2호(2011), 47~48쪽.

983) 황태연,『감정과 공감의 해석학』1권, 398쪽.

984) 앞의 책, 510쪽.

985) 앞의 책, 584쪽.

986) 앞의 책, 613~614쪽.

987) 『論語』「衛靈公」(15-38).

988) 三代之隆, 其法寖備, 然後王宮國都以及閭巷, 莫不有學. 人生八歲, 則自王公以下, 至於 庶人之子弟, 皆入小學, 而教之以灑掃應對進退之節, 禮樂射御書數之文; 及其十有五年, 則自天子之元子, 衆子, 以至公, 卿, 大夫, 元士之適子, 與凡民之俊秀, 皆入大學, 而教之以 窮理, 正心, 修己, 治人之道. 此又學校之敎, 大小之節, 所以分也. 『大學』, 「大學章句序」

989) 플라톤 지음 · 박종현 역주, 『법률』, 516쪽.

990) 장지원, 「플라톤의 『라케스』에 대한 교육학적 해석」, 『교육철학연구』 제38권 제2호 (2016), 123쪽.

991) 앞의 글, 132쪽.

992) 루이스 A. 틸리 · 조엔 W. 스콧 지음, 김영 · 박기남 · 장경선 옮김, 앞의 책, 57쪽.

993) 박훈, 「근대일본의 '어린이'관의 형성」, 『동아연구』 49권(2005), 139쪽.

994) Frances Collier, *The Family Economy of the Working Classes in the Cotton Industry, 1784~1833* (Manchester: Manchester University Press, 1964), 2쪽. 루이스 A. 틸리 · 조 엔 W. 스콧 지음, 김영 · 박기남 · 장경선 옮김, 앞의 책, 58쪽에서 재인용.

995) 미셸린 이샤이 저 · 조효제 옮김, 앞의 책, 284쪽.

996) Ivy Pinchbeck and Margaret Hewitt, *Children in English Society*. Vol 1. (London: Routledge and Kegan paul, 1969), 8쪽. 루이스 A. 틸리 · 조엔 W. 스콧 지음, 김영 · 박 기남 · 장경선 옮김, 앞의 책, 95쪽에서 재인용.

997) 고봉만, 「역사적 관점에서 본 근대 아동문학 : 프랑스를 중심으로」, 『역사와 담론』 70(2014), 91쪽.

998) 필립 아리에스 지음 · 문지영 옮김, 앞의 책, 34쪽

999) 명지원, 앞의 글, 87쪽.

1000) 필립 아리에스 지음 · 문지영 옮김, 앞의 책, 36~37쪽.

1001) 미셸 푸코 지음, 오트르망(심세광, 전혜리) 옮김, 『정신의학의 권력: 콜레주드프랑스 강의 1973~74년』(서울: 난장, 2014), 180쪽.

1002) 가라타니 고진 지음, 박유하 옮김, 『일본근대문학의 기원』(서울: 도서출판b, 2013), 166쪽.

1003) 앞의 책, 161쪽.

1004) 필립 아리에스 · 조르주 뒤비 책임편집, 미셸 페로 편집, 전수연 옮김, 앞의 책, 246쪽.

1005) 앞의 책, 630쪽.

1006) 루이스 A. 틸리 · 조엔 W. 스콧 지음, 김영 · 박기남 · 장경선 옮김, 앞의 책, 76쪽.

1007) J. J. 루소 지음 · 정병희 옮김, 앞의 책, 22쪽.

1008) 필립 아리에스 · 조르주 뒤비 책임편집, 미셸 페로 편집, 전수연 옮김, 앞의 책, 236쪽.

1009) 변기찬, 「파리지역 여성노동과 어린의 죽음(1872~1914)」, 『서양사학연구』 창간호 (1998), 215쪽.

1010) 고봉만, 앞의 글, 75쪽.

1011) 앞의 글, 93쪽.

1012) 박훈, 앞의 글, 148쪽.

1013) 北本正章, 『子ども觀の社會史』(東京: 新曜社, 1993), 118~120쪽. 앞의 글, 144쪽에서 재인용.

1014) 고봉만, 앞의 글, 91쪽.

1015) 세스 레러, 『어린이 문학의 역사』(서울: 이론과 실천, 2011), 146쪽. 앞의 글, 91~93쪽 에서 재인용.

1016) 미셸 투르니에 지음 · 이은주 옮김, 『흡혈귀의 비상』(서울: 현대문학, 2011), 204~205 쪽.

1017) 고봉만, 앞의 글, 102쪽

1018) 미셸 투르니에 지음 · 이은주 옮김, 앞의 책, 204쪽.

1019) J. J. 루소 지음 · 정병희 옮김, 앞의 책, 19쪽.

1020) 앞의 책, 13쪽.

1021) 앞의 책, 55쪽.

1022) 앞의 책, 19쪽.

1023) 앞의 책, 85쪽.

1024) 앞의 책, 87쪽.

1025) 앞의 책, 96~97쪽.

1026) 앞의 책, 55쪽.

1027) 정동준, 앞의 글, 26~30쪽.

1028) 마르퀴 드 콩도르세 지음 · 장세룡 옮김, 『인간 정신의 진보에 관한 역사적 개요』(서 울: 책세상, 2012), 22쪽.

1029) Condorcet, "Sur la Nécessité de Réflexions sur l'Instruction Publique", dans *Oeuvre de Condorcet*, t.7 (Paris: Firmin Didot Frères, 1847), 453쪽. 정동준, 앞의 글, 31쪽에서 재인용.

1030) 앞의 글, 31쪽.

1031) 동아시아 문명과의 패치워크를 통해 만들어진 평등의 원리와 보통교육체계 확립에 대한 내용은 황태연, 『패치워크문명의 이론』, 131~140쪽.

1032) Louis Le Comte, *Nouveaux mémoires sur l'état present de la Chine* (Paris, 1696). English translation: *Memoirs and Observations made in a Late Journey through the Empire of China* (London, 1697), 284쪽

1033) P. Du Halde, *The General History of China - Containing A Geographical, Historical, Chronological, Political and Physical Description of the Empire of China, Chinese-Tatary, Corea and Thibet* (Paris: 1835), Vol. 2 in 4 Volumes, translated by Brookes (London: Printed by and for John Watts at the Printing-Office in Wild Court near Lincoln's Inn Fields, 1736), 99쪽

1034) Johann Heinrich Gottlob Justi, *Vergleichungen der Europäischen mit den Asiatischen und anderen, vermeintlichen Barbarischen Regierungen* (Berlin/Stetten/Leipzig: Johann Heunrich Rüdiger Verlag, 1762), 304-306, 463-492쪽; Johann H. G. Justi, *Abhandlung von den Mittel, die Erkenntnis in den Oeconimischen und Cameral-Wissenschten dem gemweinen Wesen recht nützlich zu machen* (Göttungen: Verlag nicht angezeigt, 1755), 16쪽. 황태연, 앞의 책, 133쪽에서 재인용.

1035) François Quesnay, *Despotism in China* (1767). Lewis Adams Maverick, *China: A Model for Europe,* Vol. II (San Antonio in Texas: Paul Anderson Company, 1946), 172쪽

1036) 『禮記』, 「郊特牲」(11-24).

1037) Du Halde, *The General History of China,* Vol. 3, 5쪽.

1038) Adolf Reichwein, *China und Europa im achzehnten Jahrhundert* (Berlin: Oesterheld Co. Verlag, 1922), 107-108쪽. 황태연, 앞의 책, 136쪽에서 재인용.

1039) 황태연, 앞의 책, 136쪽.

1040) S. Douailler et P. Vermeren, "De l'hospice à la manufacture: le travail des enfants au XIX siècle", *Révoltes logiques,* n0 3, 1976. 변기찬, 「19 세기말 파리지역에서의 아동노동: '노동감독관'의 연례보고서 분석」, 『한성사학』 9권(1997), 110쪽에서 재인용.

1041) *Bulletin de la Société de protection des apprentis,* 1868, Bernard Charlot et Madeleine Fifeat, *Histoire de la formation des ouvriers,* 1789~1984 (Paris: Minerve, 1985), 60쪽. 앞의 글, 110쪽에서 재인용.

1042) Joel Colton and Palmer, *History of the Modern World,* 4th ed (New York: Knopf, 1911), 503쪽. 미쉘린 이샤이, 앞의 책, 285쪽에서 재인용.

1043) Walter I. Trattner, *Crusade for the Children* (Chicago: Quadrangle Books, 1970), 29쪽, note 18. 미쉘린 이샤이 저 · 조효제 옮김, 앞의 책, 286쪽에서 재인용.

1044) 변기찬, 앞의 글, 111쪽.

1045) Lee Shai Weissbach, *Child Labor Reform in Nineteenth-Ce3ntury France* (Baton Rouge: Lousiana State University Press, 1989), 66쪽. 미쉘린 이샤이 저 · 조효제 옮김, 앞의 책, 286쪽에서 재인용.

1046) 변기찬, 앞의 글, 115~116쪽.

1047) 미쉘린 이샤이 저 · 조효제 옮김, 앞의 책, 284쪽.

1048) 루이스 A. 틸리 · 조엔 W. 스콧 지음, 김영 · 박기남 · 장경선 옮김, 앞의 책, 253쪽.

1049) Antonine Prost, *Histoire de l'enseignement en France, 1800-1967* (Paris: A. colin, 1968), 101쪽. 앞의 책, 253쪽에서 재인용.

1050) M. Bodin, "L'institutrice", in *Bibliothèque sociale des métiers* ed., G. Renard(Paris: G. Doin, 1922), 60쪽. 루이스 A. 틸리·조엔 W. 스콧 지음, 김영·박기남·장경선 옮김, 앞의 책, 254쪽에서 재인용.

1051) Mary Martha Sherwood, *The History of the Fairchild Family; or, the Child's Manual* (1818), for example, assumes that "All children are by nature evil,…."(James Eli Adams, *A History of Victorian Literature*, Oxford and Malden, MA: Wiley-Blackwell, 2009, 1818). 고봉만, 앞의 글, 101쪽에서 재인용.

1052) 앞의 글, 101쪽.

1053) 명지원, 「방정환의 아동교육사상에 대한 연구」, 87쪽.

1054) 원종찬, 「韓·日 아동문학의 기원과 성격 비교: 방정환과 한국 근대아동문학의 본질」, 『한국학연구』 제11집(2000), 100쪽.

1055) 앞의 글, 104쪽.

1056) 앞의 글, 106쪽.

1057) 권오순, 「『어린이』 영인본 앞에서」, 『신인간』, 1977.5, 89~90쪽. 김정의, 「방정환의 소년인권운동 재고」, 873쪽에서 재인용.

1058) 기전, 「수수껍기의 두마듸」, 『어린이』 1-8, 1923, 15쪽. 앞의 글, 874쪽에서 재인용.

1059) 정지영, 『질서의 구축과 균열: 조선후기 호적과 여성들』(서울: 서강대학교 출판부, 2015), 396쪽.

1060) 앞의 책, 398쪽.

1061) Karl Marx, *The German Ideology* (Moscow: Progress Publishers, 1976), 59쪽.

================= 참고문헌 =================

## 1. 경전류

『繫辭傳』『近思錄』『大學』『東經大全』『論語』『孟子』『書經』『禮記』『龍潭遺詞』『中庸』
『天道敎書』『海月神師法說』

## 2. 사료

『甲午軍政實記』『甲午斥邪錄』『古今笑叢』『高宗實錄』『宮中祕書』『近思錄』『近齊集』『湛
軒書』『東匪討錄』『東學文書』『歷試漫筆』『龍湖閒錄』『默庵備忘錄』『磻溪隧錄』『屛溪
集』『扶安金氏愚磻古文書』『扶安金氏愚磻古文書』『備邊司謄錄』『三國史記』『三國遺事』
『先鋒陣呈報牒』『宣祖修正實錄』『宣祖實錄』『成宗實錄』『聖學輯要』『星湖僿說』『續大
典』『續陰晴史』『受敎輯錄』『純祖實錄』『承政院日記』『與猶堂全書』『燕山君日記』『英祖
實錄』『五洲衍文長箋散稿(下)』『雲坪集』『尹致昊日記(四)』『仁祖實錄』『逸士遺事』『日省
錄』『壬戌錄』『貞菴集』『正祖實錄』『駐韓日本公使館記錄』『靑莊館全書』『推案及鞫案』
『憲宗實錄』『孝宗實錄』

## 3. 국문·동양문헌

강상희, 「서양교육사에 나타난 여성관 및 여성교육론: 플라톤, 루소, 울스턴크래프트의 논
　　의를 중심으로」, 『교육철학』 제41집(2008)
강수택, 「근대적 일상생활의 구조와 변화」, 『한국사회학』, 제32집(1998)
강진아, 「16~19세기 중국경제와 세계체제: '19세기 분기론'과 '중국중심론'」, 『이화사학연
　　구』 31권(2004)
강진옥, 「〈이형경전(이학사전)〉 연구: 婦道와 자아실현 간의 갈등을 통해 드러난 인간적
　　삶의 모색을 중심으로」, 『고소설연구』 제2집(1996)
고동환, 「조선후기 도시경제의 성장과 지식세계의 확대」, 한림대학교 한국학연구소 편,
　　『다시 실학이란 무엇인가』(서울: 푸른역사, 2007)
고봉만, 「역사적 관점에서 본 근대 아동문학 : 프랑스를 중심으로」, 『역사와 담론』
　　70(2014)
高成勳, 「英祖朝 變亂의 一端: 李之曙 변란을 중심으로」, 『國史館論叢』 제46집(1993)
고성훈, 「조선 후기 유언비어 사건의 추이와 성격: 정감록(鄭鑑錄) 관련 사건을 중심으로」
　　, 『정신문화연구』 제35권 제4호(2012)
고시용·김은진, 「방정환의 어린이관과 도덕교육의 의미」, 『종교교육학연구』 제41권
　　(2013)
고희탁, 「'유교'를 둘러싼 개념적 혼란에서 벗어나기: 서구 계몽주의에 영향을 미친 '공자

철학'을 실마리로 심아」, 『신아세아』 23권 2호(2016)

具姬眞, 「19세기 중반 儒者들의 普通敎育論과 童蒙書 편찬」, 『역사교육』 92(2004)

具姬眞, 「갑오개혁 전후 전통교육제도에 대한 정책」, 『역사교육』 100(2006)

구희진, 「조선말 成均館의 興學策」, 『동국사학』 57집(2014)

권내현, 「조선후기 동성촌락 구성원의 통혼 양상: 단성현 신등면 안동권씨 사례」, 『한국사연구』 132(2006)

권내현, 「조선후기 입양의 확산 추이와 수용 양상」, 『역사와현실』 73(2009)

권보드래, 『연애의 시대』(서울: 현실문화연구, 2003)

권순긍, 「병자호란의 치욕을 설욕하는 여성의 힘:《박씨전朴氏傳》」, 『계산(논)』, 초암네트웍스(2007년 7월)

권오순, 「『어린이』 영인본 앞에서」, 『신인간』(1977.5)

권태환, 『韓國社會 人口와 發展』(서울: 서울대출판부, 1978),

起 瀍, 「開闢運動과 合致되는 朝鮮의 少年運動」, 『개벽』 제35호(1923.5.1.)

기 전, 「수수꺽기의 두마듸」, 『어린이』 1-8, 1923

김 호, 「100여 년 전의 여성: 규장각 소장 '검안'으로 들여다 본 민중의 삶」, 『한신인문학연구』 1(2000)

김건태, 「18세기 초혼과 재혼의 사회사: 단성호적을 중심으로」, 『역사와 현실』 51(2004)

김건태, 「19세기 단성지역의 결혼 관행」, 『고문서연구』 제28호(2006)

김경미, 「젠더 위반에 대한 조선사회의 새로운 상상-〈방한림전〉」, 『한국고전연구』 17집(2008)

김경미 · 김기림 · 김현미 · 조혜란 역주, 『18세기 여성생활사 자료집(3)』(서울: 보고사, 2010),

김경숙, 「조선후기 여성의 呈訴活動」. 『韓國文化』 36(2005)

김경옥, 「18~19세기 珍島 松山里의 洞契 · 學契 운영」, 『지방사와 지방문화』 제16권 1호(2013)

김경일, 「서울의 소비문화와 신여성: 1920-1930년대를 중심으로」, 『서울학연구』 19(2002)

김대용, 「방정환의 소년운동 연구: 천도교 신파를 중심으로」, 『한국교육사학』 제33권 제2호(2011)

김도태(1948), 『徐載弼博士自敍傳』(서울: 을유문화사, 1972)

김무진, 「조선후기 서당의 사회적 성격」, 『역사와현실』 16(1995)

김문자 지음 · 김승일 옮김, 『명성황후: 시해와 일본인』(파주: 태학사, 2011)

김미정, 「동학 · 천도교의 여성관의 변화」, 『한국사학보』 제25호(2006)

김백철, 「영조대 '민국' 논의와 변화된 왕정상」, 이태진 · 김백철 엮음, 『조선후기 탕평정치의 재조명(上)』(파주: 태학사, 2011)

金伯哲, 「朝鮮後期 英祖代 『續大典』 位相의 재검토: 「刑典」 편찬을 중심으로」, 『歷史學報』

第194輯(2007),

김백철, 『법치국가 조선의 탄생』(서울: 이학사, 2016)

金炳廈, 「高宗 教育詔書에 나타난 教育思想에 관한 研究」, 『韓社大學 論文集』 Vol.3(1972)

김상준, 「중층근대성: 대안적 근대성 이론의 개요」, 『한국사회학』 41(2007),

김상준, 『맹자의 땀 성왕의 피: 중층근대와 동아시아 유교문명』(서울: 아카넷, 2011)

김선경, 「19세기 농민 저항의 정치: 1862년 농민항쟁, 관민 관계 위기와 법 담론」, 『역사연
　　　구』 16호(2006)

김성우, 「전쟁과 번영: 17세기 조선을 바라보는 또 다른 관점」, 『역사비평』 통권 107호
　　　(2014 여름)

김수경, 「최남선의 '소년'과 방정환의 '어린이' 사이의 거리」, 『한국문화연구』 16(2009)

김양식, 「1894년 농민군 都所의 설치와 그 이념」, 『한국근현대사연구』 제2집(1995)

김언순, 「개화기 여성교육에 內在된 유교적 여성관」, 『페미니즘 연구』 제10권 2호(2010)

김용덕, 「婦女守節考」, 『아시아여성연구』 3권(1964)

김용만, 「조선시대 재지사족의 재산소유형태」, 『대구사학』 27(1985)

김용민, 「1860년 농민항쟁의 조직기반과 민회(民會)」, 『史叢』 제43집(1994)

金容燮, 「哲宗朝 民亂發生에 대한 考察」, 『歷史教育』 1(1956)

김용섭, 『조선후기농업사연구 II: 농업과 농업론의 변동』(서울: 지식산업사, 2007)

김용휘, 『최제우의 철학』(서울: 이화여자대학교출판부, 2012)

김용흠, 「19세기 전반 世道政治의 형성과 政治運營」, 『한국사연구』 132(2006)

김윤성, 「조선후기 천주교 여성들의 금욕적 실천: 음식 절제와 성적 절제를 중심으로」,
　　　『여상학논집』 제24집 1호(2007)

김인걸, 「'민장'을 통해 본 19세기 전반 향촌 사회문제」, 『한국사론』 23(1990)

김인걸, 「朝鮮後期 鄕權의 추이와 지배층 동향: 忠淸道 木川縣 事例」, 『한국문화』 2(1981)

김재영, 「정여립의 정치사상의 재정립」, 『정치정보연구』 3권 1호(2000)

김정녀, 「병자호란의 책임 논쟁과 기억의 서사: 인조의 기억과 '대항기억'으로서의 〈강도
　　　몽유록〉」, 『한국학연구』 35(2010)

김정숙, 「조선후기 서학수용과 여성관의 변화」, 『한국사상사학』 제20권(2003)

김정숙, 「조선 후기 천주교 여성 신도의 사회적 특성」, 『교회사연구』 19(2002)

김정의, 「근대소년운동의 배경고찰」, 『論文集』 8(서울: 한양여자대학, 1985)

김정의, 「방정환의 소년인권운동 재고」, 『역사와 실학』 14(2000)

김정의, 『한국소년운동사』(서울: 혜안, 1999)

김종헌 편역, 『러시아문서번역집(II)』(서울: 선인, 2011)

김진균·정근식·강이수, 「일제하 보통학교와 규율」, 김진균·정근식 편저, 『근대주체와
　　　식민지 규율권력』(서울: 문학과 과학사, 1997)

김현미, 「19세기 조선 학자의 딸/ 선비의 아내로 산다는 것: 화서 이항로의 2녀 벽진 이씨

의 삶」,『한국문화연구』20(2008)

김현정・오정아,「여성잡지에 나타난 어머니상에 관한 연구 동향 분석: '문명개화의 대상'
　　　에서 '프로슈머 어머니'까지 현모양처상의 변화」,『여성학연구』제24권 제3호
　　　(2014)

김혜경,「'어린이기'의 형성과 '모성'의 재구성」,『경계의 여성들: 한국 근대 여성사』(파주:
　　　한울, 2013)

김호연재 지음・송창준 옮김,『浩然齋遺稿』(대전: 향지문화사, 1995)

김홍철,「근현대 한국 신종교의 개벽사상(開闢思想) 고찰」,『한국종교』35(2012)

노길명,「개벽사상의 전개와 성격」,『한국학연구』28(2008)

리강자,「녀자의 자유」,『녀자지남』1권 1호(1908)

명지원,「방정환의 아동교육사상에 대한 연구」,『열린유아교육연구』15권 1호(2010)

牧 星,「童話를 쓰기 前에 어린이 기르는 父兄과 教師에게」,『天道教會月報』제126호(1921.2)

문소정,「한국과 일본 여성의 근대적 자각에 관한 비교연구: 여권선언문을 중심으로」,『동
　　　북아문화연구』제53집(2017)

민윤식,『소파 방정환 평전』(서울: 스타북스, 2014)

朴 珠,『朝鮮時代의 旌表 政策』(서울: 一潮閣, 1990)

박 훈,「근대일본의 '어린이'관의 형성」,『동아연구』49권(2005)

박광용,「조선의 18세기, 국정 운영 틀의 혁신」,『정조와 18세기』(서울: 푸른역사, 2013)

박달성,「세계와 공존키 위하여 교육문제를 재거하며 위선 서당개량을 절규함」,『개벽』
　　　5(1920)

박득준,『조선근대교육사』(서울: 한마당, 1989)

박맹수,「동아시아의 고유한 생명사상: 동학을 중심으로」,『개벽의 꿈, 동아시아를 깨우
　　　다: 동학농민혁명과 제국 일본』(서울: 모시는사람들, 2012)

박맹수,「우리 전통사상에서 본 아이: 동학사상을 중심으로」, 한국생태유아교육학회 편,
　　　『생태유아교육선집 1』(파주: 양서원, 2005)

박명규,「한말 향촌사회의 갈등구조: 民狀의 분석」,『한국사회학회 사회학대회 논문집』
　　　(1993.6)

박미해,「조선후기 유학자의 여성인식: 다산 정약용의 가(家) 의식을 중심으로」,『사회사
　　　상과 문화』제29집(2014)

박성수 주해,『저상일월(渚上日月): 117년에 거린 한국 근대생활사』(서울: 민속원, 2003)

박소현,「검안을 통해 본 여성과 사회」,『古文書研究』제50호(2017)

박영효 저・김갑천 역,「박영효의 건백서: 내정개혁에 대한 1888년의 상소문」,『한국정치
　　　연구』2권(1990)

박용옥,「동학의 남녀평등사상」,『한국 여성 근대화의 역사적 맥락』(서울: 지식산업사,
　　　2001)

박용옥, 『韓國近代女性運動史硏究』(성남: 한국정신문화연구원, 1984)

박용옥 · 송병기 · 박한설 편, 『한말근대법령자료집 I 』(서울: 대한민국국회도서관, 1970)

박의경, 「계몽과 근대의 아포리아, 여성: 그들의 실종과 귀환을 중심으로」, 『민주주의와 인권』 13권 1호(2013)

박의경, 「근대정치사상과 인권 그리고 여성」, 『한국정치외교사논총』 제30집 2호(2009)

박의경, 「한국 여성의 근대화와 기독교의 영향」, 『한국정치외교사논총』 제25집 1호(2003)

박의경, 『여성의 정치사상: 울스턴크래프트와 밀』(서울: 책세상, 2014)

박종성, 『왕조의 정치변동』(서울: 인간사랑, 1995)

박종효 편역, 『러시아국립文書保管所 소장 韓國관련 文書要約集』(서울: 한국국제교류재단, 2002)

朴振東, 「日帝强占下(1920년대) 朝鮮人의 普通敎育要求와 學校設立」, 『역사교육』 68(1998)

박찬승, 『근대이행기 민중운동의 사회사: 동학농민전쟁 · 항조 · 활빈당』(서울: 경인문화사, 2008)

박현수, 「문학에 대한 열망과 소년운동에의 관심: 방정환의 초기 활동 연구」, 『민족문학사연구』 28권(2005)

박현숙, 「강정일당 · 성리학적 남녀평등론자」, 『여성문학연구』 11호(2004)

박현순, 「17세기 과거 응시자 증가 현상에 대한 고찰」, 『史學硏究』 제93호(2009)

박혜숙, 「여성영웅소설과 평등 · 차이 · 정체성의 문제」, 『민족문학사연구』 31(2006)

방상근, 「19세기 중반 한국 천주교사 연구」, 경희대 사학과 박사학위논문(2004)

방정환 지음, 민윤석 엮음, 『어른을 위한 소파 방정환의 수필집』(서울: 오늘의 책, 2002)

방정환, 「『어린이』 동무들께」, 『어린이』 제2권 제12호(1924.12)

방정환, 「7주년 기념을 맞으며」, 『어린이』, 8(3)[1930]

방정환, 「소년의 지도에 관하여: 잡지 어린이 창간에 제하여」, 『천도교회일보』(1923.3.15.)

방정환, 「夏休 中 歸鄕하는 學生 諸君에게: 數萬名 新進役軍의 總動員-일은 맨미테 돌아가 始作하자」, 『개벽』 제49호(1924.7.1.)

배항섭, 「'근대이행기'의 민중의식: '근대'와 '반근대'의 너머: 토지소유 및 매매관습에 대한 인식을 중심으로」, 『역사문제연구』, 제23호(2010)

배항섭, 「19세기 후반 민중운동과 공론」, 『한국사연구』 161(2013)

배항섭, 「동학농민군, 그들의 발자취를 찾아서」, 『사람이 세상에서 가장 귀하다: 전라도 고창지역의 동학농민혁명』(서울: 역사공간, 2011)

배항섭, 「임술민란의 민중상에 대한 검토: 근대지향성에 대한 반성과 동아시아적 시각의 모색」, 『역사와 담론』 66(2013)

白南奎 외, 「因襲打破 新生活創造의 第一步, 내가 새로 實行하는 일」, 『별건곤』 제4호(1927.2.1.)

백승종, 「18·19세기 『징감록』을 비롯한 각종 예언서의 내용과 그에 대한 당시대인들의 해석」, 『진단학보』 88(1999)

백승종, 「18세기 전반 서북(西北) 지방에서 출현한 《정감록(鄭鑑錄)》」, 『역사학보』 164(1999)

백혜리, 「조선중기 양아록(養兒錄)을 통해 본 아동인식」, 『아동학회지』 제22권 2호(2001)

변기찬, 「프랑스의 근대화와 여성성의 재규정」, 『지중해지역연구』 제5권 2호(2003)

변기찬, 「19 세기말 파리지역에서의 아동노동: '노동감독관'의 연례보고서 분석」, 『한성사학』 9권(1997)

변기찬, 「파리지역 여성노동과 어린의 죽음(1872~1914)」, 『서양사학연구』 창간호(1998)

변주승, 「18세기 流民의 실태와 그 성격」, 『全州史學』 제3집(1995)

변주승, 「19세기 流民의 실태와 그 성격: 浮游集團을 중심으로」, 『史叢』 第40·41合輯(1992)

변주승, 「조선후기 遺棄兒·行乞兒 대책과 그 효과: 給糧策을 중심으로」, 『한국사학보』 3·4(1998)

濱江漁夫, 「소년문학과 현실성」, 『어린이』(1932.5)

서경희 역주, 『18세기 여성생활사 자료집(6)』(서울: 보고사, 2010)

서종태, 「丁若鍾의 『주교요지』에 대한 문헌학적 검토」, 『한국사상사학』 제18집(2002)

성봉덕, 「천도교소년운동의 이념」, 『新人間』 제367호(1979.5)

小 波, 「새로 開拓되는 『童話』에 關하야, 特히 少年 以外의 一般 큰 이에게」, 『개벽』 제31호(1923.1.)

소혜왕후 지음·이경하 주해, 『내훈(內訓)』(파주: 한길사, 2011)

손병규, 『호적: 1606~1923 호구기록으로 본 조선의 문화사』(서울: 휴머니스트, 2007),

孫仁銖, 『한국교육사 연구』(서울: 문음사, 1998)

송지연, 「조선시대 천주교 여성의 역사 다시 읽기: 동정녀에 대한 논의를 중심으로」, 『東方學志』 제169집(2015)

숙명여고, 『숙명70년사』(서울: 숙명여자중고등학교, 1976)

신 숙, 『나의 一生』(서울: 日新社, 1963)

신영우, 「북접농민군의 공주 牛禁峙·連山·院坪·泰仁戰鬪」, 『한국사연구』 154(2011)

신영우, 「북접농민군의 보은 도착과 북실전투」, 『한국근현대사연구』 제61집(2012)

신용하, 「개화정책」, 『한국사 16. 근대: 개화척사운동』(서울: 국사편찬위원회, 1983)

신지연, 「1920-30년대 '동성(연)애' 관련 기사의 수사적 맥락」, 『민족문화연구』 45(2006)

심경호, 「전근대 시기의 아동관과 아동의 문학」, 『창비어린이』 5권 4호(2007)

심재우, 「조선시대의 법과 여성의 몸: 여성 처벌 규정을 중심으로」, 『역사와 실학』 51(2013)

심재우, 「조선후기 인명 사건의 처리와 '검안'」, 『역사와 현실』 23(1997)

안경식, 「우리 조상들의 아이 키우기」, 한국생태유아교육학회 편, 『생태유아교육선집 1』(파주: 양서원, 2005)

안경식, 「우리 조상들의 아이 키우기: '집안'에서의 유아교육」, 『생태유아교육연구』 2권 1호(2003)

안병욱, 「19세기 민중의식의 성장과 민중운동: 향회와 민란을 중심으로」, 『역사비평』 통권1호(1987)

안병직 외, 『오늘의 사회학』(서울: 한겨레신문사, 1998)

안숙영, 「마르크스주의 페미니즘과 여성노동자 노동권」, 『레프트대구』 2(2010)

梁東絢, 「舊韓末 敎育施策과 私學의 建學精神」, 『論文集』 vol. 1(1981), 광주대학교

양혜란, 「고소설에 나타난 조선조 후기사회의 성차별의식 고찰: 〈방한림전〉을 중심으로」, 『한국고전연구』 제9집(1998)

역사문제연구소 지음, 『다시 피는 녹두꽃』(서울: 역사비평사, 1994)

연구공간 수유+너머 근대매체연구팀, 『신여성: 매체로 본 근대 여성 풍속사』(서울: 한겨레신문사, 2007)

오상준, 「본교역사」, 『천도교회월보』 제3권 제2호

오수창, 「18세기 조선 정치사상의 그 전후 맥락」, 역사학회 편, 『정조와 18세기』(서울: 푸른역사, 2013)

오지영, 『東學史』, 『東學思想資料集(2)』(서울: 아세아문화사, 1979)

吳知泳, 『歷史小說 東學史』(京城: 永昌書舘, 昭和15년[1940])

원종찬, 「韓·日 아동문학의 기원과 성격 비교: 방정환과 한국 근대아동문학의 본질」, 『한국학연구』 제11집(2000)

유길준 저·허경진 역, 『서유견문』(서울: 서해문집, 2004)

유미림, 「조선 시대 사대부의 여성관: '제망실문(祭亡室文)'을 중심으로」, 『한국정치학회보』 제39집 5호(2005)

柳永益, 『甲午更張硏究』(서울: 일조각, 1997)

柳永益, 『東學農民蜂起와 甲午更張』(서울: 일조각, 1998)

柳點淑, 「朝鮮時代 兒童의 人間關係敎育」, 『인문연구』 16권 2호(1995)

유정선, 「화전가에 나타난 여성이 놀이공간과 놀이적 성격: '음식'과 '술'의 의미를 중심으로」, 『한국고전연구』 18집(2009)

윤진숙, 「존 스튜어트 밀의 자유주의 이론과 여성의 권리」, 『서울법학』 제22권 1호(2014)

윤택림, 『문화와 역사연구를 위한 질적연구방법론』(서울: 아르케, 2005)

이경하 역저, 『18세기 여성생활사 자료집(2)』(서울: 보고사, 2010)

이광린, 『改化派와 開化思想 硏究』(서울: 일조각, 1989)

이광수, 「모성 중심의 여자교육」, 『신여성』, 제3권 제1호(1925)

이권희, 「메이지기(明治期) 국민교육에 관한 통시적 고찰: 교육사상의 변용과정을 중심으

로」,『日語日文學硏究』제91집(2014)

이규성,『최시형의 철학』(서울: 이화여자대학교출판부, 2011)

李垠松,「高宗의 開化 敎育政策 硏究: 1880-1884」,『한국교육사학』제21집(1999)

이긍익, 민족문화추진위원회 역,『연려실기록VI』(서울: 민족문화문고간행회, 1988)

이꽃메,「사례로 재구성한 조선후기 여성의 삶과 질병」,『의사학』제24권 2호(2015)

李團,「靑年女子會創立」,『新人間』제7호(1926년 11월)

이덕무 저·이동희 편역,『사소절: 선비집안의 작은 예절』(서울: 전통문화연구회, 2013)

李萬珪,『朝鮮敎育史(下卷)』(서울: 乙酉文化史, 1947)

이문건 저·이상주 역주,『양아록: 16세기 한 사대부의 체험적 육아일기』(서울: 태학사,
    2000)

이문규,「朝鮮 後期 서울 市井人의 生活相과 새로운 志向 意識」,『서울학연구』제5호
    (1995)

이배용,「19세기 개화사상에 나타난 여성관」,『한국사상사학』20권(2006)

李鉼㮹,「조선총독부 초등학교『國史』에 나타난 침략사관과 식민지 아동의 탄생」,『日語日
    文學』第27輯(2005)

이봉지,「루소의 반여성주의: 소피의 교육을 중심으로」,『한국프랑스학논집』81(2013)

이상금,『소파 방정환의 생애: 사랑의 선물』(서울: 한림출판사, 2005)

이선경,「역의 곤괘와 유교적 삶의 완성: 곤괘에 깃든 유교적 종교성과 인문정신을 중심으
    로」, 이동준 외 24인,『동방사상과 인문정신』(서울: 심산출판사, 2007)

이성숙,「여성과 서양근대 혁명: 혁명에 대한 추억과 미래 혁명」,『여성과역사』12(2010)

李佑成, 林熒澤,『李朝漢文短篇集』(서울: 一潮閣, 1973)

李佑成·林熒澤,『李朝漢文短篇集(中)』(서울: 一潮閣, 1980)

이세희·현재열,「프랑스혁명과 여성의 역할」,『프랑스사연구』제7호(2002)

이수건 편,『慶北地方古文書集成』(경산: 영남대학교출판부, 1981)

이숙인,「조선시대 여성지식의 성격과 그 구성원리: 임윤지당과 강정일당을 중심으로」,
    『동양철학』제23집(2005)

이순구,「조선시대 가족제도의 변화와 여성」,『한국고전여성문학연구』10(2005)

이승희,「조선 후기 천주교 유입과 여성의 의식 변화에 대한 일고찰: 유한당 권씨의『언행
    실록』과 이순이 루갈다의『옥중편지』를 중심으로」,『한국고전여성문학연구』제
    27권(2013)

이영재,『민(民)의 나라, 조선』(파주: 태학사, 2015)

이영춘,「영·정조대의 문예부흥과 임윤지당」,『내일을 여는 역사』계간 23호(2006)

이영훈,「한국사에 있어서 근대로의 이행과 특질」,『경제사학』21권(1996)

李 鈺 저, 실학사 고전문학연구회(역),『이옥전집』2권(서울: 소명출판사, 2001)

이옥연,「근대정치사상에서 사라진 여성을 찾다:『여성의 정치사상: 울스턴크래프트와

밀」」, 『아시아여성연구』 54권 2호(2015)

이 욱, 「조선시대 이혼의 사회사」, 『내일을 여는 역사』 20(2005)

李源兢, 『초등여학독본』(서울: 曺文社, 1908)

이유재 · 이상록, 「프롤로그, 국경 넘는 일상사: 한국과 일본 일상사의 만남」, 『일상사로
　　　보는 한국 근현대사』(서울: 책과함께, 2006)

이윤미, 「소파를 통하여 보는 교육사: 소파 방정환 교육론의 교육사적 의미」, 『교육비평』
　　　제12호(2003)

이윤미, 「필립 아리에스의 아동가족사 연구에 대한 고찰: 로렌스 스톤과의 비교를 중심으
　　　로」, 『한국교육사학』 31권 2호(2009)

이은선, 「한국 유교의 종교적 성찰: 조선후기 여성 성리학자 강정일당(강정일당)을 중심
　　　으로」, 『양명학』, 제20호(2008)

이재수, 『조선중기 전답매매연구』(서울: 집문당, 2003)

이재윤, 「1920-30년대 한국의 이상적 '신여성' 이미지와 패션」, 『Journal of the Korean
　　　Society of Costume』 Vol. 64, No. 7(Nov. 2014)

이재철, 「소파 방정환과 어린이운동」, 『소파 방정환선생 서거 66주년 기념 심포지움』
　　　(1997.4.28.) 추가자료

이정옥, 「일제강점기 제사 여공과 고무 여공의 삶과 저항을 통해 본 공업노동에서의 민족
　　　차별과 성차별」, 『경계의 여성들: 한국 근대 여성사』(파주: 한울, 2013)

이정원, 「소파(小波) 방정환 수필 연구: 〈어린이 찬미〉에 나타난 아동관을 중심으로」, 인
　　　천교육대학교 교육대학원 석사학위논문(1998)

이정은, 「인륜적 공동체와 헤겔의 여성관: 비극의 여주인공 안티고네가 속한 세계를 통
　　　해」, 『한국여성철학』 창간호(2001)

李定鎬, 「『어린이』를 發行하는 오늘까지 우리는 이러케 지냇습니다」, 『어린이』 창간호
　　　(1923.3)

이태진, 「민국이념은 역사의 새로운 원동력」, 교수신문 기획, 『고종황제 역사청문회』(서
　　　울: 푸른역사, 2005)

이태진, 「일본도 광무 근대화 성과 예의 주시했다」, 교수신문 편, 『고종황제 역사청문회』
　　　(서울: 푸른역사, 2008)

이태진, 「18세기 한국사에서의 민(民)의 사회적 · 정치적 위상」, 이태진 · 김백철 엮음,
　　　『조선후기 탕평정치의 재조명(上)』(서울: 태학사, 2011)

이헌창, 「근대경제성장의 기반 형성기로서 18세기 조선의 성취와 그 한계」, 『정조와 18세
　　　기』(서울: 푸른역사, 2013)

이헌창, 「조선시대를 바라보는 제3의 시각」, 『한국사연구』 148(2010)

이현희, 「의암 손병희와 3 · 1운동」, 『동학학보』 제17호(2009)

이혜숙, 「계몽주의 시대의 여성에 대한 담론을 통해 본 프랑스의 페미니즘: 루소와 디드로

를 중심으로」, 한국프랑스학회 학술발표회(2001.10)

이희준 지음, 유화수 · 이은숙 역주, 『계서야담』(서울: 국학자료원, 2003)

임승휘, 「16~18세기 유럽 국가의 근대성에 대한 비판적 고찰: 새로운 패러다임을 찾아서」, 『서양사론』제116호(2013)

임유경, 『조선에서 여성으로 산다는 것』(고양: 위즈덤하우스, 2014)

임형택 · 고미숙 엮음, 『한국고전시가선』(파주: 창비, 2011)

임화연, 「여성주의적 관점에서 본 칸트 윤리학」, 『철학논총』 35(2004)

작자 미상, 장시광 옮김, 『방한림전: 조선시대 동성혼 이야기』(파주: 이담, 2010)

작자 미상, 장시광 옮김, 『홍계월전: 여성영웅소설』(파주: 이담, 2011)

작자 미상, 정창권 옮김, 『박씨전』(서울: 지식을 만드는 지식, 2012)

잔 물, 「어린이노래-불켜는 이」, 『개벽』 제3호(1920.8.25.)

장 혼 지음, 한용진 · 서범종 옮김, 『아희원람(兒戲原覽)』(파주: 한국학술정보, 2008)

장병인, 「조선시대 이혼에 대한 규제와 그 실상」, 『민속학연구』 제6호(1999)

장세룡, 「미셸 드 세르토의 일상과 민중문화」, 『서양사론』, 제82호(2002)

장영숙, 「건문기를 통해 본 명성황후의 정치적 위상과 역할」, 『한국근현대사연구』, 제35집 (2005)

장지원, 「플라톤의 『라케스』에 대한 교육학적 해석」, 『교육철학연구』 제38권 제2호(2016)

전미경, 「개화기 '남녀동등' 담론에 나타난 여성에 대한 계몽의 시각」, 『한국가정관리학회지』 20권 1호(2002)

전상숙 · 노상균, 「병합 이전 한국 정부의 근대적 교육체제 개혁과 관학」, 『동양정치사상사』제12권 1호(2013)

전형택, 「조선후기 노비의 토지소유」, 『한국사연구』 71(1996)

전형택, 『조선 양반사회와 노비』(서울: 문헌, 2011)

정경숙, 「천도교여성단체에 관한 일연구: 1920년대를 중심으로」, 『이화사학연구』 9권 (1976)

정동준, 「콩도르세의 교육 안에 보이는 평등」, 『서양사학연구』 17(2007)

정석종, 「조선후기 사회신분제의 붕괴: 울산부 호적대장을 중심으로」, 『대동문화연구』 9권(1974)

鄭奭鍾, 『朝鮮後期社會變動研究』(서울: 일조각, 1983)

정순우, 『서당의 사회사: 서당으로 읽는 조선 교육의 흐름』(파주 : 태학사, 2013)

정약용 지음 · 최태응 옮김, 『목민심서』(서울: 북팜, 2012)

정인섭, 『색동회 어린이운동사』(서울: 학원사, 1975)

정인숙, 「조선후기 도시의 발달과 여성의 소비문화에 대한 담론의 성격」, 『한국고전여성문학연구』 제24권(2012)

정지영, 「조선시대 혼인장려책과 독신여성: 유교적 가부장제와 주변적 여성의 흔적」, 『한

국여성학』 제20권 3호(2004)

정지영, 「조선시대의 외람된 여자 '독녀': 위반과 교섭의 흔적들」, 『페미니즘연구』 제16권 2호(2016)

정지영, 「조선후기 호주승계방식의 변화와 종법질서의 확산: 17·8세기 『단성호적』에 나타난 과부와 그 아들의 지위를 중심으로」, 『한국여성학』 18권 2호(2002)

정지영, 『질서의 구축과 균열: 조선후기 호적과 여성들』(서울: 서강대학교 출판부, 2015)

정진·백혜리, 「조선 후기 풍속화를 통해 본 아동(children)인식」, 『아동학회지』 제22권 1호(2001)

정진성, 「일본군 위안부제도」, 『경계의 여성들: 한국 근대 여성사』』(파주: 한울, 2013)

정창권, 「『미암일기』에 나타난 송덕봉의 일상생활과 창작활동」, 『어문학』, 78(2002)

정해은, 「조선 후기 여성들은 왜 천주교에 끌렸는가?」, 『내일을 여는 역사』 12(2003)

정해은, 「조선시대 여성사 연구, 어디로 가고 있는가?」, 『역사와 현실』 91(2014)

정해은, 「조선후기 이혼 위기에 처한 여성들」, 『여/성이론』, 26(2012)

정해은, 『역사가 다시 말하다』(서울: 너머북스, 2013)

정혜정, 「일제하 천도교의 소년교육운동과 소파 방정환」, 『한국교육사학』 제24권 제1호(2002)

조경달 지음, 박맹수 옮김, 『이단의 민중반란』(서울: 역사비평사, 2008)

趙 珖, 「朝鮮後期 西學書의 受容과 普及」, 『민족문화연구』 44권(2006)

조선총독부경무국, 「소년운동」, 『조선의 치안상황』, 1927

조성을, 「실학의 여성관: 이익, 정약용을 중심으로」, 『한국사상사학』 20권(2003)

조웅태, 「동학의 어린이 존중사상에 대한 고찰」, 『신종교연구』 10권(2004)

조윤선, 「私的 地主制의 측면에서 살펴본 壬戌農民蜂起」, 『史叢』 제37·38 合輯(1990)

조윤선, 「조선후기의 田畓訟과 法的 대응책」, 『민족문화연구』 29(1996)

조정화, 『아우또노미아』(서울: 갈무리, 2003)

조혜란, 「여성, 전쟁, 기억 그리고 〈박씨전〉」, 『한국고전여성문학연구』 9(2004)

조희원, 「『에밀』에 나타난 루소의 여성관에 대한 재조명」, 『페미니즘연구』 제12권 2호(2012)

차명수, 「1800년경 잉글란드, 조선, 양자강 하류지역의 총요소생산성 수준 비교」, 제52회 역사학대회 발표논문(2009년 5월)

차명수, 『기아와 기적의 기원: 한국경제사, 1700-2010』(서울: 해남, 2014)

차옥덕, 「'여도(여도)' 거부를 통한 남성우월주의 극복: 〈홍계월전〉, 〈정수정전〉, 〈이형경전〉을 중심으로」, 『한국여성학』 제15권 2호(1999)

천도교여성회본부, 『천도교여성회 70년사』(서울: 천도교중앙총부 출판부, 1994)

천도교청년회운동본부, 『천도교청년회80년사』(서울: 글나무, 2000)

천성림, 「새로운 여성사: 쟁점과 전망」, 『역사학보』, 200호(2008)

최갑수, 「1789년의 '인권선언'과 혁명기의 담론」, 『프랑스사연구』 제4호(2001)

최기영·이정미, 「조선시대 회화에 묘사된 아동의 양육과 생활」, 『아동학회지』 제23권 1호(2002)

최남선, 「어린이 꿈」, 『청춘』, 창간호(1914.10)

崔南善, 『朝鮮常識問答』 上(서울: 三星文化文庫16, 1974)

최문형, 「동학의 모성론(母性論)과 미래지향의 여성상」, 『동학연구』 19집(2005)

崔承熙 編, 『韓國思想史資料選集: 朝鮮後期篇』(서울: 亞細亞文化社, 1986)

崔永浩, 「朝鮮時代 科擧制度와 良人: 1392-1600년대 朝鮮社會構造의 한 측면」, 이화여자대학교 사학연구실 편역, 『朝鮮身分史研究』(서울: 법문사, 1987)

최은희, 『한국개화여성열전』(서울: 정음사, 1985)

최종찬, 「19세기 초학교재에 나타난 아동교육관의 특징」, 『한문고전연구』 22권(2011)

표영삼, 「내칙 내수도문의 원본」, 『신인간』(1990.11)

표영삼, 『동학 1: 수운의 삶과 생각』(서울: 통나무, 2004)

표영삼, 『동학 2: 해월의 고난 역정』(서울: 통나무, 2005)

풍양 조씨 지음, 김경미 역주, 『자기록』(서울: 나라사랑, 2014)

河炅心, 「조선 여성영웅소설의 출현배경에 관한 시론: 『북송연의』의 영향 가능성에 대해」, 『중국어문학논집』 69(2011)

하여주, 「조선후기 여성의 기호(嗜好)에 따른 흡연문화 발생과 '몸'의 욕구 발현」, 『페미니즘 연구』 제15권 제2호(2015)

한국교회사연구소 역주, 『뮈텔주교일기(1)』(서울: 한국교회사연구소, 1986·2009)

韓基範, 「17世紀 女性의 宗法的 地位」, 『忠南史學』 제9집(1997)

한기형, 「자생성, 혹은 내부의 시각들: 『신청년』과 한국 근대문학 자료」, 『근대서지』 11(2015)

한상권, 「19세기 민소(民訴)의 양상과 추이: 순조대 상언·격쟁의 분석을 중심으로」, 『국가이념과 대외인식』(서울: 아연출판부, 2002)

한상권, 『朝鮮後期 社會와 訴冤制度: 上言·擊錚 硏究』(서울: 一潮閣, 1996)

韓永愚, 「朝鮮前期 戶口總數에 대하여」, 權泰煥·李海英, 『戶口와 生活環境』(서울: 서울대학교출판부, 1977)

한영우, 『과거, 출세의 사다리(1~4)』(파주: 지식산업사, 2013)

韓沽劤, 『韓國通史』(서울: 을유문화사, 1970·2003)

허경진 편역, 『조선평민열전』(서울: 알마, 2014)

허경진, 『조선의 르네상스인 중인』(서울: 랜덤하우스, 2008)

홍 민, 「북한의 노동세계와 일상의 정치」, 『세계화와 한반도의 정치동학』, 한국정치연구회 제2차 비판정치학대회(2004)

洪起文, 『朝鮮文化叢話』(서울: 정음사, 1946)

홍동현, 「1894년 '동도'의 농민전쟁 참여와 그 성격」, 『역사문제연구』 제20호(2008)

홍영기, 『동학농민혁명과 한말 의병항쟁: 민주장정 100년 광주 · 전남지역 사회운동 연구』, 광주광역시 · 전라남도(2015)

洪鍾植, 「東學亂實話」, 『新人間』, 34호(1929)

홍학희, 「18~19세기 성해응 집안 여성들의 삶」, 『한국고전연구』 24집(2011)

황묘희, 「水雲 崔濟愚의 女性觀」, 『동학연구』 3(1998)

황선명, 『조선조종교사회사연구』(서울: 일지사, 1985)

황태연, 「조선시대 국가공공성의 구조변동과 근대화: '조선민국'과 '대한제국'에서 '대한민국'으로」, 황태연 외, 『조선시대 공공성의 구조변동』(성남: 한국학중앙연구원출판부, 2016)

황태연, 『감정과 공감의 해석학: 공자 윤리학과 정치철학의 심층 이해를 위한 학제적 기반 이론』 제1권(파주: 청계, 2015)

황태연, 『감정과 공감의 해석학: 공자 윤리학과 정치철학의 심층 이해를 위한 학제적 기반 이론』 제2권(파주: 청계, 2015)

황태연, 『갑오왜란과 아관망명』(파주: 청계, 2017)

황태연, 『공자와 세계: 서양의 지식철학(상)』 제4권(파주: 청계, 2011)

황태연, 『공자와 세계: 서양의 지식철학(하)』 제5권(파주: 청계, 2011)

황태연, 『공자와 세계: 제1권 공자의 지식철학(상)』(파주: 청계, 2011)

황태연, 『공자와 세계: 제2권 공자의 지식철학(중)』(파주: 청계, 2011)

황태연, 『대한민국 국호의 유래와 민국의 의미: 국호에 응축된 한국근대사』(파주: 청계, 2016)

황태연, 『백성의 나라 대한제국』(파주: 청계, 2017)

황태연, 『실증주역』(파주: 청계, 2008)

황태연, 『패치워크문명의 이론: 동아시아 관점의 새로운 문명관』(파주: 청계, 2016)

황태연, 『한국 근대화의 정치사상』(파주: 청계, 2018)

황태연, 『환경정치학과 현대정치사상』(서울: 나남, 1992)

황현 저 · 이장희 역, 『매천야록(上)』(서울: 명문당, 2008)

황현 지음, 김종익 옮김, 『오하기문』(서울: 역사비평사, 1994)

황현 지음, 이장희 옮김, 『매천야록(中)』(서울: 명문당, 2008)


가라타니 고진 지음, 박유하 옮김, 『일본근대문학의 기원』(서울: 도서출판b, 2013). 柄谷行人, 『日本近代文學の起源』(東京: 講談社, 1988)

주겸지 저, 전홍석 역, 『중국이 만든 유럽의 근대: 근대유럽의 중국문화 열풍』(서울: 청계, 2003). 朱謙之, 『中國思想對於歐洲文化之影響』(上海: 上海書店, 1978[1941])

高橋康雄, 『斷髮する女たち—モダンガールの風景』(東京: 教育出版, 1999)

北木正章, 『子ども觀の社會史』(東京: 新曜社, 1993)

三浦梧樓, 『觀樹將軍回顧錄』(東京: 政敎社, 1925)

安川壽之輔, 『福沢諭吉のアジア認識』(東京: 高文研, 2000)

村山智順 著, 崔吉城·張相彦 共譯, 『朝鮮의 類似宗教(1935, 조선총독부)』(대구: 계명대학
        교출판부, 1990)


4. 번역문헌

루이스 A. 틸리·조엔 W. 스콧 지음, 김영·박기남·장경선 옮김, 『여성 노동 가족』(서울:
        후마니타스, 2008). Tilly, Louise and Scott, Joan Wallach, Women, work, and
        family (New York: Holt, Rinehart and Winston, 1978)

린 헌트 저·조한욱 옮김, 『프랑스혁명의 가족 로망스』(서울: 새물결, 2000). Hunt,
        Lynn, The Family Romance of the French Revolution (Berkely·Los Angeles:
        University of California Press, 1992)

린다 레인지, "루소와 근대 페미니즘", 캐럴 페이트만·메어리 린든 쉐인리 엮음, 이남
        석·이현애 옮김, 『페미니즘 정치사상사』(서울: 이후, 2004). Lynda Lange,
        "Rousseau and Modern Feminism", Social Theory and Practice, vol. 7(1981).

마르퀴 드 콩도르세 지음·장세룡 옮김, 『인간 정신의 진보에 관한 역사적 개요』(서
        울: 책세상, 2012).   de Condorcet, Marquis, Esquisse d'un tableau historique
        des progres de l'esprit humain : suivi de Fragment sur l'Atlandide (Paris:
        Flammarion, 1988)

마르크 블로크 지음·한정숙 옮김, 『봉건사회 I』(서울: 한길사, 2001). Bloch, Marc
        Leopold Benjamin, La societe feodale (Paris: Albin Michel, 1994)

마르티나 도이힐러 지음, 이훈상 옮김, 『한국의 유교화 과정』(서울: 너머북스, 2013).
        Deuchler, Martina, The Confucian transformation of Korea : a study of society
        and ideology (Cambridge, Mass.: Council on East Asian Studies, Harvard
        University ; Distributed by Harvard University Press, 1992)

메리 V. 팅글리 로렌스·제임스 앨런 지음, 손나경·김대륜 옮김, 『미 외교관 부인이 만난
        명성왕후·영국 선원 앨런의 청일전쟁 비망록』(파주: 살림, 2011)

메리 울스턴크래프트 지음, 문수현 옮김, 『여성의 권리옹호』(서울: 책세상, 2011).
        Wollstonecraft, Mary, A Vindication of the Right of Men and A Vindication of
        the Right of Woman, Sylbana Tomaselli(ed.) (Cambridge: Cambrige University
        Press, 2007)

메어리 린든 쉐인리, "결혼에 의한 노예와 우정: 존 스튜어트 밀의 『여성의 예속』", 캐럴
        페이트만·메어리 린든 쉐인리 엮음, 이남석·이현애 옮김, 『페미니즘 정치사
        상사』(서울: 이후, 2004). Mary Lyndon Shanley, "Martial Slavery and Friendship:

John Stuart Mill's The Subjection of Women", Political Theory, vol. 9, no. 2(May , 1981)

멜리사 A. 버틀러, "초기 자유주의적 페미니즘의 근원: 존 로크의 가부장주의 비판", 캐럴 페이트만 · 메어리 린든 쉐인리 엮음, 이남석 · 이현애 옮김, 『페미니즘 정치사상사』(서울: 이후, 2004). Melissa A. Butler, "Early Liberal Roots of Feminism: John Locke and the Attack on Patriarchy", American Political Science Review, vol. 72 (1978)

모리스 꾸랑 지음, 李姬載 옮김, 『韓國書誌』(서울: 一潮閣, 1997)

미셸 투르니에 지음 · 이은주 옮김, 『흡혈귀의 비상』(서울: 현대문학, 2011). Tournier, Michel, Le vol du vampire: notes de lecture (Paris: Mercure de France, c1981)

미셸 푸코 지음, 오트르망(심세광, 전혜리) 옮김, 『정신의학의 권력: 콜레주드프랑스 강의 1973~74년』(서울: 난장, 2014). Foucault, Michel, Le pouvoir psychiatrique (Paris: Gallimard.Seuil, 2003)

미셸린 이샤이 저 · 조효제 옮김, 『세계인권사상사』(서울: 도서출판 길, 2008). Ishay, Micheline, The history of human rights : from ancient times to the globalization era (Berkeley: University of California Press, 2004)

샤를르 달레 원저, 안응렬 · 최석우 역주, 『한국천주교회사(下)』(서울: 한국교회사연구소, 1980). Dallet, Ch, Histoire de l'eglise de coree : precedee d'une introduction 2. (paris: Librairie Victor palme, 1874)

세스 레러 지음, 강경이 옮김, 『어린이 문학의 역사』(서울: 이론과 실천, 2011). Lerer, Seth, Children's literature : a reader's history, from Aesop to Harry Potter (Chicago: University of Chicago Press, 2008)

쇼펜하우어 지음, 권기철 옮김, 『세상을 보는 지혜』(서울: 동서문화사, 2013). Schopenhauer, Arthur, Hand-Orakel und kunst der Weltklugheit (Stuttgart: Reclam-Verlag, 1953)

수전 몰러 오킨, "철인여왕과 가정주부: 플라톤이 본 여성과 가족", 캐럴 페이트만 · 메어리 린든 쉐인리 엮음, 이남석 · 이현애 옮김, 『페미니즘 정치사상사』(서울: 이후, 2004). Susan Moller Okin, "Philosopher Queens and Private Wives: Plato on Women and the Family", Philosophy and Public Affairs, vol. 6, no. 4(summer 1977)

쉘라 벤하비브, "헤겔, 여성과 역설", 캐럴 페이트만 · 메어리 린든 쉐인리 엮음, 이남석 · 이현애 옮김, 『페미니즘 정치사상사』(서울: 이후, 2004). Seyla Benhabib, "On Hegel, Women and Irony", in Feminist Interpretations and Political Theory, ed. Carole Pateman and Mary Lyndon Shanley (Cambridge: Polity Press; University Park: Penn State University Press, 1991)

아를렌 색슨하우스, "아리스토텔레스: 불완전한 남성, 서열세, 그리고 성지학의 한계", 캐럴 페이트만 · 메어리 린든 쉐인리 엮음, 이남석 · 이현애 옮김, 『페미니즘 정치사상사』(서울: 이후, 2004). Arlence Saxonhouse, "Aristotle: Defective Males, Hierarchy and the Limits of Politics(abridged edn)", Women in the History of Political Thought: Ancient Greece to Machiavelli(New York: Praeger, 1985)

알프 뤼트게 외 지음, 나종석 외 옮김, 『일상사란 무엇인가』(서울: 청년사, 2002). Ludtke, Alf(ed.), Alltagsgeschichte: zur Rekonstruktion historischer Erfahrungen und Lebensweisen (Frankfurt · New York: Campus, 1989)

앨리스 S. 로시, "감성과 지성 : 존 스튜어트 밀과 해리엇 테일러 밀의 이야기", 존 스튜어트 밀 지음 · 김민예숙 옮김, 『여성의 예속』(서울: 이화여자대학교출판부, 2006)

유발 하라리 지음, 조현욱 옮김, 『사피엔스』(서울: 김영사, 2016). Harari, Yuval, Sapiens : a brief history of humankind (London: Vintage Books, 2015)

장 드 팡주 · 콘스탄스 테일러 지음, 심재중 · 황혜조 옮김, 『프랑스 역사학자의 한반도 여행기 코리아에서/ 스코틀랜드 여성 화가의 눈으로 본 한국의 일상』(파주 : 살림, 2013)

제임스 C. 스콧 지음, 전상인 옮김, 『국가처럼보기: 왜 국가는 계획에 실패하는가』(서울: 에코리브르, 2010). Scott, James C., Seeing like a state : how certain schemes to improve the human condition have failed (New Haven: Yale University Press, 1998)

제프 일리 지음, 유강은 옮김, 『The Left: 1848~2000 미완의 기획, 유럽 좌파의 역사』(서울: 뿌리와 이파리, 2008). Eley, Geof, Forging democracy : the history of the left in Europe, 1850-2000 (Oxford · New York: Oxford University Press, 2002)

존 스튜어트 밀 지음, 서병훈 옮김, 『여성의 종속』(서울: 책세상, 2006). Mill, John Stuart, Three Essay: On Liberty, Considerations on Representative Government, The Subjection of Woman, introduction by Richard Wollheim (Oxford: Oxford University Press, 1983)

즈느비에브 프레스 · 미셸 페로 편집, 권기돈 · 정나원 옮김, 『여성의 역사 4권: 페미니즘의 등장, 프랑스 대혁명부터 제1차 세계대전까지』(서울: 새물결, 1998)

카르네프 외 지음, A. 이르게바예프 · 김정화 옮김, 『내가 본 조선, 조선인: 러시아 장교 조선여행기』(서울: 가야넷, 2003)

캐럴 페이트만, "신은 인간에게 배우자를 정해줬다: 홉스, 가부장제, 성교권", 캐럴 페이트만 · 메어리 린든 쉐인리 엮음, 이남석 · 이현애 옮김, 『페미니즘 정치사상사』(서울: 이후, 2004). Carole Paterman, "God Hath Ordained to Man a Helper: Hobbes, Patriarchy and Conjugal Right", British Journal of Political Science, Vol. 19, No. 4 (Oct., 1989)

크리스틴 디 스테파노, "남성 맑스", 캐럴 페이트만·메어리 린든 쉐인리 엮음, 이남석·
　이현애 옮김, 『페미니즘 정치사상사』(서울: 이후, 2004). Christine Di Stefano,
　"Masculine Marx", in Feminist Interpretations and Political Theory, ed. Carole
　Pateman and Mary Lyndon Shanley (Cambridge: Polity Press; University Park:
　Penn State University Press, 1991)
크릴 저, 이성규 역, 『공자: 인간과 신화』(서울: 지식산업사, 2012). Creel, Herrlee Glessner,
　Confucius, the man and the myth (New York : J. Day Co., 1949)
토머스 홉스 지음, 최공웅·최진원 옮김, 『리바이어던』(서울: 동서문화사, 2016). Hobbes,
　Thomas, Leviathan, or The Matter, Forme, and Power of a Common-Wealth
　Ecclesiasticall and Civil (London : George Routledge and Sons, 1886)
패리 앤더슨 지음·김현일 외 옮김, 『절대주의 국가의 역사』(서울: 소나무, 1996).
　Anderson, Perry, Lineages of the Absolutist State (London: Verso, 1974)
프리드리히 엥겔스 지음, 김대웅 옮김, 『가족 사유재산 국가의 기원』(서울: 두레, 2012).
　Engels, Friedrich, Der Ursprung der Familie, des Privateigenthums und des
　Staats ( Stuttgart : Buchhandlung, 1922)
플라톤 지음, 박종현 역주, 『국가·政體』(파주: 서광사, 2008). Platon, The Republic. Plato,
　V (vol. 1-2) in twelve volumes. With an English Translation by Paul Shorey.
　Leob Classical Library (Cambridge·Massachusetts·London: Harvard University
　Press·William Heinemann LTD, 1975)
플라톤 지음·박종현 역주, 『법률』(파주: 서광사, 2009). Plato, Epinomis, in: Plato, vol. 12
　in twelve volumes (Cambridge, Massachusetts: Harvard University Press, 1975)
필립 아리에스 지음, 문지영 옮김, 『아동의 탄생』(서울: 새물결, 2003). Aries, Philippe,
　L'enfant et la vie familiale sous l'Ancien Regime (Paris: Editions du Seuil, 1973)
필립 아리에스·조르주 뒤비 책임편집, 미셸 페로 편집, 전수연 옮김, 『사생활의 역사 4
　: 프랑스혁명부터 제1차 세계대전까지』(서울: 새물결, 2003). Aries, Philippe,
　Duby, Georges, Histoire de la vie privee (Paris: Editions du Seuil, 1999-2000)
해리 하르투니언 지음, 윤영실·서정은 옮김, 『역사의 요동: 근대성, 문화 그리고 일
　상생활』(서울: 휴머니스트, 2008). Harootunian, Harry D., History's disquiet
　: modernity, cultural practice, and the question of everyday life (New York:
　Columbia University Press, 2000)
G 특웍 지음·이재형 외 옮김, 『세계여성사 2』(서울: 문예출판사, 1995)
H. 쥐베르, CH. 마르탱 지음, 유소연 옮김, 『프랑스 군인 쥐베르가 기록한 병인양요』(서
　울: 살림, 2010)
J. J. 루소 지음·정병희 옮김, 『에밀』(서울: 동서문화사, 2011). Rousseau, Jean-Jacques,
　Émile, ou, De l'éducation (Amsterdam: Jean Néaulme, 1762)

K. 미르그스 지, 김수행 역, 『자본론 I (上)』(서울: 비봉출판사, 1993)

Tony Michell, 김혜정 역, 「조선시대의 인구변동과 경제사: 인구통계학적 측면을 중심으로」, 『역사와경계』 17(1989)

## 5. 서양문헌

al-Hassan, Ahmand and Donald Hill, *Islamic Technology* (Cambridge: Cambridge University Press, 1986)

Anderson, Perry, *Lineages of the Absolutist State* (London: Verso, 1974)

Aristoteles, *Politik* (Mürchen: Deutsche Taschenbuch Verlag, 1973)

Baker, Keith Michael(ed.), *Condorcet, Selected Writings* (Indianapolis: The Bobbs-Merrill Company, Inc., 1976)

Baulant, Micheline, "The Scattered Family: Another Aspect of Seventeeth Century Demography", in *Family and Society*, edited by Robert Forster and Orest Ranum (Baltimore: Johns Hopkins University Press, 1976)

Berger, Brigitte, "What Women Want". *Commentary*, March, 1979

Bernard, Charlot, et Madeleine Fifeat, *Bulletin de la Société de protection des apprentis*,(1868), *Histoire de la formation des ouvriers*, 1789~1984 (Paris: Minerve, 1985)

Bodin, M., "L'institutrice", in *Bibliothèque sociale des métiers* ed., G. Renard(Paris: G. Doin, 1922)

Chase-Dunn, Christopher and Thomas Hall, *Rise and Demise: Comparing World-System* (Boulder: Westview, 1997)

Chaudhuri, K. N., *Asia Before Europe: Economy and Civilisation of the Indian Ocean from the Rise of Islam to 1750* (Cambridge: Cambridge University Press, 1990)

Clarke, John James, *Oriental Enlightenment: The Encounter between Asian and Western Thought* (London and New York: Routledge, 1997)

Collier, Frances, *The Family Economy of the Working Classes in the Cotton Industry, 1784~1833* (Manchester: Manchester University Press, 1964)

Colton, Joel and Robert Palmer, *History of the Modern World,* 4th ed (New York: Knopf, 1911)

Condorcet, "Sur la Nécessité de Réflexions sur l'Instruction Publique", *dans Oeuvre de Condorcet*, t.7 (Paris: Firmin Didot Frères, 1847)

Damasio, Antonio, *Descartes' Error: Emotion, Reason, and the Human Brain* (New York: Pengein Books, 1994)

de Maleville, J., *Anàlyse raisonnée de la discussion du Code civil au Conseil d'Etat*, 2nd ed.(Paris 1807), vol.1

de Waal, Frans, *The Age of Empathy: Nature's Lessons for Kinder Society* (New York: Three Rivers, 2009)

Deniel, Raymond, *Une Image de la famille et de la société sous la restauration* (Paris: Les Edition Ouvrières, 1965)

Douailler, S. et P. Vermeren, "De l'hospice à la manufacture: le travail des enfants au XIX siècle", *Révoltes logiques*, n0 3, 1976

Du Halde, P., *The General History of China - Containing A Geographical, Historical, Chronological, Political and Physical Description of the Empire of China, Chinese-Tatary, Corea and Thibet* (Paris: 1835), Vol. 2 in 4 Volumes, translated by Brookes (London: Printed by and for John Watts at the Printing-Office in Wild Court near Lincoln's Inn Fields, 1736)

Durkheim, Emil, *De la division du travail social* (Paris: Presses Universitaires de France, 1930). Emil Durkheim, *Über soziale Arbeitsteilung* (Frankfurt am Main: Suhrkamp, 1977 · 1988)

Elliot, J. H., "A Europe of Composite Monarchies", *Past and Present*, no. 137(1992)

Filmer, Sir Robert, *Patriarcha, or the National Powers of the Kings of England Asserted and Other Political Works*, ed. Peter Laslett (Oxford: Basil Blackwell, 1949)

Frank, A. G. and Gills Bary, *The World System: Five Hundred Years of Five Thousand?* (London and New York: Routledge, 1993)

Frank, Andre Gunder, *ReOrient: Global economy in the Asian Age*; Jack A. Goldstone, *Revolution* and *Rebellion in the Early Modern World* (Univ. of Berkeley, 1991)

Gilligan, Carol, "In a Different Voice: Women's Conceptions of the Self and of Morality", *Harvard Educational Review* 47 (1977)

Gilligan, Carol, *In a Different Voice: Psychological Theory and Woman's Development* (Cambridge: Harvard University Press, 1982)

Gilligan, Carol, S. Langsdale, N. Lyons & J. M. Murphy, "Contributions of Women's Thinking to Developmental Theory and Research", *Final Report to national of Education,* 1982

Gilmore, George W., *Korea from its Capital* (Philadelphia: Pressbyterian Board of Publication and Sabbath Work, 1892)

Goldstone, Jack A., *Revolution and Rebellion in the Early Modern World* (Berkeley: Univ. of Berkeley, 1991)

Guilhaumou, Jacques et Martine Lapied, "L'action politique des femmes pendant la Révolution française", *Encyclopédie politique et historique des femmes*(Paris :

PUF, 1997)

Halde, Du, *The General History of China*, trans. by R. Brookes, Vol. III, 3rd., res, (London, 1741)

Hansard, *Parliamentary Debates*, Series 3. vol. 187 (may 20, 1867)

Hartsock, Nancy C. M., *Money, Sex, and Power: Toward a Feminist Historical Materialism* (New York and London: Longman, 1983)

Hegel, G. W. F., *Grundlinien der Philosophie des Rechts, Werke in zwanzig Bänden*, Bd. 7(Frankfurt a. M.: Suhkamp Verlag)

Hegel, G. W. F., *Hegel's Philosophy of Right*, trans. and ed. T. M. Knox (Oxford: Oxford University Press, 1973)

Hill, Christopher, *The World Turned Upside Down*(London: Temple Smith, 1972)

Hobbes, Thomas, "A Dialogue between a Philosopher and a Student of the Common Laws of England", *The English Works of Thomas Hobbes of Malmesbury*, vol. 6(London: John Bohn, 1841)

Hobson, John, *The Eastern Origins of Western Civilization* (Cambridge : Cambridge University Press, 2004)

Hume, David, *A Treatise of Human Nature: Being an Attemot to Introduce the Experimental Method of Reasoning into Moral Subject* (1739~1740), edited by David Fate Norton and Mary J. Norton, with Editor's Introduction by David Fate Norton (Oxford · New York · Melbourne etc.: Oxford University Press, 2001 · 2007)

Hunt, Lynn, "Women and Revolutionary Citizenship: Enlightenment Legacies?" edited by Sarah Knott and Barbara Taylor, *Women, Gender and Enlightenment* (New York: Palgrave Macmillan, 2005)

Israel, Jonathan I., *Enlightenment Contested: Philosophy, Modernity, and the Emancipation of Man 1670~1752* (Oxford: Oxford University Press, 2006).

Israel, Jonathan, *A Revolution of the Mind: Radical Enlightenment and the Intellectual Origins of Modern Democracy* (Princeton: Princeton University Press, 2011)

Israel, Jonathan, *Enlightenment Contested: Philosophy, Modernity, and the Emancipation of Man 1670~1752* (Oxford: Oxford University Press, 2006)

Ithurrigue, Jean, *Les idées de Platon sur la condition de la femme au regard des traditions antiques*(Paris: J. Gamber, 1931)

Jacobus, Mary, "The Difference of View", Jacobus, M. ed., *Women Writing and Writing about Women* (New York: Barnes and Noble, 1979)

Jones, Geo Herber, "The Status of Women in Korea", *The Korean Repository*, Vol. 3.

Justi, Johann H. G., *Abhandlung von den Mittel, die Erkenntnis in den Oeconimischen und Cameral-Wissenschten dem gemweinen Wesen recht nützlich zu machen* (Göttungen: Verlag nicht angezeigt, 1755)

Justi, Johann Heinrich Gottlob, *Vergleichungen der Europäischen mit den Asiatischen und anderen, vermeintlichen Barbarischen Regierungen* (Berlin/Stetten/Leipzig: Johann Heunrich Rüdiger Verlag, 1762)

Kant, Immanuel, *Anthropology from a Practical point of View*, trans. Mary J. Gregor (The Hague: Martinus Nijhoff, 1974)

Kant, Immanuel, *The Metaphysics of Morals*, ed.&tr. by Mary Gregor (Cambridge: Cambridge University Press, 1996)

Kelly, Joan, *Women, History, and Theory: The Essays of Joan Kelly* (Chicago and London: The University of Chicago Press, 1984)

King of Prussia Frederick II, *Anti-Machiavel: or an Examination of Machiavel's Prince*, published by Mr. de Voltaire, translated from the French (London: Printed for T. Woodward, at the Half-Moon, between the Two Temple Gates, Fleet-street, MDCCLI[1741])

Kohlberg, Lawrence, Dwight R. Boyd & Charles Levine, "The Return of Stage 6: Its Principle and Moral Point View", in: Thomas E. Wren (ed.), *The Moral Domain* (Cambridge, Massachusetts: The MIT Press, 1990)

Lach, Donald and Edwin Van Kley, *Asia in the Making of Europe* v.1~v.4 (Chicago: Chicago University Press, 1984)

Le Comte, Louis, *Nouveaux mémoires sur l'état present de la Chine* (Paris, 1696). English translation: *Memoirs and Observations made in a Late Journey through the Empire of China* (London, 1697)

Lee, James Z. and Wang Feng, *One quarter of humanity: Malthusian mythology and the Limits of European Experience* (Cornell Univ. Press, 1997)

Locke, John, *Two Treaties of Government*, ed. Peter Laslett (Cambridge: Cambridge University Press, 1960)

Macfarlane, Alan, *The Family Life of Ralph Josselin* (Cambridge: Cambridge University Press, 1970)

Maréchal, Sylvain, *Projet d'une loi portant défense d'apprendre à lire aux femmes* (Paris: Massé, an I X, 1801)

Marx, Karl, "Economic and Philosophic Manuscripts", *Karl Marx Selected Writing*, ed. David McLellan (Oxford: Oxford University Press, 2000).

Marx, Karl, *Capital: A Critique of Political Economy*, volume III [on-line version: Marx.org]

(New York: International Publishers, 1999).

Marx, Karl, *The German Ideology* (Moscow: Progress Publishers, 1976)

Maverick, Lewis Adams, *China: A Model for Europe*, Vol. II (San Antonio in Texas: Paul Anderson Company, 1946).

Mill, John Stuart, "Letter to August Comte, October 1843", *The Collected Works of John Stuart Mill*, vol. VIII The Earlier Letter, ed. Francis C. Mineka (Toronto: University of Toronto Press, 1963)

Mill, John Stuart, "Letter to Thomas Carlyle, October 5, 1833", *The Collected Works of John Stuart Mill*, vol. XII

More, Hannah, "Strictures on the Modern System of Female Education", *The Works of Hannah More*, 11 vols (London: T. Caddell, 1830)

Needham, Joseph, *Science and Civilization in China* v.1~v.3 (Cambridge: Cambridge University Press, 1954~1959)

Noël, Francisco, *Sinensis imperii libri classici sex* (Pragae: Typis Universitatis Carlo-Ferdinandeae, 1711).

Orme, Nicholas, *Medieval children* (New Haven: Yale University Press, 2003)

Perrot, Jean-Claude, *Genèse d'une ville moderne: Caen auXVIIIe siècle*(Paris, The Hague: Mouton, 1975)

Perrot, Michelle, "Le X I Xe siècle était-il misogyne?", *L'Histoire*, n° 160, novembre 1992

Pinchbeck, Ivy and Margaret Hewitt, *Children in English Society*. Vol 1. (London: Routledge and Kegan paul, 1969).

Pomeranz, Kenneth, *The Great Divergence: China, Europe, and the Making of the Modern Political Economy* (Princeton and Oxford: Princeton University Press, 2000)

Presser, Stephen B. and Jamil S. Zainaldin, *LAW AND JURISPRUDENCE IN AMERICAN HISTORY: Cases and Materials* , 7th ed. (Eagan: West, 2009)

Prost, Antonine, *Histoire de l'enseignement en France, 1800-1967* (Paris: A. colin, 1968)

Prudhomme, Louis-Marie, "On the Influence of the Revolution on Women (February 12, 1791)", in Lynn Hunt, ed. and trans. *The French Revolution and Human Right: A Brief Documentary History* (New York: St. Martin's Press, 1996)

Purchas, Samuel, *Purchas, his Pilgrimage* (London: Printed by William Stansby for Henrie Fetherstone, 1613 · 1614)

Rahman, Abdur(ed.), *Science and Technology in Indian Culture* (New Delhi: National Institute of Science, 1984)

Reichwein, Adolf, *China und Europa im achzehnten Jahrhundert* (Berlin: Oesterheld Co.

Verlag, 1922)

Reichwein, Adolf, *China und Europa im Achzehnten Jahrhundert* (Berlin: Oesterheld Co. Verlag, 1922)

Rose, Hilary, "Hand, Brain, and Heart: A Feminist Epistemology for the Natural Science", *Signs: Joournal of Women in Culture and Society*, vol. 9 (Autumn 1983)

Rose, Sonya O., "'Gender at Work': Sex, Class and Industrial Capitalism," *History Workshop Journal*, Vol. 21, Issue 1(1986)

Runte, Roseann(ed.), *Studies in Eighteenth-Century Culture*, vol. 7 (Madison: American Society for Eighteenth Century Studies, 1978)

Schroeder, Hannelore, "Kant's Patriarchal Order", in Robin May Schott, ed., *Feminist Interpretations of Immanuel Kant* (University Park: Penn State University Press, 1997)

Schultz, James A,. *The knowledge of childhood in the German middle ages 1100-1350* (Philadelphia: University of Pennsylvania Press, 1995)

Scott, James C., *Weapons of the Weak: Everyday Forms of Peasant Resistance* (New Heaven: Yale University Press, 1985)

Sherwood, Mary Martha, *The History of the Fairchild Family; or, the Child's Manual* (James Eli Adams, *A History of Victorian Literature*, Oxford and Malden, MA: Wiley-Blackwell, 2009, 1818)

Smith, Adam, *An Inquiry into the Nature and Causes of the Wealth of Nations* (1776). Volume I · II. Generally edited by R. H. Campbell and A. B. Skiinner, textually edited by W. B. Todd (Glasgow · New York · Toronto: Oxford University Press, 1976)

Smith, Adam, *The Theory of Moral Sentiment, or An Essay toward an Analysis of the Principles by which Men naturally judge concerning the Conduct and Character, first of their Neighbours, and afterwards of themselves* (1759, Revision: 1761, Major Revision: 1790), edited by Knud Haakonssen (Cambridge/ New York: Cambridge University Press, 2002 · 2009 [5. printing])

Spencer, Herbert, *Education: Intellectual, Physical and Moral* (London: G, Manwaring, 8, King William Street, Strand, 1861)

Stone, Lawrence, *The family, sex, and marriage in England 1500-1800*[abridged edition] (New York: Penguin Books, 1990)

Suttie, Ian Dishart, *The Origins of Love and Hate* (Oxford · New York: Routledge, 1935; 1999 · 2001 reprinted; Digital Printing 2007)

Temple, Robert, *The Genius of China* (London: Prion Books, 1999)

Thatcher, Adrian, "Beginning Marriage: Two Traditions", In *Religion and Sexuality*. edited by Michael A. Hayes, Wendy Porter, and David Tombs (London · New York: Sheffield Academic Press Ltd., 1998)

Thompson, E. P., "the moral economy of the english crowd in the eighteenth century", *Past and Present* 50(1971)

Trattner, Walter I., *Crusade for the Children* (Chicago: Quadrangle Books, 1970)

Vetlesen, Arne Johan, *Perception, Empathy, and Judgement. An Inquiry into Preconditions of Moral Performance* (University Park, Pennsylvania: The Pennsylvania State University Press, 1994)

von Glahn, Richard, *Fountain and Fortune: Money and Monetary Policy in China, 1000-17000* (Univ. of Berkeley, 1996)

Weatherford, Jack, *Genghis Khan and Making of the Modern World* (New York: Three River Press, 2004)

Weber, Max, *The Protestant Ethic and the Sprit of Capitalism* (London and New York: Routledge, 2005)

Weissbach, Lee Shai, *Child Labor Reform in Nineteenth-Ce3ntury France* (Baton Rouge: Lousiana State University Press, 1989)

Wilson, James Q., "The Moral Sense", Presidential Address, American Political Science Association, 1992, *American Political Science Review*, Vol. 87 (No. 1 March 1993)

## 6. 신문류

『개벽』 『경성일보』 『경향신문』 『大阪朝日新聞』 『대한매일신보』 『뎨국신문』 『독립신문』 『東京朝日新聞』 『동광』 『동아일보』 『소년한국일보』 『時事新報』 『신여성』 『新韓民報』 『어린이』 『조선신보』 『조선일보』 『중외일보』 『皇城新聞』

## 7. 기타

「한국교회의 역사」, 한국천주교주교회의 · 한국천주교중앙협의회. http://www.cbck. or.kr/page/page.asp?p_code=K3122(검색일: 2016.3.3.)

"인공지능은 지능이 아니다" 스티븐 핑커-최재천의 통섭적 대화(SBS, 2016.5.27), http:// m.media.daum.net/m/media/digital/newsview/20160527151509478?series Id=112285(검색일: 2016.5.29.)

[기타]

한국학총서

# 근대의 경계를 넘은 사람들

등록 1994.7.1 제1-1071
1쇄 발행 2018년 9월 25일

지은이 김종욱
펴낸이 박길수
편집인 소경희
편   집 조영준
관   리 위현정
디자인 이주향
펴낸곳 도서출판 모시는사람들
     03147 서울시 종로구 삼일대로 457(경운동 수운회관) 1207호
전   화 02-735-7173, 02-737-7173 / 팩스 02-730-7173
홈페이지 http://www.mosinsaram.com/

인   쇄 천일문화사(031-955-8100)
배   본 문화유통북스(031-937-6100)

값은 뒤표지에 있습니다.
ISBN 979-11-88765-25-6   93910

* 잘못된 책은 바꿔 드립니다.
* 이 책의 전부 또는 일부 내용을 재사용하려면 사전에 저작권자와 도서출판 모시
는사람들의 동의를 받아야 합니다.

* 이 도서의 국립중앙도서관 출판예정도서목록(CIP)은 서지정보유통지원시스템
홈페이지(http://seoji.nl.go.kr)와 국가자료공동목록시스템(http://www.nl.go.kr/
kolisnet)에서 이용하실 수 있습니다. (CIP제어번호: CIP2018028355)

* 이 저서는 2017년 대한민국 교육부와 한국연구재단의 지원을 받아 수행된 연구임
(NRF-2017S1A3A2066492).